ARQUITETURA

FORMA, ESPAÇO E ORDEM

C539a Ching, Francis D. K.
        Arquitetura : forma, espaço e ordem / Francis D. K. Ching ; tradução : Arysinha Jacques Affonso ; revisão técnica : Alexandre Salvaterra. – 5. ed. – Porto Alegre : Bookman, 2025.
        xiv, 480 p. : il. ; 28 cm.

        ISBN 978-85-8260-656-8

        1. Arquitetura. I. Título.

        CDU 72

Catalogação na publicação: Karin Lorien Menoncin – CRB 10/2147

FRANCIS D.K. CHING

ARQUITETURA
— FORMA, ESPAÇO E ORDEM —

5ª EDIÇÃO

Tradução
Arysinha Jacques Affonso

Revisão técnica
Alexandre Salvaterra
Arquiteto e urbanista

Porto Alegre
2025

Obra originalmente publicada sob o título
Architecture: Form, Space, and Order, 5th Edition
ISBN 9781119853374

Copyright (c) 2023. Todos os direitos reservados.
Tradução publicada conforme acordo com a editora original, John Wiley & Sons, Inc.

Coordenador editorial: *Alberto Schwanke*

Editora: *Arysinha Jacques Affonso*

Capa: *Paola Manica/Brand&Book*

Leitura final: *Denise Weber Nowaczyk*

Editoração: *Matriz Visual*

Reservados todos os direitos de publicação, em língua portuguesa, ao
GA EDUCAÇÃO LTDA.
(Bookman é um selo editorial do GA EDUCAÇÃO LTDA.)
Rua Ernesto Alves, 150 – Bairro Floresta
90220-190 – Porto Alegre – RS
Fone: (51) 3027-7000

SAC 0800 703 3444 – www.grupoa.com.br

É proibida a duplicação ou reprodução deste volume, no todo ou em parte, sob quaisquer formas ou por quaisquer meios (eletrônico, mecânico, gravação, fotocópia, distribuição na Web e outros), sem permissão expressa da Editora.

IMPRESSO NO BRASIL
PRINTED IN BRAZIL

Prefácio

A primeira edição deste estudo introduzia o estudante de arquitetura à forma, ao espaço e aos princípios que norteiam sua organização em uma edificação. Forma e espaço constituem os meios cruciais da arquitetura, compreendendo um vocabulário de projeto que é tanto elementar quanto atemporal. A segunda edição continuou sendo um manual abrangente sobre as maneiras como a forma e o espaço estão relacionados entre si e organizados na configuração de nosso ambiente e foi refinada pela edição do texto e inclusão de diagramas para maior clareza, pelo acréscimo de exemplos selecionados de obras de arquitetura, pela ampliação das seções sobre aberturas, escadas e escala, e, finalmente, pela inclusão de um glossário e um índice de projetistas. A terceira edição continuou a ilustrar as maneiras pelas quais os princípios e elementos fundamentais da arquitetura manifestam-se ao longo da história, acrescentando um componente eletrônico para introduzir os aspectos do tempo e movimento à exposição destas questões. A quarta edição acrescentou dezenas de exemplos contemporâneos selecionados para ilustrar novas formas que vão além dos elementos atemporais da estática básica – as colunas, as vigas e as paredes estruturais de construções estáveis, fixas no tempo e no espaço. Cinco novos módulos foram incluídos no componente eletrônico para animar certas decisões de escala e proporção, o tipo de julgamento visual, muitas vezes sutil, que os arquitetos enfrentam no desenvolvimento de um projeto.

Nesta quinta edição, as adições mais recentes à panóplia arquitetônica ilustram como o digital contemporâneo e as tecnologias de construção influenciaram o desenvolvimento de formas e espaços arquitetônicos – e como a localização e o *design* arquitetônico responderam ao apelo por edifícios mais ambientalmente responsáveis.

Os modelos históricos apresentados nesta obra transpõem o tempo e atravessam as fronteiras culturais. Embora a justaposição de estilos possa parecer abrupta em alguns momentos, a diversificada gama de exemplos é proposital. A colagem pretende persuadir o leitor a procurar semelhanças entre construções aparentemente diferentes e a focar de forma mais nítida as distinções fundamentais que refletem o tempo e o local de sua elaboração. Os leitores são estimulados a buscar exemplos adicionais encontrados ou relembrados no contexto de suas experiências individuais. À medida que os elementos e princípios de projeto se tornam mais familiares, novas conexões, relações e níveis de significado podem ser estabelecidos.

Os exemplos ilustrados não são exaustivos nem constituem necessariamente os protótipos dos conceitos e princípios discutidos. Sua seleção serve meramente para elucidar e ressaltar as ideias formais e espaciais que estão sendo exploradas. Estas ideias seminais transcendem seu contexto histórico e encorajam a especulação de como poderiam ser analisadas, percebidas e experimentadas. Como poderiam ser transformadas em edificações coerentes, úteis e significativas do espaço e sua delimitação? Como poderiam ser reaplicadas a uma variedade de problemas de arquitetura? Esta maneira de apresentação visa promover uma compreensão mais evocativa da arquitetura que vivenciamos, a arquitetura que encontramos na literatura e a arquitetura que imaginamos enquanto projetamos.

AGRADECIMENTOS

Sou eternamente grato às seguintes pessoas pelas valiosas colaborações à edição original deste trabalho: Forrest Wilson, cujas ideias sobre a comunicação dos princípios de projeto ajudaram a aprimorar a organização do material e cujo apoio tornou esta publicação possível; James Tice, cujo conhecimento e compreensão da história e teoria da arquitetura fortaleceram o desenvolvimento deste estudo; Norman Crowe, cuja diligência e habilidade no ensino da arquitetura me encorajaram a levar este trabalho adiante; Roger Sherwood, cuja pesquisa sobre os princípios de organização da forma fomentaram o desenvolvimento do capítulo sobre princípios ordenadores; Daniel Friedman, pela edição da versão final; Diane Turner e Philip Hamp, pela assistência na coleta de material para as ilustrações; e à equipe dos editores e de produção da Van Nostrand Reinhold, por seu apoio e serviços excepcionais durante a elaboração da primeira edição.

Na segunda edição, meu agradecimento estendeu-se aos muitos alunos e seus professores, que utilizaram este livro durante anos e apresentaram sugestões para o seu aprimoramento como referência e ferramenta de ensino e estudo. Gostaria de agradecer especialmente aos seguintes educadores por sua crítica cuidadosa e atenta da primeira edição: L. Rudolph Barton, Laurence A. Clement, Jr., Kevin Forseth, Simon Herbert, Jan Jennings, Marjorie Kriebel, Thomas E. Steinfeld, Cheryl Wagner, James M. Wehler e Robert L. Wright.

Ao preparar a terceira edição, contei com a cuidadoa revisão de Michele Chiuni, Ahmeen Farooq e Dexter Hulse, a quem sou grato. Embora eu tenha procurado seguir muitos de seus sábios conselhos, sou o único responsável por quaisquer falhas remanescentes no texto. Essa foi a primeira edição publicada por John Wiley & Sons, e gostaria também de expressar minha gratidão à sua equipe editorial e de produção, por seu valioso apoio, e a Nan-ching Tai, por suas criativas contribuições e sua assistência técnica na preparação do componente eletrônico.

Dra. Karen Spence, Gary Crafts, Lohren Deeg e Dr. Ralph Hammann contribuíram com informações valiosas e sugestões para a quarta edição, enquanto Paul Drougas e Lauren Olesky, da John Wiley & Sons, forneceram assistência editorial e ajudaram a concluir o trabalho com sucesso.

Nesta quinta edição, quero reconhecer Todd Green, Amy Odum e o restante da equipe Wiley pelo apoio e pela assistência permanentes, o que fez da jornada até a publicação deste livro uma prazerosa caminhada.

Para Debra, Emily e Andrew.

Introdução

A arquitetura é geralmente concebida (projetada) e realizada (construída) em resposta a um conjunto de condições existentes. Essas condições podem ser de natureza puramente funcional ou também refletir, em graus variados, a atmosfera social, política e econômica. De qualquer maneira, pressupõe-se que o conjunto de condições existentes – o problema – seja pouco satisfatório e que um novo conjunto de condições – uma solução – seria desejável. O ato de criar arquitetura, portanto, constitui um processo de resolução de problemas ou um processo de projeto.

A fase inicial de qualquer processo de projeto é o reconhecimento de uma condição problemática e a decisão de se encontrar uma solução para ela. O projeto é, acima de tudo, um ato deliberado, um esforço com certo propósito. Um projetista deve primeiramente documentar as condições existentes de um problema, definir seu contexto e levantar dados importantes para serem assimilados e analisados. Esta é a fase crucial do processo de projeto, já que a natureza de uma solução está inexoravelmente relacionada à maneira como o problema é percebido, definido e trabalhado. Piet Hein, o ilustre poeta e cientista dinamarquês, expressa a questão da seguinte maneira: "A arte consiste em resolver problemas que não podem ser formulados antes que tenham sido resolvidos. A formulação da questão é parte da resposta."

Os projetistas, inevitável e instintivamente, prefiguram soluções aos problemas com os quais se defrontam, mas a profundidade e riqueza de seu vocabulário de projeto influenciam tanto sua percepção de uma questão quanto a formulação de sua resposta. Se nossa compreensão de uma linguagem de projeto é limitada, a gama de soluções possíveis a um problema também será limitada. Este livro visa, portanto, a ampliação e o enriquecimento de um vocabulário de projeto por meio do estudo de seus elementos e princípios essenciais e da exploração de um amplo rol de soluções a problemas de arquitetura desenvolvido no decorrer da história humana.

Sendo uma arte, a arquitetura é mais do que a satisfação de exigências puramente funcionais de um programa de necessidades. Fundamentalmente, as manifestações físicas da arquitetura acomodam a atividade humana. Contudo, o arranjo e a organização das formas e dos espaços também determinam a maneira como a arquitetura pode promover intervenções, sugerir respostas e comunicar significados. Dessa forma, embora este estudo se concentre nas ideias formais e espaciais, não pretende diminuir a importância dos aspectos sociais, políticos e econômicos da arquitetura. A forma e o espaço são apresentados não como fins em si mesmos, mas como meios para solucionar um problema em resposta a condições de função, propósito e contexto – ou seja, arquitetonicamente.

É possível estabelecer uma analogia com a maneira como devemos conhecer e compreender o alfabeto antes que possamos formar palavras e desenvolver um vocabulário, como precisamos compreender as regras da gramática e sintaxe antes que possamos formular frases; precisamos entender os princípios de composição antes que possamos escrever ensaios, romances e coisas do gênero. Uma vez que esses elementos forem compreendidos, poderemos escrever de modo tocante ou com força, pedir a paz ou incitar a revolta, comentar sobre o trivial ou falar com profundidade e relevância. De maneira semelhante, talvez seja apropriado sermos capazes de reconhecer os elementos básicos da forma e espaço e entendermos como podem ser manipulados e organizados para o desenvolvimento de um conceito de projeto, antes de abordarmos a questão mais vital do sentido na arquitetura.

viii   INTRODUÇÃO

A fim de situar este estudo em um contexto apropriado, apresentamos a seguir um panorama dos elementos, sistemas e organizações básicos que compõem uma obra de arquitetura. Todos esses componentes podem ser percebidos e experimentados. Alguns talvez sejam imediatamente perceptíveis, enquanto outros se mostram mais obscuros ao nosso intelecto e sentidos. Alguns talvez sejam dominantes, enquanto outros desempenham um papel secundário na organização de uma edificação. Alguns talvez transmitam imagens e significados, enquanto outros servem como qualificadores ou modificadores dessas mensagens.

Em todos os casos, contudo, esses elementos e sistemas devem estar relacionados entre si para formarem um todo integrado com uma estrutura unificadora ou coerente. A ordem na arquitetura é criada quando a organização das partes torna visível seu relacionamento com cada uma delas e com a estrutura como um todo. Quando essas relações são percebidas como reforçando e contribuindo mutuamente para a natureza singular do todo, temos a existência de uma ordem conceitual — uma ordem que pode inclusive ser mais duradoura do que as visões perceptivas transitórias.

Elementos arquitetônicos

A **ARQUITETURA** de
- Espaço
- Estrutura
- Delimitação

- padrão de organização, relações, clareza e hierarquia
- imagem formal e definição espacial
- características de formato, cor, textura, escala e proporções
- características das superfícies, arestas e aberturas

Vivenciada por meio de **Movimento no espaço e no tempo**
- acesso e entrada
- configuração dos caminhos e acessos
- sequência de espaços
- luz, visão, tato, audição e olfato

Executada com a **Tecnologia**
- estrutura e vedações
- proteção contra o clima e conforto
- saúde, segurança e bem-estar
- durabilidade e sustentabilidade

Acomodando um **Programa**
- exigências, necessidades e aspirações dos usuários
- fatores socioculturais
- fatores econômicos
- condicionantes legais
- tradições e precedentes históricos

Compatível com **Contexto**
- terreno e meio ambiente
- clima: sol, ventos, temperatura, precipitações
- geografia: solo, topografia, vegetação, água
- características sensoriais e culturais do lugar

INTRODUÇÃO ix

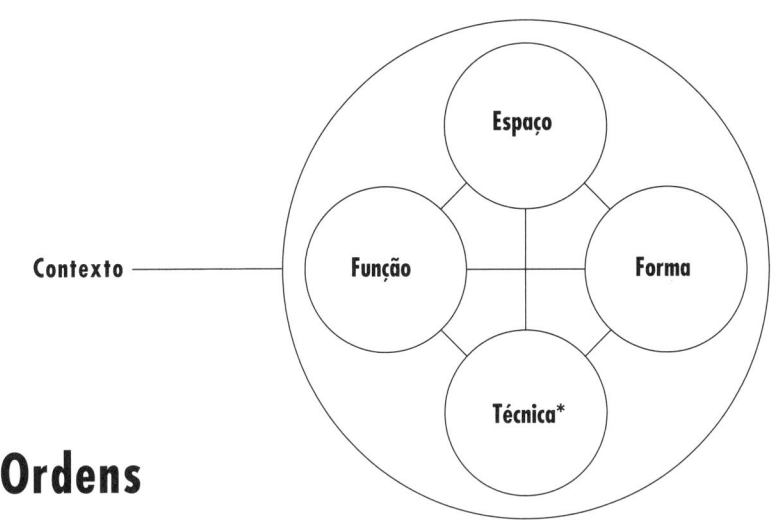

Contexto

*A técnica se refere à teoria, aos princípios ou ao estudo de uma arte ou um processo.

e Ordens

Físicas	Forma e espaço • Sólidos e vazios • Interior e exterior	Sistemas e organizações de • Espaço • Estrutura • Delimitação
Perceptivas	Percepção sensorial e reconhecimento dos elementos físicos ao serem experimentados sequencialmente	• vias de acesso e saída • entrada e saída • movimento através dos espaços • funcionamento dos espaços e suas atividades internas • características de luz, cor, textura, vista e som
Conceituais	Compreensão das relações ordenadas e desordenadas entre os elementos e sistemas de uma edificação e resposta aos significados que evocam.	• Imagens • Padrões • Sinais • Símbolos

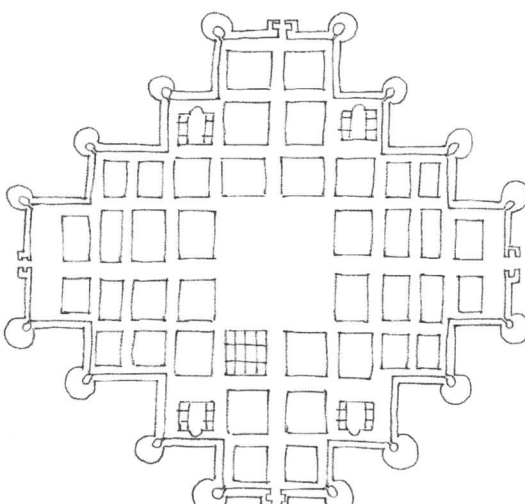

INTRODUÇÃO

Esta análise gráfica da Villa Savoye (Poissy, leste de Paris, 1923–1931, Le Corbusier) ilustra o modo pelo qual a arquitetura traduz a integração harmônica de partes interagentes em um todo complexo e unificado.

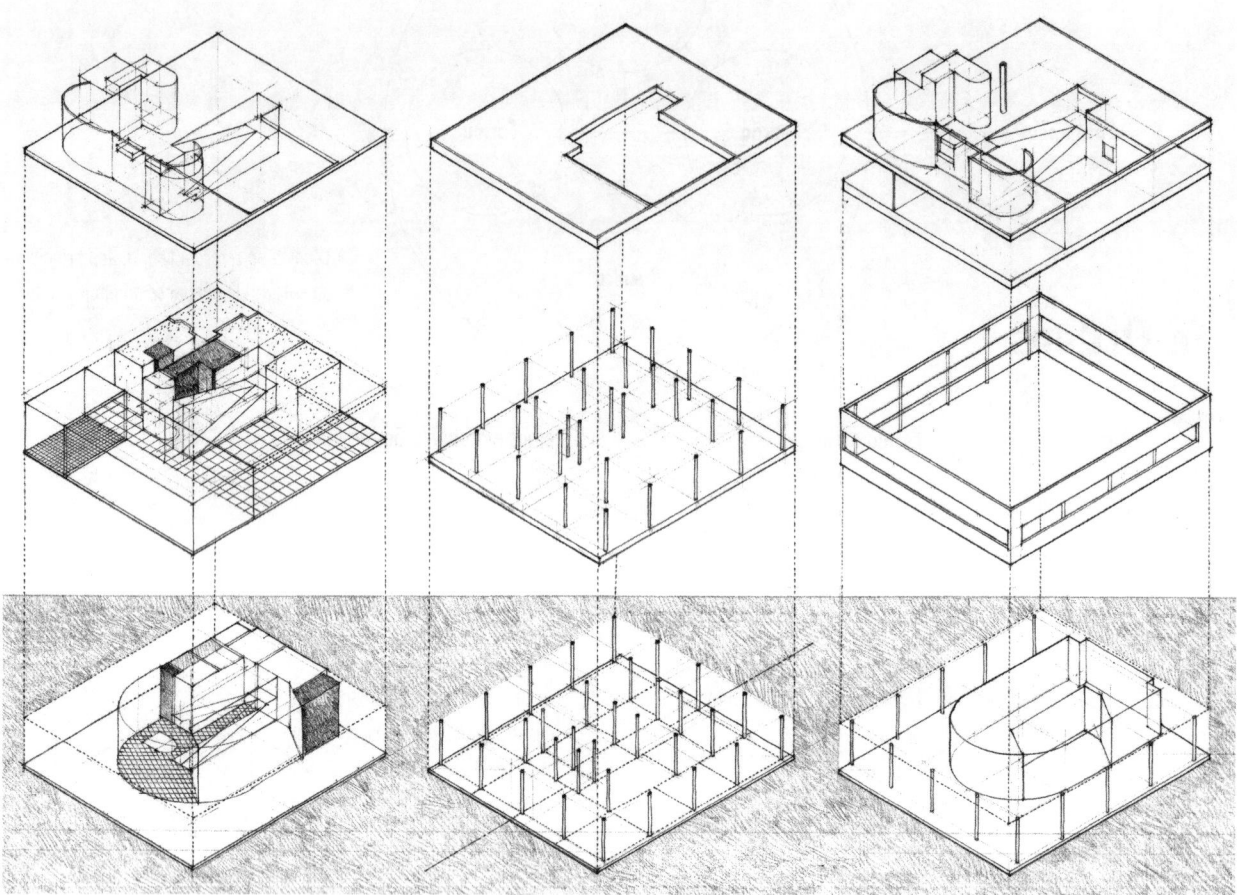

Sistema Espacial

- A integração tridimensional dos elementos do programa de necessidades e dos espaços acomoda as múltiplas funções e relações de uma casa.

Sistema Estrutural

- Uma malha de colunas sustenta as vigas e lajes horizontais.
- O balanço está voltado para a direção do acesso à casa, ao longo do eixo longitudinal.

Sistema de Vedações

- Quatro planos de paredes externas definem um volume retangular, o qual acomoda os elementos e espaços do programa de necessidades.

INTRODUÇÃO xi

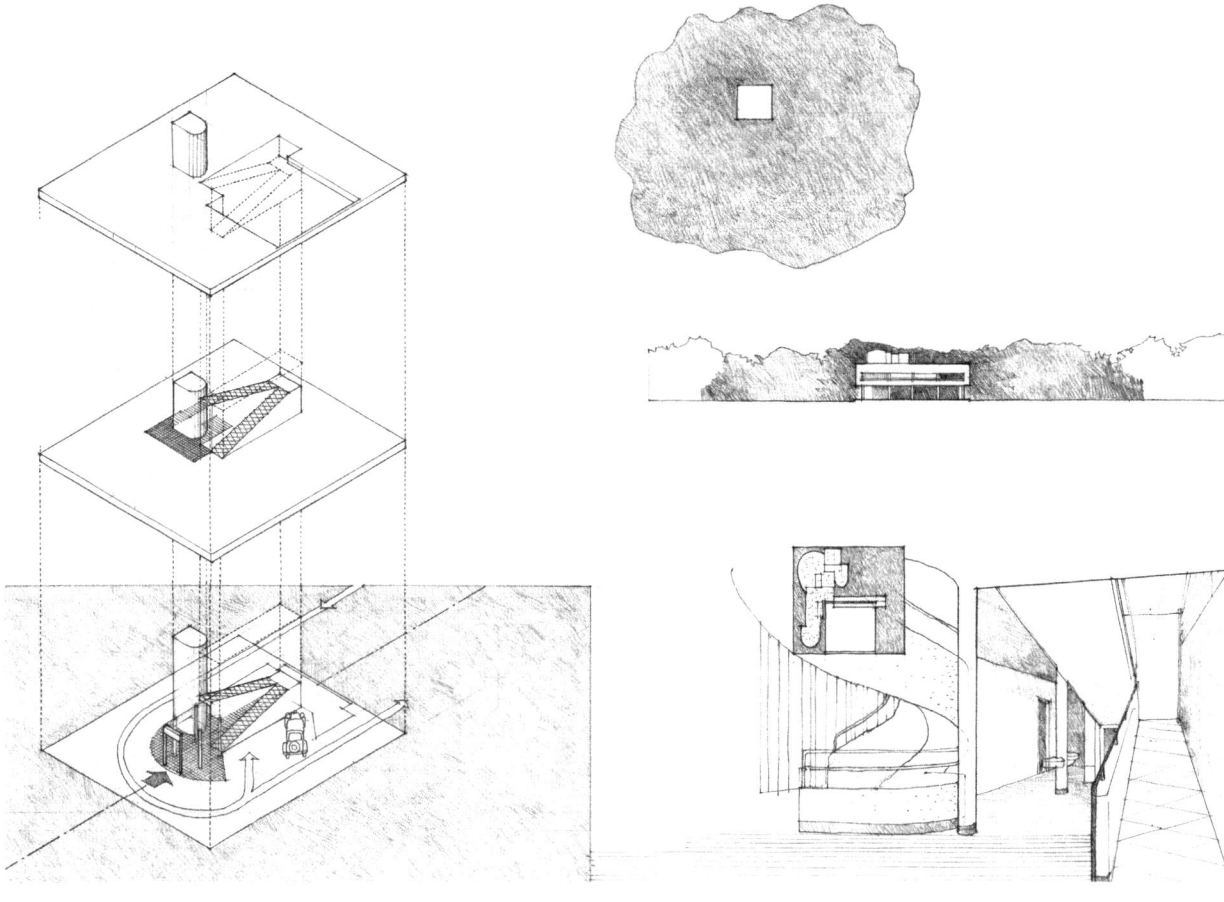

Sistema de Circulação

- A escada e a rampa penetram os três níveis, conectando-os, além de reforçar a percepção do observador das formas no espaço e sob a luz.
- A forma curva da entrada de automóveis reflete o movimento dos veículos.

Contexto

- Uma forma externa simples envolve uma complexa organização interna de formas e espaços
- A elevação do pavimento principal (*piano nobile*) em relação ao solo oferece uma vista melhor e evita sua umidade.
- O terraço-jardim distribui a luz natural aos espaços organizados ao seu redor.

"Seu exterior severo, quase quadrado, circunda uma configuração interna intrincada vislumbrada através das aberturas e nas saliências acima...Sua ordem interna acomoda as funções múltiplas de uma casa, de escala doméstica e mistério parcial inerente a um senso de privacidade. Sua ordem externa expressa a unidade da ideia da casa em uma escala adequada e natural ao campo verde que dominava e possivelmente à cidade da qual um dia fará parte."

Robert Venturi, *Complexity and Contradiction in Architecture*, 1966

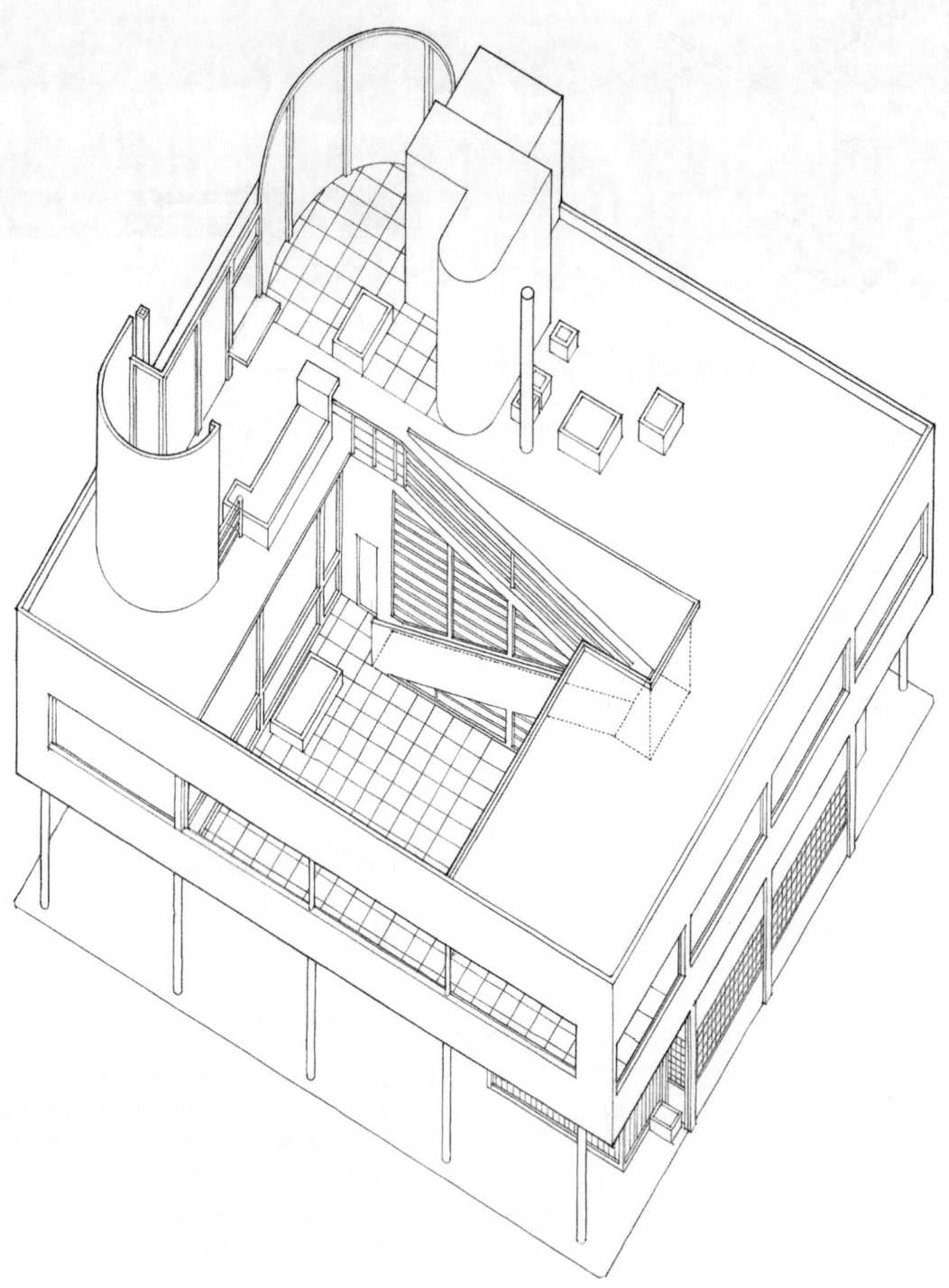

Sumário

1 Elementos Primários   1
   Elementos primários   2
   O ponto   4
   Elementos pontuais   5
   Dois pontos   6
   A reta   8
   Elementos retilíneos   10
   Da reta ao plano   14
   Elementos retilíneos definindo planos   15
   O plano   18
   Elementos planos   20
   O volume   28
   Elementos volumétricos   30

2 A Forma   33
   A forma   34
   Propriedades da forma   35
   O formato   36
   Figuras primitivas   38
   O círculo   39
   O triângulo   40
   O quadrado   41
   Sólidos primitivos   42
   Formas regulares e irregulares   46
   A transformação da forma   52
   A transformação das dimensões   54
   A transformação por geometria   58
   A forma subtrativa   68
   As formas subtrativas e aditivas   71
   A forma aditiva   72
   A forma centralizada   74
   A forma linear   76
   A forma radial   80
   A forma aglomerada   82
   A forma em malha   86
   Colisões formais da geometria   88
   Círculo mais quadrado   90
   A malha rotada   94
   A articulação da forma   98

   Arestas e quinas   100
   Quinas   101
   O destaque das superfícies   106

3 Forma e Espaço   117
   Forma e espaço   118
   A forma e o espaço: uma unidade de opostos   120
   A forma definindo o espaço   128
   Elementos horizontais definindo o espaço   129
   Plano-base   130
   Plano-base elevado   132
   O plano-base rebaixado   138
   O plano de cobertura   144
   Elementos verticais configurando o espaço   154
   Elementos verticais retilíneos   156
   O plano vertical solto   164
   Configurações de planos verticais em L   168
   Plantas em L   169
   Planos verticais paralelos   174
   Plantas em U   180
   Quatro planos: fechamento   186
   Quatro planos verticais: edificações fechadas   190
   Quatro planos: edificações fechadas   191
   Aberturas em elementos definidores do espaço   194
   Aberturas em planos   196
   Aberturas em quinas   198
   Aberturas entre dois planos   200
   Propriedades do espaço arquitetônico   202
   O grau de fechamento   204
   Iluminação   206
   Vista   212
   Ventilação   218

4 A Organização   221
   A organização da forma e do espaço   222
   Relações espaciais   223
   Um espaço dentro de outro   224
   Espaços interseccionados   226

Espaços adjacentes   228
Espaços conectados por um terceiro espaço   230
Organizações espaciais   232
Organizações centralizadas   234
Organizações lineares   244
Organizações radiais   254
Organizações aglomeradas   260
Organizações em malha   270

5   A Circulação   279
A circulação: o movimento através do espaço   280
Elementos de circulação   281
O acesso   282
A entrada   290
O desenho da circulação   304
Relações entre a circulação e o espaço   318
A forma do espaço de circulação   322
Escadas e escadarias   326

6   Proporção e Escala   335
Proporção e escala   336
Proporções dos materiais   337
Proporções das estruturas   338
Proporções industriais   340
Sistemas de proporcionalidade   341
A seção áurea   344
Linhas reguladoras   348
Ordens clássicas   350
Teorias renascentistas   356
O Modulor   360
O ken   364
A antropometria   368
A escala   371
A escala visual   372
A escala humana   374
Uma comparação de escalas   378

7   Os Princípios   381
Os princípios ordenadores   382
O eixo   384
A simetria   392
A hierarquia   402
A referência   412
O ritmo   428
A repetição   429
A transformação   450

Conclusão   456
Bibliografia   459
Glossário   461
Índice de edificações   469
Índice de arquitetos   475
Índice geral   477

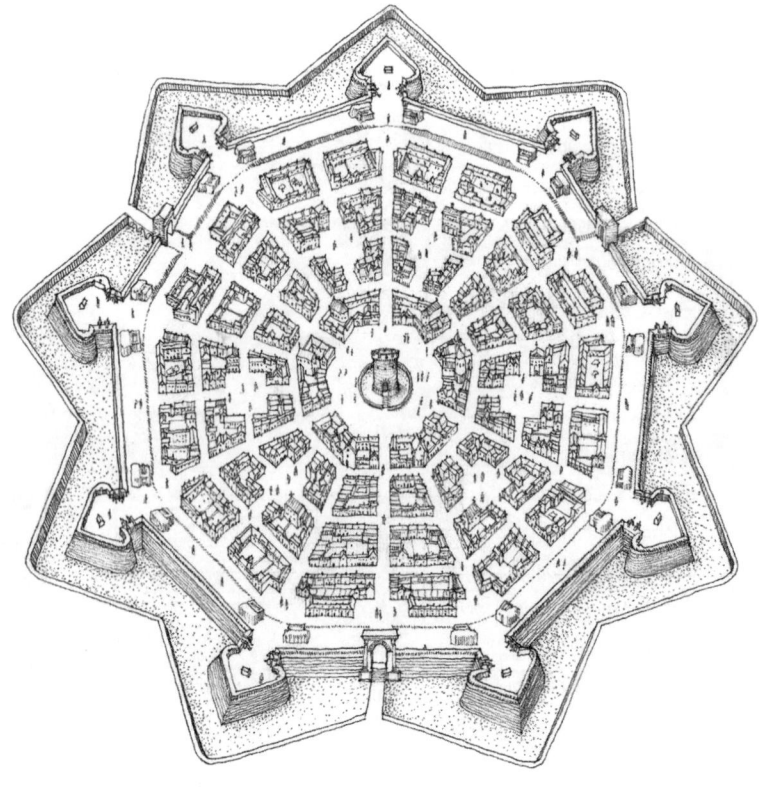

1
Elementos Primários

"Toda forma pictórica começa com o ponto que se põe em movimento (...) O ponto se move (...) e nasce a reta — a primeira dimensão. Quando a reta se desloca para formar um plano, obtemos um elemento bidimensional. No movimento do plano para os espaços, o encontro de planos dá surgimento ao corpo (tridimensional). Uma síntese de energias cinéticas que movem o ponto convertendo-o em reta, a reta que se converte em plano e o plano que se converte em uma dimensão espacial."

Paul Klee
The Thinking Eye: The Notebooks of Paul Klee
1961

2 ELEMENTOS PRIMÁRIOS

Este capítulo introdutório apresenta os elementos primários da forma na ordem de seu desenvolvimento: desde o ponto até uma reta unidimensional, de uma reta a um plano bidimensional, e de um plano a um volume tridimensional. Cada elemento é primeiramente considerado como um elemento conceitual e, a seguir, como um elemento visual no vocabulário do projeto de arquitetura.

Como elementos conceituais, o ponto, a reta, o plano e o volume não são visíveis, exceto em nossas mentes. Embora eles não existam de fato, sua presença é sentida por nós. Podemos perceber um ponto no encontro de duas retas, uma reta marcando o contorno de um plano, um plano delimitando um volume e o volume de um objeto que ocupa espaço.

Quando são visíveis aos olhos no papel ou no espaço tridimensional, esses elementos se tornam forma com características de matéria, formato, tamanho, cor e textura. À medida que experimentamos essas formas em nosso ambiente, devemos ser capazes de perceber em sua estrutura a existência dos elementos primários do ponto, da reta, do plano e do volume.

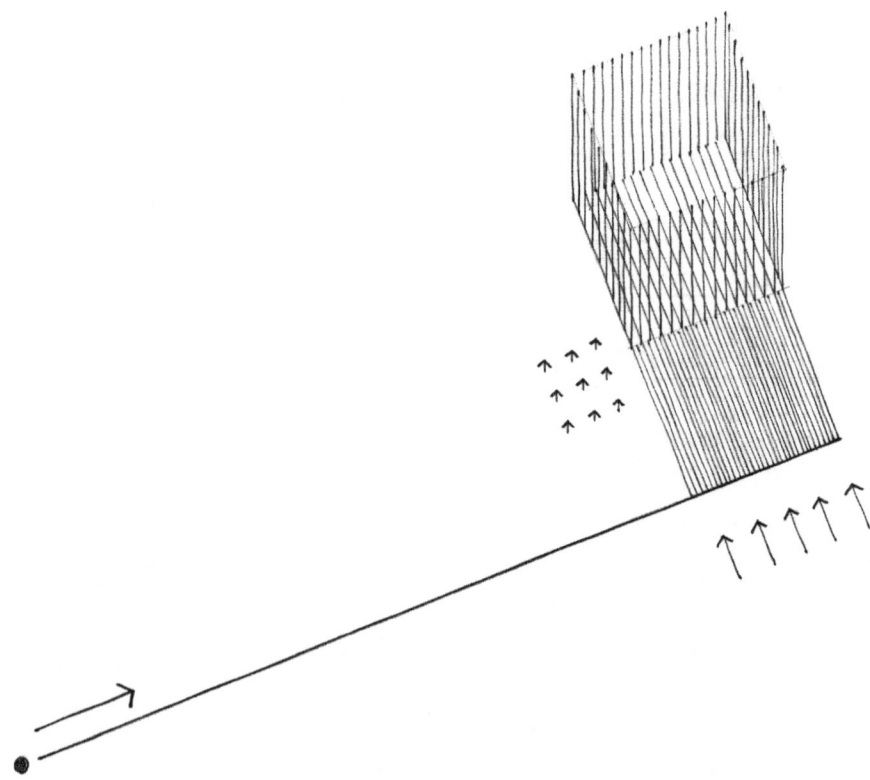

ELEMENTOS PRIMÁRIOS

Como o principal gerador da forma, o

Ponto indica uma posição no espaço.

Reta A extensão de um ponto se torna uma com propriedades de:
- comprimento
- direção
- posição

Plano A extensão de uma reta se torna um com propriedades de:
- comprimento e largura
- formato
- superfície
- orientação
- posição

Volume Um plano estendido se torna um com propriedades de:
- comprimento, largura e profundidade
- forma e espaço
- superfície
- orientação
- posição

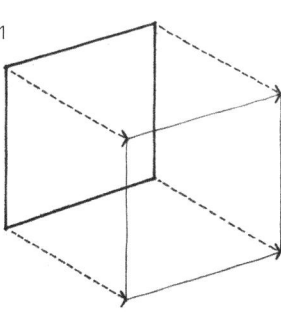

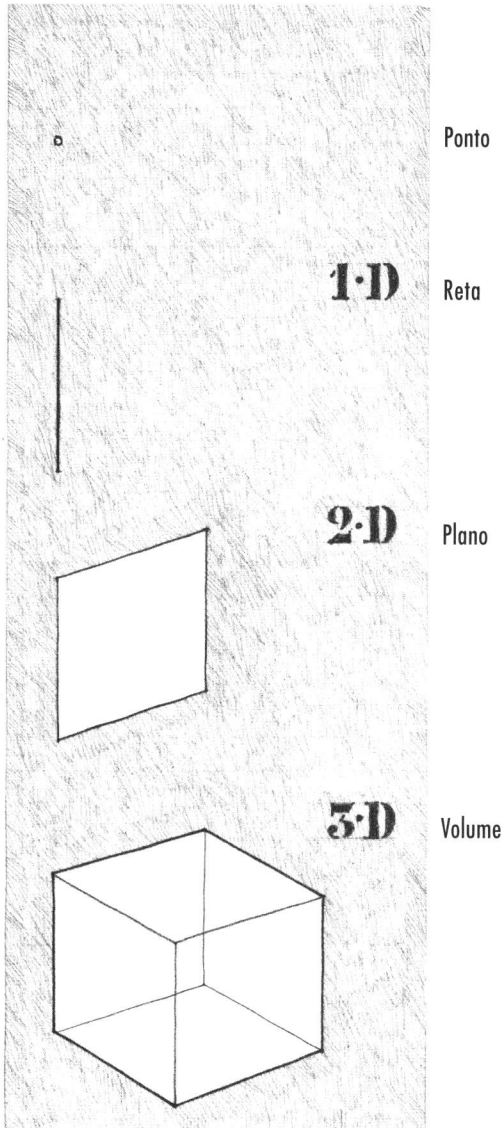

Ponto

1·D Reta

2·D Plano

3·D Volume

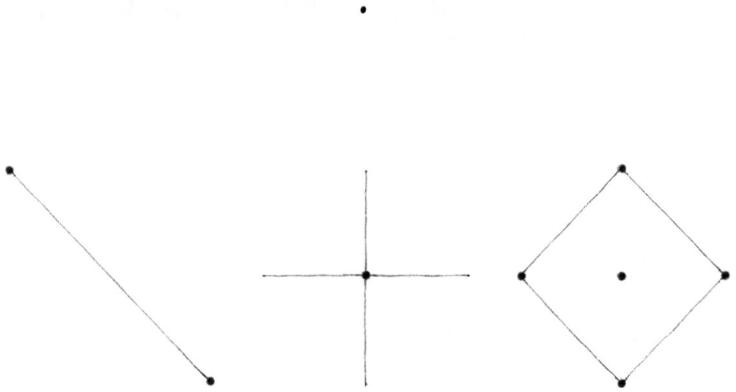

4   O PONTO

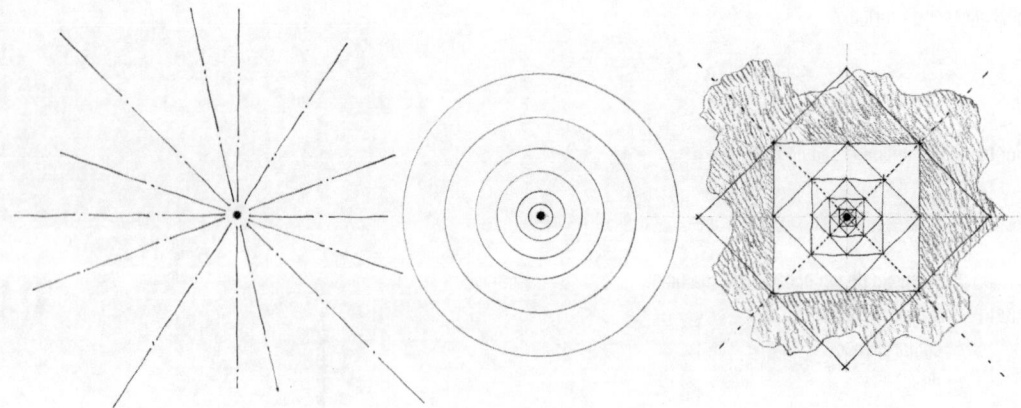

Um ponto marca uma posição no espaço. Conceitualmente, não tem comprimento, largura ou profundidade e, portanto, é estático, centralizado e sem direção.

Como elemento fundamental no vocabulário da forma, um ponto pode servir para marcar:

- as duas extremidades de uma reta
- a interseção de duas retas
- o encontro de retas na quina de um plano ou volume
- o centro de um campo

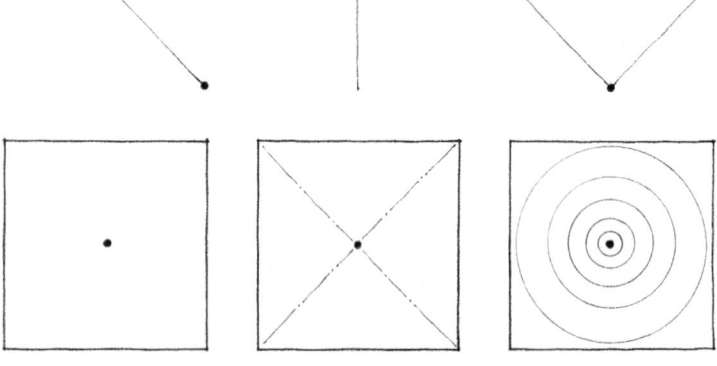

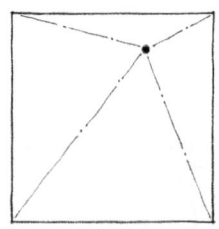
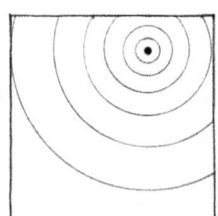

Embora um ponto tecnicamente não tenha formato nem forma, ele começa a ser percebido quando situado dentro de um campo visual. No centro de seu meio, um ponto se encontra estável e em repouso, organizando os elementos circundantes em torno de si e dominando seu campo.

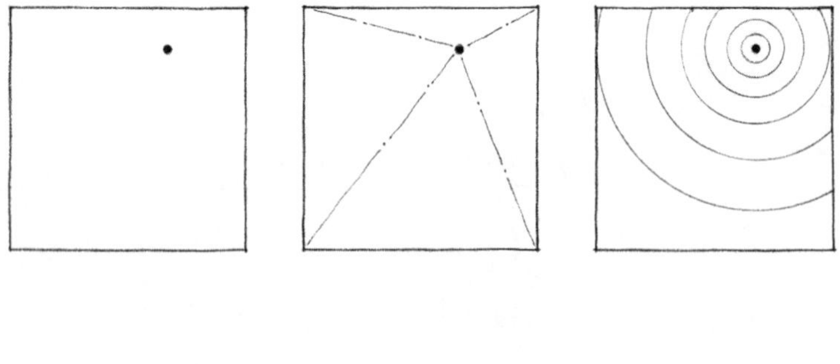

Quando o ponto é deslocado de seu centro, contudo, seu campo se torna mais agressivo e começa a competir pela supremacia visual. A tensão visual é criada entre o ponto e seu campo.

ELEMENTOS PONTUAIS 5

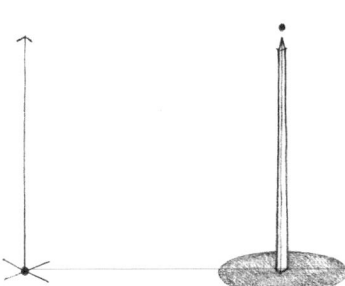

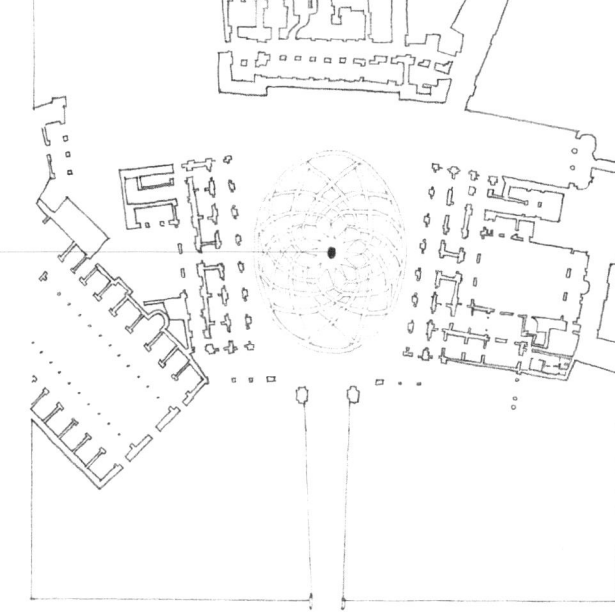

Um ponto não tem dimensão. A fim de marcar visivelmente uma posição no espaço ou no plano do solo, um ponto deve ser projetado verticalmente em uma forma linear, como uma coluna, um obelisco ou uma torre. Qualquer um desses elementos verticais é visto em planta como um ponto e, portanto, mantém a característica visual de um ponto. Outras formas geradas por pontos que apresentam esses mesmos atributos visuais são:

Piazza del Campidoglio (Praça do Monte Capitólio), Roma, Itália, c. 1544, Michelangelo Buonarroti. A estátua equestre de Marco Aurélio marca o centro desse espaço urbano.

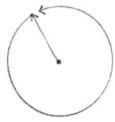 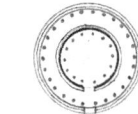

O círculo — **Tholos de Policleto**, Epidauro, Grécia, c. 350 a.C.

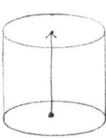 

O cilindro — **Batistério de Pisa**, Itália, 1153–1265, Diotisalvi

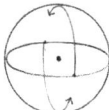 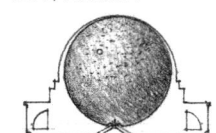

A esfera — **Cenotáfio para Sir Isaac Newton**, Projeto Não Executado, 1784, Étienne-Louis Boulée

Monte de São Miguel, França, século XIII e seguintes. A composição piramidal culmina em uma flecha, que serve para marcar este monastério fortificado como um lugar especial na paisagem.

6 DOIS PONTOS

Dois pontos descrevem uma linha que os une. Embora os pontos confiram a esta reta um comprimento finito, ela também pode ser considerada um segmento de uma trajetória infinitamente mais longa.

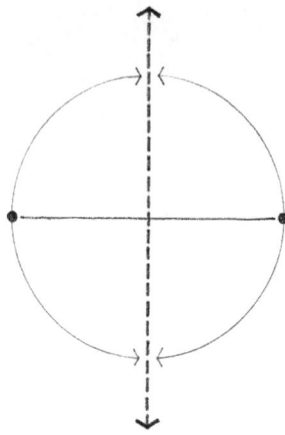

Além disso, dois pontos sugerem um eixo perpendicular à reta que eles descrevem e em relação ao qual são simétricos. Como esse eixo pode ter comprimento infinito, ele às vezes pode ser mais dominante que o segmento de reta.

Em ambos os casos, no entanto, o segmento de reta e o eixo perpendicular a ela são mais dominantes, em termos óticos, do que o número infinito de retas que podem passar através de cada um dos pontos individuais.

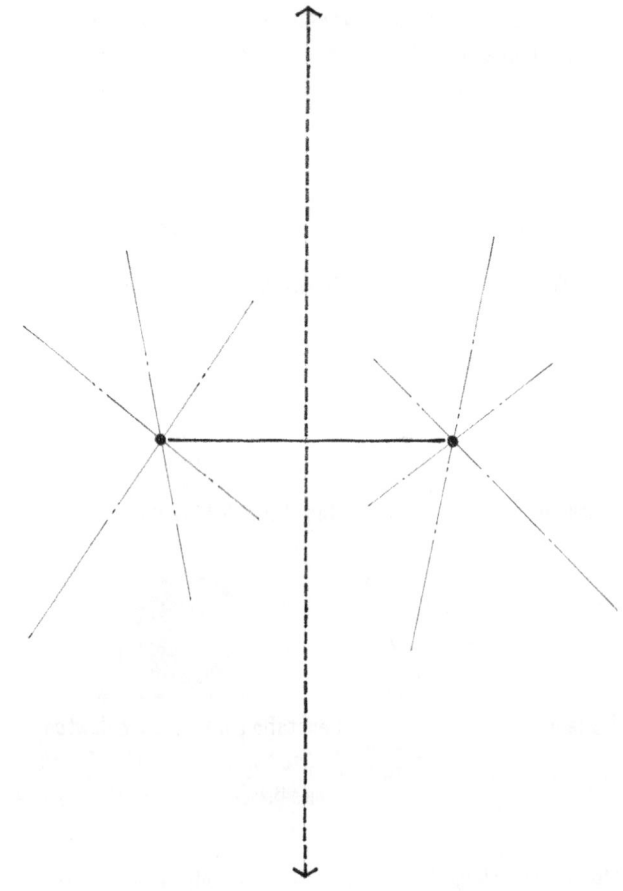

DOIS PONTOS 7

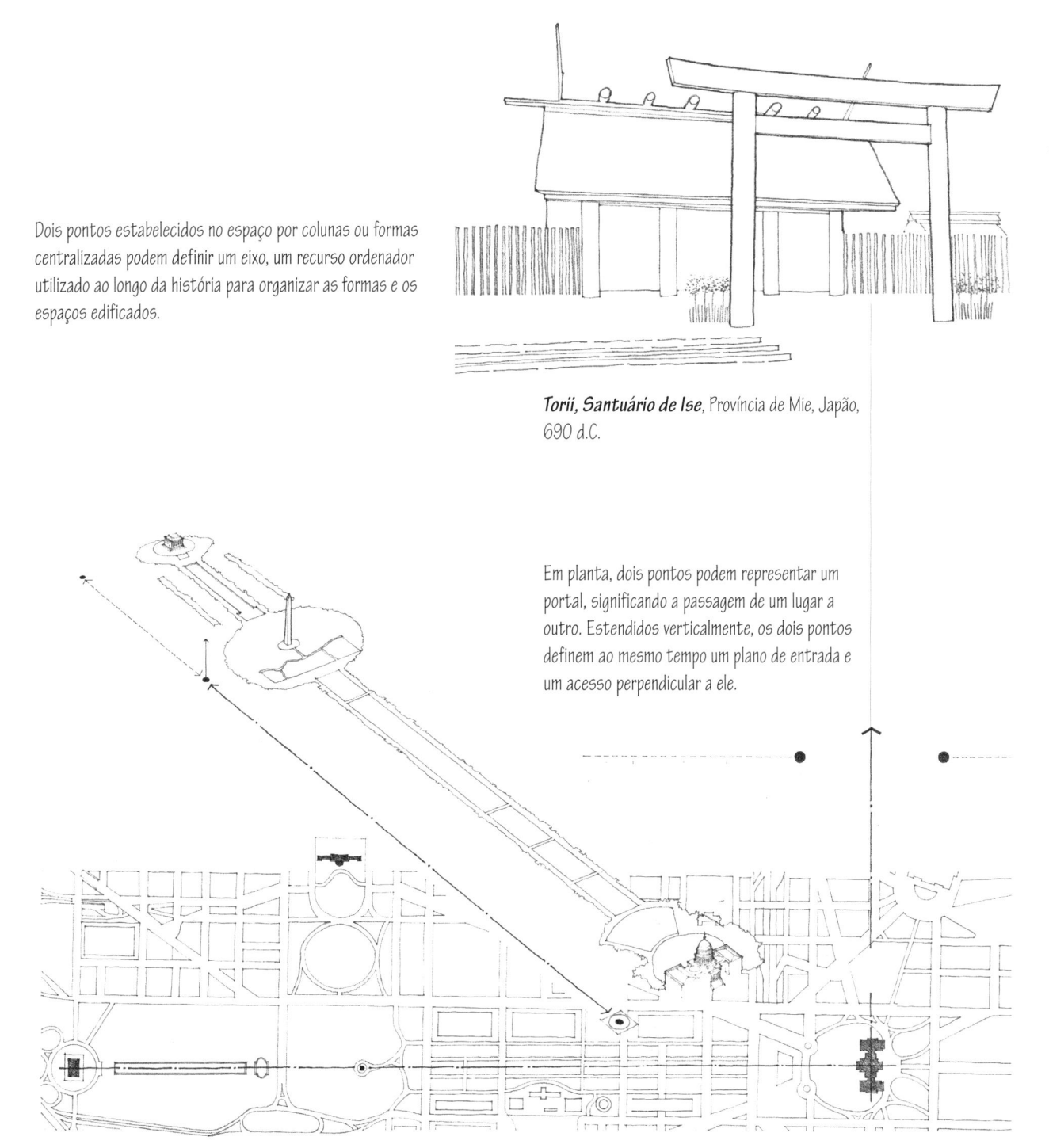

Dois pontos estabelecidos no espaço por colunas ou formas centralizadas podem definir um eixo, um recurso ordenador utilizado ao longo da história para organizar as formas e os espaços edificados.

Torii, Santuário de Ise, Província de Mie, Japão, 690 d.C.

Em planta, dois pontos podem representar um portal, significando a passagem de um lugar a outro. Estendidos verticalmente, os dois pontos definem ao mesmo tempo um plano de entrada e um acesso perpendicular a ele.

A Esplanada de Washington, na capital dos Estados Unidos, se desenvolve ao longo do eixo estabelecido pelo Memorial a Lincoln, o Monumento a Washington e o Capitólio dos Estados Unidos.

8 A RETA

Um ponto estendido se torna uma reta. Conceitualmente, uma reta tem comprimento, mas não tem largura ou profundidade. Enquanto um ponto é estático por natureza, uma reta, ao descrever a trajetória de um ponto em movimento, é capaz de expressar visualmente direção, movimento e crescimento.

Uma reta é um elemento essencial na formação de qualquer construção visual.

Ela pode servir para:

- unir, conectar, sustentar, circundar ou interseccionar outros elementos visuais

- descrever as arestas dos planos e dar formato a elas

- destacar as superfícies dos planos

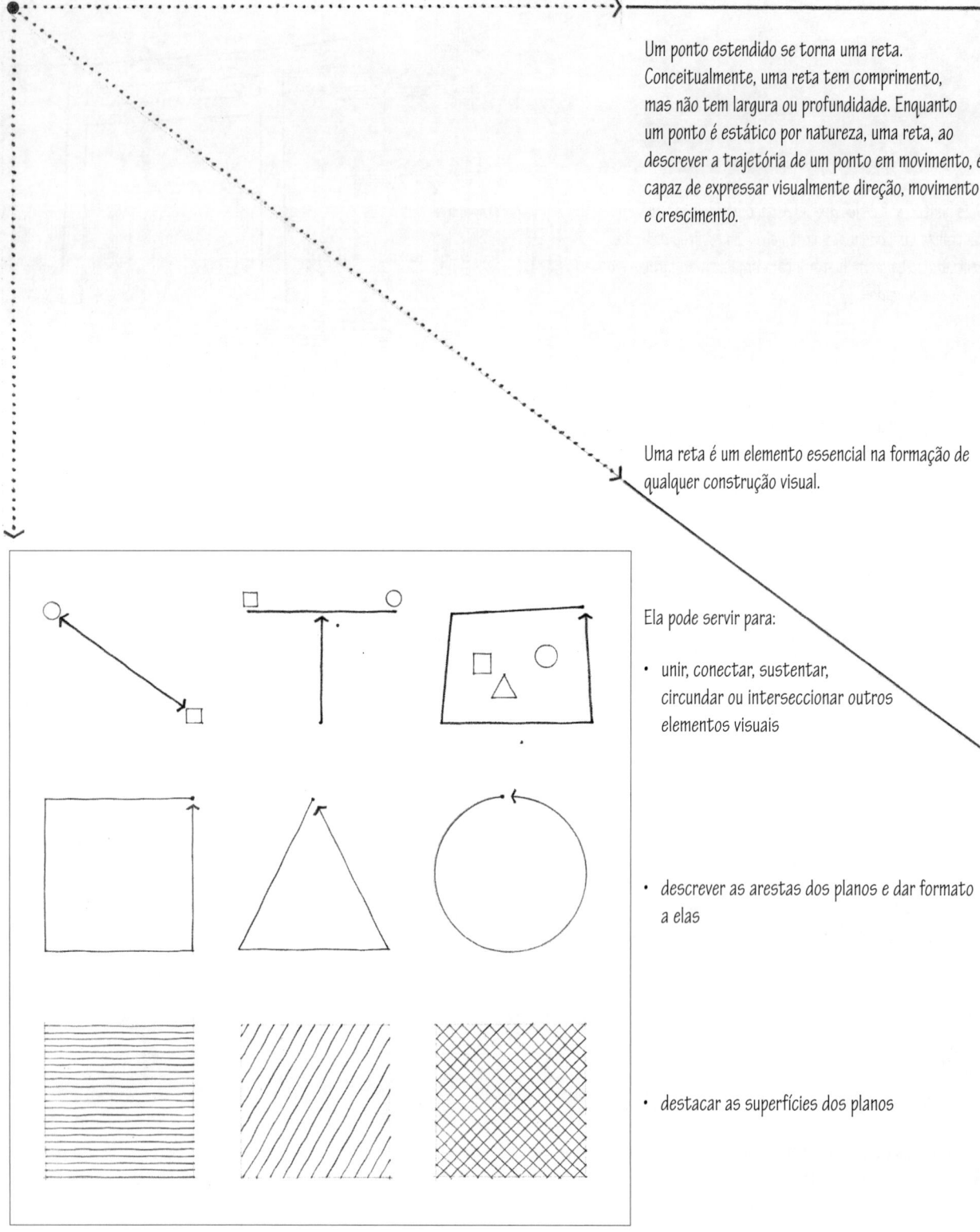

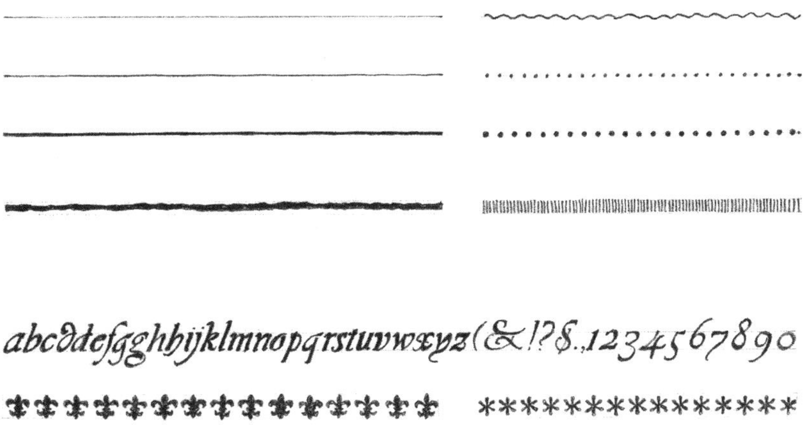

A RETA 9

Embora uma reta teoricamente tenha apenas uma dimensão, sua representação deve conter alguma espessura a fim de se tornar visível. É vista como uma reta simplesmente devido ao fato de seu comprimento dominar sua largura. O caráter de uma reta, seja ela tensa ou frouxa, marcante ou tênue, graciosa ou rústica, é determinado pela nossa percepção da razão comprimento-largura, seu contorno e seu grau de continuidade.

Mesmo a simples repetição de elementos de mesma natureza ou semelhantes, se contínua o suficiente, pode ser considerada uma reta. Esse tipo de reta possui qualidades significativas em termos de textura.

A orientação de uma reta afeta sua função em uma construção visual. Enquanto uma reta vertical pode expressar um estado de equilíbrio com a força da gravidade, simbolizar a condição humana ou marcar uma posição no espaço, uma reta horizontal pode representar estabilidade, o plano do solo, o horizonte ou um corpo em repouso.

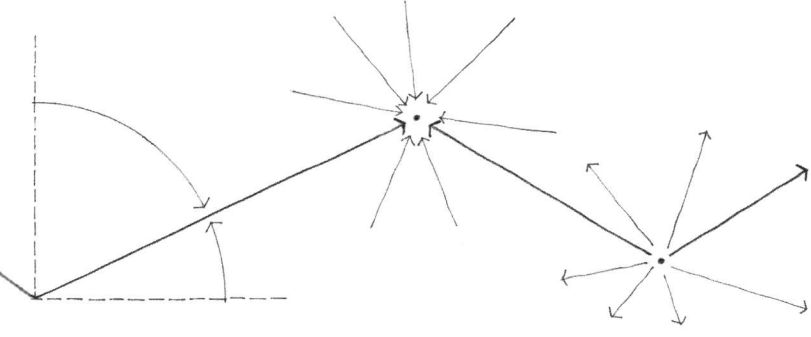

Uma reta oblíqua constitui um desvio da vertical ou horizontal.

Ela pode ser vista como uma reta vertical cadente ou uma reta horizontal ascendente. Em qualquer um dos casos, esteja ela descendo em direção a um ponto no plano do solo ou subindo em direção a um lugar no céu, é dinâmica e visualmente ativa, por seu estado de desequilíbrio.

10   ELEMENTOS RETILÍNEOS

Elementos retilíneos verticais, como colunas, obeliscos e torres, têm sido utilizados ao longo da história para celebrar eventos importantes e estabelecer pontos determinados no espaço.

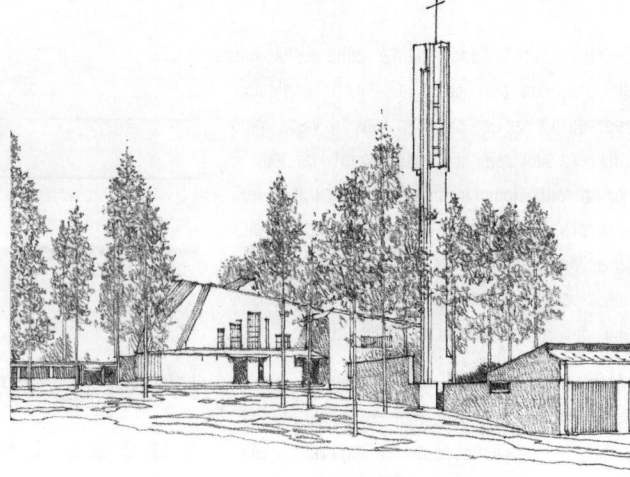

Campanário da Igreja em Vuoksenniska, Finlândia, 1956, Alvar Aalto.

Menir, um monumento pré-histórico formado por um megálito ereto, geralmente isolado, mas às vezes alinhado com outros.

Coluna de Marco Aurélio, Piazza Colonna, Roma, Itália, 174 d.C. Esse fuste cilíndrico comemora a vitória do imperador sobre as tribos germânicas ao norte do Danúbio.

Obelisco de Luxor, Place de la Concorde, Paris, França. O obelisco, que outrora marcava a entrada do Templo de Amon, em Luxor, Egito, foi doado pelo Vice-Rei do Egito, Mohamed Ali, ao Rei Luís Filipe, e instalado em 1836.

Os elementos lineares verticais também podem definir um volume transparente no espaço. No exemplo ilustrado à esquerda, quatro minaretes sugerem um campo espacial em cujo interior se eleva a espetacular cúpula da Mesquita de Selim.

Mesquita de Selim, Edirne, Turquia, 1569–1575, Mimar Sinan

ELEMENTOS RETILÍNEOS 11

Elementos retilíneos verticais que apresentam a resistência dos materiais adequada também podem desempenhar funções estruturais. Nestes três exemplos, os elementos retilíneos:

- expressam movimento no espaço
- proporcionam suporte para um plano superior
- formam uma estrutura tridimensional para o espaço arquitetônico

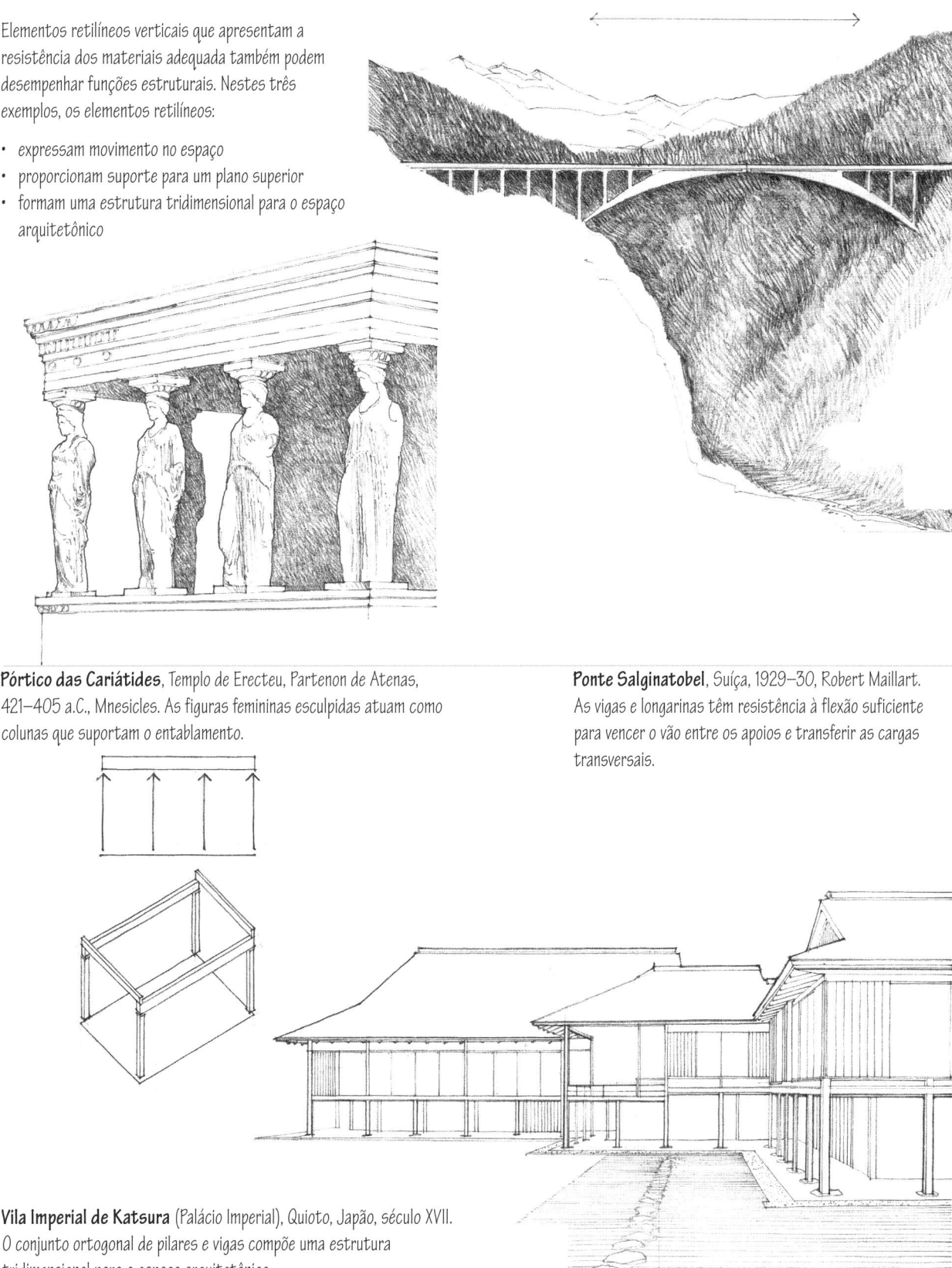

Pórtico das Cariátides, Templo de Erecteu, Partenon de Atenas, 421–405 a.C., Mnesicles. As figuras femininas esculpidas atuam como colunas que suportam o entablamento.

Ponte Salginatobel, Suíça, 1929–30, Robert Maillart. As vigas e longarinas têm resistência à flexão suficiente para vencer o vão entre os apoios e transferir as cargas transversais.

Vila Imperial de Katsura (Palácio Imperial), Quioto, Japão, século XVII. O conjunto ortogonal de pilares e vigas compõe uma estrutura tridimensional para o espaço arquitetônico.

12 ELEMENTOS RETILÍNEOS

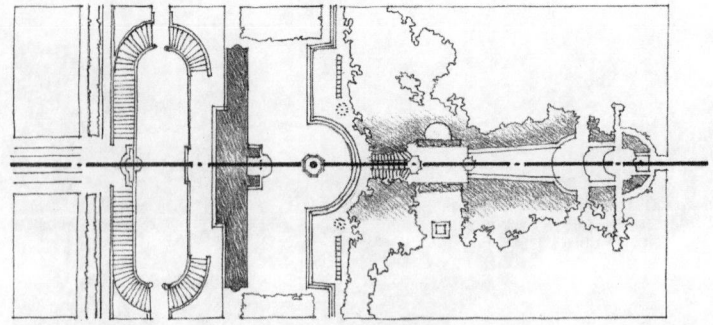

Uma reta pode ser um elemento de arquitetura sugerido, ou seja, não concreto. Um exemplo é o eixo, uma reta reguladora estabelecida por dois pontos distantes no espaço e em relação à qual os elementos são simetricamente distribuídos.

Vila Aldobrandini, Itália, 1598–1603, Giacomo Della Porta

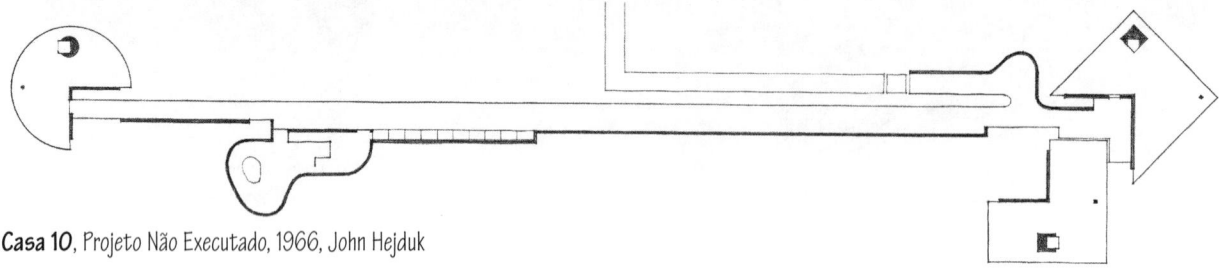

Casa 10, Projeto Não Executado, 1966, John Hejduk

Embora o espaço arquitetônico exista em três dimensões, ele pode ser linear, de modo a acomodar o percurso do movimento através de uma edificação e a conectar seus espaços entre si.

As edificações também podem ter formas lineares, particularmente quando consistem em espaços repetitivos organizados ao longo de uma circulação. Como ilustrado ao lado, as edificações lineares permitem a delimitação de espaços externos, além da adaptação às condições topográficas de um terreno.

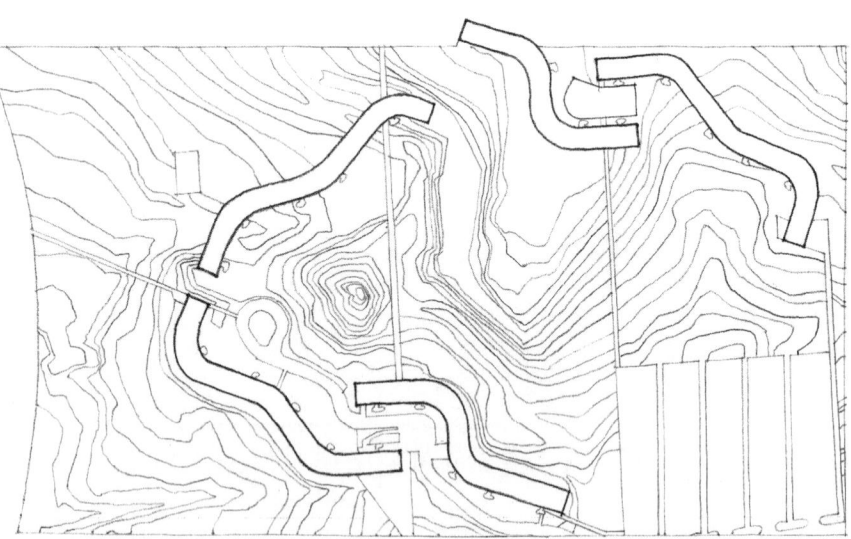

Alojamento dos Estudantes da Universidade Cornell, Ithaca, Nova York, Estados Unidos, 1974, Richard Meier

ELEMENTOS RETILÍNEOS 13

Prefeitura de Säynätsalo, Finlândia, 1950–52, Alvar Aalto

Em uma escala menor, as retas destacam as arestas e superfícies de planos e volumes. Essas retas podem ser expressas por meio de juntas nos materiais de construção ou entre eles, por esquadrias ou molduras em torno das aberturas de janelas e portas ou por uma malha estrutural de pilares e vigas. A maneira como esses elementos retilíneos afetam a textura de uma superfície dependerá de seu peso visual, espaçamento e direção.

Crown Hall, Escola de Arquitetura e Desenho Urbano, Instituto de Tecnologia de Illinois, Chicago, Estados Unidos, 1956, Mies van der Rohe

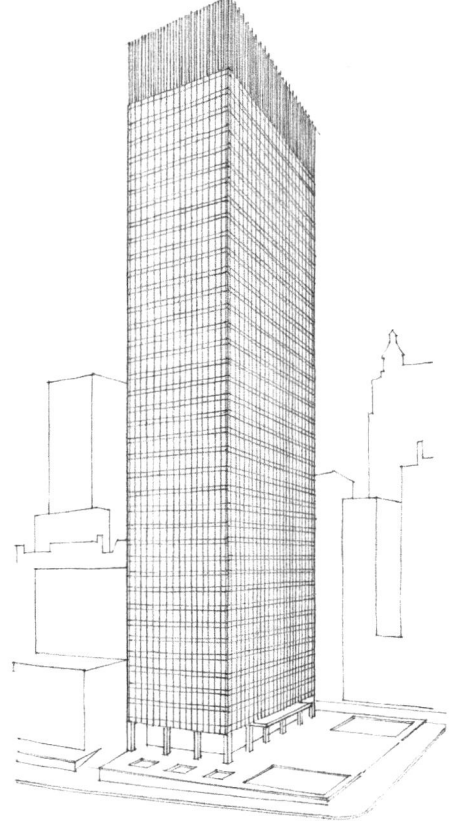

Edifício Seagram, Cidade de Nova York, Estados Unidos, 1956–58, Mies van der Rohe e Philip Johnson

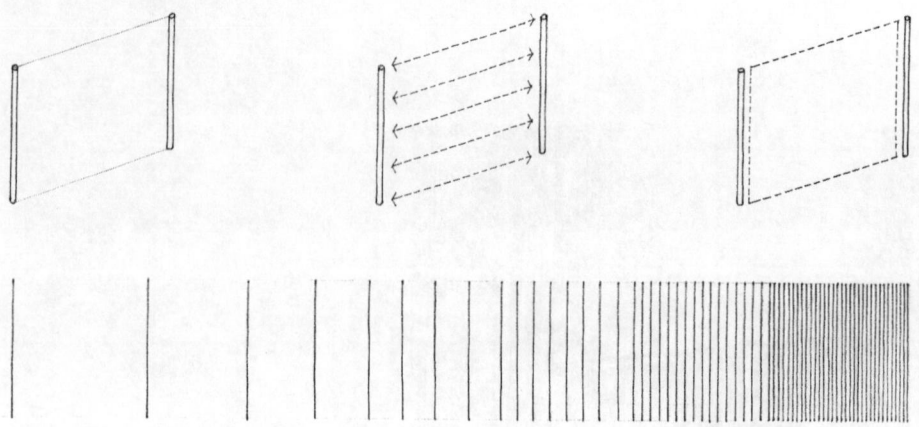

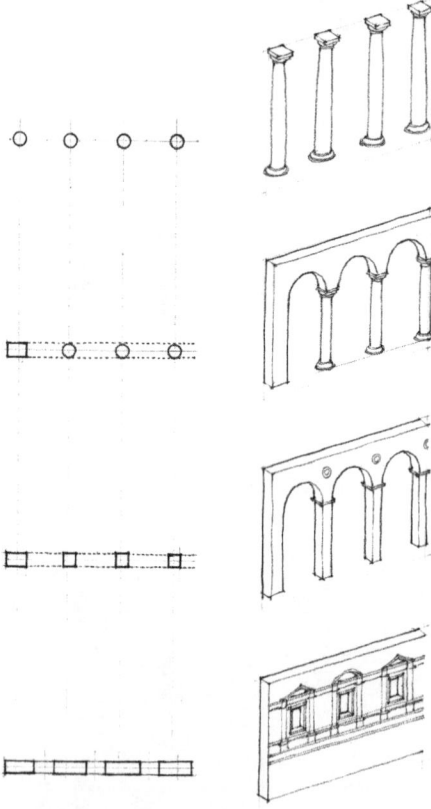

Duas retas paralelas têm a capacidade de descrever visualmente um plano. Uma membrana espacial transparente pode ser esticada entre elas, a fim de reconhecer sua relação visual. Quanto mais próximas essas linhas estiverem entre si, mais forte será a sensação de plano criada por elas.

Uma série de retas paralelas, por meio de sua repetição, reforça nossa percepção do plano descrito por elas. À medida que essas retas se estendem ao longo do plano que descrevem, o plano sugerido se torna mais real, e os vazios originais entre as retas se transformam em meras interrupções da superfície plana.

Os diagramas à esquerda ilustram as transformações de uma colunata que inicialmente sustenta parte de uma parede, depois se transforma em uma série de pilares de seção quadrada que se fundem com o plano da parede e, por fim, se transforma em uma série de pilastras – os resquícios das colunas originais, expressas como um relevo na superfície da parede.

"A coluna é uma parte reforçada de uma parede, mantida perpendicular das fundações ao topo... Uma colunata, na realidade, nada mais é do que uma parede aberta e descontínua em vários lugares." *Leon Battista Alberti*

ELEMENTOS RETILÍNEOS DEFININDO PLANOS   15

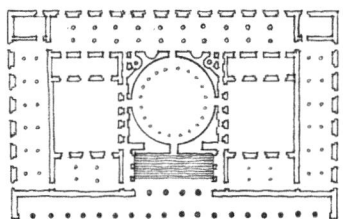

Altes Museum, Berlim, Alemanha, 1823–1830, Karl Friedrich von Schinkel

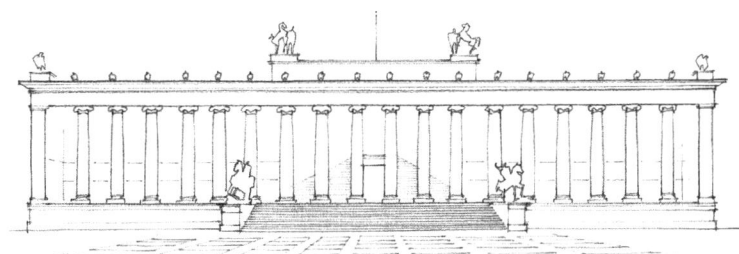

Uma fileira de colunas que sustenta um entablamento – uma colunata – é frequentemente empregada para definir a fachada ou face pública de um prédio, especialmente se ele estiver voltado para um importante espaço cívico. Uma fachada com colunata é permeável e, portanto, facilita a entrada, oferece alguma proteção contra intempéries e forma um véu semitransparente que unifica os elementos da edificação que está atrás dele.

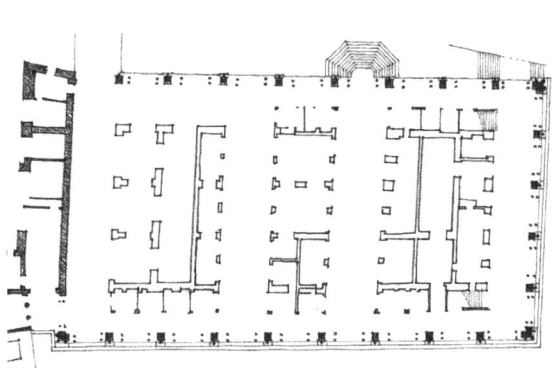

A Basílica Palladiana, Vicenza, Itália.
Andrea Palladio reprojetou esta galeria em 1545 para envolver um prédio medieval. Este acréscimo não apenas reforçou estruturalmente a edificação preexistente como também serviu de véu, disfarçando a irregularidade do núcleo original, e ofereceu uma face uniforme – porém elegante – para a Piazza dei Signori.

Stoa de Átalo, voltada para a Ágora de Atenas, Grécia

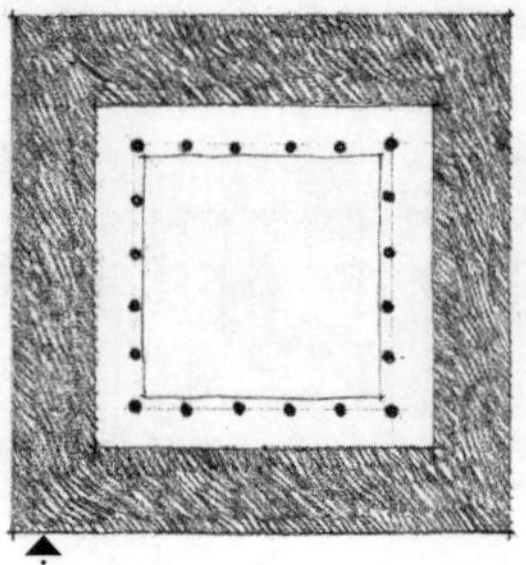

16 ELEMENTOS RETILÍNEOS DEFININDO PLANOS

Claustro da **Abadia de Moissac**, França, c. 1100

Além da função estrutural que as colunas desempenham ao sustentar um pavimento superior ou o plano de cobertura, elas podem enfatizar os limites abertos de zonas espaciais, os quais se mesclam com facilidade com os espaços adjacentes.

Estes dois exemplos ilustram como as colunas conseguem definir as arestas de um espaço externo definido dentro da massa de uma edificação, além de ressaltar as arestas de uma massa edificada no espaço.

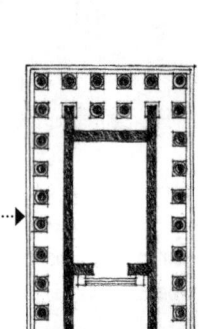

Templo de Atena Polias, Priene, Turquia, c. 334 a.C., Pítio

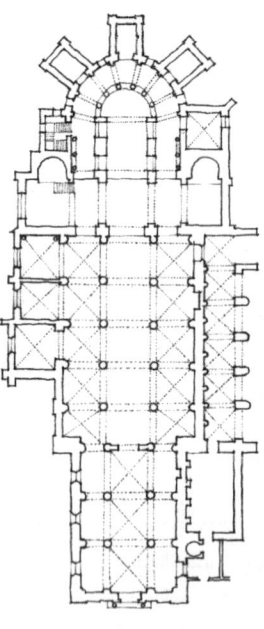

Basílica de São Felisberto, Tournus, França, 950–1120. Esta vista da nave central mostra como as colunatas podem conferir a ideia de ritmo a um espaço.

ELEMENTOS RETILÍNEOS DEFININDO PLANOS 17

Casa Cary, Cidade de Mill Valley, Califórnia, Estados Unidos, 1963, Joseph Esherick

Pátio pergolado, **Casa de Georgia O'Keefe**, Abiquiu, a noroeste de Santa Fé, Novo México, Estados Unidos

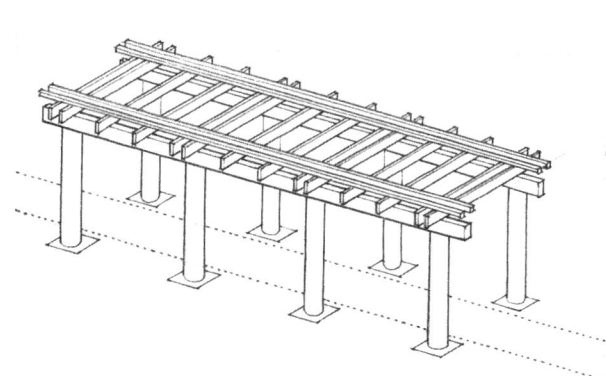

Os elementos retilíneos das treliças e pérgolas podem ajudar a configurar e proteger os espaços externos, além de permitir a incidência da luz solar filtrada e das brisas.

Os elementos retilíneos verticais e horizontais podem, juntos, definir um volume de espaço, como o solário ilustrado à direita. Observe que a forma do volume é determinada unicamente pela configuração dos elementos retilíneos.

Solário da **Unidade 1 do Condomínio Sea Ranch**, Califórnia, Estados Unidos, 1966, MLTW

18 O PLANO

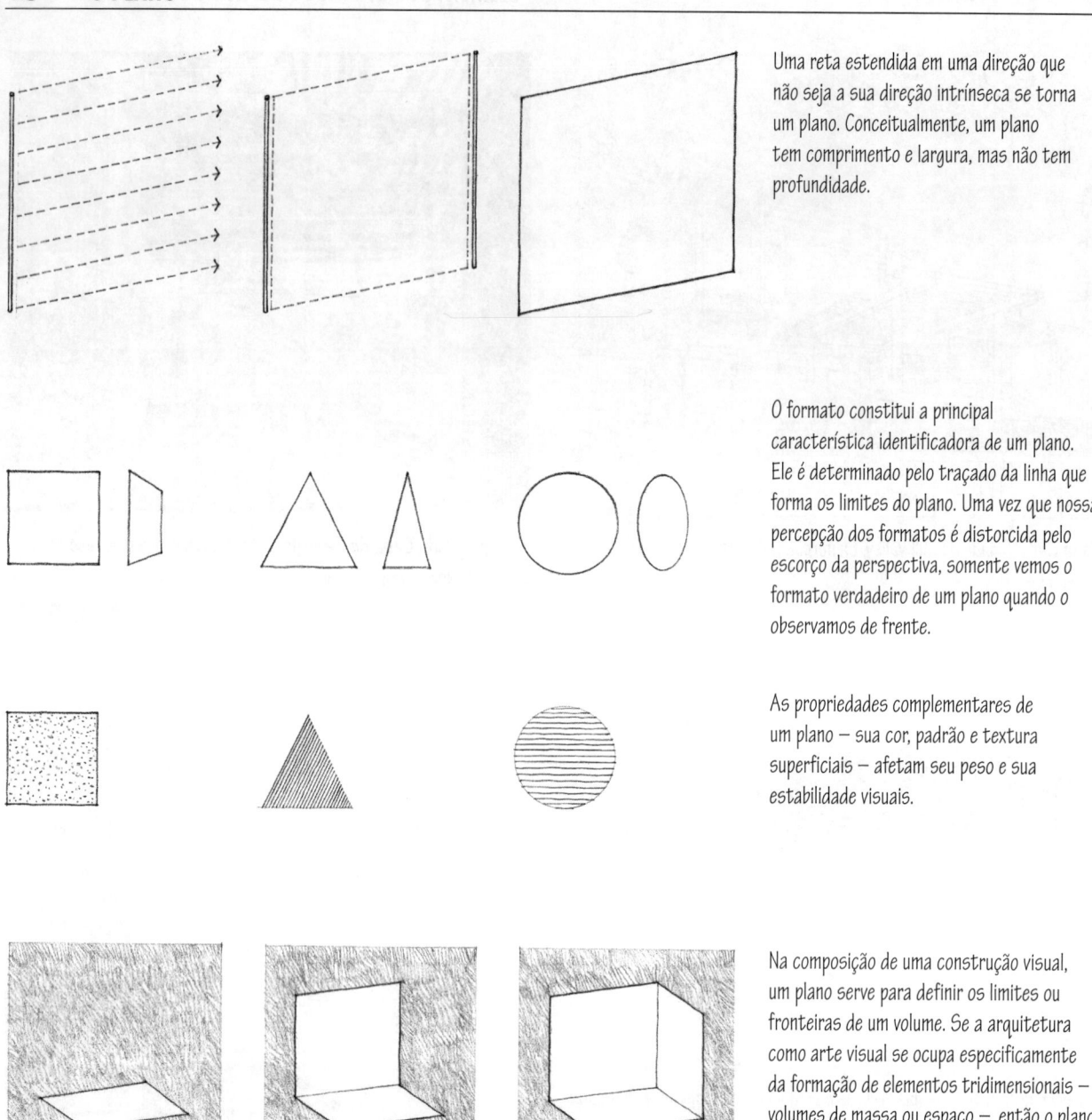

Uma reta estendida em uma direção que não seja a sua direção intrínseca se torna um plano. Conceitualmente, um plano tem comprimento e largura, mas não tem profundidade.

O formato constitui a principal característica identificadora de um plano. Ele é determinado pelo traçado da linha que forma os limites do plano. Uma vez que nossa percepção dos formatos é distorcida pelo escorço da perspectiva, somente vemos o formato verdadeiro de um plano quando o observamos de frente.

As propriedades complementares de um plano — sua cor, padrão e textura superficiais — afetam seu peso e sua estabilidade visuais.

Na composição de uma construção visual, um plano serve para definir os limites ou fronteiras de um volume. Se a arquitetura como arte visual se ocupa especificamente da formação de elementos tridimensionais — volumes de massa ou espaço —, então o plano deve ser considerado um elemento-chave no vocabulário do projeto de arquitetura.

O PLANO 19

Na arquitetura, os planos compõem elementos tridimensionais: volumes de massa ou espaço. As propriedades de cada plano – tamanho, formato, cor, textura –, bem como a relação espacial dos planos entre si, em última análise determinam os atributos visuais da forma que definem e as características do espaço que delimitam.

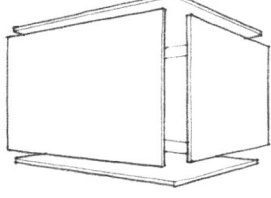
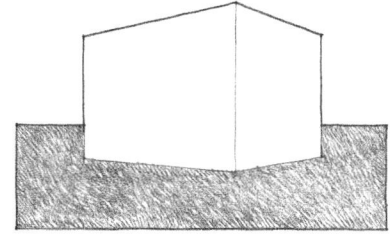
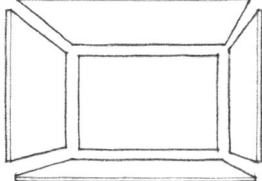
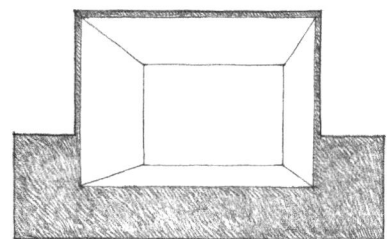

No projeto de arquitetura, manipulamos três tipos genéricos de planos:

Plano de cobertura
O plano de cobertura pode ser o plano do telhado ou cobertura plana, que fecha e protege os espaços internos de uma edificação contra o clima, ou o plano do teto, que forma a vedação horizontal superior de um cômodo.

Plano das paredes
O plano das paredes, devido à sua orientação vertical, delimita nosso campo de visão normal e é crucial para a delimitação e o fechamento do espaço da arquitetura.

Plano-base
O plano-base pode ser tanto o plano do solo, que serve como a fundação física e visual para as formas edificadas, ou o plano do piso, que forma a superfície de vedação inferior do cômodo sobre a qual caminhamos.

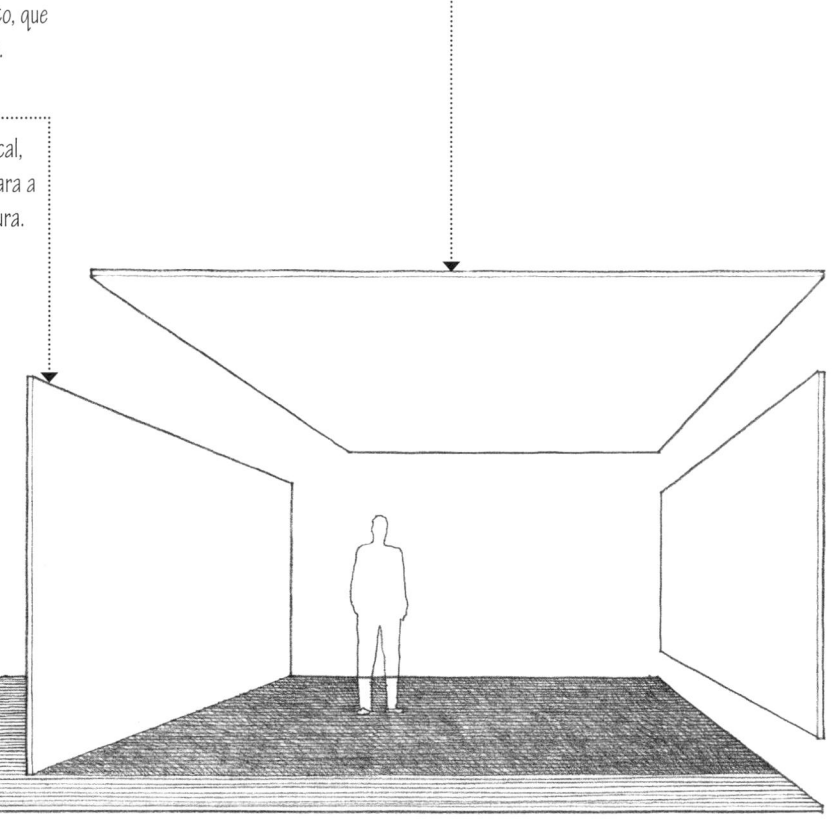

ELEMENTOS PLANOS

O plano do solo, em última análise, sustenta todas as obras de arquitetura. Junto ao clima e às outras condições ambientais de um terreno, o caráter topográfico do plano do solo influencia a forma da edificação que se ergue sobre ele. A edificação pode se fundir com o plano do solo, assentar-se firmemente nele ou estar elevada acima dele.

O plano do solo em si também pode ser manipulado de modo a criar um pódio para a forma edificada. O prédio pode estar elevado, para honrar um lugar sagrado ou importante; estar contra um talude, para definir espaços externos ou se proteger de condições adversas; escavado ou com terraços, para criar uma plataforma adequada sobre a qual construir; ou escalonado, para permitir que as diferenças de elevação sejam facilmente transponíveis.

Escadaria da Piazza di Spagna, Roma, Itália, 1721–1725. Alessandro Specchi projetou este espaço cívico a fim de conectar a Piazza di Spagna à Igreja da Santíssima Trinità dei Monti; a obra foi concluída por Francesco de Sanctis.

Templo Mortuário da Rainha Hatshepsut, Dêr el-Bahari, Tebas, Egito, 1511–1480 a.C., Senmut. Três terraços acessados por rampas se elevam em direção à base dos penhascos, onde o santuário principal está profundamente escavado na rocha.

Machu Picchu, uma antiga cidade inca fundada por volta de 1500 d.C. nos Andes, em uma depressão entre dois picos de montanha, cerca de 2.440 metros acima do rio Urubamba, no centro-sul do Peru.

ELEMENTOS PLANOS

Sala de Estar da **Casa Lawrence**, Sea Ranch, Califórnia, Estados Unidos, 1966, MLTW

O plano do piso é o elemento horizontal que sustenta a força da gravidade à medida que nos movemos e distribuímos os objetos para uso sobre ele. Ele pode ser um revestimento mais durável ou um plano elevado mais artificial, vencendo os vãos entre seus apoios. Em ambos os casos, a textura e a densidade do material do piso influenciam o desempenho acústico do espaço e como nos sentimos ao caminhar sobre sua superfície.

Embora a natureza pragmática e de sustentação do plano do piso limite sua manipulação, ele é um importante elemento do projeto de arquitetura. Seu formato, cor e padrão determinam até que ponto ele define os limites espaciais ou serve como elemento unificador para as diferentes partes de um espaço.

Assim como o plano do solo, o plano do piso pode ter degraus ou patamares, de modo a adequar a escala do espaço às dimensões humanas e a criar plataformas para nos sentarmos, assistirmos a algo ou desempenharmos um papel. Pode ser elevado para definir um lugar sagrado ou honorífico; ou tratado como um fundo neutro, contra o qual os outros elementos do espaço são vistos como figuras.

Trono do Imperador, Vila Imperial de Katsura (Palácio Imperial), Quioto, Japão, século XVII

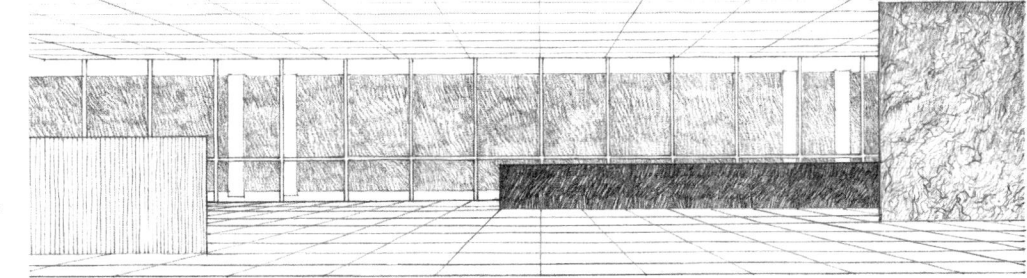

Edifício de Escritórios da Companhia Bacardi, Santiago de Cuba, Cuba, 1958, Mies van der Rohe

22 ELEMENTOS PLANOS

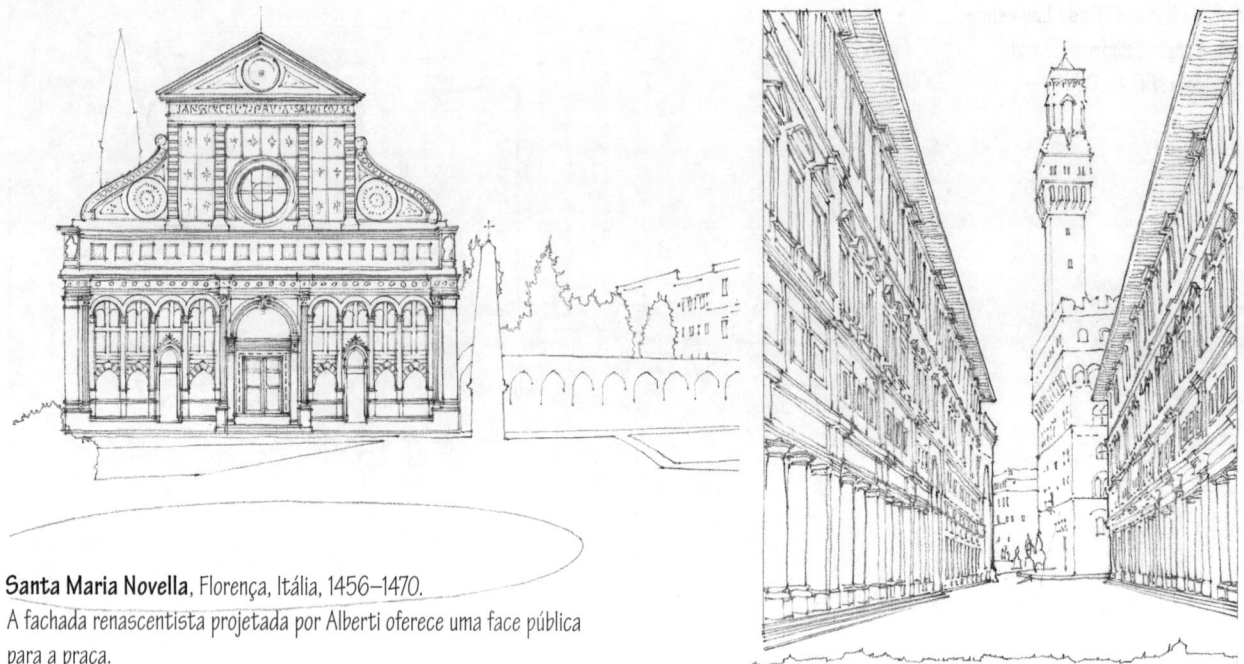

Santa Maria Novella, Florença, Itália, 1456–1470.
A fachada renascentista projetada por Alberti oferece uma face pública para a praça.

Os planos das paredes externas isolam uma porção do espaço para criar um ambiente interno controlado. Sua construção oferece tanto privacidade quanto proteção contra os elementos climáticos para os espaços internos de uma edificação, enquanto as aberturas dentro dos limites ou entre eles reestabelecem uma conexão com o ambiente externo. À medida que as paredes externas moldam o espaço interno, elas simultaneamente configuram o espaço externo e descrevem a forma, o volume e a imagem de um prédio no espaço.

Como um elemento de projeto, o plano da parede externa pode ser ressaltado como a frente ou fachada principal de uma edificação. Em contextos urbanos, essas fachadas servem como paredes que configuram pátios, ruas e espaços de reunião pública, como praças e mercados de rua.

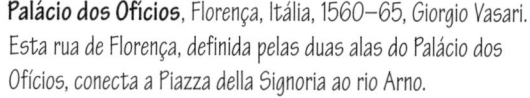

Palácio dos Ofícios, Florença, Itália, 1560–65, Giorgio Vasari.
Esta rua de Florença, definida pelas duas alas do Palácio dos Ofícios, conecta a Piazza della Signoria ao rio Arno.

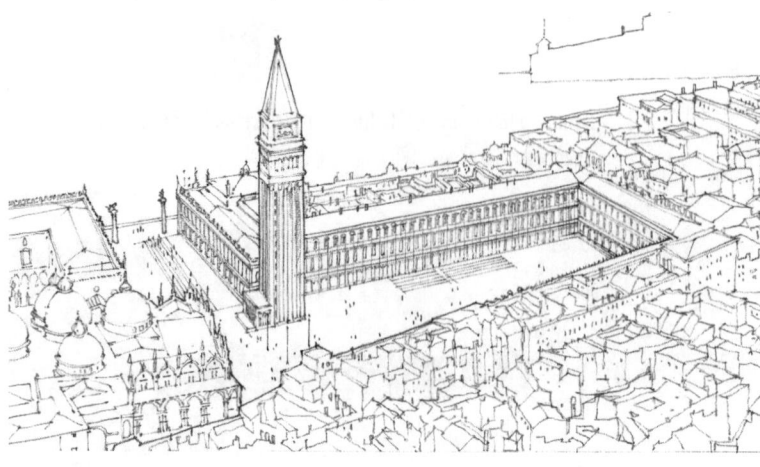

Praça de São Marcos, Veneza, Itália. As fachadas contínuas dos prédios formam as "paredes" do espaço urbano.

ELEMENTOS PLANOS **23**

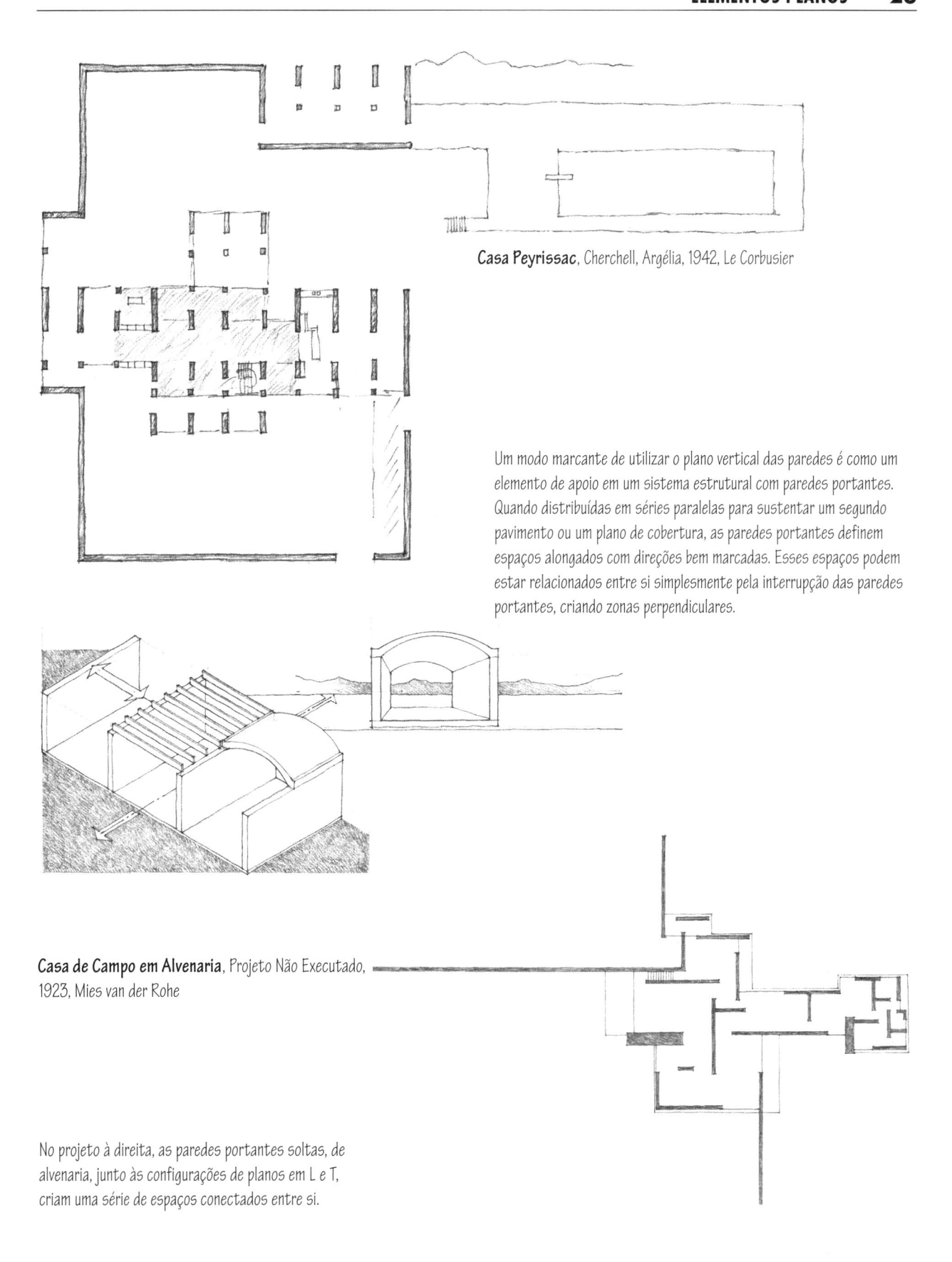

Casa Peyrissac, Cherchell, Argélia, 1942, Le Corbusier

Um modo marcante de utilizar o plano vertical das paredes é como um elemento de apoio em um sistema estrutural com paredes portantes. Quando distribuídas em séries paralelas para sustentar um segundo pavimento ou um plano de cobertura, as paredes portantes definem espaços alongados com direções bem marcadas. Esses espaços podem estar relacionados entre si simplesmente pela interrupção das paredes portantes, criando zonas perpendiculares.

Casa de Campo em Alvenaria, Projeto Não Executado, 1923, Mies van der Rohe

No projeto à direita, as paredes portantes soltas, de alvenaria, junto às configurações de planos em L e T, criam uma série de espaços conectados entre si.

24 ELEMENTOS PLANOS

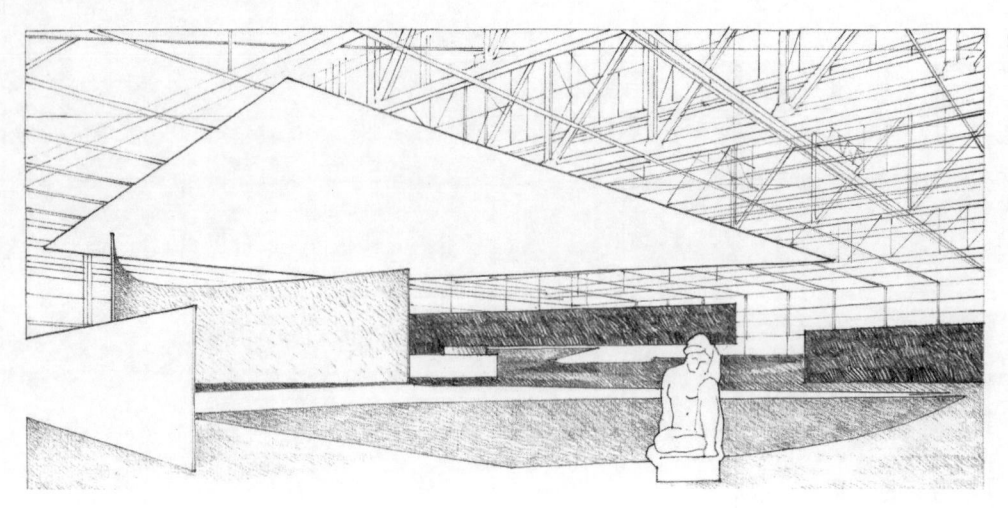

Sala de Concerto, Projeto Não Executado, 1942, Mies van der Rohe

Os planos de parede internos estabelecem o tamanho e o formato dos cômodos e espaços internos de uma edificação. Suas propriedades visuais, as relações entre os diferentes planos e o tamanho e a distribuição de suas aberturas limítrofes determinam a qualidade dos ambientes definidos e até que ponto seus espaços se relacionam entre si.

Como um elemento de projeto, um plano de parede pode se fundir com o plano de piso ou cobertura ou ser destacado como um elemento isolado dos planos adjacentes. Ele pode ser tratado como um pano de fundo passivo ou discreto em relação aos demais elementos do espaço ou, então, pode se impor como um elemento visualmente destacado dentro de um recinto, em virtude de sua forma, cor, textura ou material.

Enquanto as paredes conferem privacidade para os espaços internos e servem como barreiras que limitam nossos movimentos, as portas e janelas reestabelecem a continuidade com os espaços vizinhos, permitindo a passagem da luz, do calor e do som. À medida que aumentam de tamanho, essas aberturas passam a atenuar a sensação natural de fechamento que as paredes de vedação criam e as vistas através das aberturas se tornam parte da experiência espacial.

Pavilhão da Finlândia, Feira Mundial de Nova York, Estados Unidos, 1939, Alvar Aalto

ELEMENTOS PLANOS 25

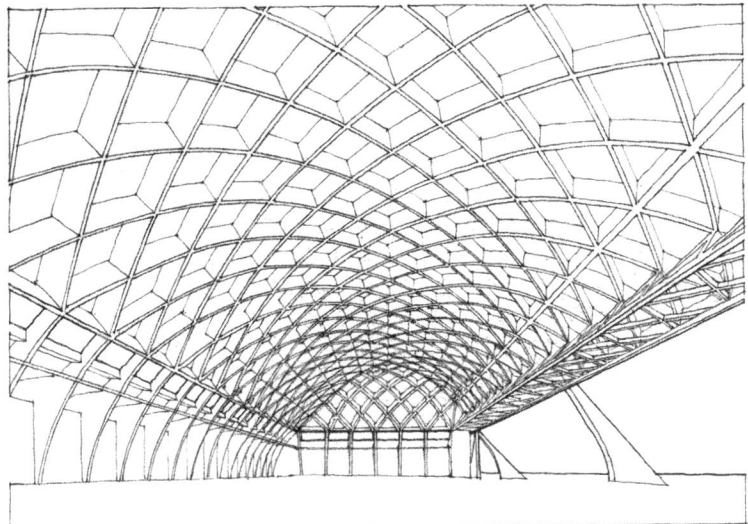

Hangar, Projeto I, 1935, Pier Luigi Nervi
A estrutura lamelar expressa a maneira pela qual as forças são distribuídas e direcionadas para o solo por meio dos suportes da cobertura.

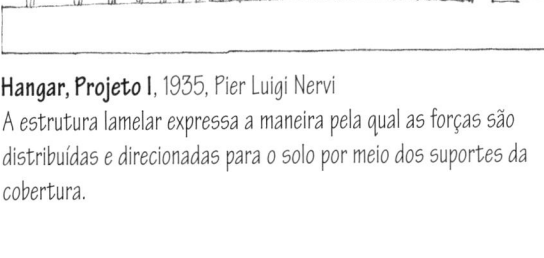

Casa em Alvenaria de Tijolo, New Canaan, Connecticut, Estados Unidos, 1949, Philip Johnson. O plano do teto abobadado e solto parece flutuar sobre a cama.

Quando caminhamos sobre um piso e temos contato físico com as paredes, o plano do teto geralmente está fora de nosso alcance e quase sempre é um evento puramente visual do espaço. O teto pode ser a face inferior de um piso superior ou do plano de cobertura; expressar a forma de sua estrutura, vencendo os vãos entre suportes; ou mesmo estar suspenso e ser a superfície de fechamento superior de um cômodo ou salão.

Como um forro separado, o plano do teto pode simbolizar a abóbada celeste ou ser o elemento de proteção principal que unifica as diferentes partes de um espaço. Ele pode servir como base para afrescos e outros meios de expressão artística ou ser tratado simplesmente como uma superfície passiva ou discreta. Ele pode ser elevado ou abaixado a fim de alterar a escala de um espaço ou de definir as zonas espaciais dentro de um cômodo. Suas formas podem ser manipuladas para controlar as características da iluminação ou da acústica em um ambiente interno.

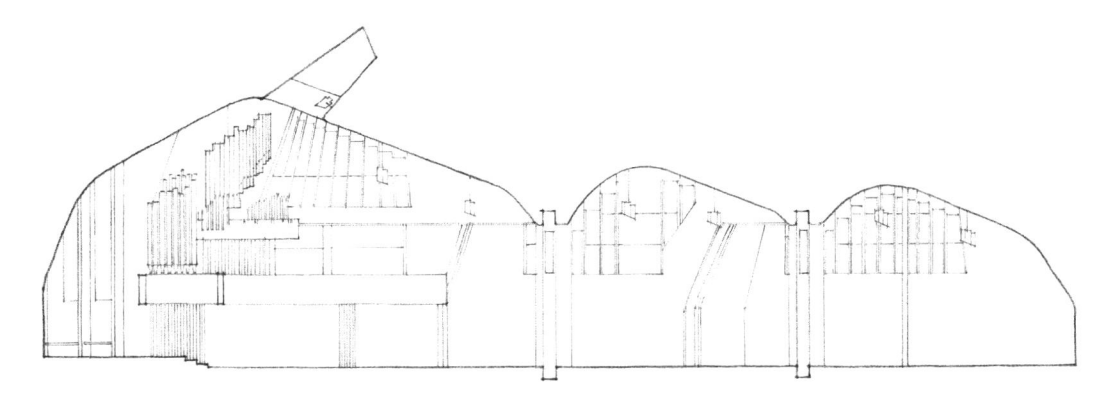

Igreja em Vuoksenniska, Imatra, Finlândia, 1956, Alvar Aalto.
A forma do plano do teto define uma progressão de espaços e aprimora seu desempenho acústico.

ELEMENTOS PLANOS

Dólmen, um monumento pré-histórico que consiste em duas ou mais grandes pedras em posição vertical sustentando uma grande laje de pedra horizontal, encontrado especialmente na Grã-Bretanha e na França e geralmente considerado um local de sepultamento de uma pessoa importante.

O plano de cobertura constitui o principal elemento de abrigo que protege o interior de uma edificação do clima. A forma e a geometria de sua estrutura determinam a maneira pela qual ele cobre o espaço, apoiando-se sobre seus suportes e inclinando-se para o escoamento da água da chuva e da neve derretida. Como elemento de projeto, o plano de cobertura é importante devido ao impacto que pode ter sobre a forma e a silhueta de uma edificação dentro de seu contexto.

O plano de cobertura pode estar oculto pelas paredes externas de uma edificação ou se fundir com elas, de modo a enfatizar o volume da construção. Ele pode ser expresso como um abrigo único que protege uma variedade de espaços abaixo ou ser composto de diversos elementos que articulam uma série de espaços dentro de uma única edificação.

Casa Robie, Chicago, Estados Unidos, 1909, Frank Lloyd Wright. Os planos de cobertura levemente inclinados e os grandes balanços são característicos das casas da Escola dos Prados.

Um plano de cobertura pode se projetar, formando balanços que protegem as aberturas de portas e janelas do sol ou da chuva, ou continuar descendo até se relacionar mais intimamente com o plano do solo. Em climas quentes, ele pode estar elevado, a fim de permitir que a brisa refrescante cruze os espaços internos do prédio.

Casa Shodhan, Ahmedabad, Índia, 1956, Le Corbusier. Uma malha de colunas eleva a laje de cobertura de concreto armado acima do volume principal da casa.

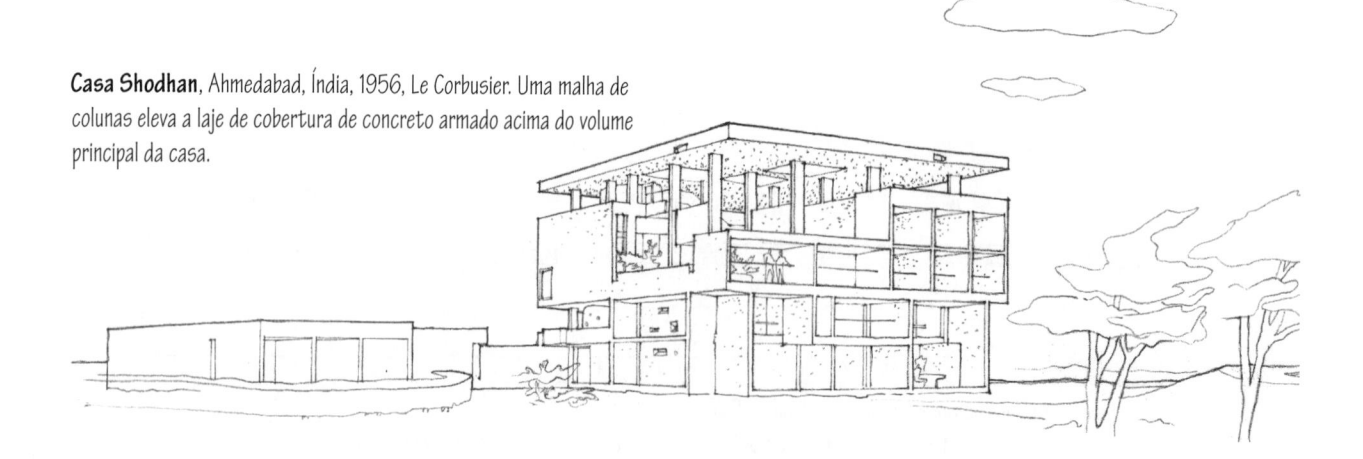

ELEMENTOS PLANOS 27

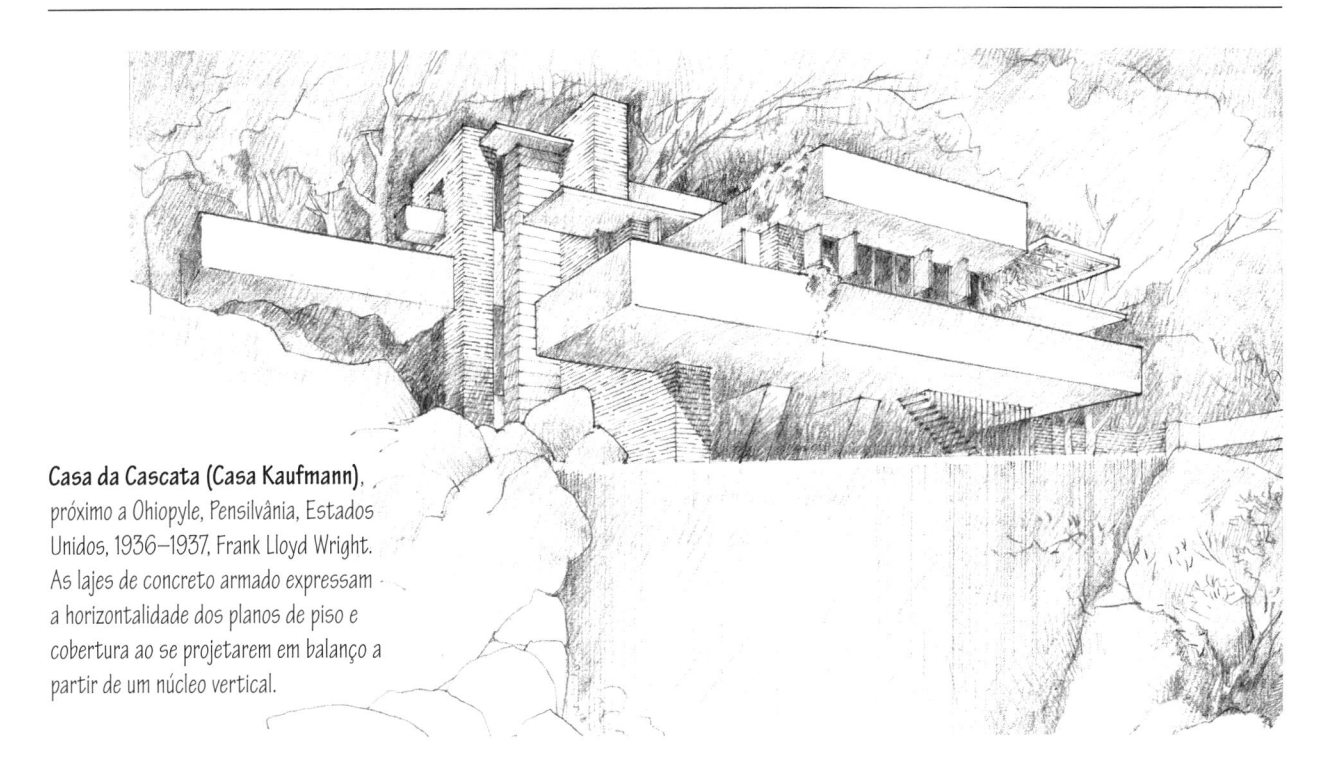

Casa da Cascata (Casa Kaufmann), próximo a Ohiopyle, Pensilvânia, Estados Unidos, 1936–1937, Frank Lloyd Wright. As lajes de concreto armado expressam a horizontalidade dos planos de piso e cobertura ao se projetarem em balanço a partir de um núcleo vertical.

A forma geral de uma edificação pode ser dominada por elementos distintamente planos ao serem introduzidas aberturas cuidadosas que deixam expostas as arestas dos planos verticais e horizontais. Esses planos podem ser ainda mais diferenciados e acentuados por meio de mudanças na cor, na textura ou no material.

Casa Schröder, Utrecht, Países Baixos, 1924–1925, Gerrit Thomas Rietveld. A escola de arte e arquitetura De Stijl era caracterizada por composições assimétricas de formas ortogonais simples e cores primárias.

28 O VOLUME

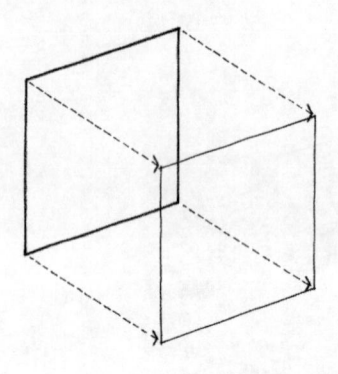

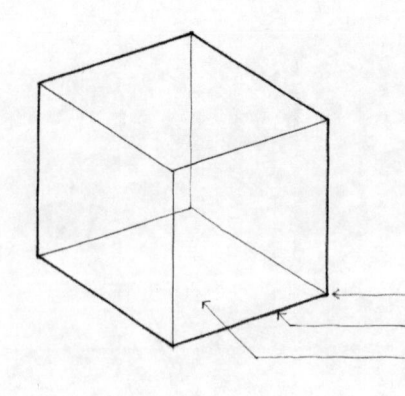

Um plano que é deslocado numa direção que não é sua direção intrínseca se torna um volume. Em termos conceituais, um volume tem três dimensões: comprimento, largura e profundidade.

Todos os volumes podem ser analisados e entendidos como compostos de:

- pontos ou vértices, onde vários planos se unem
- linhas ou arestas, onde dois planos se encontram
- planos ou superfícies que definem os limites ou as fronteiras de um volume

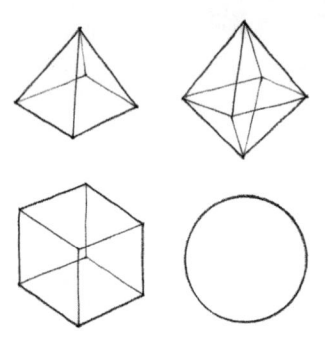

A forma é a principal característica de um volume. Ela é estabelecida pelos formatos e relações dos planos entre si, os quais descrevem os limites do volume.

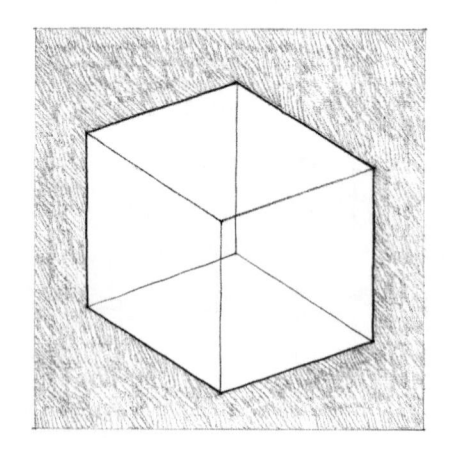

Como o elemento tridimensional no vocabulário do projeto de arquitetura, um volume pode ser um sólido (ou "cheio") — um espaço ocupado por uma massa — ou um vazio — um espaço contido ou delimitado por planos.

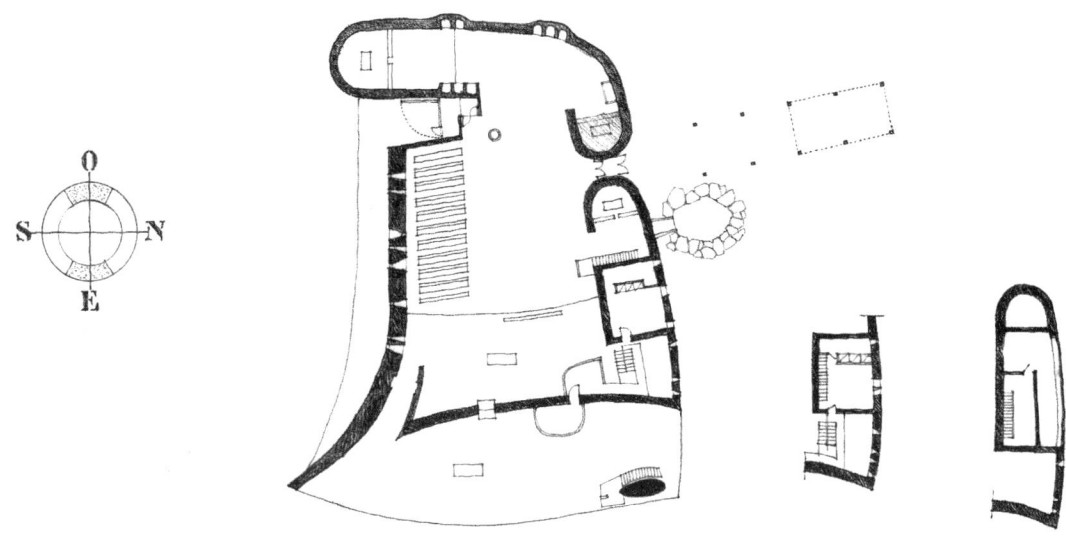

O VOLUME 29

Planta e corte
O espaço definido por planos de parede, piso ou cobertura.

Na arquitetura, um volume pode ser considerado tanto uma porção de espaço contido e definido por planos de parede, piso, teto ou cobertura quanto uma quantidade de espaço ocupado pela massa de uma edificação. É importante perceber esta dualidade, especialmente quando lemos desenhos ortogonais — plantas, cortes e elevações.

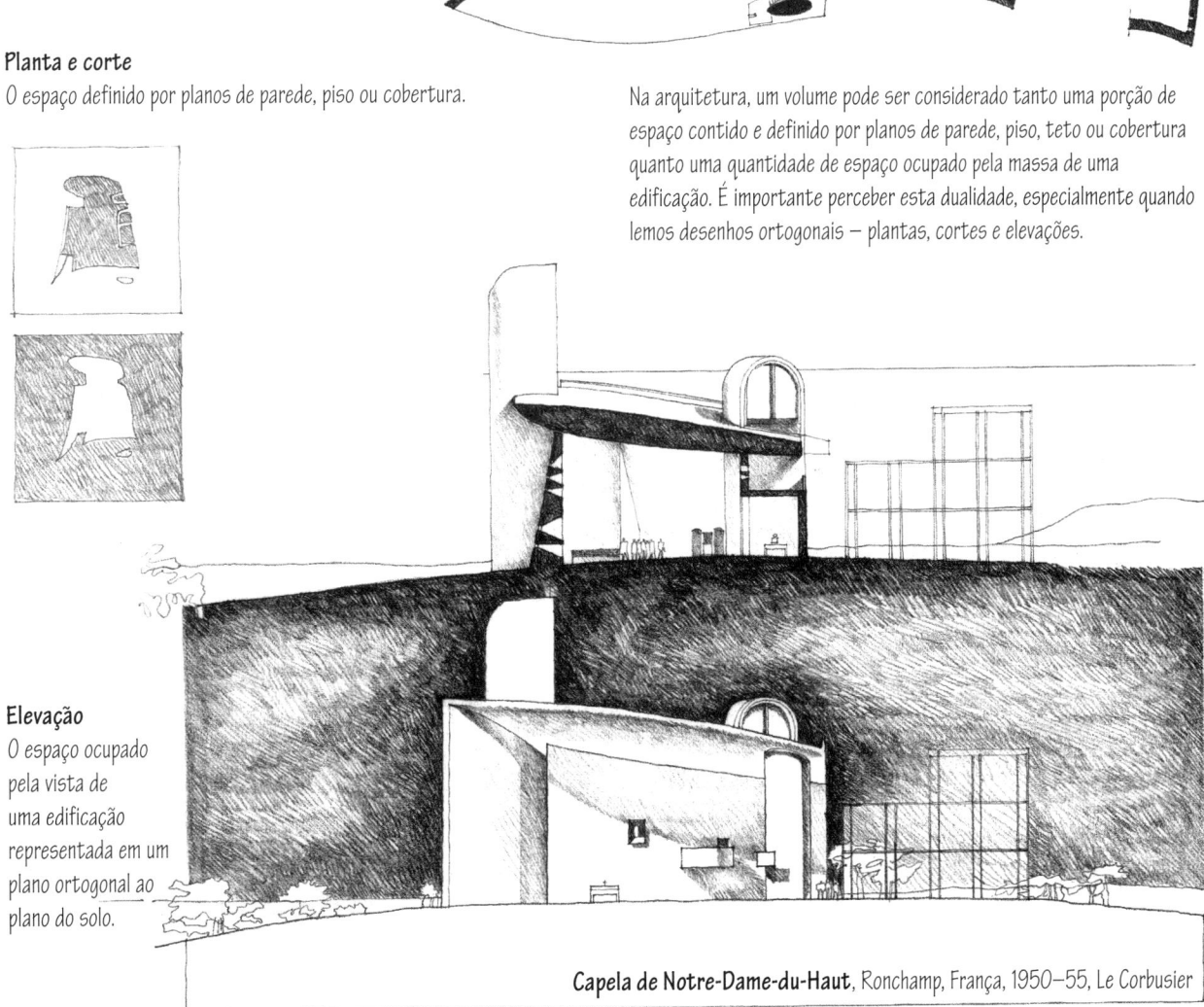

Elevação
O espaço ocupado pela vista de uma edificação representada em um plano ortogonal ao plano do solo.

Capela de Notre-Dame-du-Haut, Ronchamp, França, 1950–55, Le Corbusier

30   ELEMENTOS VOLUMÉTRICOS

As formas edificadas que se impõem na paisagem como objetos podem ser lidas como ocupando volumes no espaço.

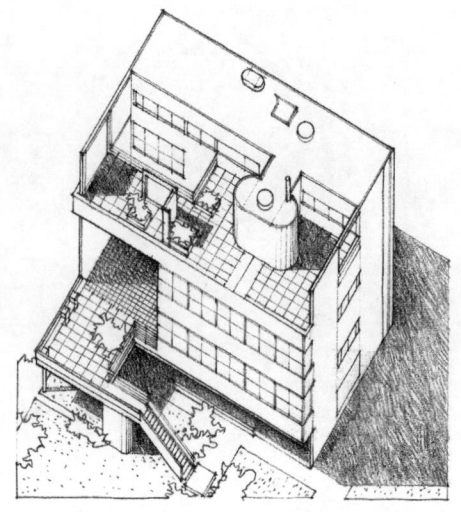

Templo Dórico em Segesta, Sicília, Itália, cerca de 414–416 a.C.

Vila Stein, Garches, França, 1926–27, Le Corbusier

Celeiro em Ontário, Canadá

ELEMENTOS VOLUMÉTRICOS 31

As formas edificadas que servem como recipientes podem ser lidas como massas que definem volumes de espaço.

Piazza Maggiore, Sabbioneta, Itália. Uma série de prédios que configura uma praça.

Palazzo Thiene, Vicenza, Itália, 1545, Andrea Palladio.
Os cômodos internos estão distribuídos em torno de um cortil, o pátio principal de um palácio urbano italiano.

Salão Chaitya Budista em Karli, Maharashtra, Índia, 100–125 d.C.
O santuário é um volume de espaço talhado em uma rocha maciça.

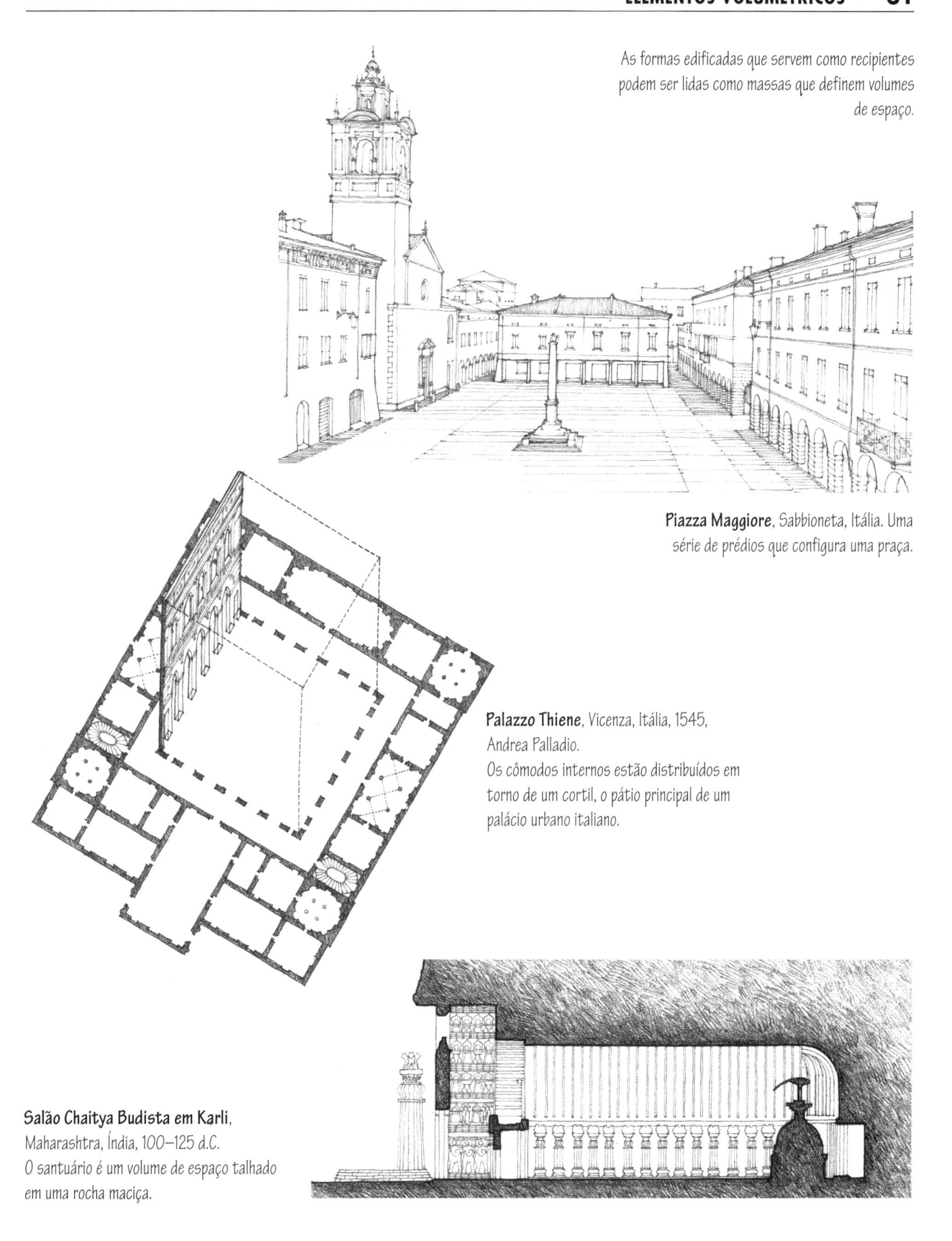

32 ELEMENTOS VOLUMÉTRICOS

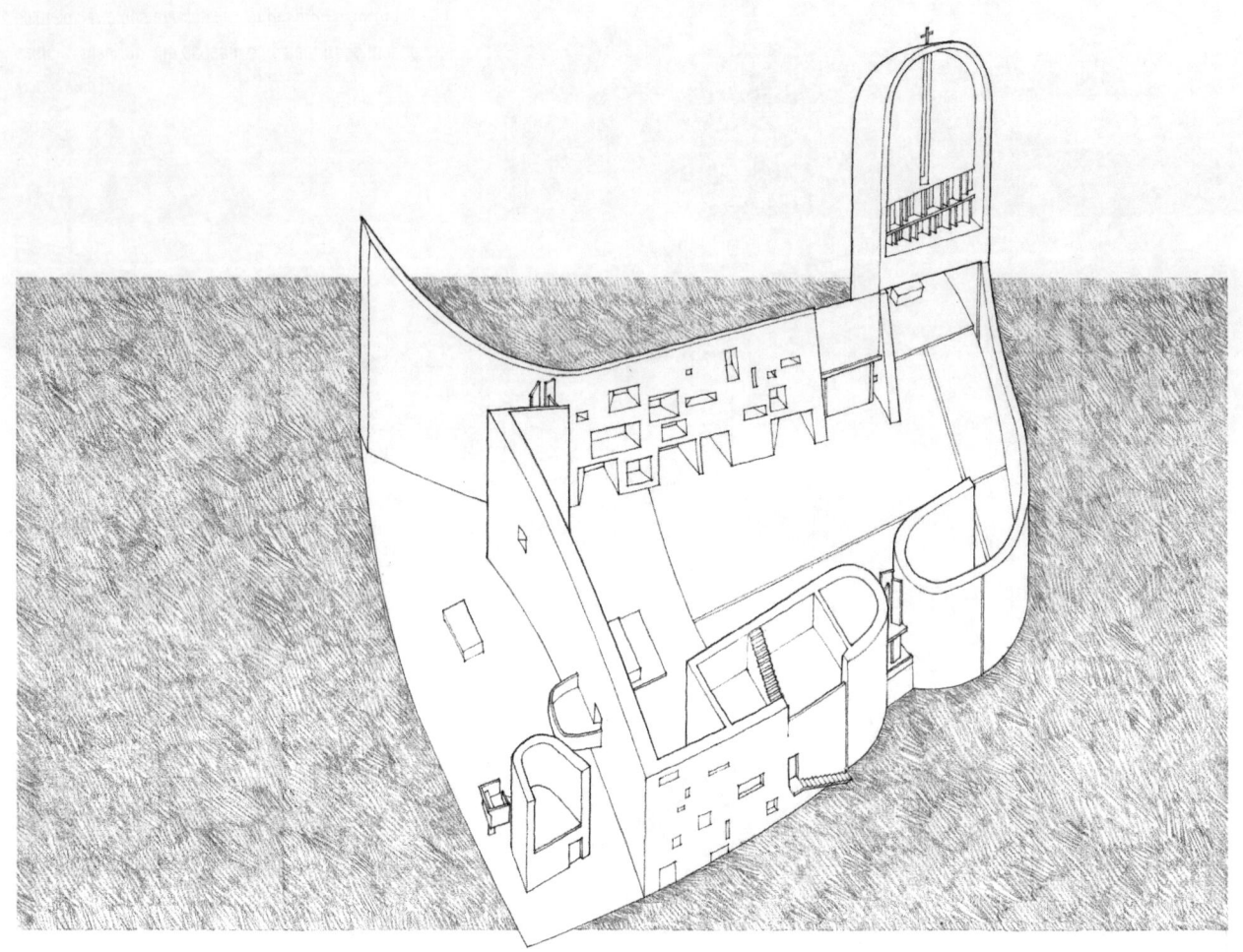

Capela de Notre-Dame-du-Haut, Ronchamp, França, 1950-55, Le Corbusier

2
A Forma

"A forma na arquitetura é o ponto de contato entre a massa e o espaço (...) Na arquitetura, formas, texturas, materiais, modulações de luz e sombra, cores – tudo contribui para injetar uma qualidade ou espírito que articula o espaço. A qualidade da arquitetura será determinada pela habilidade do projetista em utilizar e relacionar esses elementos, tanto nos ambientes internos como nos espaços ao redor dos edifícios."

Edmund N. Bacon
The Design of Cities
1974

34 A FORMA

Forma é um termo abrangente, de vários significados. Pode se referir a uma aparência externa passível de ser reconhecida, como a de uma cadeira ou de um corpo humano que se senta nela. Pode também aludir a uma condição particular na qual algo atua ou se manifesta, como quando falamos de água na forma de gelo ou de vapor. Em arte e projeto, frequentemente utilizamos o termo para denotar a estrutura formal de um trabalho – a maneira de dispor e coordenar os elementos e partes de uma composição de modo a produzir uma imagem coerente.

No contexto deste estudo, forma se refere tanto à estrutura interna e ao perfil externo quanto ao princípio que confere unidade ao todo. Enquanto forma frequentemente inclui uma ideia de massa ou volume tridimensional, formato refere-se mais especificamente ao aspecto essencial da forma que governa sua aparência – a configuração ou disposição relativa das linhas ou contornos que delimitam uma figura ou forma.

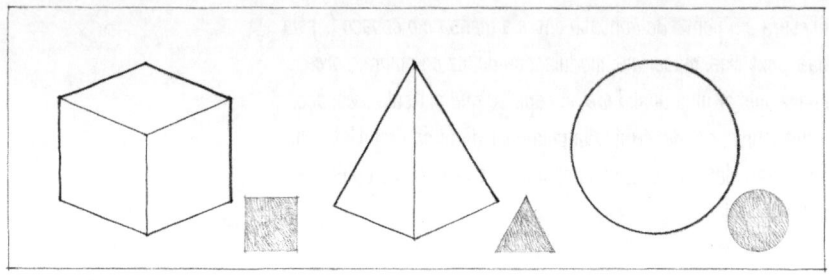

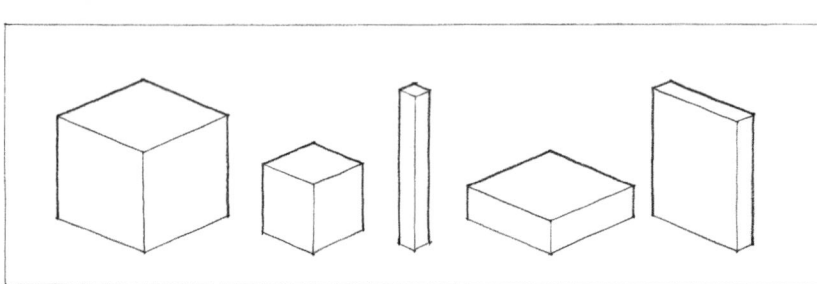

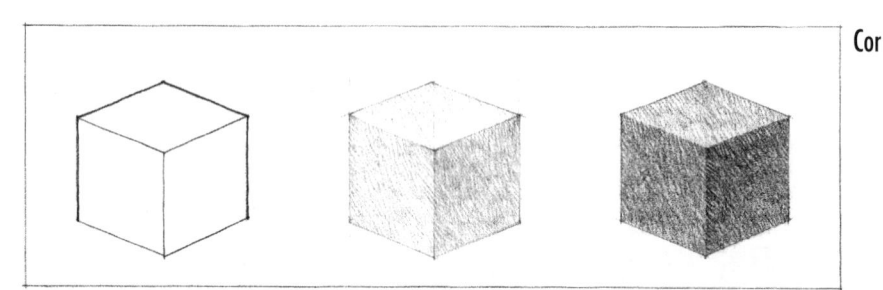

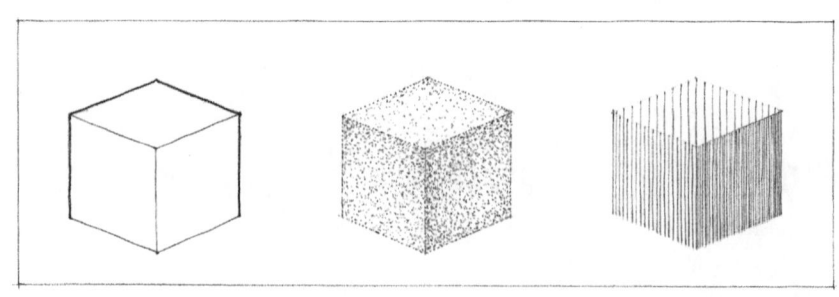

Formato — O contorno característico ou a configuração da superfície de uma forma específica. Formato é o principal aspecto por meio do qual identificamos e classificamos as formas.

Além do formato, as formas incluem propriedades visuais de:

Tamanho — As dimensões físicas de comprimento, largura e profundidade de uma forma. Embora essas dimensões determinem as proporções de uma forma, sua escala é determinada por seu tamanho relativo a outras formas de seu contexto.

Cor — Um fenômeno de luz e percepção visual que pode ser descrito em termos da percepção que um indivíduo tem de matiz, saturação e valor tonal. A cor é o atributo que mais claramente distingue uma forma de seu ambiente. Também afeta o peso visual de uma forma.

Textura — Qualidade visual e especialmente tátil conferida a uma superfície pelo tamanho, formato, disposição e proporção das partes. A textura também determina o grau em que as superfícies de uma forma refletem ou absorvem a luz incidente.

PROPRIEDADES DA FORMA

As formas também têm propriedades relacionais que determinam o padrão e a composição dos elementos:

Posição A localização de uma forma em relação ao seu ambiente ou ao campo visual dentro do qual ela é vista.

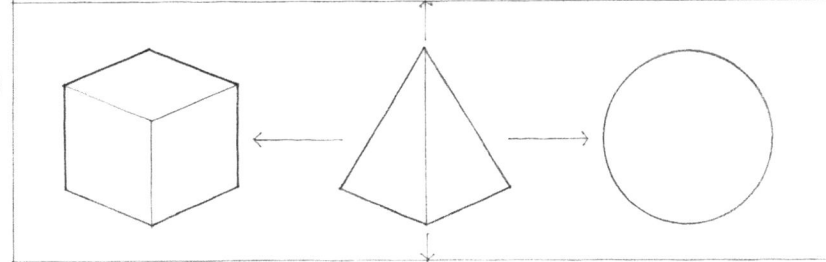

Orientação A direção de uma forma em relação ao plano do solo, aos pontos cardeais, a outras formas ou ao observador.

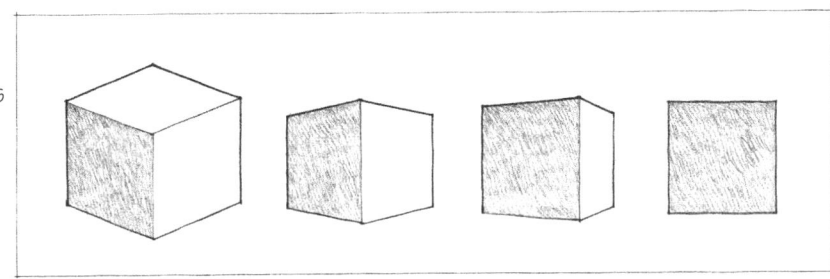

Inércia visual O grau de concentração e estabilidade de uma forma. A inércia visual de uma forma depende de sua geometria, bem como de sua orientação em relação ao plano do solo, à força da gravidade e à nossa linha de visão.

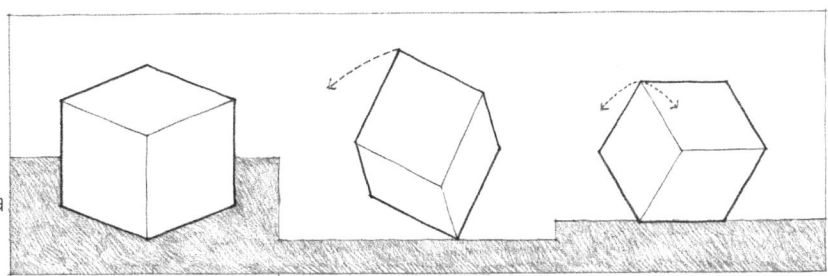

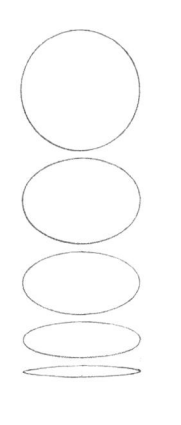

Todas essas propriedades da forma na realidade são afetadas pelas condições sob as quais a observamos.

- Uma perspectiva ou um ângulo de visão variável apresentam diferentes formatos ou aspectos de uma forma aos nossos olhos.
- Nossa distância de uma forma determina seu tamanho aparente.
- As condições de iluminação sob as quais vemos uma forma afetam a clareza de seu formato e de sua estrutura.
- O campo visual que circunda uma forma influencia nossa capacidade de lê-la e identificá-la.

36   O FORMATO

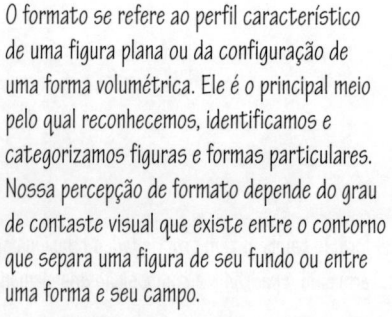

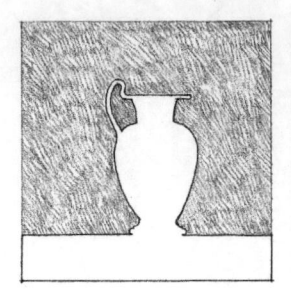

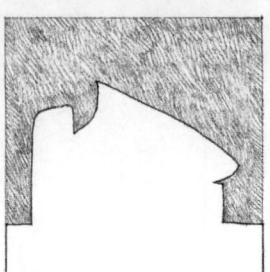

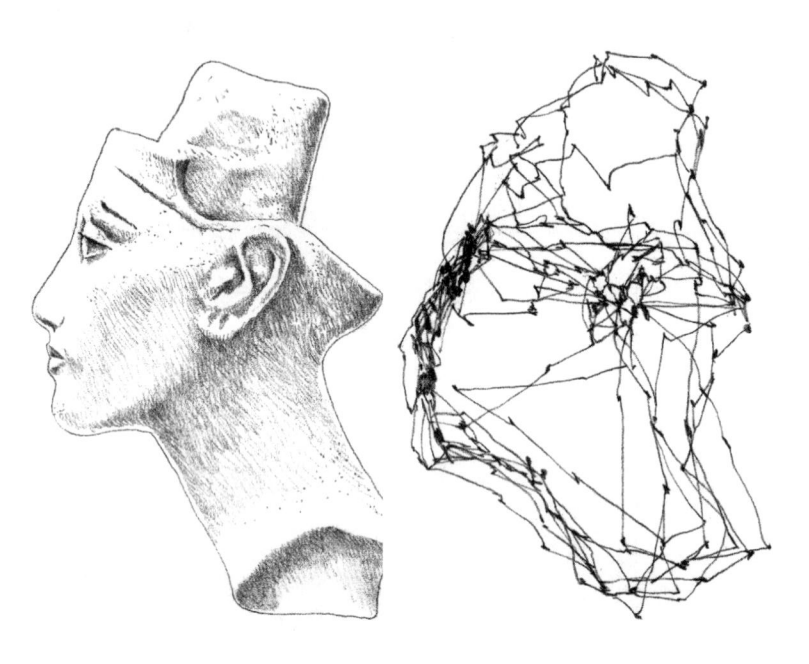

O formato se refere ao perfil característico de uma figura plana ou da configuração de uma forma volumétrica. Ele é o principal meio pelo qual reconhecemos, identificamos e categorizamos figuras e formas particulares. Nossa percepção de formato depende do grau de contaste visual que existe entre o contorno que separa uma figura de seu fundo ou entre uma forma e seu campo.

Busto da Rainha Nefertiti
O padrão do movimento ocular de uma pessoa que observa a figura, de acordo como uma pesquisa feita por Alfred L. Yarbus, do Instituto de Problemas de Transmissão de Informações, em Moscou.

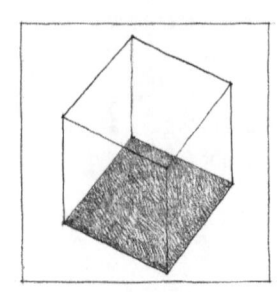

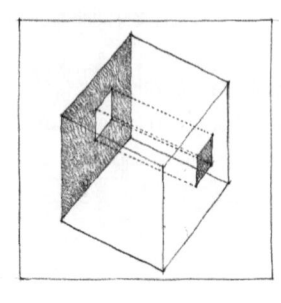

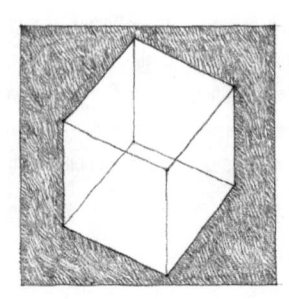

Na arquitetura, envolvemo-nos com os formatos de:

- planos de piso, parede e teto que configuram um espaço
- aberturas de portas e janelas em um espaço delimitado
- silhuetas e contornos das formas edificadas

O FORMATO **37**

Esses exemplos ilustram como as relações entre cheios e vazios expressam o modo pelo qual os contornos de uma massa edificada se erguem sobre o plano do solo e se dirigem ao céu.

Pavilhão Central, Templo Horyu-Ji, Nara, Japão, 607 d.C.

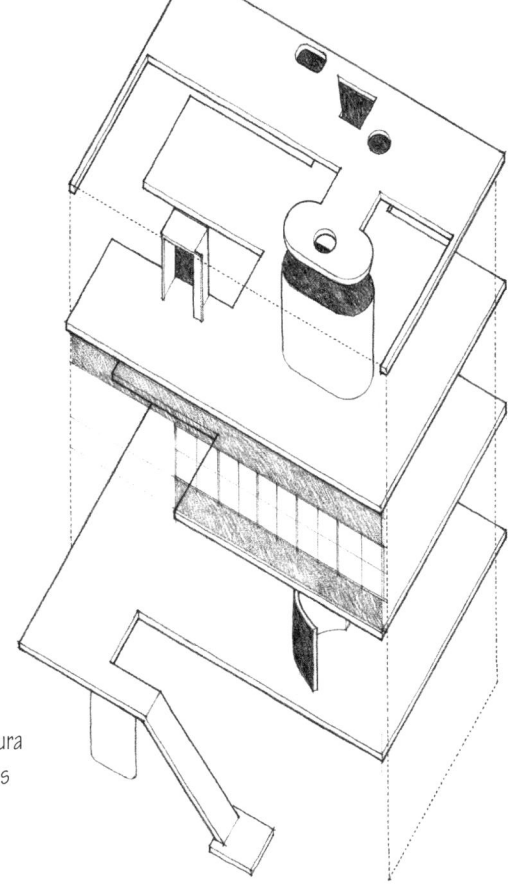

Vila Stein, Garches, França, 1926–1927, Le Corbusier. Esta composição de arquitetura ilustra o jogo entre os formatos dos sólidos ortogonais e os vazios.

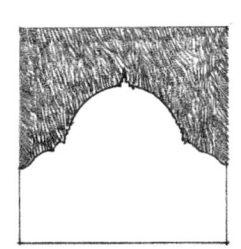

Mesquita de Solimão, o Magnífico, Constantinopla (atual Istambul), Turquia, 1551–1558, Koca Sinan

38 FIGURAS PRIMITIVAS

A psicologia gestaltística afirma que a mente simplifica o meio visual a fim de compreendê-lo. Dada qualquer composição de formas, temos a tendência a reduzir o tema, em nosso campo visual, aos formatos mais simples e regulares. Quanto mais simples e regular for um formato, mais fácil será percebê-lo e compreendê-lo.

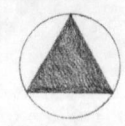

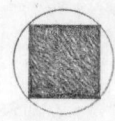

Da geometria, sabemos que as figuras regulares são o círculo e a série infinita de polígonos regulares que podem ser inscritos nele. Desses polígonos, os mais significativos são as figuras primitivas: o círculo, o triângulo e o quadrado.

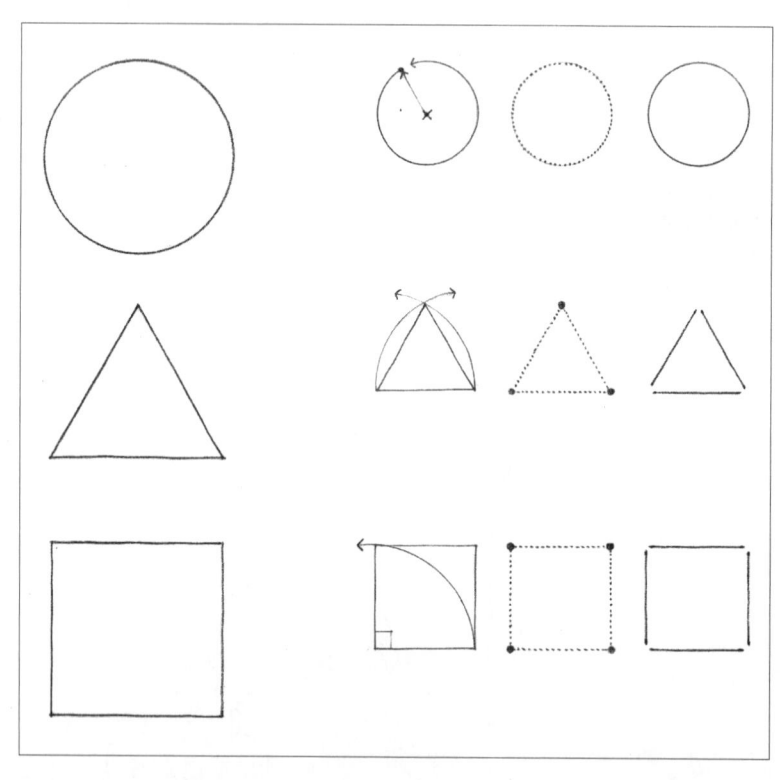

Círculo — Uma curva plana formada pelos pontos equidistantes a um ponto fixo em seu interior.

Triângulo — Uma figura plana limitada por três lados retos e com três ângulos internos.

Quadrado — Uma figura plana que tem quatro lados iguais e quatro ângulos retos.

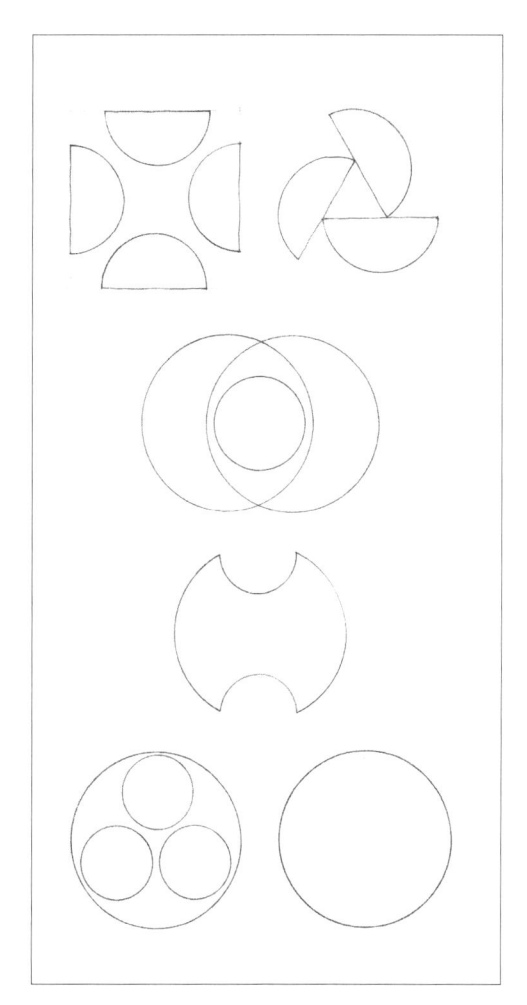

O CÍRCULO 39

Composições de círculos e segmentos de círculo

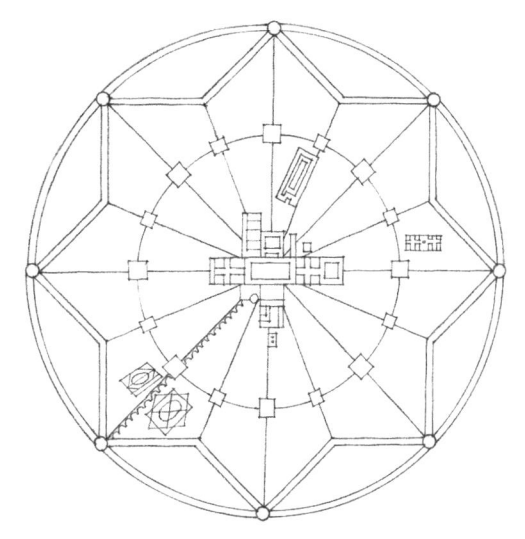

Planta da Cidade Ideal de Sforzinda, 1464, Antonio Filarete

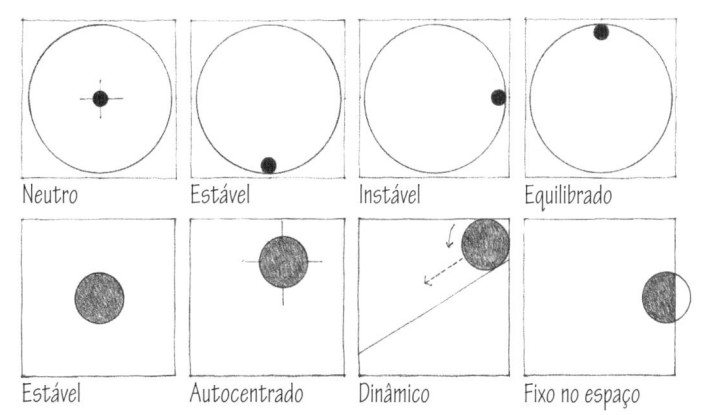

Neutro   Estável   Instável   Equilibrado

Estável   Autocentrado   Dinâmico   Fixo no espaço

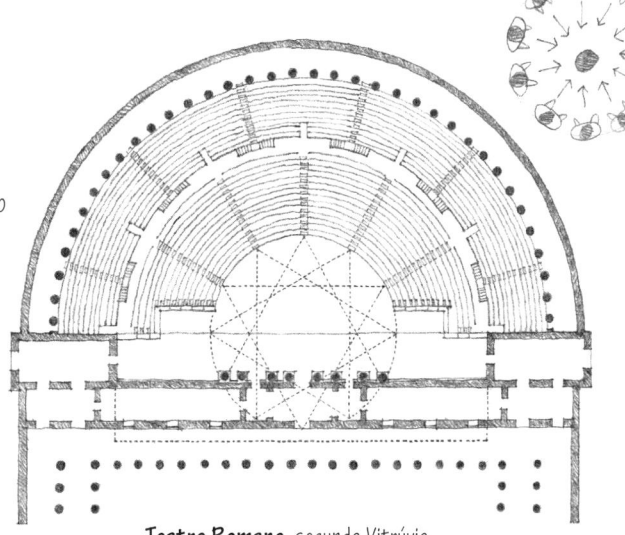

Teatro Romano, segundo Vitrúvio

O círculo é uma figura centralizada, introvertida, que normalmente é estável e autocentralizadora em seu meio. Inserindo-se um círculo no centro de um campo, reforçamos sua centralidade inerente. Contudo, associando-o a formas retas ou angulares, ou colocando um elemento ao longo de sua circunferência, podemos induzir no círculo um movimento de rotação aparente.

40 O TRIÂNGULO

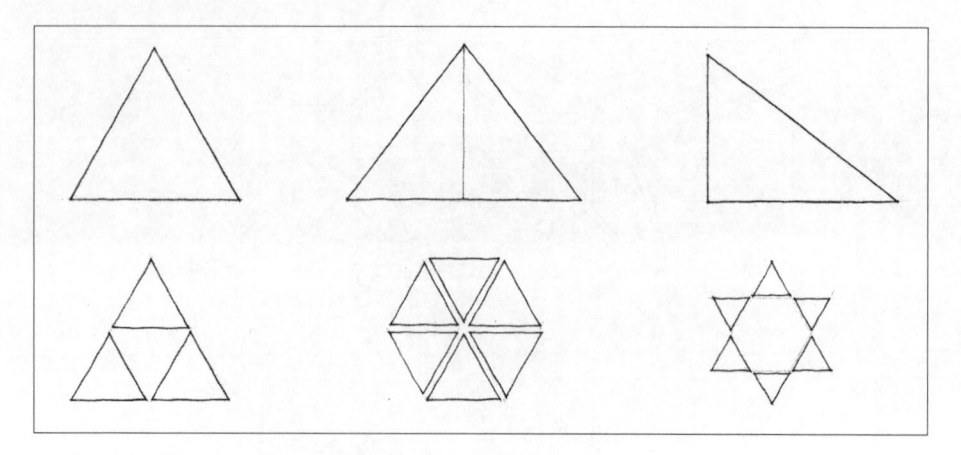

O triângulo significa estabilidade. Quando repousa em um de seus lados, constitui uma figura extremamente estável. Apoiado em um de seus vértices, entretanto, pode tanto se encontrar em um estado de equilíbrio precário ou estar instável e tender a cair sobre um de seus lados.

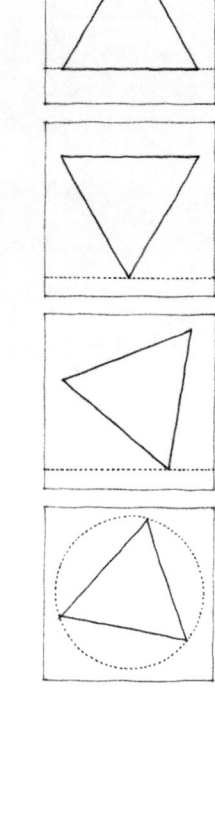

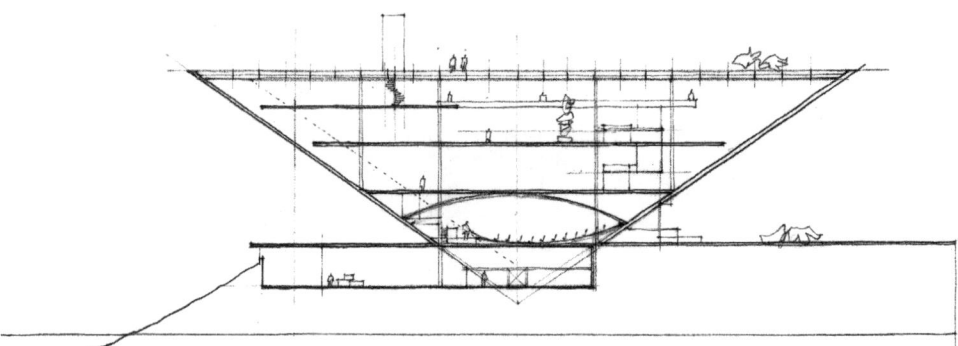

Museu de Arte Moderna, (Projeto Não Executado) Caracas, Venezuela, 1955, Oscar Niemeyer

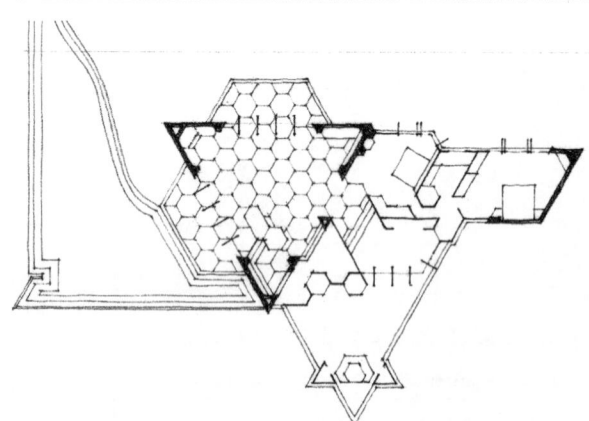

Casa Vigo Sundt, Madison, Wisconsin, Estados Unidos, 1942, Frank Lloyd Wright

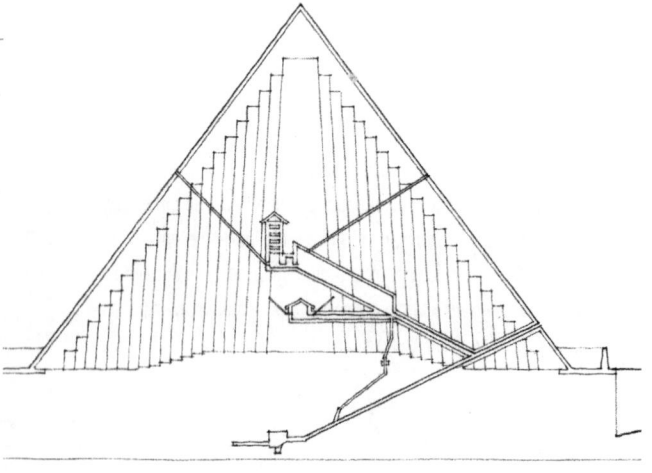

Grande Pirâmide de Quéops, Gizé, Egito, c. 2500 a.C.

O QUADRADO 41

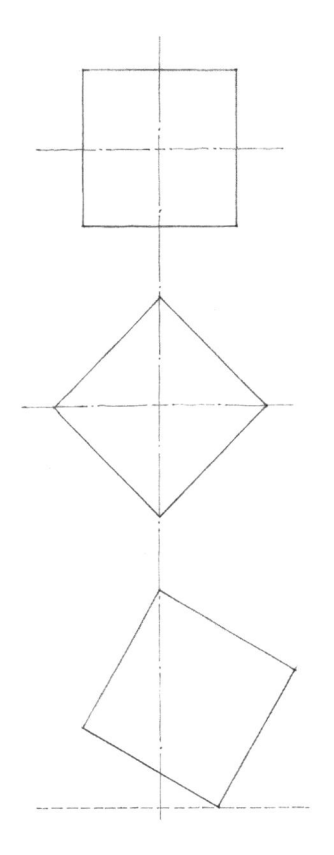

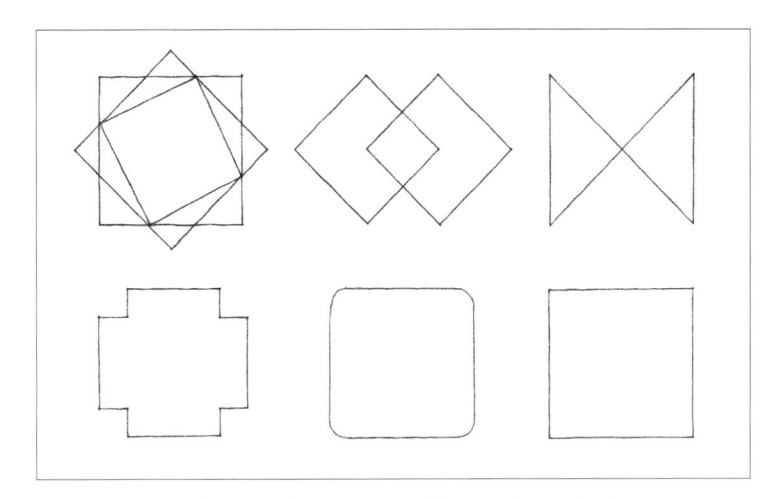

Composições resultantes da rotação e modificação do quadrado

O quadrado representa o puro e o racional. É uma figura estática e neutra, com dois eixos idênticos e perpendiculares. Todos os outros retângulos podem ser considerados variações do quadrado – desvios da norma pelo aumento da altura ou da largura. Como o triângulo, o quadrado é estável quando repousa sobre um de seus lados e dinâmico quando apoiado em um de seus vértices. Contudo, quando suas diagonais são verticais e horizontais, o quadrado está em um estado de equilíbrio.

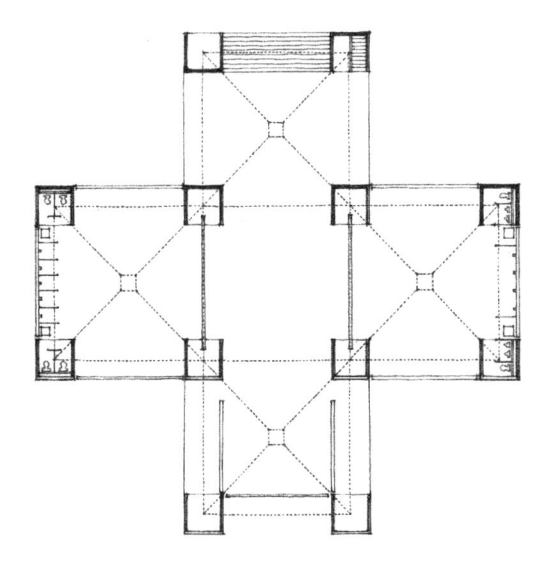

Casa de Banho, Centro Comunitário Judaico, Trenton, Nova Jersey, Estados Unidos, 1954–1959, Louis Kahn

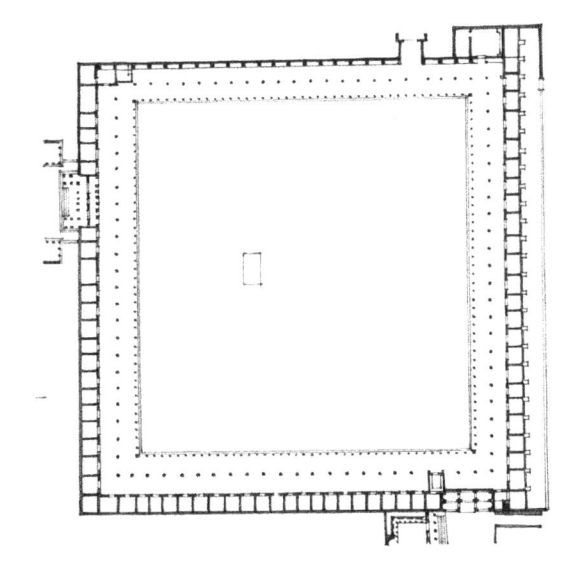

Ágora de Éfeso, Ásia Menor, século III a.C.

42 SÓLIDOS PRIMITIVOS

"Cubos, cones, esferas, cilindros ou pirâmides constituem as grandes formas primitivas que a luz revela bem; suas imagens são distintas e tangíveis a nós e sem ambiguidades. É por essa razão que elas são formas belas, as formas mais belas." *Le Corbusier*

As figuras primitivas podem ser ampliadas ou postas em rotação de modo a gerarem formas volumétricas ou sólidos distintos, regulares e facilmente reconhecíveis. Os círculos geram esferas e cilindros; os triângulos geram cones e pirâmides; e os quadrados geram cubos. Nesse contexto, o termo sólido não se refere à firmeza da substância, mas a um corpo ou uma figura geométrica tridimensional.

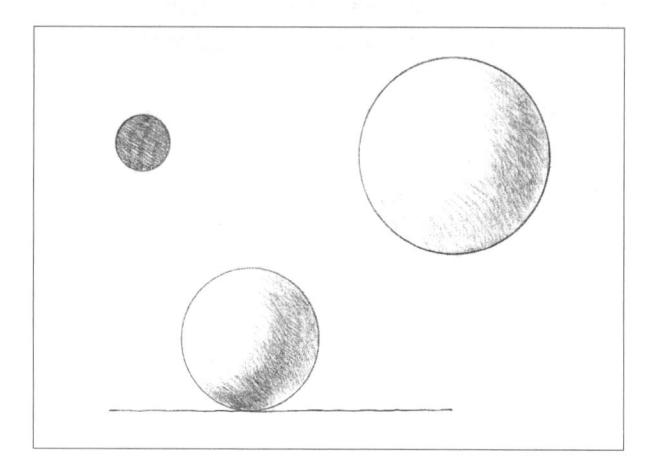

Esfera Um sólido gerado pela revolução de um semicírculo em torno de seu diâmetro, cuja superfície é, em todos os pontos, equidistante do centro. Uma esfera constitui uma forma centralizada e extremamente concentrada. Como o círculo do qual é gerada, a esfera é autocentralizadora e normalmente estável em seu meio. Pode estar inclinada em direção a um movimento de rotação quando situada em um plano inclinado. De qualquer ponto de vista, ela conserva seu formato circular.

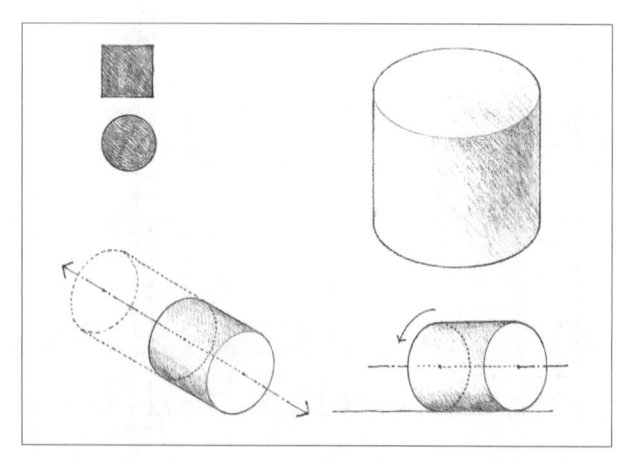

Cilindro Um sólido gerado pela revolução de um retângulo sobre um de seus lados. Um cilindro é centralizado em relação ao eixo que atravessa os centros de suas duas faces circulares. Ao longo desse eixo, ele pode ser facilmente transladado. O cilindro é estável se repousar sobre uma de suas faces circulares; torna-se instável quando seu eixo central for inclinado em relação à vertical.

SÓLIDOS PRIMITIVOS   43

Cone Um sólido gerado pela revolução de um triângulo retângulo sobre um de seus catetos. Como o cilindro, o cone constitui uma forma extremamente estável quando repousa sobre sua base circular e instável quando seu eixo vertical é inclinado ou virado de cabeça para baixo. Pode também repousar sobre seu vértice, em um estado precário de equilíbrio.

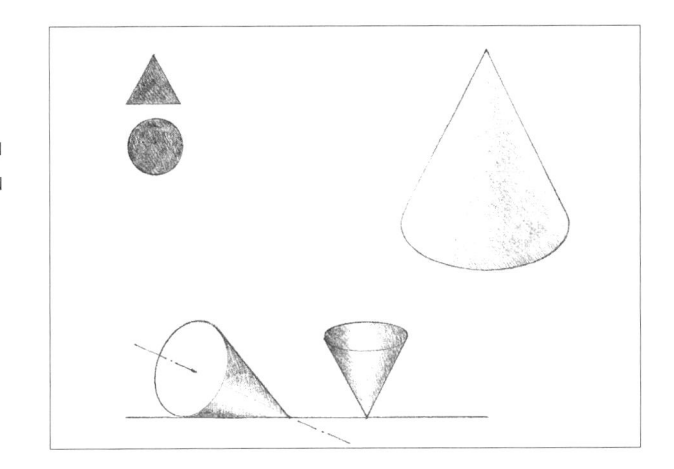

Pirâmide Um poliedro de base poligonal cujas faces triangulares se encontram em um ponto comum ou vértice. A pirâmide apresenta propriedades semelhantes àquelas do cone. Contudo, como todas as suas faces constituem superfícies planas, a pirâmide pode repousar de uma maneira estável sobre qualquer uma delas. Enquanto o cone constitui uma forma suave, a pirâmide é relativamente dura e angular.

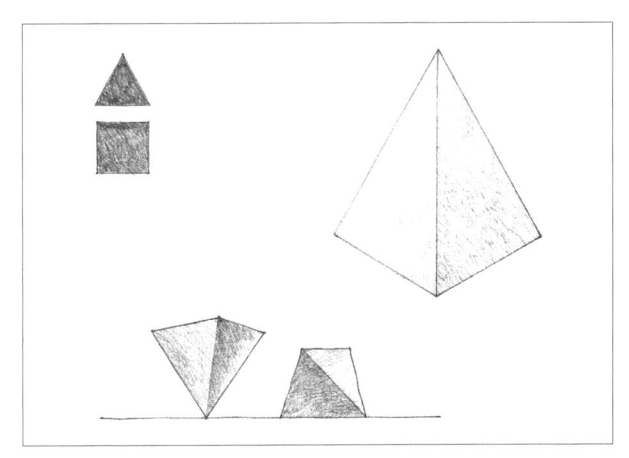

Cubo Um sólido prismático delimitado por seis quadrados iguais, sendo reto o ângulo formado por quaisquer dois deles que sejam adjacentes. Devido à igualdade de suas dimensões, o cubo é uma forma estática, que carece de movimento ou direção evidentes. Constitui uma forma estável, exceto quando apoiada em uma de suas arestas ou lados. Embora seu perfil angular seja afetado pelo nosso ponto de vista, o cubo permanece uma forma claramente reconhecível.

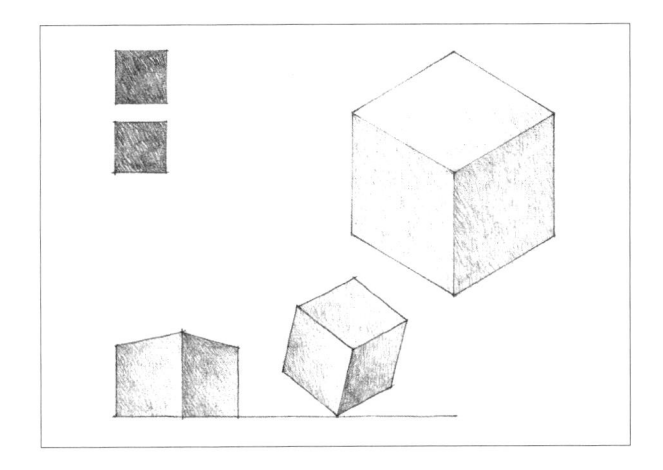

44 SÓLIDOS PRIMITIVOS

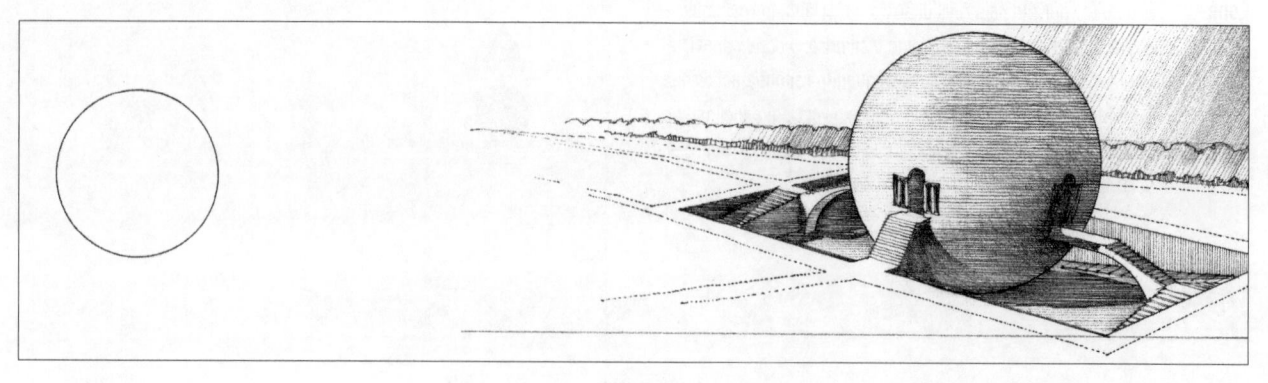

Maupertius, Projeto para um Alojamento Rural, 1775, Claude-Nicolas Ledoux

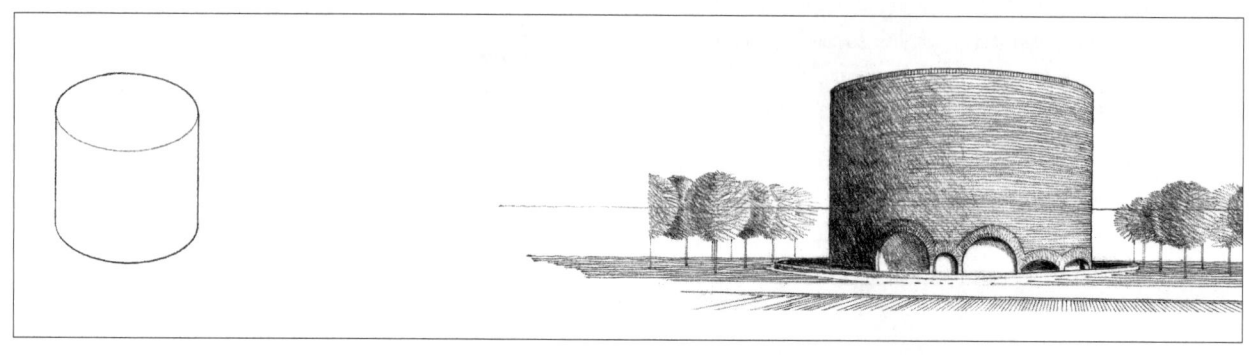

Capela, Instituto de Tecnologia de Massachusetts, Cambridge, Massachusetts, Estados Unidos, 1955, Eero Saarinen and Associates

Projeto para um Cenotáfio Cônico, 1784, Étienne-Louis Boulée

SÓLIDOS PRIMITIVOS 45

Pirâmides de Quéops, Quéfren e Miquerinos, Gizé, Egito, c. 2500 a.C.

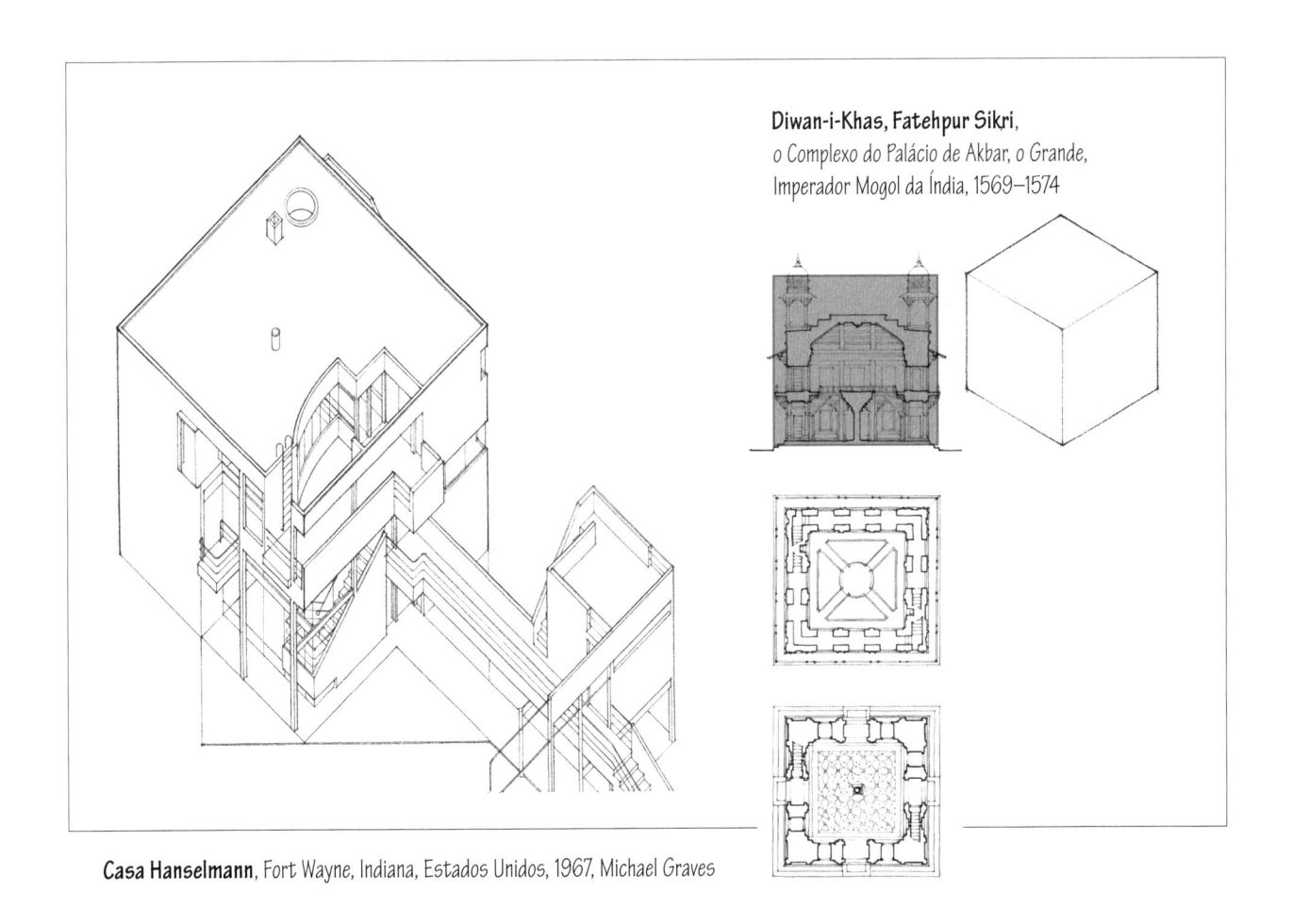

Diwan-i-Khas, Fatehpur Sikri,
o Complexo do Palácio de Akbar, o Grande,
Imperador Mogol da Índia, 1569–1574

Casa Hanselmann, Fort Wayne, Indiana, Estados Unidos, 1967, Michael Graves

FORMAS REGULARES E IRREGULARES

As formas regulares se referem àquelas cujas partes estão relacionadas entre si de modo consistente e organizado. São geralmente de natureza estável e simétricas em relação a um ou mais eixos. A esfera, o cilindro, o cone, o cubo e a pirâmide constituem os principais exemplos de formas regulares.

As formas podem conservar sua regularidade mesmo quando transformadas dimensionalmente ou pela adição ou subtração de elementos. A partir de nossas experiências com formas semelhantes, podemos construir um modelo mental do todo original, mesmo quando um fragmento está faltando ou outra parte é acrescentada.

Formas irregulares são aquelas cujas partes são de natureza distinta e se relacionam entre si de uma forma inconsistente. São geralmente assimétricas e mais dinâmicas que as formas regulares. Podem constituir formas regulares das quais elementos irregulares foram subtraídos ou resultar de uma composição irregular de formas regulares.

Como, na arquitetura, lidamos tanto com massas sólidas como com superfícies espaciais vazias, é possível que uma forma regular esteja contida em uma forma irregular. De modo semelhante, uma forma irregular pode estar contida em uma forma regular.

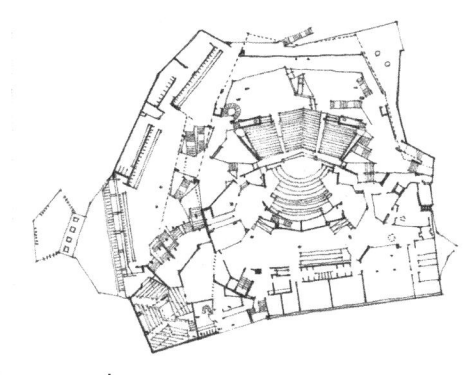

FORMAS REGULARES E IRREGULARES 47

Formas irregulares:
Orquestra Filarmônica de Berlim, Alemanha, 1956–63, Hans Scharoun

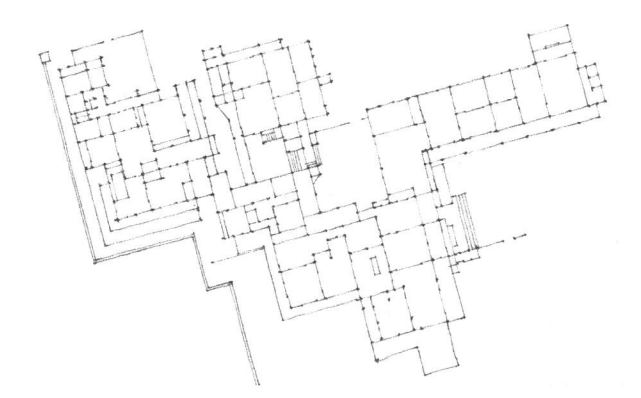

Uma composição irregular de formas regulares:
Vila Imperial Katsura, Quioto, Japão, século XVII

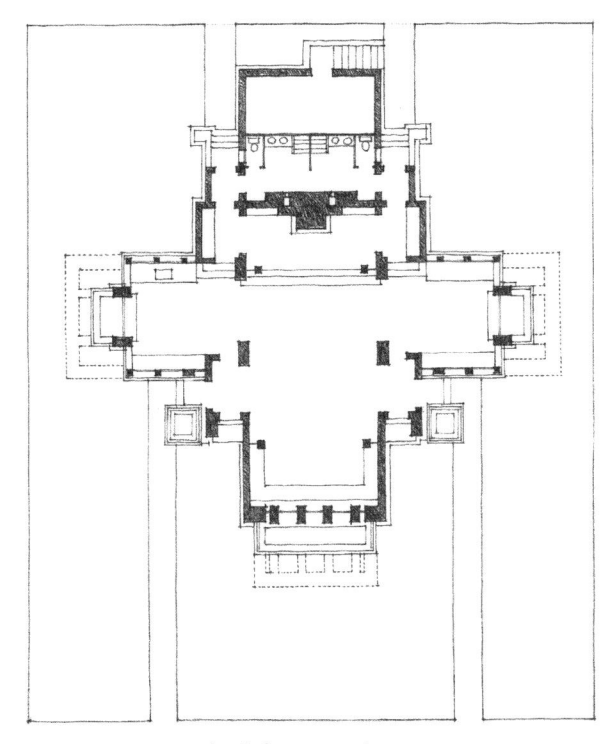

Uma composição regular de formas regulares:
Casa Coonley, Riverside, Illinois, Estados Unidos, 1912, Frank Lloyd Wright

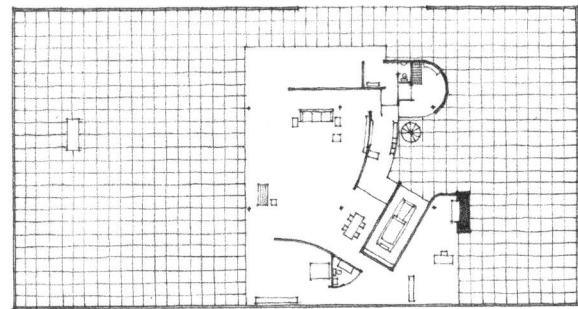

Formas irregulares dentro de um campo regular:
Projeto de Casa com Pátio, 1934, Mies van der Rohe

Formas regulares dentro de uma composição irregular:
Mesquita do Sultão Hasan, Cairo, Egito, 1356–1363

48 FORMAS REGULARES E IRREGULARES

Uma composição irregular de formas regulares no plano horizontal:
Cidade da Justiça, Barcelona, Espanha, 2010, David Chipperfield Architects, b720 Arquitectos

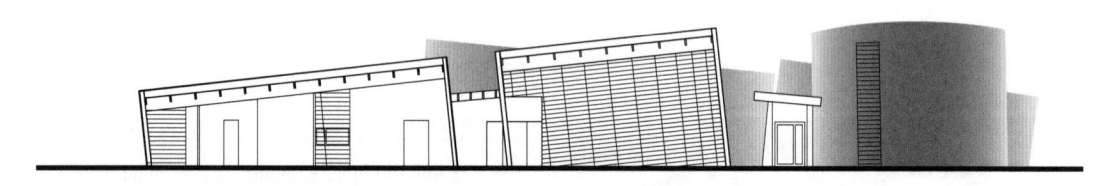

Uma composição irregular de formas regulares no plano vertical: Poteries du Don, Le Fel, França, 2008, Lacombe–De Florinier

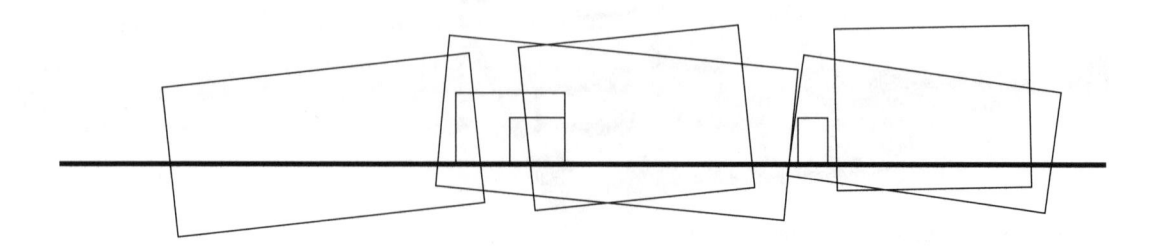

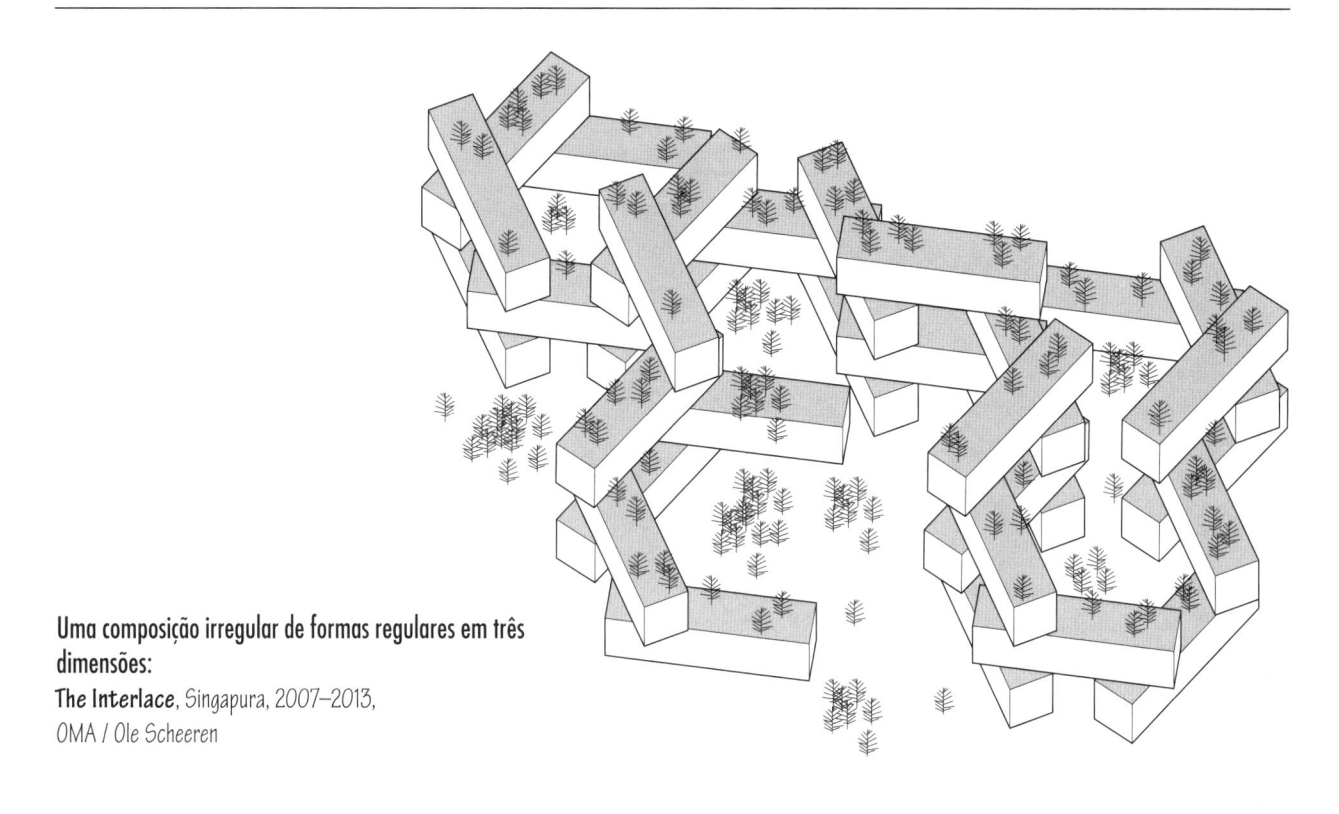

FORMAS REGULARES E IRREGULARES **49**

Uma composição irregular de formas regulares em três dimensões:
The Interlace, Singapura, 2007–2013,
OMA / Ole Scheeren

Uma composição irregular de formas regulares e irregulares em três dimensões:
Museu de Astronomia de Xangai, Xangai, China, 2021, Ennead Architects

50 FORMAS REGULARES E IRREGULARES

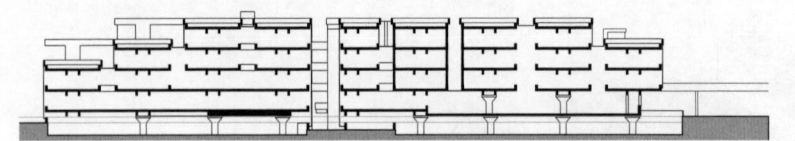

Escritório da seguradora Centraal Beheer, Apeldoorn, Países Baixos, 1967–1972, Herman Hertzberger

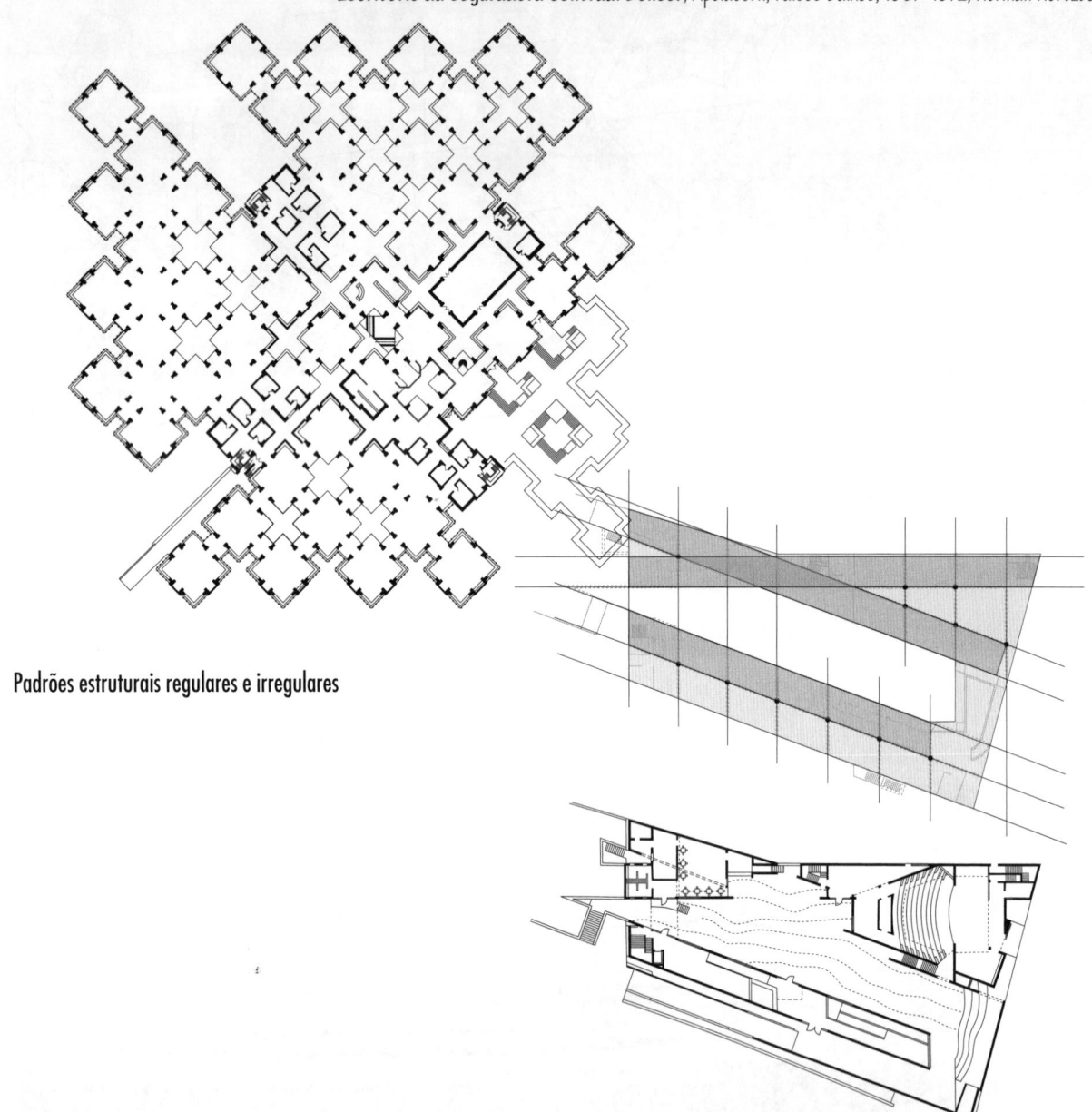

Padrões estruturais regulares e irregulares

Museu de História do Palmach, Tel Aviv, Israel, 1998, Zvi Hecker e Rafi Segal

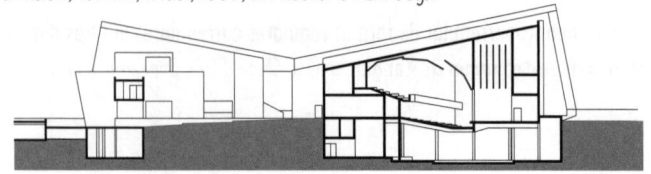

FORMAS REGULARES E IRREGULARES   51

Torre Hearst, Nova York, concluída em 2006, Norman Foster. A estrutura de 46 andares se eleva quase 180 metros acima do edifício original de seis andares, o International Magazine Building, construído por William Randolph Hearst em 1928. A estrutura triangular tridimensional em diagrid de aço é capaz de suportar cargas de gravidade e resistir às forças laterais do vento, não havendo necessidade de colunas verticais externas. A estrutura em diagrid supostamente usou 20% menos aço do que um arranha-céu convencional de tamanho semelhante.

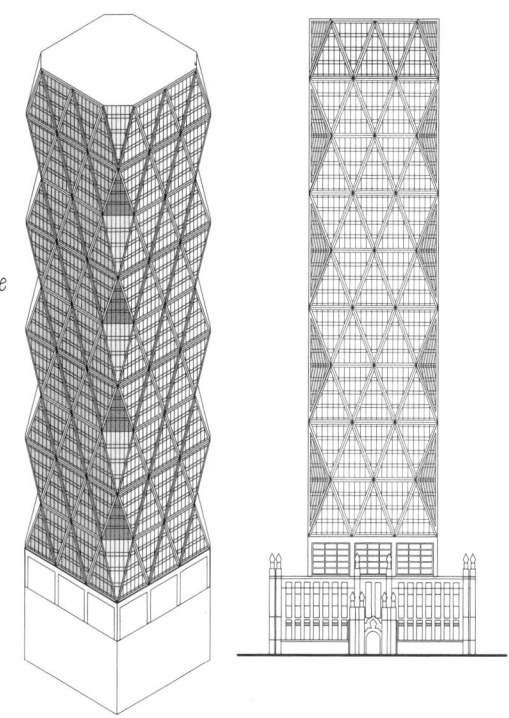

Padrões estruturais regulares e irregulares

Sede da Televisão Central da China (CCTV), Pequim, China, 2004-2012, Rem Koolhaas e Ole Scheeren/OMA. O que pode parecer um padrão aleatório é, em geral, baseado em princípios estruturais racionais. Observe como o padrão diagrid se torna mais denso em áreas onde as tensões do momento são mais altas.

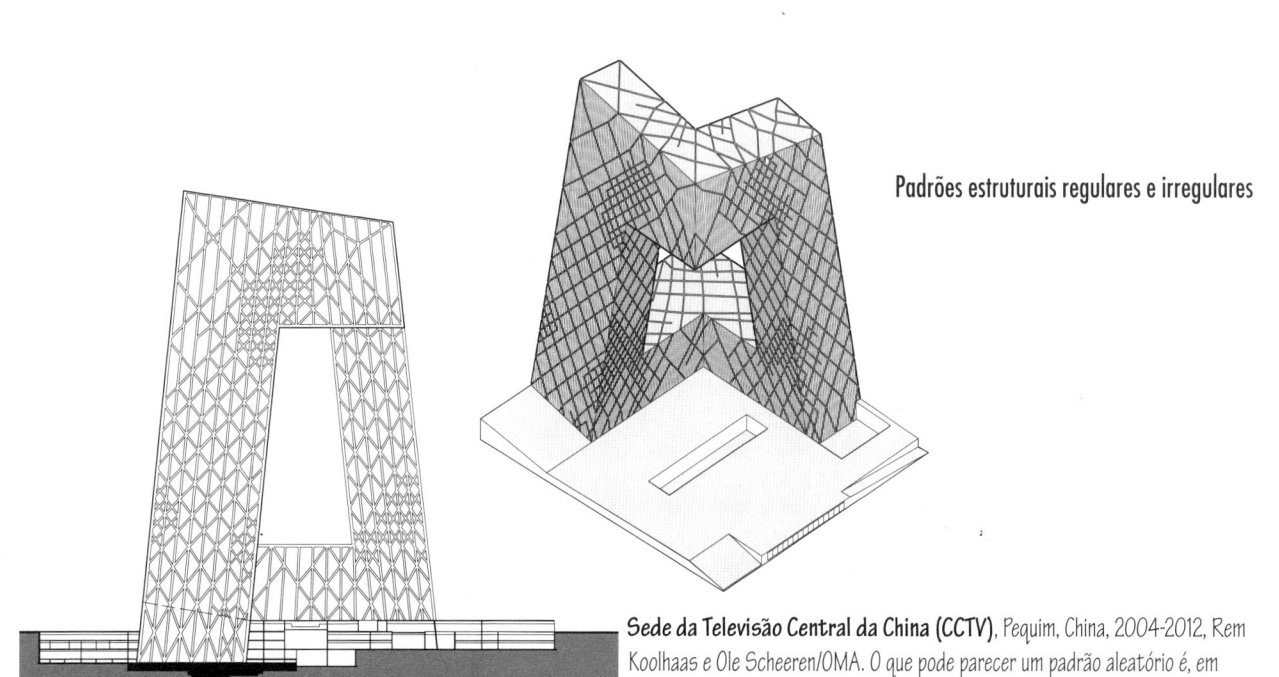

52 A TRANSFORMAÇÃO DA FORMA

Todas as outras formas podem ser compreendidas como transformações dos sólidos primitivos, variações geradas pela manipulação de uma ou mais dimensões ou pela adição ou subtração de elementos.

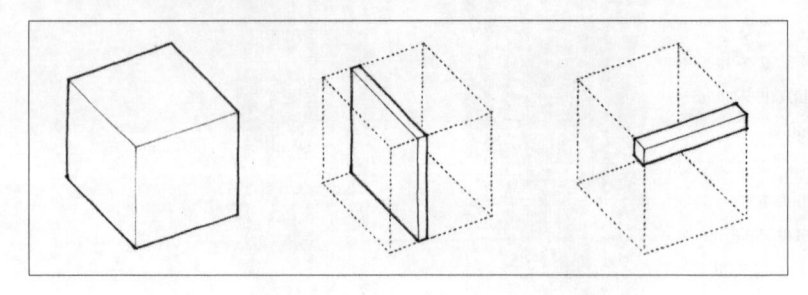

Transformação das dimensões
Uma forma pode ser transformada com a alteração de uma ou mais de suas dimensões e, mesmo assim, conservar sua identidade como membro de uma família de formas. Um cubo, por exemplo, pode ser transformado em formas prismáticas semelhantes, por meio de mudanças distintas em altura, largura ou comprimento. Pode ser comprimido em uma forma plana ou ser estendido em uma forma linear.

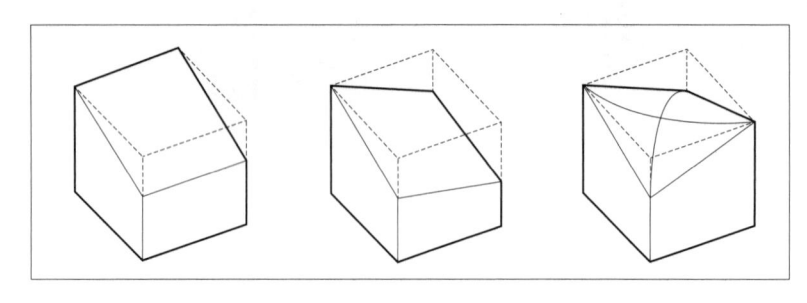

Transformação da geometria
Uma forma pode ser transformada pela alteração do formato e das relações geométricas de suas faces. Um prisma quadrangular, por exemplo, pode ser transformado pela mudança na relação entre suas duas bases; uma forma plana pode ser transformada em uma superfície de sela, gerando uma curvatura para cima, em uma direção, e uma curvatura para baixo, na direção perpendicular.

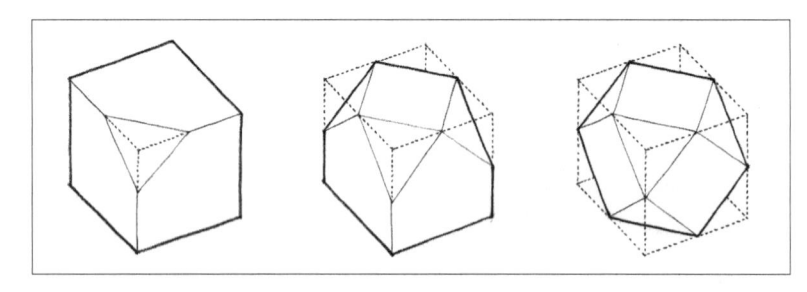

Transformação por subtração
Uma forma pode ser transformada com a subtração de uma porção de seu volume. Dependendo da extensão do processo subtrativo, a forma pode conservar sua identidade inicial ou ser transformada em uma forma de outra família. Por exemplo, um cubo pode conservar sua identidade como cubo, mesmo que uma porção dele seja removida, ou ser transformado em uma série de poliedros regulares que começam a se aproximar de uma esfera.

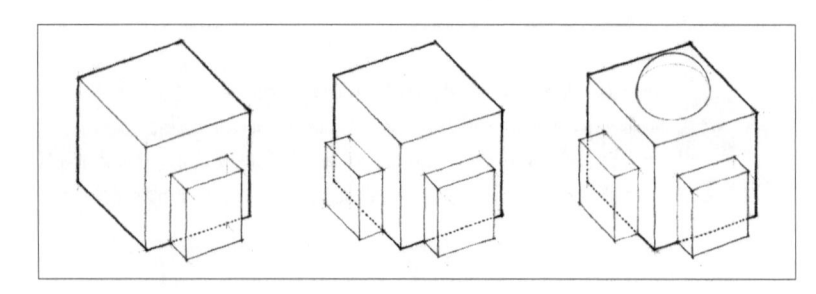

Transformação por adição
Uma forma pode ser transformada pela adição de elementos ao seu volume. A natureza do processo aditivo e o número e os tamanhos relativos de elementos acrescentados determinam se a identidade da forma inicial será alterada ou preservada.

A TRANSFORMAÇÃO DA FORMA 53

Transformação das dimensões de um cubo em um bloco horizontalizado:
Unidade de Habitação, Firminy-Vert, França, 1963–1968, Le Corbusier

Transformação por subtração, criando volumes de espaço:
Casa Gwathmey, Amagensett, Nova York, Estados Unidos, 1967, Charles Gwathemey/Gwathmey Siegel

Transformação por adição de uma forma matriz por meio da conexão de formas subordinadas:
Il Redentore (Igreja do Santíssimo Redentor), Veneza, Itália, 1577–1592, Andrea Palladio

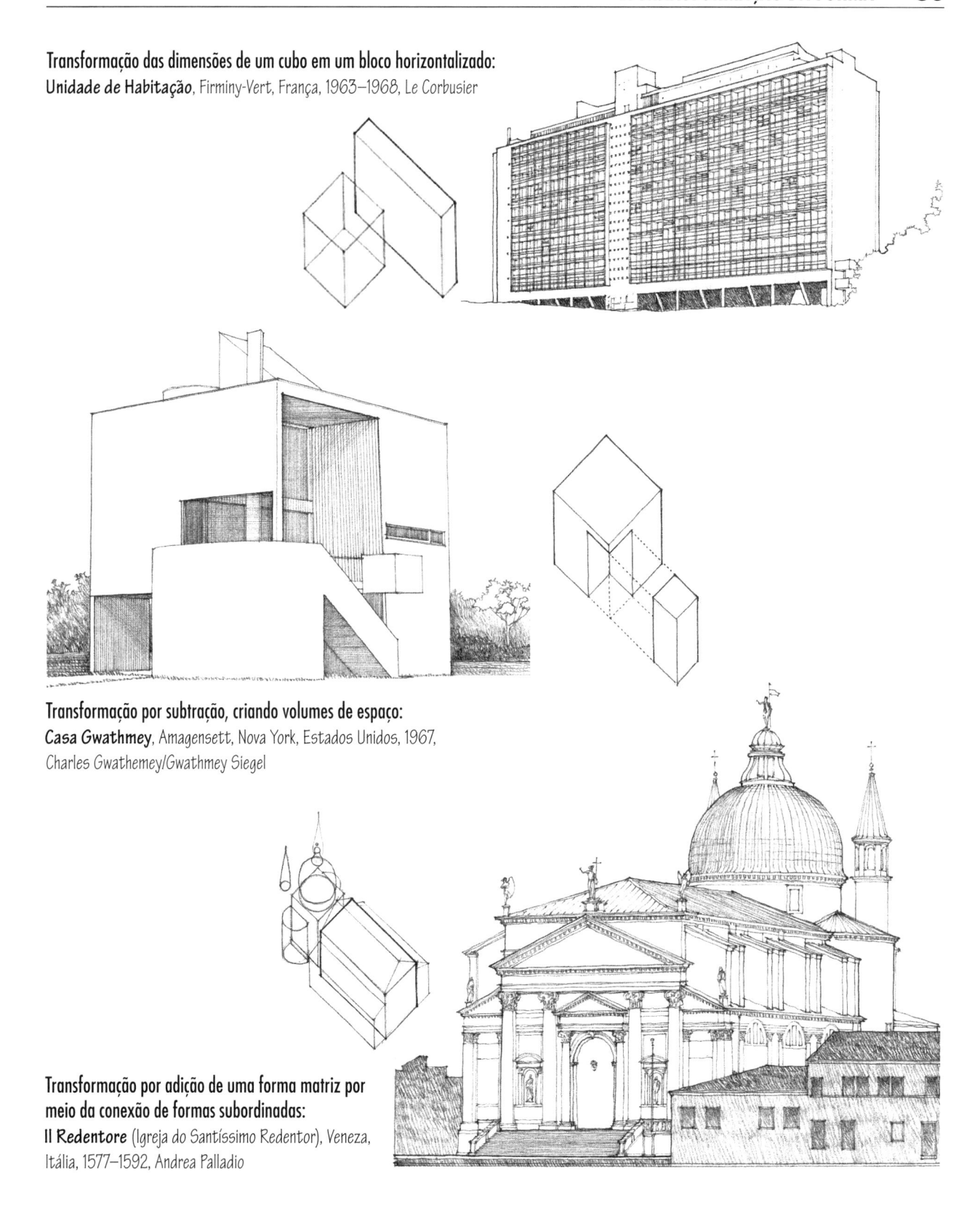

54　A TRANSFORMAÇÃO DAS DIMENSÕES

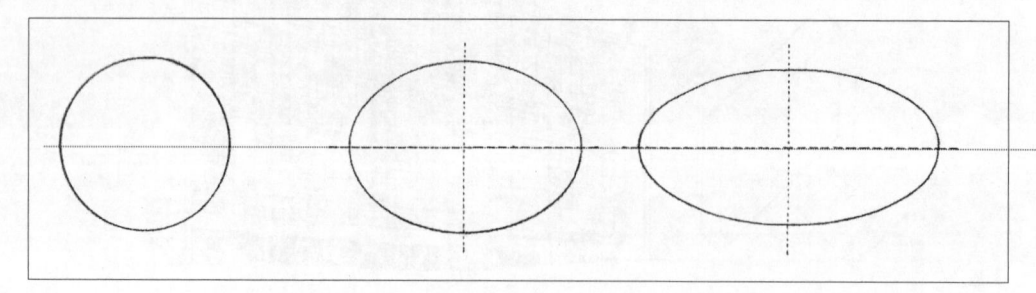

Uma esfera pode ser transformada em várias formas ovoides ou elípticas por meio do alongamento de seu eixo.

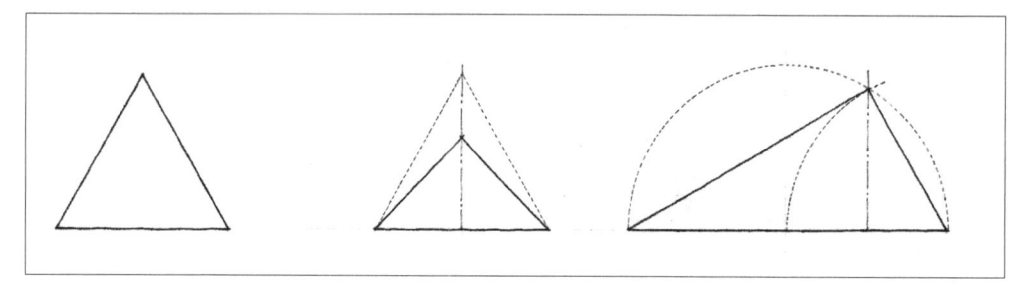

Uma pirâmide pode ser transformada pela alteração das dimensões de sua base, modificação da altura de seu ápice ou inclinação de seu eixo normalmente vertical.

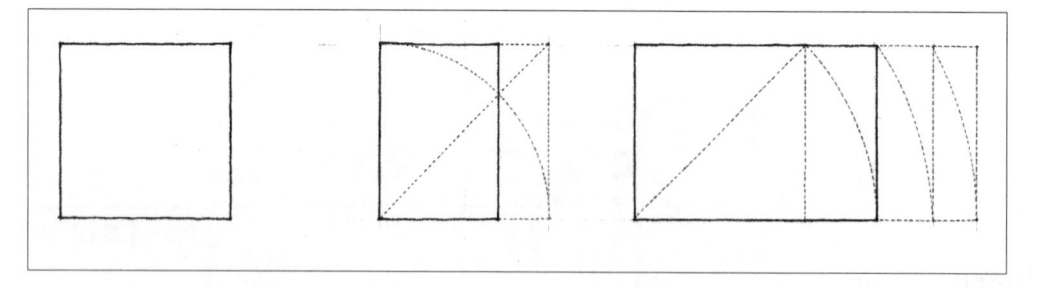

Um cubo pode ser transformado em formas prismáticas similares pela redução ou pelo alongamento de sua altura, largura ou profundidade.

A TRANSFORMAÇÃO DAS DIMENSÕES 55

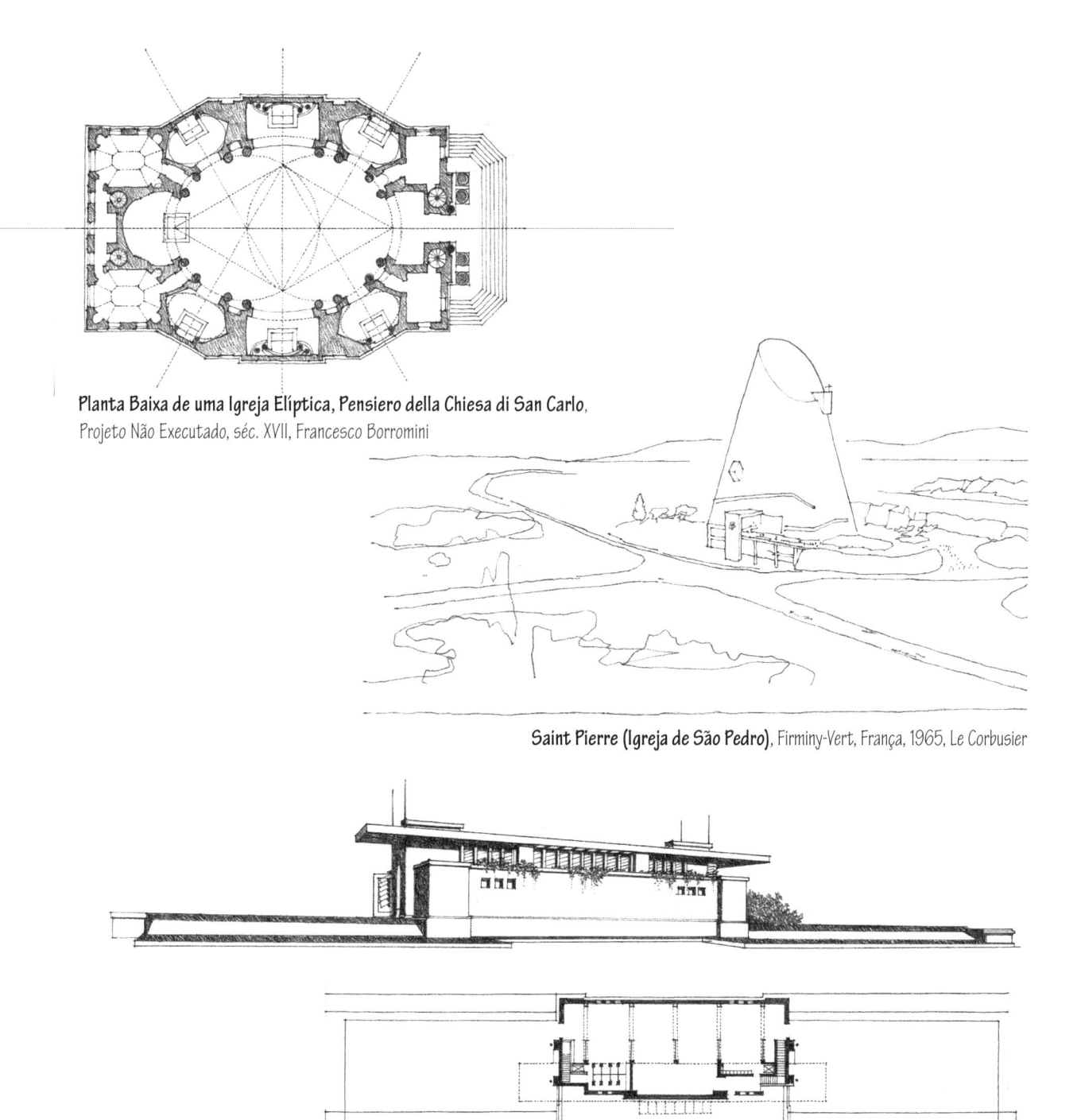

Planta Baixa de uma Igreja Elíptica, Pensiero della Chiesa di San Carlo, Projeto Não Executado, séc. XVII, Francesco Borromini

Saint Pierre (Igreja de São Pedro), Firminy-Vert, França, 1965, Le Corbusier

Projeto para o Clube Náutico Yahara, Madison, Wisconsin, Estados Unidos, 1902, Frank Lloyd Wright

56 A TRANSFORMAÇÃO DAS DIMENSÕES

Pavilhão da AEG, Feira Alemã de Construção de Navios, Berlim, Alemanha, Peter Behrens

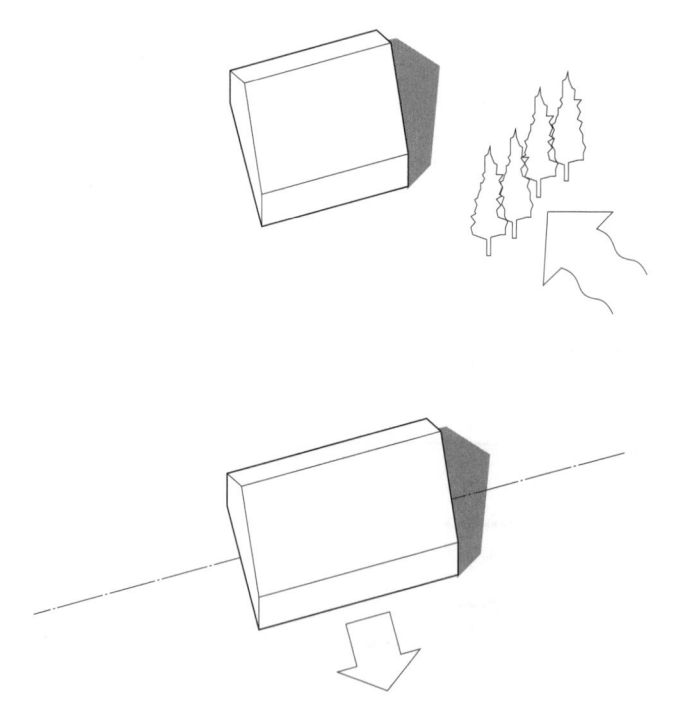

O formato e as proporções de uma edificação são influenciados pelo tamanho e proporções do terreno, pelo programa de necessidades funcionais e pelos condicionantes de zoneamento urbano. Contudo, há fatores ambientais e climáticos a considerar.

A localização, forma e orientação de uma edificação e de seus espaços devem aproveitar os benefícios térmicos, higiênicos e psicológicos da luz solar. A radiação solar, no entanto, nem sempre é benéfica, dependendo da latitude e do clima do local. Ao projetar uma edificação, o objetivo deve ser manter um equilíbrio entre os períodos de frio, quando a radiação solar é benéfica, e os períodos de superaquecimento, quando a radiação deve ser evitada.

A seguir, estão formas e orientações recomendadas para edificações em diferentes regiões climáticas. As informações aqui apresentadas devem ser consideradas juntamente com outros requisitos contextuais e programáticos.

Regiões frias
Minimizar a área de superfície de uma edificação reduz a exposição a baixas temperaturas.
- Formas fechadas e compactas são preferíveis.
- Maximize a absorção da radiação solar.
- Reduza a perda de calor radiante, condutivo e evaporativo.
- Forneça proteção contra o vento.

Regiões temperadas
Distribua a forma da edificação ao longo do eixo Leste-Oeste para maximizar as paredes voltadas para o sul.
- Minimize as exposições leste e oeste, geralmente mais quentes no verão e mais frias no inverno do que as exposições do sul.
- Equilibre o ganho de calor solar com proteção de sombra sacada estação.
- Incentive o movimento do ar em climas quentes; proteja contra o vento em climas frios.

A TRANSFORMAÇÃO DAS DIMENSÕES 57

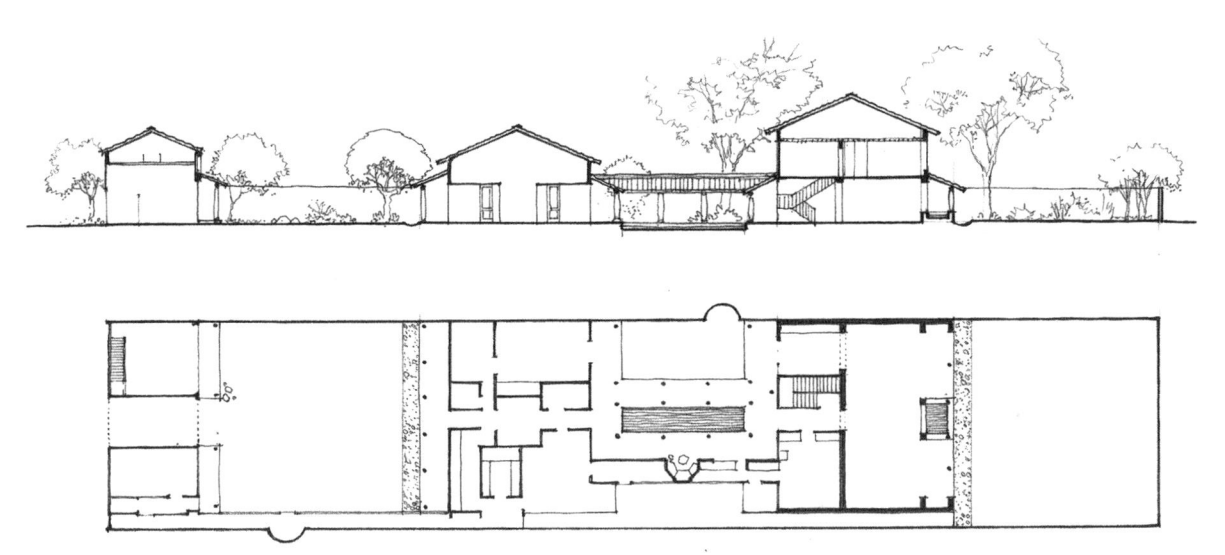

Casa do Dr. Bartholomeusz, Colombo, Sri Lanka, 1963, Geoffrey Bawa. Pátios, lógias e varandas criam um ambiente agradável e confortável, sem a necessidade de ar-condicionado.

Regiões quentes e úmidas

Uma edificação distribuída ao longo do eixo Leste-Oeste minimiza as exposições a leste e oeste.
- Reduza o ganho de calor solar.
- Utilize o vento para promover o resfriamento por evaporação.
- Forneça sombreamento para janelas e espaços ao ar livre.

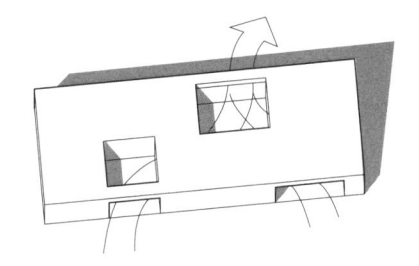

Regiões quentes e áridas

As formas da edificação devem incluir espaços para pátios.
- Reduza o ganho de calor solar e condutor.
- Promova o resfriamento por evaporação usando água e vegetação.
- Forneça sombreamento para janelas e espaços ao ar livre.

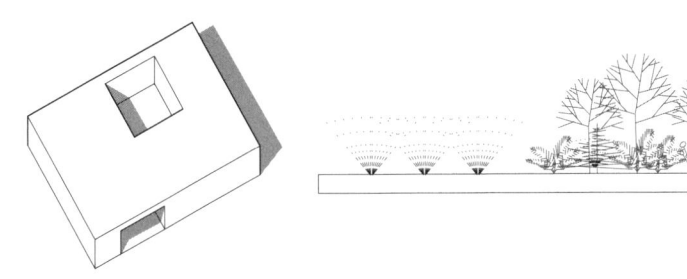

58 A TRANSFORMAÇÃO POR GEOMETRIA

Por definição, um prisma é um poliedro — um sólido tridimensional formado por faces planas — que tem duas faces de base poligonal em planos paralelos e as demais faces laterais sendo retângulos ou paralelogramos. As faces de base podem ser triângulos, quadrados, retângulos ou qualquer polígono de n lados, como um pentágono ou hexágono.

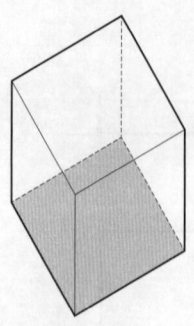

Prisma regular 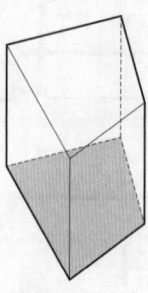 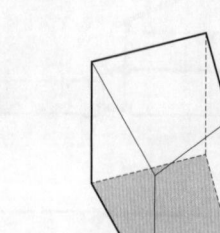   **Prisma irregular**

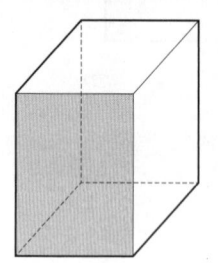

- Os prismas regulares têm faces de base poligonal regulares, enquanto os prismas irregulares têm bases poligonais irregulares.

Prisma ortogonal

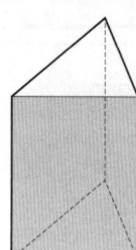

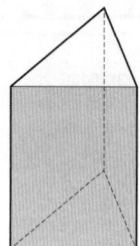

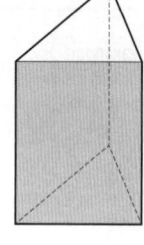

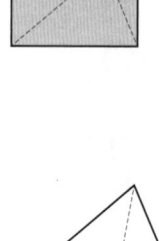

- Os prismas também podem ser categorizados pela relação angular entre sua base e faces laterais. Os prismas ortogonais têm faces laterais retangulares e bordas de junção perpendiculares às suas faces de base.

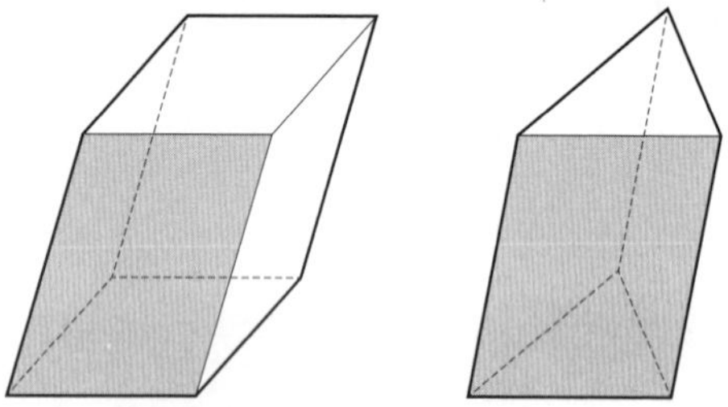

Prisma oblíquo

- Os prismas oblíquos têm faces laterais que não são perpendiculares às suas faces de base, resultando em paralelogramos.

- As formas prismáticas podem ser distorcidas, deformadas ou transformadas para produzir uma ampla gama de formas dinâmicas. Um exemplo é o prisma truncado, que tem faces superior e inferior não paralelas.

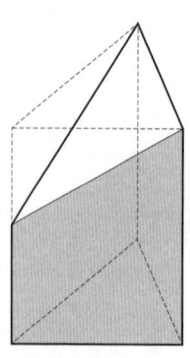

Prisma truncado de base triangular

A TRANSFORMAÇÃO POR GEOMETRIA   59

Visualmente, as formas prismáticas são caracterizadas por planos que se cruzam em ângulos agudos, resultando em formatos e estruturas que exibem nitidez e precisão. Estas formas geométricas irão variar de acordo com o nosso ponto de vista e o tipo de iluminação.

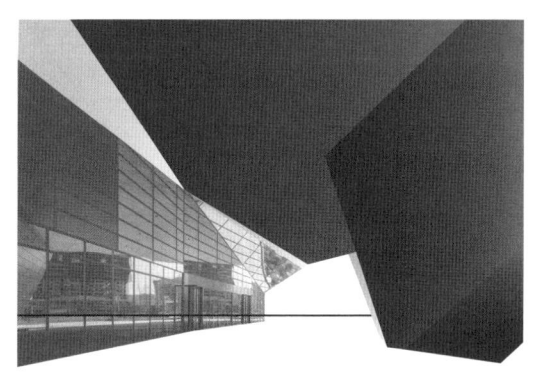

Museu Wenling, Wenling, China, 2018, CCTN Architectural Design Company

Sala de Concertos Foro Boca, Boca Del Rio, México, 2017, Rojkind Arquitectos

60 A TRANSFORMAÇÃO POR GEOMETRIA

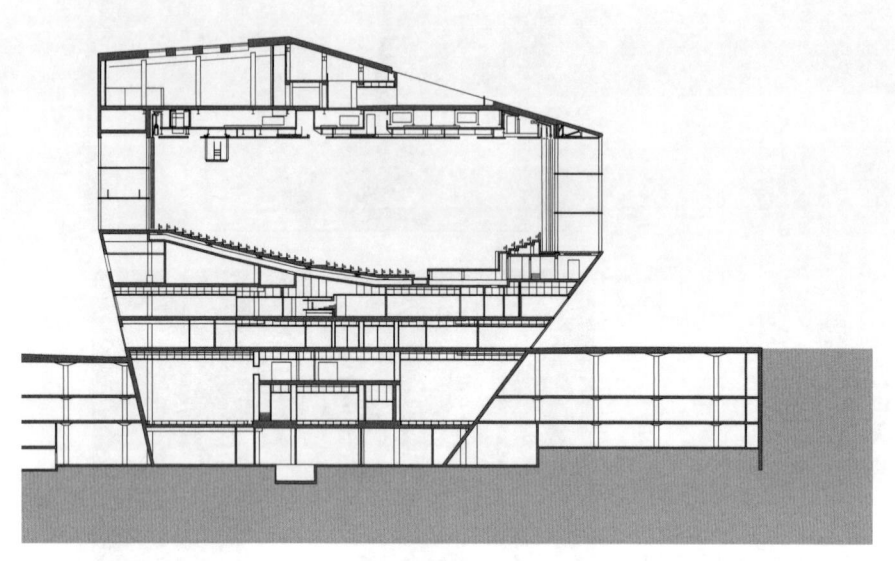

Casa de Música, Porto, Portugal, 2005, Rem Koolhaas / OMA

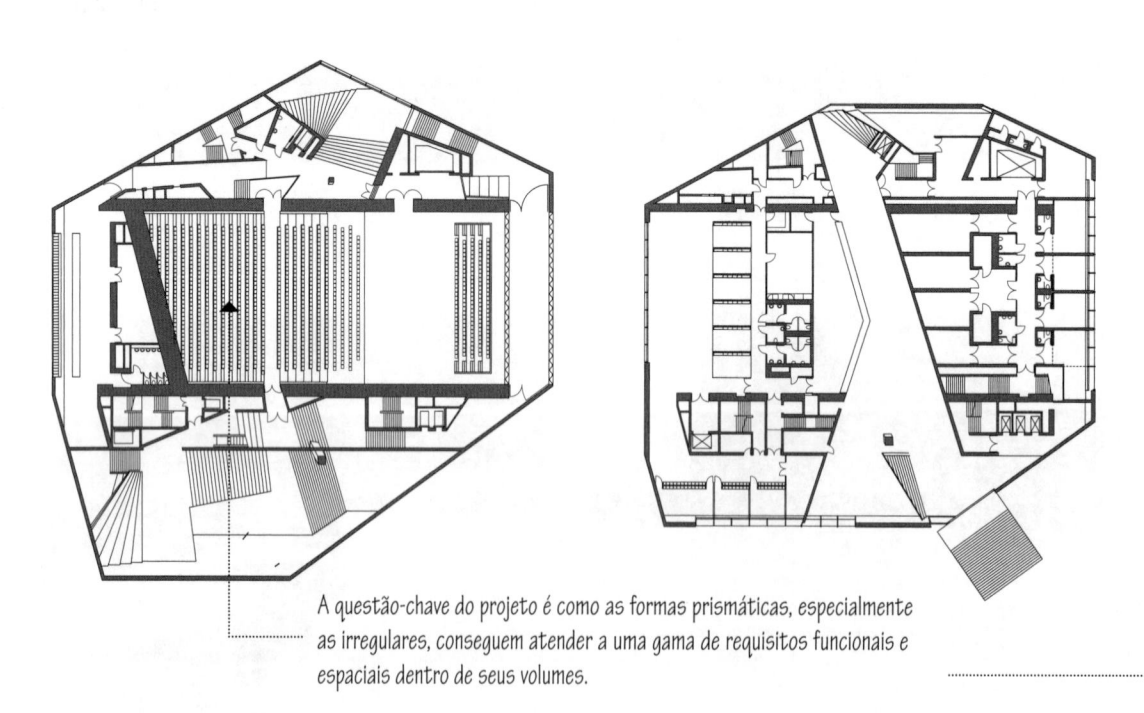

A questão-chave do projeto é como as formas prismáticas, especialmente as irregulares, conseguem atender a uma gama de requisitos funcionais e espaciais dentro de seus volumes.

A TRANSFORMAÇÃO POR GEOMETRIA   61

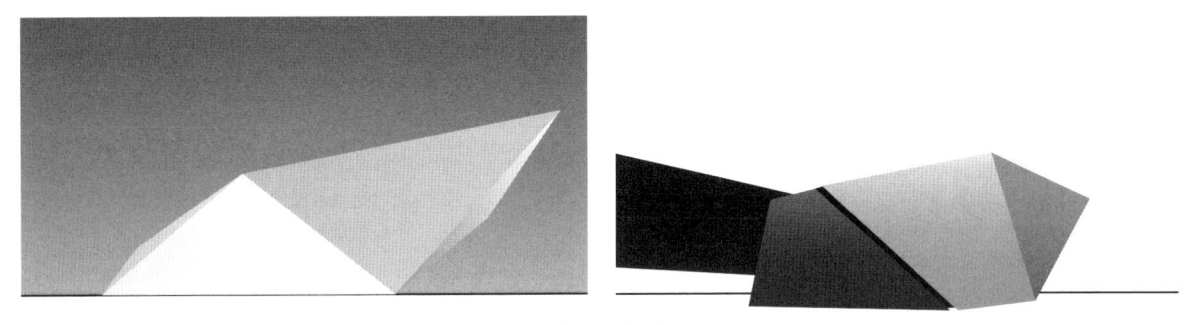

Hanamaruki Miso-Making Experience, Ina, Nagano, Japão, 2017, Takenaka Corporation

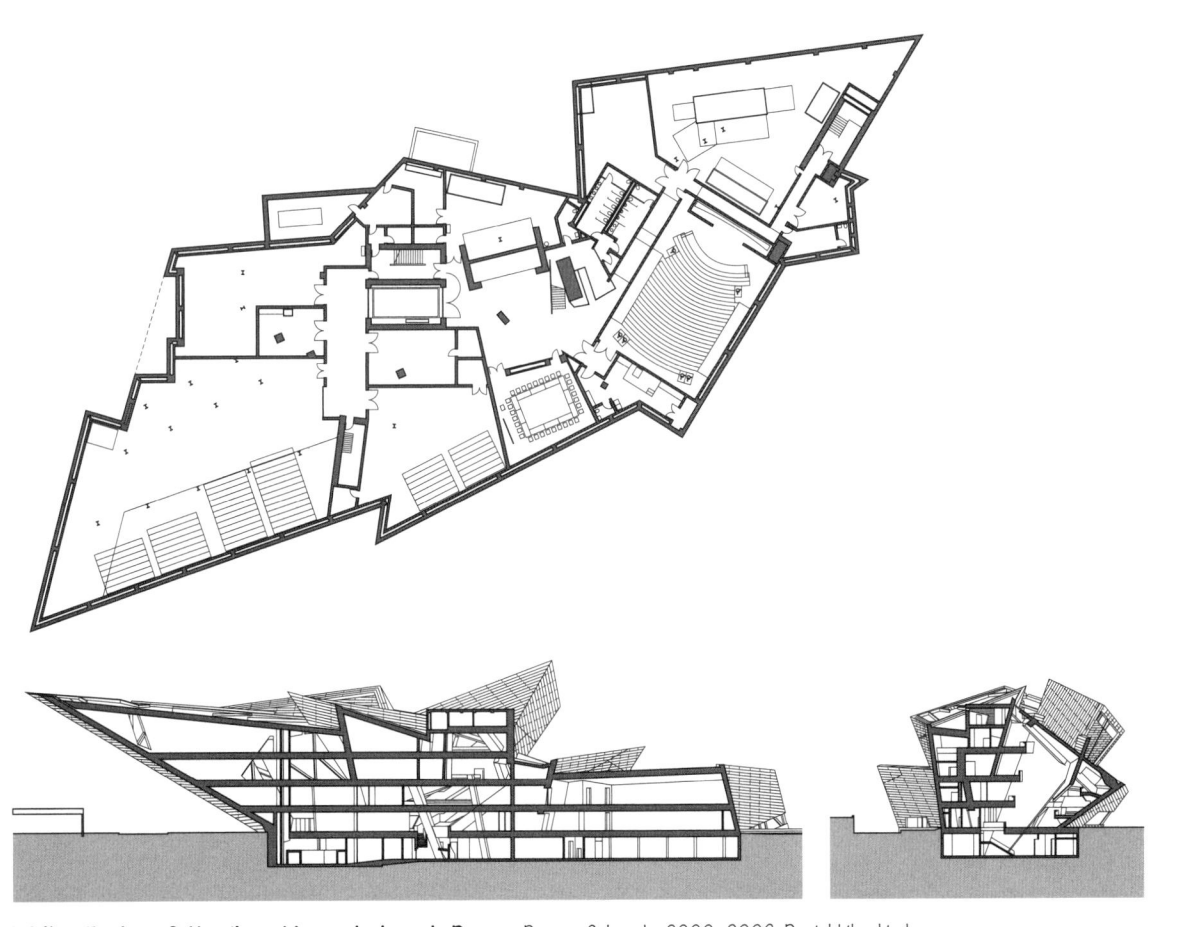

Edifício Frederic C. Hamilton, Museu de Arte de Denver, Denver, Colorado, 2000–2006, Daniel Libeskind

A TRANSFORMAÇÃO POR GEOMETRIA

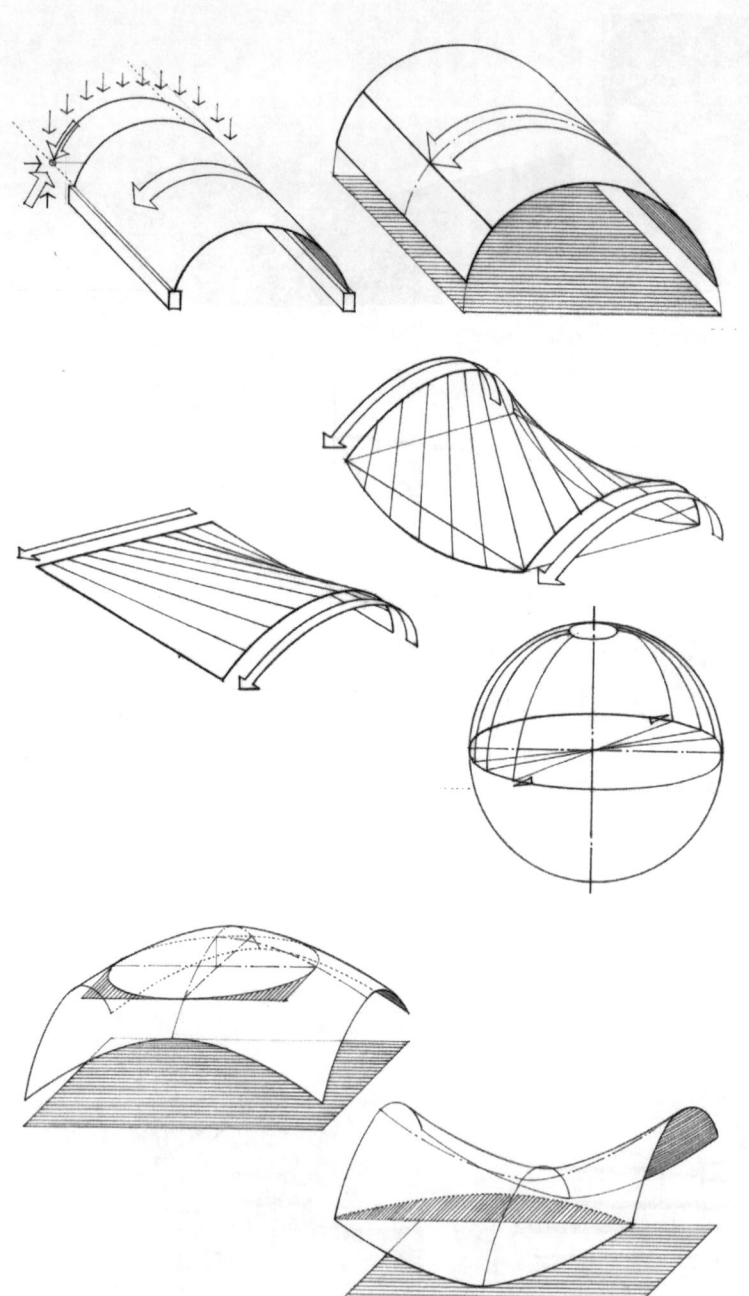

As formas prismáticas podem ser transformadas dobrando uma ou mais de suas faces planas, produzindo superfícies curvas que são dinâmicas e capazes de expressar fluxo e movimento.

Há uma classe especial de superfícies curvas que pode ser gerada a partir da família geométrica das curvas e retas. Esta classe inclui as seguintes:

- As superfícies cilíndricas são geradas deslocando-se uma reta ao longo de uma curva plana ou vice-versa. Dependendo da curva, uma superfície cilíndrica pode ser circular, elíptica ou parabólica. Devido à sua geometria de retas, uma superfície cilíndrica pode ser considerada uma superfície de translação ou regrada.
- As superfícies de translação são geradas deslocando-se uma curva plana ao longo de uma reta ou sobre outra curva plana.
- As superfícies regradas são geradas pelo movimento de uma reta. Devido à sua geometria de reta, uma superfície regrada é geralmente mais fácil de formar e construir que uma superfície de rotação ou de translação.

- As superfícies de rotação são geradas pela rotação de uma curva plana em relação a um eixo.

- Os paraboloides são superfícies cujas interseções de planos são parábolas e elipses ou parábolas e hipérboles. As parábolas são curvas planas geradas por um ponto em movimento que permanece equidistante a uma linha fixa e a um ponto fixo que não está na reta. As hipérboles são curvas planas formadas pela interseção de um cone circular por um plano que corta as duas metades do cone.
- Os paraboloides hiperbólicos são superfícies geradas deslocando-se uma parábola com curvatura para baixo ao longo de uma parábola com curvatura para cima, ou deslocando-se um segmento de linha reta com suas extremidades em duas linhas oblíquas. Podem, então, ser considerados superfícies tanto regradas quanto de translação.

A TRANSFORMAÇÃO POR GEOMETRIA 63

As superfícies em sela têm uma curvatura para cima, em uma direção, e uma para baixo, na direção perpendicular. As partes da curvatura para baixo atuam como arcos, enquanto as partes da curvatura para cima se comportam como uma estrutura de cabos. Se as extremidades de uma superfície em sela não estiverem sustentadas, o comportamento de uma viga também pode estar presente.

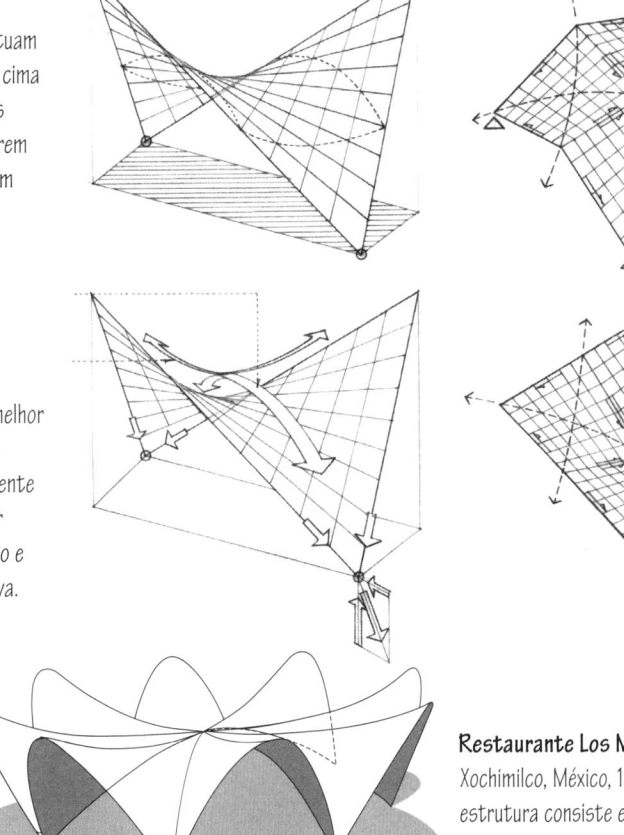

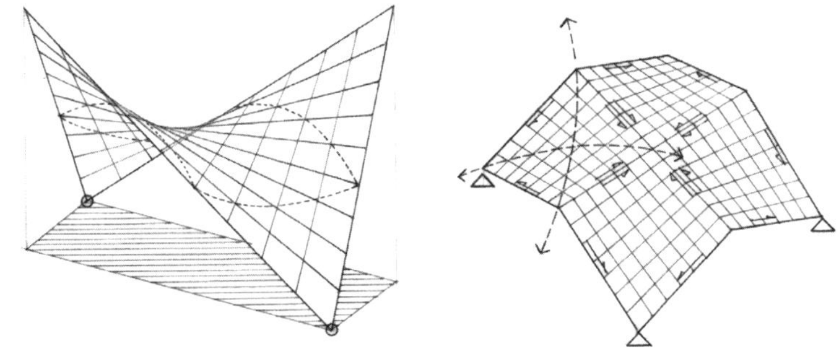

O tipo de sistema estrutural que pode aproveitar melhor essa geometria duplamente curva é a estrutura do tipo casca — uma estrutura de placa fina, geralmente de concreto armado, que é moldada para transmitir forças aplicadas por tensões de compressão, tração e cisalhamento que atuam no plano da superfície curva.

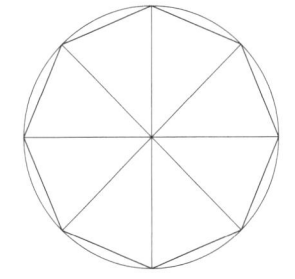

Restaurante Los Manantiales, Xochimilco, México, 1958, Felix Candela. A estrutura consiste em um arranjo radial de oito segmentos paraboloides hiperbólicos.

Relacionadas às estruturas em casca estão as estruturas de casca de grelha, nas quais foi pioneiro o engenheiro russo Vladimir Shukhov, no final do século XIX. Como as estruturas em casca, as cascas em grelha dependem de sua geometria de curvatura dupla para sua resistência, mas são construídas com uma grade ou treliça, geralmente de madeira ou aço. As conchas podem ser formadas por superfícies curvas irregulares, contando com programas de modelagem de computador para sua análise e otimização estrutural e, às vezes, também para sua fabricação e montagem.

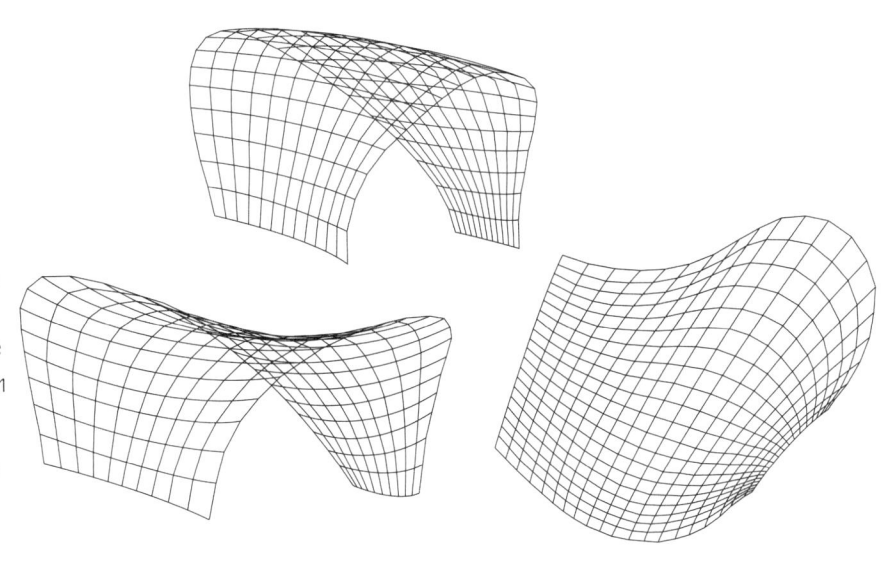

Veja também as páginas 192–193 para uma discussão relacionada às estruturas em diagrid.

64 A TRANSFORMAÇÃO POR GEOMETRIA

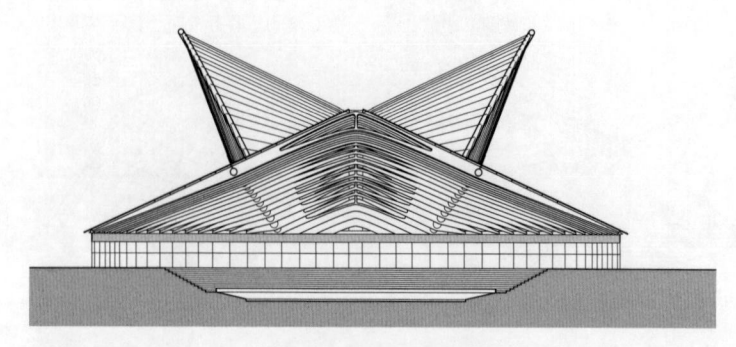

O aspecto fluido dessas superfícies contrasta com a natureza angular das formas retilíneas e é apropriado para descrever a forma das cascas e dos elementos de vedação não portantes.

As superfícies curvas simétricas, como as cúpulas e as abóbadas de berço, são estáveis por natureza.

Velódromo Olímpico, Atenas, Grécia, 2004 (renovação da estrutura original de 1991), Santiago Calatrava

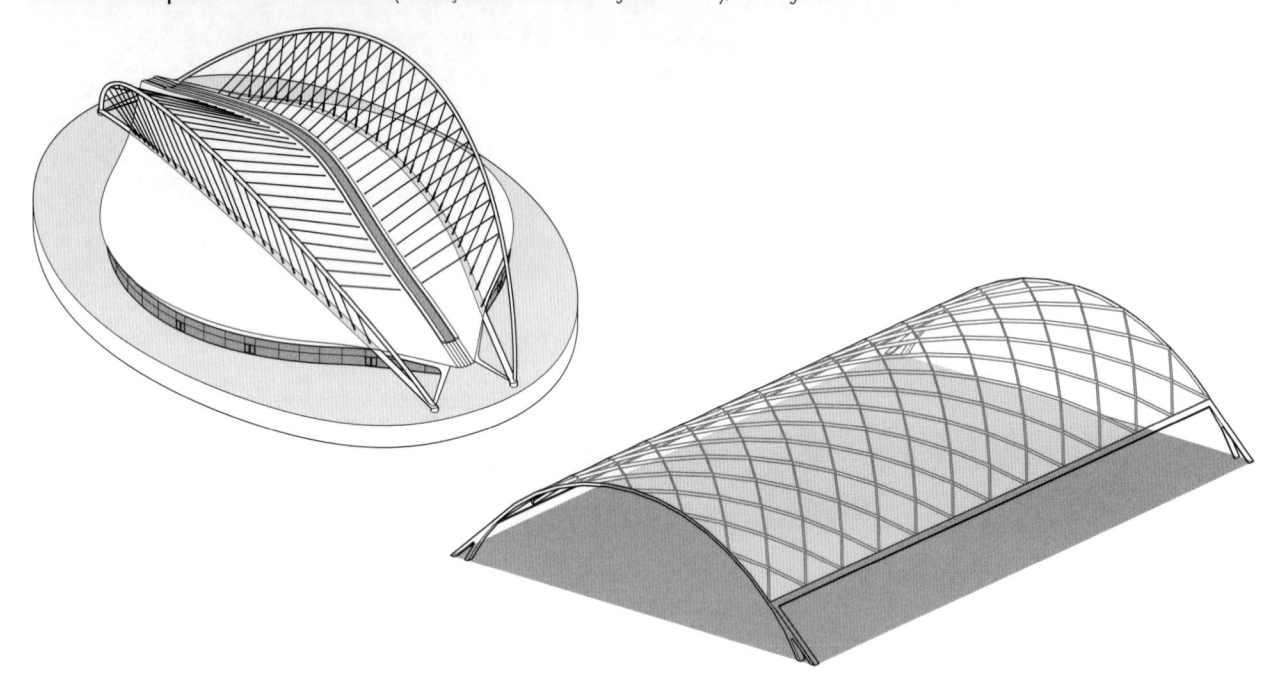

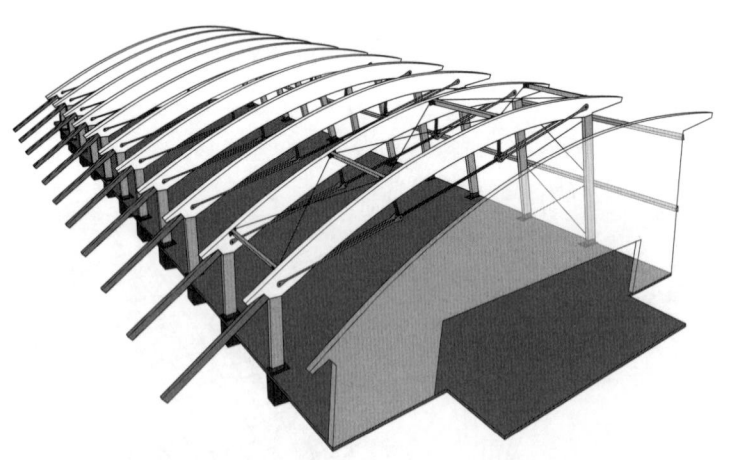

Abóbada lamelar. As abóbadas lamelares são compostas por elementos de madeira ou metal chamados lamelas, que formam um padrão cruzado de arcos paralelos inclinados em relação aos lados do espaço coberto.

Centro Comunitário Recreativo de Banff, Banff, Alberta, Canadá, 2011, GEC Architecture

A TRANSFORMAÇÃO POR GEOMETRIA   65

As superfícies curvas assimétricas, por outro lado, podem ser mais vigorosas e expressivas. Seus formatos mudam de maneira radical quando vistas de diferentes perspectivas.

Sala de Concerto da Walt Disney, Los Angeles, Califórnia, Estados Unidos, 1987–2003, Frank O. Gehry and Partners

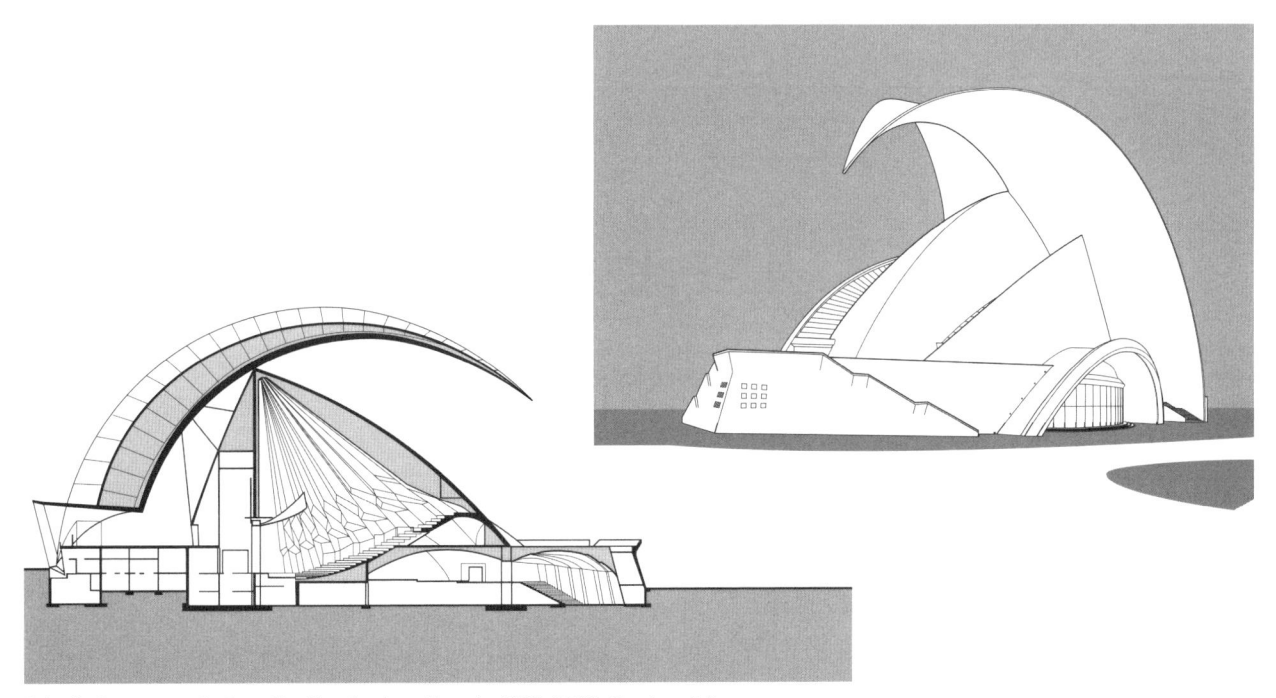

Sala de Concertos de Tenerife, Ilhas Canárias, Espanha 1997–2003, Santiago Calatrava

66 A TRANSFORMAÇÃO POR GEOMETRIA

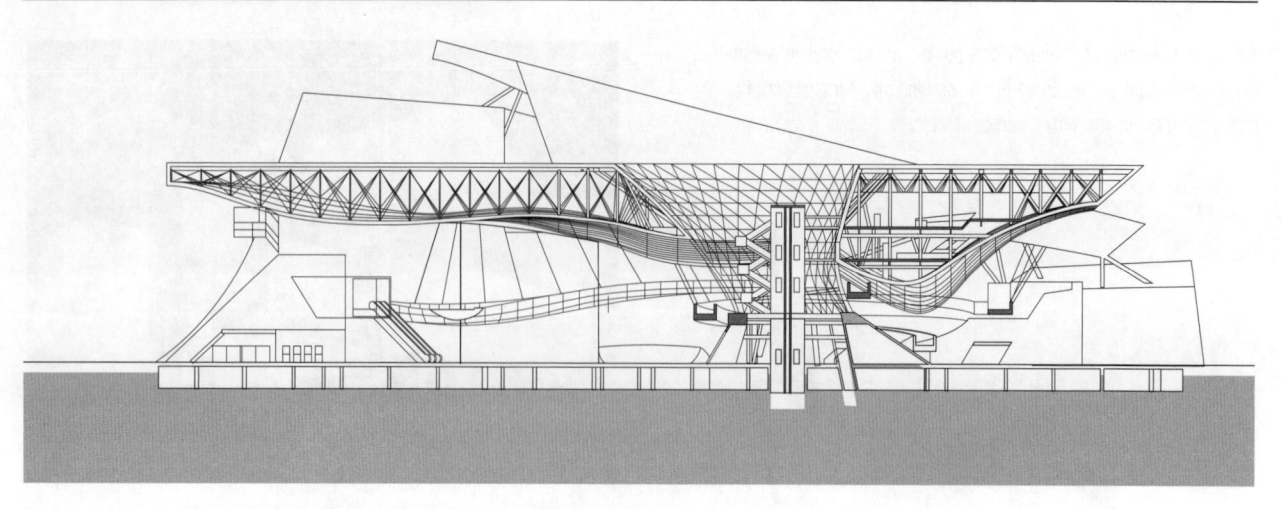

Centro de Cinema Busan, Busan, Coreia do Sul, 2012, COOP HIMMELB(l)au.
Este exemplo mostra como as formas irregulares fluem e contrastam com os planos horizontais do solo e da cobertura.

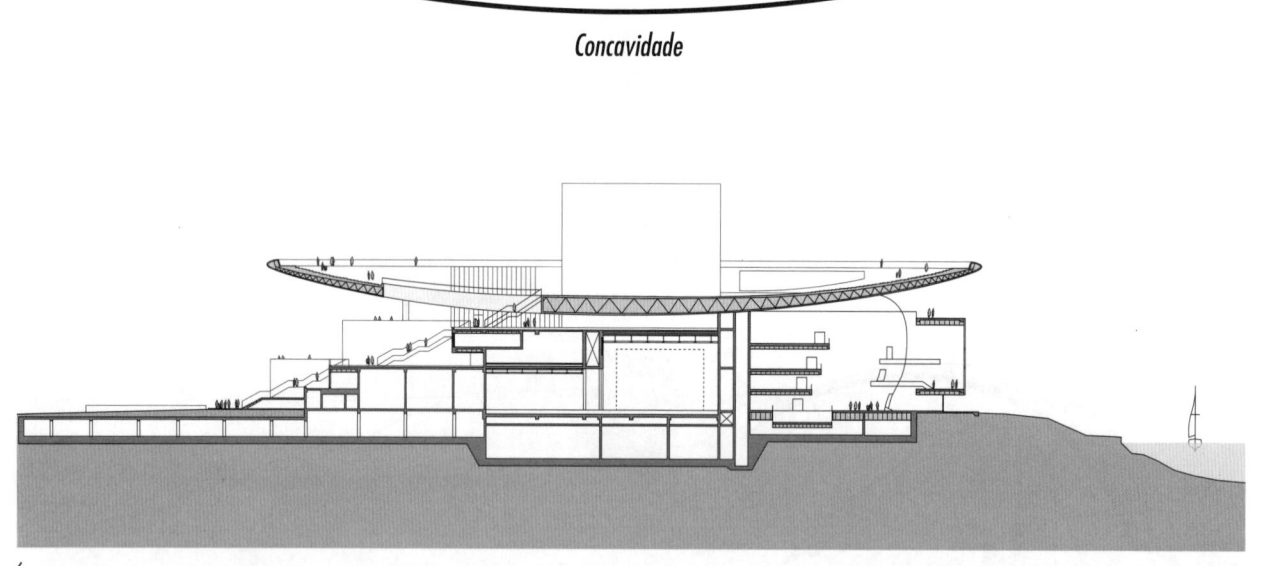

Concavidade

Ópera de Busan (Proposta), Busan, Coreia, Henning Larsen Architects + Tomoon Architects

A TRANSFORMAÇÃO POR GEOMETRIA 67

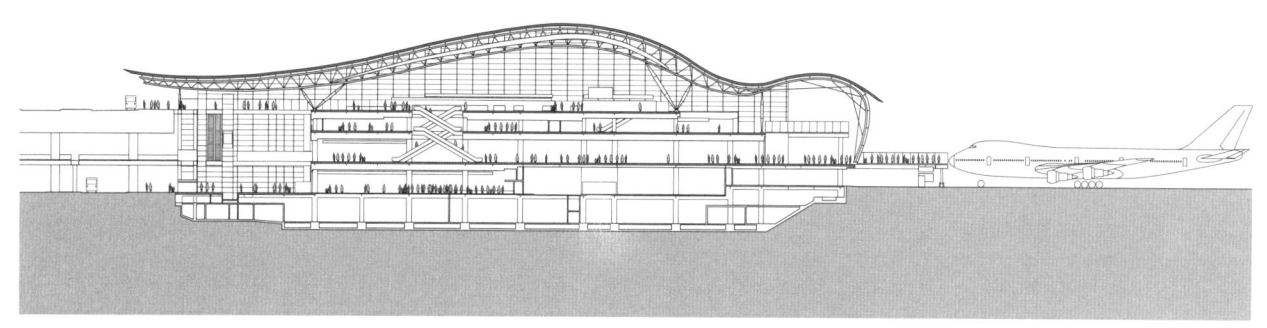

Terminal 1 do Aeroporto Internacional de Kansai, Baía de Osaka, Japão, 1988–1994, Renzo Piano Building Workshop em associação com Nikken Sekkei Ltd e Ove Arup & Partners. O telhado claro, ondulado e assimétrico que cobre o terminal de embarques foi desenvolvido por Peter Rice e Tom Barker, engenheiros estruturais e de serviços da Ove Arup, respectivamente, para imitar o fluxo de ar projetado através do espaço que vai da chegada ao terminal até o embarque do passageiro.

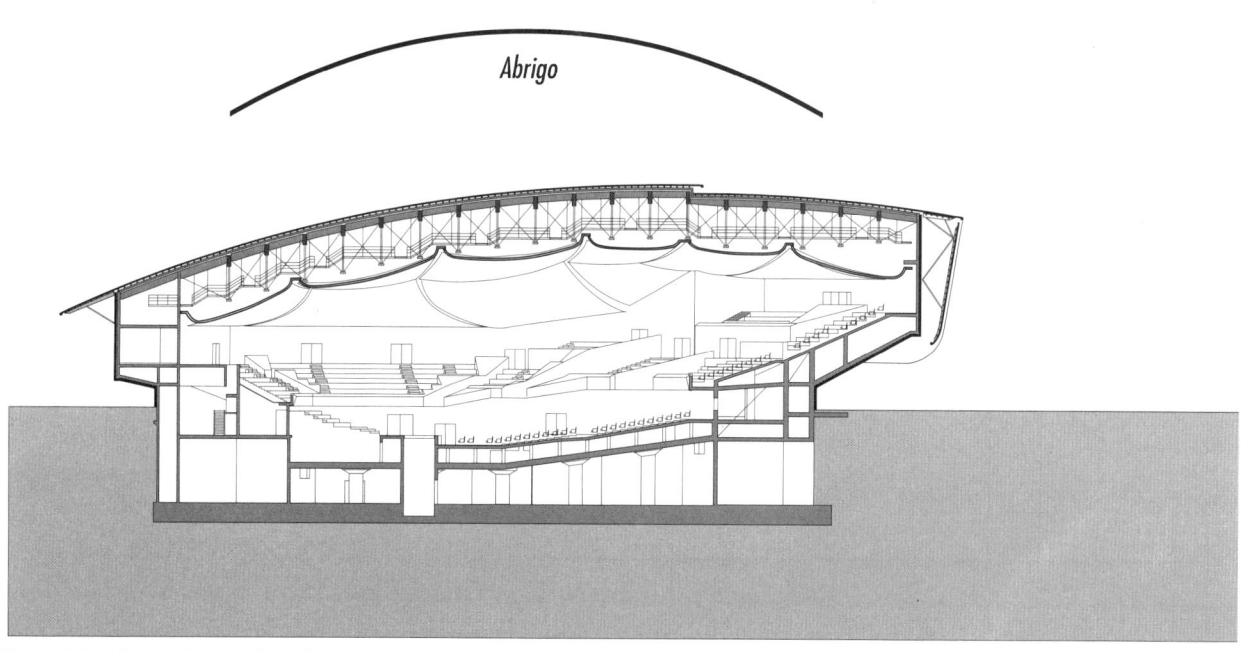

Abrigo

Parco della Musica, Roma, Itália, 2003, Renzo Piano (Acústica: Jürgen Reinhold de Müller-BBM). Este é um corte longitudinal da Sala Santa Cecília, com 2.800 lugares, uma das três salas de música que compõem o Parco della Musica, situado ao norte do centro histórico de Roma. O revestimento do telhado de chumbo parece abrigar a "caixa de som" do salão, que é concebido como um instrumento musical gigante.

68 A FORMA SUBTRATIVA

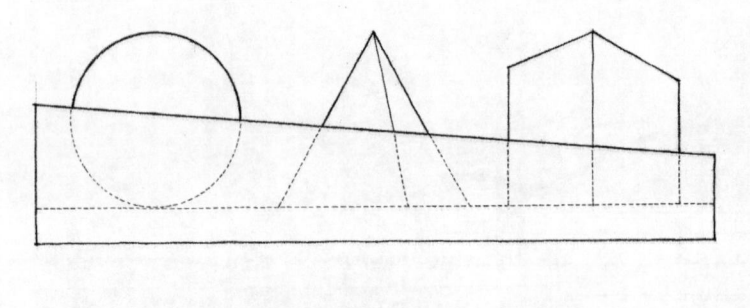

Buscamos regularidade e continuidade nas formas que vemos em nosso campo de visão. Quando qualquer um dos sólidos primitivos estiver parcialmente oculto de nossa visão, tendemos a completar sua forma e visualizá-lo como se ele estivesse completo, pois nossa mente preenche aquilo que os olhos não veem. De modo semelhante, quando as formas regulares têm fragmentos faltando em seus volumes, elas mantêm suas identidades formais se as percebemos como todos incompletos. Chamamos essas formas mutiladas de formas subtrativas.

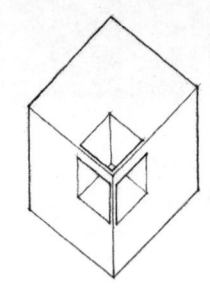

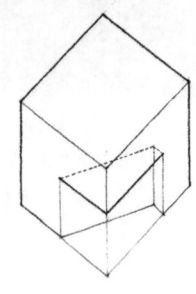

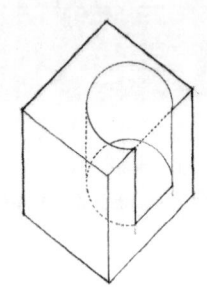

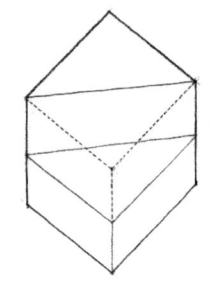

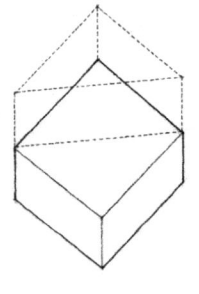

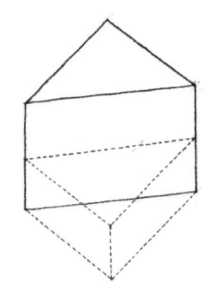

Por serem facilmente reconhecíveis, as formas geométricas simples, como os sólidos primitivos, adaptam-se prontamente à subtração. Essas formas manterão suas identidades formais se partes de seus volumes forem removidas sem que sejam afetadas suas arestas, cantos e perfil geral.

Se for removida uma parte significativa dos cantos, alterando radicalmente o perfil, o resultado será a ambiguidade em relação à identidade original da forma.

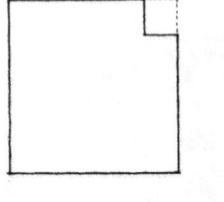

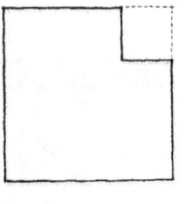

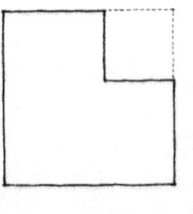

Na série de figuras à esquerda e abaixo, em que momento o formato quadrado cuja quina é removida se torna uma configuração de dois planos retangulares em L?

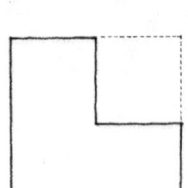

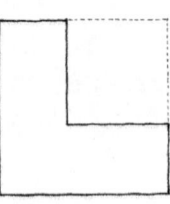

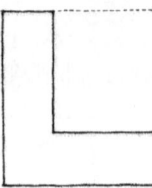

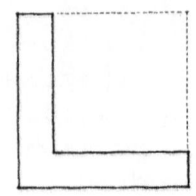

A FORMA SUBTRATIVA 69

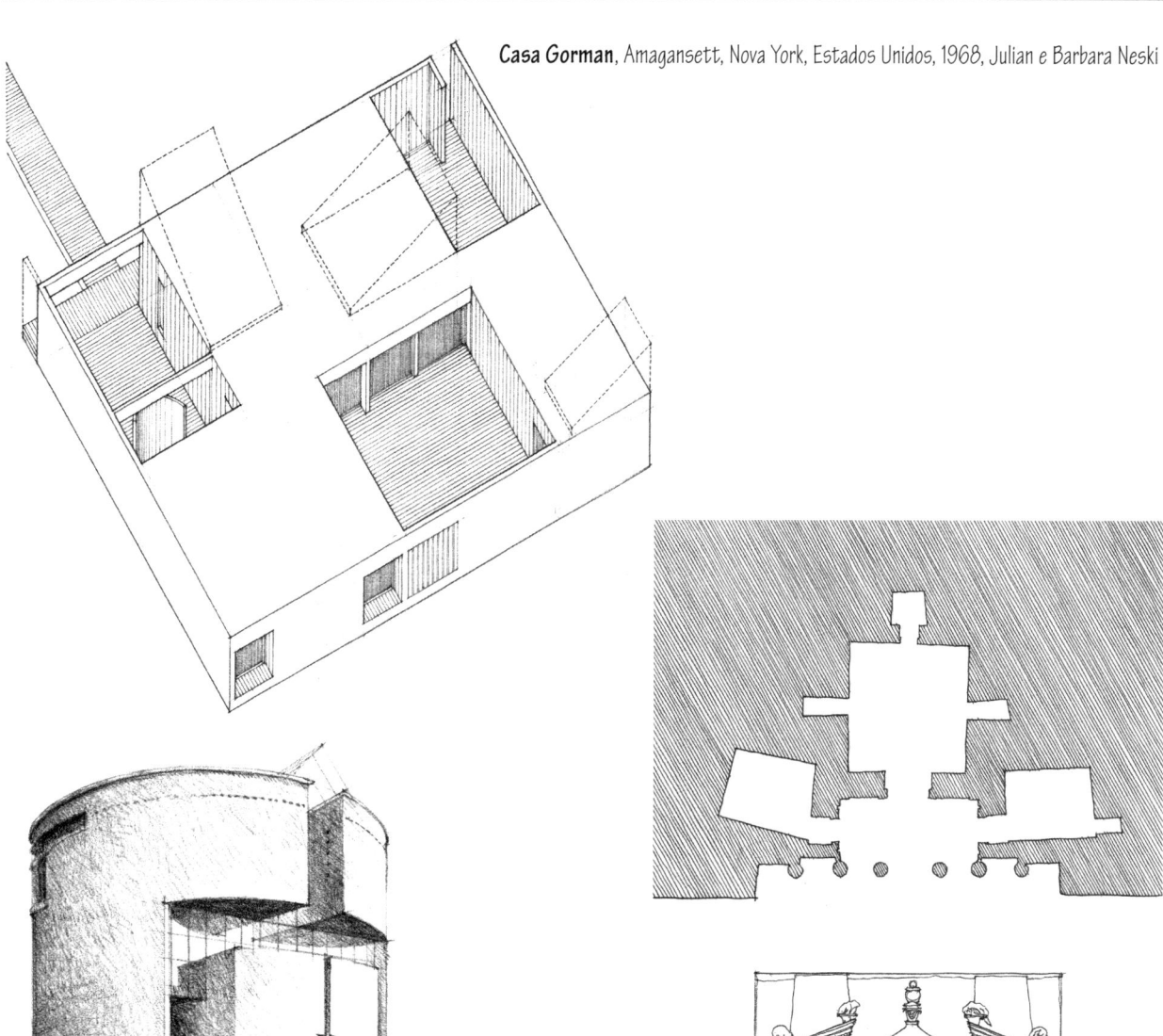

Casa Gorman, Amagansett, Nova York, Estados Unidos, 1968, Julian e Barbara Neski

Casa em Stabio, Ticino, Suíça, 1981, Mario Botta

Volumes espaciais podem ser subtraídos de uma forma, a fim de criar entradas escavadas, pátios internos positivos ou aberturas de janela sombreadas pelas superfícies verticais e horizontais da cavidade.

Khasneh al Faroun, Petra, século I d.C.

70   A FORMA SUBTRATIVA

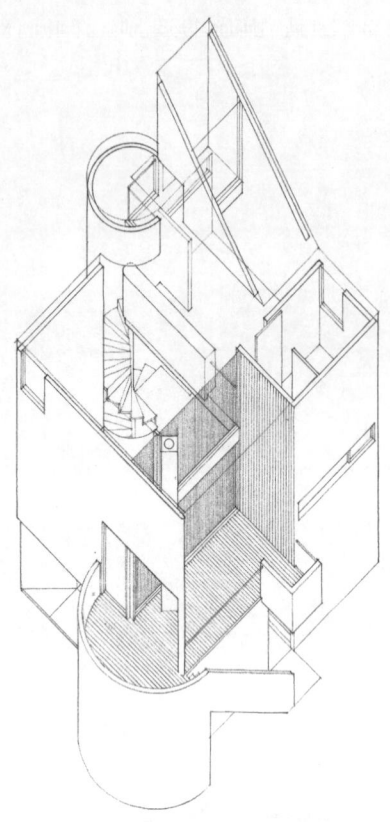

Casa Gwathmey, Amagensett, Nova York, 1967, Charles Gwathmey/Gwathmey Siegel and Associates

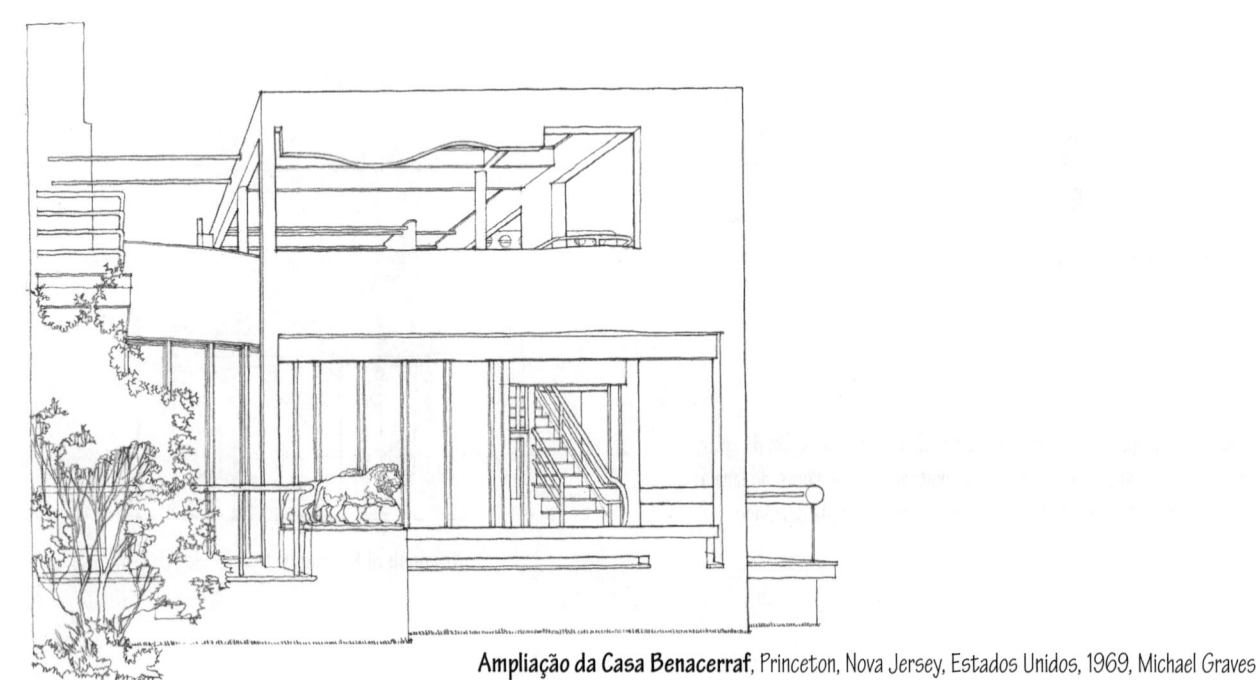

Casa Shodhan, Ahmedabad, Índia, 1956, Le Corbusier

Ampliação da Casa Benacerraf, Princeton, Nova Jersey, Estados Unidos, 1969, Michael Graves

AS FORMAS SUBTRATIVAS E ADITIVAS   71

Le Corbusier comenta a forma:

"Composição cumulativa
- forma aditiva
- tipo relativamente fácil
- pitoresca; cheia de movimento
- pode ser completamente regrada por meio de classificação e hierarquia"

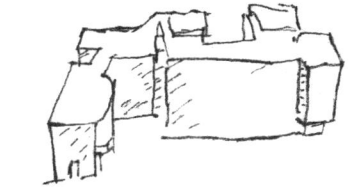

Casas La Roche-Jeanneret, Paris, França

"Composição cúbica (prisma puro)
- muito difícil
  (de satisfazer o espírito)"

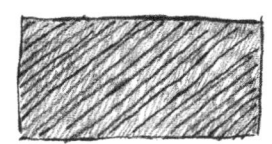

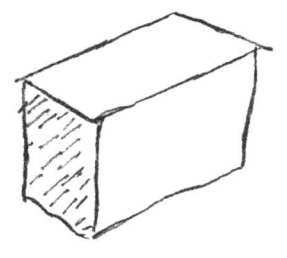

Vila Stein, Garches, França

- "muito fácil
  (de combinação conveniente)"

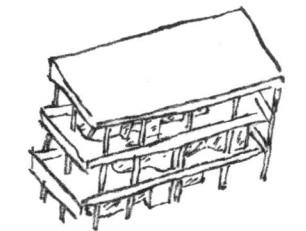

Casa em Stuttgart, Alemanha

"Forma subtrativa
- muito generosa
- um desejo arquitetônico é confirmado pela forma externa
- todas as necessidades funcionais são satisfeitas no interior (penetração da luz, continuidade, circulação)"

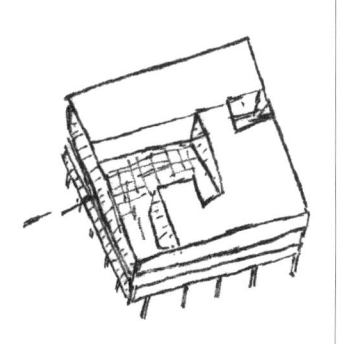

Casa em Poissy, França

Desenhos baseados em croquis, *Four House Forms*, feitos por Le Corbusier para a capa do Volume Dois de suas *Oeuvre Complète*, publicado em 1935.

A FORMA ADITIVA

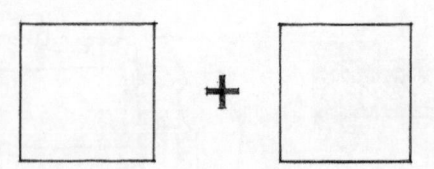

Enquanto uma forma subtrativa resulta da remoção de parte de um volume original, uma forma aditiva é produzida quando duas ou mais formas subordinadas são relacionadas ou fisicamente conectadas a um volume.

As possibilidades básicas para o agrupamento de duas ou mais formas são por meio de:

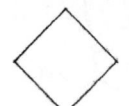

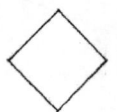

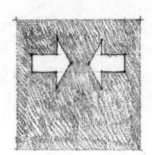

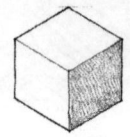

Tensão espacial
Este tipo de relação se baseia na grande proximidade das formas ou de elas compartilharem uma característica visual, como formato, cor ou material.

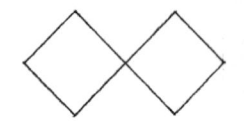

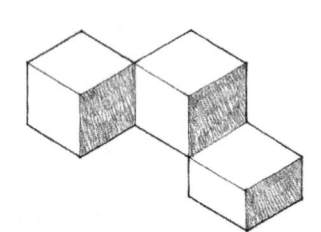

Contato de arestas
Neste tipo de relação, as formas têm uma aresta comum e podem girar em torno dela.

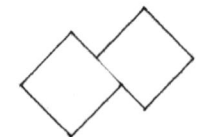

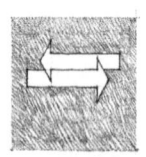

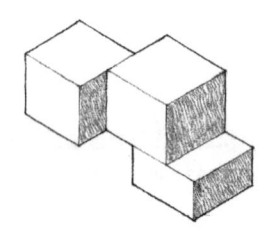

Contato de faces
Este tipo de relação exige que as duas formas tenham superfícies planas correspondentes e paralelas entre si.

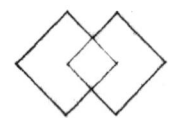

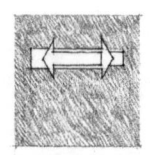

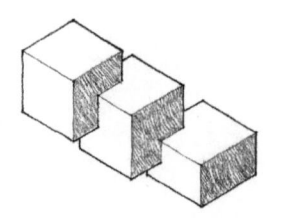

Volumes interseccionados
Neste tipo de relação, as formas se sobrepõem parcialmente no espaço. Elas não precisam dividir quaisquer características visuais.

A FORMA ADITIVA

As formas aditivas resultantes do acréscimo de elementos distintos podem ser caracterizadas por sua capacidade de crescer e se fundir a outras formas. Para que percebamos os agrupamentos aditivos como composições unificadas de formas – como figuras em nosso campo visual – os elementos combinados devem estar relacionados entre si de maneira coerente.

Estes diagramas classificam as formas aditivas de acordo com a natureza das relações que existem entre as formas que os compõem, além de suas configurações gerais. O esquema de organizações formais apresentado deve ser acompanhado de uma discussão paralela a respeito das organizações espaciais, que se encontra no Capítulo 4.

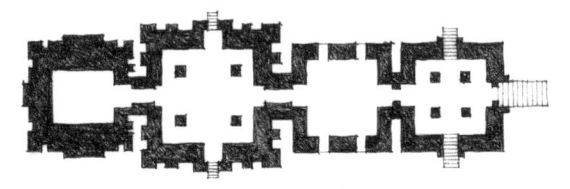

Forma centralizada
Várias formas secundárias agrupadas ao redor de uma forma principal, dominante e centralizada.

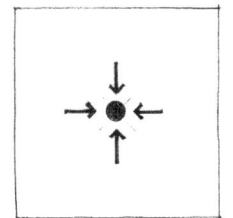

Forma linear
Uma série de formas distribuídas sequencialmente, em uma fileira.

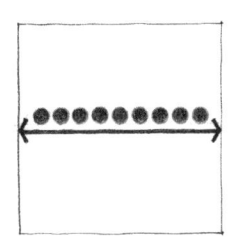

Forma radial
Uma composição de formas lineares que irradiam de uma forma central.

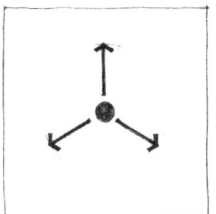

Forma aglomerada
Um conjunto de formas agrupadas pela proximidade ou por compartilharem uma característica visual.

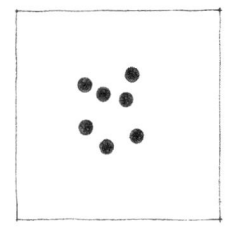

Forma em malha
Um grupo de formas modulares relacionadas e regradas por meio de uma malha tridimensional.

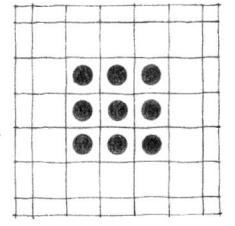

Templo Lingaraja, Bhubaneshwar, Índia, c. 1100 d.C.

74 A FORMA CENTRALIZADA

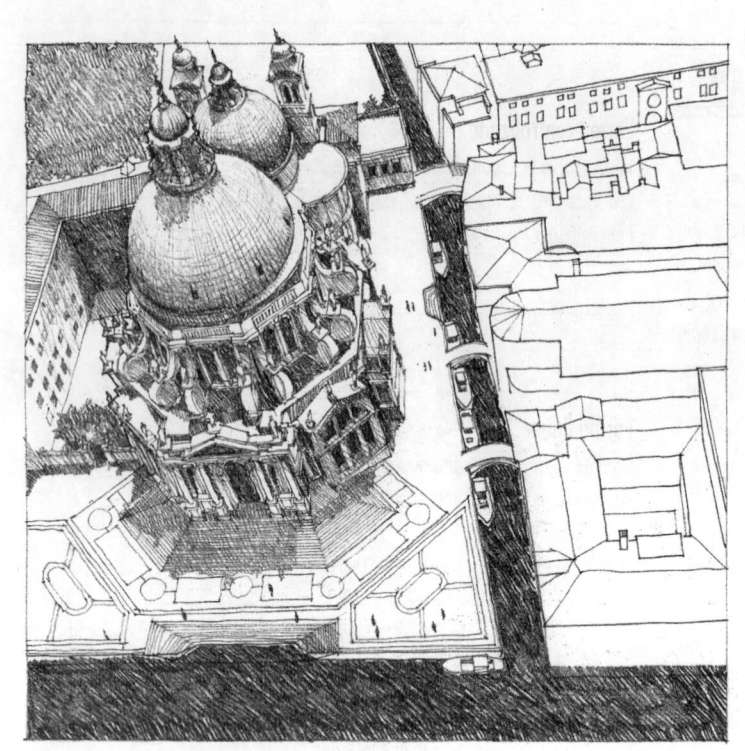

Santa Maria della Salute (Santa Maria da Saúde), Veneza, Itália, 1631–1682, Baldassare Longhena

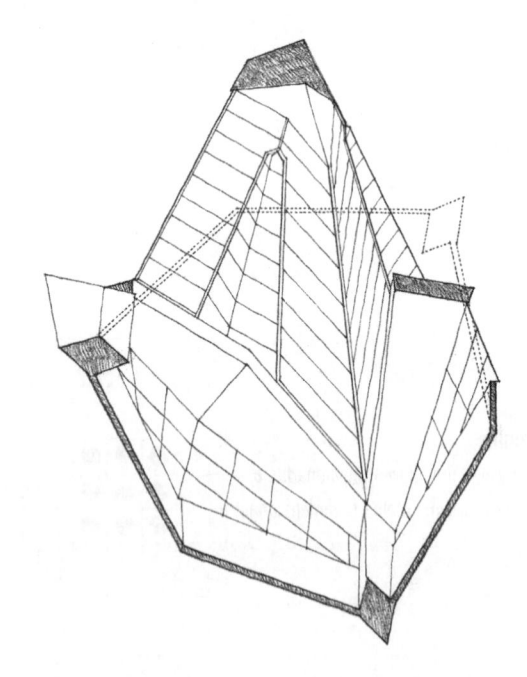

Sinagoga Beth Sholom, Elkins Park, Pensilvânia, Estados Unidos, 1959, Frank Lloyd Wright

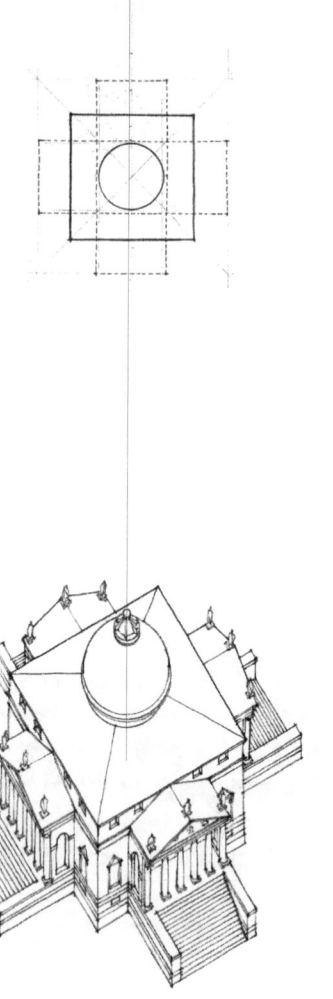

Vila Capra (Vila Rotonda ou "A Redonda"), Vicenza, Itália, 1552-1567, Andrea Palladio

A FORMA CENTRALIZADA 75

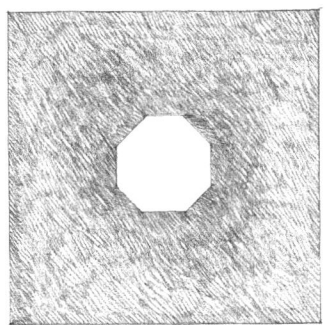

Tempietto de San Pietro em Montorio (Pequeno Templo de São Pedro em Montorio), Roma, Itália, 1502, Donato Bramante

As formas centralizadas exigem o domínio visual de uma forma geometricamente regular e localizada no centro, como uma esfera, um cone ou um cilindro. Devido à sua centralidade intrínseca, essas formas compartilham as características centralizadoras do ponto e do círculo. São ideais como estruturas soltas e isoladas do contexto, dominando um ponto no espaço ou ocupando o centro de um campo definido. Elas são apropriadas para criar lugares sagrados ou honoríficos ou homenagear pessoas e celebrar eventos importantes.

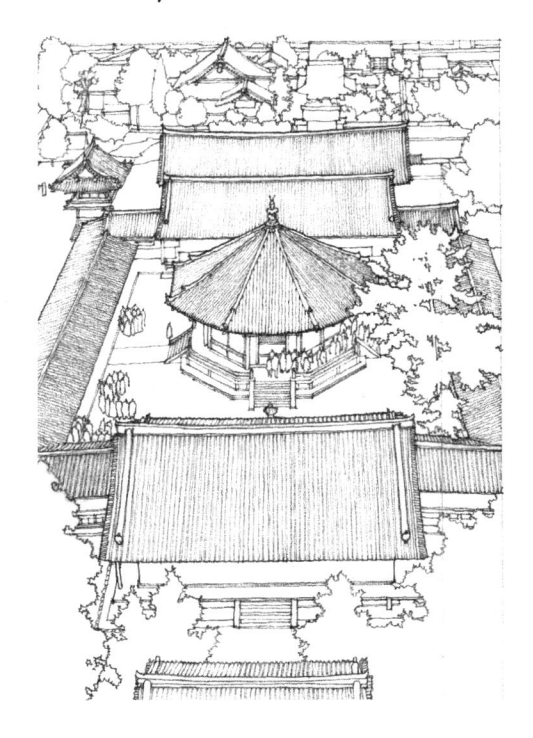

Yume-Dono, Recinto Leste do Templo Horyu-Ji, Nara, Japão, 607 d.C.

76 A FORMA LINEAR

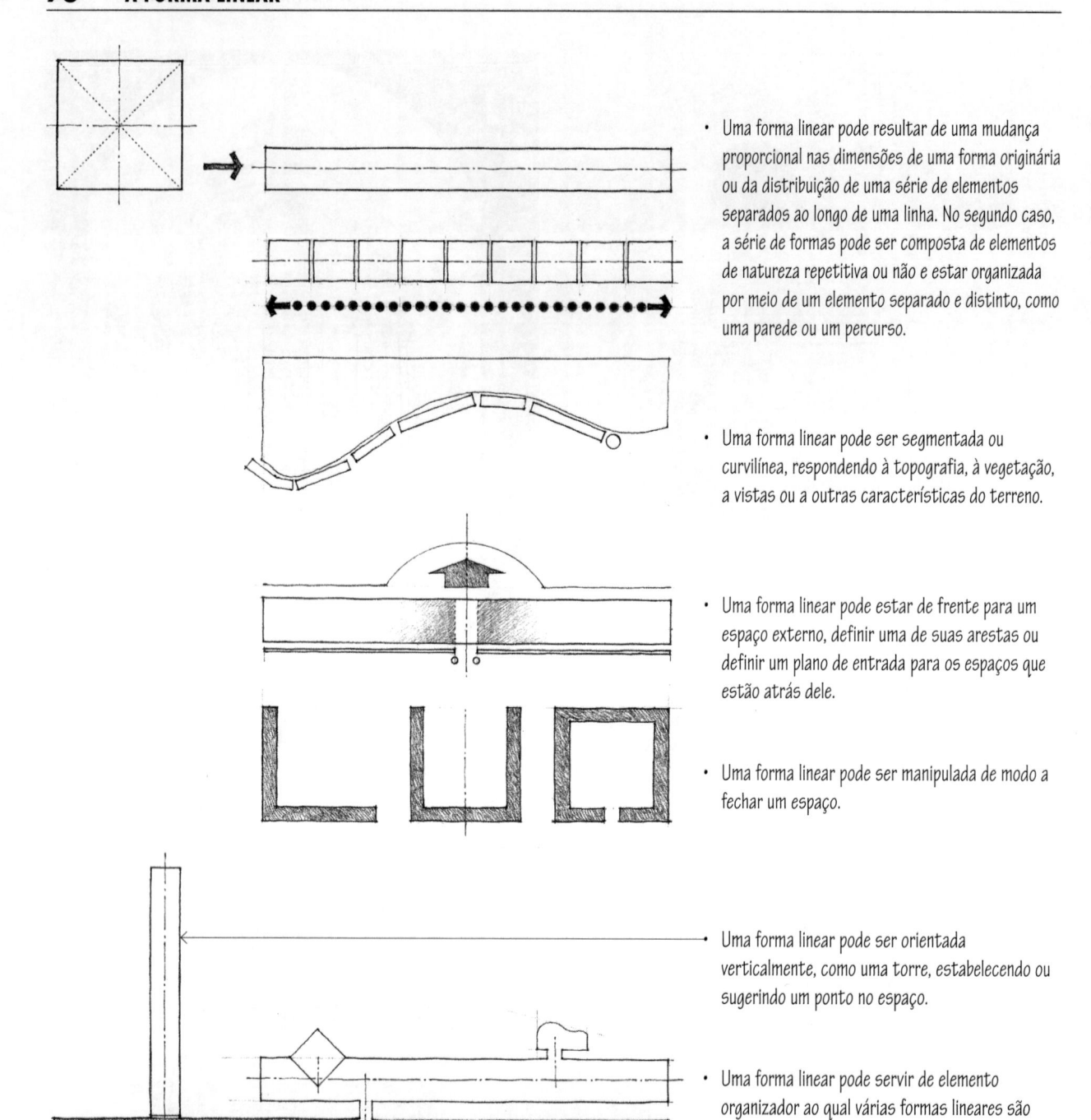

- Uma forma linear pode resultar de uma mudança proporcional nas dimensões de uma forma originária ou da distribuição de uma série de elementos separados ao longo de uma linha. No segundo caso, a série de formas pode ser composta de elementos de natureza repetitiva ou não e estar organizada por meio de um elemento separado e distinto, como uma parede ou um percurso.

- Uma forma linear pode ser segmentada ou curvilínea, respondendo à topografia, à vegetação, a vistas ou a outras características do terreno.

- Uma forma linear pode estar de frente para um espaço externo, definir uma de suas arestas ou definir um plano de entrada para os espaços que estão atrás dele.

- Uma forma linear pode ser manipulada de modo a fechar um espaço.

- Uma forma linear pode ser orientada verticalmente, como uma torre, estabelecendo ou sugerindo um ponto no espaço.

- Uma forma linear pode servir de elemento organizador ao qual várias formas lineares são anexadas.

A FORMA LINEAR **77**

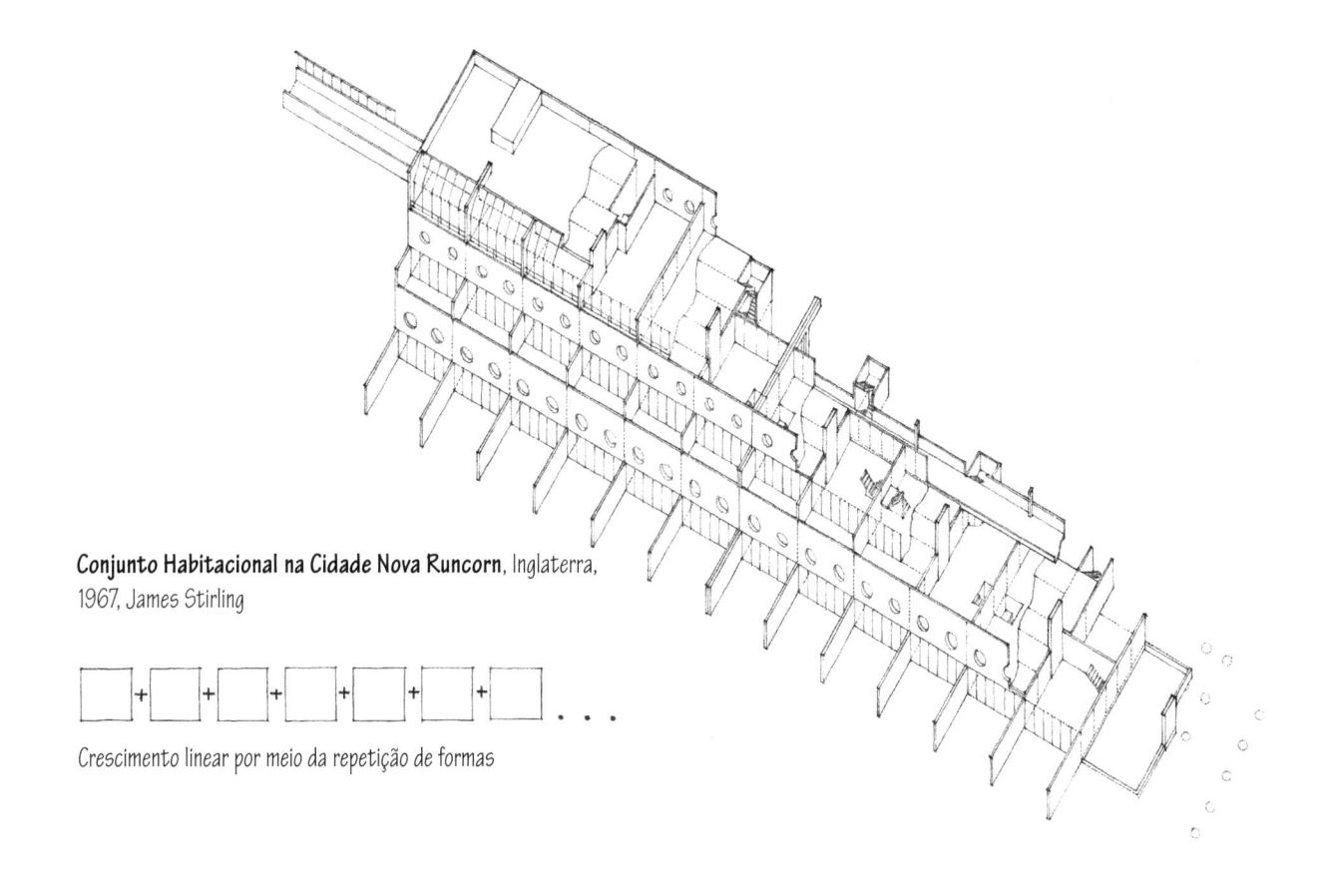

Conjunto Habitacional na Cidade Nova Runcorn, Inglaterra, 1967, James Stirling

Crescimento linear por meio da repetição de formas

Uma forma linear que expressa um percurso processional ou movimento

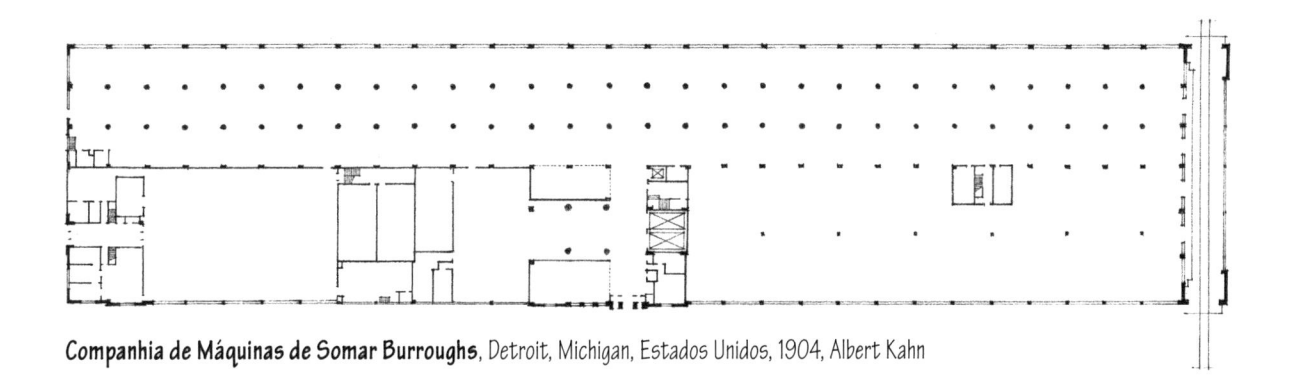

Companhia de Máquinas de Somar Burroughs, Detroit, Michigan, Estados Unidos, 1904, Albert Kahn

78 A FORMA LINEAR

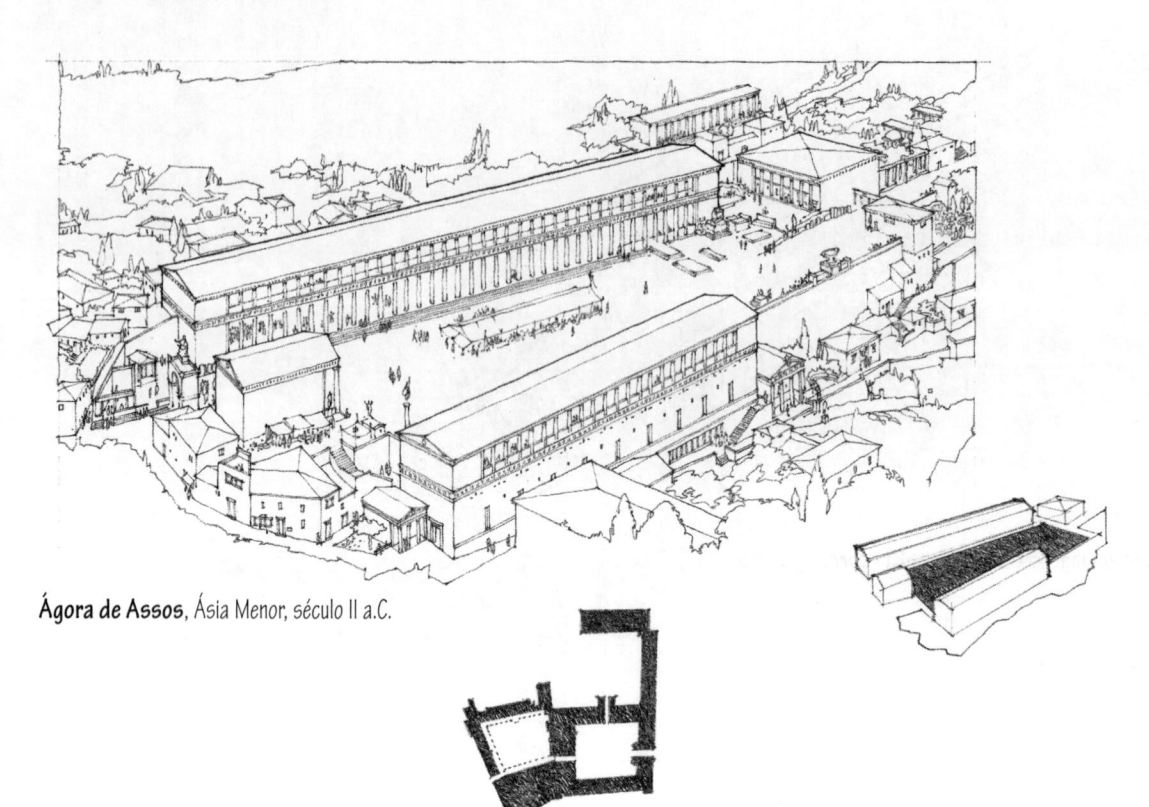

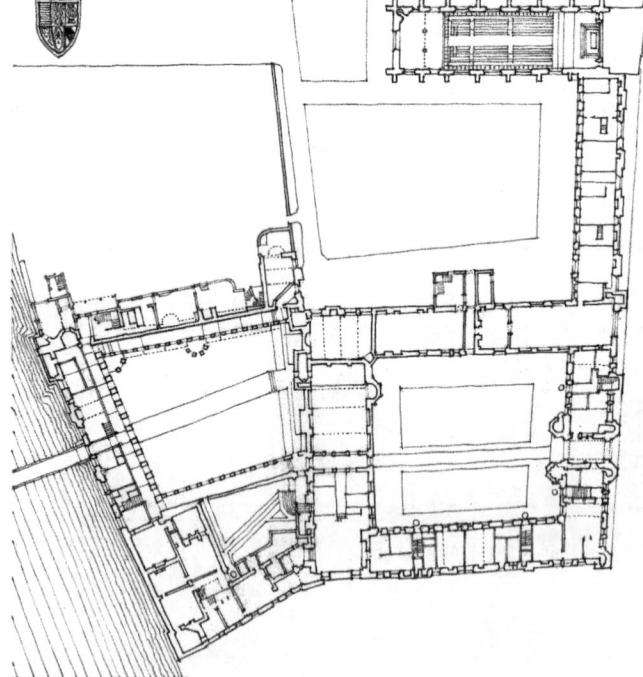

Ágora de Assos, Ásia Menor, século II a.C.

Formas lineares voltadas para um espaço externo ou que o configuram

Queen's College, Cambridge, Inglaterra, 1709–1738, Nicholas Hawksmoor

Prédios do século XVIII voltados para um canal arborizado na cidade de Kamp, Países Baixos

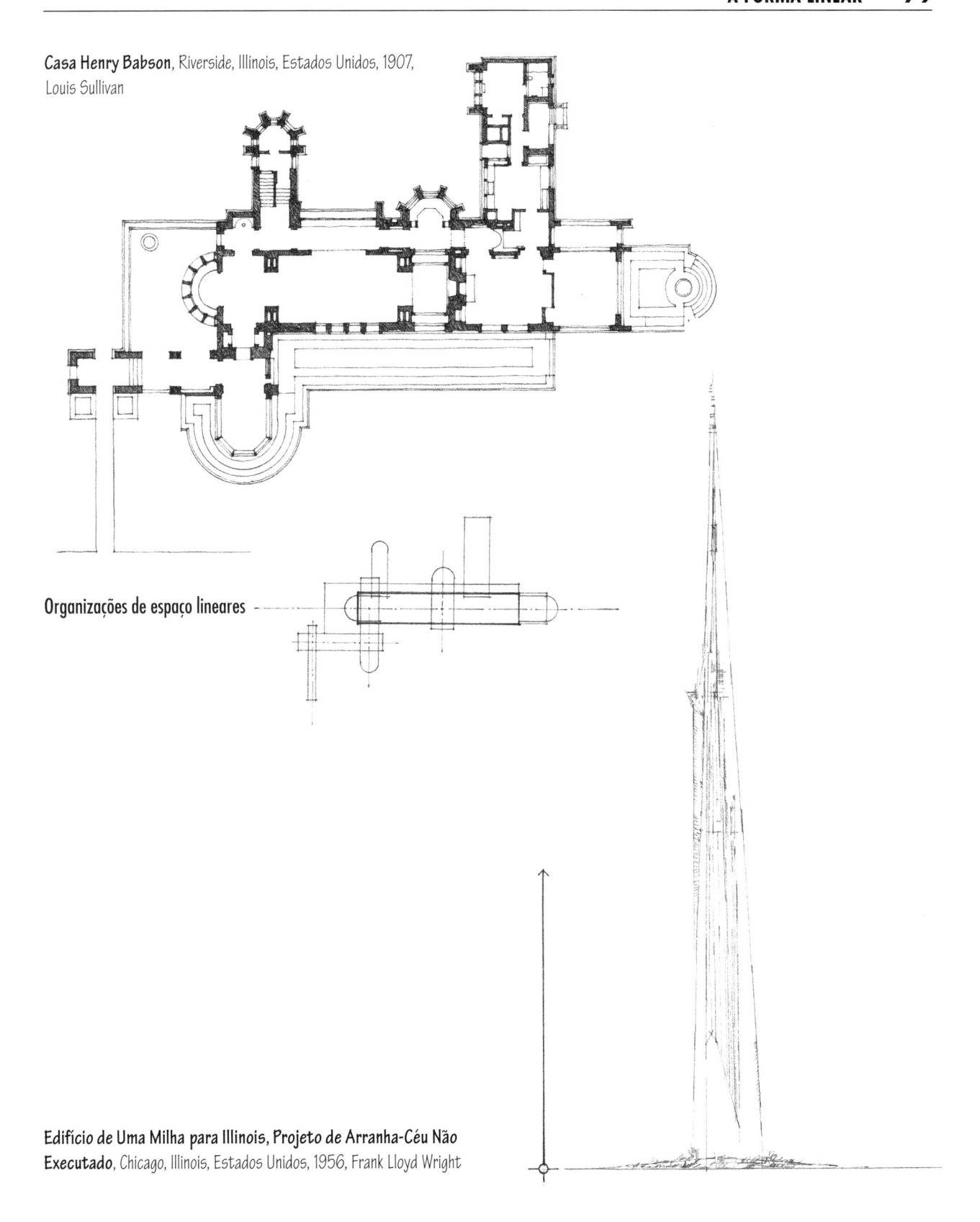

A FORMA LINEAR 79

Casa Henry Babson, Riverside, Illinois, Estados Unidos, 1907, Louis Sullivan

Organizações de espaço lineares

Edifício de Uma Milha para Illinois, Projeto de Arranha-Céu Não Executado, Chicago, Illinois, Estados Unidos, 1956, Frank Lloyd Wright

A FORMA RADIAL

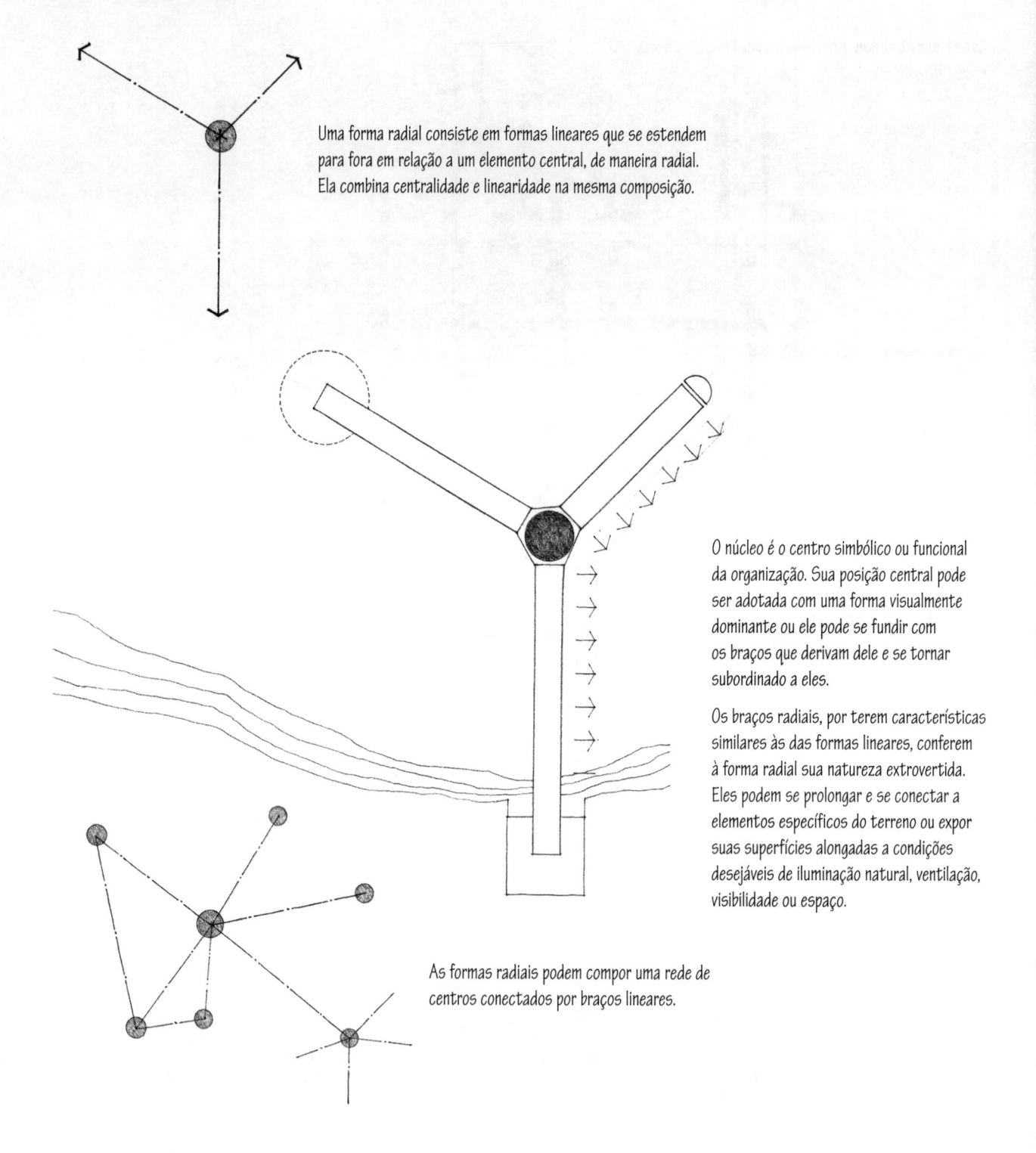

Uma forma radial consiste em formas lineares que se estendem para fora em relação a um elemento central, de maneira radial. Ela combina centralidade e linearidade na mesma composição.

O núcleo é o centro simbólico ou funcional da organização. Sua posição central pode ser adotada com uma forma visualmente dominante ou ele pode se fundir com os braços que derivam dele e se tornar subordinado a eles.

Os braços radiais, por terem características similares às das formas lineares, conferem à forma radial sua natureza extrovertida. Eles podem se prolongar e se conectar a elementos específicos do terreno ou expor suas superfícies alongadas a condições desejáveis de iluminação natural, ventilação, visibilidade ou espaço.

As formas radiais podem compor uma rede de centros conectados por braços lineares.

A FORMA RADIAL 81

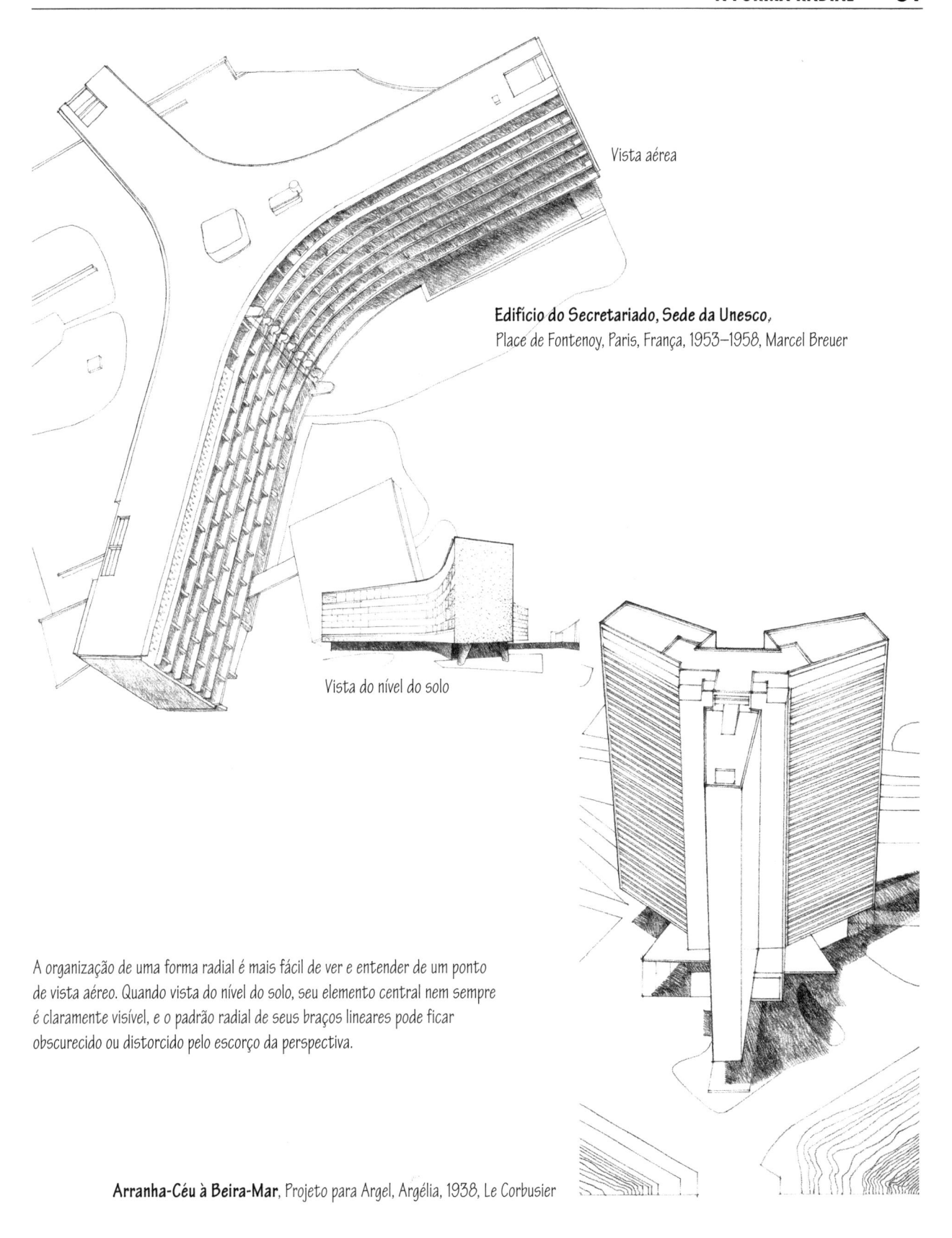

Vista aérea

Edifício do Secretariado, Sede da Unesco, Place de Fontenoy, Paris, França, 1953–1958, Marcel Breuer

Vista do nível do solo

A organização de uma forma radial é mais fácil de ver e entender de um ponto de vista aéreo. Quando vista do nível do solo, seu elemento central nem sempre é claramente visível, e o padrão radial de seus braços lineares pode ficar obscurecido ou distorcido pelo escorço da perspectiva.

Arranha-Céu à Beira-Mar, Projeto para Argel, Argélia, 1938, Le Corbusier

A FORMA AGLOMERADA

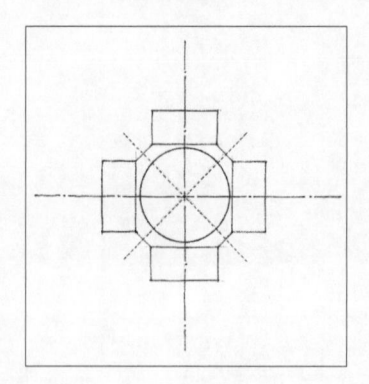

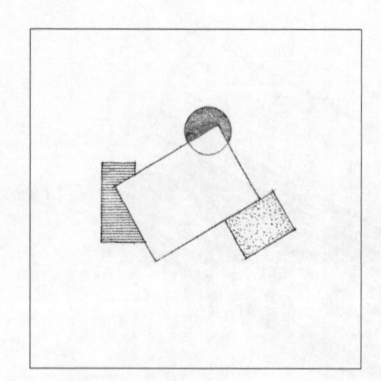

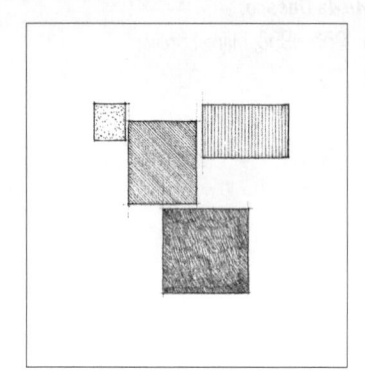

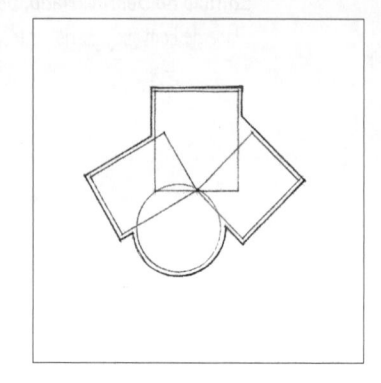

Enquanto uma organização centralizada tem uma forte base geométrica para a ordenação de suas formas, uma organização aglomerada agrupa suas formas de acordo com os condicionantes funcionais de tamanho, formato ou proximidade. Ainda que não tenha a mesma regularidade geométrica ou a natureza introvertida das formas centralizadas, a organização aglomerada é flexível o suficiente para incorporar à sua estrutura formas com vários formatos, tamanhos e orientações.

Considerando sua flexibilidade, as organizações aglomeradas podem ser organizadas das seguintes maneiras:

- Elas podem estar agregadas a uma forma ou a um espaço dominante.
- Elas podem estar relacionadas apenas por estarem próximas entre si, articulando e expressando seus volumes como entidades individuais.
- Elas podem herdar seus volumes, fundindo-os em uma forma única com várias faces.

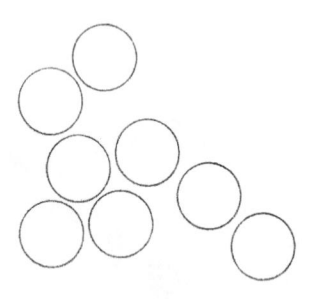

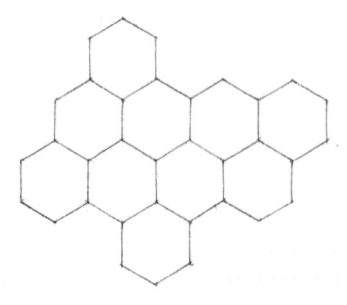

Uma organização aglomerada também pode consistir em formas de tamanho, formato e função equivalentes. Essas formas são visualmente dispostas em uma organização coerente e não hierárquica, não somente por sua grande proximidade entre si, mas pela semelhança de suas propriedades visuais.

A FORMA AGLOMERADA 83

Um aglomerado de formas anexadas a uma forma matriz:
Casa de Férias, Sea Ranch, Califórnia, Estados Unidos, 1968, MLTW

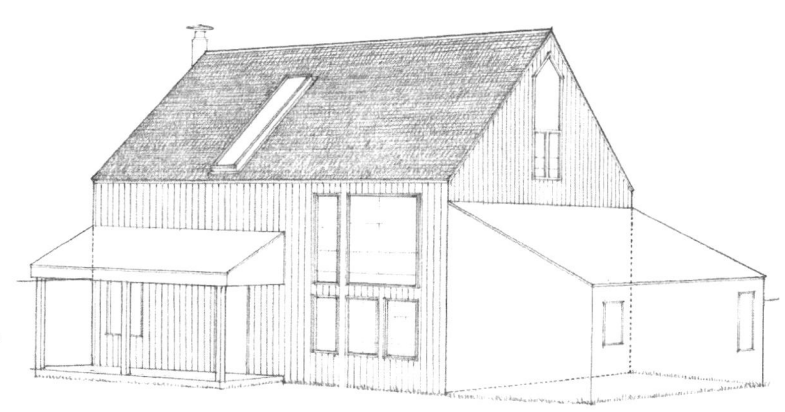

Um aglomerado de formas encaixadas:
Casa G. N. Black (Kragsyde), Manchester-by-the Sea, Massachusetts, Estados Unidos, 1882–1883, Peabody and Stearns

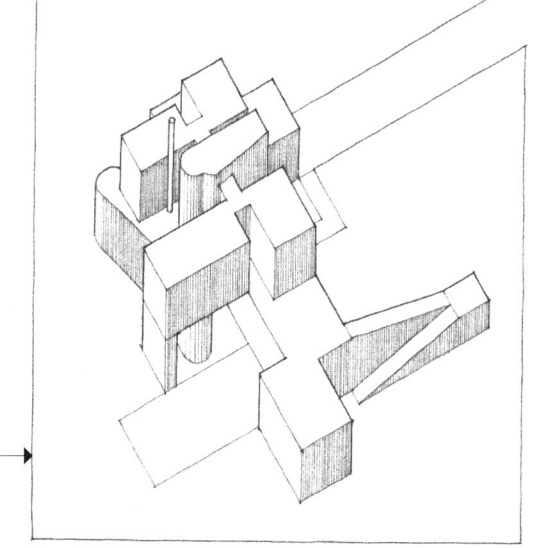

Um aglomerado de formas articuladas:
Estudo de Casa, 1956, James Stirling and James Gowan

84 A FORMA AGLOMERADA

Vilarejo de Trulli, Alberobello, Itália. Casas tradicionais de alvenaria de pedra seca existentes desde o século XVII.

Inúmeros exemplos de formas aglomeradas podem ser encontrados na arquitetura vernacular de várias culturas. Ainda que cada cultura tenha produzido um estilo único em resposta aos diferentes fatores técnicos, climáticos e socioculturais, estas organizações de moradias aglomeradas geralmente preservavam a individualidade de cada unidade e apresentavam um grau moderado de diversidade dentro do contexto de um todo ordenado.

Aglomerado de Moradias dos Dogon, Sudeste de Mali, África Ocidental, século XV ao presente

Pueblo Taos, Novo México, Estados Unidos, século XIII

A FORMA AGLOMERADA 85

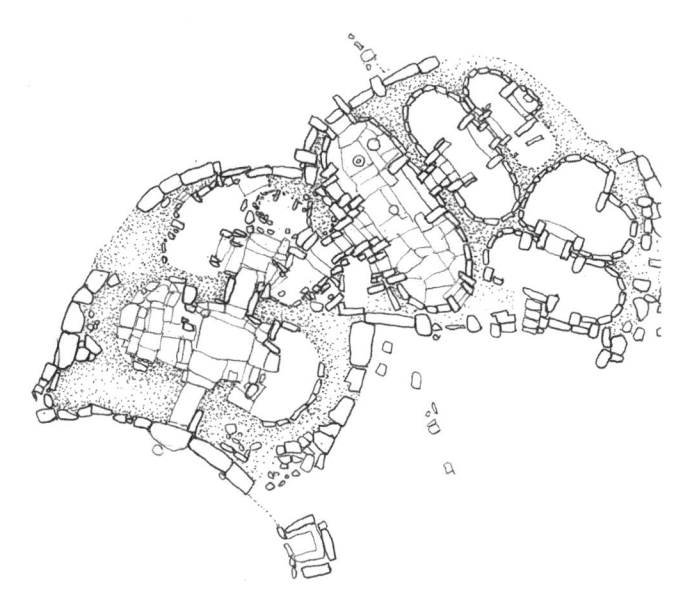

Complexo de Templos Ggantija, Malta, cerca de 3000 a.C.

Conjunto Habitacional Pré-Fabricado em Jerusalém, Israel, 1969, Moshie Safdie

Os exemplos vernaculares de formas aglomeradas podem ser facilmente transformados em composições modulares e geometricamente ordenadas, que se relacionam com as organizações em malha.

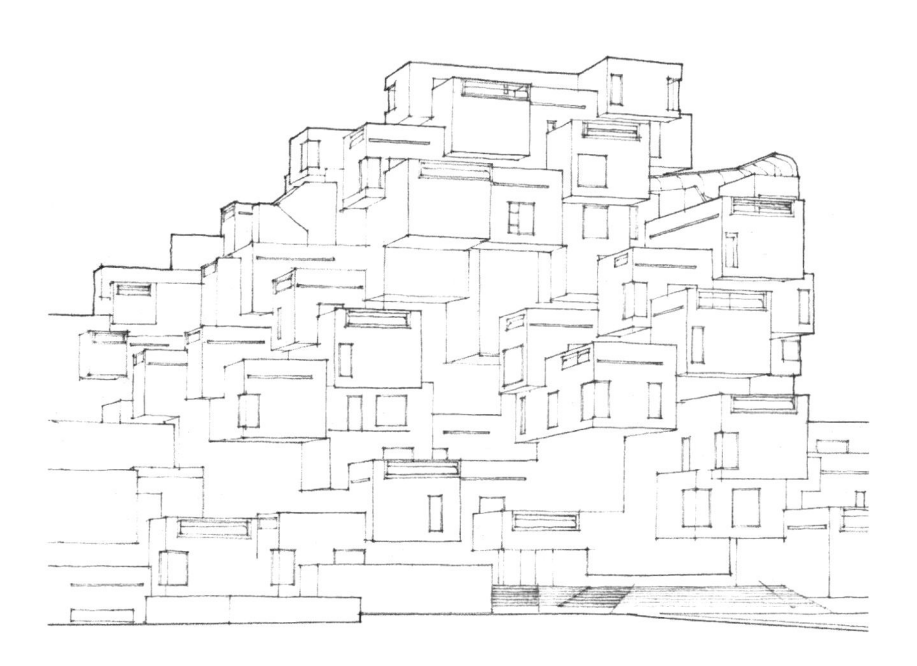

Conjunto Habitacional
Pré-Fabricado em Montreal, Canadá, 1967, Moshie Safdie

86 A FORMA EM MALHA

Uma malha é um sistema de dois ou mais conjuntos de linhas paralelas com espaçamento regular. Ela gera um padrão geométrico de pontos regularmente espaçados nas interseções das linhas e campos com formatos regulares definidos pelas próprias linhas.

A malha mais comum se baseia na geometria do quadrado. Devido à igualdade de suas dimensões e à sua simetria bilateral, uma malha de quadrados é essencialmente não hierárquica e bidirecional. Ela pode ser empregada para dividir a escala de uma superfície em unidades mensuráveis e lhe conferir uma textura uniforme. Ela também pode ser utilizada para envolver as várias superfícies de uma forma e as unificar com sua geometria repetitiva e onipresente.

A malha de quadrados, quando projetada à terceira dimensão, gera uma rede espacial de pontos e linhas de referência. Com essa estrutura modular, um número infinito de formas e espaços pode ser visualmente organizado.

Diagrama Conceitual, Museu de Belas Artes da Província de Gunma, Japão, 1974, Arata Isozaki

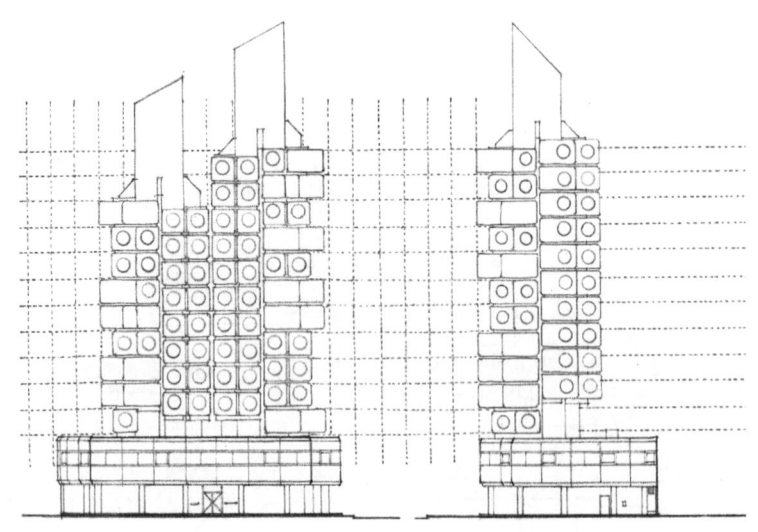

Torre de Cápsulas Nakagin, Tóquio, Japão, 1972, Kisho Kurokawa

A FORMA EM MALHA

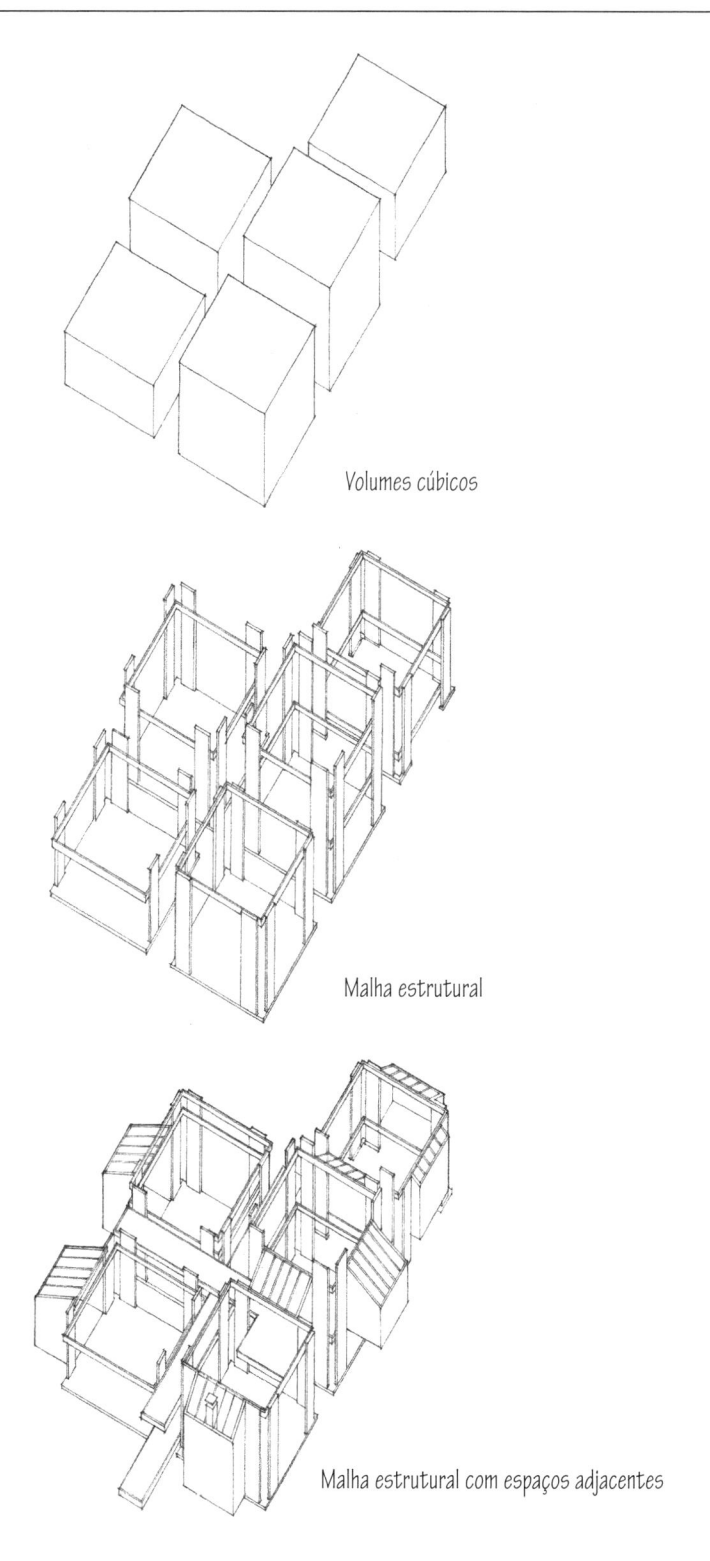

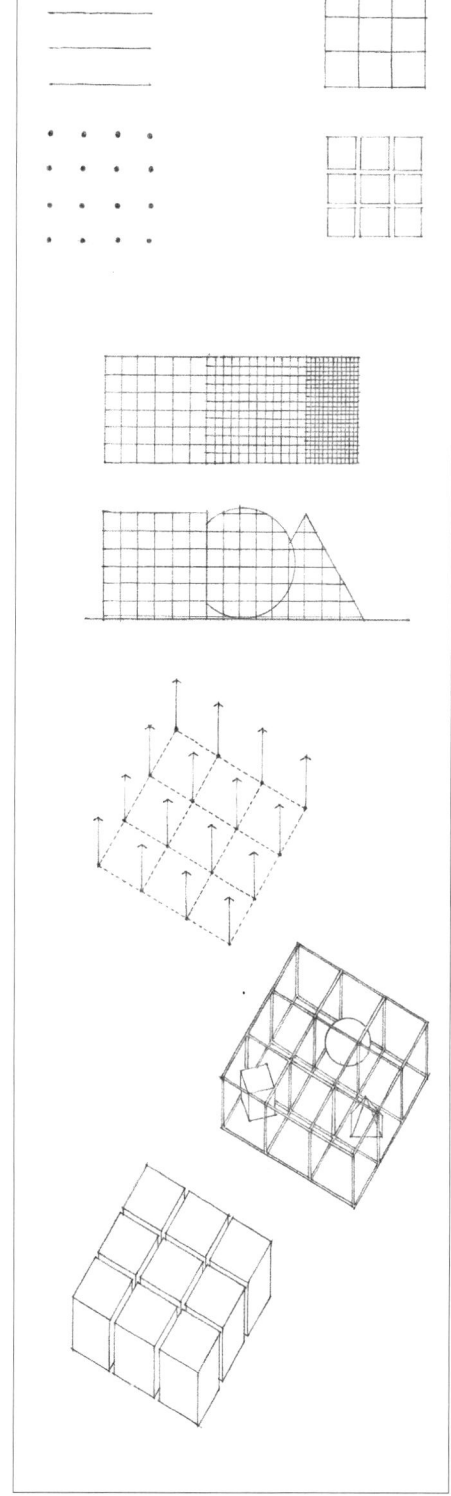

Volumes cúbicos

Malha estrutural

Malha estrutural com espaços adjacentes

Casa Hattenbach, Santa Mônica, Califórnia, Estados Unidos, 1971–1973, Raymond Kappe

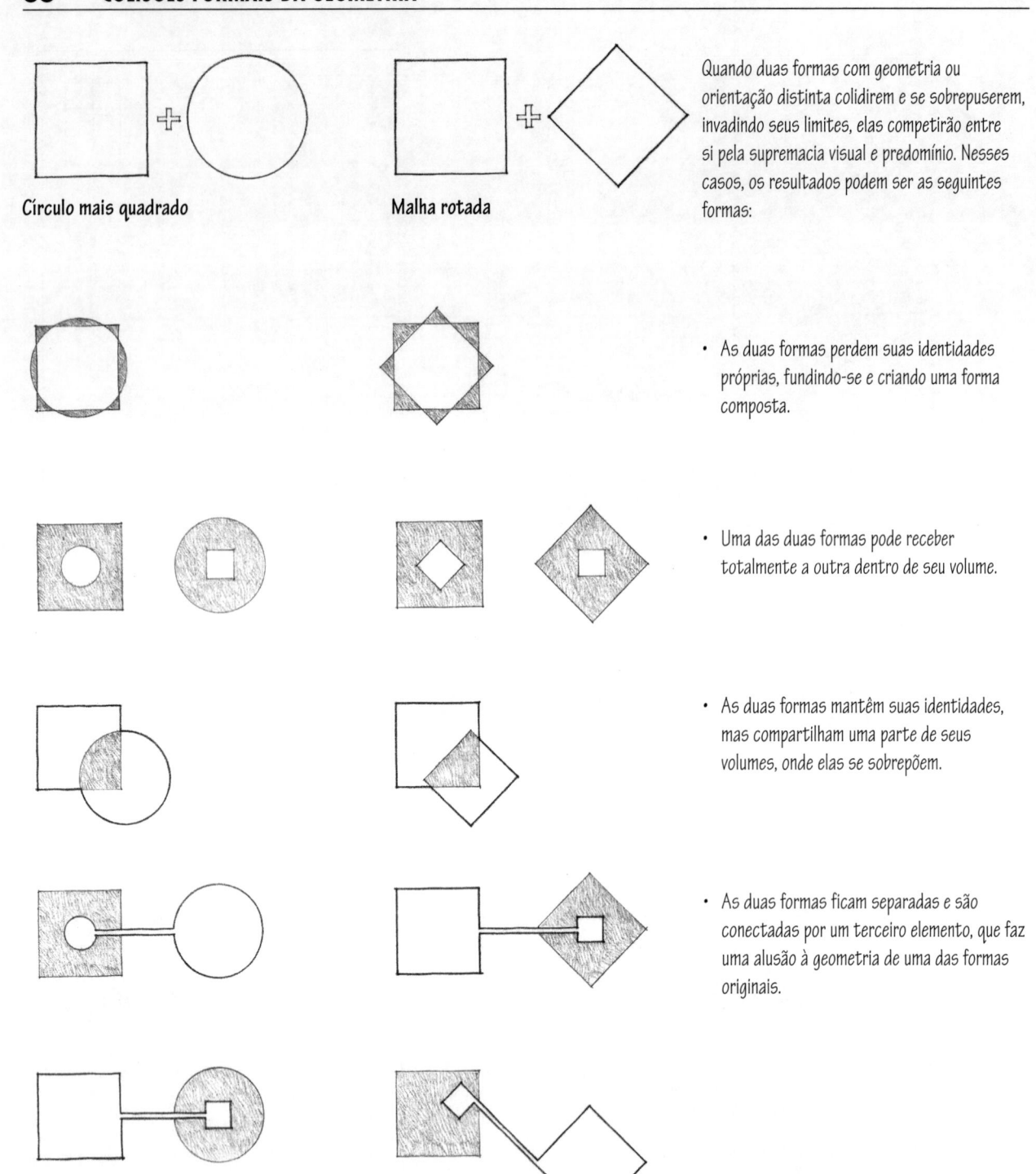

88 COLISÕES FORMAIS DA GEOMETRIA

Círculo mais quadrado

Malha rotada

Quando duas formas com geometria ou orientação distinta colidirem e se sobrepuserem, invadindo seus limites, elas competirão entre si pela supremacia visual e predomínio. Nesses casos, os resultados podem ser as seguintes formas:

- As duas formas perdem suas identidades próprias, fundindo-se e criando uma forma composta.

- Uma das duas formas pode receber totalmente a outra dentro de seu volume.

- As duas formas mantêm suas identidades, mas compartilham uma parte de seus volumes, onde elas se sobrepõem.

- As duas formas ficam separadas e são conectadas por um terceiro elemento, que faz uma alusão à geometria de uma das formas originais.

COLISÕES FORMAIS DA GEOMETRIA   89

As formas com geometrias ou orientações diferentes podem ser fundidas em uma nova organização, por qualquer uma das seguintes razões:

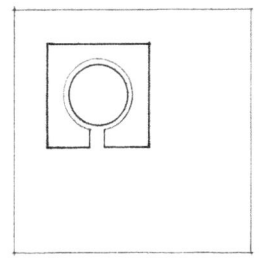

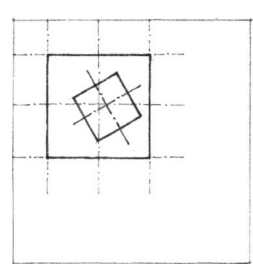

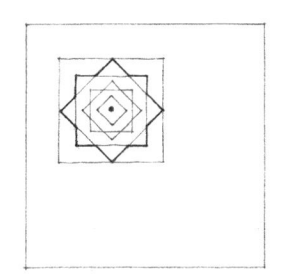

- Para acomodar ou acentuar as diferentes exigências entre o espaço interno e a forma externa
- Para expressar a importância funcional ou simbólica de uma forma ou um espaço dentro de seu contexto
- Para gerar uma forma composta que incorpore as geometrias contrastantes em uma organização centralizada

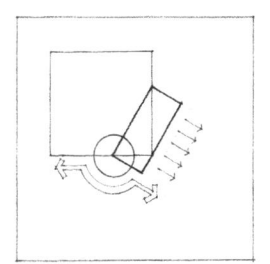

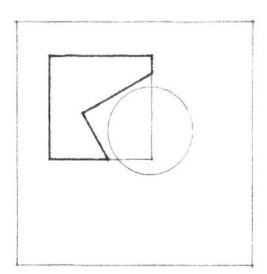

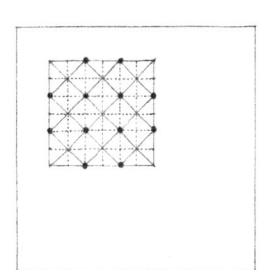

- Para flexionar um espaço em direção a uma característica especial do terreno
- Para escavar um volume de espaço bem definido em uma forma edificada
- Para expressar e destacar os vários sistemas construtivos ou instalações prediais que existem dentro de uma forma edificada

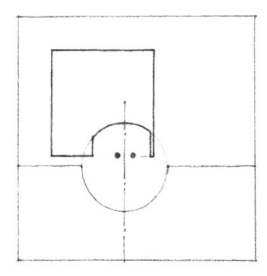

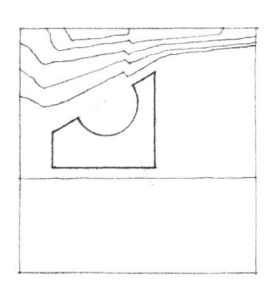

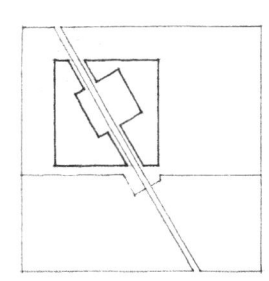

- Para reforçar uma condição de simetria local em uma forma edificada
- Para responder às geometrias contrastantes da topografia, da vegetação, das divisas ou de construções pré-existentes no terreno
- Para manter uma via de circulação que já existia no terreno

CÍRCULO MAIS QUADRADO

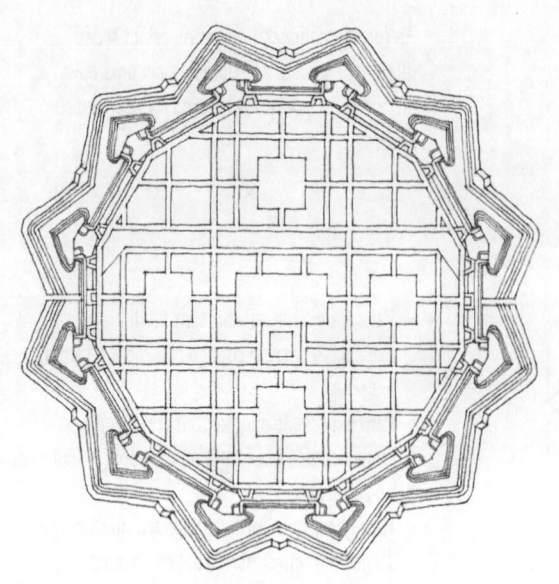

Planta de uma Cidade Ideal, 1615, Vincenzo Scamozzi

Uma forma circular pode estar solta em seu contexto, expressando seu formato ideal e incorporando uma geometria retilínea e mais funcional dentro de seus limites.

A centralidade de uma forma circular permite que ela assuma a função de um eixo, unificando formas com geometrias ou orientações contrastantes.

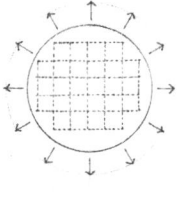

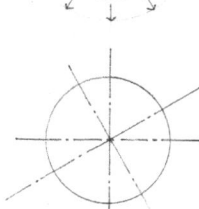

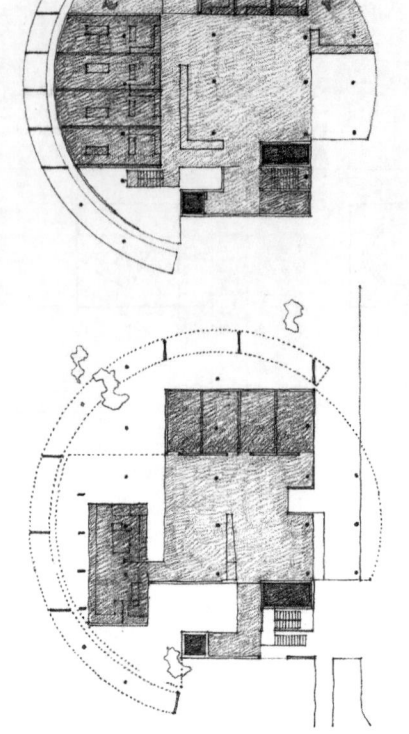

Edifício da Chancelaria (Projeto Não Executado), Embaixada da França, Brasília, Brasil, 1964–1965, Le Corbusier

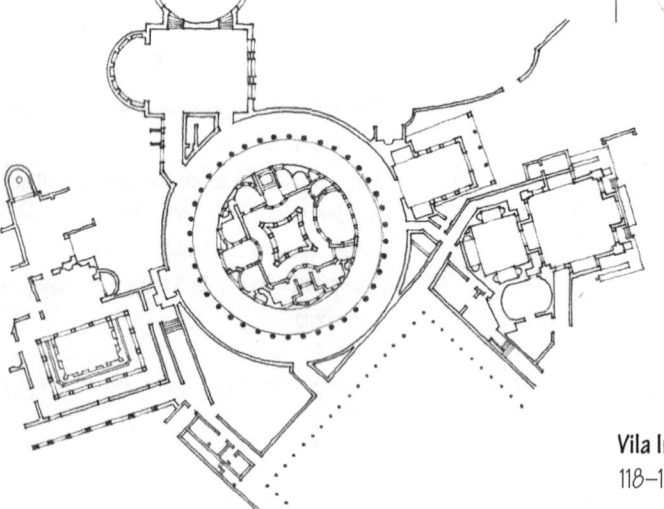

Vila Insular (Teatro Marítimo), Vila de Adriano, Tivoli, Itália, 118–125 d.C.

CÍRCULO MAIS QUADRADO   91

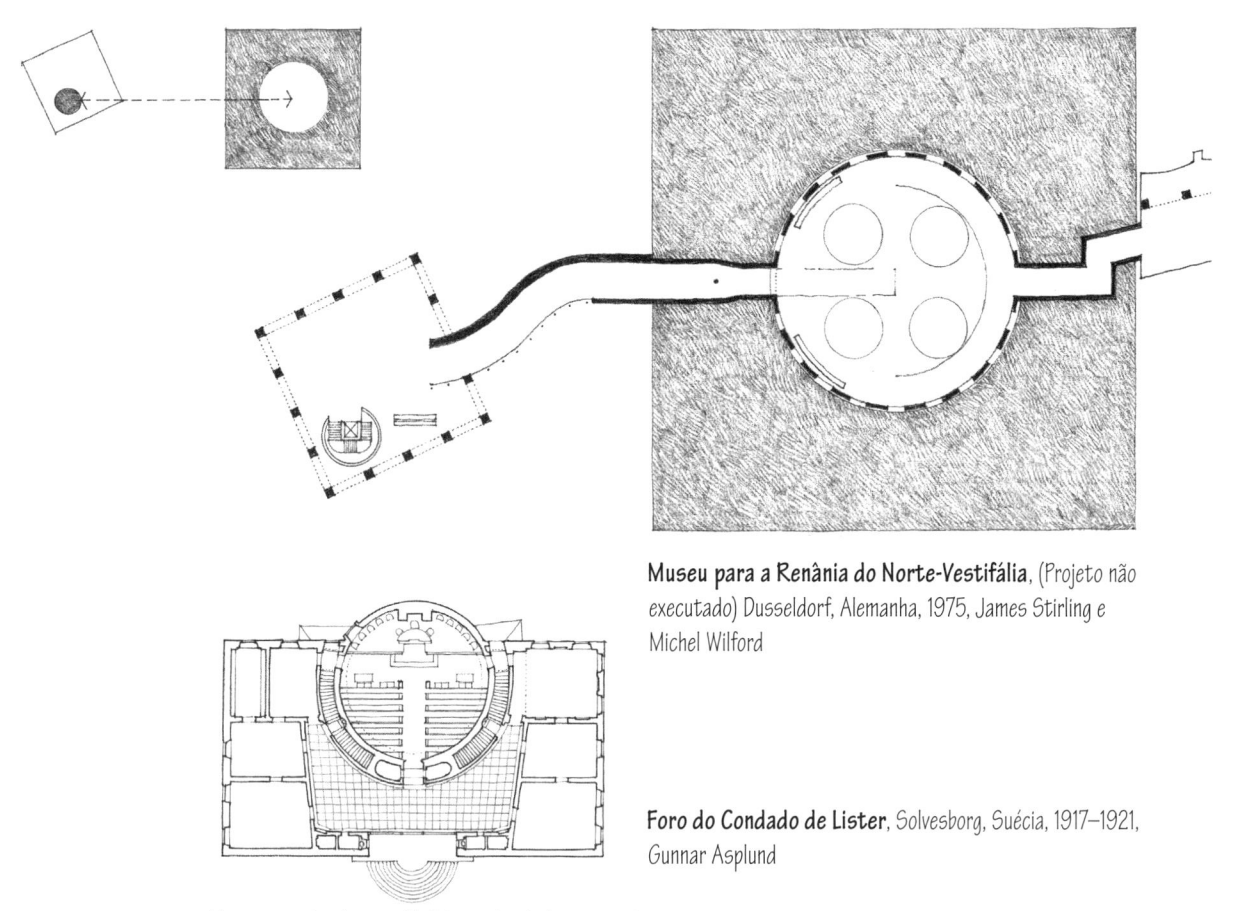

Museu para a Renânia do Norte-Vestifália, (Projeto não executado) Dusseldorf, Alemanha, 1975, James Stirling e Michel Wilford

Foro do Condado de Lister, Solvesborg, Suécia, 1917–1921, Gunnar Asplund

Um espaço circular ou cilíndrico pode ajudar a organizar os espaços contidos em uma caixa retangular.

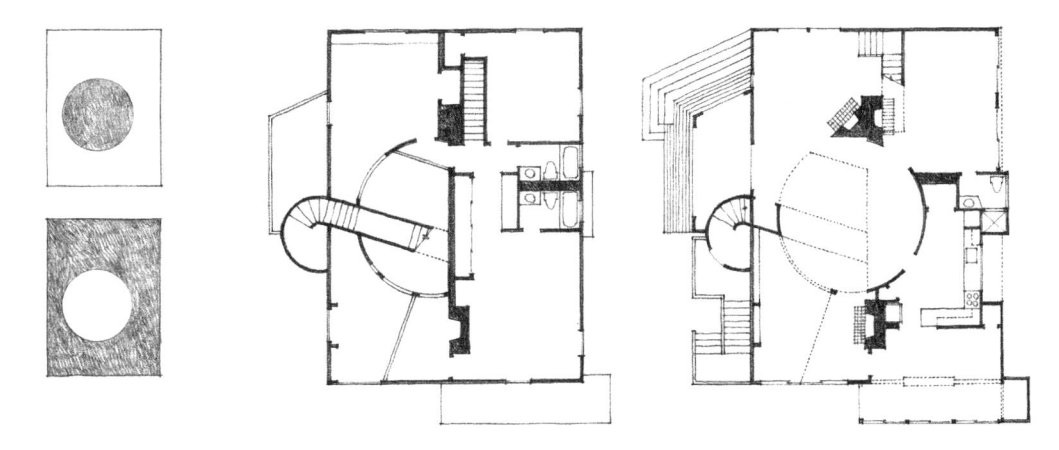

Casa Murray, Cambridge, Massachusetts, Estados Unidos, 1969, Charles Moore

92   CÍRCULO MAIS QUADRADO

Biblioteca Alexandrina, Alexandria, Egito, 1994–2002, Snøhetta em associação com Christoph Kapeller e Ihab El Habbak

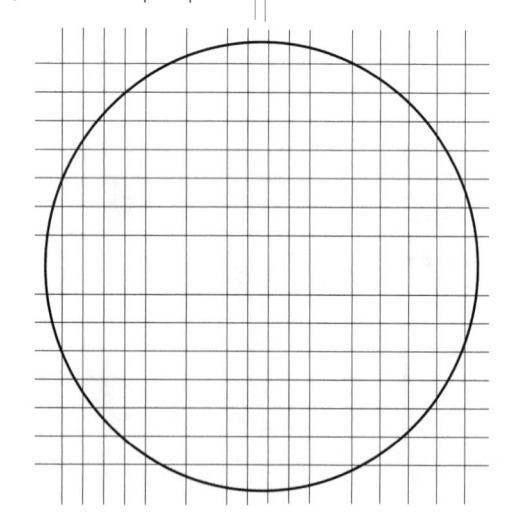

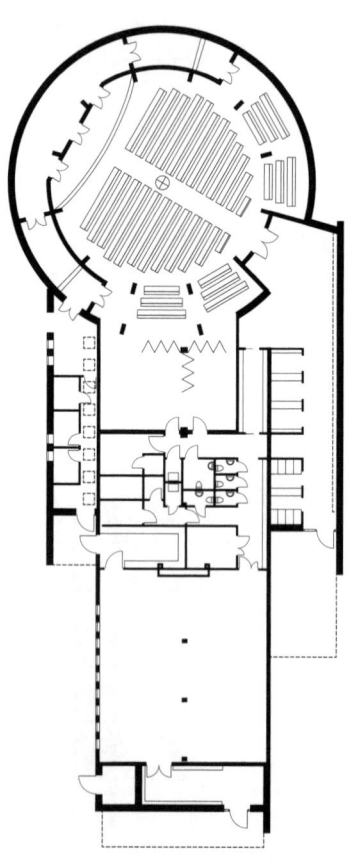

Igreja Ortodoxa Etíope Tewahedo (Projeto Não Executado), Estocolmo, Suécia, 2017, Belatchew Arkitekter. A estrutura retilínea existente é preservada enquanto novos espaços serão adicionados, incluindo o volume de cúpula circular no final, o novo salão da igreja inspirado na arquitetura tradicional da igreja etíope.

CÍRCULO MAIS QUADRADO 93

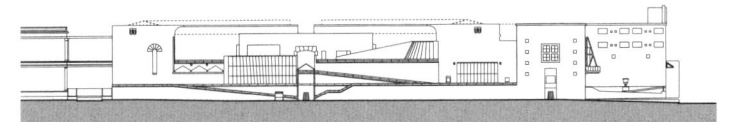

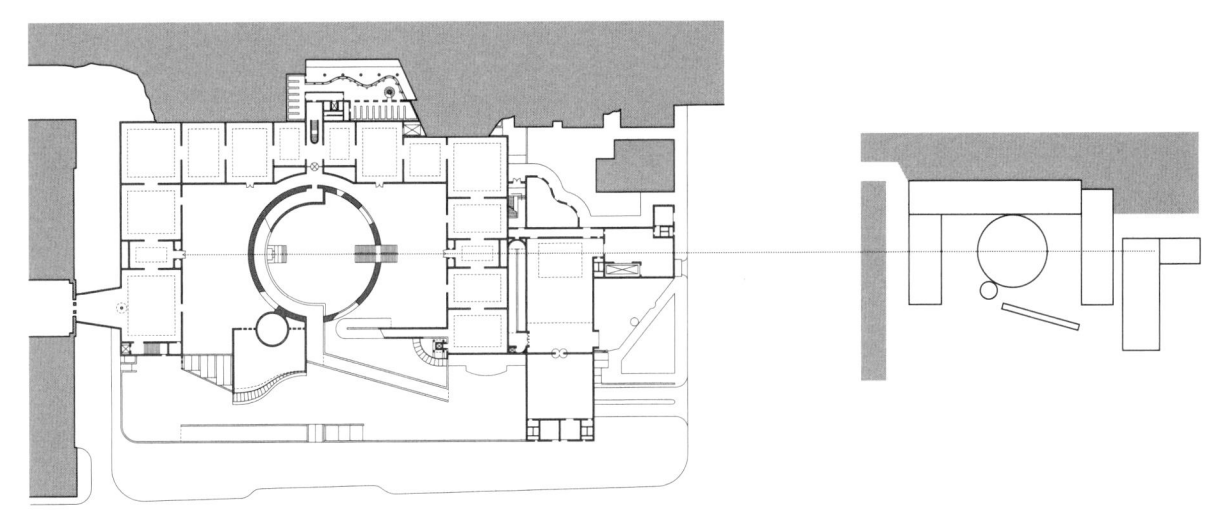

Staatsgalerie, Stuttgart, Alemanha, 1979–1984, James Stirling e Michael Wilford

Planta baixa do segundo pavimento

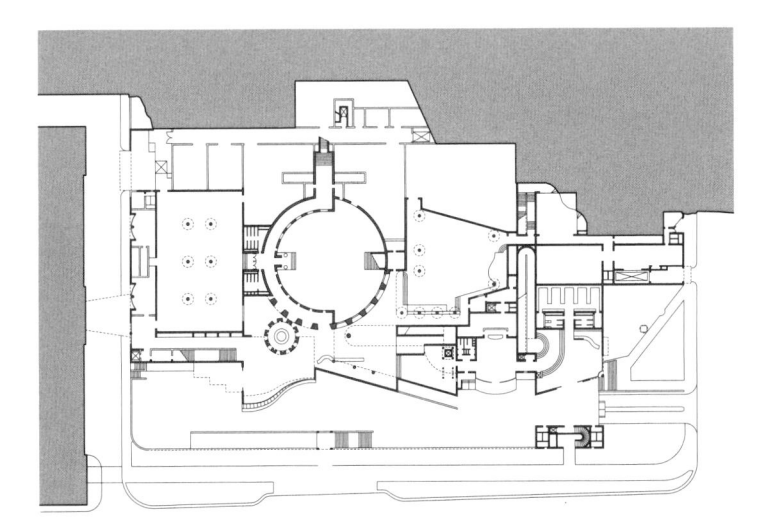

Planta baixa do pavimento térreo

A MALHA ROTADA

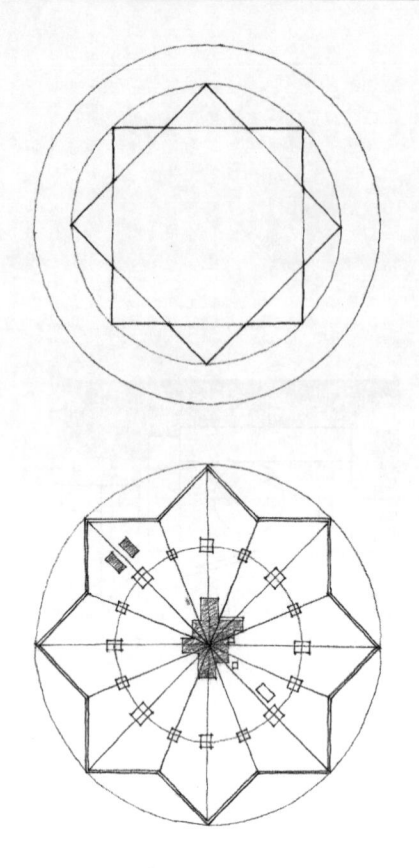

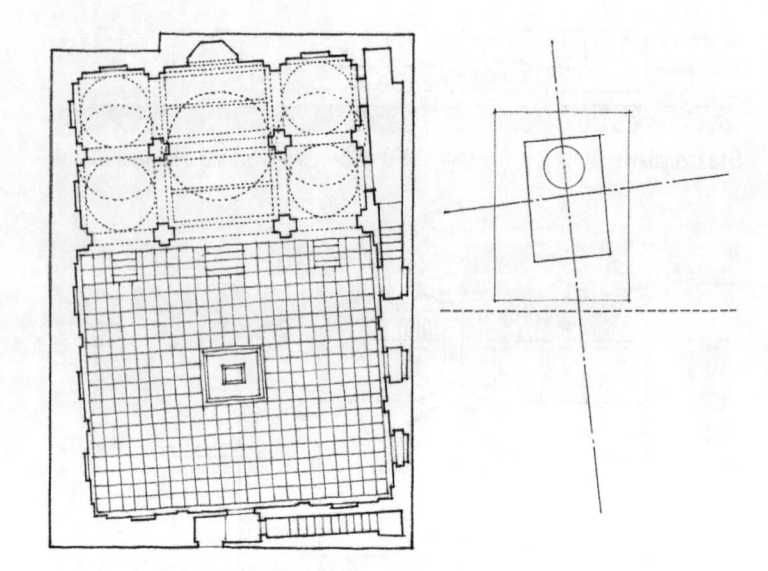

Mesquita de Pérola (Moti Masjid), dentro do Forte Vermelho, um palácio imperial em Agra, Índia, 1658–1707. O interior desta mesquita está perfeitamente orientado de acordo com os pontos cardeais, para que a parede *quibla* esteja voltada para a cidade sagrada de Meca, enquanto seu exterior acompanha o leiaute do forte preexistente.

Planta da Cidade Ideal de Sforzinda, 1464, Antonio Filarete

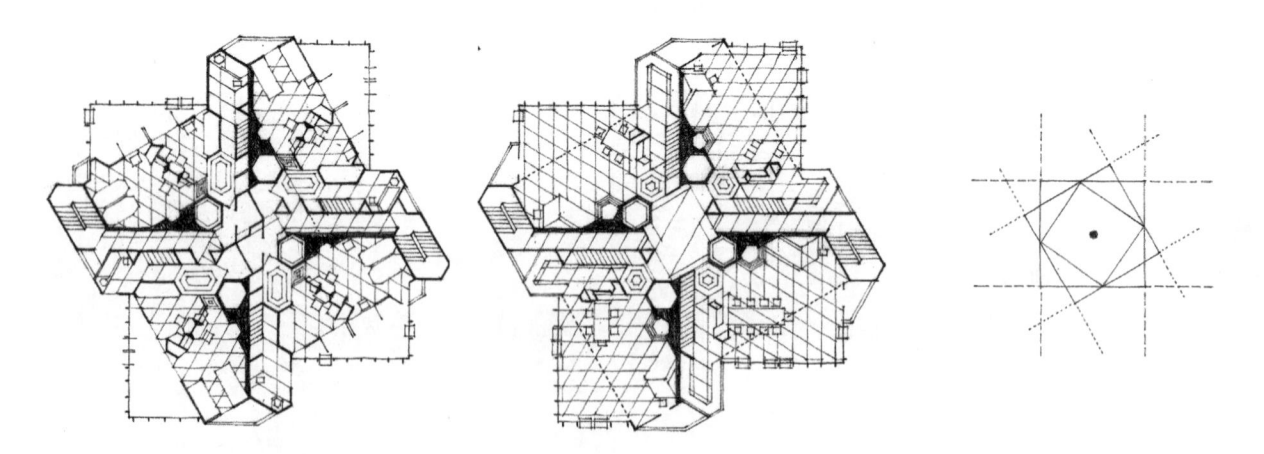

Torre de São Marcos, Projeto Não Executado, Cidade de Nova York, Estados Unidos, 1929, Frank Lloyd Wright

A MALHA ROTADA 95

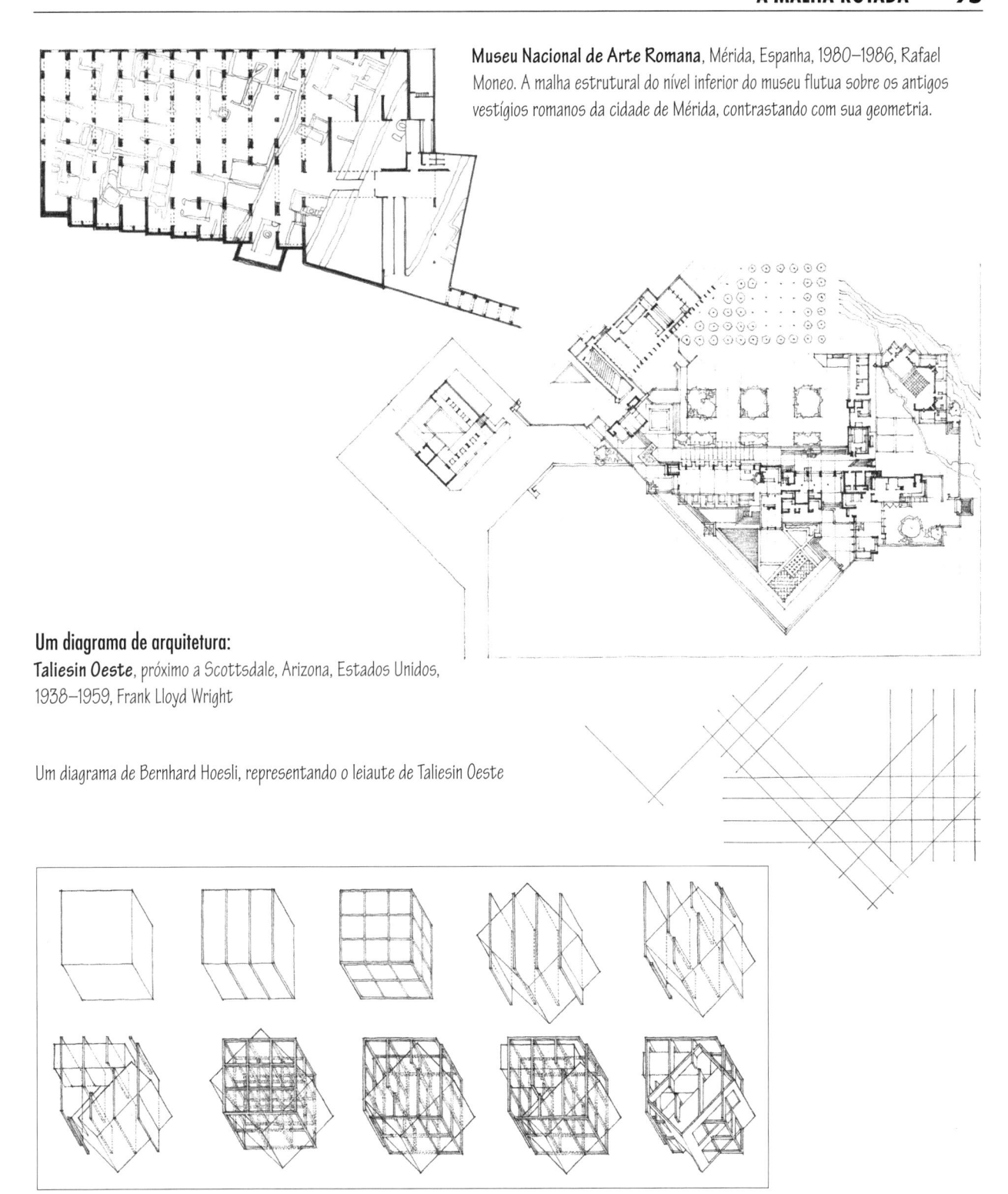

Museu Nacional de Arte Romana, Mérida, Espanha, 1980–1986, Rafael Moneo. A malha estrutural do nível inferior do museu flutua sobre os antigos vestígios romanos da cidade de Mérida, contrastando com sua geometria.

Um diagrama de arquitetura:
Taliesin Oeste, próximo a Scottsdale, Arizona, Estados Unidos, 1938–1959, Frank Lloyd Wright

Um diagrama de Bernhard Hoesli, representando o leiaute de Taliesin Oeste

Diagramas como arquitetura:
Casa III para Robert Miller, Lakeville, Connecticut, Estados Unidos, 1971, Desenhos de Desenvolvimento do Projeto, Peter Eisenman

A MALHA ROTADA

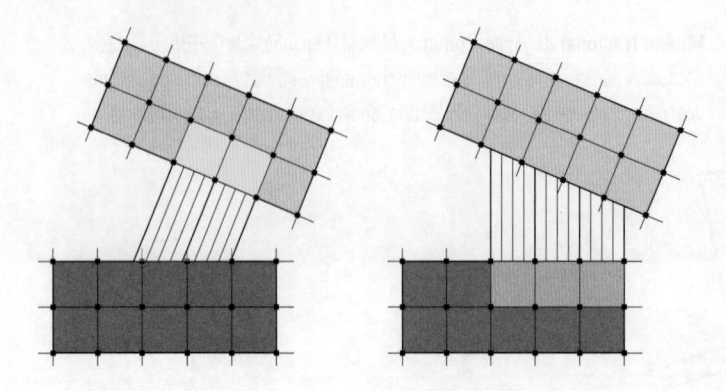

A ligação de transição entre duas orientações geométricas pode refletir qualquer uma das orientações ou nenhuma delas. Se o espaço de ligação estiver em conformidade com uma das orientações, a orientação contrastante tenderá a ser enfatizada.

- Orientações contrastantes podem levar o espaço de ligação a ter condições únicas no vencimento dos vãos estruturais.

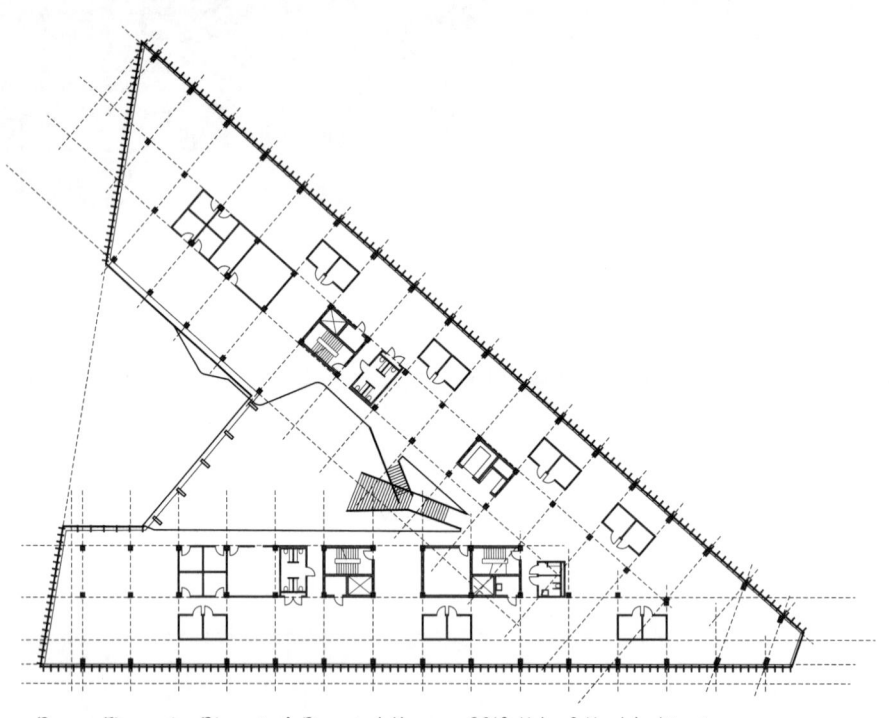

Parque Financeiro Bjergsted, Bjergsted, Noruega, 2018, Helen & Hard Architects e SAAHA Architects

A MALHA ROTADA 97

Quando duas malhas de orientação contrastante se sobrepõem, uma tenderá a dominar a outra. A predominância de uma malha pode ser ainda mais enfatizada por uma mudança na escala vertical. Forte ênfase estrutural e arquitetônica é colocada em espaços excepcionais onde se pode experimentar ambas.

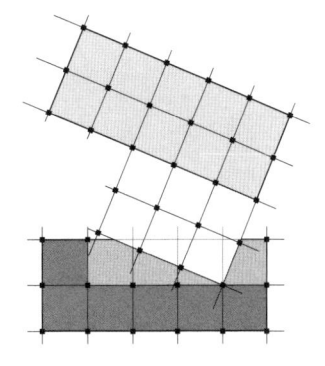

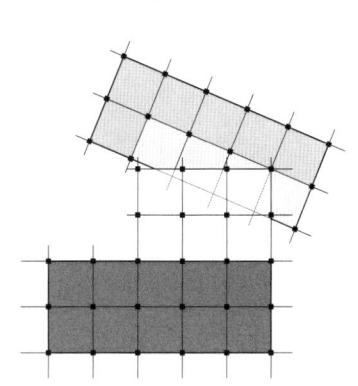

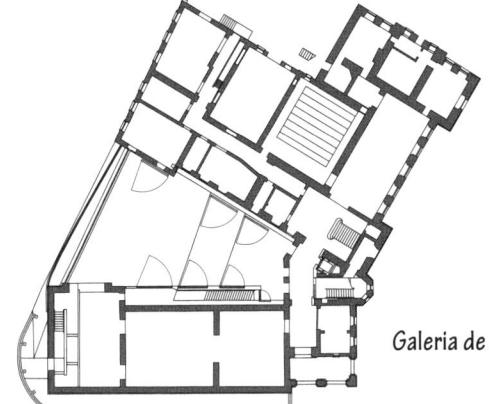

Galeria de Arte Crawford, Cork, Irlanda, 2000, Erick van Egeraat Architects

Outra maneira de tratar orientações diferentes é unificar ambas as partes, reunindo-as sob uma terceira forma estrutural dominante. Como nos dois exemplos anteriores, a ênfase está na condição excepcional em que dois sistemas estruturais diferentes são justapostos.

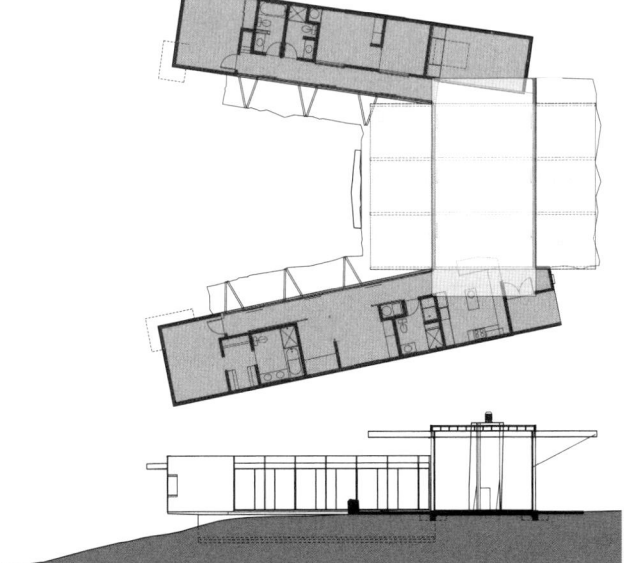

Casa em Valley Center, San Diego, Califórnia, 1999, Daly, Genik Architects

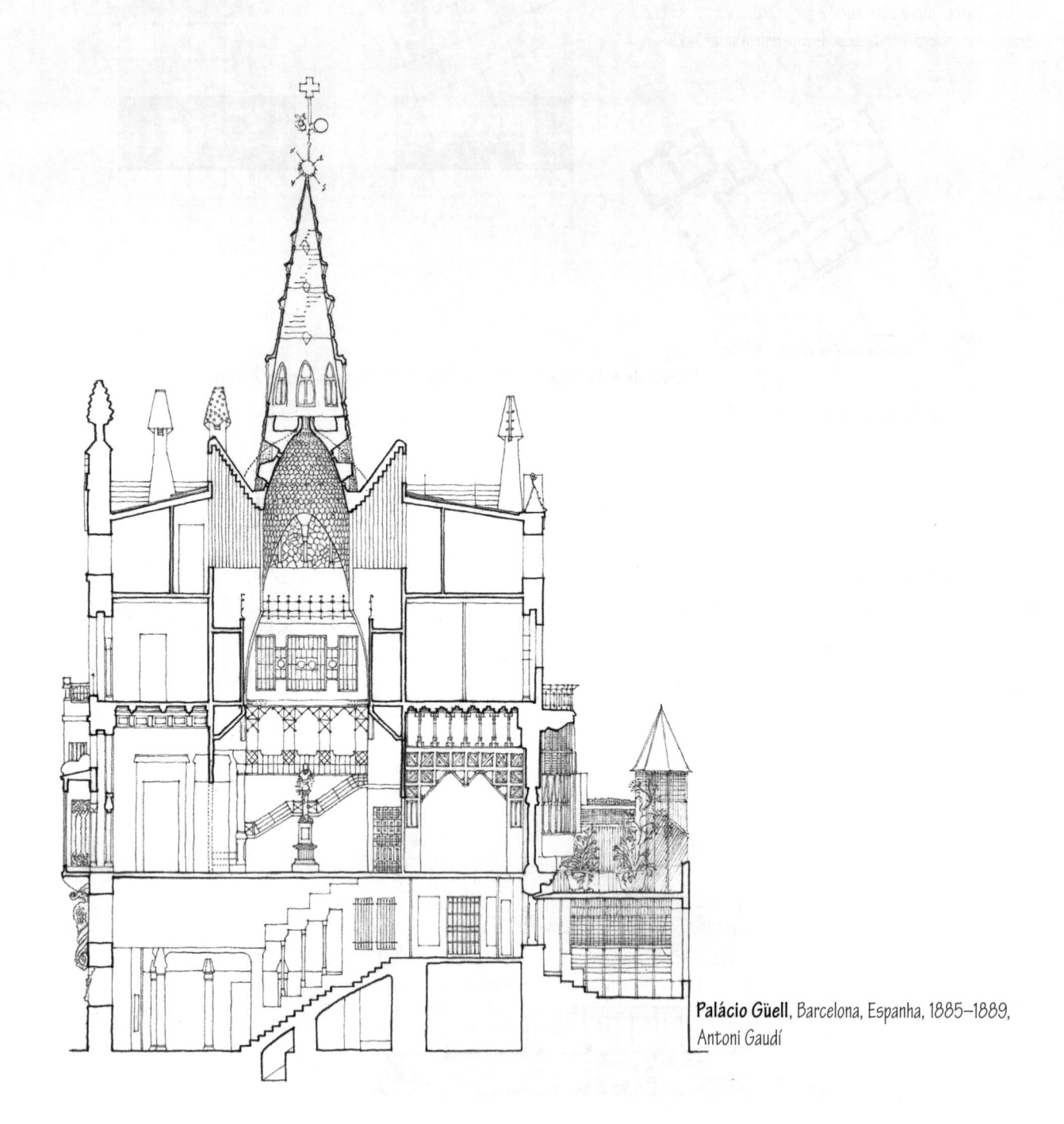

Palácio Güell, Barcelona, Espanha, 1885–1889, Antoni Gaudí

A ARTICULAÇÃO DA FORMA 99

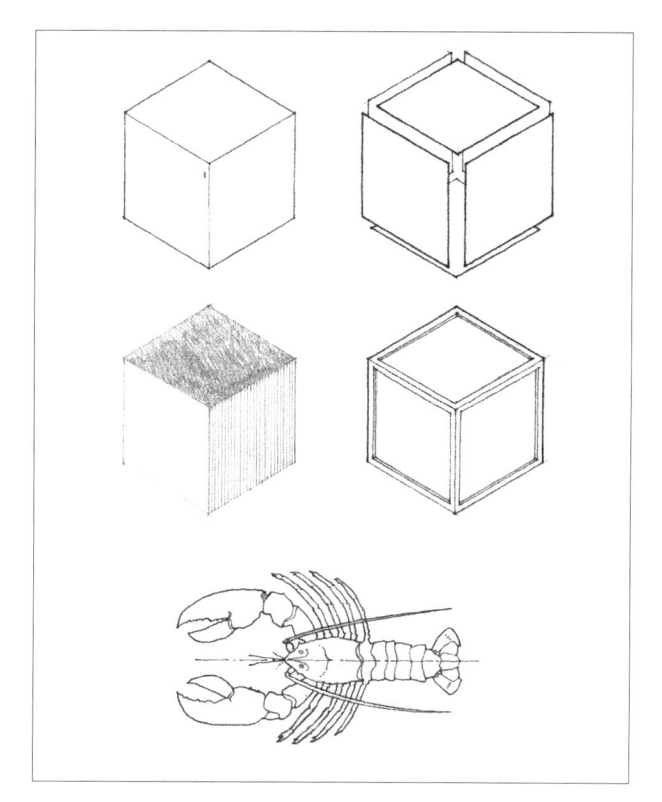

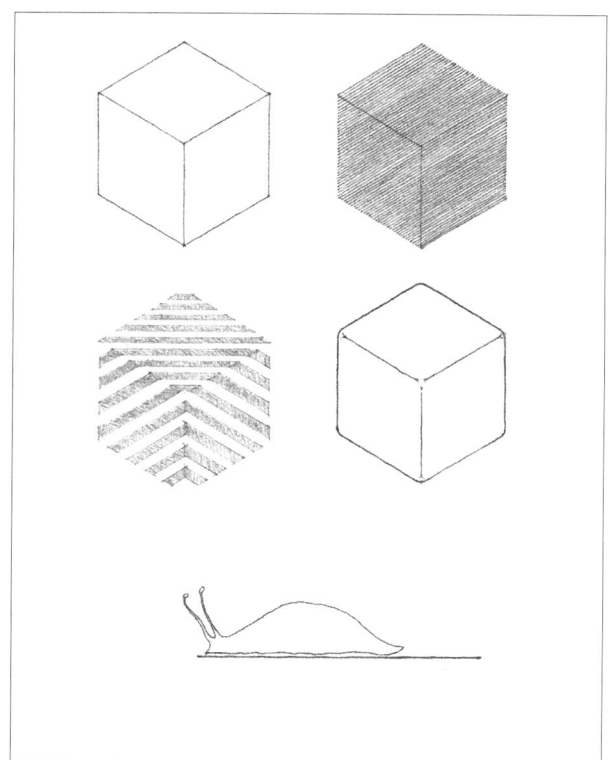

Articulação se refere à maneira pela qual as superfícies de uma forma se reúnem a fim de definir seu formato e volume. Uma forma articulada revela com clareza a natureza exata de suas partes e suas relações entre si e com o todo. Suas superfícies são vistas como planos distintos e com formatos diferentes; sua configuração global é legível e fácil de perceber. De uma maneira semelhante, um grupo de formas articuladas ressalta as juntas entre as partes que o constituem, expressando visualmente sua individualidade.

Uma forma pode ser articulada de várias maneiras:

- diferenciando os planos contíguos, por meio da mudança de materiais, cores, texturas ou padrões
- trabalhando as quinas como elementos lineares distintos e independentes dos planos que as formam
- removendo as quinas, de modo a separar fisicamente os planos contíguos
- iluminando a forma, a fim de criar fortes contrastes de valor tonal ao longo das arestas e quinas

Por outro lado, as quinas de uma forma podem ser arredondadas e alisadas, a fim de enfatizar a continuidade de uma superfície, em vez de acentuar as juntas. Além disso, um material, cor, textura ou padrão pode cobrir uma quina e passar às superfícies contíguas, tirando a ênfase da individualidade dos planos de superfície e realçando o volume de uma forma.

ARESTAS E QUINAS

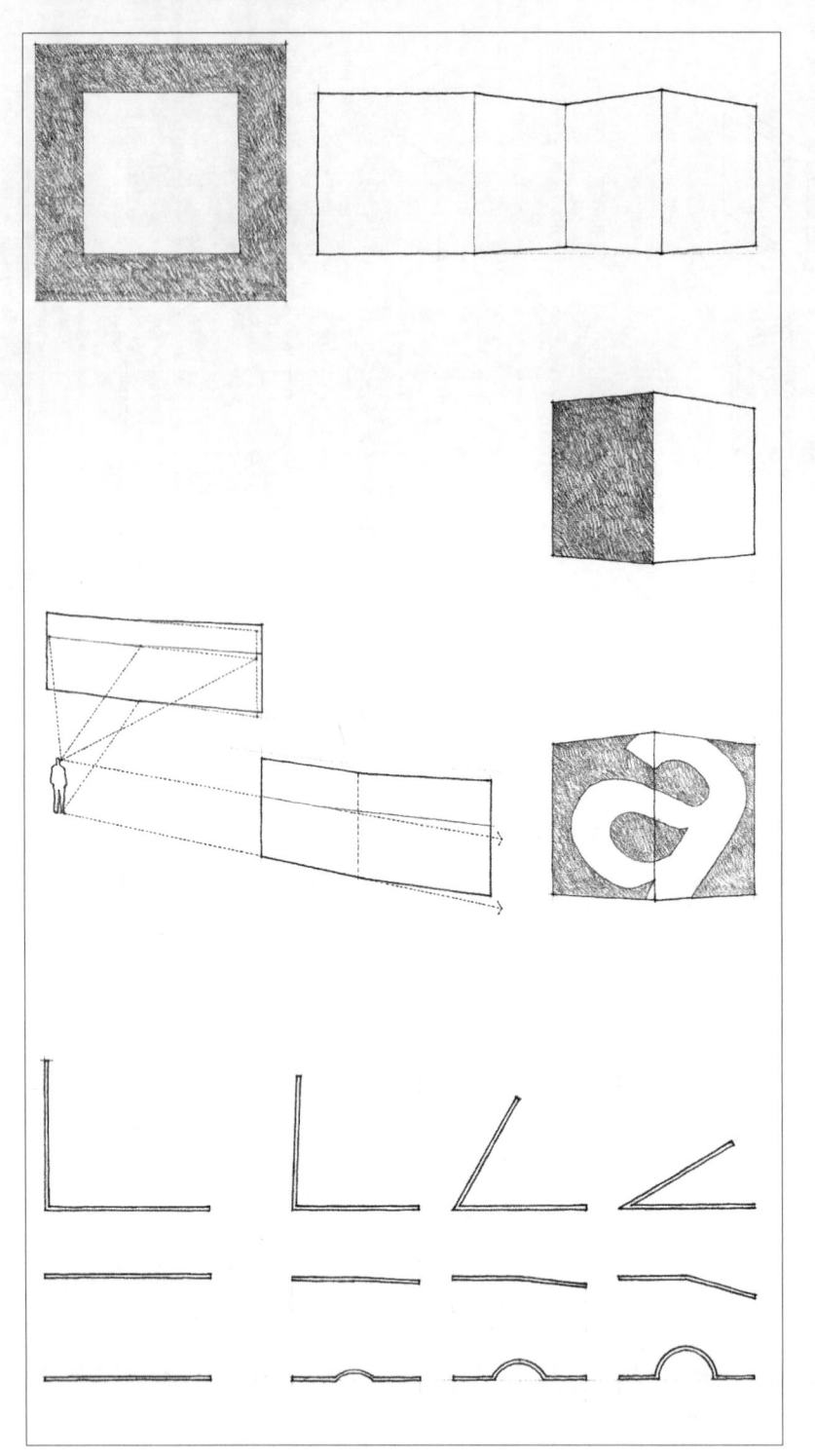

Uma vez que o destaque de uma forma depende em grande parte de como suas superfícies se encontram nas quinas, o modo como as arestas são resolvidas é crucial para a definição e a clareza de uma forma.

Ainda que uma quina possa ser trabalhada simplesmente por meio do contraste do aspecto superficial dos planos contíguos ou possa ser disfarçada pela sobreposição de um padrão óptico, nossa percepção de sua existência também é afetada pelas leis da perspectiva e pelo tipo de luz que incide sobre a forma.

Para que uma quina seja ativa em termos formais, deve haver mais do que um leve desvio no ângulo entre os planos adjacentes. Uma vez que estamos constantemente buscando a regularidade e a continuidade dentro de nosso campo de visão, tendemos a regularizar ou atenuar pequenas irregularidades nas formas que observamos. Por exemplo, um plano de parede levemente curvo será percebido como se fosse plano – talvez com uma pequena imperfeição em sua superfície. Nesse caso, uma leve quina não seria percebida.

Em que momento estes desvios na forma geram: um ângulo agudo? ... um ângulo reto?

... uma linha segmentada? ... uma linha reta?

... um segmento de círculo? ... uma mudança no contorno de uma linha?

QUINAS 101

As quinas definem o encontro de dois planos. Se os dois planos simplesmente se tocam e a quina não é adornada, a percepção desta dependerá do tratamento visual dado às superfícies adjacentes. Esse tipo de quina enfatiza o volume de uma forma.

Uma quina pode ser visualmente reforçada por meio da introdução de um novo elemento, que é independente das superfícies que conecta. Esse elemento reforça a linearidade da quina, define as arestas dos planos contíguos e se torna um elemento marcante na forma.

Se uma abertura é feita em um dos lados da quina, um dos planos parecerá estar ultrapassando o outro. A abertura diminui a presença da quina, enfraquece a definição do volume dentro da forma e enfatiza as características planares das superfícies contíguas.

Quando nenhum dos planos avança, de modo a definir a quina, é criado um volume de espaço em substituição a ela. Esse tipo de quina – ou melhor, a ausência da quina – enfraquece o volume da forma, permite que o espaço interno se funda com o externo e revela com clareza as superfícies das paredes como planos no espaço.

O arredondamento da quina enfatiza a continuidade das superfícies que configuram a forma, a compacidade de seu volume e a suavidade do canto. O raio da curvatura é importante: se for pequeno demais, acabará se tornando visualmente insignificante; se for grande demais, prejudicará a utilidade do espaço interno delimitado pelas paredes e a forma externa criada por elas.

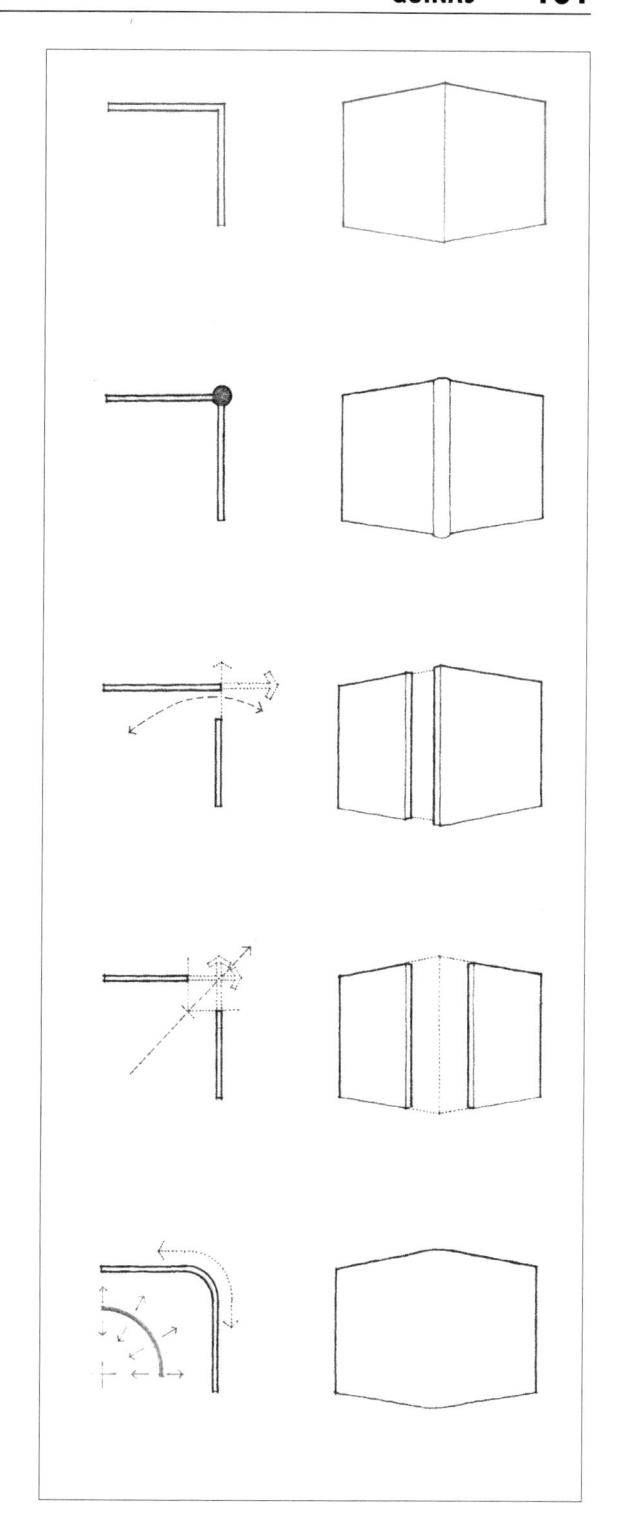

Museu Everson, Syracuse, Nova York, 1968, I. M. Pei.
As quinas desadornadas das formas enfatizam o volume de sua massa.

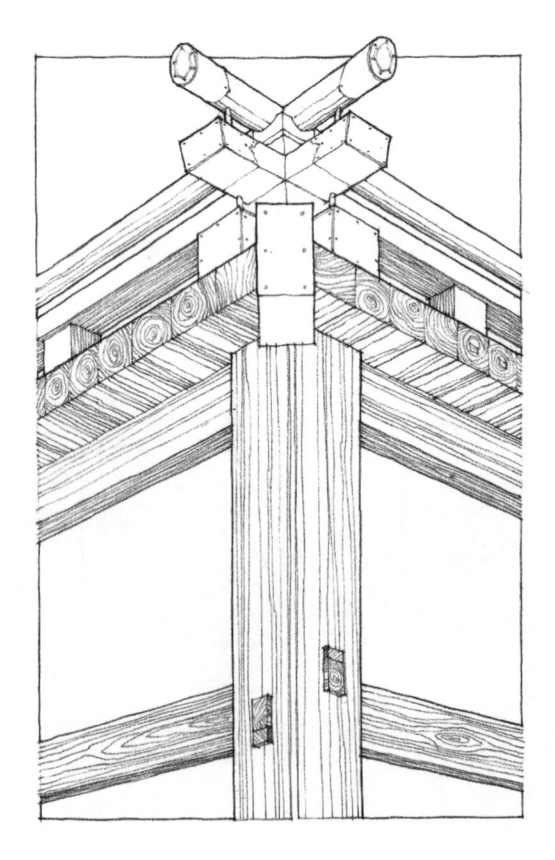

Detalhe de Quina, Santuário de Izumo, Província de Shimane, Japão, 717 d.C. (reconstruído pela última vez em 1744). A sambladura de madeira ressalta a individualidade dos elementos estruturais que se encontram na quina.

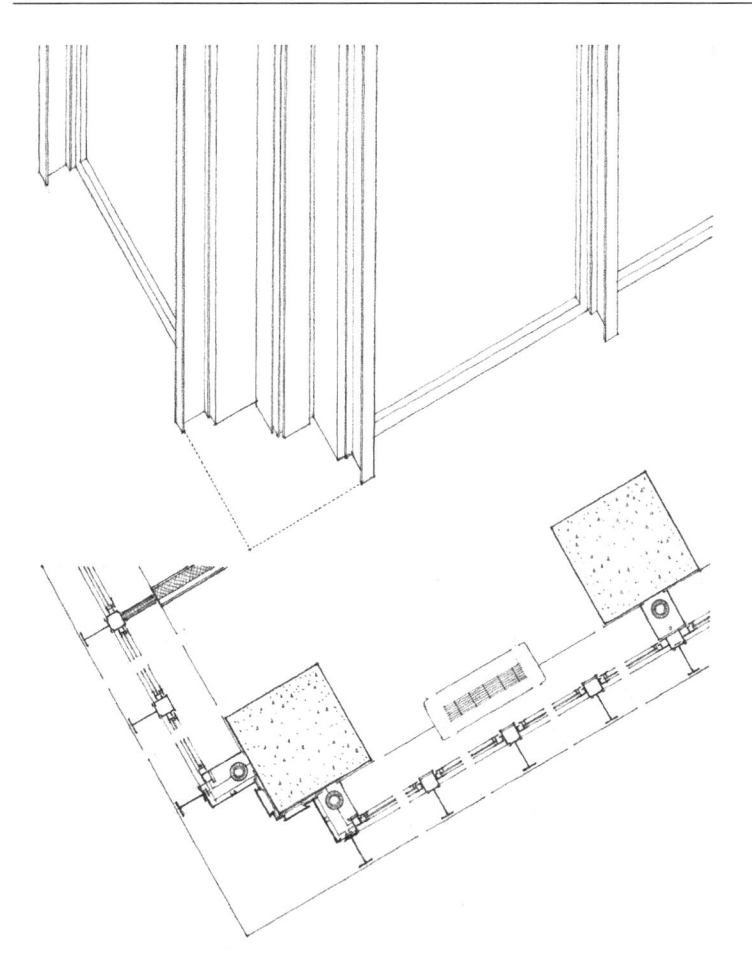

QUINAS 103

Detalhe de Quina, Apartamentos da Commonwealth Promenade, Chicago, Estados Unidos, 1953–1956, Mies van der Rohe.
O elemento na quina é recuado, tornando-se independente dos planos das paredes contíguas.

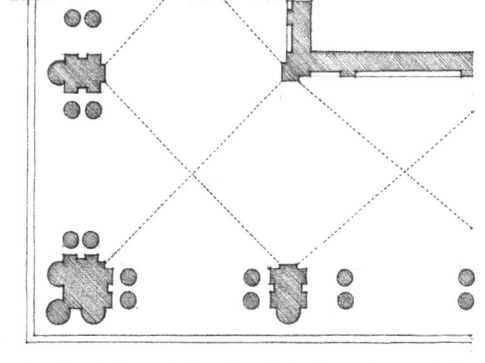

Detalhe de Quina, **A Basílica Palladiana**, Vicenza, Itália, 1545, Andrea Palladio.
A coluna na quina enfatiza a aresta da edificação.

Torre Einstein, Potsdam, Alemanha, 1919, Eric Mendelsohn

As quinas arredondadas expressam a continuidade das superfícies, a compacidade do volume e a suavidade da forma.

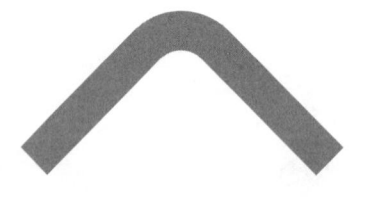

Torre do Laboratório, Edifício Administrativo das Ceras Johnson, Racine, Wisconsin, Estados Unidos, 1950, Frank Lloyd Wright

QUINAS **105**

Casa Kaufmann no Deserto, Palm Springs, Califórnia, Estados Unidos, 1946, Richard Neutra

Aberturas nas quinas tiram a ênfase dos
volumes e ressaltam a definição dos planos.

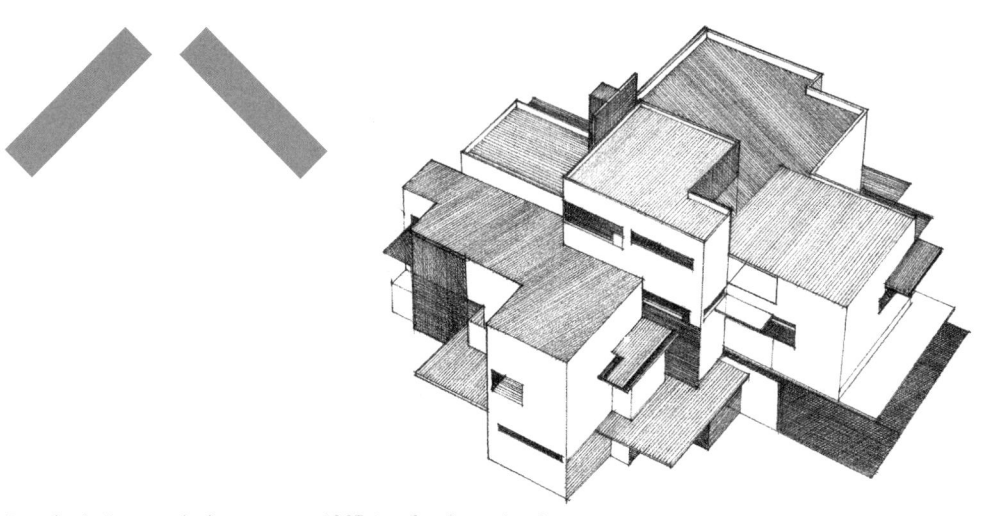

Estudo de Projeto de Arquitetura, 1923, Van Doesburg e Van Esteren

106   O DESTAQUE DAS SUPERFÍCIES

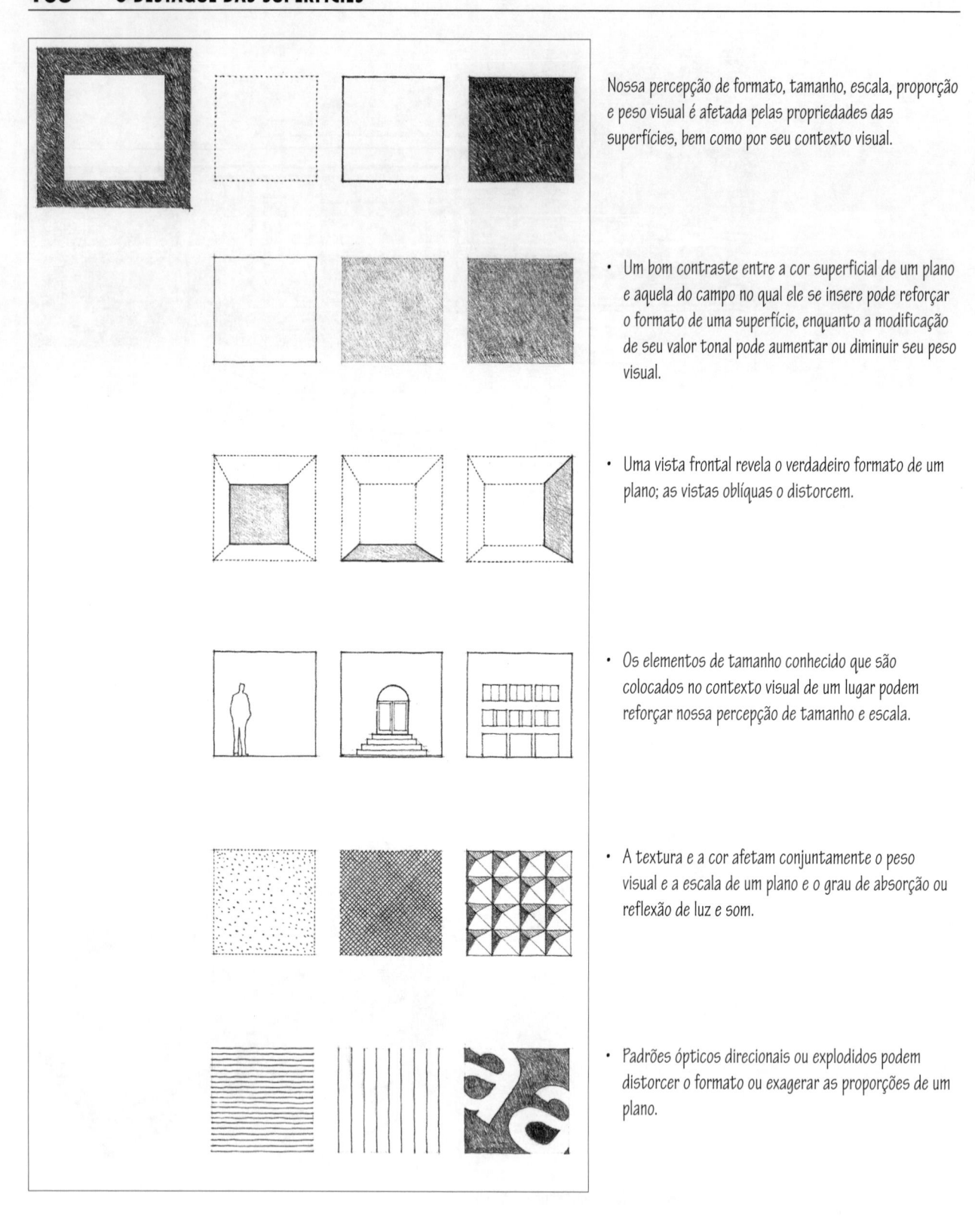

Nossa percepção de formato, tamanho, escala, proporção e peso visual é afetada pelas propriedades das superfícies, bem como por seu contexto visual.

- Um bom contraste entre a cor superficial de um plano e aquela do campo no qual ele se insere pode reforçar o formato de uma superfície, enquanto a modificação de seu valor tonal pode aumentar ou diminuir seu peso visual.

- Uma vista frontal revela o verdadeiro formato de um plano; as vistas oblíquas o distorcem.

- Os elementos de tamanho conhecido que são colocados no contexto visual de um lugar podem reforçar nossa percepção de tamanho e escala.

- A textura e a cor afetam conjuntamente o peso visual e a escala de um plano e o grau de absorção ou reflexão de luz e som.

- Padrões ópticos direcionais ou explodidos podem distorcer o formato ou exagerar as proporções de um plano.

O DESTAQUE DAS SUPERFÍCIES   107

Apartamentos da Vincent Street, Londres, Inglaterra, 1928, Sir Edwin Lutyens

Palazzo Medici-Ricardo, Florença, Itália, 1444–1460, Michelozzi

A cor, a textura e o padrão das superfícies ressaltam a existência dos diferentes planos e influenciam o peso visual de uma forma.

Casa Hoffman, East Hampton, Nova York, Estados Unidos, 1966-1967, Richard Meier

108 O DESTAQUE DAS SUPERFÍCIES

Edifício da Companhia John Deere, Moline, Illinois, Estados Unidos, 1961–1964, Eero Saarinen and Associates. Os brises longitudinais acentuam a horizontalidade da forma do prédio.

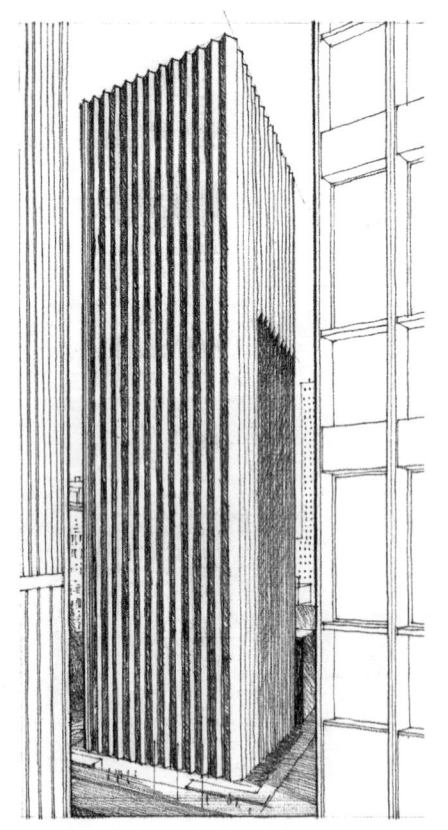

Edifício da CBS, Cidade de Nova York, Estados Unidos, 1962–1964, Eero Saarinen and Associates. Os elementos das fachadas, em forma de coluna, enfatizam a verticalidade deste prédio muito alto.

Os padrões lineares têm a capacidade de enfatizar a altura ou o comprimento de uma forma, de unificar suas superfícies e de lhe conferir textura.

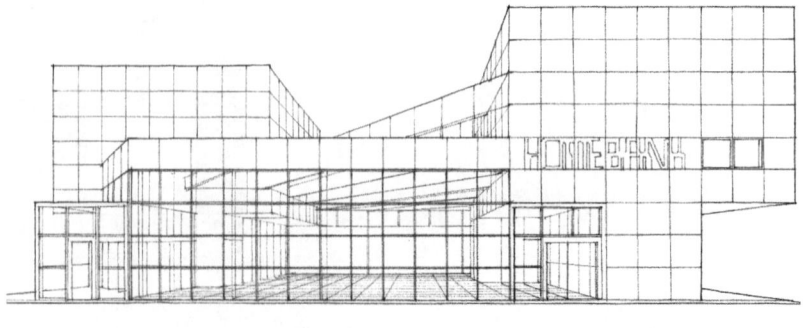

Banco Fukuoka Sogo, Estudo para a Agência em Saga, Japão, 1971, Arata Isozaki. O padrão em malha unifica as superfícies do volume composto.

O DESTAQUE DAS SUPERFÍCIES   109

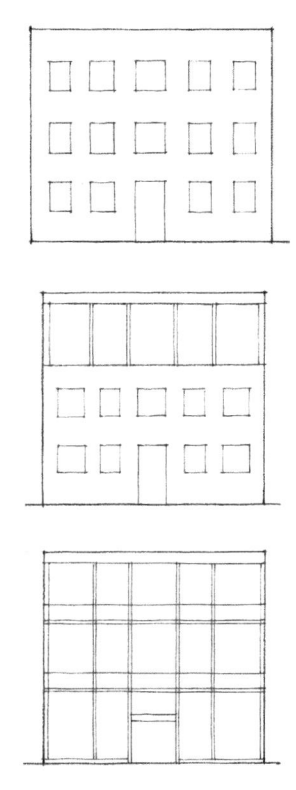

Exemplo de transformação de uma superfície: de um padrão das aberturas em um plano a uma fachada-cortina articulada por uma malha de esquadrias lineares.

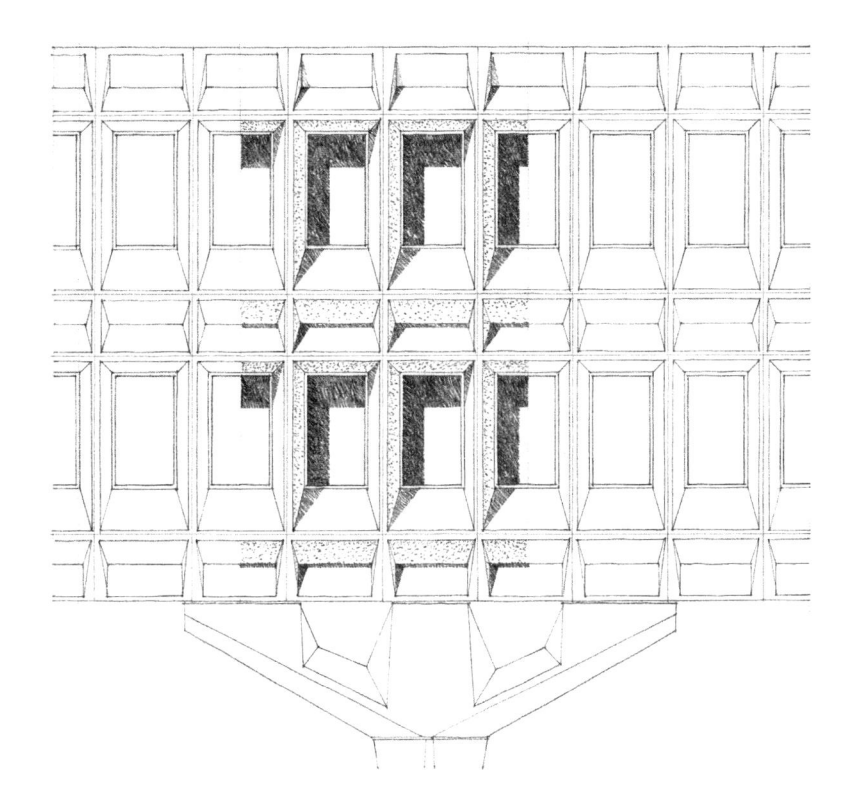

Centro de Pesquisas da IBM, La Guade, Var, França, 1960–1961, Marcel Breuer.
A forma tridimensional das aberturas cria uma textura de luz, tonalidades e sombras.

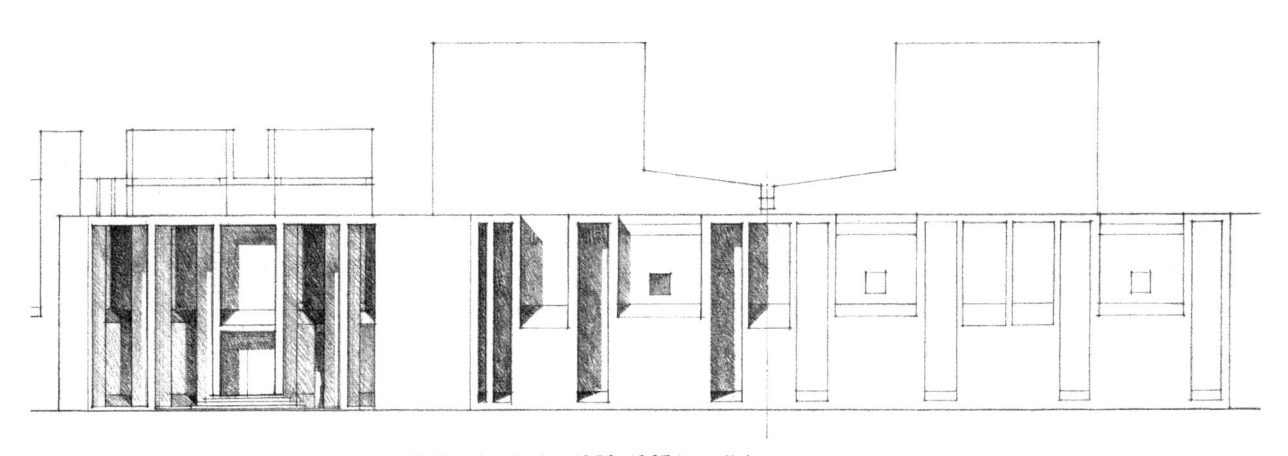

Primeira Igreja Unitária, Rochester, Nova York, Estados Unidos, 1956–1967, Louis Kahn.
O padrão de aberturas e cavidades interrompe a continuidade dos planos das paredes externas.

110   O DESTAQUE DAS SUPERFÍCIES

Os dispositivos de sombreamento protegem as janelas e outras áreas envidraçadas da luz solar direta a fim de reduzir o brilho e o ganho excessivo de calor solar em climas quentes. Sua eficácia depende de sua forma e orientação em relação à altitude solar e azimute do momento do dia e da estação do ano. Os dispositivos externos são mais eficientes do que os internos porque interceptam os raios solares antes que incidam em uma parede ou janela.

Aqui estão ilustrados os tipos básicos de dispositivos de proteção solar. Sua forma, orientação, seus materiais e sua construção podem variar de acordo com situações específicas. Suas características visuais de padrão, textura e ritmo e as sombras que projetam devem ser consideradas no projeto das fachadas de uma edificação.

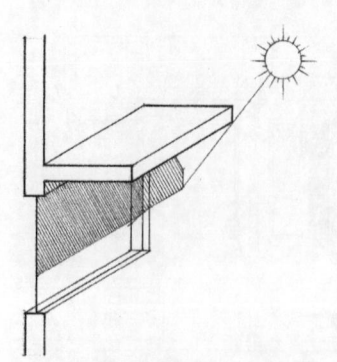

- As saliências horizontais, como quebra-sóis, são mais eficazes quando orientadas para o sul.

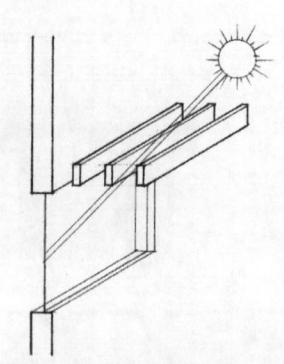

- Os brises horizontais paralelos a uma parede permitem a circulação de ar perto da parede e reduzem o ganho de calor por condução.
- Os brises podem ser operados a mão ou acionados automaticamente com controles de tempo ou fotoelétricos para se adaptarem ao ângulo solar.

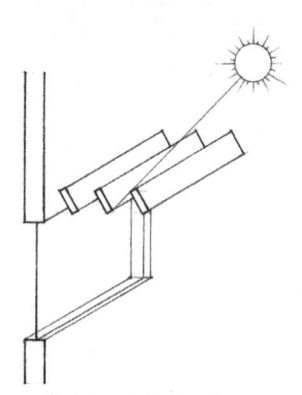

- Os brises inclinados fornecem mais proteção do que aqueles paralelos a uma parede.
- O ângulo varia de acordo com a faixa de ângulos solares.

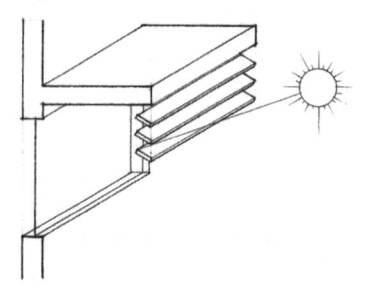

- Os brises pendurados em um quebra-sol maciço protegem contra os ângulos baixos do sol.
- Contudo, tais brises podem interferir na visão.

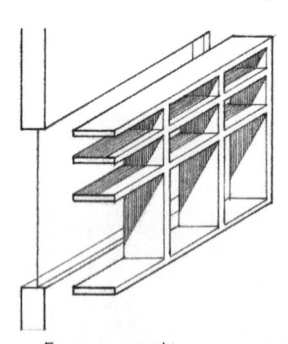

- *Eggcrates* combinam as características de sombreamento de brises horizontais e verticais e têm uma alta taxa de proteção solar.
- *Eggcrates* são muito eficientes em climas quentes.

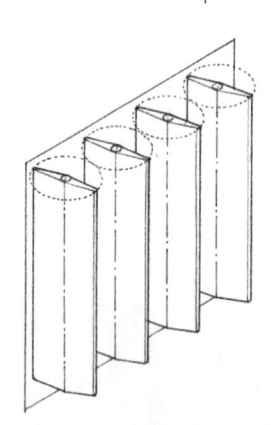

- Os brises verticais são mais eficazes em fachadas leste ou oeste.
- Os brises podem ser operados a mão ou acionados automaticamente com controles de tempo ou fotoelétricos para se adaptarem ao ângulo solar.
- Seu afastamento da parede reduz o ganho de calor por condução.

O DESTAQUE DAS SUPERFÍCIES   111

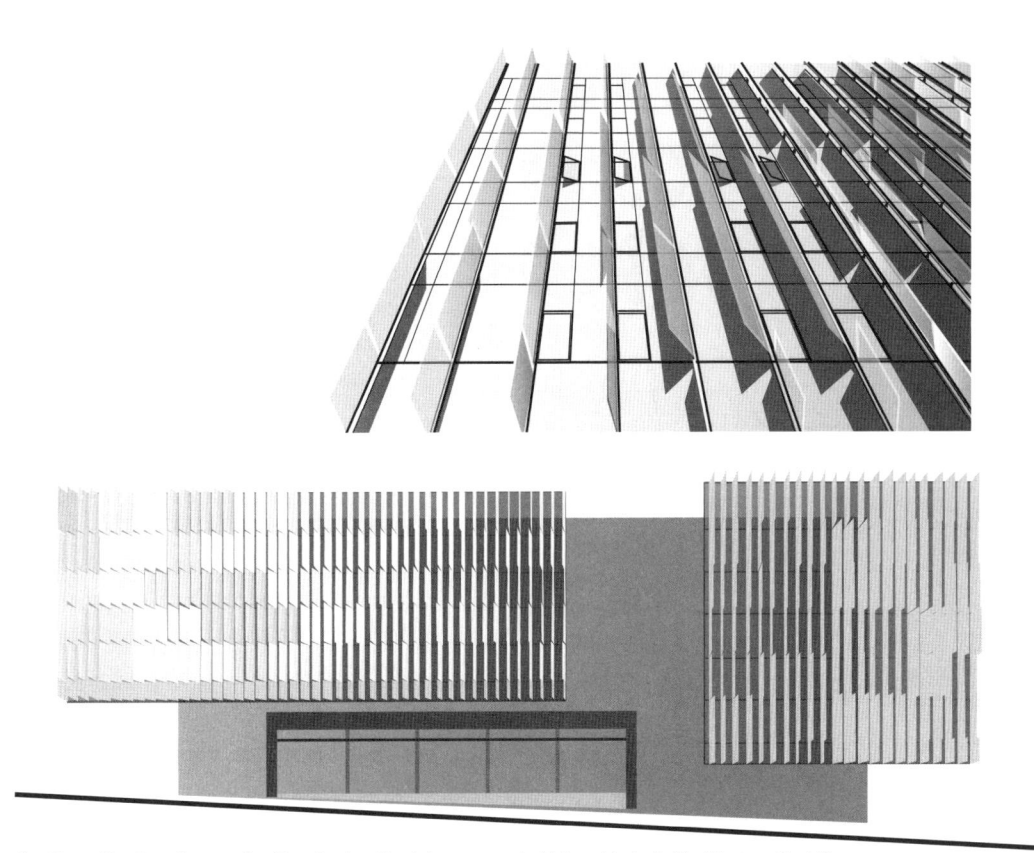

The Hans Rosling Center for Population Health, *campus* da Universidade de Washington, Seattle, Washington, 2020, The Miller Hull Partnership. Os elementos verticais de sombreamento (brises) são fixados em vários ângulos para formar um padrão visual rítmico que muda à medida que nos dirigimos ou caminhamos pelas fachadas principais.

Edifício da Associação dos Fiandeiros, Ahmedabad, Índia, 1954, Le Corbusier. Veja dois outros exemplos de como Le Corbusier usou *brise-soleil* em sua Casa Shodhan em Ahmedabad, Índia (página 70), e na Casa do Dr. Currutchet em La Plata, Argentina (página 292).

112   O DESTAQUE DAS SUPERFÍCIES

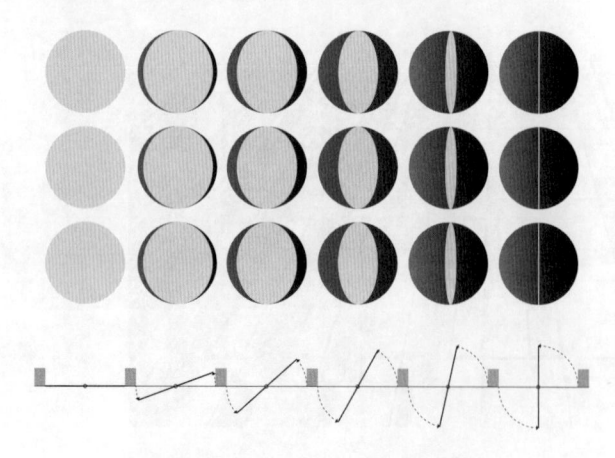

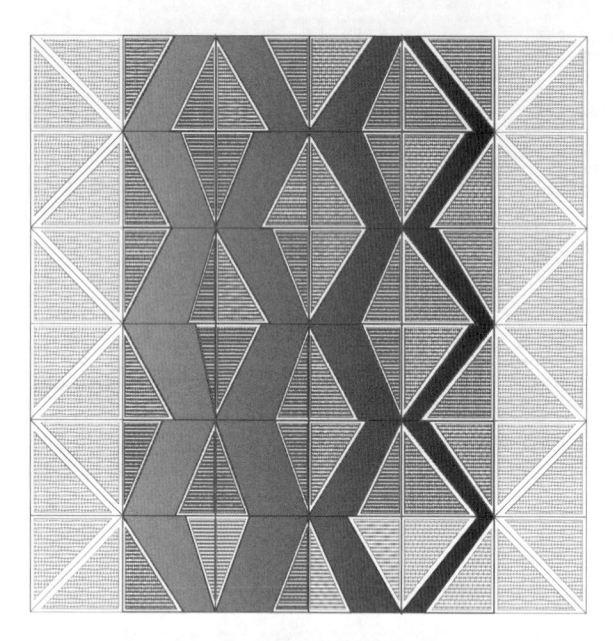

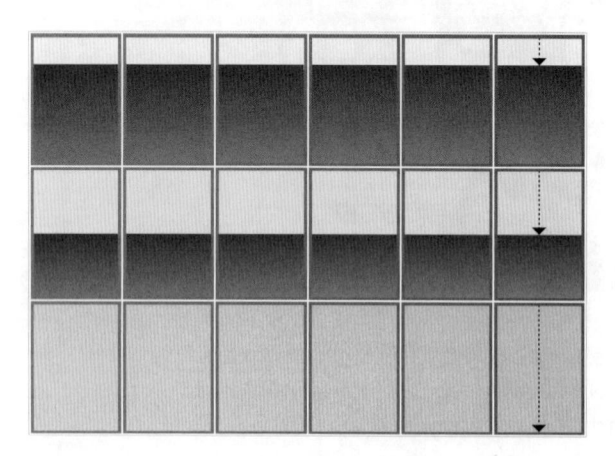

As fachadas, ao definir a frente ou o lado especial dos edifícios, sempre desempenharam um papel importante no estabelecimento de seu caráter visual. As fachadas inteligentes, uma novidade, continuam a funcionar dessa maneira e introduzem uma qualidade dinâmica à estética do edifício.

As fachadas inteligentes incorporam avanços tecnológicos da química e das ciências dos materiais que lhes permitem adaptar-se às situações ambientais e transformar-se simultaneamente para reduzir a energia necessária para calefação, refrigeração, condicionamento do ar e iluminação de um edifício.

As fachadas inteligentes podem funcionar de várias maneiras. Elas podem
- Regular o ganho excessivo de calor por meio do sombreamento em climas quentes.
- Aproveitar a energia solar em climas frios.
- Melhorar a iluminação natural dos espaços interiores.
- Gerenciar a ventilação natural para resfriamento e trocas de ar.
- Gerar eletricidade para as necessidades do edifício.

As fachadas dinâmicas ou cinéticas têm elementos que se dobram, deslizam, giram ou se movem para se transformar em resposta às condições ambientais. Alguns sistemas são controlados manualmente pelos usuários; outros são conectados a sensores e programados para responder às condições ambientais.
- Os painéis termicamente reativos se abrem como persianas para moderar o superaquecimento do ganho solar durante os horários de calor.
- As telas metálicas perfuradas ajustam sua orientação para otimizar a iluminação natural dos espaços interiores, preservando as vistas.
- As janelas de vidro triplo têm microbrises internos operados individualmente; à noite, eles podem ser abaixados, permitindo que o valor térmico da fachada seja como aquele de uma parede isolada.

O DESTAQUE DAS SUPERFÍCIES   113

Os vidros ou elementos de vedação externa geradores de energia incorporam uma fina camada de células ou módulos fotovoltaicos para gerar energia solar para consumo no edifício.

- Painéis com elementos piezoelétricos exigem apenas uma leve brisa para fazê-los balançar e gerar energia.
- Os materiais de mudança de fase oferecem armazenamento de energia para uso com sistemas de energia renovável.

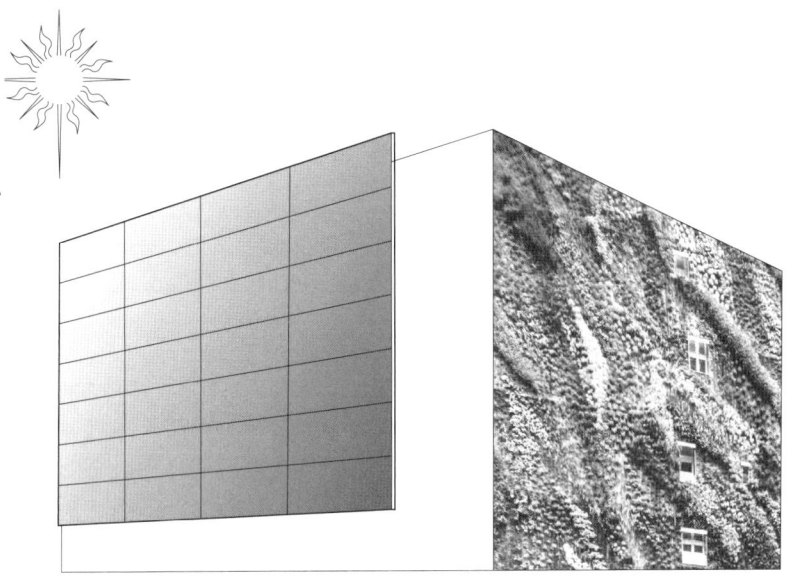

As tecnologias baseadas em plantas usam, dentro dos vidros duplos de uma fachada, microplantas que crescem rapidamente quando expostas à luz solar, criando biomassa que pode ser armazenada e produzir metano pelo processo de digestão anaeróbica.

- A vegetação fornece sombreamento e aumenta o isolamento térmico das vedações externas da edificação.
- Paredes verdes ou vivas são capazes de absorver CO_2 da atmosfera.

O vidro eletrocrômico responsivo e o envidraçamento respondem à voltagem para controlar a opacidade ou as propriedades de transmissão de luz do envidraçamento.

- O vidro termocrômico responde diretamente ao calor da luz solar direta por escurecimento, semelhante à forma como os óculos de coloração automática funcionam.
- A tecnologia dos filmes Polymer Dispersed Liquid Crystal (PDLC, Cristal Líquido Disperso em Polímero) usa a eletricidade para alterar a orientação dos cristais líquidos suspensos para dispersar a luz ou deixá-la passar quando a tensão é aplicada.
- Dispositivos de Partículas Suspensas (SPD) são filmes finos contendo nanopartículas suspensas em um líquido. As nanopartículas são normalmente organizadas aleatoriamente para bloquear e absorver a luz, mas se alinham para permitir que a luz passe através do vidro quando a tensão é aplicada. A tonalidade do vidro e a quantidade de luz transmitida podem ser reguladas variando a tensão.

* Os produtos de isolamento translúcidos são capazes de transmitir luz visível enquanto aumentam o isolamento térmico das vedações externas do edifício.

114   O DESTAQUE DAS SUPERFÍCIES

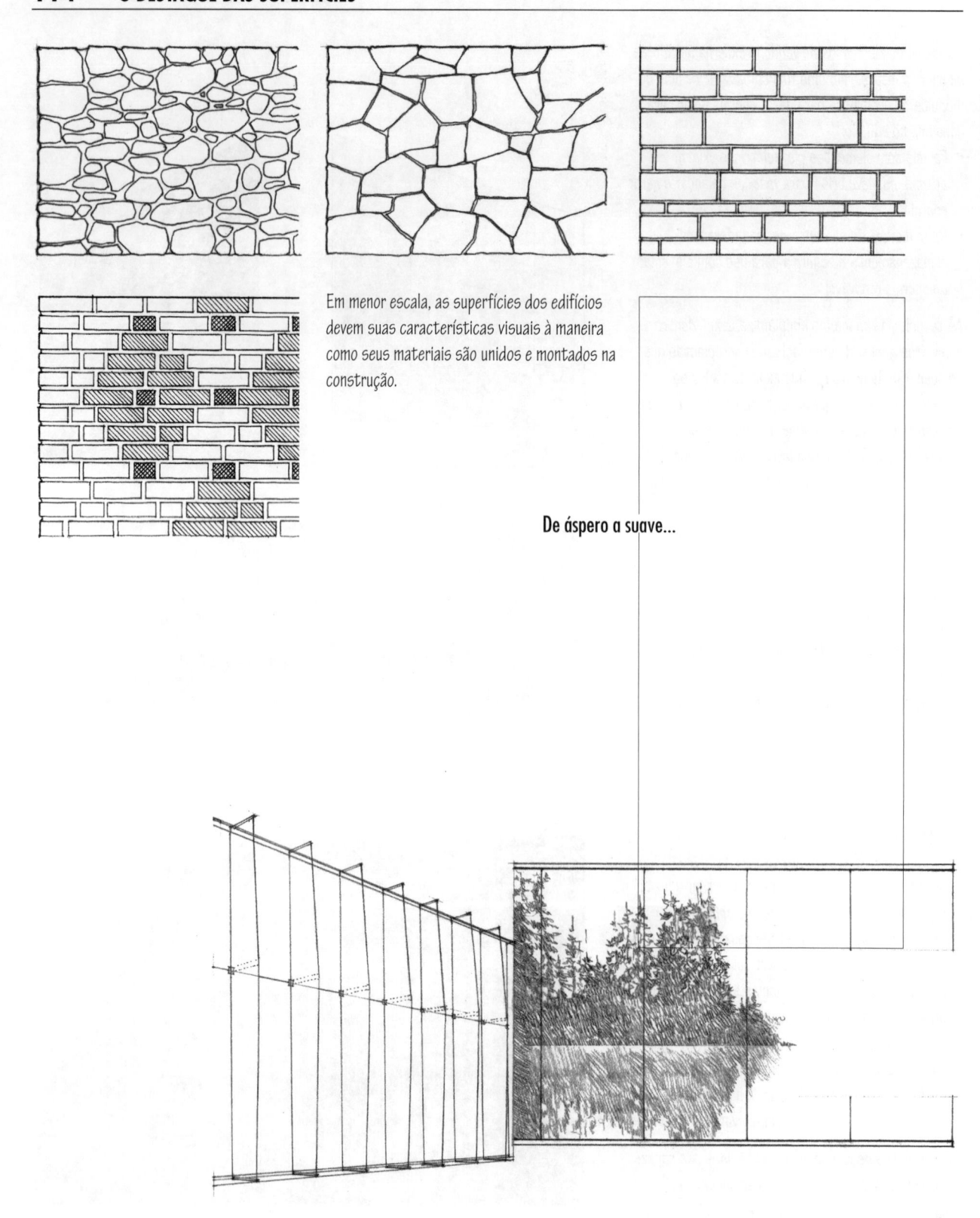

Em menor escala, as superfícies dos edifícios devem suas características visuais à maneira como seus materiais são unidos e montados na construção.

De áspero a suave...

O DESTAQUE DAS SUPERFÍCIES 115

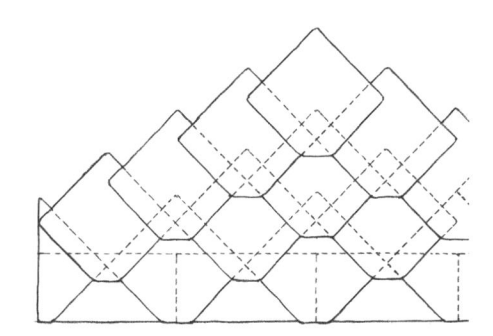

De ortogonal a assimétrico...

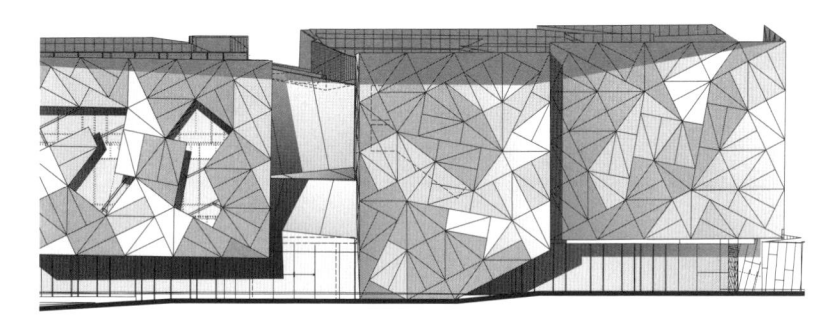

Fachada parcial, **Federation Square**, Melbourne, Austrália, 2003, LAB Architecture Studio & Bates Smart, Architects

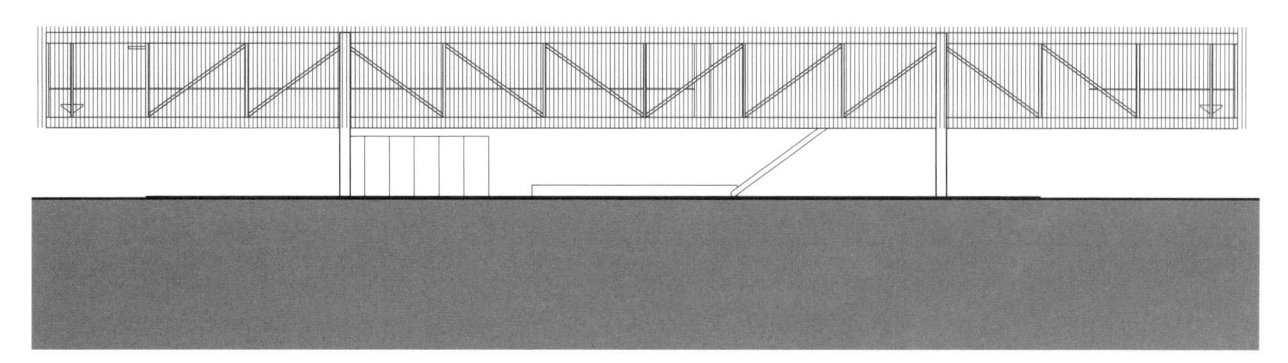

Casa na Praia de St. Andrew, Victoria, Austrália, 2006, Sean Godsell Architects

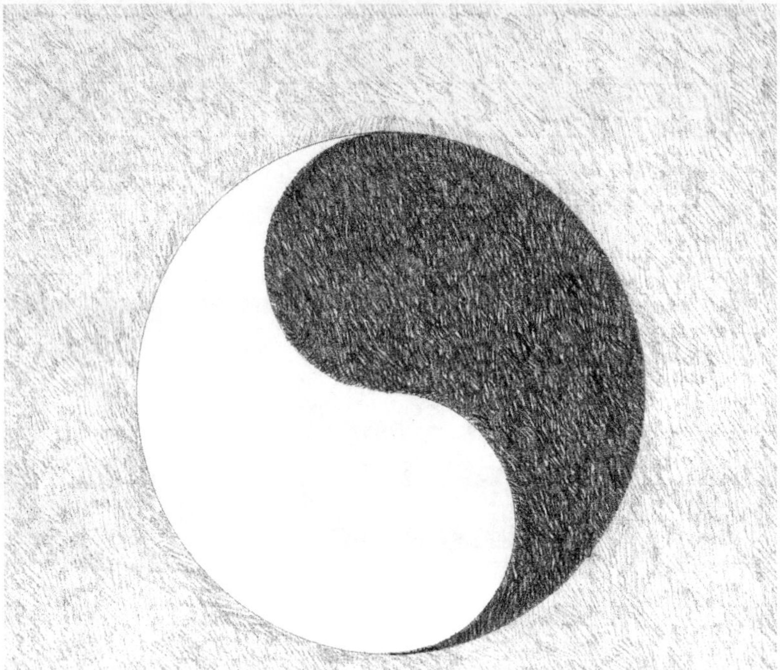

3
Forma e Espaço

"Reunimos trinta raios e chamamos isso de roda;
mas é do espaço onde não há nada
que a utilidade da roda depende.
Giramos argila para fazer um vaso;
mas é do espaço onde não há nada
que a utilidade do vaso depende.
Perfuramos portas e janelas para fazer uma casa;
e é desses espaços onde não há nada
que a utilidade da casa depende.
Portanto, da mesma forma que aproveitamos o que é,
deveríamos reconhecer a utilidade do que não é."

- Lao Tzu
Tao Te Ching
Século VI a.C.

118 FORMA E ESPAÇO

O espaço constantemente engloba nosso ser. Por meio do espaço, nos movemos, vemos as formas, ouvimos os sons, sentimos as brisas, cheiramos as fragrâncias de um jardim florido. Ele é uma substância material, assim como a madeira ou a pedra. Ainda assim, é como um vapor, amorfo por natureza. Sua forma visual, suas dimensões e escala, o tipo de sua luz — todas essas características dependem de nossa percepção dos limites espaciais definidos pelos elementos da forma. À medida que o espaço começa a ser apreendido, fechado, modelado e organizado pelos elementos da massa, a arquitetura começa a surgir.

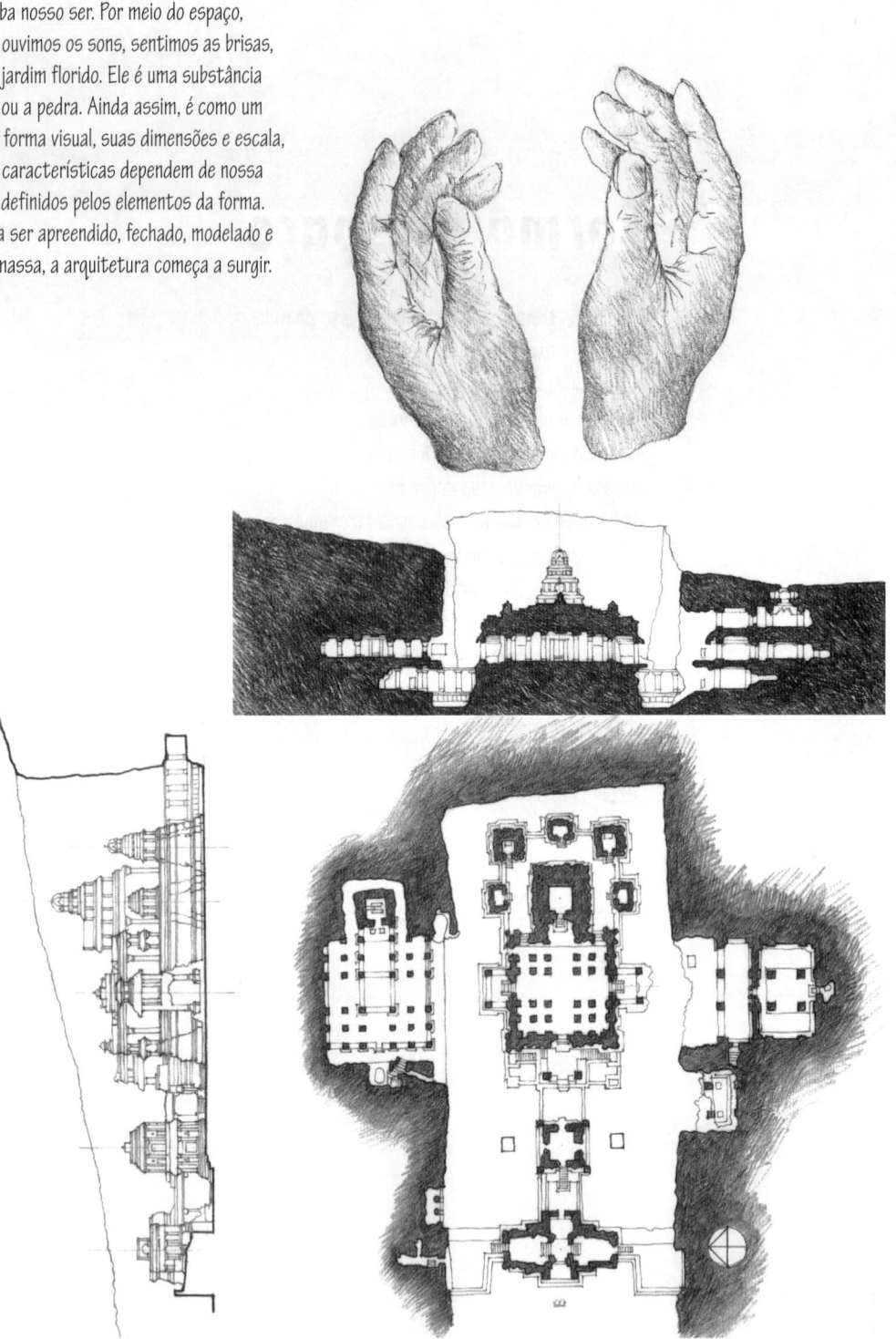

Templo de Kailasnath, em Ellora, próximo a Aurangabad, Índia, 600–1000 d.C.

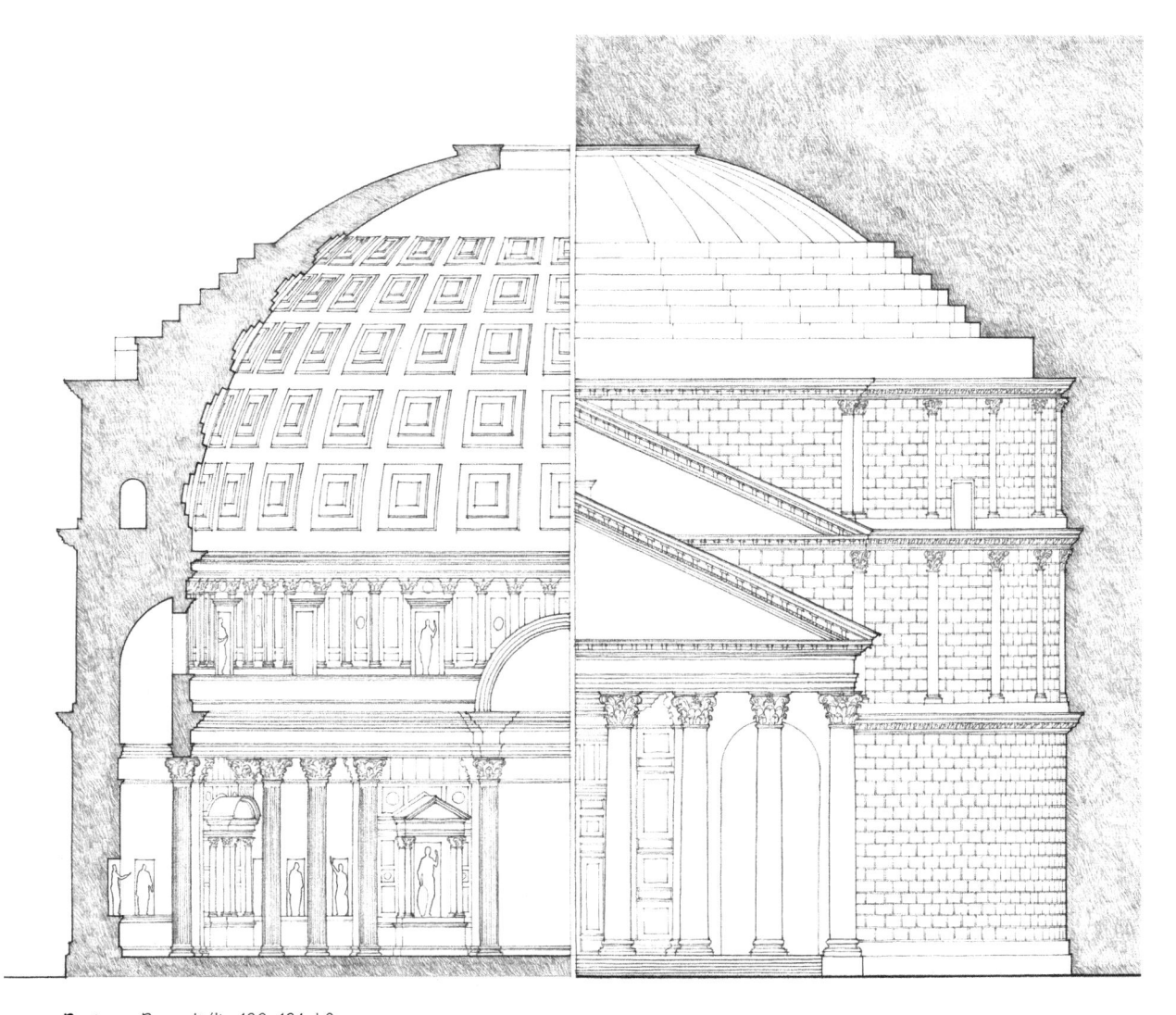

Panteon, Roma, Itália, 120–124 d.C.

A FORMA E O ESPAÇO: UMA UNIDADE DE OPOSTOS

Nosso campo visual normalmente consiste em elementos heterogêneos que diferem em formato, tamanho, cor ou orientação. A fim de entender melhor a estrutura de um campo visual, tendemos a organizar seus elementos em dois grupos antagônicos: elementos positivos, que são percebidos como figuras, e elementos negativos, que servem de fundo para as figuras.

Nossa percepção e compreensão de uma composição dependem de como interpretamos a interação visual entre os elementos positivos e negativos dentro de seu campo visual. Nesta página, por exemplo, as letras são vistas como figuras negras contra o fundo branco da superfície do papel. Consequentemente, somos capazes de perceber sua organização em palavras, frases e parágrafos. Nos diagramas à esquerda, a letra "a" é vista como uma figura, não somente por que a reconhecemos como uma letra de nosso alfabeto, mas também porque seu perfil é distinto, seu valor contrasta com o do fundo e seu posicionamento a isola de seu contexto. No entanto, à medida que ela aumenta de tamanho em relação a seu campo, os outros elementos em seu interior e a seu redor passam a competir por nossa atenção como figuras. Às vezes, as relações entre as figuras e seus fundos são tão ambíguas que visualmente alternamos suas identidades continuamente, ora vendo as figuras, ora seus fundos.

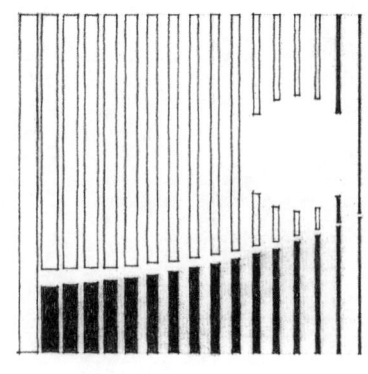

Branco sobre Preto ou Preto sobre Branco?

Duas Faces ou um Vaso?

Em todos os casos, contudo, devemos entender que as figuras, os elementos positivos que atraem nossa atenção, não poderiam existir sem um fundo contrastante. As figuras e seus fundos, portanto, são mais do que meros opostos. Juntos, formam uma realidade inseparável — uma unidade de opostos — assim como os elementos da forma e do espaço compõem juntos a realidade da arquitetura.

A FORMA E O ESPAÇO: UMA UNIDADE DE OPOSTOS 121

Taj Mahal, Agra, Índia, 1630–1653. O xá Jahan construiu esse mausoléu de mármore branco para sua esposa favorita, Muntaz Mahal.

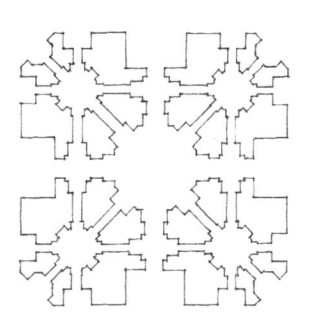

A. As linhas que definem o limite entre a massa sólida e o espaço vazio.

B. A forma da massa sólida representada como uma figura.

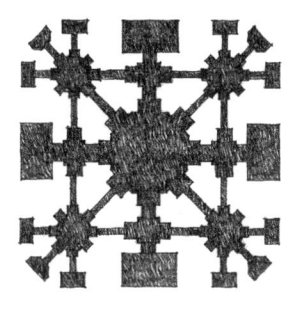

C. A forma do vazio espacial representado como uma figura.

A forma da arquitetura ocorre na junção entre a massa e o espaço. Ao executarmos e lermos os desenhos de um projeto, devemos atentar tanto à forma da massa que contém um volume de espaço quanto à forma do volume espacial em si.

Fragmento de um **Mapa de Roma**, Itália, desenhado por Giambattista Nolli em 1748

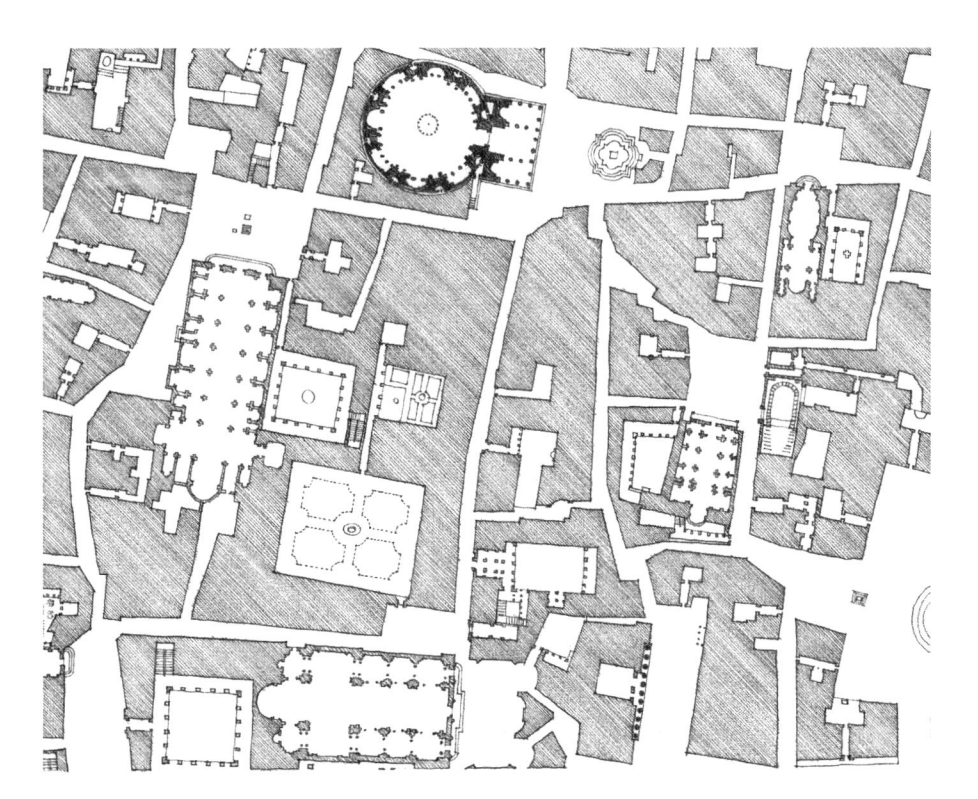

Dependendo daquilo que percebemos como sendo elementos positivos, a relação figura e fundo das formas da massa e do espaço podem ser invertidas em diferentes partes desse mapa de Roma. Em algumas partes do mapa, os prédios se mostram como formas positivas que definem os espaços urbanos; em outras, as praças, os pátios e os espaços principais de dentro de importantes prédios públicos são lidos como elementos positivos vistos contra o fundo das massas dos elementos de arquitetura circundantes.

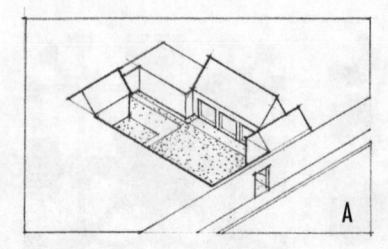

122 A FORMA E O ESPAÇO: UMA UNIDADE DE OPOSTOS

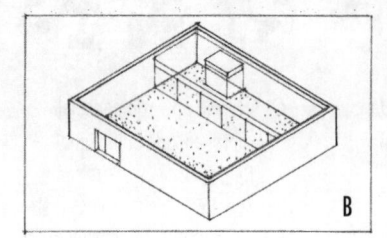

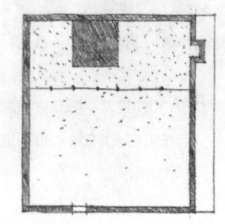

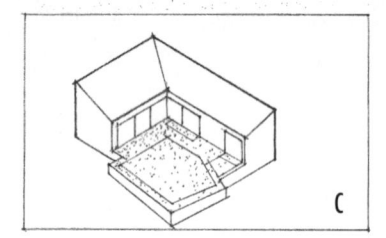

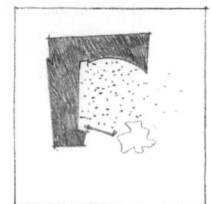

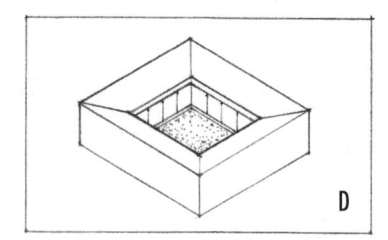

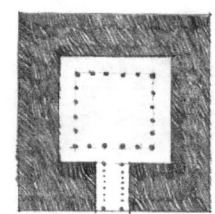

A relação simbólica das formas de massa e espaço na arquitetura pode ser examinada, e sua presença é constatada em diferentes escalas. Em cada nível, devemos atentar não somente à forma da edificação, mas também a seu impacto sobre o espaço circundante. Na escala urbana, devemos considerar cuidadosamente se o papel de uma edificação é continuar o tecido urbano existente em um lugar, compor um pano de fundo para as outras edificações, definir um espaço urbano ou se ele deveria estar solto no espaço, como um objeto importante.

Na escala do terreno, há várias estratégias para relacionar a forma de uma edificação ao espaço que a circunda. Um prédio pode:

A. formar um muro ao longo de suas divisas, ajudando a definir um espaço externo positivo;

B. fundir seu espaço interno com o espaço externo privado de um terreno murado;

C. fechar parte de seu terreno, configurando um espaço de estar externo e protegê-lo de condições climáticas indesejáveis;

D. configurar e fechar um pátio interno ou átrio dentro de seu volume, compondo um esquema introvertido.

Uma edificação como um objeto no espaço

Edificações configurando um espaço

Monastério de São Melécio de Antioquia, Monte Kithairon, Grécia, século IX

A FORMA E O ESPAÇO: UMA UNIDADE DE OPOSTOS 123

E. impor-se como um objeto independente no espaço, dominando seu terreno por meio de sua forma e implantação – um esquema extrovertido;

F. espalhar-se e criar uma ampla fachada voltada para uma vista, terminando um eixo ou definindo o lado de um espaço urbano;

G. estar solto no terreno, mas permitir que seus espaços internos se fundam com os espaços externos privados;

H. compor formas positivas em um espaço negativo.

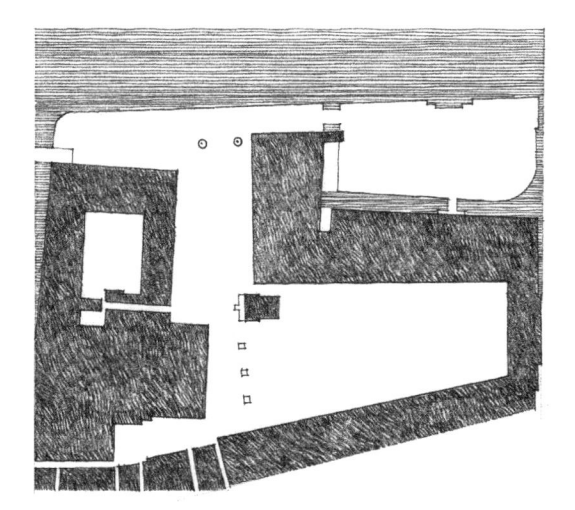

Edificações Configurando um Espaço:
Praça São Marcos, Veneza

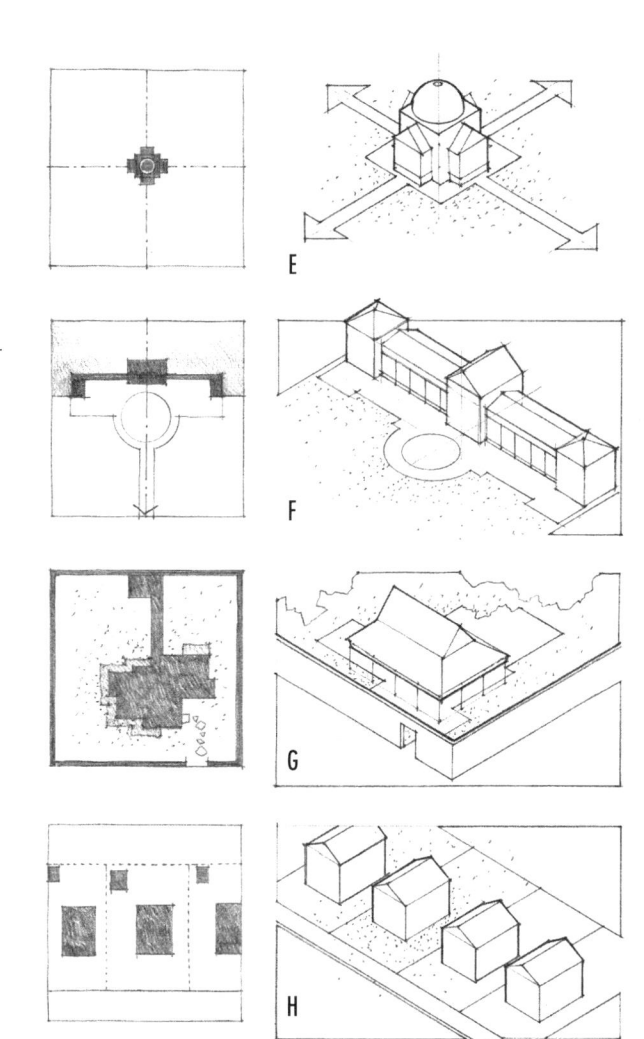

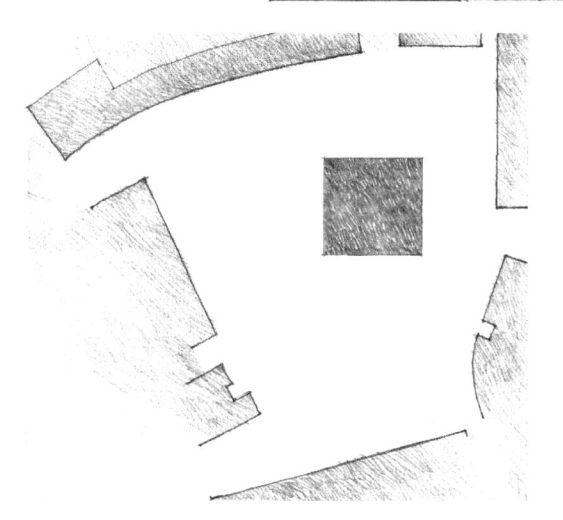

Uma Edificação como um Objeto no Espaço:
Prefeitura de Boston, 1960, Kallmann, McKinnell & Knowles

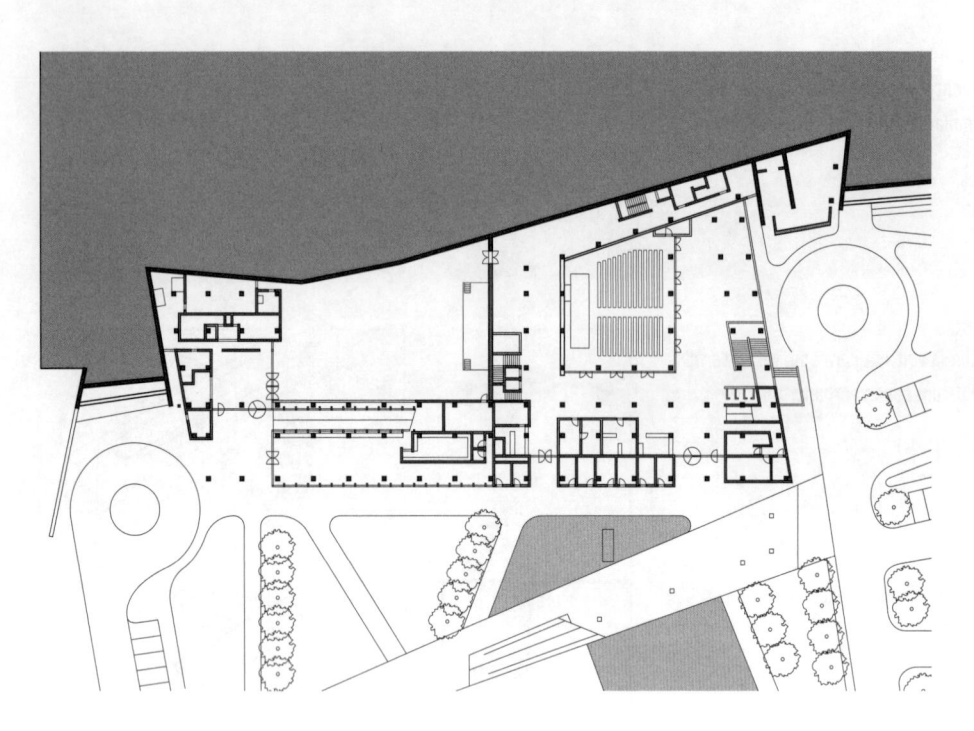

Edificação Inserida na Paisagem:
Centro Cultural Eyüp, Istambul, Turquia, 2013, EAA-Emre Arolat Architects

Edificação Dominando a Paisagem:
Cooroy Art Temple, Cooroy Mountain, Austrália, 2008, Paolo Denti JMA Architects

A FORMA E O ESPAÇO: UMA UNIDADE DE OPOSTOS **125**

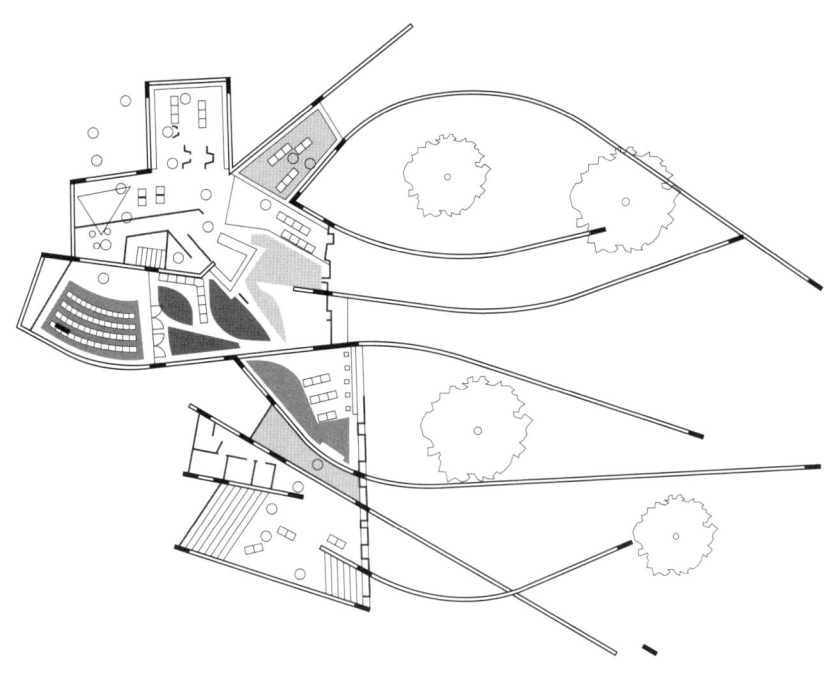

A Edificação como Paisagem
Biblioteca Pública de Palafolls, Palafolls, Espanha, 2009, Enric Miralles e Benedetta Tagliabue/Miralles Tagliabue EMBT

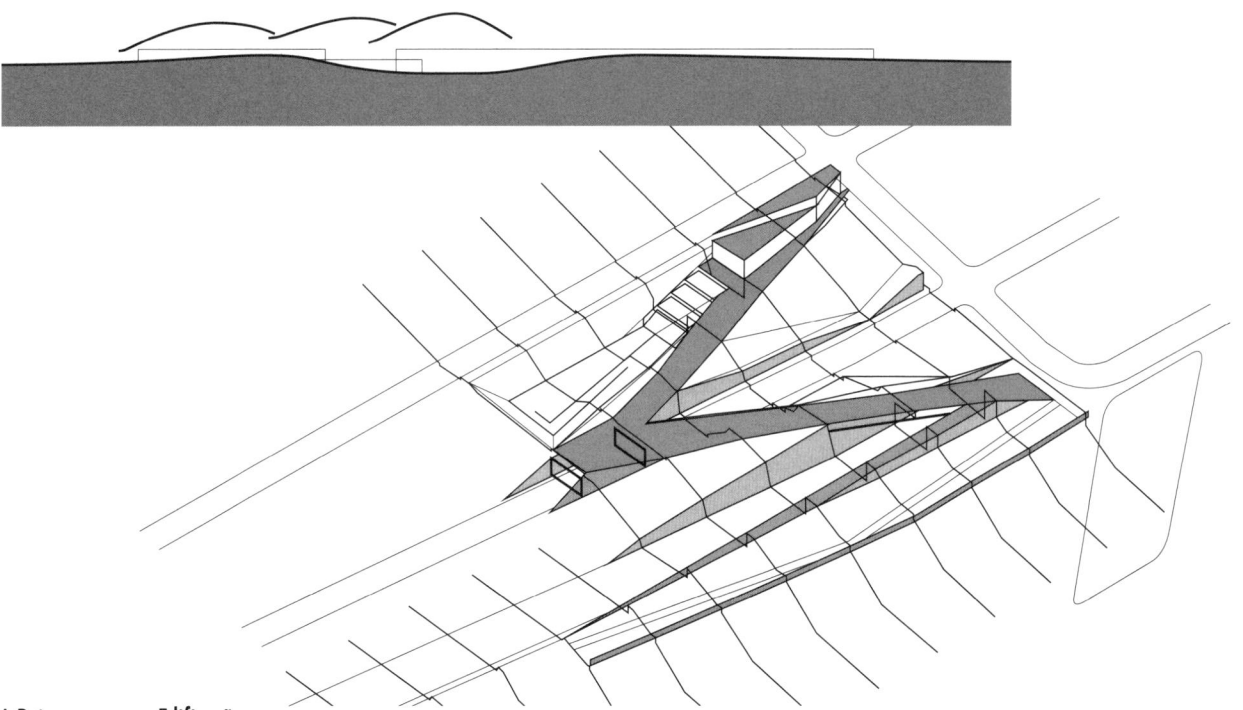

A Paisagem como Edificação
Parque Olímpico de Esculturas, Museu de Arte de Seattle, Seattle, Washington, 2008, Weiss/Manfredi Architecture/Landscape/Urbanism

126 A FORMA E O ESPAÇO: UMA UNIDADE DE OPOSTOS

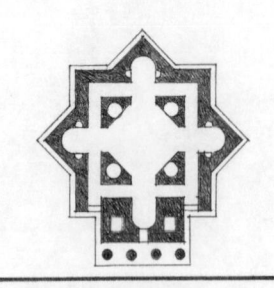

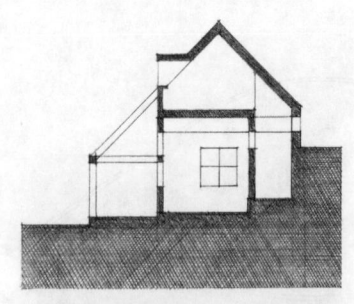

Na escala da edificação, tendemos a ler as configurações de paredes como os elementos positivos de uma planta. No entanto, o espaço intermediário em branco não deve ser visto simplesmente como um fundo para as paredes, mas também como figuras do desenho que têm formato e forma.

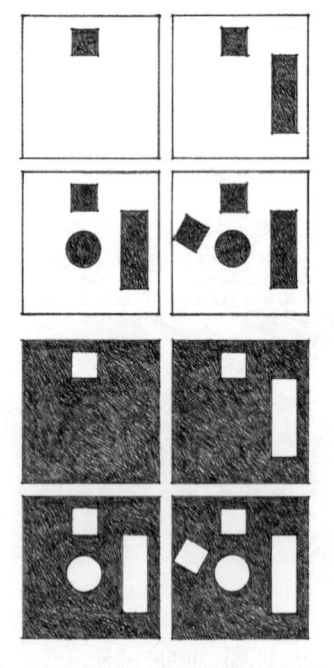

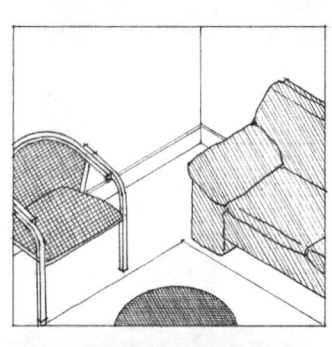

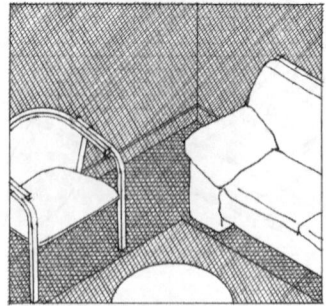

Mesmo na escala do cômodo, os móveis e acessórios podem se colocar como formas dentro de um campo espacial ou servir para definir a própria forma do campo espacial.

A FORMA E O ESPAÇO: UMA UNIDADE DE OPOSTOS 127

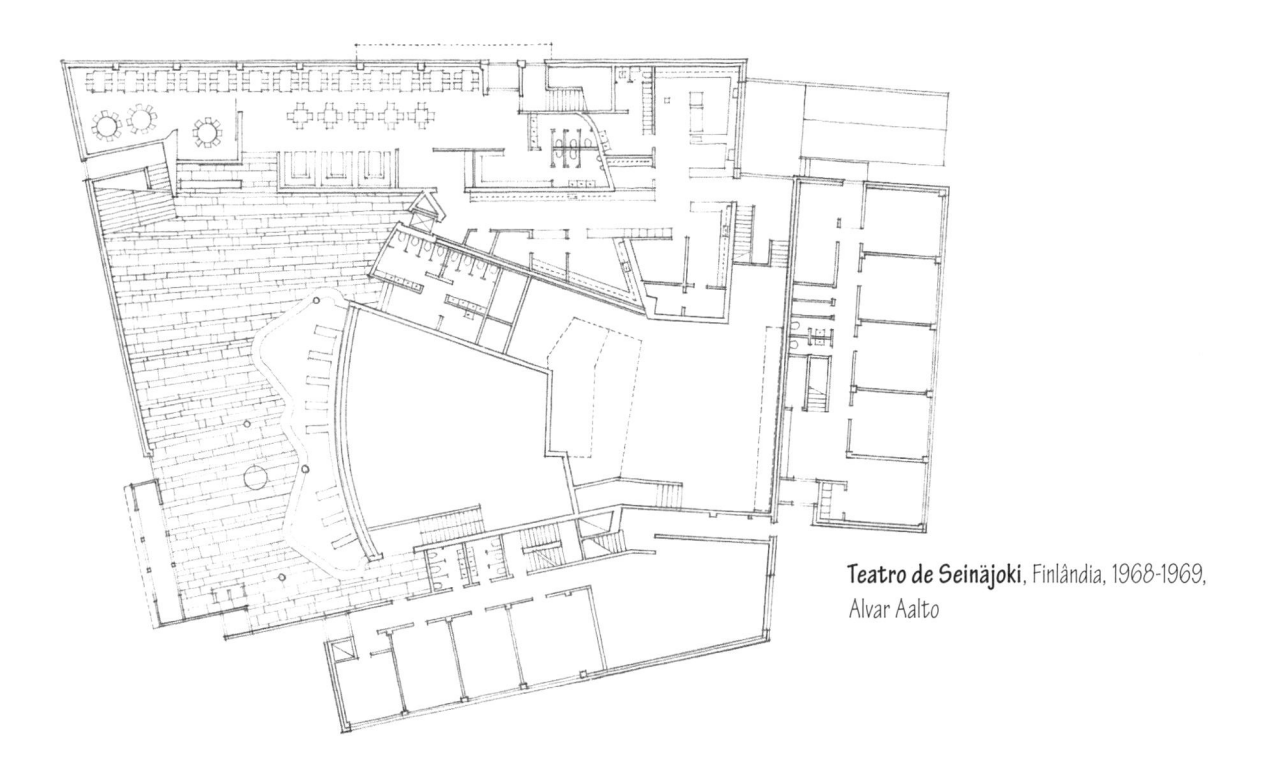

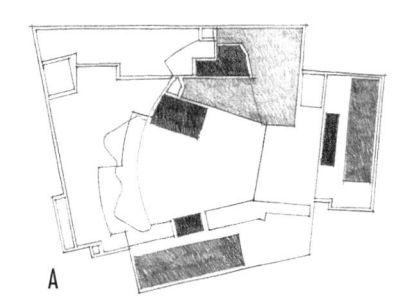

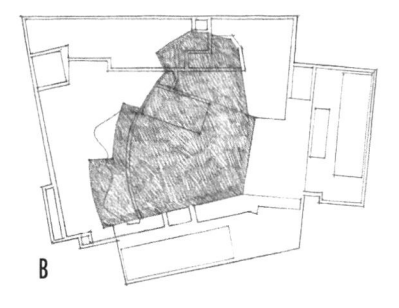

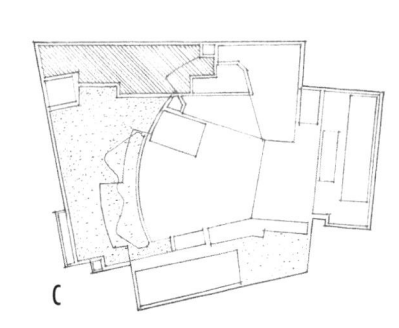

Teatro de Seinäjoki, Finlândia, 1968-1969, Alvar Aalto

A forma e delimitação de cada espaço de uma edificação determina a forma dos espaços que o circundam ou é determinada por eles. No Teatro de Seinäjoki, projetado por Alvar Aalto, por exemplo, podemos distinguir várias categorias de formas espaciais e analisar como elas interagem. Cada categoria tem um papel ativo ou passivo na configuração do espaço.

A. Alguns espaços, como os escritórios, têm funções específicas, porém semelhantes entre si, e podem ser isolados ou agrupados em linha ou aglomerados.
B. Outros espaços, como as salas de concerto, apresentam exigências funcionais e técnicas, exigindo formas específicas que afetarão as formas dos espaços que os circundam.
C. Por fim, alguns outros espaços, como os saguões, são flexíveis por natureza e, portanto, podem ser definidos de modo mais livre pelos espaços ou grupos de espaços que os circundam.

128 A FORMA DEFININDO O ESPAÇO

Praça em Giron, Colômbia

Quando inserimos uma figura bidimensional em uma página, ela influencia o formato do espaço branco ao seu redor. Da mesma maneira, qualquer forma tridimensional naturalmente destaca o volume de espaço que a rodeia e gera um campo de influência ou território, passando a dominá-lo. A próxima seção deste capítulo analisa os elementos horizontais e verticais da forma e apresenta exemplos de como várias configurações desses elementos formais geram e configuram tipos específicos de espaços.

ELEMENTOS HORIZONTAIS DEFININDO O ESPAÇO 129

Plano-Base
Um plano-base horizontal disposto como uma figura sobre um fundo contrastante define um espaço simples. Esse campo pode ser visualmente reforçado das seguintes maneiras:

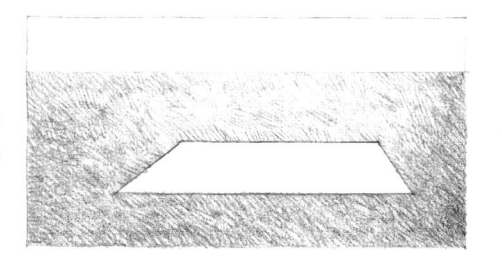

Plano-Base Elevado
Um plano horizontal elevado em relação ao plano do solo estabelece superfícies verticais ao longo de suas bordas, reforçando a separação entre seu campo e o solo que o circunda.

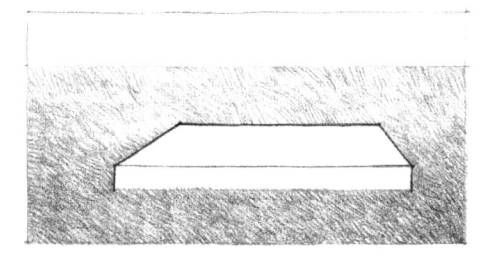

Plano-Base Rebaixado
Um plano horizontal rebaixado em relação ao plano do solo utiliza as superfícies verticais da área rebaixada para definir um volume de espaço.

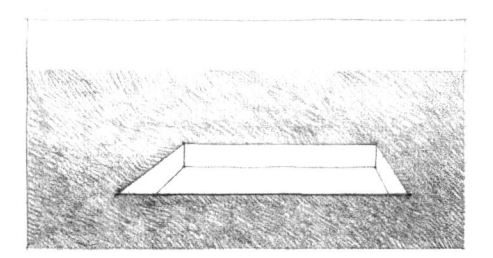

Plano de Cobertura
Um plano horizontal localizado acima de nossas cabeças define um volume de espaço entre ele e o plano-base.

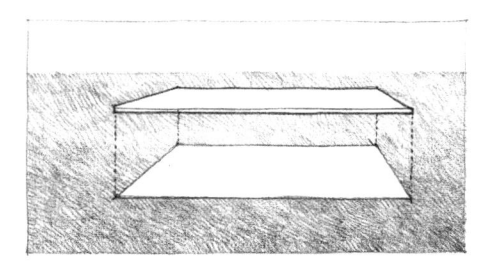

130 O PLANO-BASE

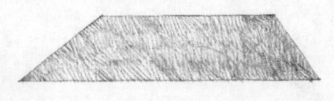

Para que um plano horizontal seja visto como uma figura, deve haver uma mudança perceptível de cor, tom ou textura entre sua superfície e a de seu entorno imediato.

Quanto mais forte for a definição da borda do plano horizontal, mais evidente será seu campo.

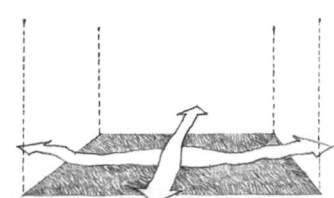

Embora haja um fluxo contínuo de espaço dentro dele, o campo também gera uma zona ou esfera espacial dentro de seus limites.

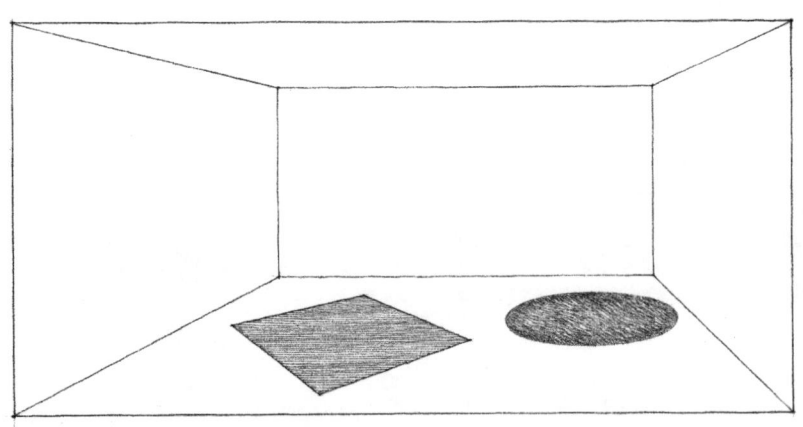

O tratamento diferenciado da superfície do plano-base ou plano do piso frequentemente é empregado na arquitetura para definir uma zona de espaço dentro de um contexto maior. Os exemplos da página seguinte ilustram como esse tipo de definição espacial pode ser utilizado para diferenciar entre uma área de circulação e os locais de estar, estabelecendo um campo a partir do qual a forma de uma edificação se eleva do solo ou articula uma zona funcional dentro de um único cômodo habitável.

O PLANO-BASE 131

Rua em Woodstock, Oxfordshire, Inglaterra

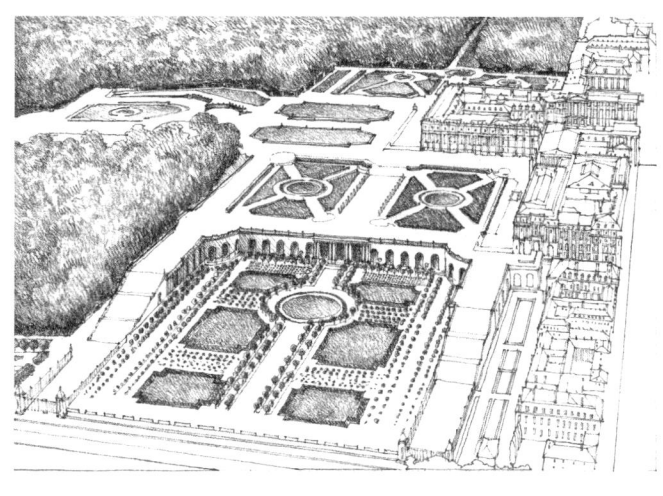

Parterre de Broderie ("Canteiros Bordados"), Palácio de Versalhes, França, século XVII, André Le Nôtre

Vila Imperial de Katsura, Quioto, Japão, século XVII

Interior da Casa de Vidro, New Canaã, Connecticut, 1949, Philip Johnson

132 O PLANO-BASE ELEVADO

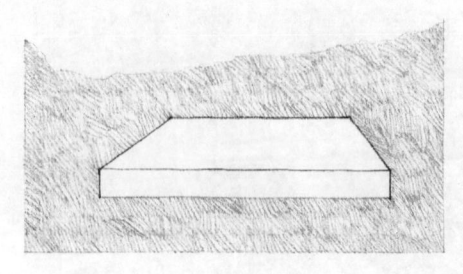

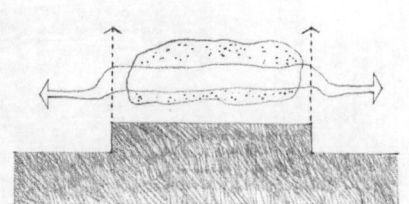

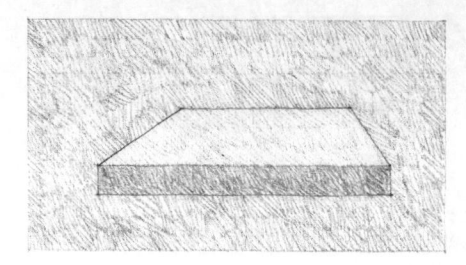

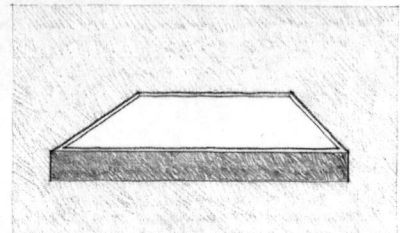

A elevação de parte do plano-base cria uma área específica dentro de um contexto espacial maior. As mudanças de nível que ocorrem ao longo de um plano-base elevado definem os limites de seu campo espacial e interrompem o fluxo do espaço através de sua superfície.

Se as características superficiais do plano-base continuarem para cima e através dele, o campo do plano-base elevado dará a forte impressão de ser simplesmente uma parte do espaço no qual está inserido. Se, no entanto, suas laterais tiverem a forma, cor ou textura diferenciada, o campo se tornará uma plataforma separada e distinta do entorno.

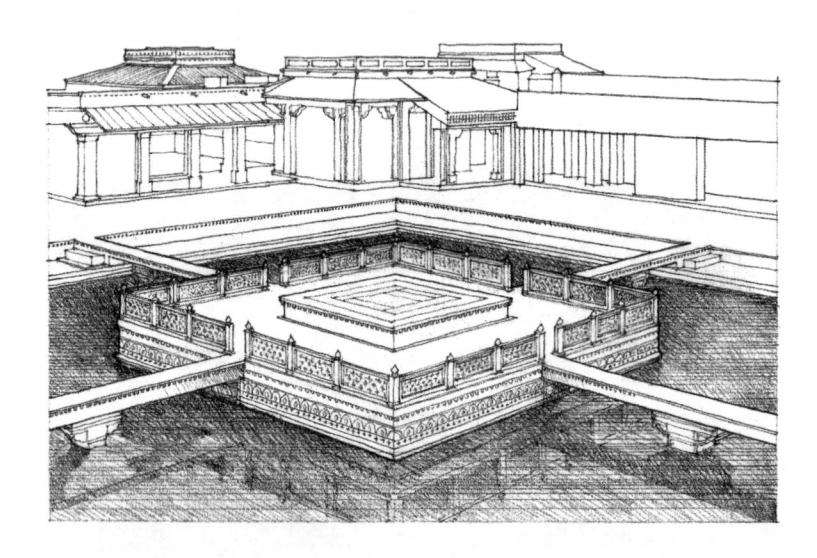

Diwan-i-Khas, Fatehpur Sikri, o Complexo do Palácio de Akbar, o Grande, Imperador Mogol da Índia, 1569–1574. Um lugar especial é criado por meio de uma plataforma inserida em um lago artificial, circundado pelos aposentos de estar e dormir do imperador.

O PLANO-BASE ELEVADO **133**

O grau no qual a continuidade espacial e visual é mantida entre um espaço elevado e seu entorno depende da escala da mudança de nível.

1. As laterais do campo são bem-definidas, e a continuidade espacial é mantida; o acesso físico é facilmente resolvido.

2. A continuidade visual é preservada, mas a continuidade espacial é interrompida; o acesso físico exige o uso de uma escada ou rampa.

3. As continuidades visual e espacial são preservadas; o campo do plano elevado é isolado do plano do solo ou do piso; o plano elevado é transformado em um elemento de abrigo para o espaço abaixo.

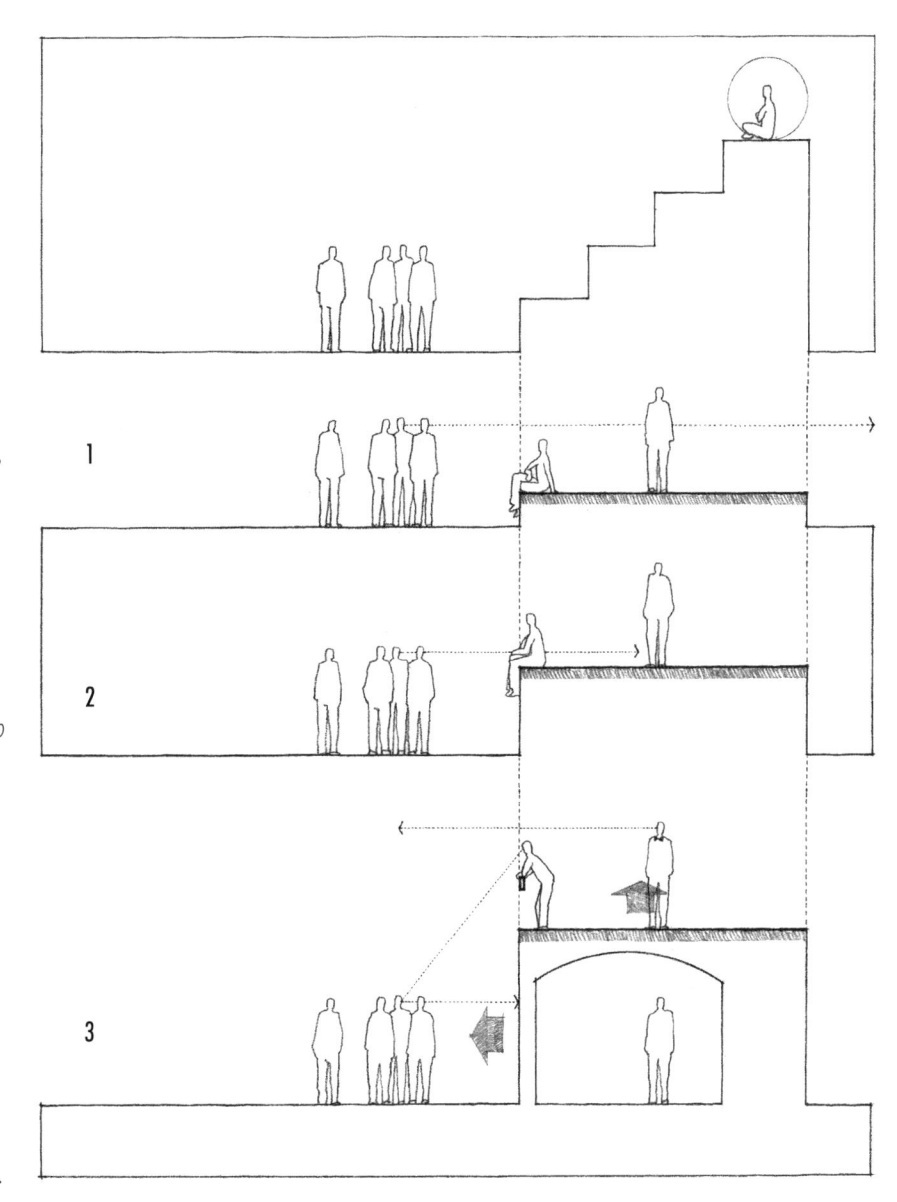

134   O PLANO-BASE ELEVADO

A Acrópole, a cidadela de Atenas, Grécia, século V a.C.

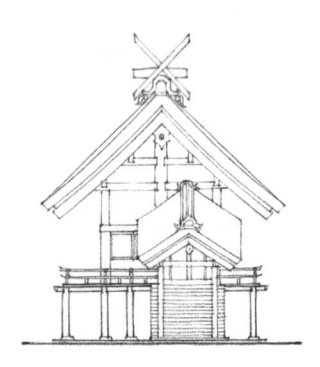

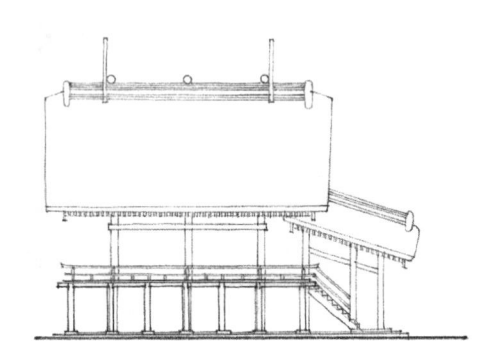

Santuário de Izumo, Prefeitura de Shimane, Japão, 717 d.C. (reconstruído pela última vez em 1744)

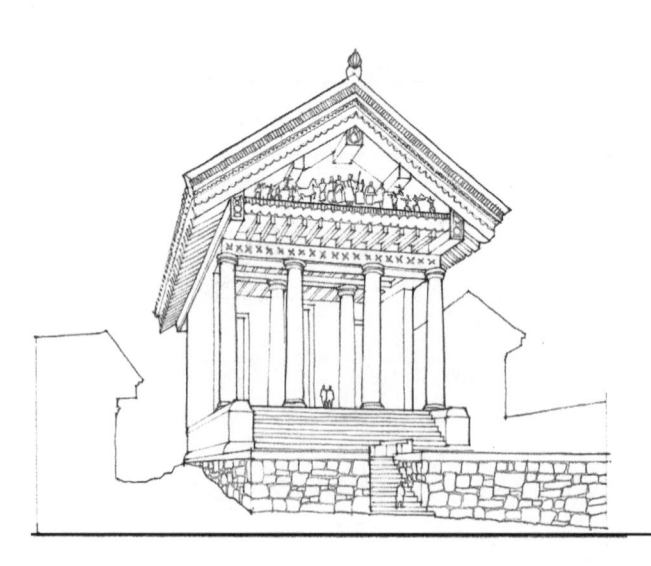

Templo de Júpiter Capitolino, Roma, 509 a.C.

O PLANO-BASE ELEVADO   135

A elevação de uma parte do plano-base cria uma plataforma ou pódio que sustenta estrutural e visualmente a forma e massa de uma edificação. O plano-base elevado talvez já exista no terreno ou ele pode ser construído artificialmente a fim de erguer propositalmente uma edificação em relação ao seu contexto imediato ou para realçar sua imagem na paisagem. Os exemplos destas duas páginas ilustram como tais técnicas têm sido utilizadas ao longo da história para valorizar lugares sagrados e honoríficos.

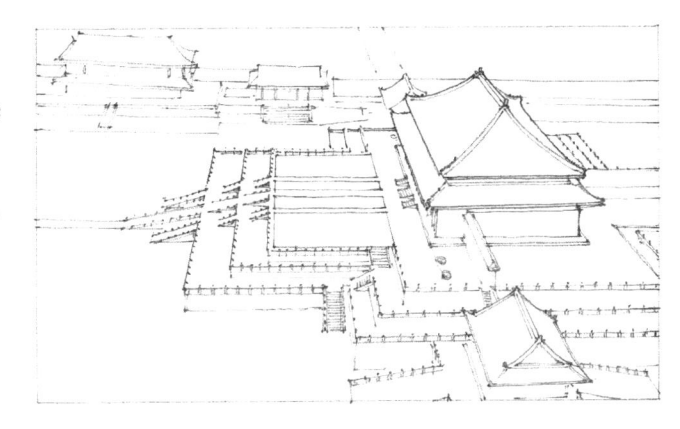

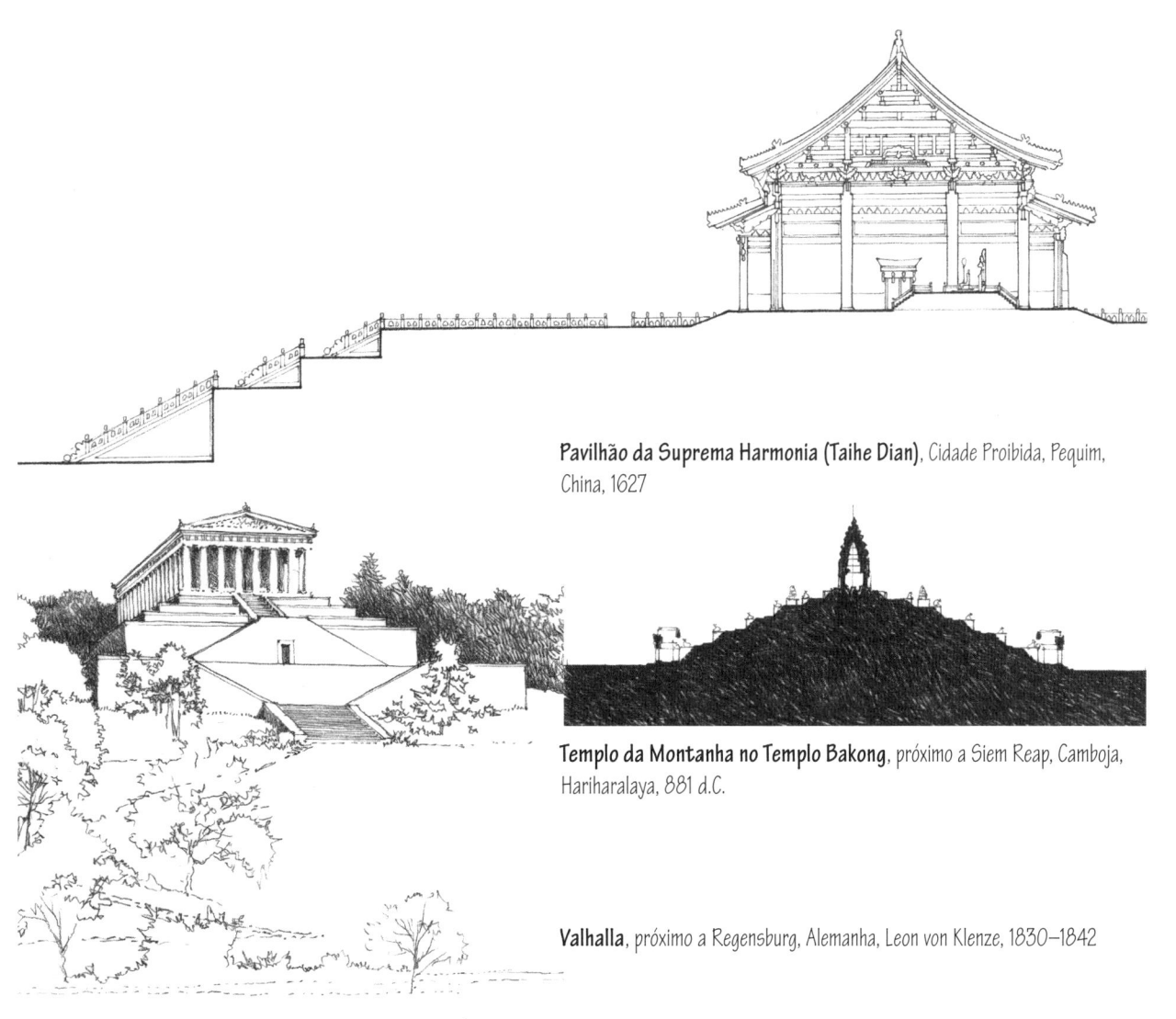

Pavilhão da Suprema Harmonia (Taihe Dian), Cidade Proibida, Pequim, China, 1627

Templo da Montanha no Templo Bakong, próximo a Siem Reap, Camboja, Hariharalaya, 881 d.C.

Valhalla, próximo a Regensburg, Alemanha, Leon von Klenze, 1830–1842

136 O PLANO-BASE ELEVADO

Pátio Privativo do **Palácio Imperial, Cidade Proibida**, Pequim, China, século XV

Um plano elevado pode definir um espaço de transição entre o interior de uma edificação e o ambiente externo. Combinado com um plano de cobertura, esse plano configura a esfera semiprivada de uma galeria ou varanda.

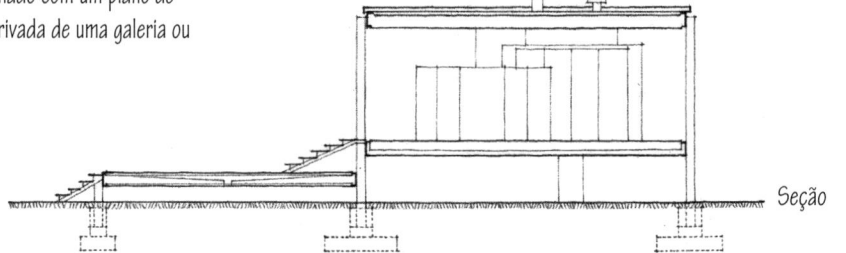

Seção

Corte da Casa Farnsworth, Plano, Illinois, Estados Unidos, 1950, Mies van der Rohe. A Casa Farnsworth foi construída para se elevar em relação à planície aluvial do rio Fox. Esse plano de piso elevado, junto com o plano de cobertura, define um volume de espaço que plaina delicadamente acima da superfície do terreno.

O PLANO-BASE ELEVADO   137

Altar-Mor da Capela do **Monastério Cisterciense de La Tourette**, próximo a Lyons, França, 1956–1959, Le Corbusier

Uma parte do plano do piso pode ser elevada, a fim de estabelecer uma zona espacial singular dentro de um cômodo ou salão. Esse espaço elevado pode servir como uma área de refúgio das atividades que ocorrem ao seu redor ou ser uma plataforma para observação do entorno. Dentro de uma edificação religiosa, ele pode demarcar um lugar sagrado, santo ou consagrado.

Pré-Escola do Harlem Leste, Cidade de Nova York, Estados Unidos, 1970, Hammel, Green and Abrahamson

O PLANO-BASE REBAIXADO

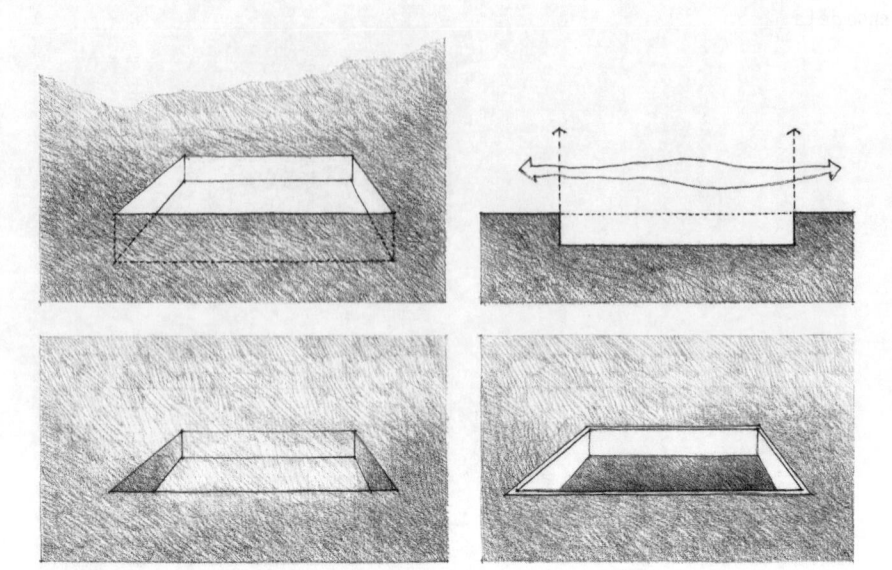

O rebaixamento de parte do plano-base isola uma área de seu contexto. As superfícies verticais da depressão estabelecem os limites da área. Esses limites não são sugeridos – como é o caso do plano-base elevado – mas seus planos laterais visíveis começam a formar as paredes do espaço.

O campo espacial pode ser ainda mais bem definido se o tratamento de suas superfícies contrastar com o da área rebaixada e o do plano-base do entorno.

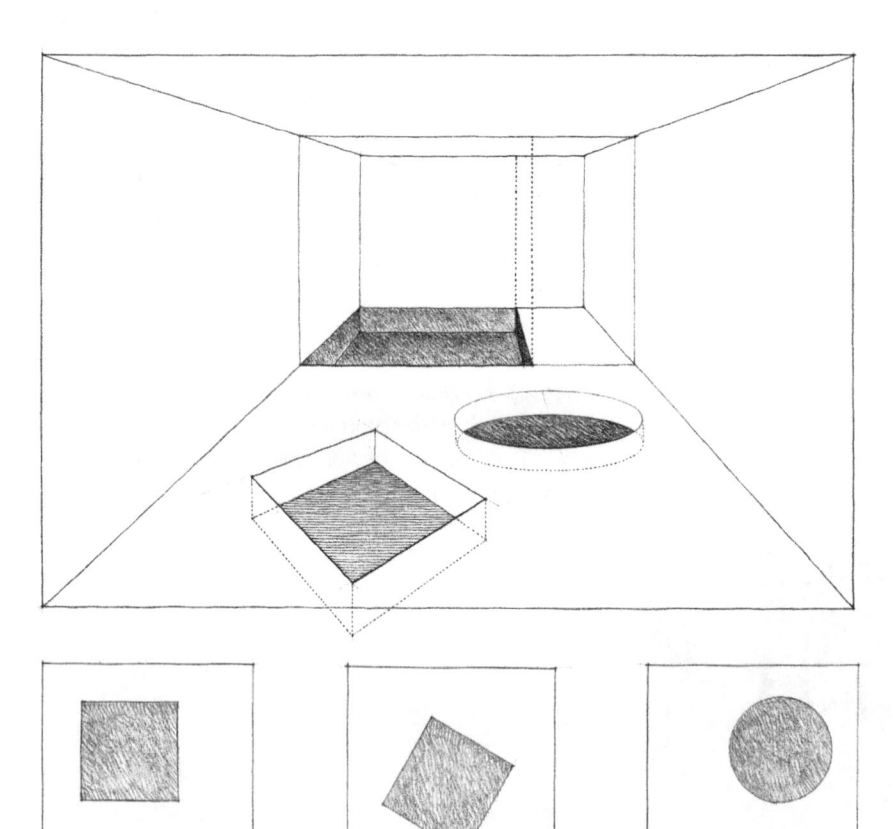

Um contraste na forma, geometria ou orientação também pode reforçar visualmente a identidade e independência do campo rebaixado em relação a seu contexto espacial.

O PLANO-BASE REBAIXADO   139

O grau de continuidade espacial entre uma área rebaixada e a área elevada que a circunda depende da escala da mudança de nível.

- A área rebaixada pode ser uma interrupção do plano do solo ou do piso e permanecer como parte integral do espaço circundante.
- O aumento da profundidade da área rebaixada enfraquece sua relação visual com o entorno e reforça sua definição como um volume de espaço distinto.
- Quando o plano-base original passa para cima do nível de nossos olhos, a área rebaixada se torna um cômodo separado e distinto por si só.

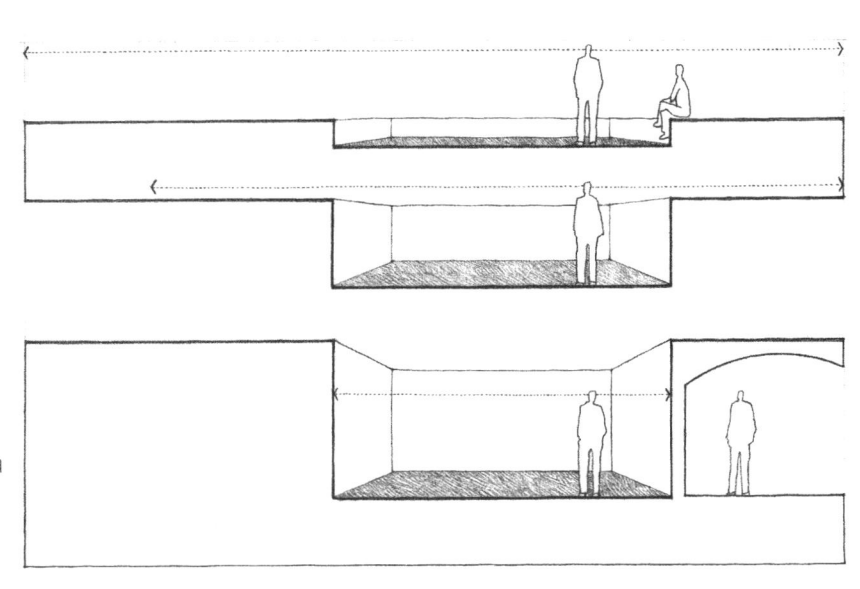

A criação de uma área com degraus, terraços ou rampas para a transição de um nível ao outro ajuda a promover a continuidade entre o espaço rebaixado e a área que se eleva em relação a ele.

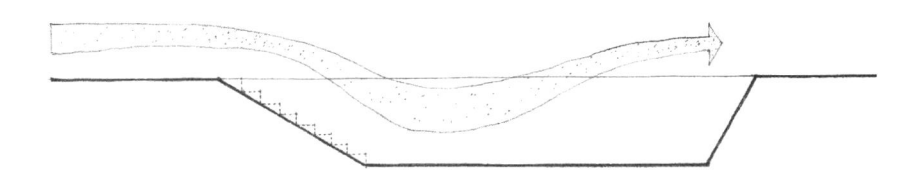

Igrejas escavadas na rocha, Lalibela, Etiópia, século XIII

Enquanto o ato de subir a um espaço elevado pode expressar a natureza extrovertida ou a importância de tal área, passar para um espaço rebaixado em relação a seu entorno pode sugerir sua natureza introvertida ou seu caráter de abrigo e proteção.

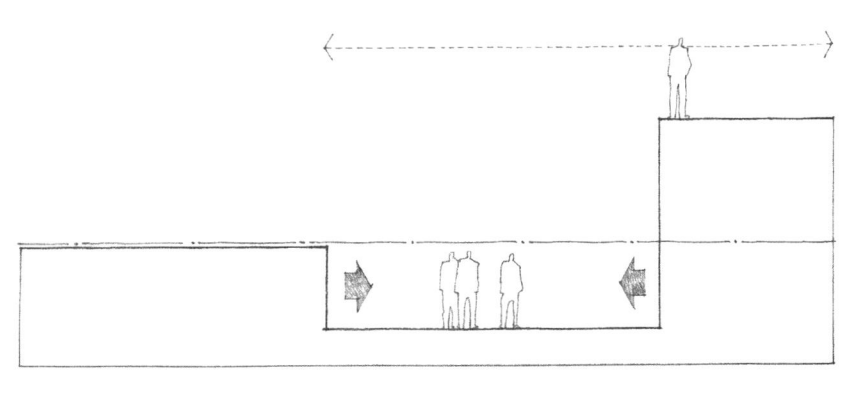

140 O PLANO-BASE REBAIXADO

Teatro de Epidauro, Grécia, c. 350 a.C., Policleto

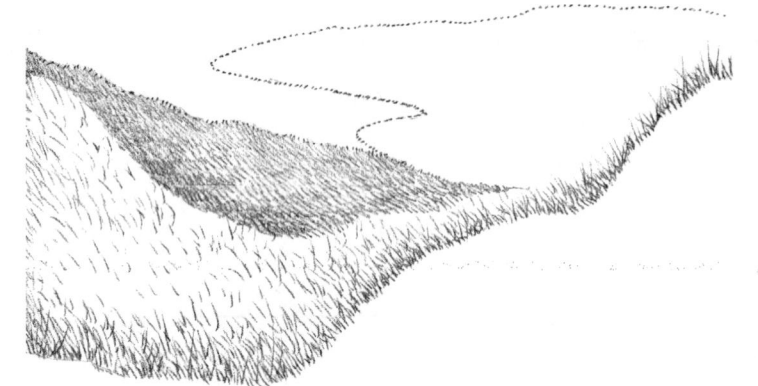

As depressões na topografia de um terreno podem servir como palcos para arenas e teatros ao ar livre. A mudança de nível natural beneficia tanto as linhas de visão quanto a acústica desses espaços.

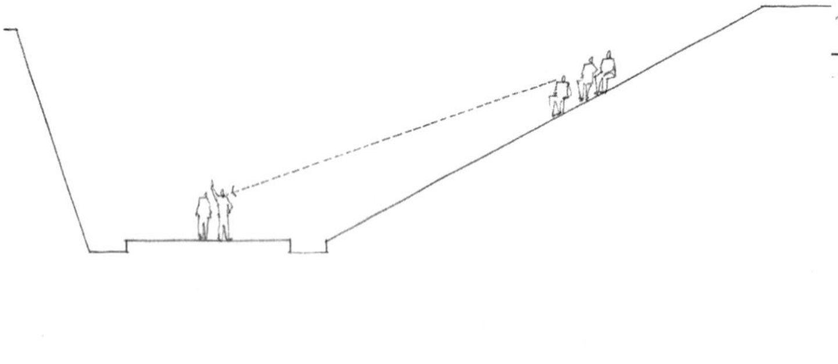

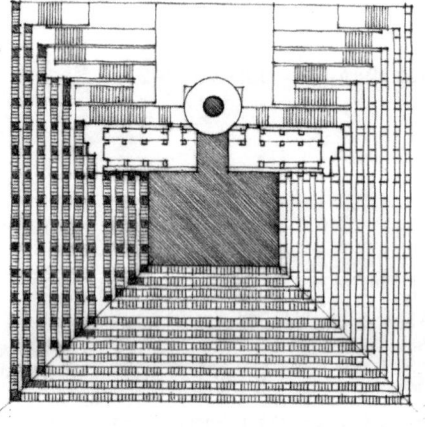

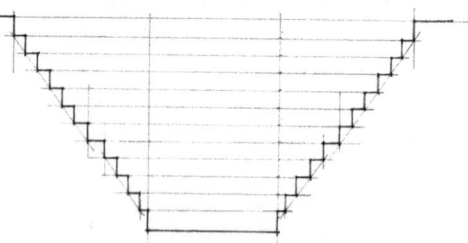

Poço escalonado (bawdi) de Abaneri, próximo a Agra, Índia, século IX

O PLANO-BASE REBAIXADO 141

Vilarejo subterrâneo próximo a Loyang, China

Praça Rebaixada, **Centro Rockfeller**, Cidade de Nova York, Estados Unidos, 1930, Wallace K. Harrison e Max Abramovitz. A praça rebaixada do Centro Rockfeller, um café ao ar livre durante o verão e uma pista de patinação no inverno, pode ser observada da praça acima, e também há lojas que se abrem para ela no nível inferior.

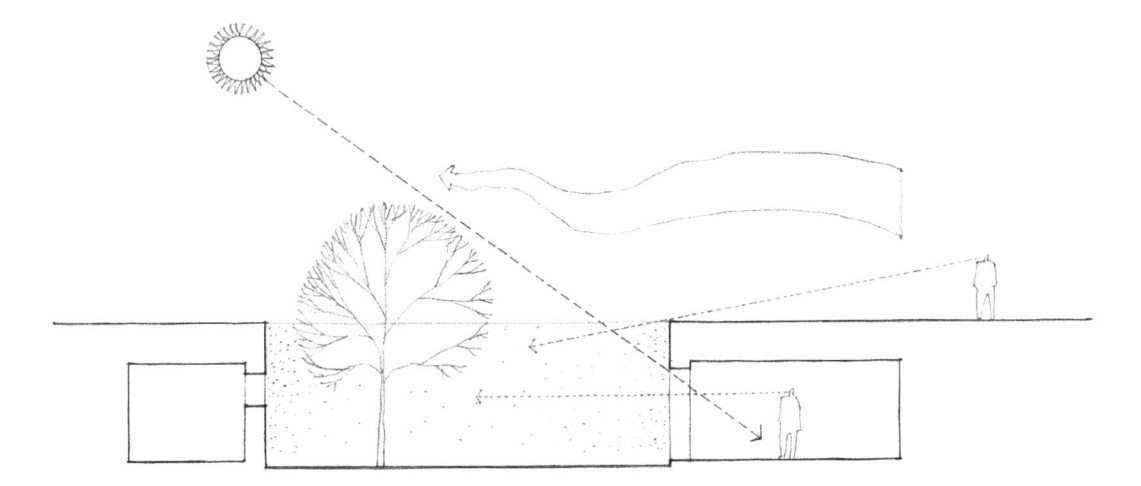

O plano do solo pode ser rebaixado para configurar espaços externos protegidos vinculados a edificações subterrâneas. Um pátio interno rebaixado, além de estar protegido dos ventos e ruídos do nível do solo pela massa que o circunda, se mantém como uma fonte de ar, luz e vistas para os espaços subterrâneos que se abrem para ele.

142 O PLANO-BASE REBAIXADO

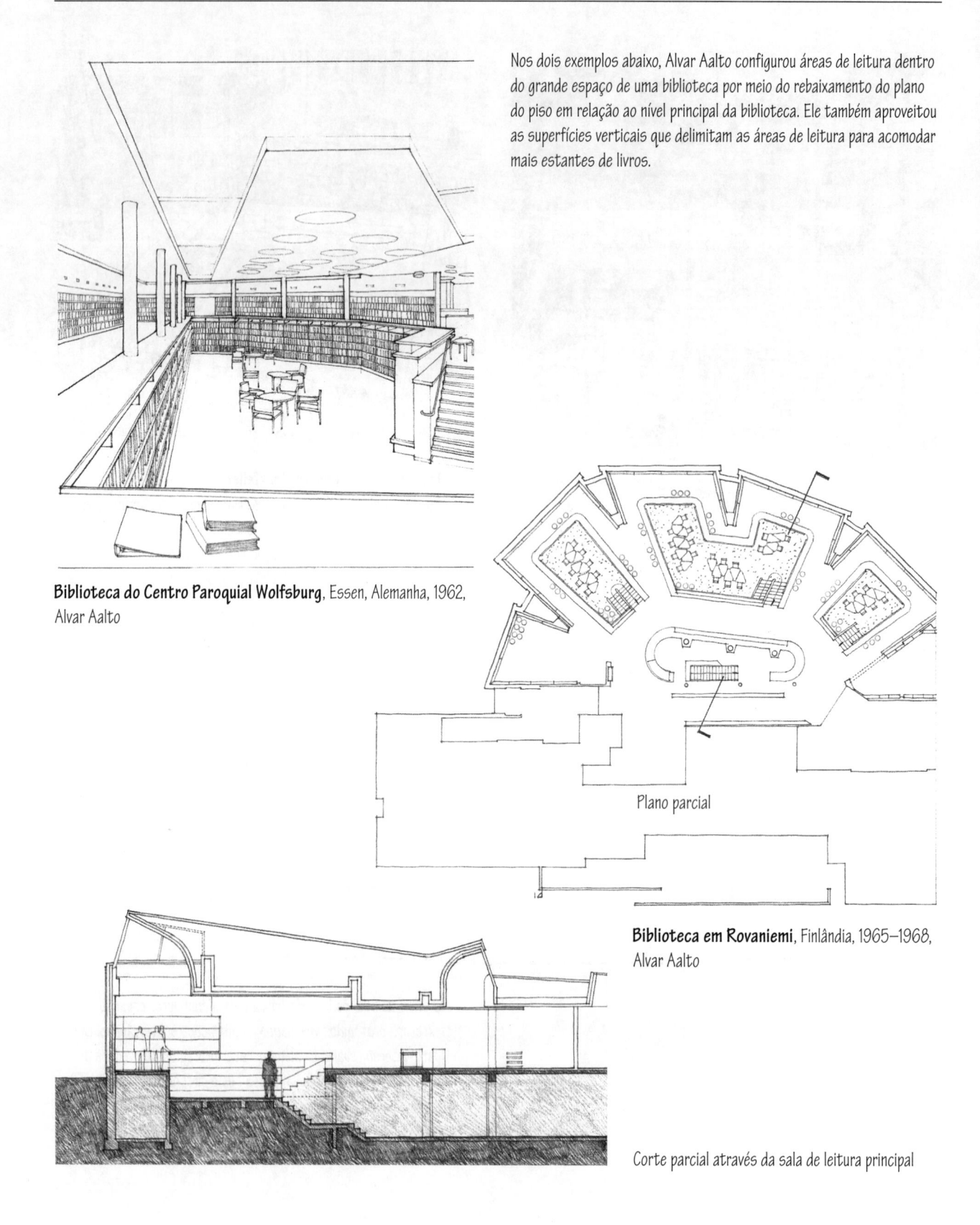

Nos dois exemplos abaixo, Alvar Aalto configurou áreas de leitura dentro do grande espaço de uma biblioteca por meio do rebaixamento do plano do piso em relação ao nível principal da biblioteca. Ele também aproveitou as superfícies verticais que delimitam as áreas de leitura para acomodar mais estantes de livros.

Biblioteca do Centro Paroquial Wolfsburg, Essen, Alemanha, 1962, Alvar Aalto

Plano parcial

Biblioteca em Rovaniemi, Finlândia, 1965–1968, Alvar Aalto

Corte parcial através da sala de leitura principal

O PLANO-BASE REBAIXADO 143

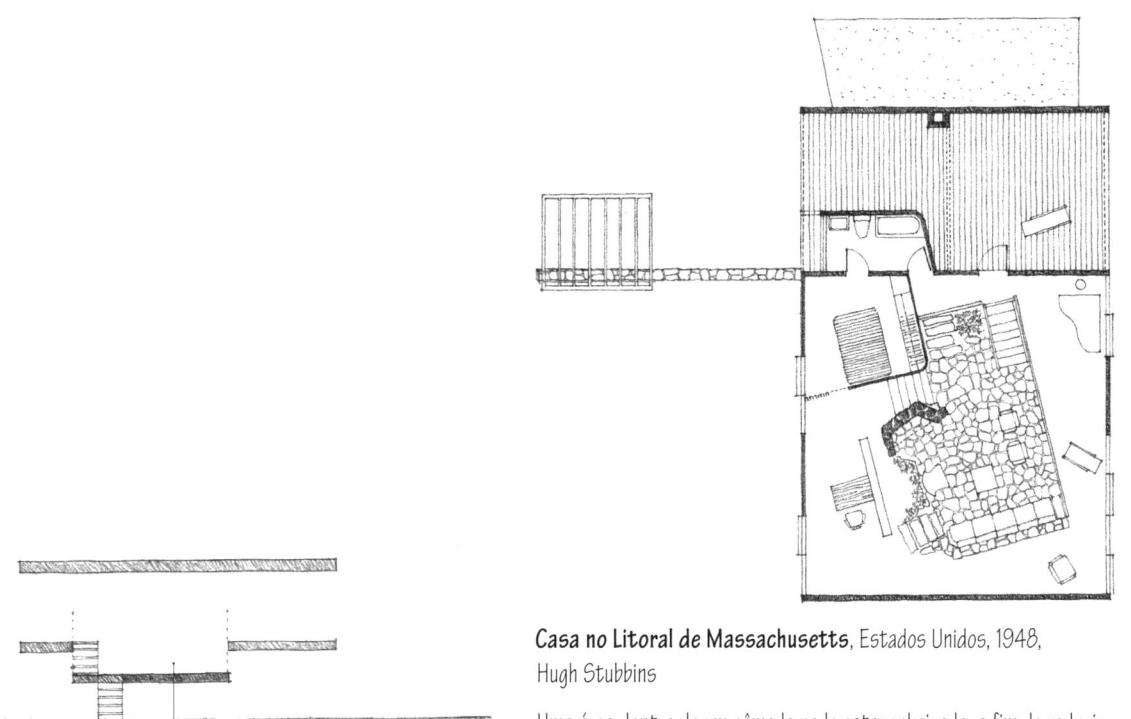

Casa no Litoral de Massachusetts, Estados Unidos, 1948, Hugh Stubbins

Uma área dentro de um cômodo pode estar rebaixada, a fim de reduzir a escala deste e definir um espaço mais íntimo. Uma área rebaixada também pode servir de espaço de transição entre dois pavimentos de uma edificação.

Vista da área de estar rebaixada

O PLANO DE COBERTURA

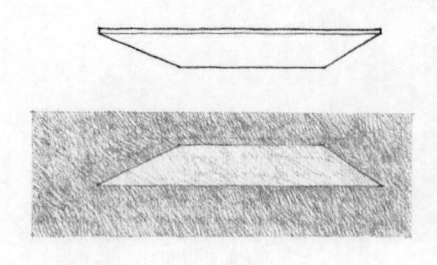

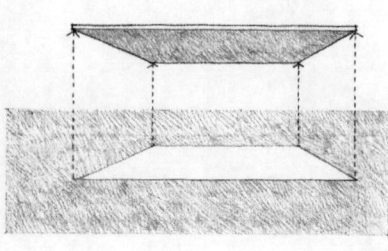

Do mesmo modo como uma árvore frondosa cria uma ideia de proteção sob sua copa, o plano de cobertura define um espaço entre ele e o plano-base. Assim como as arestas do plano de cobertura estabelecem os limites desse espaço, seu formato, tamanho e altura em relação ao plano-base determinam as características formais deste espaço.

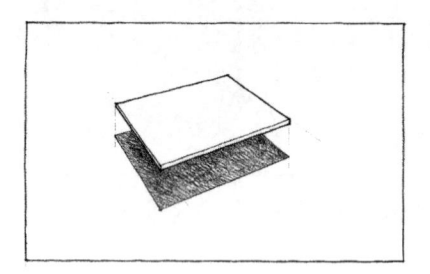

Enquanto as manipulações anteriores do plano-base (o plano do solo ou do piso) definiam espaços cujos limites superiores foram estabelecidos pelo contexto, um plano de cobertura tem a capacidade de configurar um volume de espaço por si só.

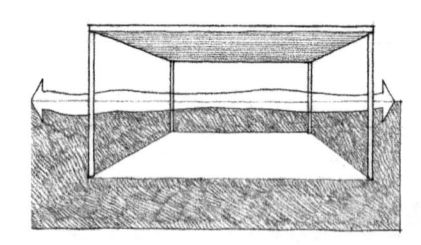

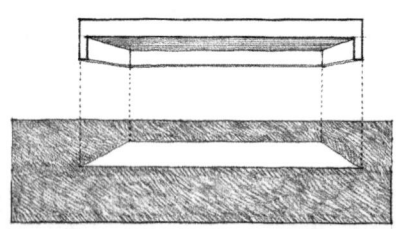

Se usarmos elementos lineares, como pilares ou colunas, para sustentar o plano de cobertura, eles ajudarão a estabelecer visualmente os limites do espaço definido, sem interferir no fluxo do espaço através do campo definido.

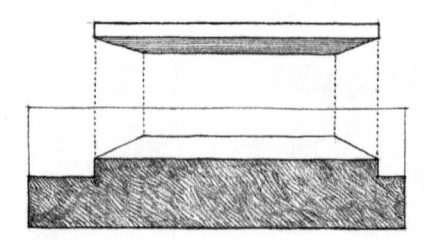

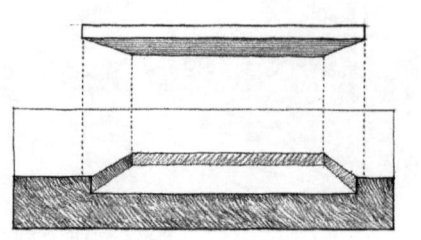

Da mesma forma, se as arestas do plano de cobertura forem viradas para baixo (veja acima) ou se o plano-base for articulado por meio de uma mudança de nível (elevado ou rebaixado), os limites do volume de espaço definido serão visualmente reforçados.

O PLANO DE COBERTURA 145

Transporte da cobertura de uma casa em Guiné

O principal elemento no alto de uma edificação é seu plano de cobertura. Além de proteger os espaços internos do sol, da chuva e da neve, ele tem grande impacto na forma geral da edificação e na configuração de seus espaços. A forma do plano de cobertura, por sua vez, é determinada pelo material, pela geometria e pelas proporções de seu sistema estrutural, bem como pela maneira como as cargas são transferidas pelos espaços aos apoios e ao solo.

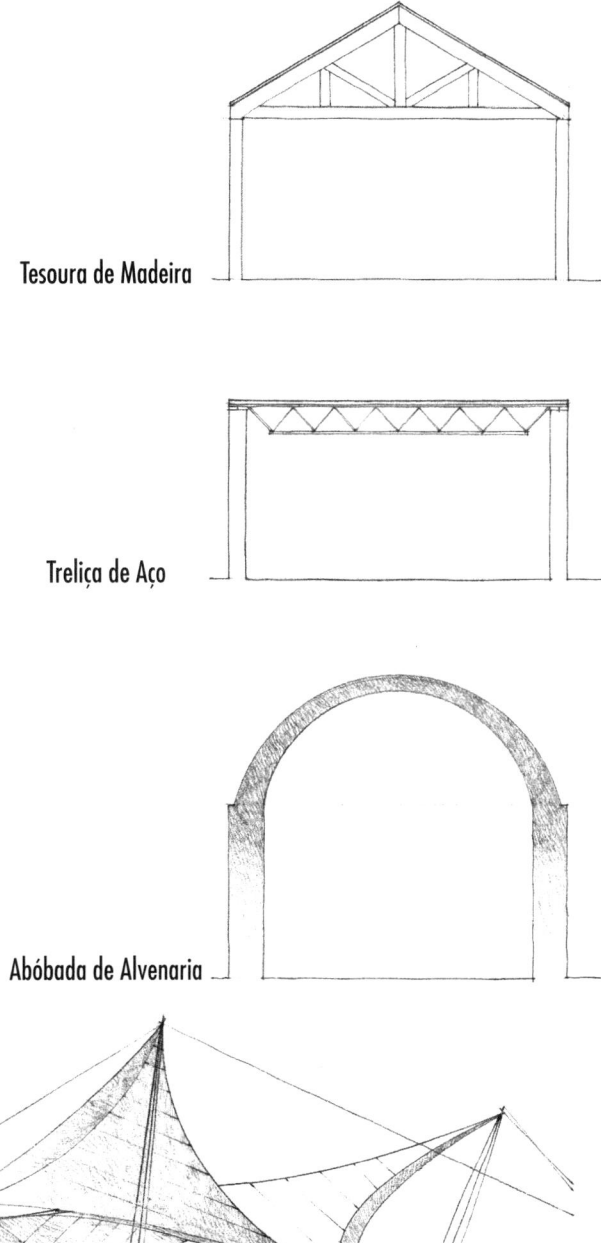

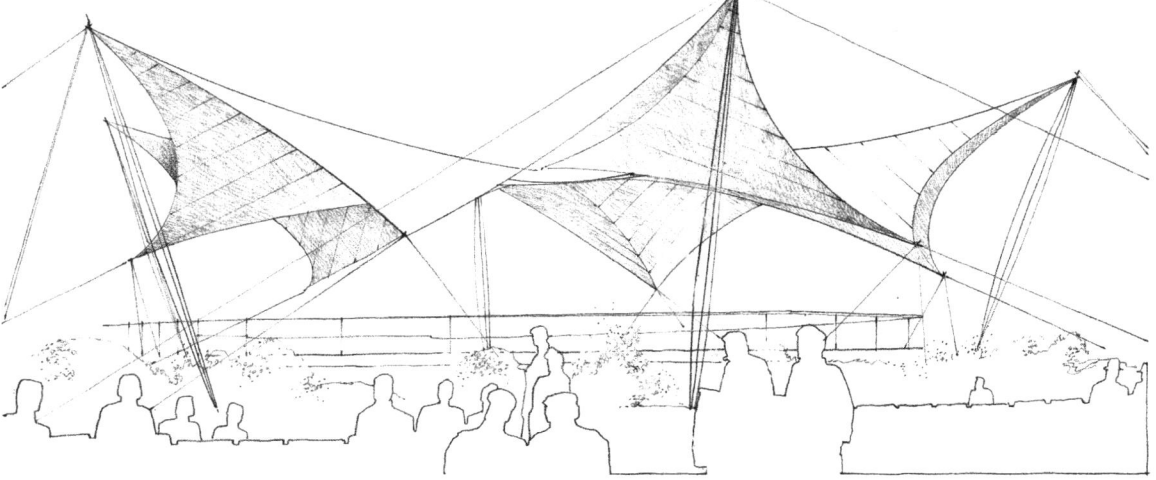

Tesoura de Madeira

Treliça de Aço

Abóbada de Alvenaria

Estrutura Tensionada, **Mostra Nacional de Jardinagem**, Colônia, Alemanha, 1957, Frei Otto e Peter Stromeyer

146 O PLANO DE COBERTURA

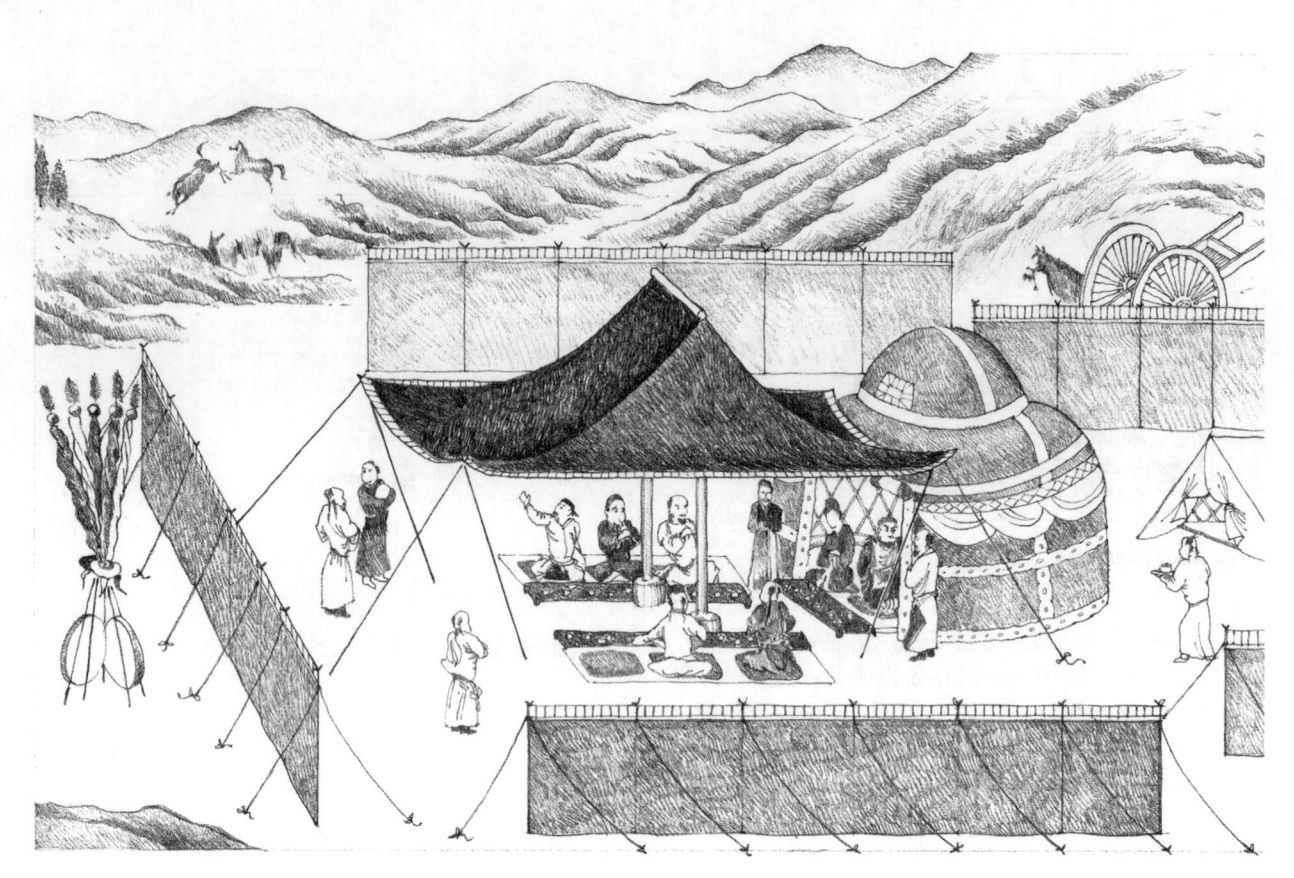

Pintura chinesa ilustrando o uso de uma edificação em forma de tenda para configurar um lugar de repouso à sombra dentro de um acampamento. Da pintura em pergaminho *Dezoito Canções de uma Flauta Nômade: A História de Lady Wenji* (início do século XV, artista não identificada).

Clube de Campo Totsuka, Yokohama, Japão, Kenzo Tange, 1960–1961

O PLANO DE COBERTURA   147

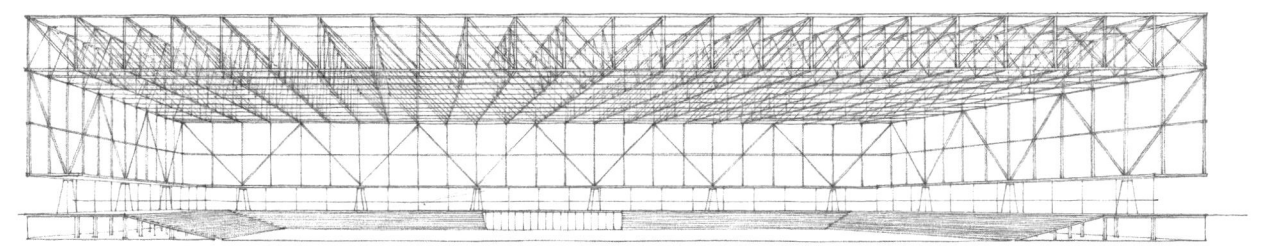

Centro de Convenções para Chicago, Projeto Não Executado, Estados Unidos, 1953, Mies van der Rohe

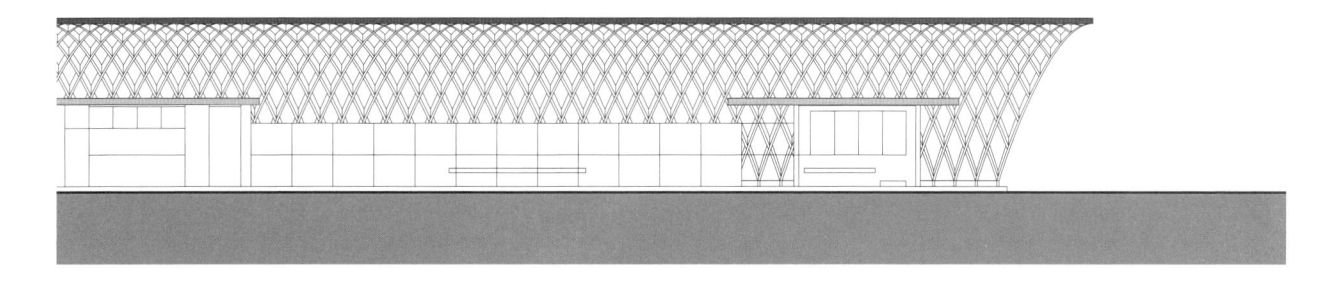

Abrigo de Animais do Condado de Hale, Greensboro, Alabama, 2008, Estúdio Rural, Universidade de Auburn

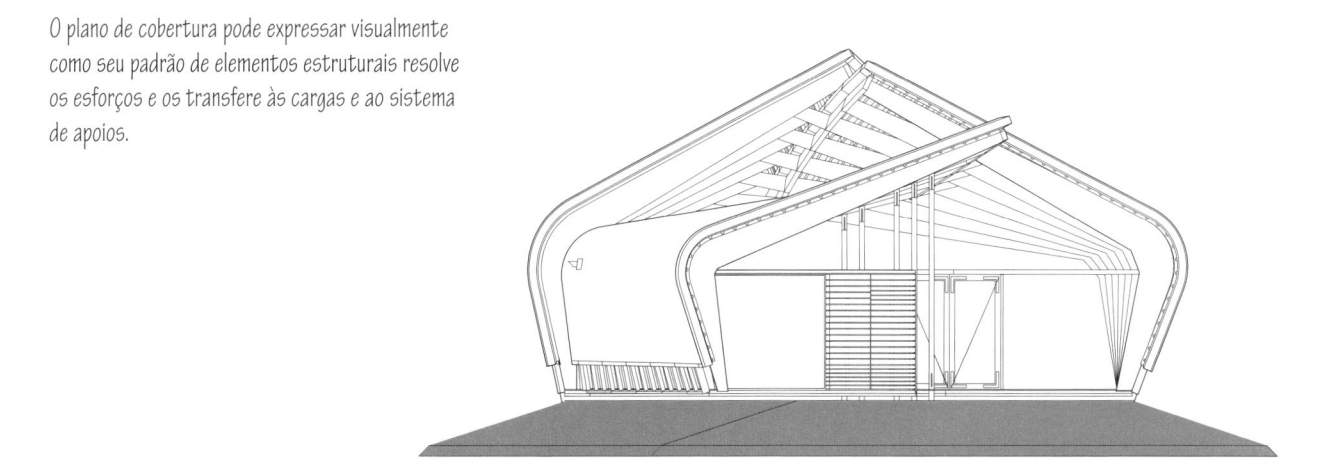

O plano de cobertura pode expressar visualmente como seu padrão de elementos estruturais resolve os esforços e os transfere às cargas e ao sistema de apoios.

Pavilhão de Arte da Imaginação, Zeewolde, Países Baixos, 2000, René van Zuuk

O PLANO DE COBERTURA

O plano de cobertura pode ser o principal elemento definidor de um espaço e organizar visualmente uma série de formas e espaços protegidos por ele.

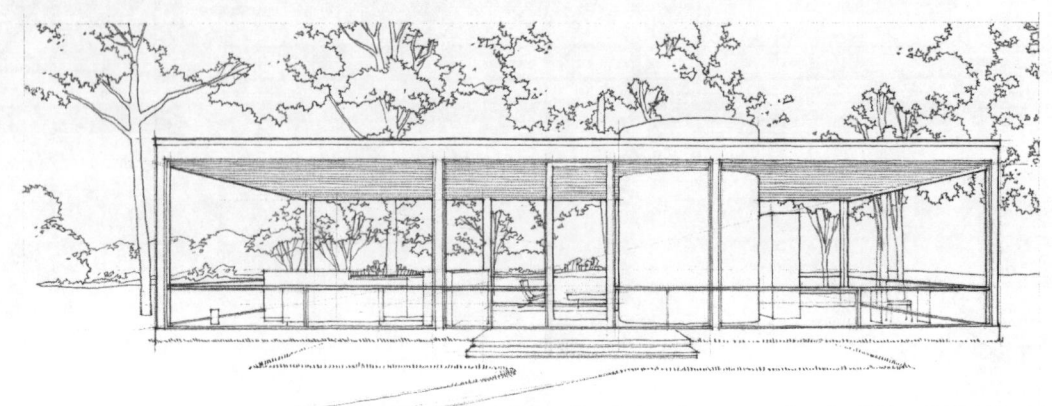

Casa de Vidro, New Canaan, Connecticut, Estados Unidos, 1949, Philip Johnson

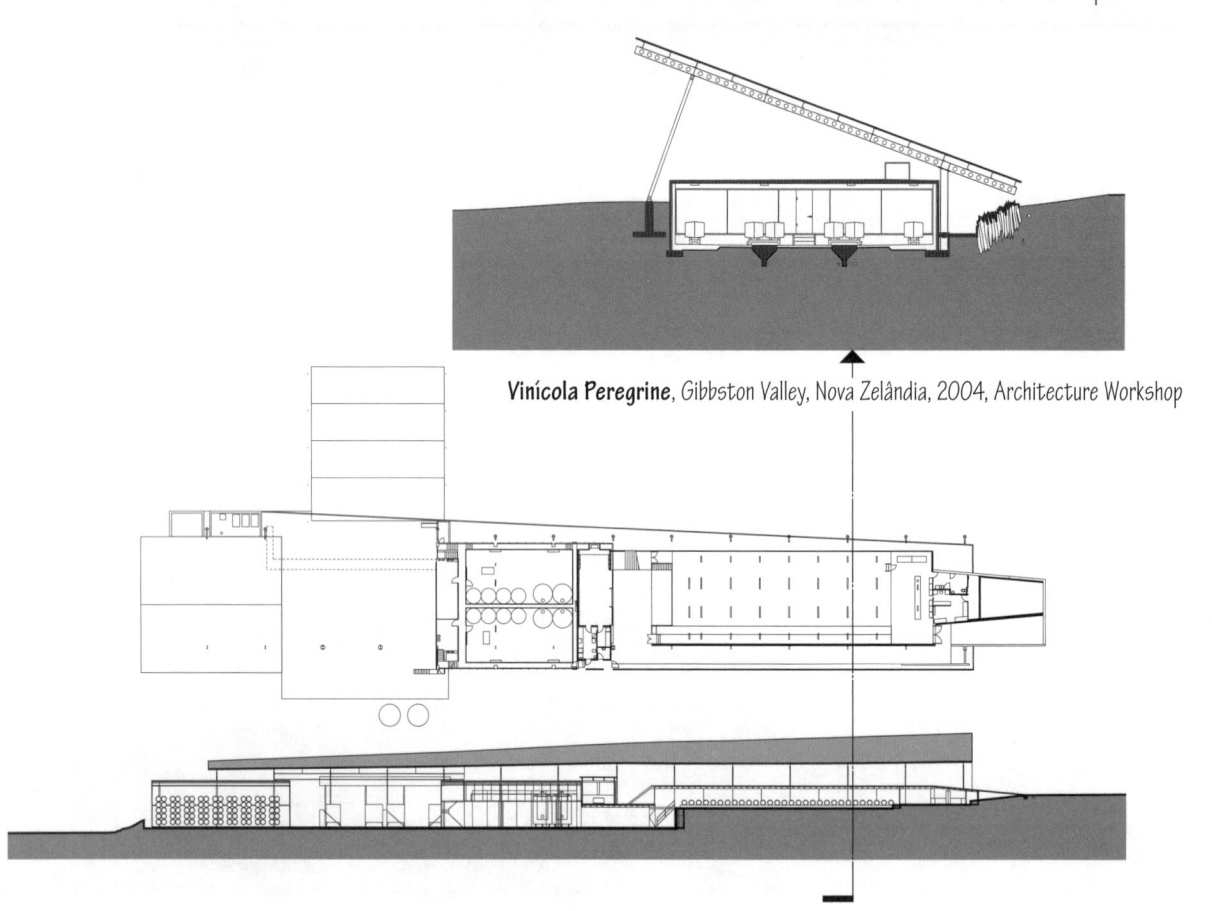

Vinícola Peregrine, Gibbston Valley, Nova Zelândia, 2004, Architecture Workshop

O PLANO DE COBERTURA **149**

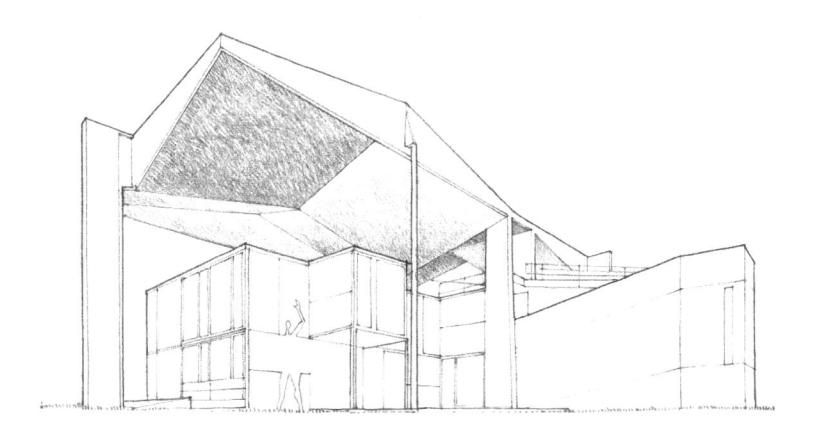

Centro Le Corbusier, Zurique, Suíça, 1963–1967, Le Corbusier

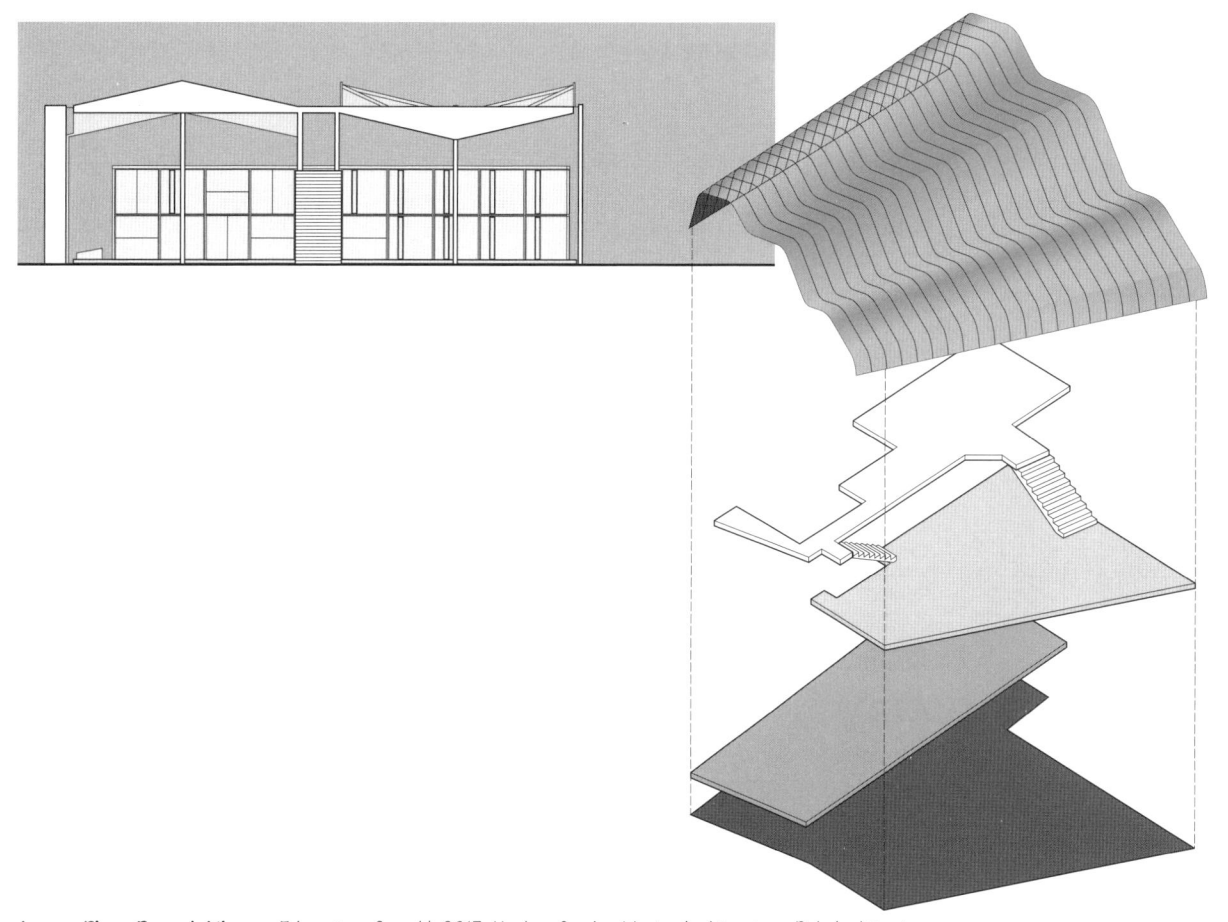

Jasper Place Branch Library, Edmonton, Canadá, 2013, Hughes Condon Marier Architects + Dub Architects

O PLANO DE COBERTURA

Embora o plano de cobertura sirva para definir e proteger os espaços internos de uma edificação, ele também pode ser projetado e construído para servir como um novo plano de solo.

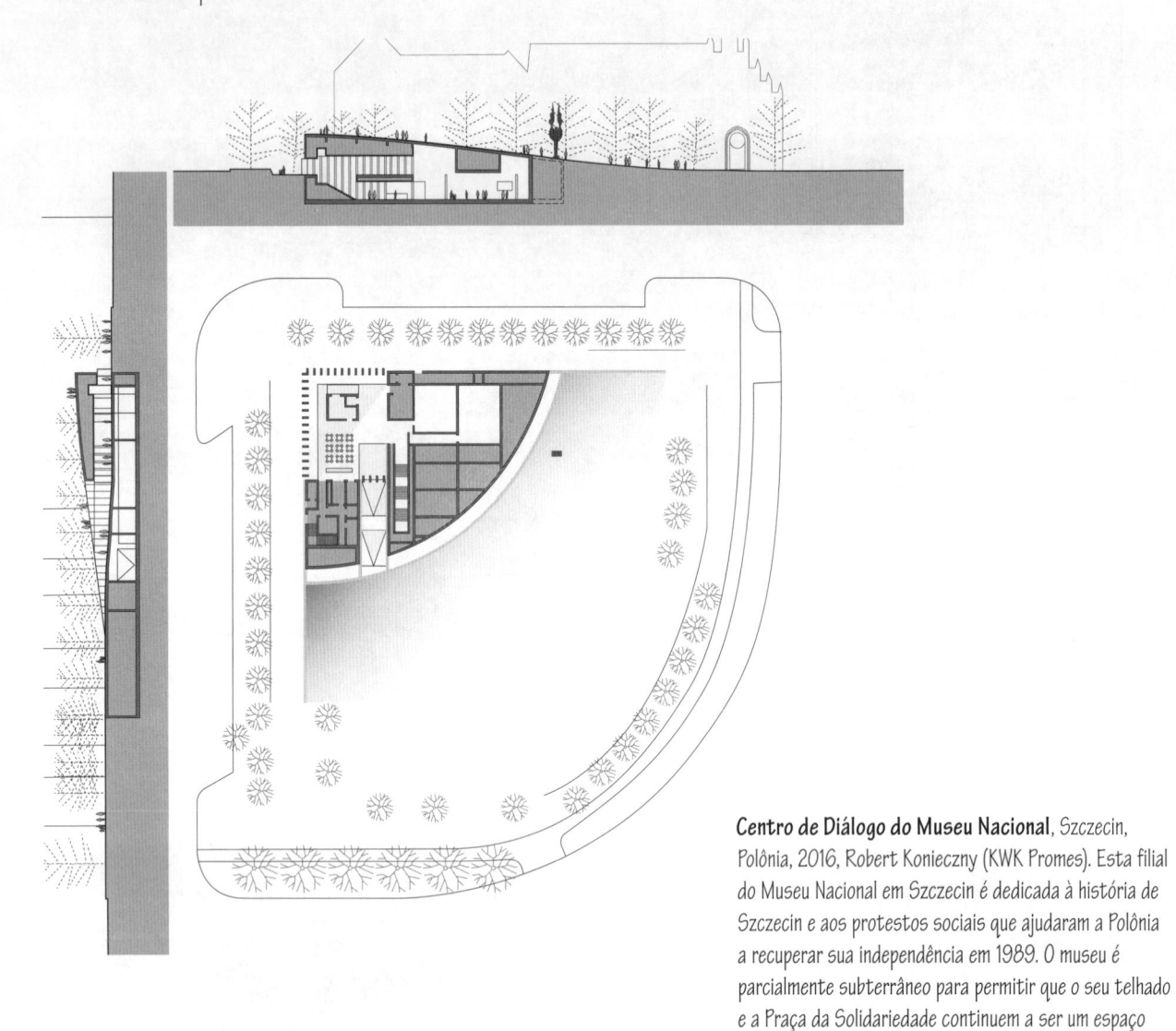

Centro de Diálogo do Museu Nacional, Szczecin, Polônia, 2016, Robert Konieczny (KWK Promes). Esta filial do Museu Nacional em Szczecin é dedicada à história de Szczecin e aos protestos sociais que ajudaram a Polônia a recuperar sua independência em 1989. O museu é parcialmente subterrâneo para permitir que o seu telhado e a Praça da Solidariedade continuem a ser um espaço aberto da cidade.

O PLANO DE COBERTURA 151

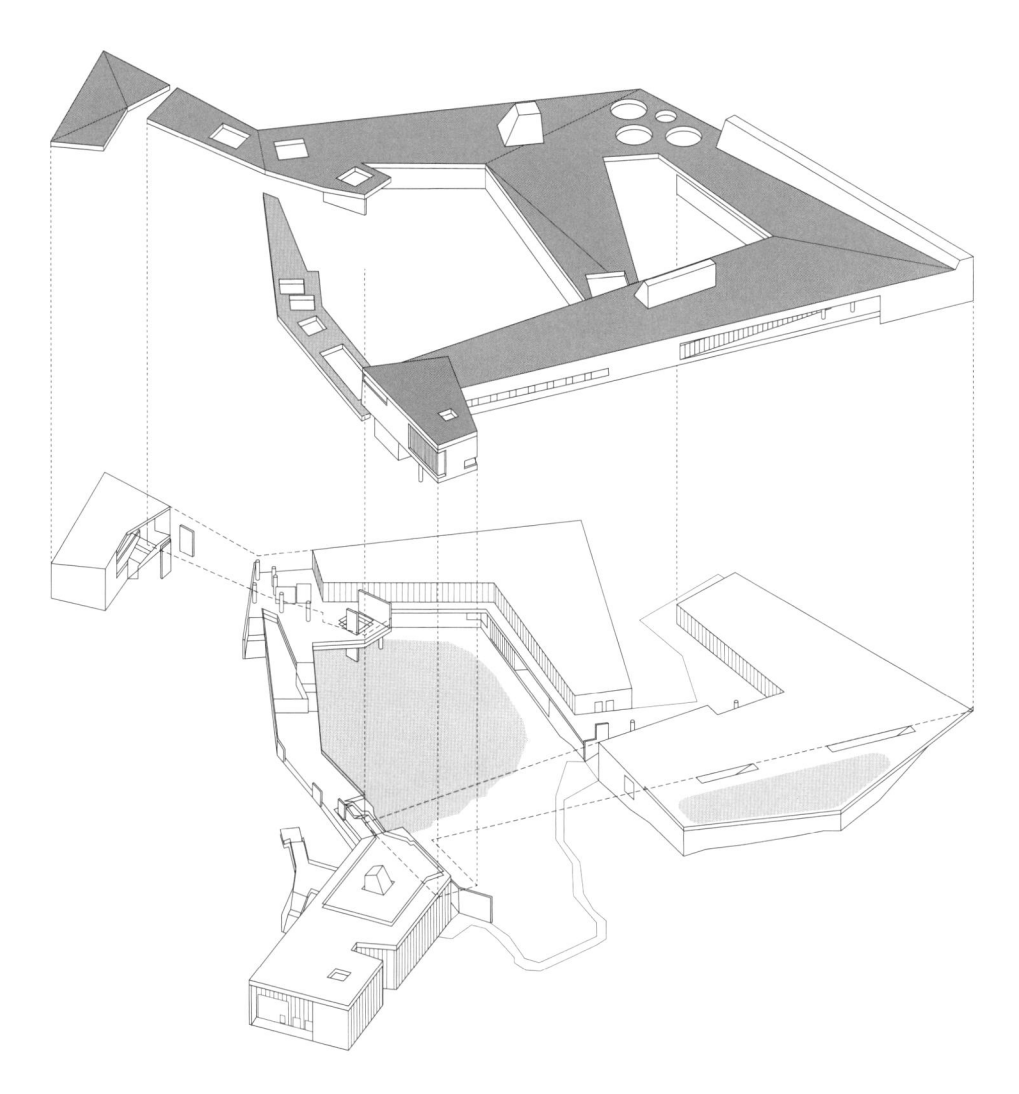

Centro Comunitário Chongqing Taoyuanju, Chongqing, China. 2015, Vector Architects. Uma cobertura verde liga os três blocos do centro comunitário ao sítio, que se localiza nas montanhas do Parque Taoyuan.

Os vários benefícios das coberturas verdes ou com vegetação incluem:

- Redução do efeito de ilha de calor urbano ao cobrir as superfícies da cobertura com vegetação que absorve menos calor.
- Controle do escoamento e retenção de águas pluviais.
- Aumento do isolamento térmico do plano do telhado.
- Garantia de acesso a espaços verdes urbanos.
- Incorporação da agricultura urbana de ervas e hortaliças.
- Fornecimento de um refúgio para insetos e aves que perderam seu hábitat natural pelo desenvolvimento urbano.

152 O PLANO DE COBERTURA

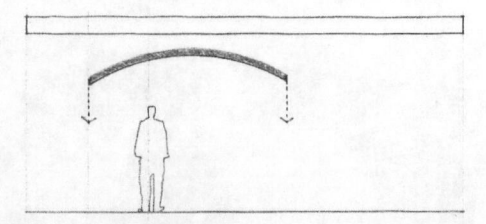

O plano do teto de um espaço interno pode refletir a forma do sistema estrutural que sustenta o piso acima ou o plano de cobertura. Quando não está resistindo às forças climáticas ou transferindo grandes cargas, este plano pode estar destacado do plano de cobertura ou do piso acima e se tornar um elemento visualmente ativo no espaço.

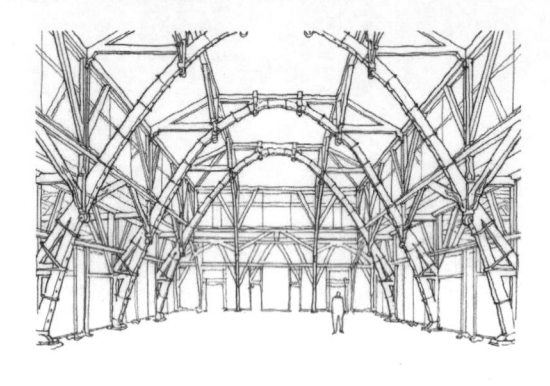

Instituto Bandung de Tecnologia, Bandung, Indonésia, 1920, Henri Maclaine Pont

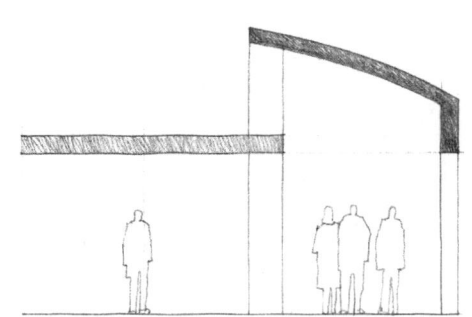

Assim como no caso do plano-base, o plano do teto pode ser manipulado de modo a definir e destacar zonas de espaço dentro de um cômodo. Ele pode ser rebaixado ou elevado, a fim de alterar a escala de um espaço, definir um percurso através do cômodo ou permitir que a luz natural incida no ambiente interno, vindo de cima.

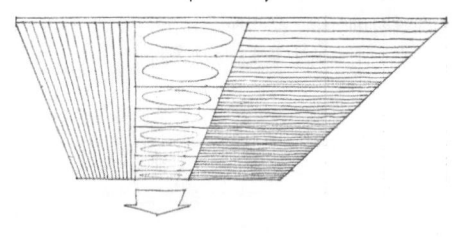

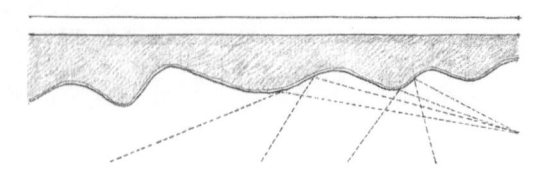

A forma, a cor, a textura e o padrão do plano de teto também podem ser manipulados tanto para melhorar a qualidade da iluminação ou o desempenho acústico dentro de um espaço quanto para conferir direcionalidade ou orientação a este.

Capelas Laterais do Monastério Cisterciense de La Tourette, próximo a Lyons, França, 1956–1959, Le Corbusier

As áreas negativas ou os vãos bem-definidos em um plano superior, como as claraboias, podem ser vistos como formas positivas que estabelecem a presença de campos espaciais abaixo de suas aberturas.

Interior da Igreja, **Centro Paroquial Wolfsburg**, Essen, Alemanha, 1960–1962, Alvar Aalto

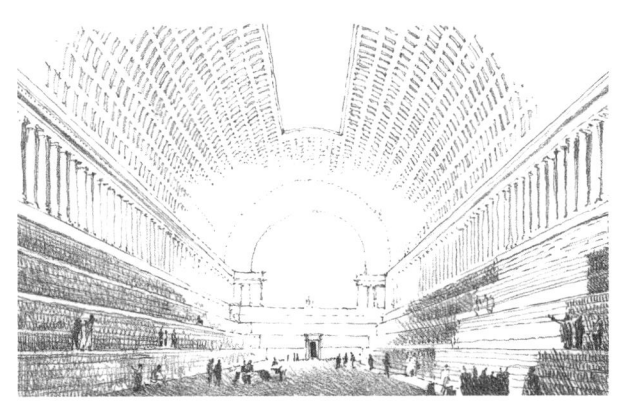

Biblioteca Nacional da França, Projeto Não Executado, 1788, Étienne-Louis Boullée

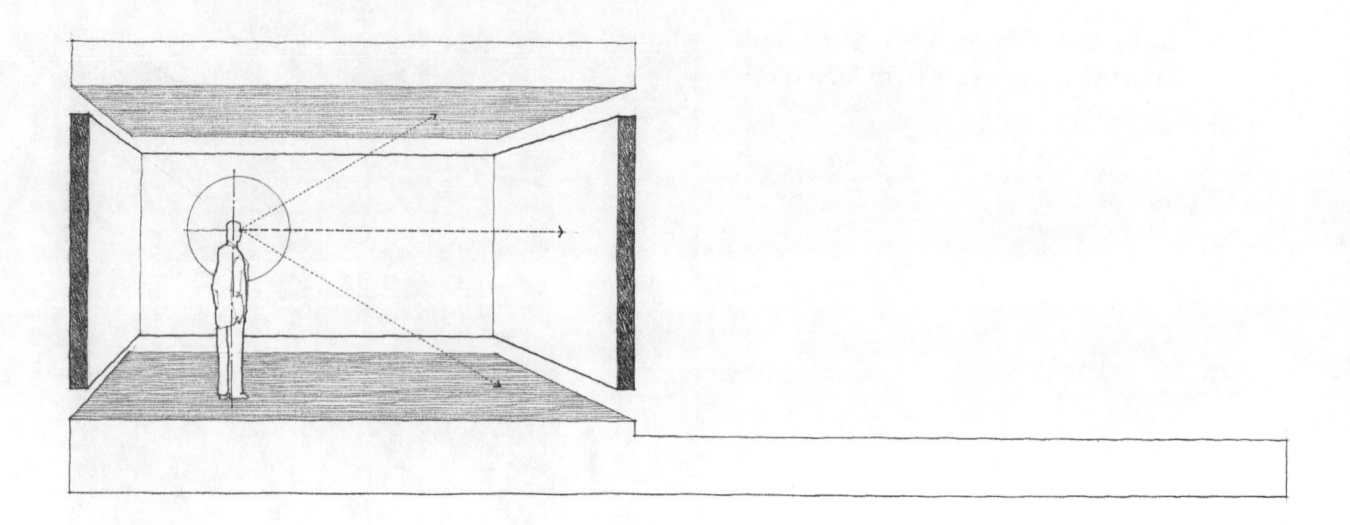

154 ELEMENTOS VERTICAIS CONFIGURANDO O ESPAÇO

Na seção anterior deste capítulo, os planos horizontais definiam os campos espaciais nos quais os limites verticais eram sugeridos, em vez de explicitamente descritos. A seção a seguir discute o papel crucial que os elementos verticais da forma desempenham ao estabelecer com clareza os limites visuais de um campo espacial.

As formas verticais têm mais presença em nosso campo visual que os planos horizontais e, portanto, são mais eficazes para definir um volume de espaço distinto, criando um senso de fechamento e privacidade àqueles que estão dentro dele. Além disso, servem para separar um espaço do outro e para estabelecer um limite comum entre os ambientes internos e externos.

Os elementos verticais da forma também desempenham importantes papéis na construção das formas e dos espaços da arquitetura. Eles servem de suportes estruturais para os planos de piso e cobertura, proporcionam abrigo e proteção contra o clima e auxiliam a controlar o fluxo de ar, calor e som que entram e cruzam os espaços internos de uma edificação.

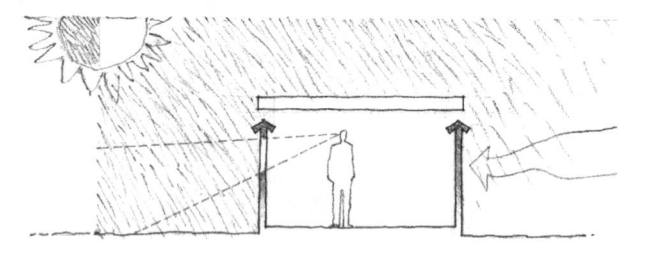

ELEMENTOS VERTICAIS CONFIGURANDO O ESPAÇO 155

Elementos Verticais Retilíneos
Os elementos verticais retilíneos definem as arestas perpendiculares ao piso de um volume de espaço.

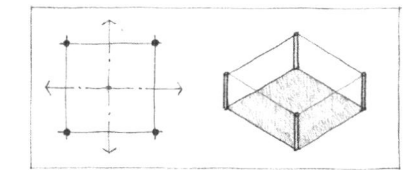

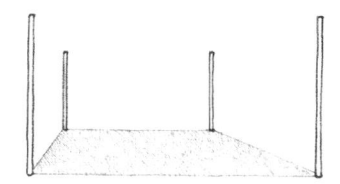

Plano Vertical Solto
Um único plano vertical destaca o espaço para o qual está voltado.

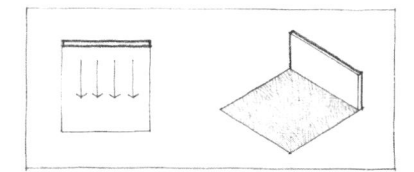

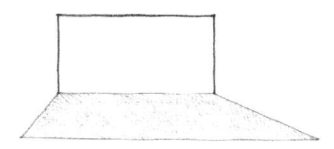

Plantas em L
Uma configuração de planos verticais em L criará um espaço entre eles orientado para fora e na diagonal a partir da quina entre os pilares.

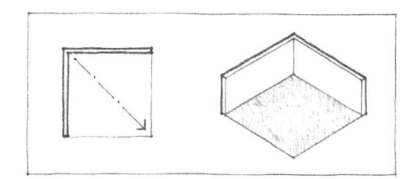

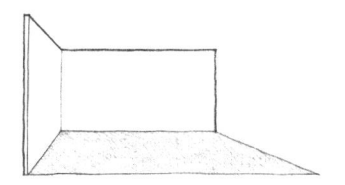

Planos Verticais Paralelos
Dois planos verticais paralelos definem um volume de espaço entre eles, o qual é orientado axialmente em direção a ambas as aberturas da configuração.

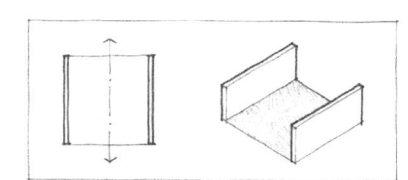

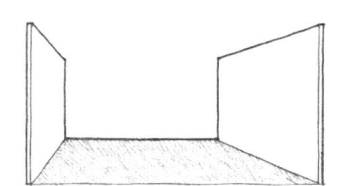

Plantas em U
Uma configuração de planos verticais em U define um volume de espaço que está orientado principalmente para a abertura da configuração.

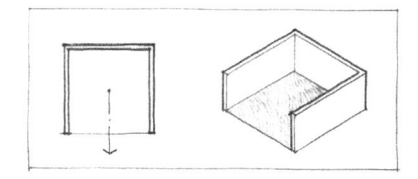

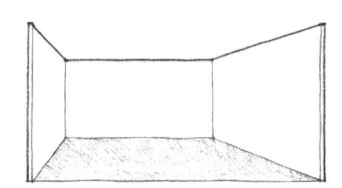

Quatro Planos: Fechamento
Quatro planos verticais estabelecem os limites de um espaço introvertido e influenciam o campo espacial em torno do fechamento.

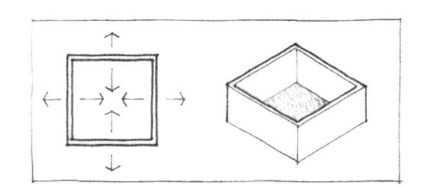

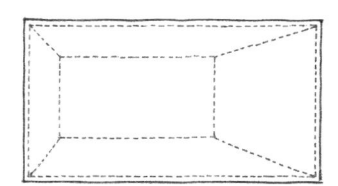

ELEMENTOS VERTICAIS RETILÍNEOS

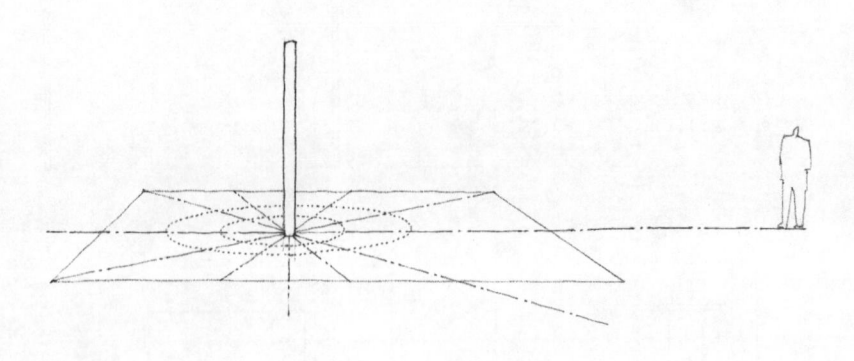

Um elemento vertical retilíneo, como uma coluna, um obelisco ou uma torre, estabelece um ponto no plano-base (no solo ou piso) e o torna visível no espaço. Colocado em posição ereta e isolada, o elemento esbelto e linear não é direcional, exceto pelo percurso que nos levaria a ele. Pode ser criado um número ilimitado de eixos que passam através dele.

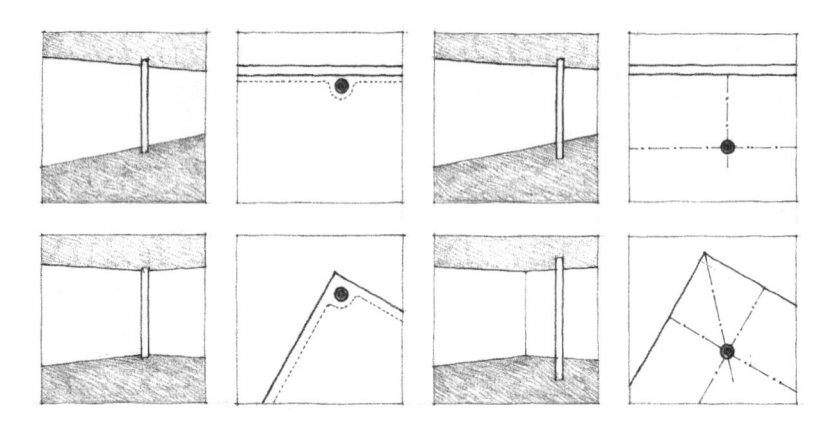

Quando inserida dentro de um volume de espaço bem-definido, uma coluna irá gerar um campo espacial ao seu redor e interagir com as vedações do espaço. Uma coluna adossada — ou seja, conectada a uma parede — escora o plano e destaca a superfície deste. Na quina de um cômodo, a coluna ressaltará o encontro de dois planos de parede. Se estiver solta no espaço, a coluna configurará zonas de espaço dentro do cômodo.

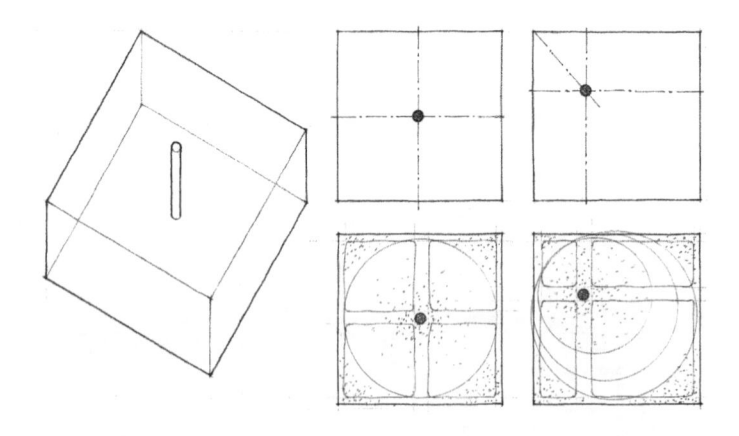

Quando centralizada em um espaço, uma coluna se imporá como o centro do campo e definirá zonas de espaço equivalentes entre si e os planos das paredes que definem o cômodo. Se estiver deslocada, a coluna definirá zonas de espaço hierarquizadas e diferenciadas em função de seus tamanhos, formas e localizações.

ELEMENTOS VERTICAIS RETILÍNEOS 157

Nenhum volume de espaço pode ser configurado sem a definição de suas arestas e quinas. Os elementos retilíneos servem a esse propósito, ao marcarem os limites dos espaços que exigem a continuidade visual e espacial com seu contexto.

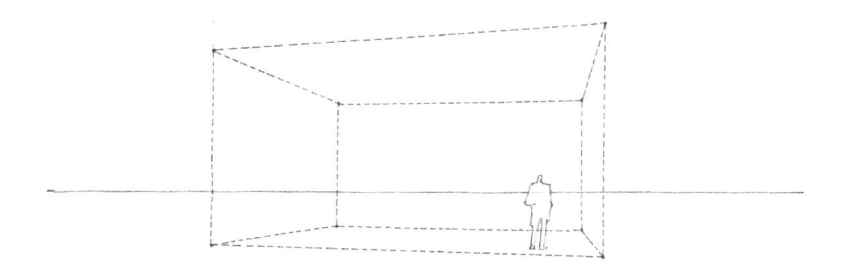

Duas colunas estabelecem uma membrana espacial transparente, devido à tensão visual criada entre seus fustes. Podem ser distribuídas três ou mais colunas, definindo as quinas de um volume de espaço. Este espaço não exige um contexto espacial maior para sua definição, mas se relaciona livremente com ele.

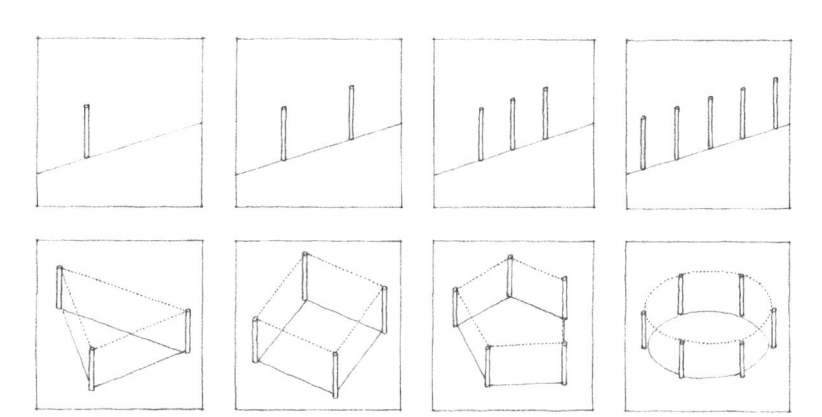

As arestas do volume de espaço podem ser visualmente reforçadas por meio do tratamento de seu plano-base e pelo estabelecimento de seus limites superiores, com vigas apoiadas entre as colunas ou um plano de cobertura. Uma série de colunas iguais ao longo de seu perímetro reforçaria ainda mais a definição do volume.

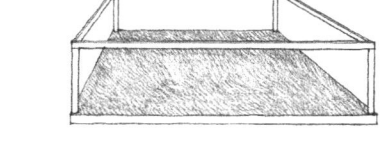

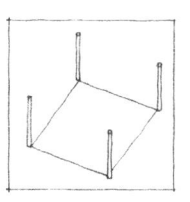

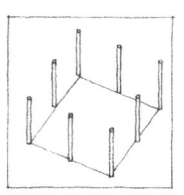

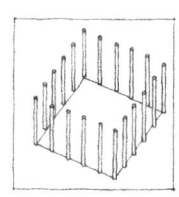

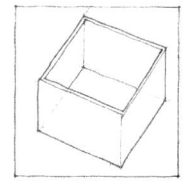

158 ELEMENTOS VERTICAIS RETILÍNEOS

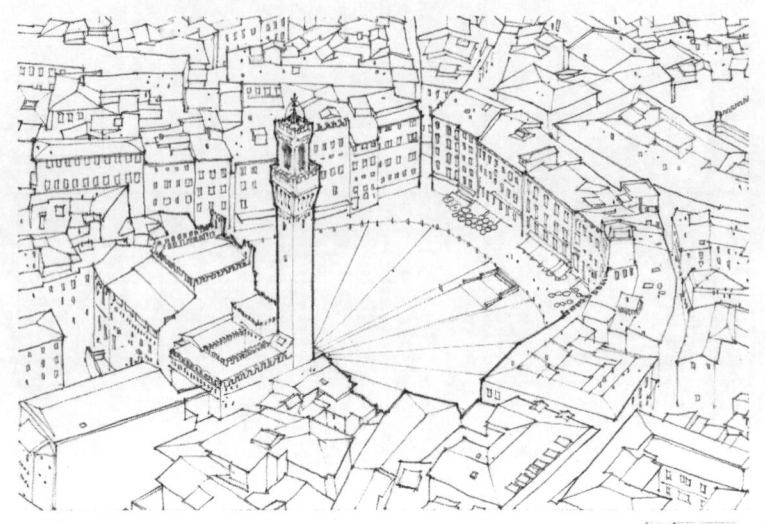

Piazza del Campo (Praça do Campo), Siena, Itália

Elementos verticais retilíneos podem dar acabamento a um eixo, marcar o centro de um espaço urbano ou criar um foco para uma praça, se estiverem deslocados a um dos lados da praça.

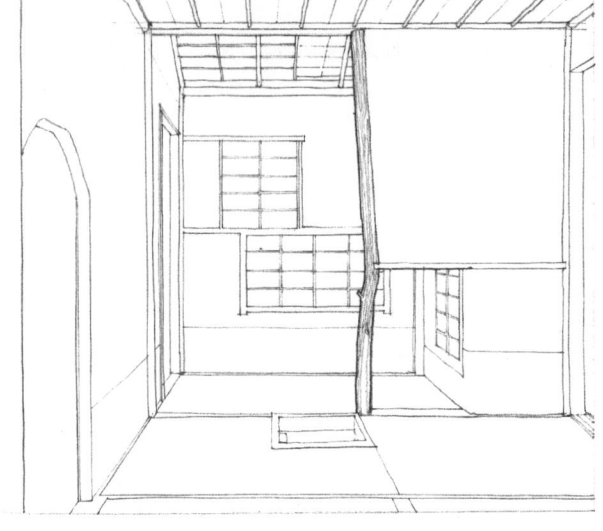

Pavilhão Shokin-Tei, Vila Imperial de Katsura (Palácio Imperial), Quioto, Japão, século XVII. No exemplo acima, o tokobashira, que frequentemente é um tronco de árvore em sua forma natural, é um elemento simbólico que marca uma das arestas em uma sala de chá japonesa.

Praça de São Pedro, Roma, Itália, 1655–1667, Giovanni Bernini

ELEMENTOS VERTICAIS RETILÍNEOS 159

Taj Mahal, o Túmulo de Muntaz Mahal, a esposa do Xá Jahan, Agra, Índia, 1630–1653

Um pequeno arvoredo configurando um lugar sombreado em um jardim ou parque

Túmulo de Jahangir, próximo a Lahore

Túmulo de Muntaz Mahal (o Taj Mahal), Agra

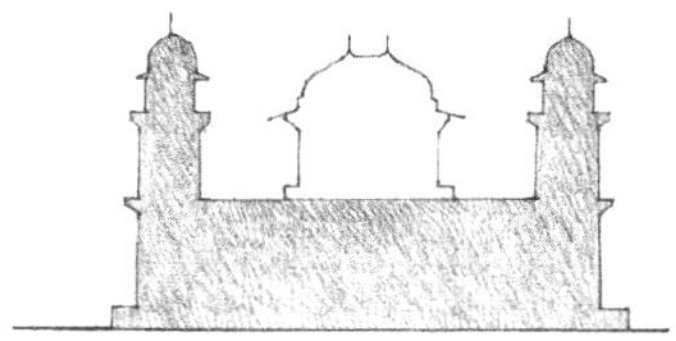

Nesses exemplos, várias formas de minaretes marcam as quinas de uma plataforma que estabelece um espaço – uma estrutura tridimensional – para mausoléus mogóis.

Túmulo de Itimad-ud-daula, Agra

Desenhos baseados em uma análise da arquitetura indiana islâmica feita por Andras Volwahsen.

160 ELEMENTOS VERTICAIS RETILÍNEOS

Átrio Tetrastilo, **Casa das Bodas de Prata**, Pompeia, século II a.C.

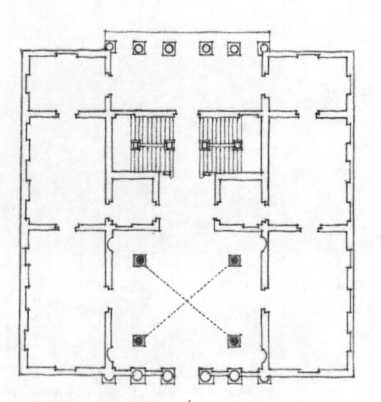

Palazzo Antonini, Údine, Itália, 1556, Andrea Palladio

Quatro colunas podem estabelecer as quinas de um volume de espaço dentro de um cômodo ou contexto maior. Se estiverem sustentando uma cobertura, essas colunas formarão uma edícula, um pequeno pavilhão que serve como templo, santuário ou centro simbólico de um espaço.

As casas tradicionais da Roma Antiga costumavam ser organizadas em relação a um átrio aberto para o céu e circundado por um telhado sustentado nas quinas por quatro colunas. Vitrúvio chamou esse espaço de átrio tetrastilo.

Durante o Renascimento, Andrea Palladio incorporou o tema do tetrastilo aos vestíbulos e salões de várias vilas e palácios urbanos. As quatro colunas não somente separavam o teto abobadado e o piso acima como ajustavam as dimensões dos cômodos às proporções paladianas.

Nas unidades do Condomínio Sea Ranch, quatro colunas nas quinas de uma área de piso rebaixado e com um plano elevado correspondente definem um espaço íntimo em forma de edícula dentro de um cômodo maior.

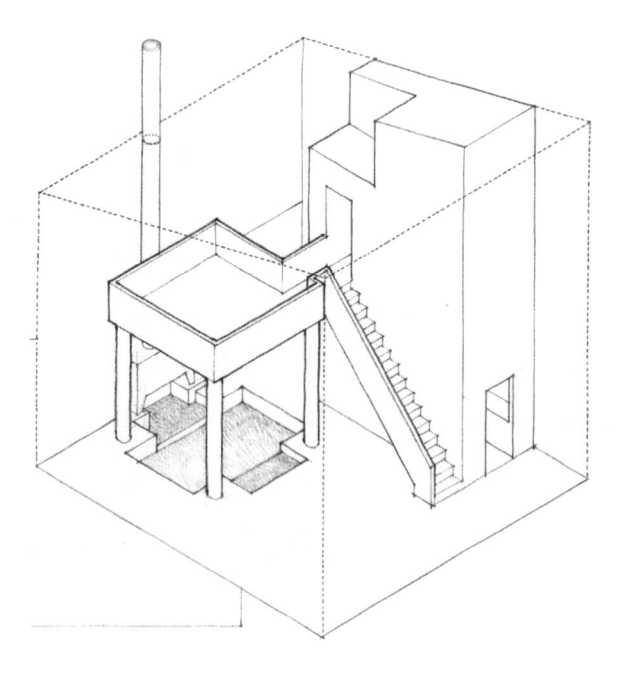

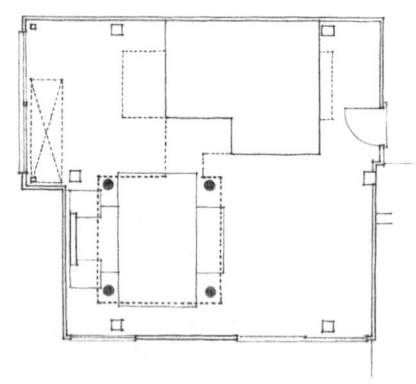

Unidade 5 do Condomínio Sea Ranch, Califórnia, Estados Unidos, 1966, MLTW

ELEMENTOS VERTICAIS RETILÍNEOS 161

Claustro e Sala dos Cavaleiros, Mont Saint Michel, França, 1203–1228

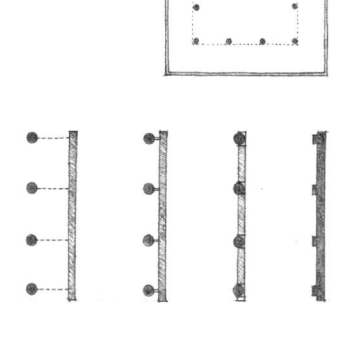

Uma série de colunas distribuídas regularmente ou de elementos verticais similares configura uma colunata. Esse elemento arquetípico no vocabulário do projeto de arquitetura define de modo eficaz um dos lados de um volume espacial, ao mesmo tempo em que mantém a continuidade visual e espacial entre o espaço e seu entorno. As colunas também podem se fundir a uma parede, se tornando adossadas, o que enfatiza a superfície e reduz a escala da parede, além de estabelecer ritmo e proporções nos vãos.

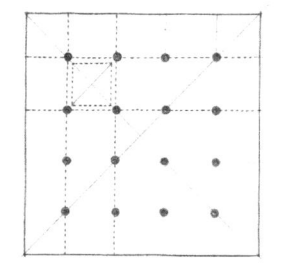

Uma malha de colunas dentro de um cômodo maior ou um salão serve não apenas para sustentar o piso e o plano do teto ou cobertura acima. As fileiras ordenadas de colunas também pontuam o volume espacial e estabelecem um ritmo e uma escala mensuráveis que tornam as dimensões do espaço compreensíveis ao observador.

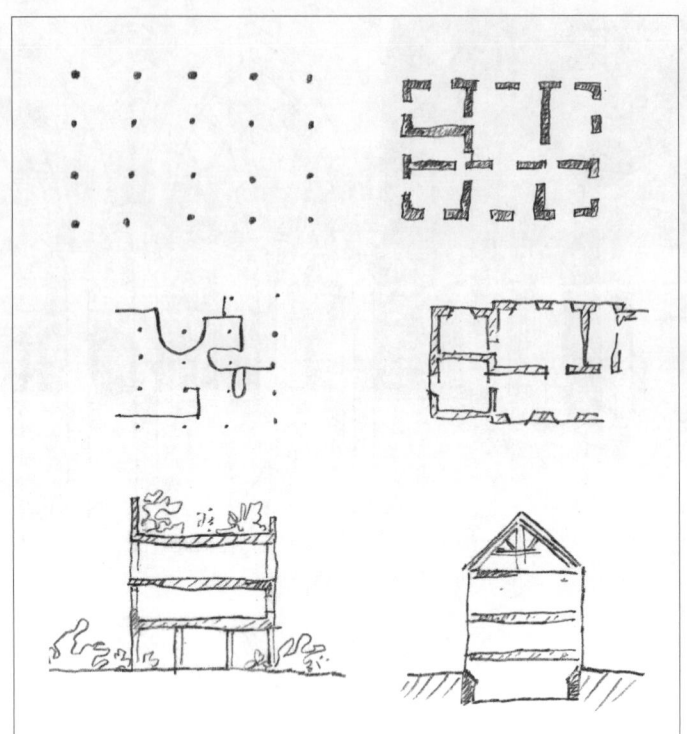

162 ELEMENTOS VERTICAIS RETILÍNEOS

Em 1926, Le Corbusier apresentou aquilo que chamou "Cinco Pontos de Uma Nova Arquitetura". Suas observações eram, em grande parte, o resultado do desenvolvimento do sistema construtivo do concreto armado, que havia começado no final do século XIX. Esse tipo de construção, em particular o uso de pilares de concreto para a sustentação de lajes de piso e cobertura, abriu novas possibilidades para a definição e configuração dos espaços internos das edificações.

As lajes de concreto agora podiam estar em balanço, isso é, ultrapassar seus apoios verticais e permitir que a "fachada livre" da edificação se tornasse uma "leve membrana" de "paredes de vedação e janelas". Dentro da edificação, se tornou possível a "planta livre", uma vez que o fechamento e o leiaute dos espaços já não eram determinados ou restritos pelo padrão de pesadas paredes portantes. Os espaços internos agora podiam ser definidos por meio de paredes internas não estruturais, e seu leiaute podia responder com liberdade às exigências do programa de necessidades.

Croquis para os *Cinco Pontos de Uma Nova Arquitetura*, 1926, Le Corbusier

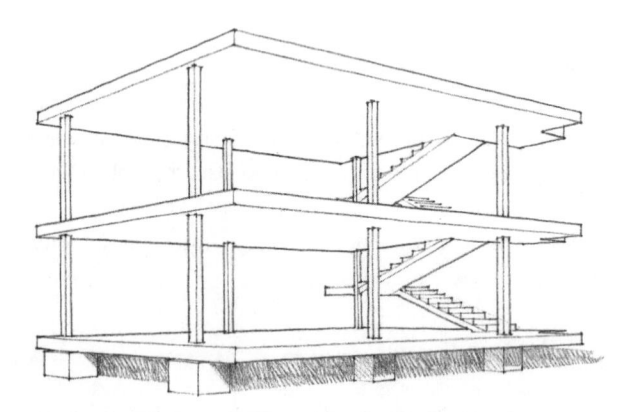

Projeto da Casa Dom-Ino, 1914, Le Corbusier

Na página ao lado, são ilustrados dois elementos contrastantes do uso da malha de colunas:

1. Uma malha de colunas estabelece um campo espacial neutro e fixo, no qual os espaços internos são compostos e distribuídos de forma livre.

2. Uma malha de colunas ou pilares corresponde rigidamente ao leiaute dos espaços internos; há uma correspondência íntima entre a estrutura e o espaço interno.

ELEMENTOS VERTICAIS RETILÍNEOS   **163**

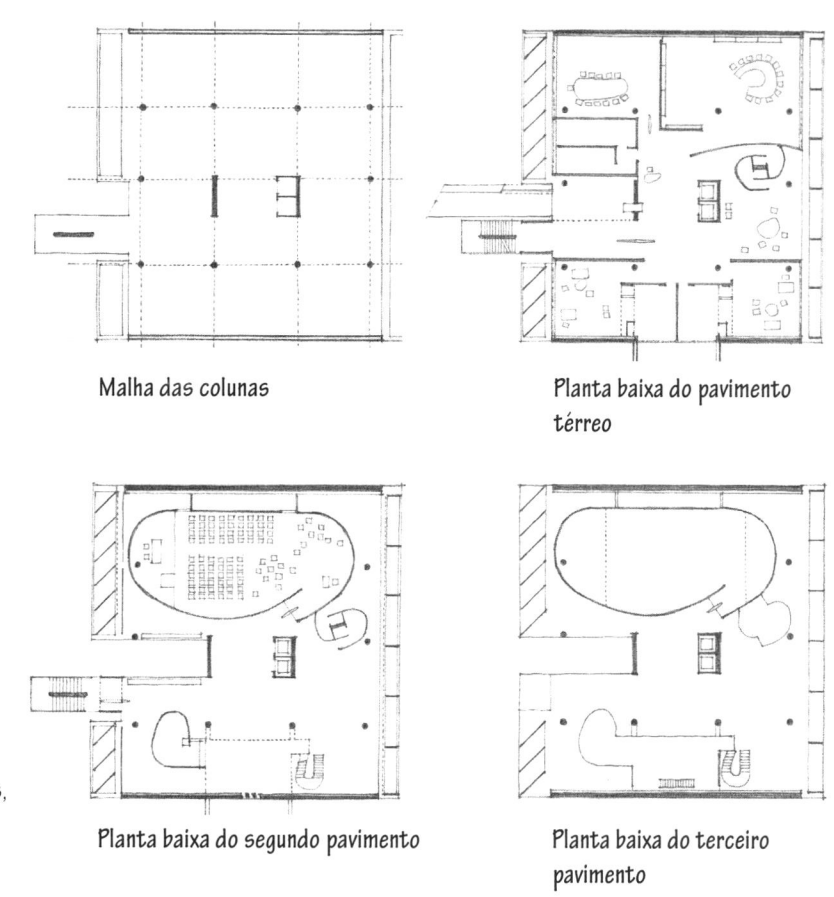

Malha das colunas   Planta baixa do pavimento térreo

Planta baixa do segundo pavimento   Planta baixa do terceiro pavimento

1. Edifício da Associação dos Fiandeiros, Ahmedabad, Índia, 1954, Le Corbusier

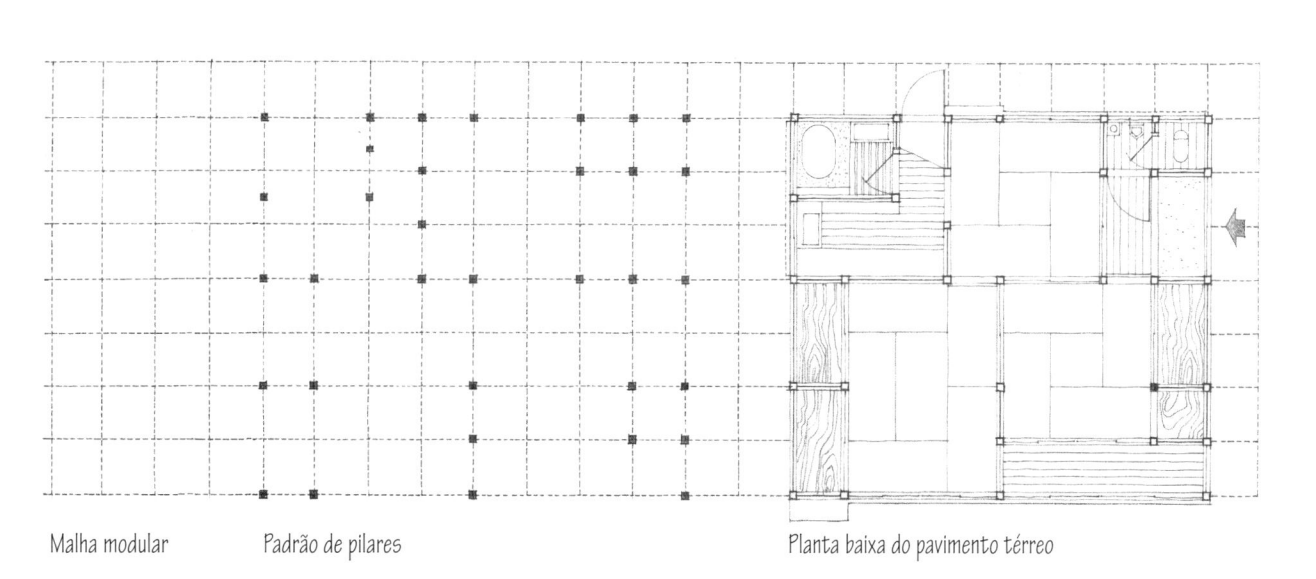

Malha modular   Padrão de pilares   Planta baixa do pavimento térreo

2. Casa Tradicional Japonesa

164 O PLANO VERTICAL SOLTO

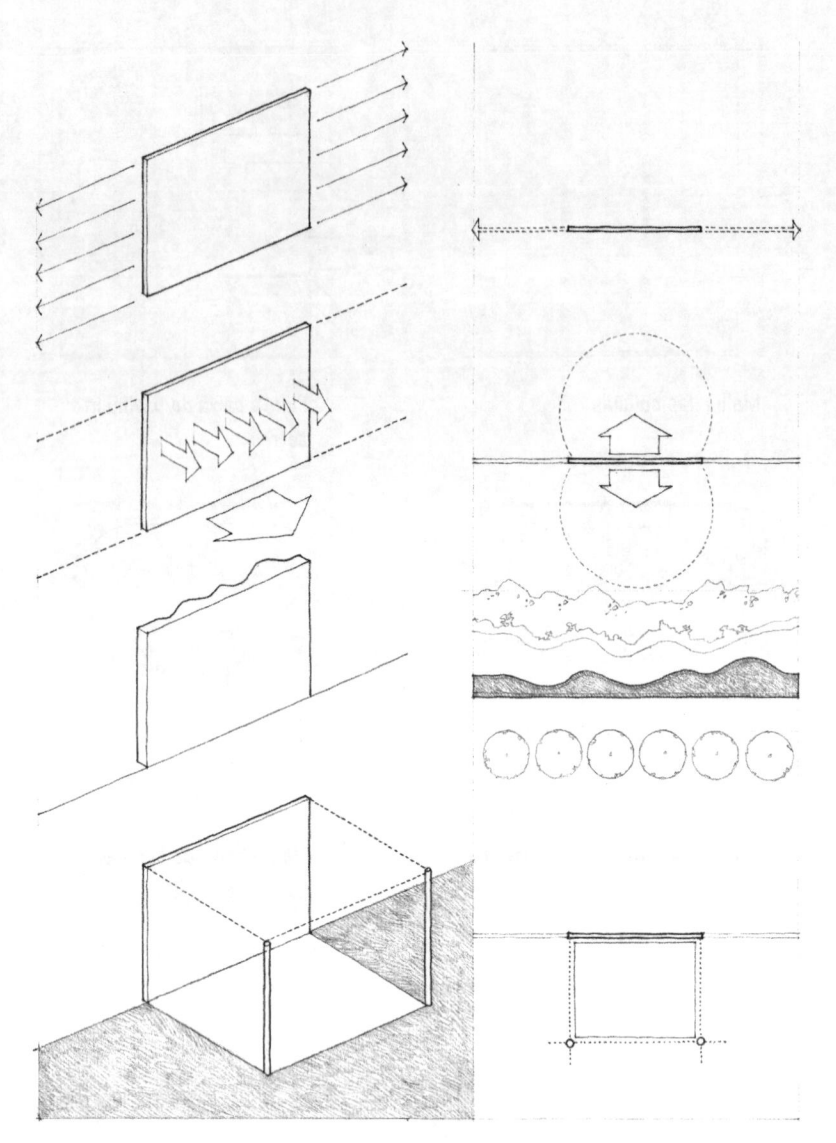

Uma coluna de seção redonda não tem uma direção predominante, exceto o seu eixo vertical. Um plano vertical solto, isolado no espaço, apresenta características visuais bastante distintas daquelas de uma coluna isolada. Um pilar de seção quadrada tem dois conjuntos equivalentes de faces e, portanto, dois eixos idênticos. Um pilar de seção retangular também tem dois eixos, mas eles têm efeitos diferentes. À medida que tal pilar se torna uma lâmina, ele pode parecer um mero fragmento de um plano infinitamente maior ou mais longo, seccionando e dividindo o volume de espaço.

Um plano vertical tem frontalidade. Suas duas superfícies de faces estão voltadas para dois campos espaciais distintos, estabelecendo um limite.

Essas duas faces de um plano podem ser equivalentes e estar voltadas para espaços similares. Ou então eles podem ser diferentes em forma, cor ou textura, a fim de responder a condições espaciais distintas ou as destacar. Um plano vertical pode, portanto, ter duas frentes ou uma frente e um fundo.

O espaço para o qual um único volume vertical está voltado não é bem definido. O plano, por si só, apenas consegue estabelecer um dos lados do campo. Para definir um volume de espaço tridimensional, o plano deve interagir com outros elementos da forma.

O PLANO VERTICAL SOLTO

A altura de um plano vertical relativa à altura de nosso corpo e nossa linha de visão é o fator crucial que afeta a capacidade do plano de descrever visualmente o espaço. Quando o plano tem 60 centímetros de altura, ele define o lado de um campo espacial, mas cria um senso de fechamento muito fraco ou mesmo inexistente. Quando o plano chega à altura de nossa cintura, ele começa a estabelecer a ideia de fechamento, embora preserve a continuidade visual com o espaço adjacente. Quando o plano vertical se aproxima da altura de nossos olhos, passa efetivamente a separar os espaços entre si. Acima de nossa altura, o plano interrompe a continuidade visual e espacial entre dois campos e proporciona um forte senso de fechamento.

A cor superficial, a textura e o padrão de um plano afetam nossa percepção de seu peso visual, escala e proporção.

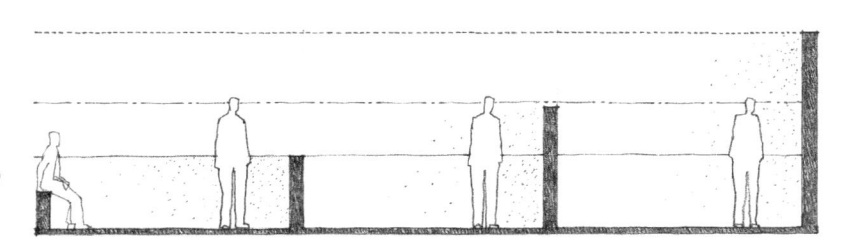

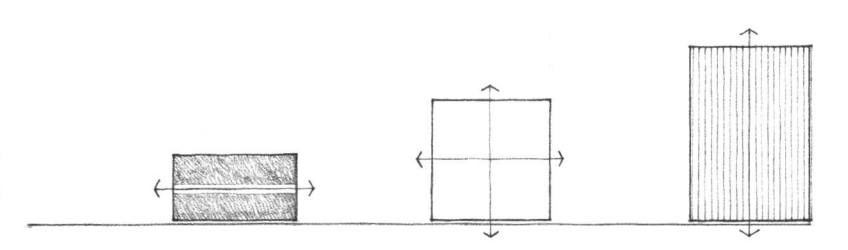

Quando está relacionado a um volume de espaço definido, o plano vertical pode ser a principal face do espaço, conferindo-lhe uma orientação específica. O plano vertical pode estar voltado para o espaço e definir um plano de entrada ou ser um elemento solto dentro de um espaço e dividir o volume em duas áreas separadas, mas relacionadas.

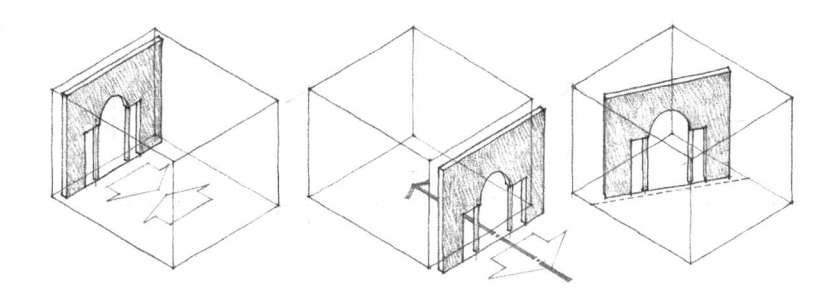

O PLANO VERTICAL SOLTO

Igreja de Santo Agostinho, Roma, Itália, 1479–1483, Giacomo da Pietrasanta

Arco de Sétimo Severo, Roma, Itália, 203 d.C.

Um plano vertical solto pode definir a fachada principal de uma edificação voltada para um espaço público, estabelecendo um portal através do qual passamos, além de destacar zonas espaciais dentro de um volume maior.

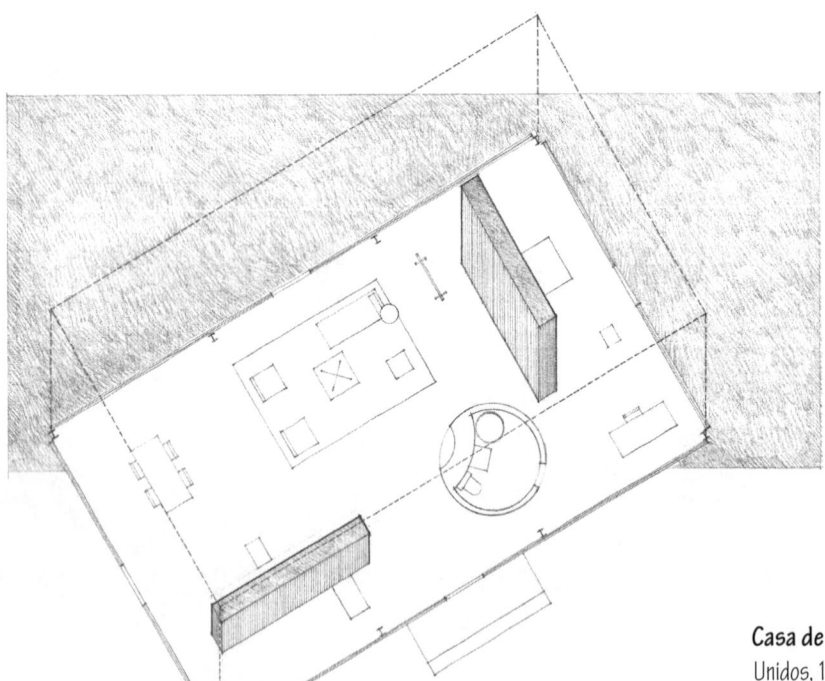

Casa de Vidro, New Canaan, Connecticut, Estados Unidos, 1949, Philip Johnson

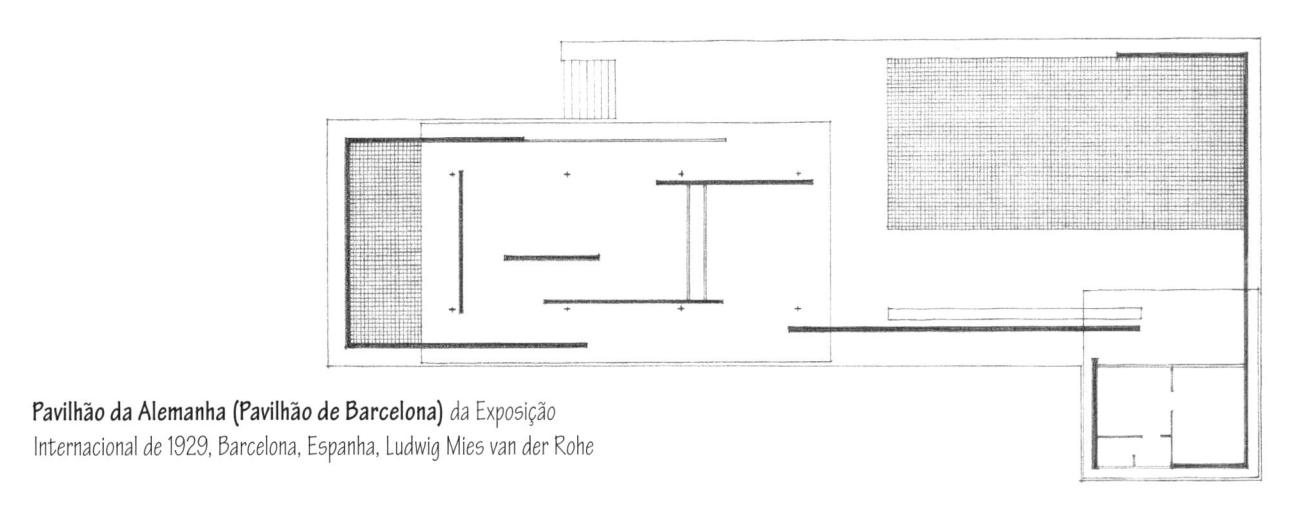

O PLANO VERTICAL SOLTO 167

Pavilhão da Alemanha (Pavilhão de Barcelona) da Exposição
Internacional de 1929, Barcelona, Espanha, Ludwig Mies van der Rohe

Uma composição de planos verticais soltos corta o campo contínuo do
volume do prédio, criando uma planta livre com espaços que se fundem.
As paredes internas nunca formam áreas fechadas, geometricamente
estáticas.

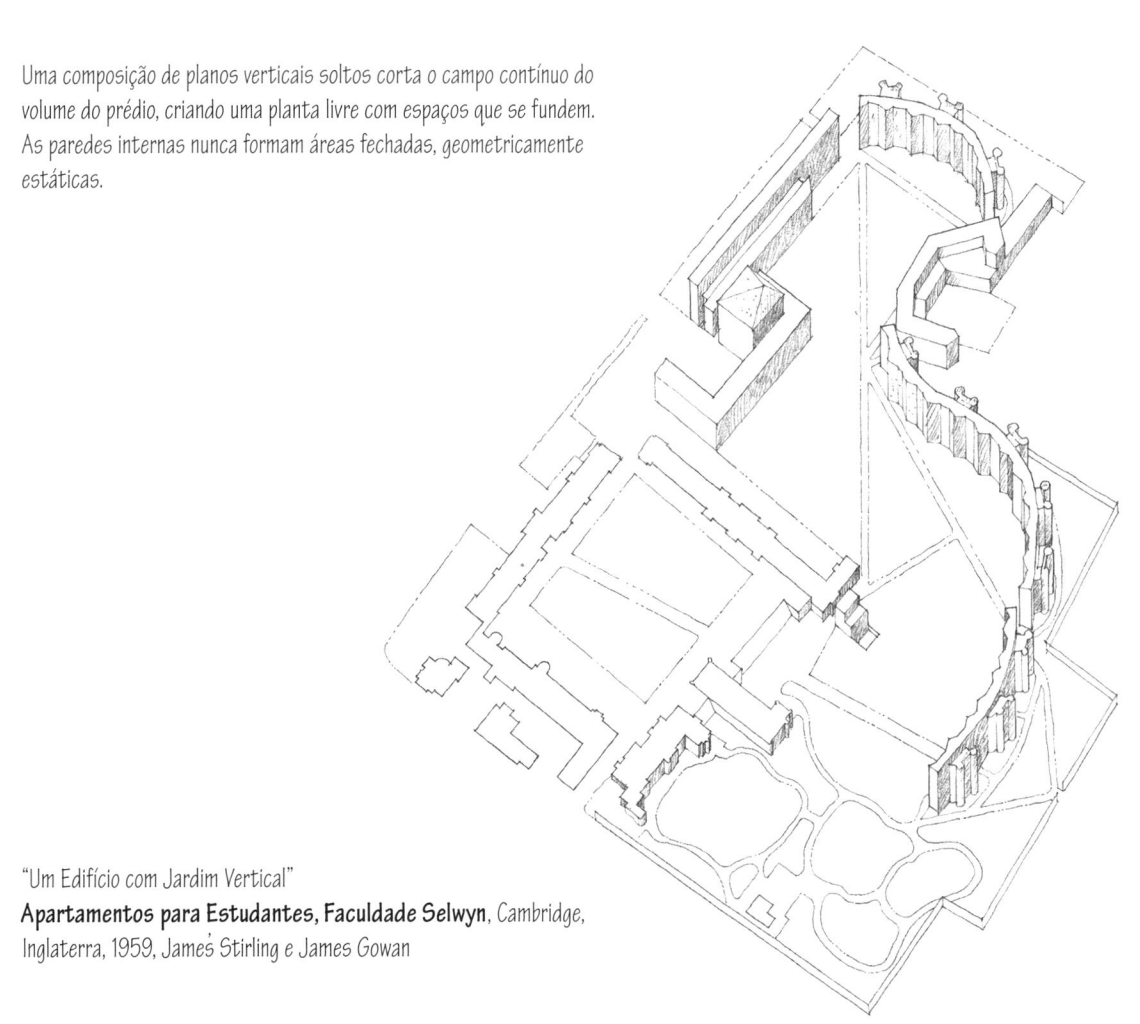

"Um Edifício com Jardim Vertical"
Apartamentos para Estudantes, Faculdade Selwyn, Cambridge,
Inglaterra, 1959, James Stirling e James Gowan

CONFIGURAÇÕES DE PLANOS VERTICAIS EM L

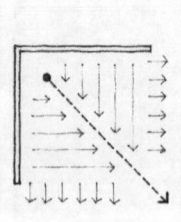

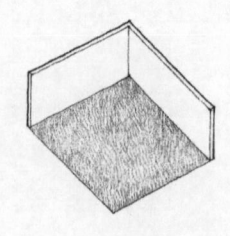

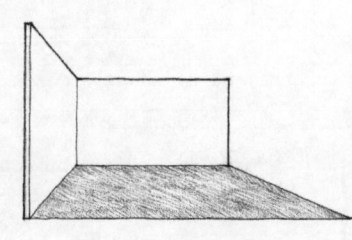

Uma configuração de planos verticais em L define um espaço ao longo de uma diagonal, que parte da quina côncava do cômodo. Embora esse campo seja bem-definido e fechado na quina, ele rapidamente se desmaterializa, ao se afastar da quina. O campo introvertido da quina interna se torna extrovertido à medida que se aproxima das extremidades abertas dos planos.

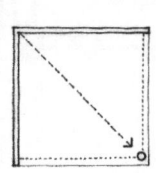

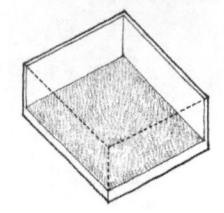

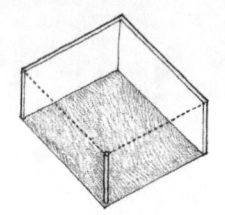

Embora dois lados do campo sejam claramente definidos pelos dois planos da configuração, seus outros dois lados permanecem ambíguos, a menos que sejam reforçados por outros elementos verticais, manipulações do plano-base ou de um plano superior.

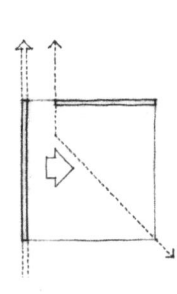

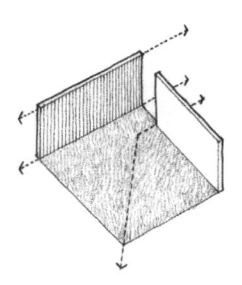

Caso seja feita uma abertura em um dos lados da configuração, a definição do campo será prejudicada. Os dois planos verticais que compõem a configuração em L ficarão isolados um do outro, e teremos a impressão de que um deles está ultrapassando o outro e o dominando visualmente.

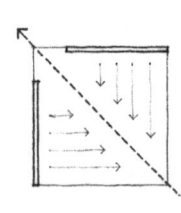

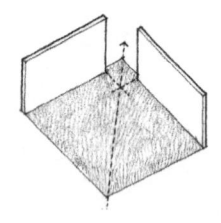

Se nenhum dos planos verticais chegar à quina que formaria a configuração em L, o campo se tornará mais dinâmico e se organizará ao longo da diagonal da configuração.

PLANTAS EM L

Uma edificação pode ser configurada em L e estar sujeita a diversas leituras, que apresentaremos a seguir. Uma das alas da configuração em L pode ter uma forma linear que incorpora a quina a seus limites, enquanto a outra ala é vista como um apêndice. Ou então a quina pode ser tratada como um elemento independente que conecta as duas formas lineares.

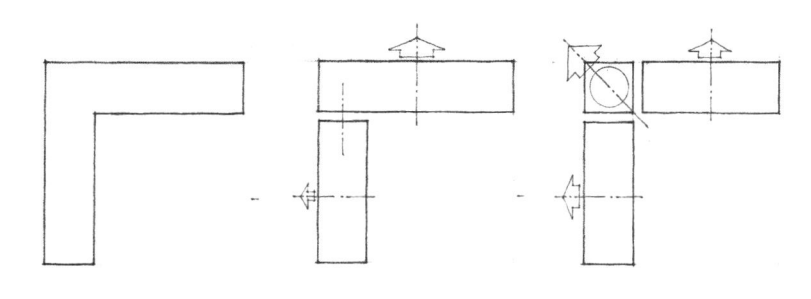

Uma edificação pode ter configuração em L a fim de estabelecer uma quina no terreno, fechar um espaço externo ou proteger parte do espaço externo das condições indesejáveis que o circundam.

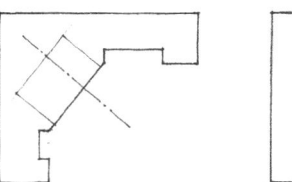

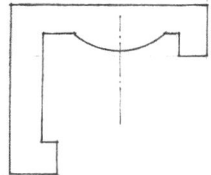

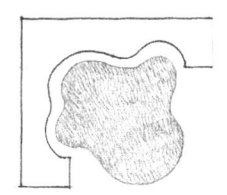

As configurações de planos verticais em L são estáveis e autoportantes, podendo ficar soltas no espaço. Como são abertas, são elementos flexíveis de composição do espaço. Elas podem ser empregadas em conjunto ou com outros elementos definidores da forma, gerando uma grande variedade de espaços.

170 PLANTAS EM L

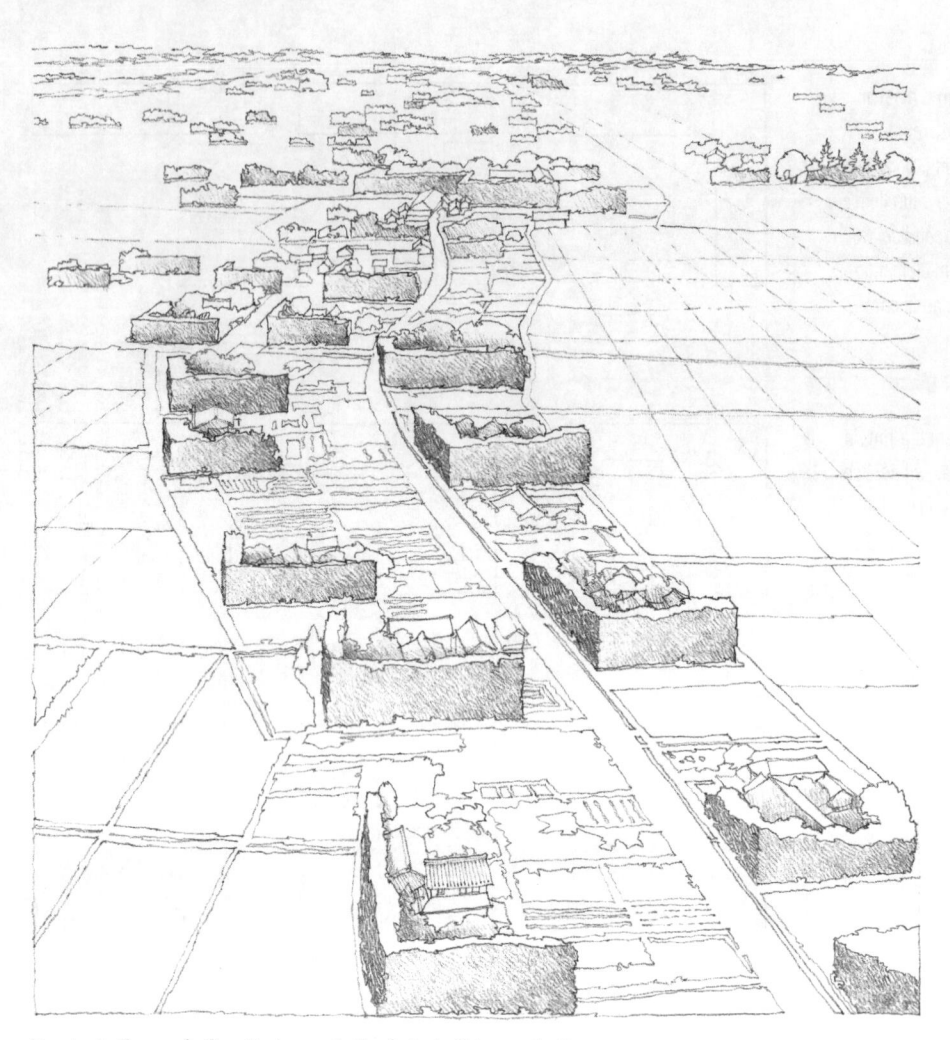

Vegetação Formando Para-Ventos em L, Província de Shimane, Japão

O caráter protetor das configurações em L é bem expresso por esse exemplo, onde agricultores japoneses induziram pinheiros a formar para-ventos altos e espessos em forma de L, resguardando suas casas e terrenos dos ventos e das nevascas do inverno.

PLANTAS EM L

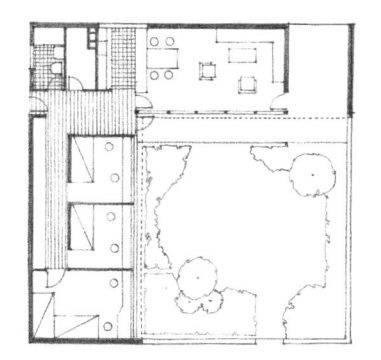

Unidade de Habitação Básica

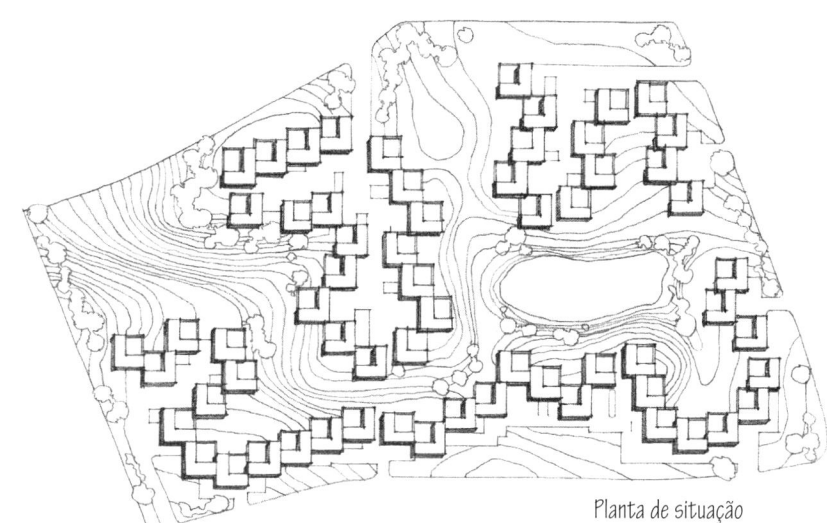

Conjunto Habitacional Kingo, próximo a Elsinore, Dinamarca, 1958-1963, Jørn Utzon

Planta de situação

Um tema recorrente na arquitetura residencial é a configuração de cômodos em L que fecha um espaço de estar externo. Em geral, uma das alas da configuração contém os espaços de estar de uso comum, enquanto a outra contém espaços privativos e individuais. A área de serviço e os cômodos de apoio geralmente ocupam uma das quinas da configuração ou são distribuídos na parte posterior de uma das alas.

A vantagem desse tipo de leiaute é a criação de um pátio interno, protegido pela forma da edificação e para o qual os cômodos podem estar diretamente voltados. No Conjunto Habitacional Kingo, uma densidade bastante elevada é alcançada com esse tipo de configuração e cada unidade possui seu próprio espaço externo de uso privativo.

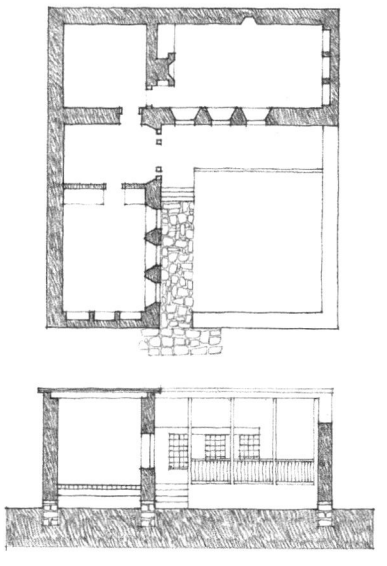

Casa Tradicional em Konya, Turquia

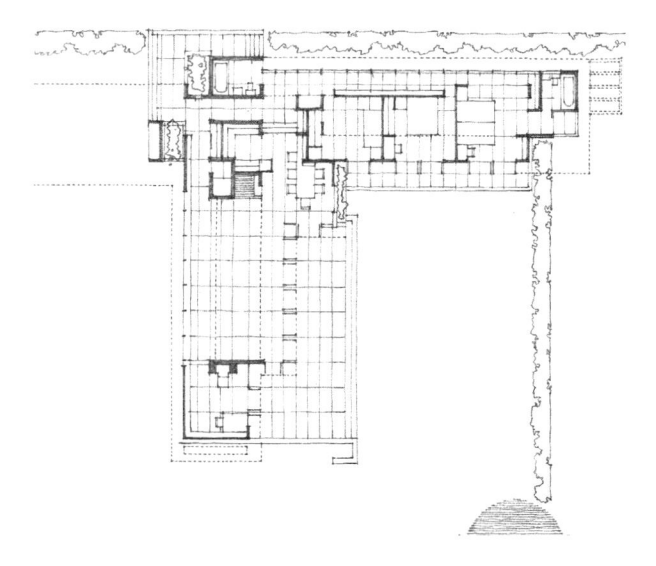

Casa Rosenbaum, Florence, Alabama, Estados Unidos, 1939, Frank Lloyd Wright

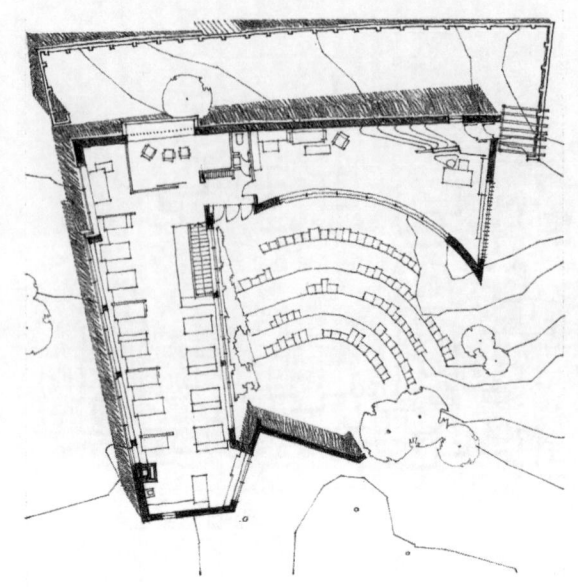

172 PLANTAS EM L

Similares aos exemplos habitacionais apresentados nas páginas anteriores, essas edificações tiram partido de suas formas em L para criar fechamentos ou proteções. O espaço externo delimitado pelo ateliê do arquiteto em Helsinque é utilizado como um teatro para palestras e eventos sociais. Ele não é um espaço passivo cuja forma é determinada pela edificação que o delimita. Em vez disso, o espaço externo afirma sua forma positiva e se encaixa na forma das alas que o formam. Já o Edifício da Faculdade de História da Universidade de Cambridge emprega um bloco em forma de L, com sete pavimentos, para fechar de modo funcional e simbólico uma grande biblioteca com iluminação zenital, que é o espaço mais importante do prédio.

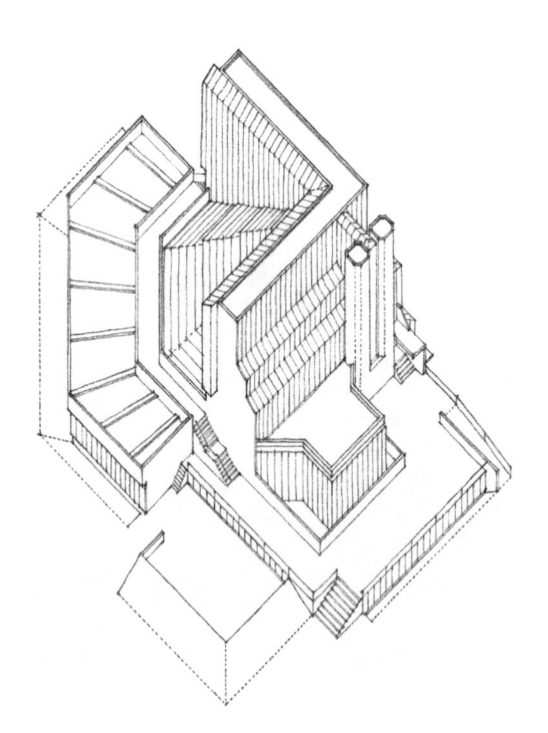

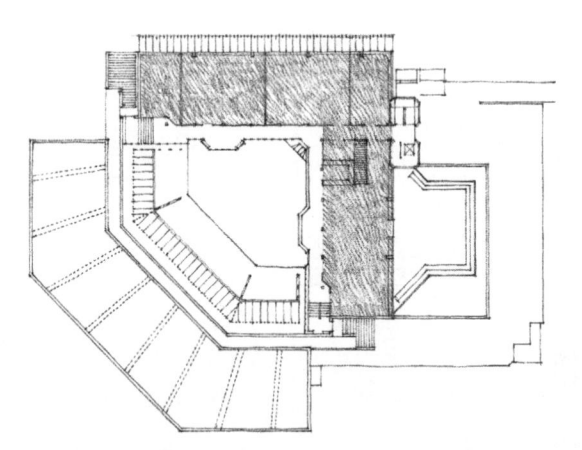

Ateliê do Arquiteto, Helsinque, Finlândia, 1955–1956, Alvar Aalto

Edifício da Faculdade de História, Universidade de Cambridge, Inglaterra, 1964–1967, James Stirling

PLANTAS EM L 173

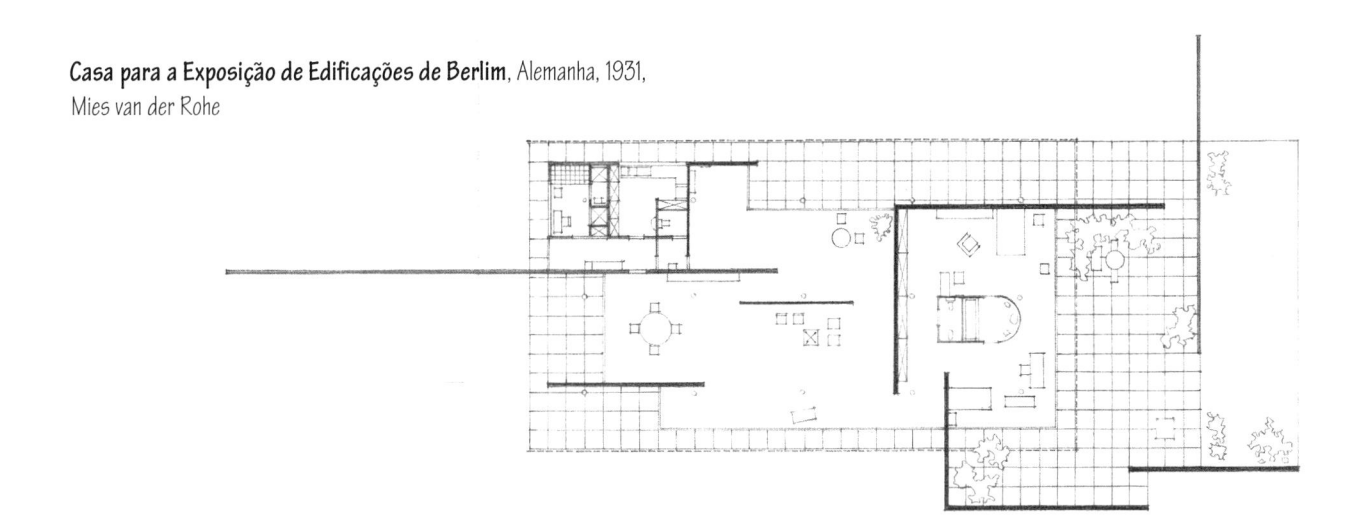

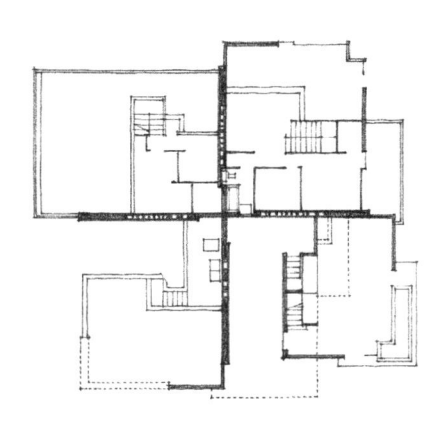

Casa para a Exposição de Edificações de Berlim, Alemanha, 1931,
Mies van der Rohe

Moradias Suntop, unidades habitacionais para quatro famílias, Ardmore, Pensilvânia, Estados Unidos, 1939, Frank Lloyd Wright

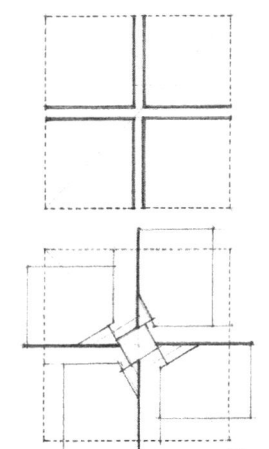

Diagrama conceitual, **Torre de São Marcos**, Cidade de Nova York, 1929, Frank Lloyd Wright

Nos exemplos acima, as paredes em L separam as unidades de uma moradia em quadrúplex e definem as zonas do prédio ou separam os espaços internos de um cômodo.

PLANOS VERTICAIS PARALELOS

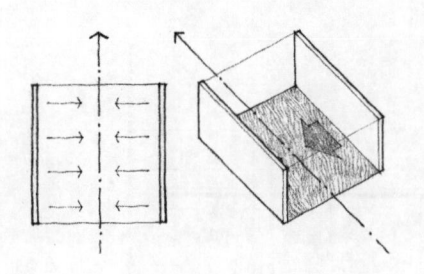

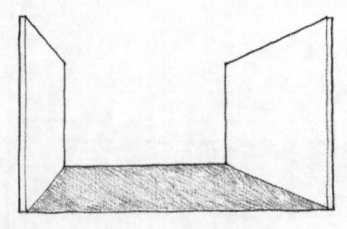

Um par de planos verticais paralelos define um campo espacial entre eles. Os lados abertos do campo, estabelecidos pelas arestas verticais das paredes, conferem ao espaço forte direcionalidade. Sua orientação principal é ao longo do eixo em relação ao qual os planos são simétricos. Uma vez que os planos paralelos não se encontram para formar quinas e fechar totalmente o campo, o espaço é extrovertido por natureza.

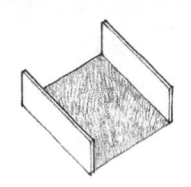

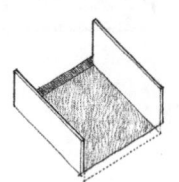

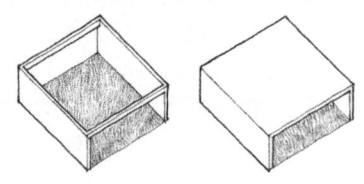

A definição do campo espacial ao longo das extremidades abertas da configuração pode ser visualmente reforçada por meio da manipulação do plano-base ou adição de elementos no topo da composição.

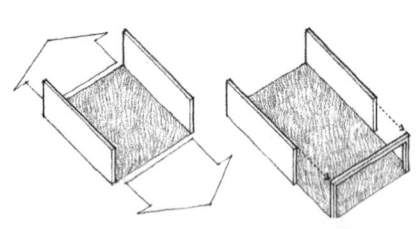

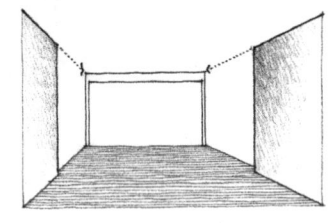

O campo espacial pode ser ampliado por meio da extensão do plano-base além das extremidades da configuração. Esse campo expandido pode, por sua vez, ser finalizado com a inserção de um plano vertical, cuja largura e altura equivalem à do campo espacial.

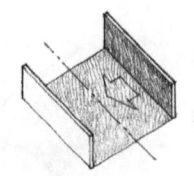

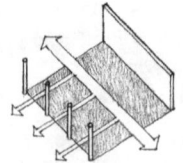

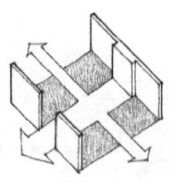

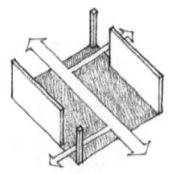

Se um dos planos paralelos for diferenciado em relação ao outro mediante uma mudança de forma, cor ou textura, um eixo secundário, perpendicular ao fluxo do espaço, será estabelecido dentro do campo espacial. Também é possível a criação de uma ou mais aberturas nos planos, introduzindo eixos secundários ao campo e calibrando a direcionalidade do espaço.

PLANOS VERTICAIS PARALELOS

Vários elementos da arquitetura podem ser vistos como planos paralelos que configuram um campo espacial:

- um par de paredes internas a uma edificação
- um espaço na rua delimitado pelas fachadas de duas edificações opostas entre si
- um caramanchão ou uma pérgola
- um passeio ou uma alameda ladeado por cercas vivas ou fileiras de árvores
- um acidente topográfico natural na paisagem

A imagem dos planos verticais paralelos muitas vezes é associada ao sistema estrutural de paredes portantes, no qual uma laje de piso ou cobertura vence o vão entre duas ou mais paredes portantes paralelas.

Conjuntos de planos verticais paralelos podem compor uma grande variedade de configurações. Seus campos espaciais podem estar relacionados entre si, por meio dos lados abertos das configurações, ou por meio de aberturas feitas nos próprios planos verticais.

176 PLANOS VERTICAIS PARALELOS

Nave Central da Basílica de **Santo Apolinário em Classe** (Basilica di Sant'Apollinare in Classe), Ravena, Itália, 534–539

Champ de Mars (Campo de Marte), Paris, França

A direcionalidade e o fluxo do espaço definido por planos paralelos ficam naturalmente manifestos em ambientes empregados para circulação e movimento, como as ruas e os bulevares das cidades. Esses espaços longitudinais podem ser configurados pelas fachadas das edificações que estão voltadas para eles, bem como por planos mais permeáveis estabelecidos por colunatas, arcadas ou fileiras de árvores.

Galeria Vitório Manuel II (Galleria Vittorio Emanuelle II), Milão, Itália, 1865–1877, Giuseppe Mengoni

PLANOS VERTICAIS PARALELOS 177

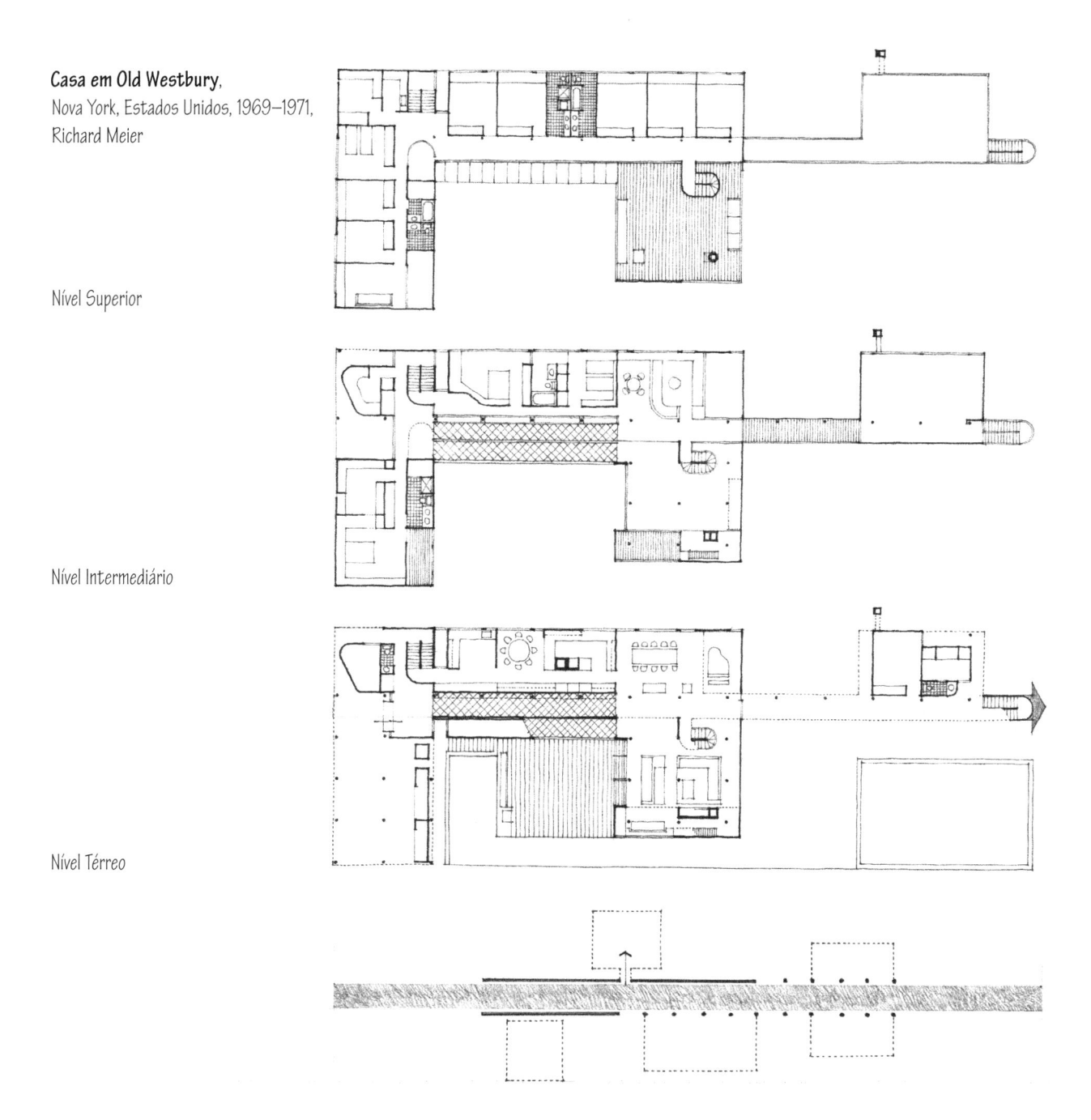

Casa em Old Westbury,
Nova York, Estados Unidos, 1969–1971,
Richard Meier

Nível Superior

Nível Intermediário

Nível Térreo

O fluxo do espaço definido por planos verticais paralelos corresponde naturalmente às vias de circulação internas de uma edificação, junto com seus corredores, vestíbulos e galerias.

Os planos verticais paralelos que definem um espaço de circulação podem ser sólidos e opacos, a fim de conferir privacidade aos espaços ao longo da circulação. Eles também podem ser estabelecidos por colunatas, de modo que a circulação, aberta em um ou ambos os lados, se torne parte dos espaços que ela cruza.

178 PLANOS VERTICAIS PARALELOS

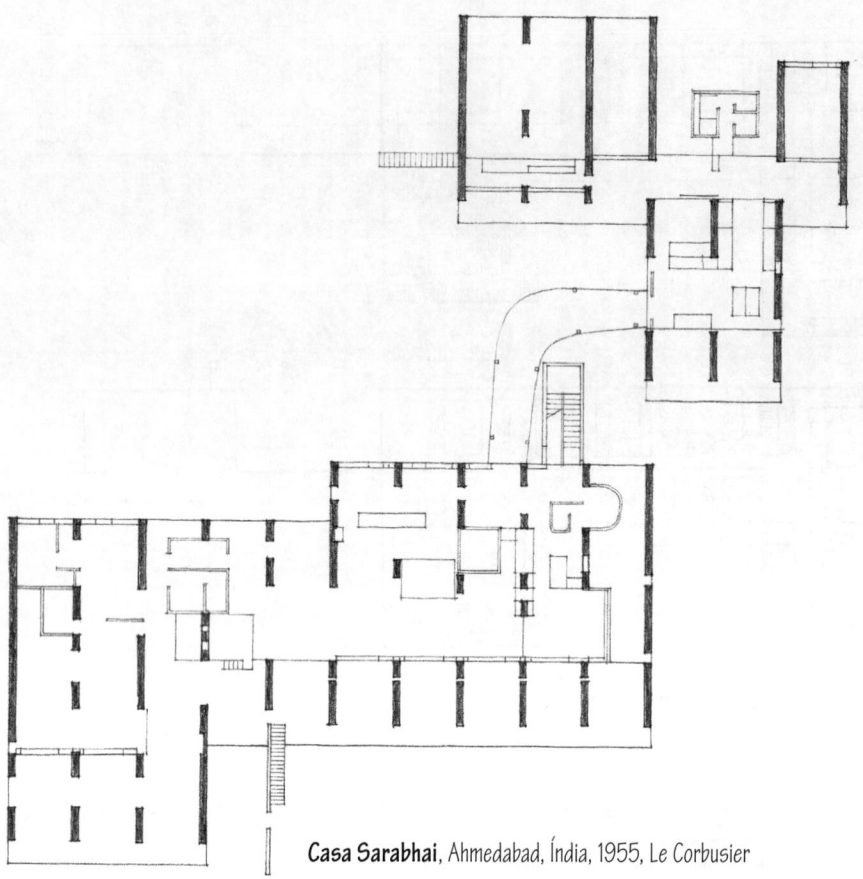

Casa Sarabhai, Ahmedabad, Índia, 1955, Le Corbusier

Os planos verticais paralelos de um sistema estrutural de paredes portantes podem ser a força geratriz que está por trás da forma e organização de um prédio. Seu padrão repetitivo pode ser modificado mediante a variação de seu comprimento ou a introdução de vazios entre os planos, para acomodar as exigências dimensionais dos espaços maiores. Esses vazios também ajudam a definir as rotas de circulação e a estabelecer relações visuais perpendiculares aos planos de paredes.

As aberturas no espaço definidas pelos planos de paredes paralelas também podem ser criadas por meio da alteração do espaçamento entre planos e da própria configuração dos planos.

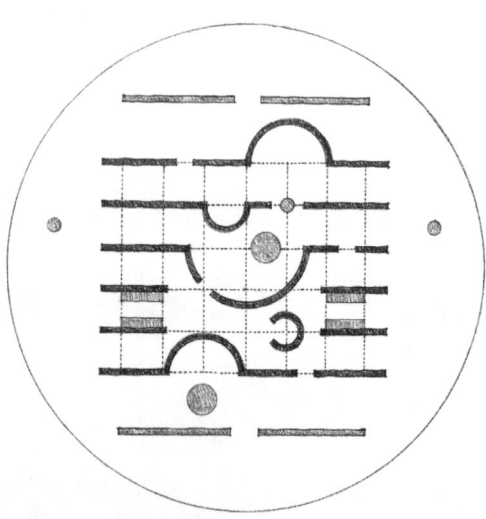

Pavilhão em Arnheim, Países Baixos, 1966, Aldo van Eyck

PLANOS VERTICAIS PARALELOS 179

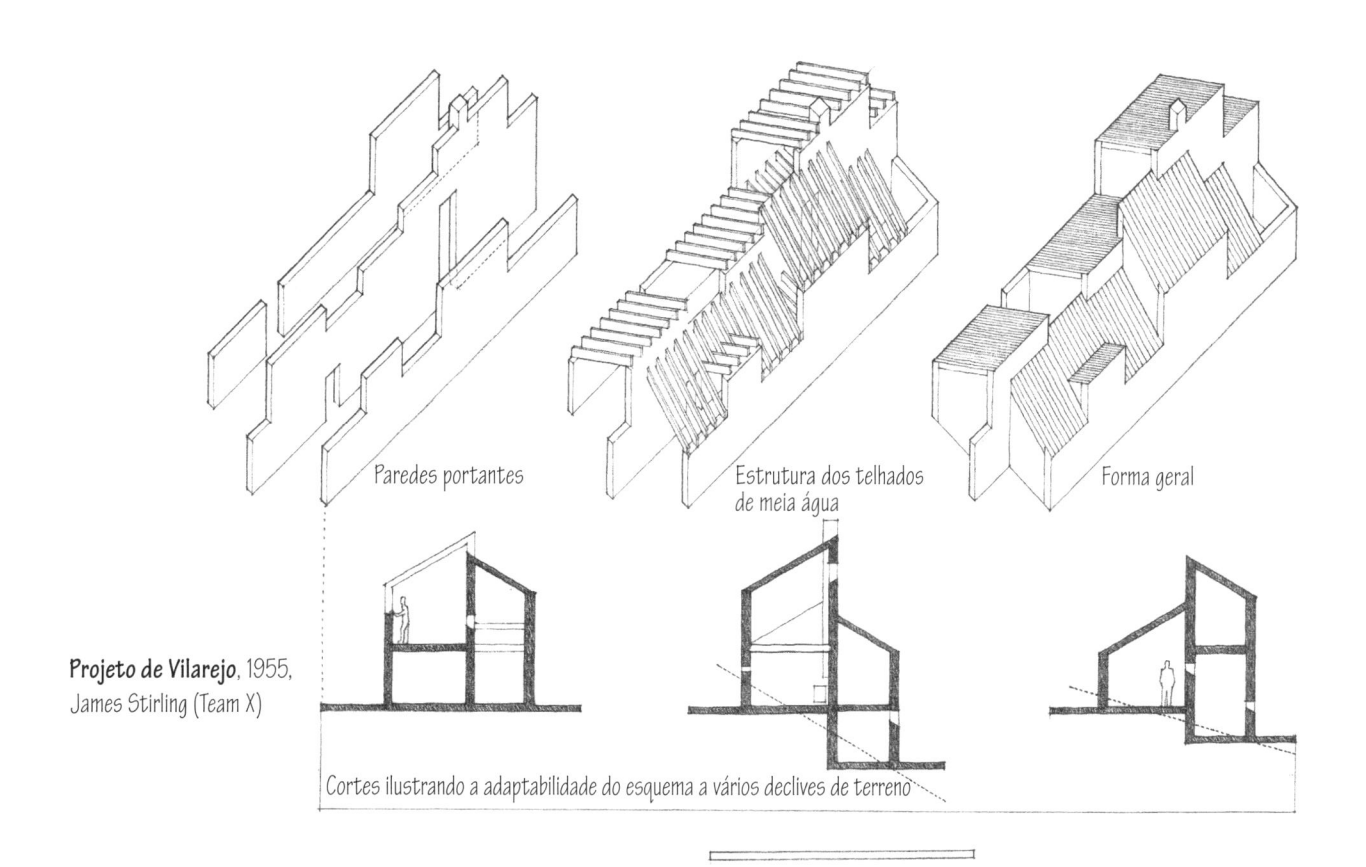

Paredes portantes   Estrutura dos telhados de meia água   Forma geral

Projeto de Vilarejo, 1955, James Stirling (Team X)

Cortes ilustrando a adaptabilidade do esquema a vários declives de terreno

Vãos estruturais

Pavimento superior

Pavimento da entrada

Pavimento térreo

Paredes portantes paralelas são frequentemente empregadas em conjuntos habitacionais. Elas não somente proporcionam um suporte estrutural para os pisos e as coberturas de cada uma das unidades de habitação, mas também servem para isolar as unidades entre si, controlar a passagem de sons e a dispersão do fogo, em caso de incêndio. O padrão de paredes portantes paralelas é particularmente apropriado para casas em fita e séries de pequenos edifícios habitacionais sem recuos laterais, onde cada edificação é aberta para dois lados opostos.

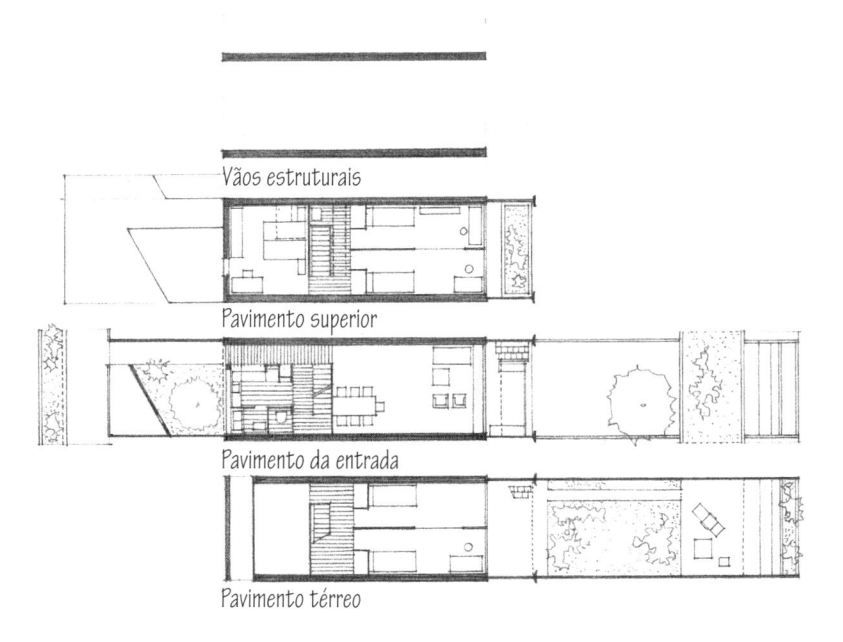

Siedlung Halen (Grande Conjunto Habitacional Halen), próximo a Berna, Suíça, 1961, Atelier 5

180 PLANTAS EM U

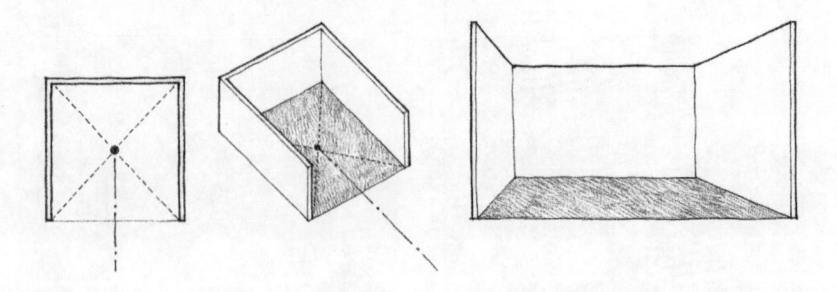

Uma configuração em U por meio do uso de planos verticais define um campo espacial voltado ao mesmo tempo para dentro e para fora. Na extremidade fechada da configuração, o campo é bem definido, mas em direção à extremidade aberta, o campo se torna extrovertido por natureza.

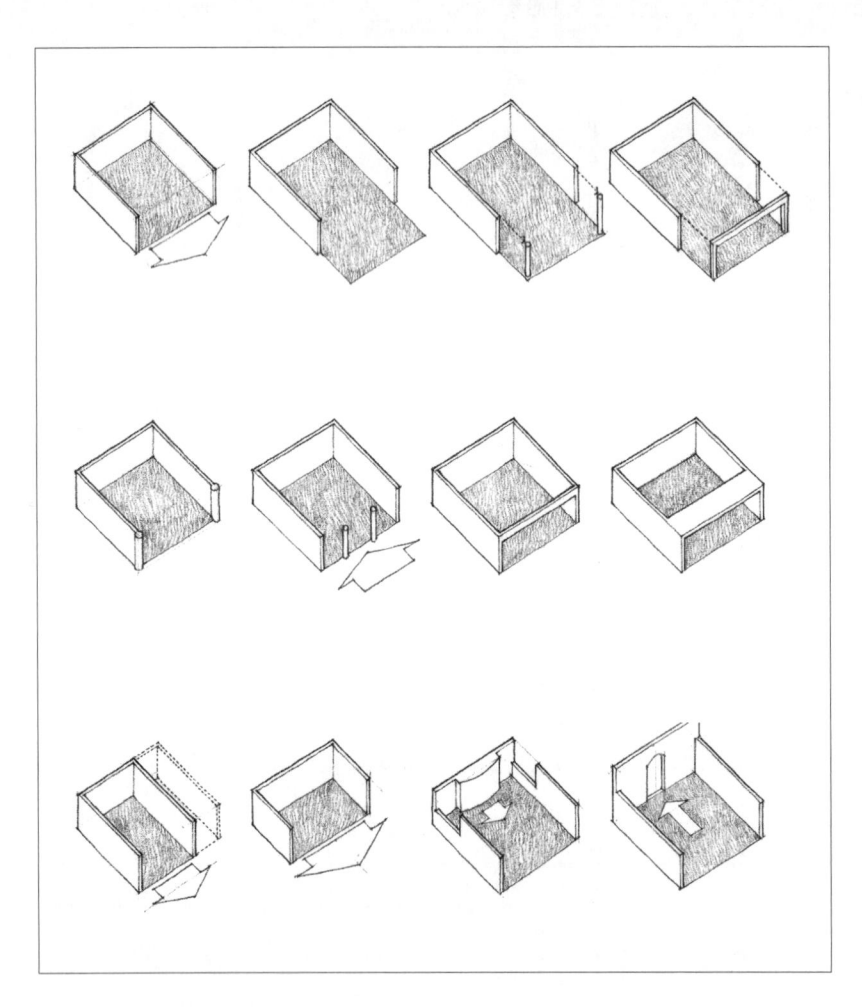

A extremidade aberta é o principal aspecto dessa configuração, em virtude de sua singularidade em relação aos outros três planos verticais. Ela permite que o campo tenha continuidade visual e espacial com o espaço contíguo. A extensão do campo espacial em direção a esse espaço limítrofe pode ser visualmente reforçada por meio da continuidade do plano-base, ultrapassando a extremidade aberta da configuração.

Se o plano da abertura for reforçado com a inserção de colunas ou elementos aéreos, a definição do campo original também será realçada, e a continuidade com o espaço adjacente será interrompida.

Quando a configuração dos planos for retangular e oblonga, a extremidade aberta poderá estar tanto no lado maior como no menor. Em ambos os casos, o lado aberto permanecerá sendo a principal face do campo espacial, e o plano oposto a esta face será o elemento enfatizado entre os outros três planos verticais da configuração.

Se forem introduzidas aberturas nas quinas da configuração em U, serão criadas zonas secundárias dentro de um campo multidirecional e dinâmico.

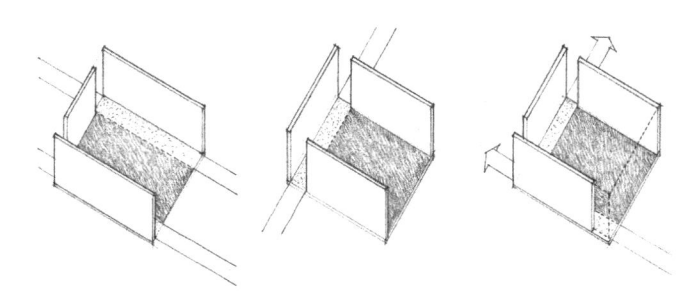

Se o campo for acessado por meio da extremidade aberta da configuração, o plano de fundo ou uma forma inserida em frente a ele criará uma terminação para nossa visão do espaço. Se, contudo, o acesso for por meio de uma abertura em um dos três planos verticais que configuram o espaço em U, a visão do que está além do plano vazado chamará nossa atenção e será o foco da sequência espacial.

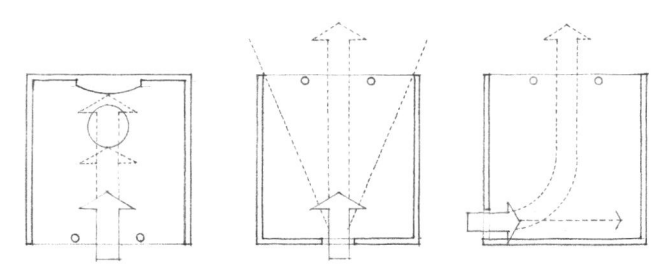

Caso a extremidade de um campo espacial longo e estreito esteja aberta, o espaço irá encorajar o movimento e induzir uma progressão ou sequência de eventos. Se o campo for quadrado (ou quase quadrado), o espaço terá natureza estática e o caráter de um lugar de estar, em vez de um lugar que sugere o movimento. Se a lateral de um espaço longo e estreito for aberta, o espaço ficará suscetível a uma subdivisão em várias zonas.

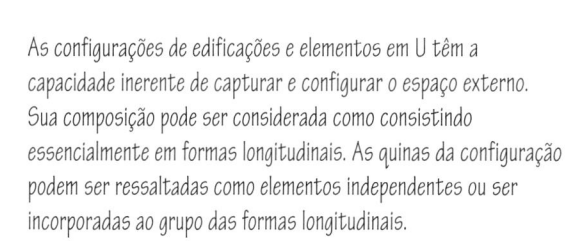

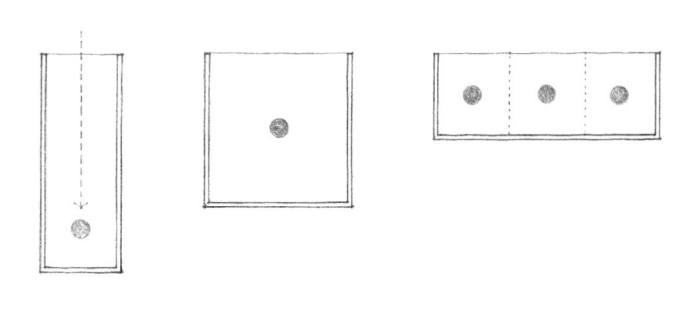

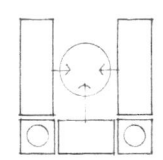

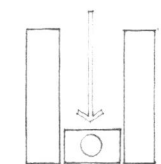

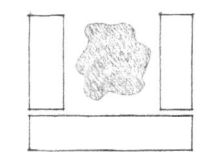

As configurações de edificações e elementos em U têm a capacidade inerente de capturar e configurar o espaço externo. Sua composição pode ser considerada como consistindo essencialmente em formas longitudinais. As quinas da configuração podem ser ressaltadas como elementos independentes ou ser incorporadas ao grupo das formas longitudinais.

PLANTAS EM U

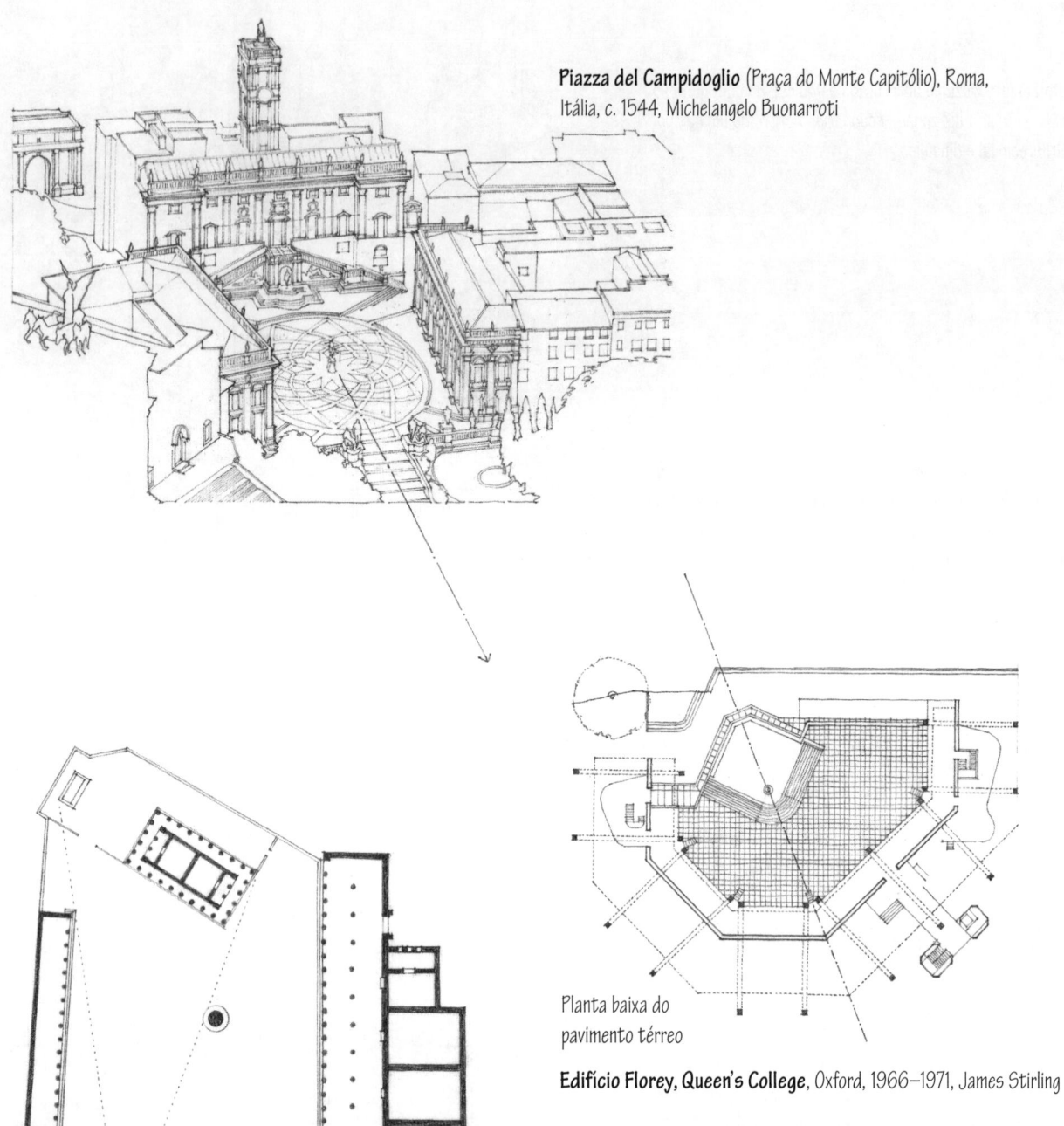

Piazza del Campidoglio (Praça do Monte Capitólio), Roma, Itália, c. 1544, Michelangelo Buonarroti

Planta baixa do pavimento térreo

Edifício Florey, Queen's College, Oxford, 1966–1971, James Stirling

Recinto Sagrado de Atenas, Pérgamo, Ásia Menor, século IV a.C.

As configurações de formas edificadas em U podem servir para definir um espaço urbano e terminar um eixo. Essas plantas em U também podem focar um elemento importante dentro de seus campos. Quando um elemento é inserido perto do lado aberto da configuração em U, ele cria um ponto focal, além de reforçar o senso de fechamento da composição.

PLANTAS EM U   183

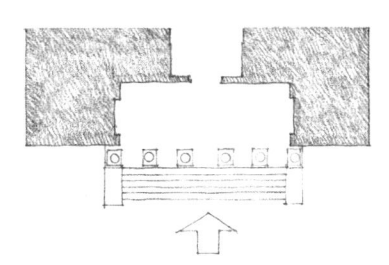

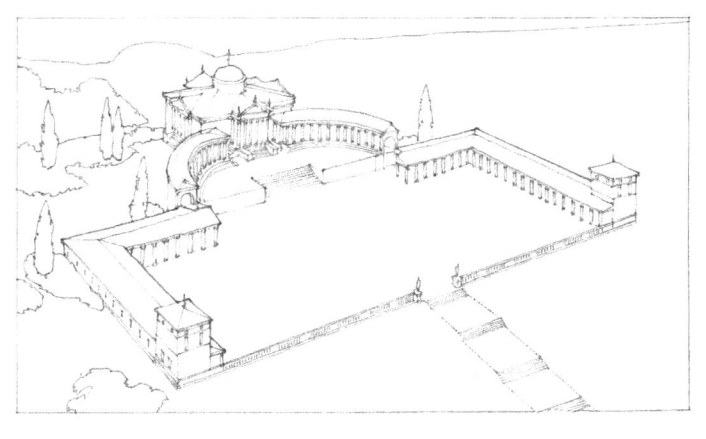

Uma organização em U pode configurar um pátio de entrada em uma edificação ou formar uma entrada recuada dentro de seu volume.

Vila Trissino, Meledo, de Os Quatro Livros da Arquitetura, Andrea Palladio

Um prédio em U também pode servir como um recipiente que organiza dentro de seu campo espacial um grupo de formas e espaços distintos.

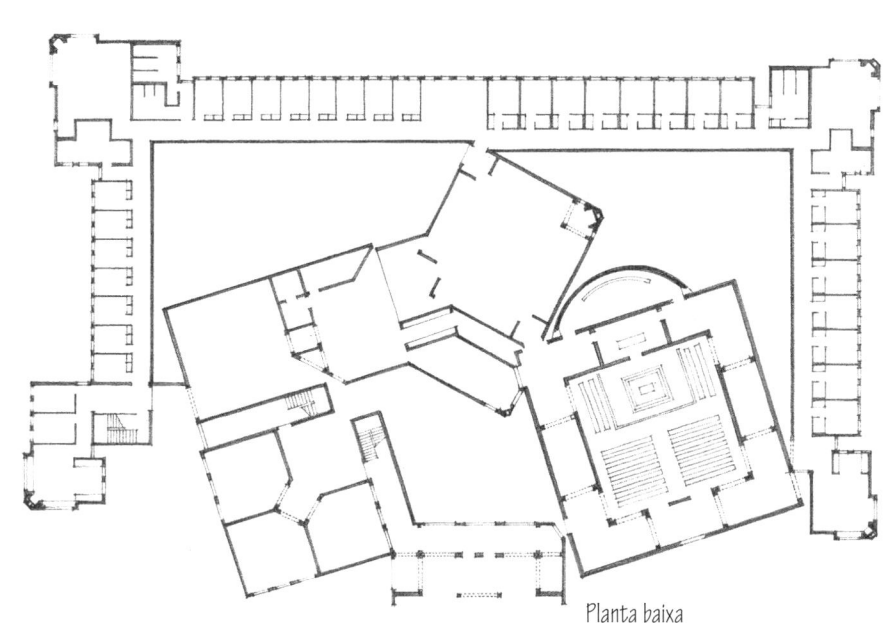

Planta baixa

Convento para as Irmãs Dominicanas, Projeto Não Executado, Media, Pensilvânia, Estados Unidos, 1965–1968, Louis Kahn. As celas formam um enclave para uma diversidade de recintos de uso comum.

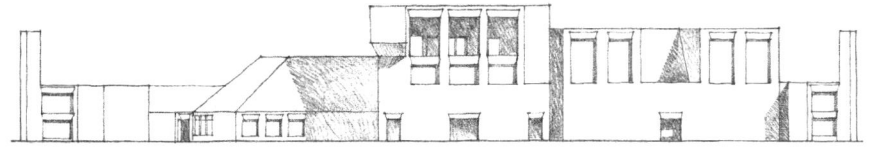

Elevação principal

184 PLANTAS EM U

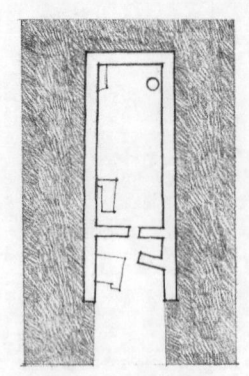

Mégaron Primitivo O salão ou cômodo principal de uma casa do período primitivo da Anatólia ou do Mar Egeu

Templo de Nêmesis, Ramnus, Macedônia

Plantas Baixas de Templos Gregos, séculos V e IV a.C.

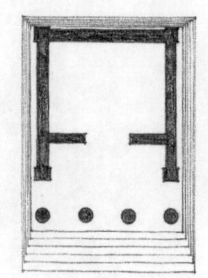

Templo "B", Selino, Ilha de Creta

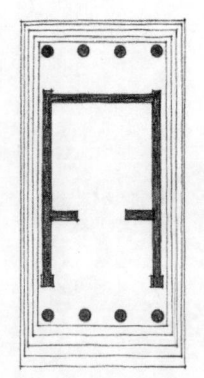

Templo às margens do rio Ilisso, Atenas, Peloponeso

Os recintos internos em forma de U têm orientação específica em direção a suas extremidades abertas. Essas figuras em U podem ser agrupadas em torno de um espaço central, compondo uma organização introvertida.

O Hotel para Estudantes em Otaniemi, projetado por Alvar Aalto, demonstra o uso de cômodos em U definindo a unidade espacial básica em esquemas com corredores acessados por dois lados em dormitórios, edifícios de apartamentos e hotéis. Essas unidades são de natureza extrovertida. Elas "ficam de costas" para o ambiente externo e se orientam para o corredor.

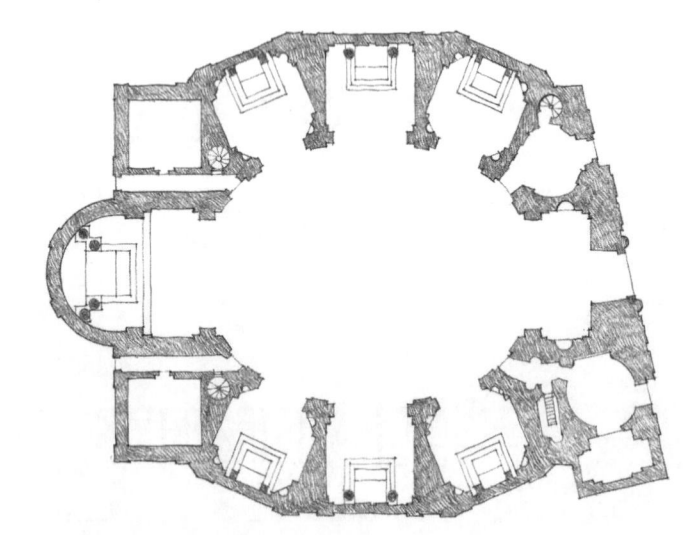

Croqui de uma Igreja Oval Feito por Francesco Borromini, o Modelo Conceitual de San Carlo alle Quattro Fontane (Igreja de São Carlos das Quatro Fontes), Roma, Itália, 1633–1641

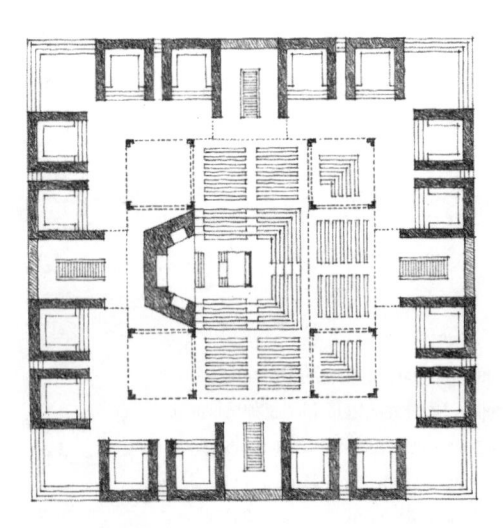

Sinagoga Hurva, Projeto Não Executado, Jerusalém, Israel, 1968, Louis Kahn

PLANTAS EM U   185

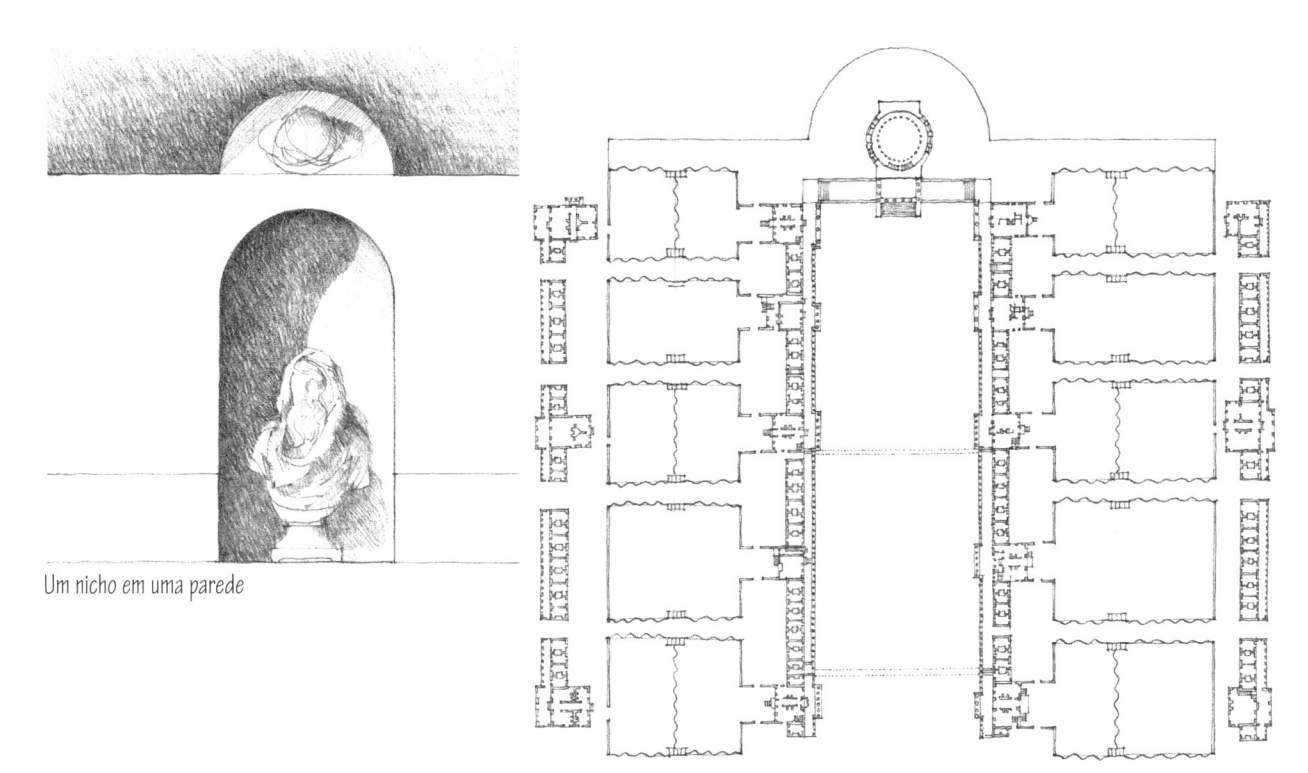

Um nicho em uma parede

Espaços em forma de U podem variar, em termos de tamanho, de um nicho na parede de um cômodo, ao próprio cômodo de um hotel ou dormitório ou a um espaço externo com arcada que organiza todo um complexo de edificações.

Universidade da Virgínia, Charlottesville, Estados Unidos, 1817–1826, Thomas Jefferson, em colaboração com Thornton e Latrobe

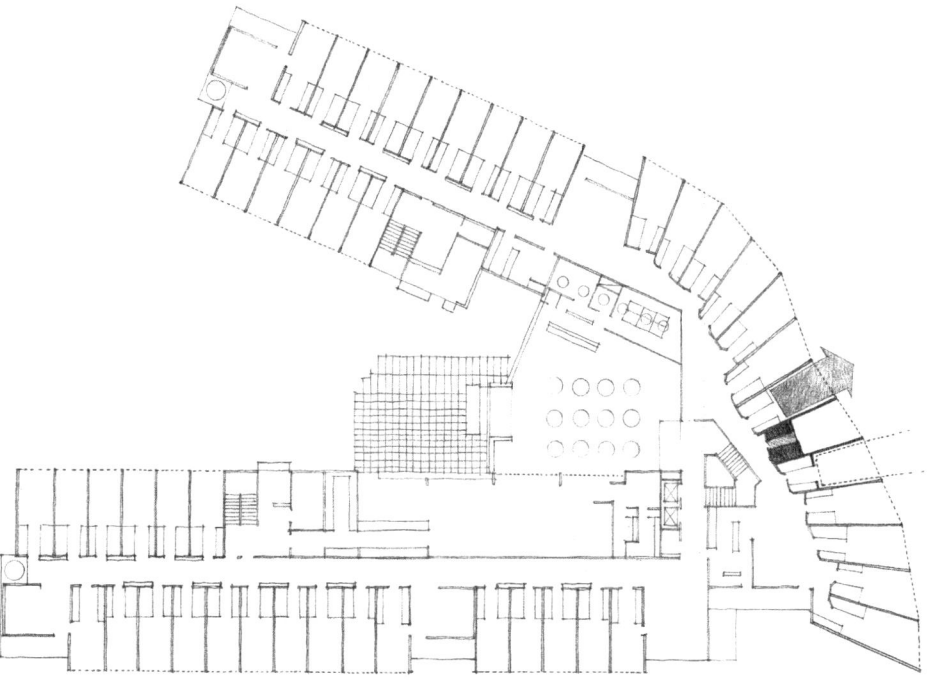

Hotel para Estudantes em Otaniemi, Finlândia, 1962–1966, Alvar Aalto

186 QUATRO PLANOS: FECHAMENTO

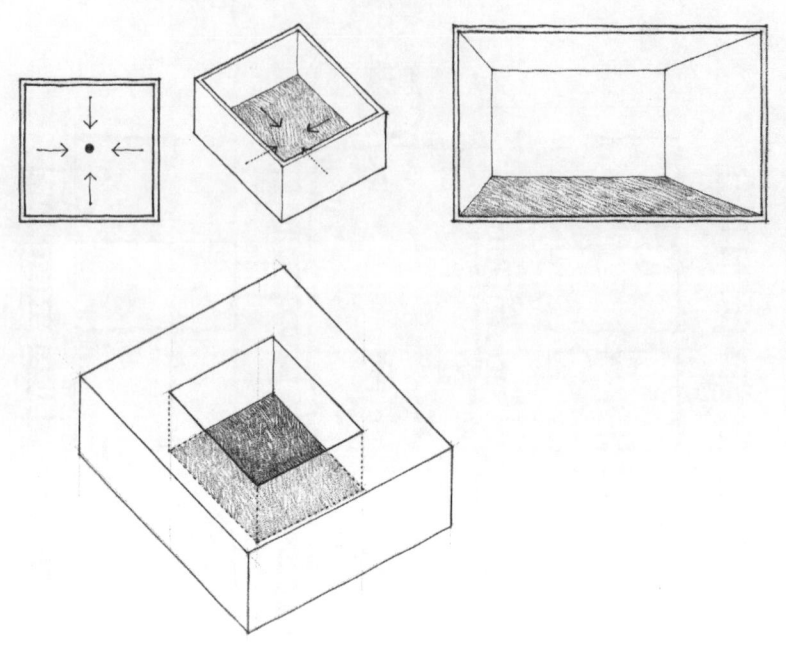

Provavelmente o tipo de definição espacial na arquitetura mais comum – e sem dúvida o mais forte – seja quatro planos verticais configurando um campo espacial. Uma vez que o campo é totalmente fechado, seu espaço é naturalmente introvertido. Para alcançar o domínio visual dentro de um espaço ou se tornar sua face principal, um dos planos do fechamento deve ser diferenciado dos demais por meio de seu tamanho, forma, tratamento da superfície ou natureza de suas aberturas.

Campos espaciais bem definidos e fechados podem ser encontrados na arquitetura em várias escalas, seja em uma grande praça, um pátio interno ou um átrio ou em um mero vestíbulo ou cômodo de um conjunto edificado. Os exemplos nessa página e nas seguintes ilustram campos espaciais fechados tanto na escala da cidade como da edificação.

Historicamente, quatro planos são empregados para definir um campo visual e espacial para uma edificação sagrada ou importante que se destaca como um objeto dentro do fechamento. Os planos de fechamento podem ser baluartes, muros ou cercas, isolando o campo e excluindo do recinto os elementos do entorno.

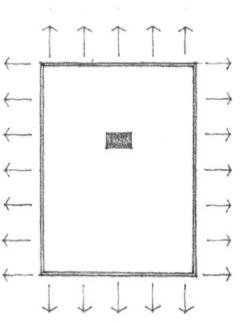

O Recinto Sagrado, Santuário de Ise, Província de Mie, Japão, reconstruído a cada 20 anos desde 690 d.C.

QUATRO PLANOS: FECHAMENTO   187

Em um contexto urbano, um campo espacial bem delimitado pode organizar uma série de edificações ao longo de seu perímetro. O fechamento pode consistir em arcadas ou galerias que trazem os prédios que o circundam para seu domínio e ativam os espaços que eles definem.

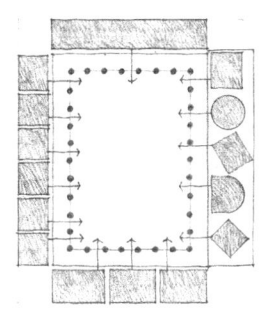

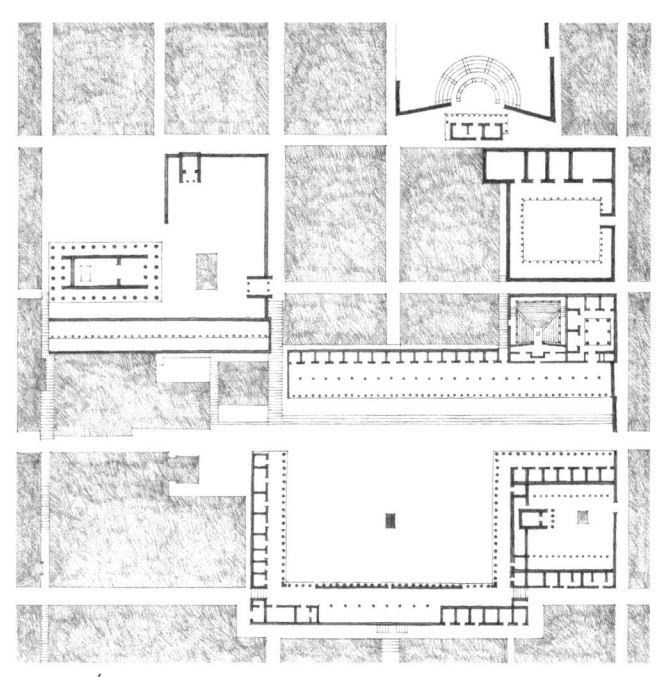

Planta da **Ágora de Priene** e de seu entorno, Turquia, fundada no século IV a.C.

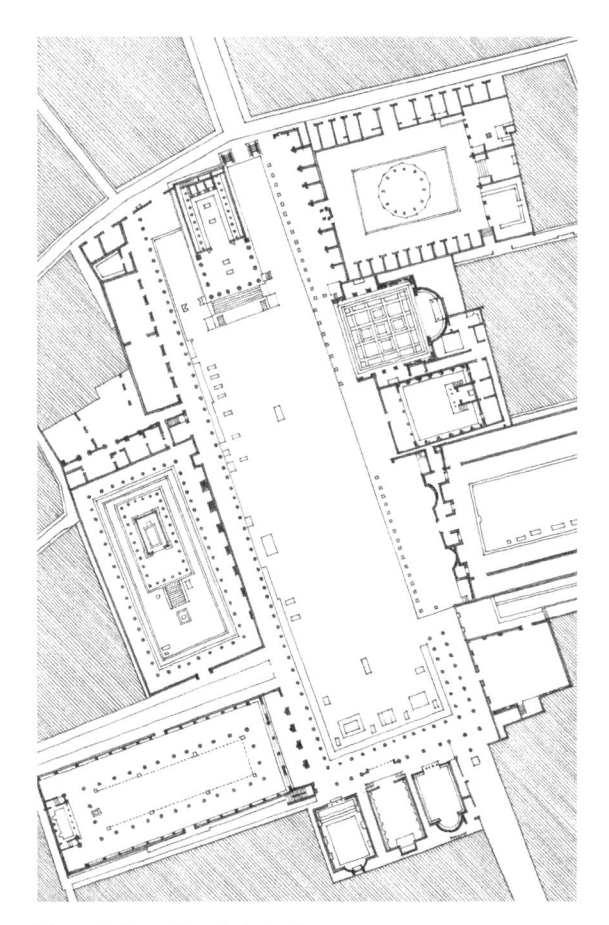

Fórum de Pompéia, século II a.C.

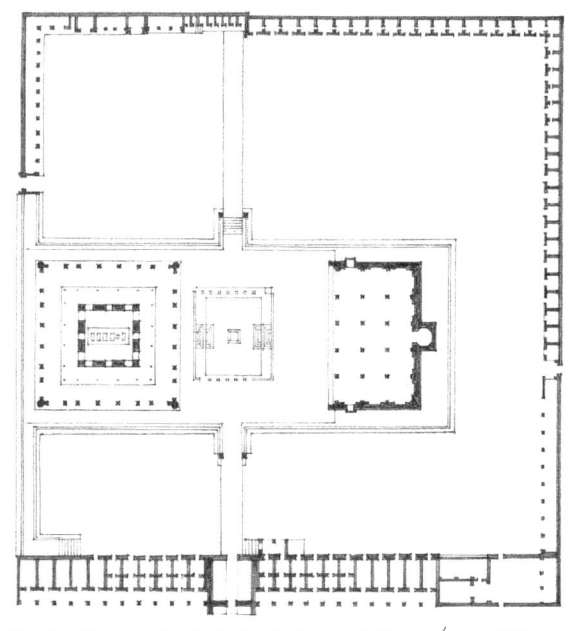

Ibrahim Rauza, Túmulo do Sultão Ibrahim II, Bijapur, Índia, 1615, Malik Sandal

188 QUATRO PLANOS: FECHAMENTO

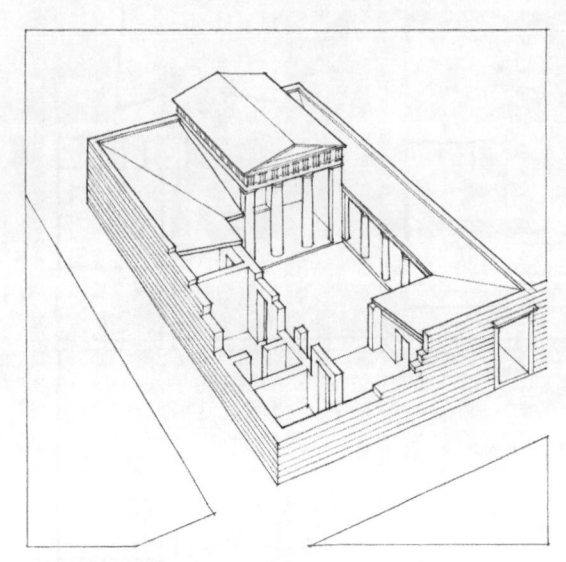

Casa nº 33, Priene, Turquia, século III a.C.

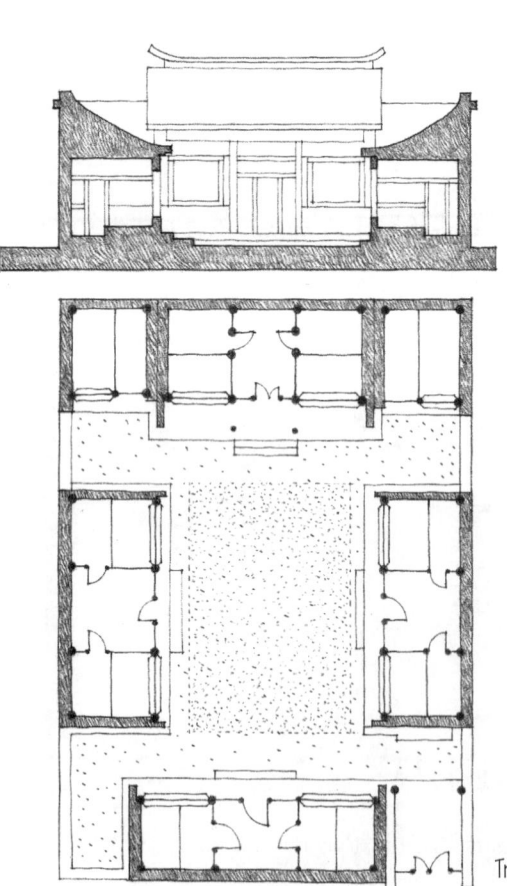

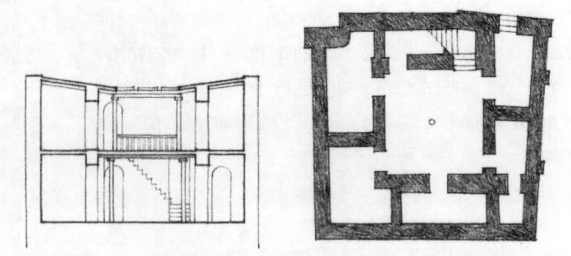

Casa, Ur dos Caldeus, Suméria (atual Iraque) c. 2000 a.C.

Os exemplos apresentados nestas duas páginas ilustram o uso de volumes de espaço fechados como elementos ordenadores em relação aos quais os recintos de uma edificação podem ser reunidos ou organizados. Esses espaços ordenadores em geral podem ser caracterizados por sua centralidade, clareza de sua definição, regularidade da forma e tamanho dominante. Aqui eles se manifestam nos átrios de casas, no cortil (o pátio principal) de um palácio urbano italiano, no fechamento de um templo grego, no pátio interno de uma prefeitura finlandesa e no claustro de um monastério.

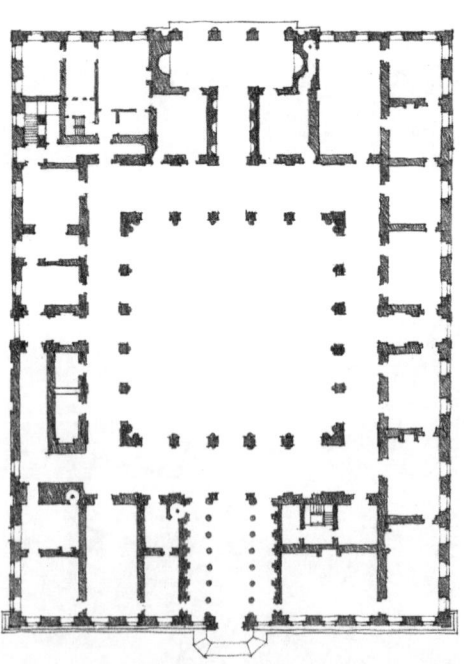

Tradicional casa chinesa com pátio

Palazzo Farnese, Roma, Itália, 1515, Antonio da Sangallo, o Jovem

QUATRO PLANOS: FECHAMENTO   189

Recinto do **Templo de Apolo Delfino**, Mileto, Ásia Menor (atual Turquia), c. século II a.C.

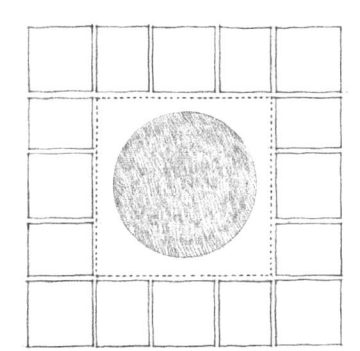

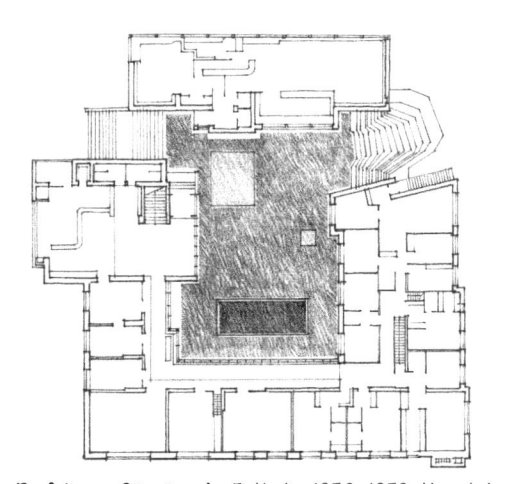

Prefeitura, Säynätsalo, Finlândia, 1950–1952, Alvar Aalto

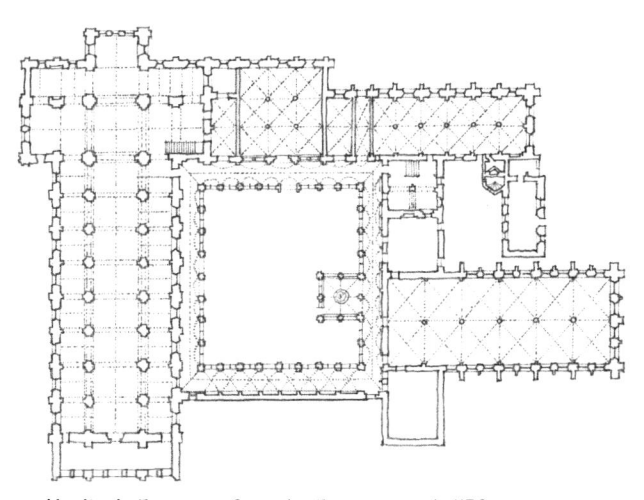

Abadia de Fontenay, Borgonha, França, cerca de 1139

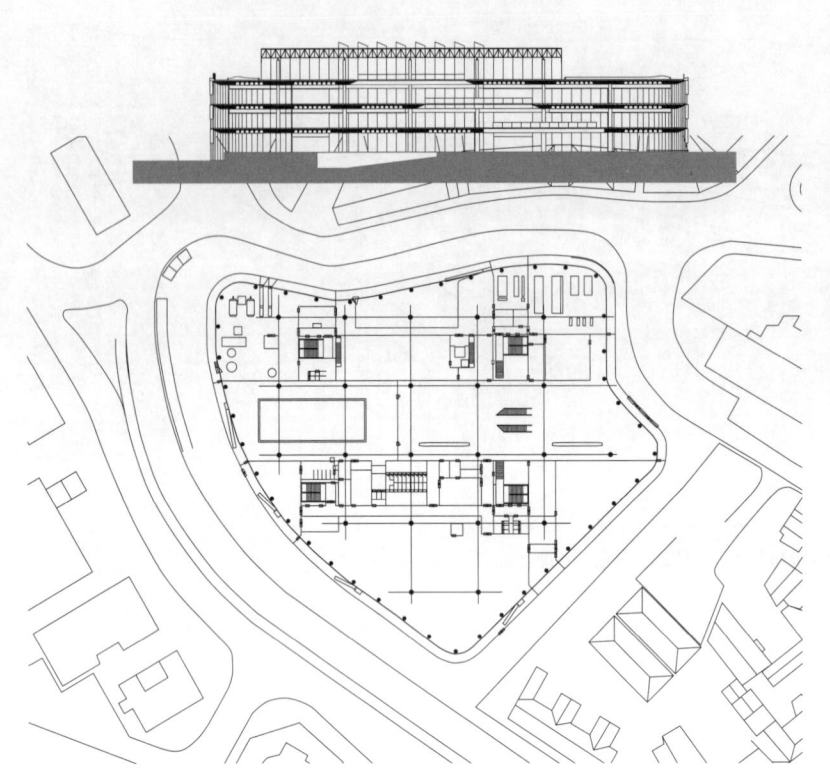

190 QUATRO PLANOS VERTICAIS: EDIFICAÇÕES FECHADAS

A maneira como o plano de cobertura pode dominar a forma de uma edificação é ilustrada nas páginas 147–9. Outras edificações, no entanto, podem ser dominadas pela forma de seus planos de parede externos e fechados.

As paredes externas determinam, em grande parte, o caráter visual de uma edificação, o peso e a opacidade das paredes portantes, a leveza e a transparência das paredes de cortina suportadas por uma estrutura de colunas e vigas, ou por uma combinação de ambos.

A transição de construções de paredes portantes para estruturas de pórticos deu origem a novas formas que vão além dos elementos atemporais da estática básica — pilares, vigas e paredes portantes de construções estáveis que são fixas no tempo e no espaço. As formas racionais da geometria retilínea e a regra da vertical foram revisadas, tanto estaticamente quanto opticamente, pelo desenvolvimento de estruturas irregulares que dependem de tensão e atrito em vez de pressão. Podemos ver essas novas formas à medida que imitam a topografia, se orientam em direção às vistas, abraçam a luz solar e se afastam dos ventos frios e do clima tempestuoso.

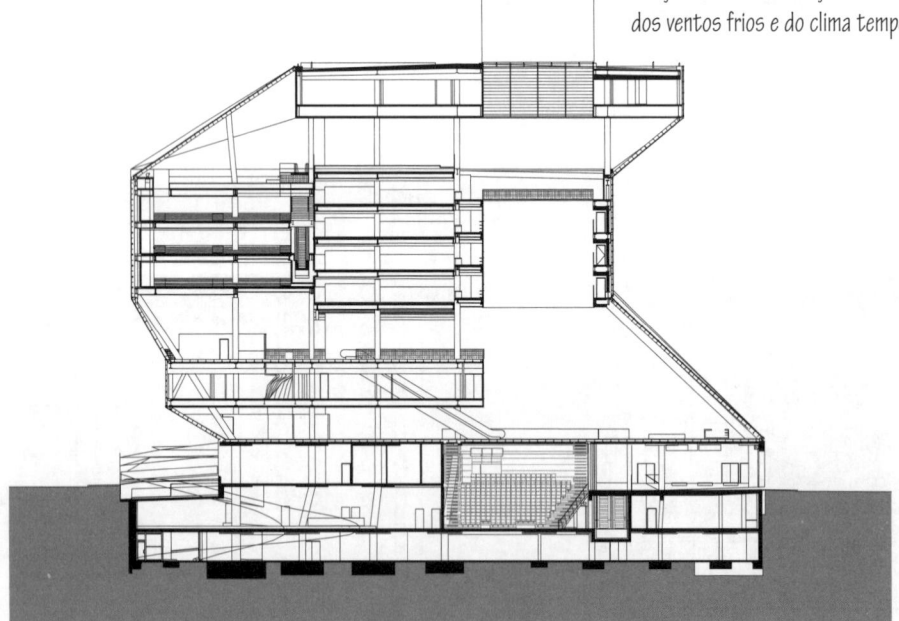

Sede da Willis, Faber & Dumas, Ipswich, Inglaterra, 1971–1975, Foster + Partners

Biblioteca Pública de Seattle, Seattle, Washington, 2004, OMA

QUATRO PLANOS: EDIFICAÇÕES FECHADAS 191

A evolução dos materiais e da tecnologia que separa as vedações externas de um edifício de sua estrutura também desempenhou um papel importante no desenvolvimento de formas de construção.

As fachadas de vidro estrutural integram estrutura e revestimento para proporcionar a máxima transparência aos edifícios. Embora suas formas possam variar, os painéis translúcidos normalmente cobrem os vãos de laje a laje e são sustentados por sistemas estruturais aparentes e distintos da estrutura principal do edifício.

Muitos dos sistemas estruturais usam treliças ou suportes treliçados, que podem se inclinar para dentro ou para fora, ou seguir uma geometria curva em planta ou corte. Alguns usam lâminas de vidro perpendiculares à fachada de vidro para fornecer suporte lateral.

Gridshells são estruturas de forma ativa sustentadas pela força de sua geometria de superfície de curva dupla. O sistema usa uma rede de cabos protendidos no plano para fornecer estabilidade e resistência ao cisalhamento à grade da casca. Abóbadas, cúpulas e outras configurações de dupla curvatura podem ser usadas na vertical ou como coberturas, bem como para fazer o fechamento completo da edificação.

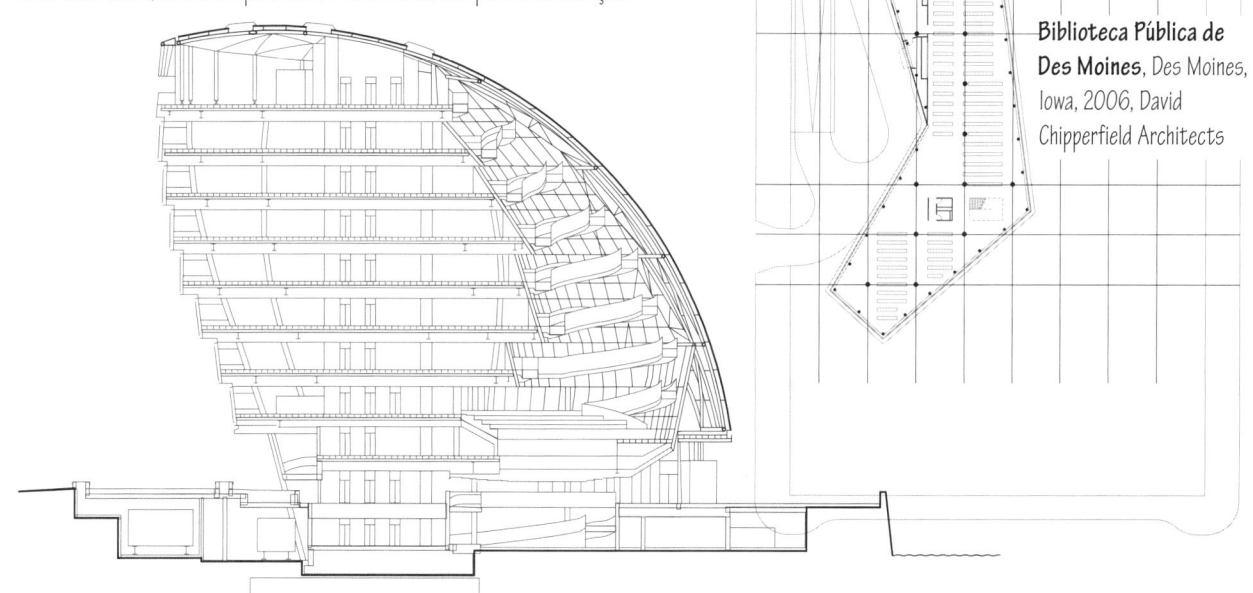

Biblioteca Pública de Des Moines, Des Moines, Iowa, 2006, David Chipperfield Architects

Prefeitura de Londres, Londres, Inglaterra, 1998–2003, Foster + Partners

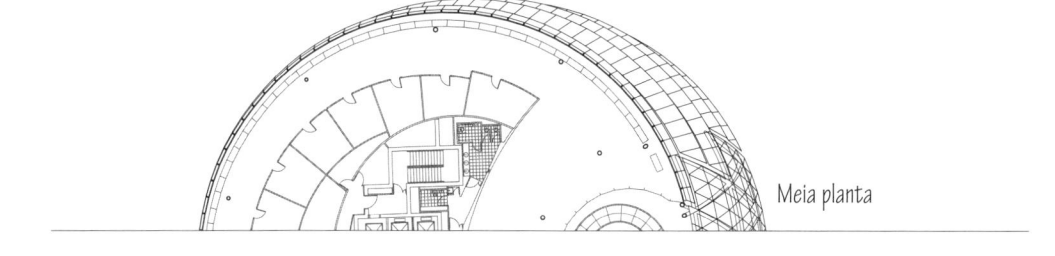

Meia planta

As estruturas em diagrid são tramas de vigas e pilares metálicos conectados a nós especialmente articulados para criar uma grade diagonal ao longo de uma superfície da edificação. Os elementos diagonais são capazes de suportar cargas gravitacionais e laterais ao longo da estrutura triangular, o que resulta em uma distribuição de carga relativamente uniforme. Esta estrutura exoesquelética permite uma redução do número de suportes internos, economizando espaço e materiais de construção e garantindo maior flexibilidade no leiaute de interiores. Além disso, como cada diagonal pode fornecer um caminho de carga contínuo para o solo, o número de possíveis caminhos de carga, no caso de uma falha estrutural localizada, resulta em alto grau de redundância.

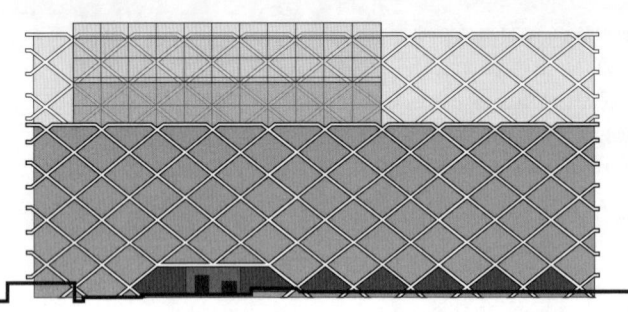

One Shelley Street, Sidnei, Austrália, 2009, Fitzpatrick + Partners. Este projeto utiliza um sistema em diagrid estrutural posicionado do lado de fora e muito perto da fachada de vidro para criar um exterior visualmente único.

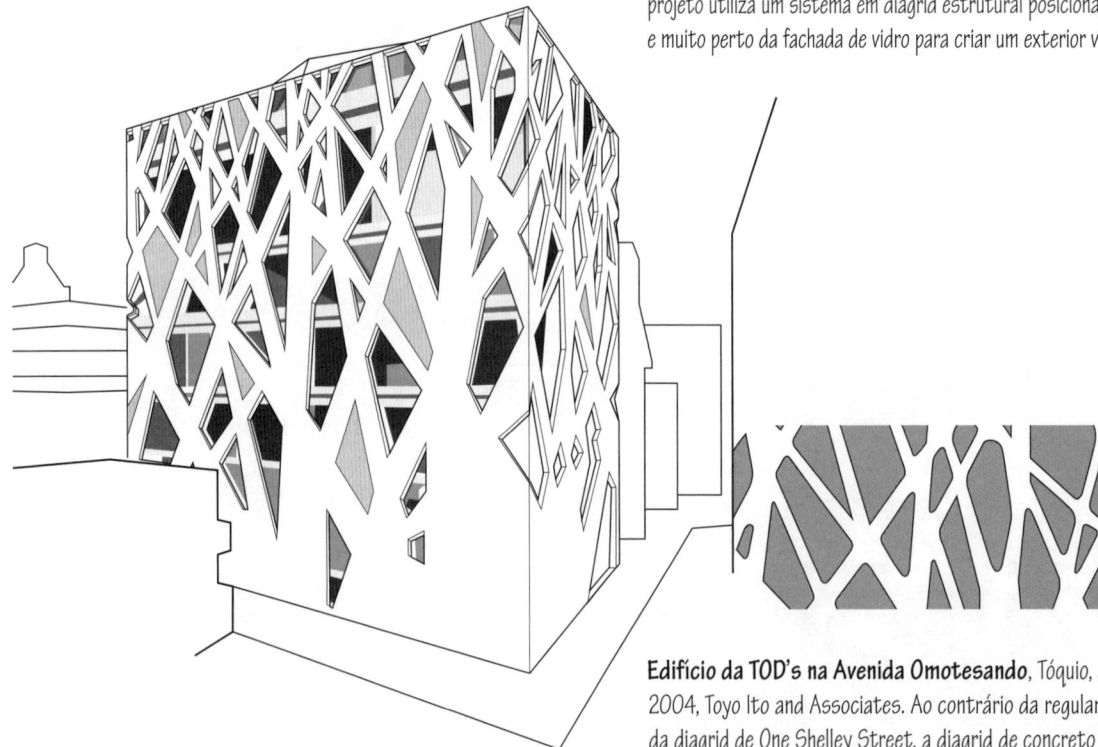

Edifício da TOD's na Avenida Omotesando, Tóquio, Japão, 2002–2004, Toyo Ito and Associates. Ao contrário da regularidade geométrica da diagrid de One Shelley Street, a diagrid de concreto usada no Edifício da Tod's na avenida Omotesando é baseada em um padrão de silhuetas de árvores sobrepostas que imitam a estrutura de galhos de olmos próximos. Da mesma forma que crescem as árvores, os membros da diagrid ficam mais finos e mais numerosos, com maior abertura, à medida que subimos mais alto no prédio.

As várias formas de estruturas em diagrid são fruto de tecnologias digitais que nos ajudam na concepção de complexas construções tridimensionais. Os software de modelagem 3D e CAD nos permitem desenvolver, descrever e fabricar os componentes para executar essas construções. Muitas dessas criações seriam difíceis, se não impossíveis, de fazer à mão, especialmente se considerarmos os cálculos necessários para determinar os requisitos estruturais de cada um dos elementos de um sistema de diagrid.

A modelagem 3D e o software CAD têm não apenas a capacidade computacional para calcular os requisitos estruturais de cada parte do sistema, mas também os meios de fazê-lo, com impressoras 3D para fabricar os componentes, muitos dos quais são distintos entre si.

Os aros de perímetro resistem às forças horizontais em cada nó em que as colunas diagonais se cruzam. Tal como acontece com as estruturas de cúpula, os aros na região superior estão sob compressão, enquanto aqueles nos níveis médio e inferior estão sujeitos a significativas forças de tração. Os aros também servem para transformar a diagrid em uma casca triangulada muito rígida, liberando o núcleo interno da necessidade de resistir às forças laterais do vento.

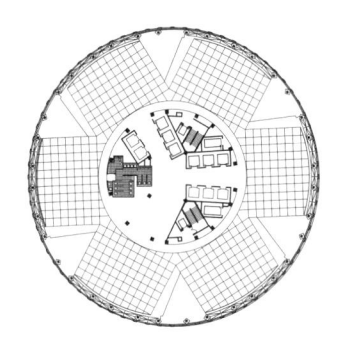

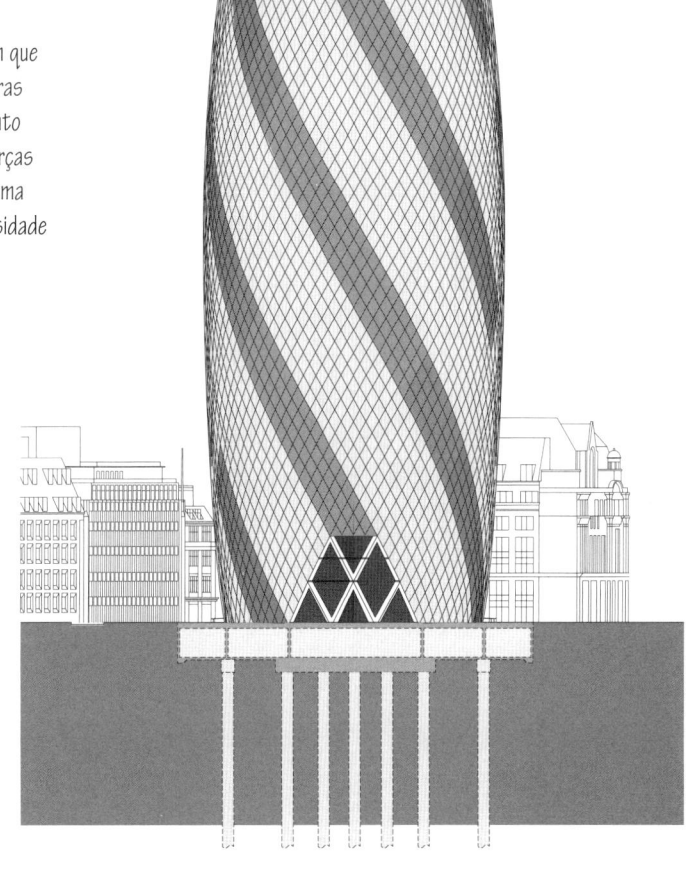

30 St. Mary Axe, Londres, Reino Unido, 2001–2003, Foster + Partners. Informalmente conhecido como The Gherkin (o "Pepininho"), anteriormente chamado de edifício da Swiss Re, este arranha-céu é um símbolo icônico do distrito financeiro de Londres. A forma da torre foi parcialmente influenciada pela necessidade de ter um fluxo suave de vento no entorno imediato do edifício e minimizar seu impacto no ambiente eólico local. A estrutura em diagrid ao longo da superfície curva é formada por um padrão de diagonais em espiral que se interceptam em duas direções.

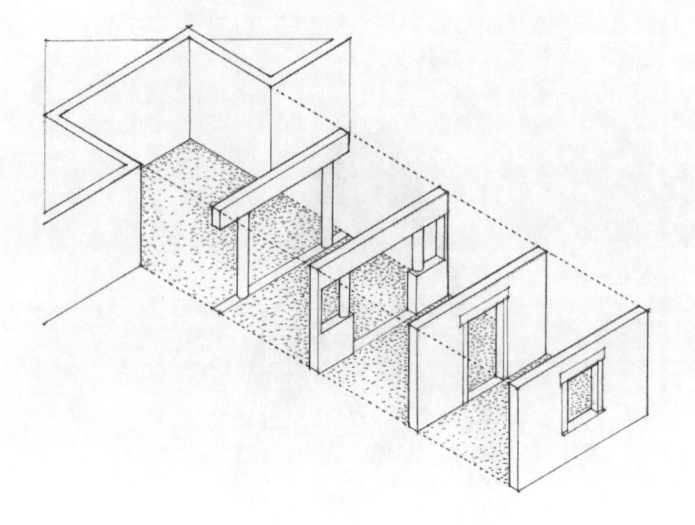

ABERTURAS EM ELEMENTOS DEFINIDORES DO ESPAÇO

Nenhuma continuidade espacial ou visual é possível com espaços adjacentes sem que haja aberturas nos planos de fechamento de um campo espacial. As portas permitem a entrada em um cômodo e influenciam seus padrões de movimento e uso interno. As janelas permitem a incidência da luz dentro do espaço e a iluminação das superfícies de um cômodo, oferecem vistas para o exterior, estabelecem relações visuais entre o cômodo e os espaços adjacentes e proporcionam a ventilação natural do espaço. Embora essas aberturas criem a continuidade com os espaços adjacentes, elas também podem, conforme seu tamanho, número e localização, passar a erodir a delimitação do espaço.

A próxima seção deste capítulo foca os espaços fechados na escala do cômodo, onde a natureza das aberturas nas paredes de vedação do cômodo é um dos principais fatores na determinação da qualidade do espaço.

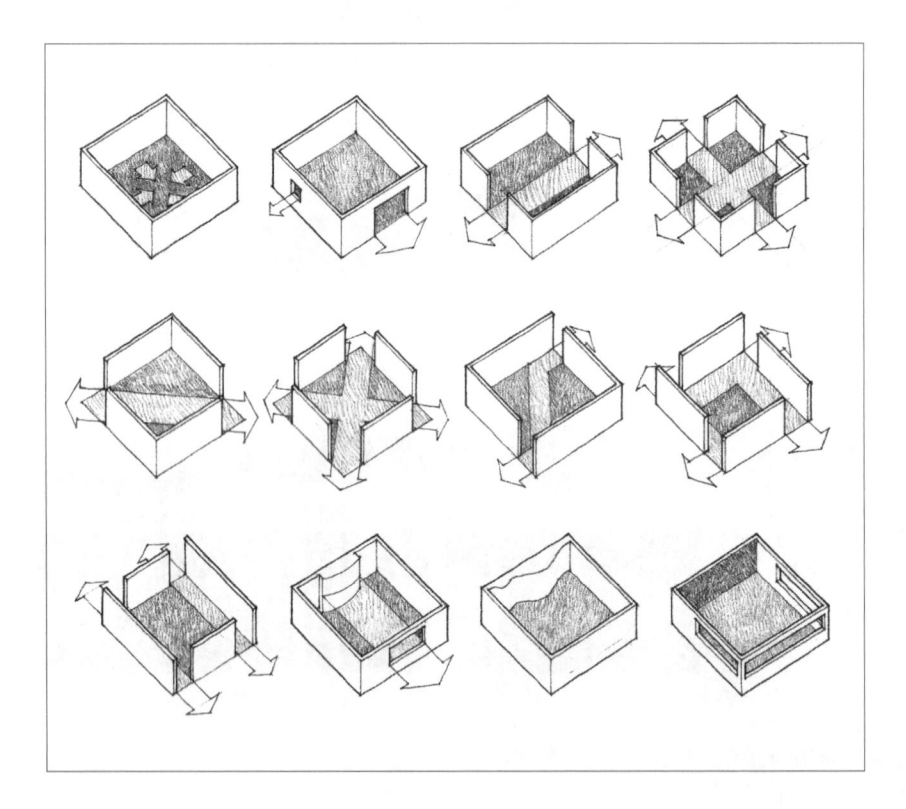

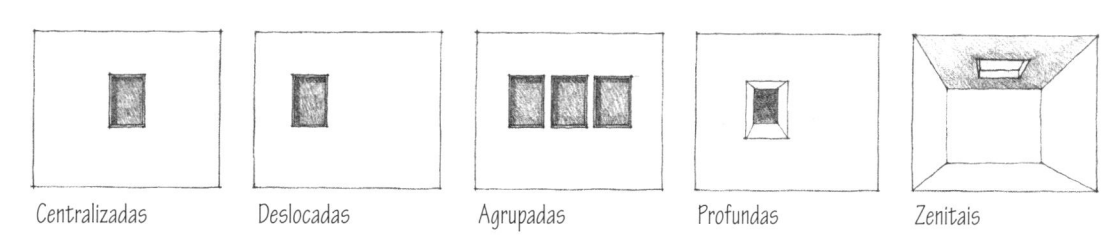

ABERTURAS EM ELEMENTOS DEFINIDORES DO ESPAÇO 195

Centralizadas   Deslocadas   Agrupadas   Profundas   Zenitais

Aberturas em planos   Uma abertura pode estar localizada totalmente em um plano de parede ou de teto e estar circundada em todos os lados pela superfície do plano.

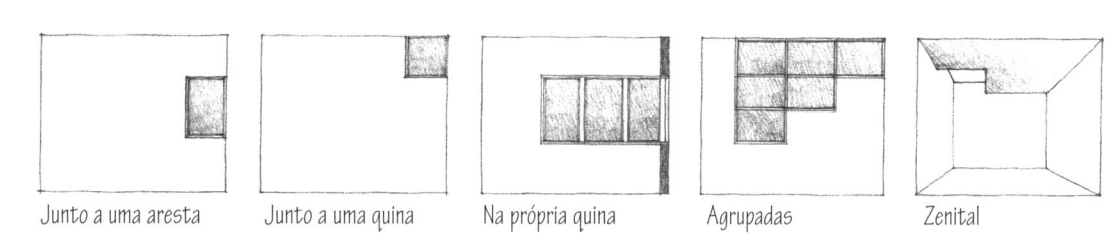

Junto a uma aresta   Junto a uma quina   Na própria quina   Agrupadas   Zenital

Aberturas em quinas   Uma abertura pode estar localizada na própria quina dos planos da parede ou na quina da parede com o teto. Em ambos os casos, a abertura estará em um canto do espaço.

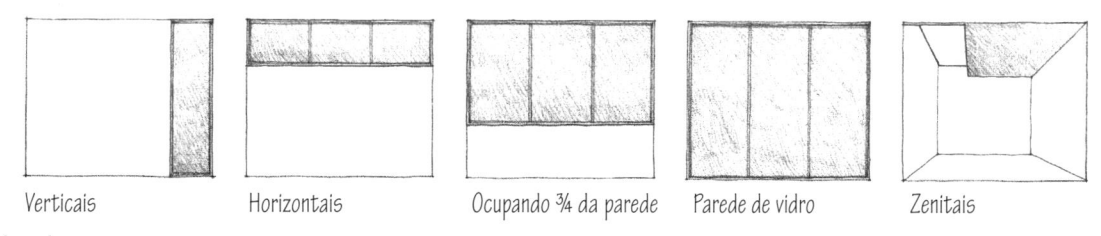

Verticais   Horizontais   Ocupando ¾ da parede   Parede de vidro   Zenitais

Aberturas entre dois planos   Uma abertura pode se estender verticalmente, entre os planos do piso e do teto, ou horizontalmente, entre dois planos de parede. Ela também pode ter seu tamanho ampliado, de modo a ocupar toda uma parede do espaço.

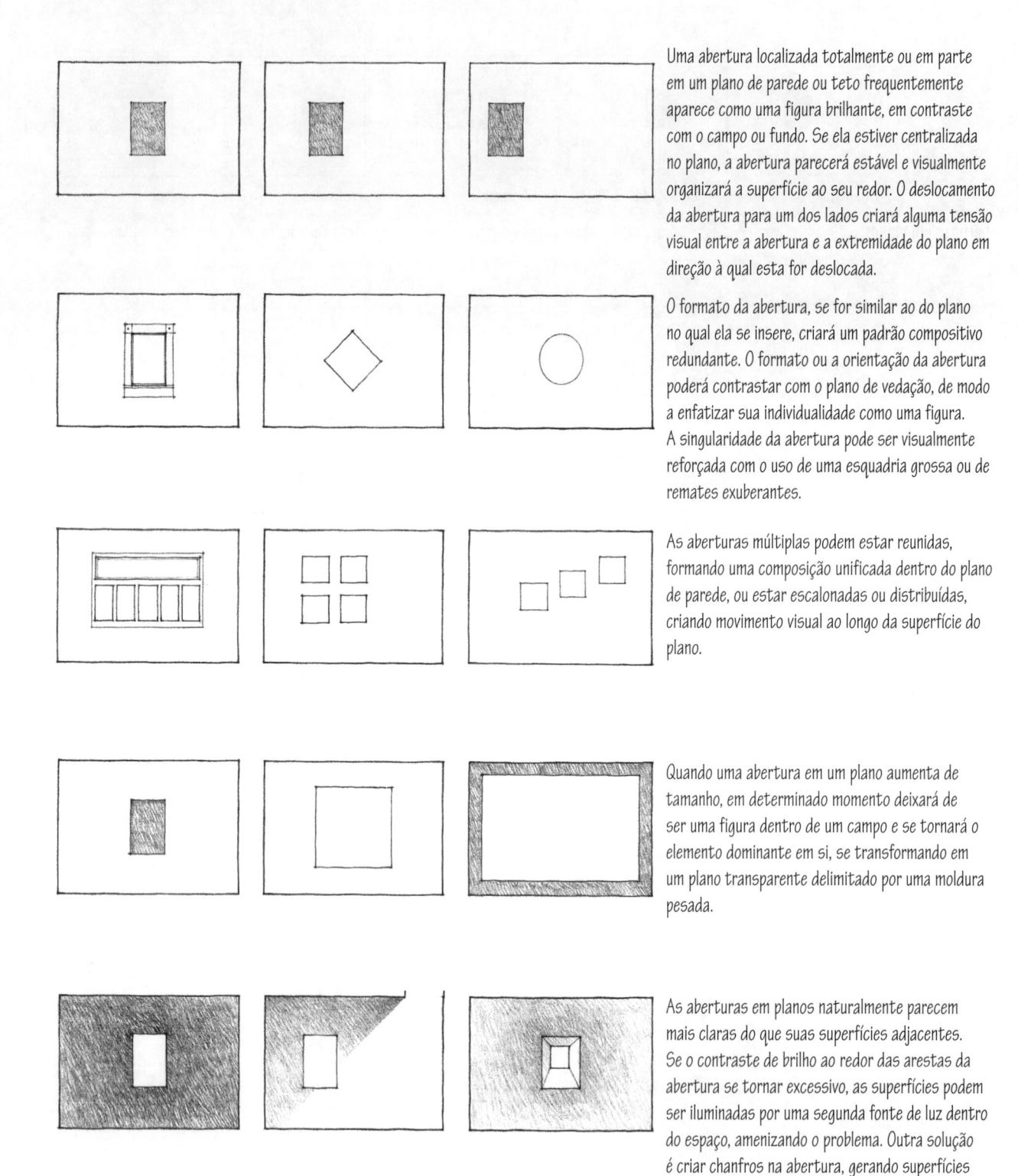

ABERTURAS EM PLANOS

Uma abertura localizada totalmente ou em parte em um plano de parede ou teto frequentemente aparece como uma figura brilhante, em contraste com o campo ou fundo. Se ela estiver centralizada no plano, a abertura parecerá estável e visualmente organizará a superfície ao seu redor. O deslocamento da abertura para um dos lados criará alguma tensão visual entre a abertura e a extremidade do plano em direção à qual esta for deslocada.

O formato da abertura, se for similar ao do plano no qual ela se insere, criará um padrão compositivo redundante. O formato ou a orientação da abertura poderá contrastar com o plano de vedação, de modo a enfatizar sua individualidade como uma figura. A singularidade da abertura pode ser visualmente reforçada com o uso de uma esquadria grossa ou de remates exuberantes.

As aberturas múltiplas podem estar reunidas, formando uma composição unificada dentro do plano de parede, ou estar escalonadas ou distribuídas, criando movimento visual ao longo da superfície do plano.

Quando uma abertura em um plano aumenta de tamanho, em determinado momento deixará de ser uma figura dentro de um campo e se tornará o elemento dominante em si, se transformando em um plano transparente delimitado por uma moldura pesada.

As aberturas em planos naturalmente parecem mais claras do que suas superfícies adjacentes. Se o contraste de brilho ao redor das arestas da abertura se tornar excessivo, as superfícies podem ser iluminadas por uma segunda fonte de luz dentro do espaço, amenizando o problema. Outra solução é criar chanfros na abertura, gerando superfícies iluminadas entre a abertura e o plano adjacente.

ABERTURAS EM PLANOS 197

Interior da Capela de **Notre Dame du Haut**, Ronchamp, França, 1950–1955, Le Corbusier

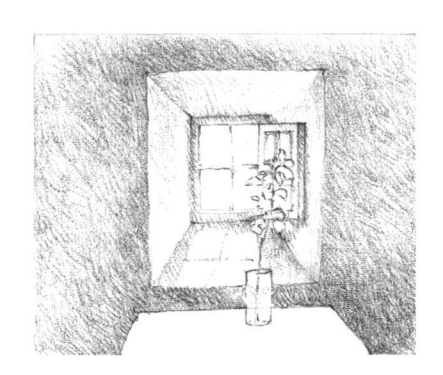

198 ABERTURAS EM QUINAS

As aberturas situadas em quinas conferem uma orientação diagonal ao espaço e aos planos nos quais elas se inserem. Esse efeito direcional pode ser desejável, por motivos de composição, ou a abertura no canto pode ser criada a fim de capturar uma vista interessante ou de iluminar uma quina escura do espaço.

Uma abertura junto à quina visualmente corrói as arestas do plano no qual ela se insere e ressalta a aresta do plano adjacente e perpendicular a ela. Quanto maior a abertura, mais fraca será a definição da quina. Se a abertura estiver na própria quina, isto é, ocupando dois planos, o ângulo do espaço na verdade estará apenas sugerido, em vez de ser real, e o campo espacial se estenderá além dos planos de vedação.

Se forem introduzidas aberturas entre os planos de vedação nas quatro quinas de um espaço, a identidade individual dos planos será reforçada, e serão encorajados padrões de espaço, uso e movimento diagonais ou em cata-vento.

A luz que incide em um espaço através de uma abertura junto à quina banha a superfície do plano adjacente e perpendicular à abertura. Essa superfície iluminada se torna por si própria uma fonte de luz e aumenta o brilho do espaço. O nível de iluminação pode ser aumentado ainda mais se a abertura estiver na própria quina ou pela adição de uma claraboia sobre a abertura da parede.

ABERTURAS EM QUINAS   199

Ateliê, **casa de Amédée Ozenfant**, Paris, 1922–1923, Le Corbusier

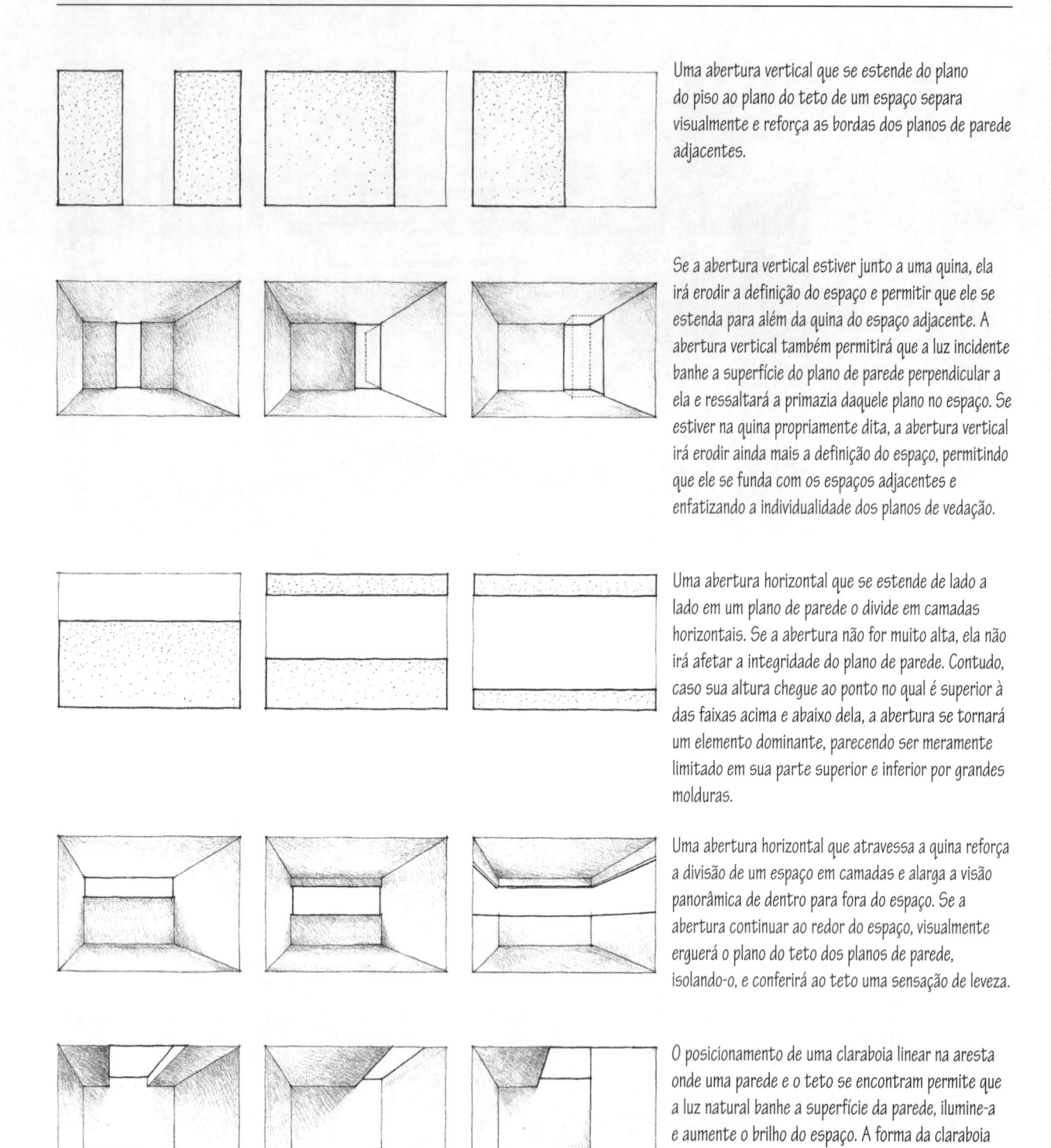

ABERTURAS ENTRE DOIS PLANOS

Uma abertura vertical que se estende do plano do piso ao plano do teto de um espaço separa visualmente e reforça as bordas dos planos de parede adjacentes.

Se a abertura vertical estiver junto a uma quina, ela irá erodir a definição do espaço e permitir que ele se estenda para além da quina do espaço adjacente. A abertura vertical também permitirá que a luz incidente banhe a superfície do plano de parede perpendicular a ela e ressaltará a primazia daquele plano no espaço. Se estiver na quina propriamente dita, a abertura vertical irá erodir ainda mais a definição do espaço, permitindo que ele se funda com os espaços adjacentes e enfatizando a individualidade dos planos de vedação.

Uma abertura horizontal que se estende de lado a lado em um plano de parede o divide em camadas horizontais. Se a abertura não for muito alta, ela não irá afetar a integridade do plano de parede. Contudo, caso sua altura chegue ao ponto no qual é superior à das faixas acima e abaixo dela, a abertura se tornará um elemento dominante, parecendo ser meramente limitado em sua parte superior e inferior por grandes molduras.

Uma abertura horizontal que atravessa a quina reforça a divisão de um espaço em camadas e alarga a visão panorâmica de dentro para fora do espaço. Se a abertura continuar ao redor do espaço, visualmente erguerá o plano do teto dos planos de parede, isolando-o, e conferirá ao teto uma sensação de leveza.

O posicionamento de uma claraboia linear na aresta onde uma parede e o teto se encontram permite que a luz natural banhe a superfície da parede, ilumine-a e aumente o brilho do espaço. A forma da claraboia pode ser trabalhada, a fim de permitir a incidência da luz solar direta, da luz solar indireta ou uma combinação de ambas.

ABERTURAS ENTRE DOIS PLANOS **201**

Sala de estar, **casa de Samuel Freeman**, Los Angeles, Califórnia, Estados Unidos, 1924, Frank Lloyd Wright

As paredes de vidro ou portas-janelas oferecem vistas mais generosas e permitem que o nível de luz diurna incidente dentro do espaço seja maior do que em qualquer um dos exemplos anteriores. Se as paredes de vidro ou portas-janelas forem orientadas para capturar a luz diurna direta, talvez sejam necessários elementos de sombreamento, a fim de reduzir o ofuscamento e o ganho térmico excessivo dentro do espaço.

Embora uma parede de vidro ou porta-janela enfraqueça os limites verticais de um espaço, ela oferece possibilidades para que o espaço se expanda visualmente, ultrapassando seus limites físicos.

Sala de estar, **Vila Mairea**, Noormarkku, Finlândia, 1938–1939, Alvar Aalto

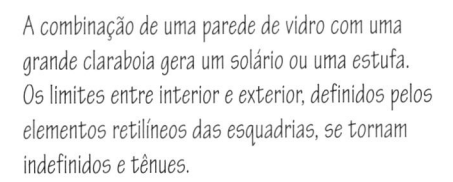

A combinação de uma parede de vidro com uma grande claraboia gera um solário ou uma estufa. Os limites entre interior e exterior, definidos pelos elementos retilíneos das esquadrias, se tornam indefinidos e tênues.

202 PROPRIEDADES DO ESPAÇO ARQUITETÔNICO

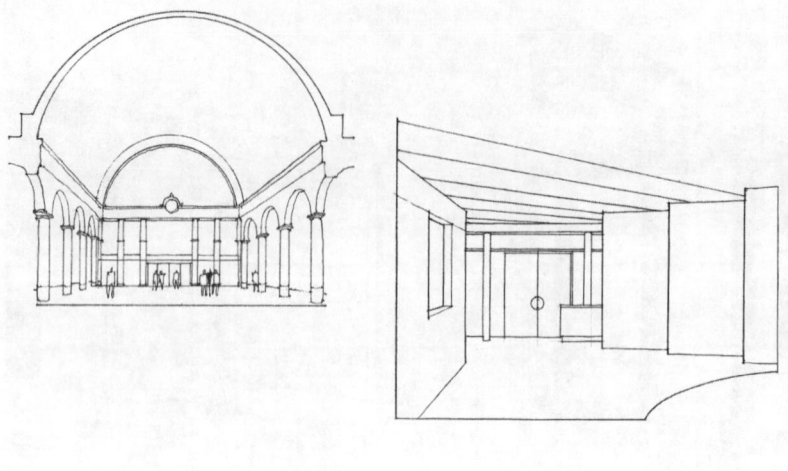

Os padrões básicos dos elementos retilíneos e planos que definem volumes de espaço distintos e os tipos de aberturas empregadas para conectar esses volumes espaciais entre si e a seus contextos são apresentados nas páginas 194–195. As propriedades de um espaço arquitetônico, contudo, são muito mais ricas do que os diagramas conseguem retratar. As características espaciais da forma, proporção, escala, textura, iluminação e acústica dependem, em última análise, das propriedades de vedação de um espaço. Nossa percepção dessas características frequentemente é uma resposta aos efeitos conjuntos das propriedades encontradas e condicionadas pela cultura, nossas experiências prévias e interesses ou gostos pessoais.

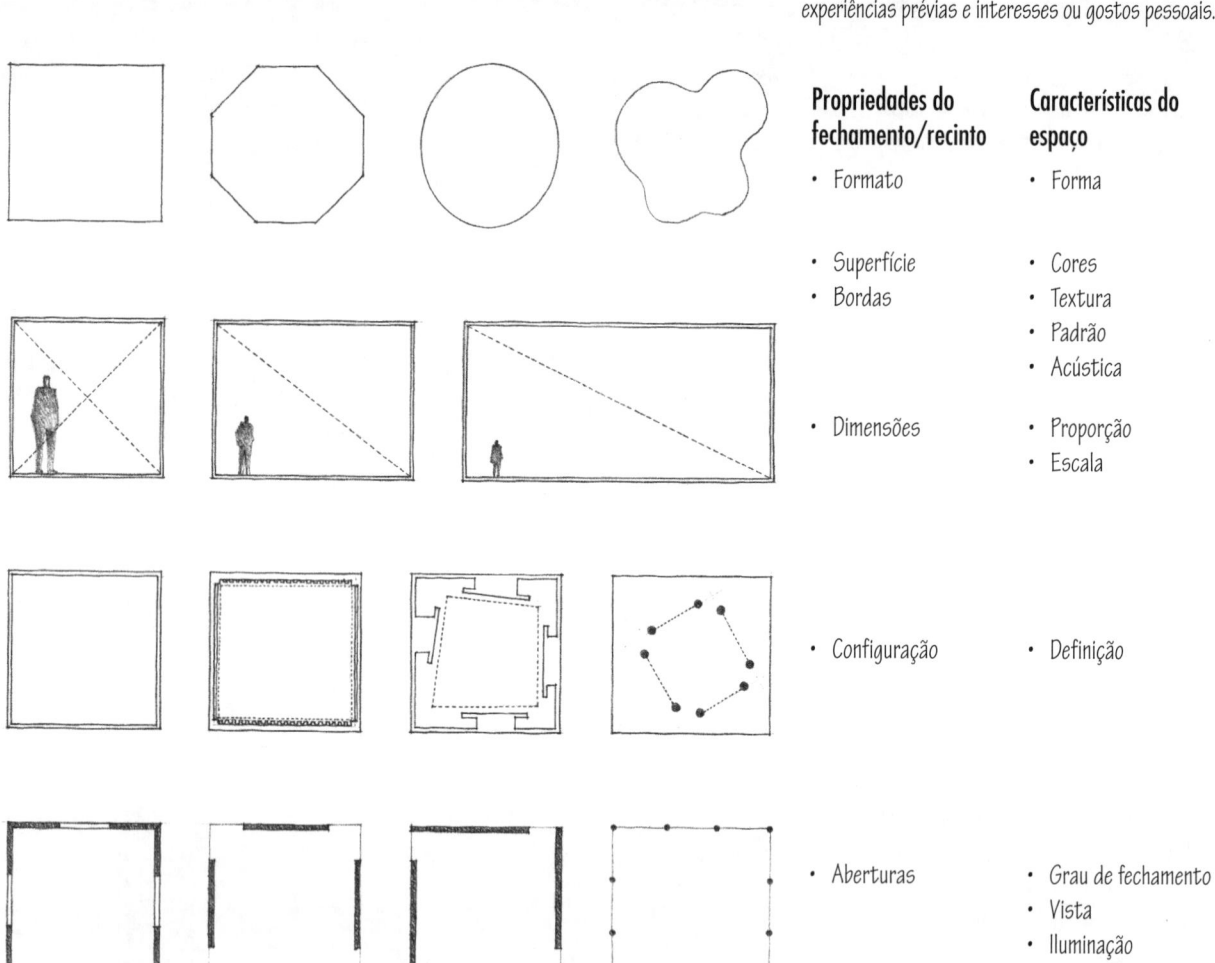

Propriedades do fechamento/recinto

- Formato
- Superfície
- Bordas
- Dimensões
- Configuração
- Aberturas

Características do espaço

- Forma
- Cores
- Textura
- Padrão
- Acústica
- Proporção
- Escala
- Definição
- Grau de fechamento
- Vista
- Iluminação

PROPRIEDADES DO ESPAÇO ARQUITETÔNICO   203

Janela Saliente da Sala de Estar, **Casa da Colina**, Helensburgh, Escócia, 1902–1903, Charles Rennie Mackintosh

O Capítulo 2 discute o impacto do formato, da superfície e das arestas em nossa percepção da forma. O Capítulo 6 apresenta as questões das dimensões, proporções e escala. Enquanto a primeira parte deste capítulo descreve como configurações básicas de elementos retilíneos e planos definem volumes de espaço, essa última seção descreve como o tamanho, o formato e a localização das aberturas ou dos vazios dentro das formas que fecham um espaço podem influenciar as seguintes propriedades de um cômodo:

- **grau de fechamento**... a forma do espaço
- **vista ou visão**... o foco do espaço
- **luz**... a iluminação de suas superfícies e formas

O GRAU DE FECHAMENTO

O grau de fechamento de um espaço, determinado pela configuração de seus elementos definidores e do padrão de suas aberturas, tem impacto significativo em nossa percepção de sua forma e orientação. De dentro de um espaço, vemos apenas a superfície de uma parede. É essa fina camada de material que forma o limite vertical do espaço. A espessura real de um plano de parede pode ser revelada apenas nas arestas de suas aberturas de portas e janelas.

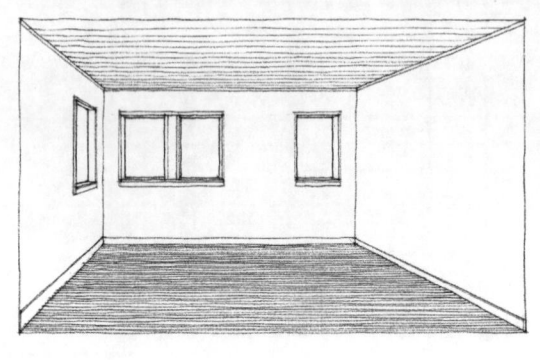

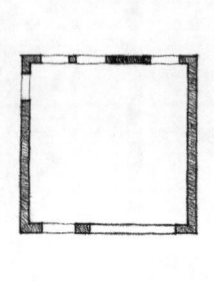

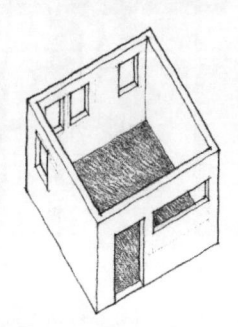

As aberturas que estão totalmente inseridas nos planos de fechamento de um espaço não enfraquecem a definição das arestas nem o senso de fechamento do espaço. A forma do espaço se mantém intacta e perceptível.

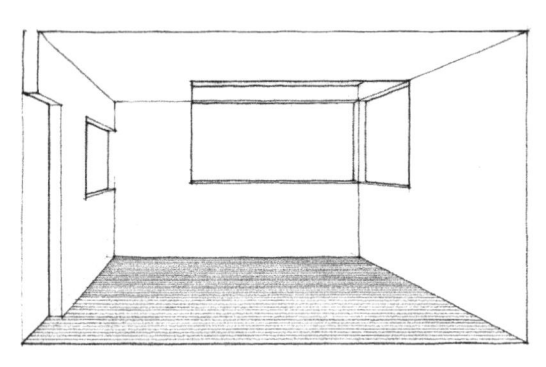

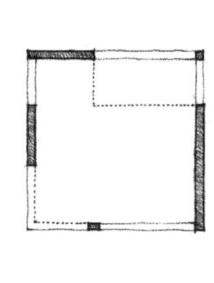

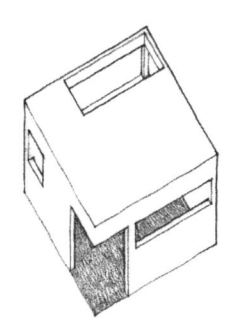

As aberturas localizadas ao longo das arestas dos planos de fechamento do espaço enfraquecem visualmente as quinas do volume. Embora essas aberturas erodam a forma geral do espaço, elas também promovem sua continuidade visual e interação com os espaços adjacentes.

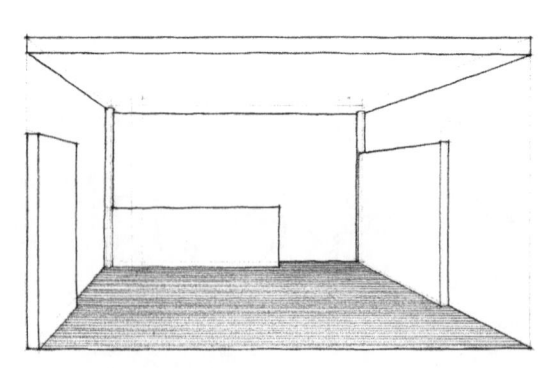

As aberturas entre os planos de fechamento de um espaço visualmente erodem os planos e reforçam sua individualidade. À medida que essas aberturas aumentam em número e tamanho, o espaço perde seu senso de fechamento, se torna mais difuso e passa a se fundir como os espaços contíguos. A ênfase visual passa para os planos de fechamento, saindo do volume do espaço definido pelos planos.

O GRAU DE FECHAMENTO 205

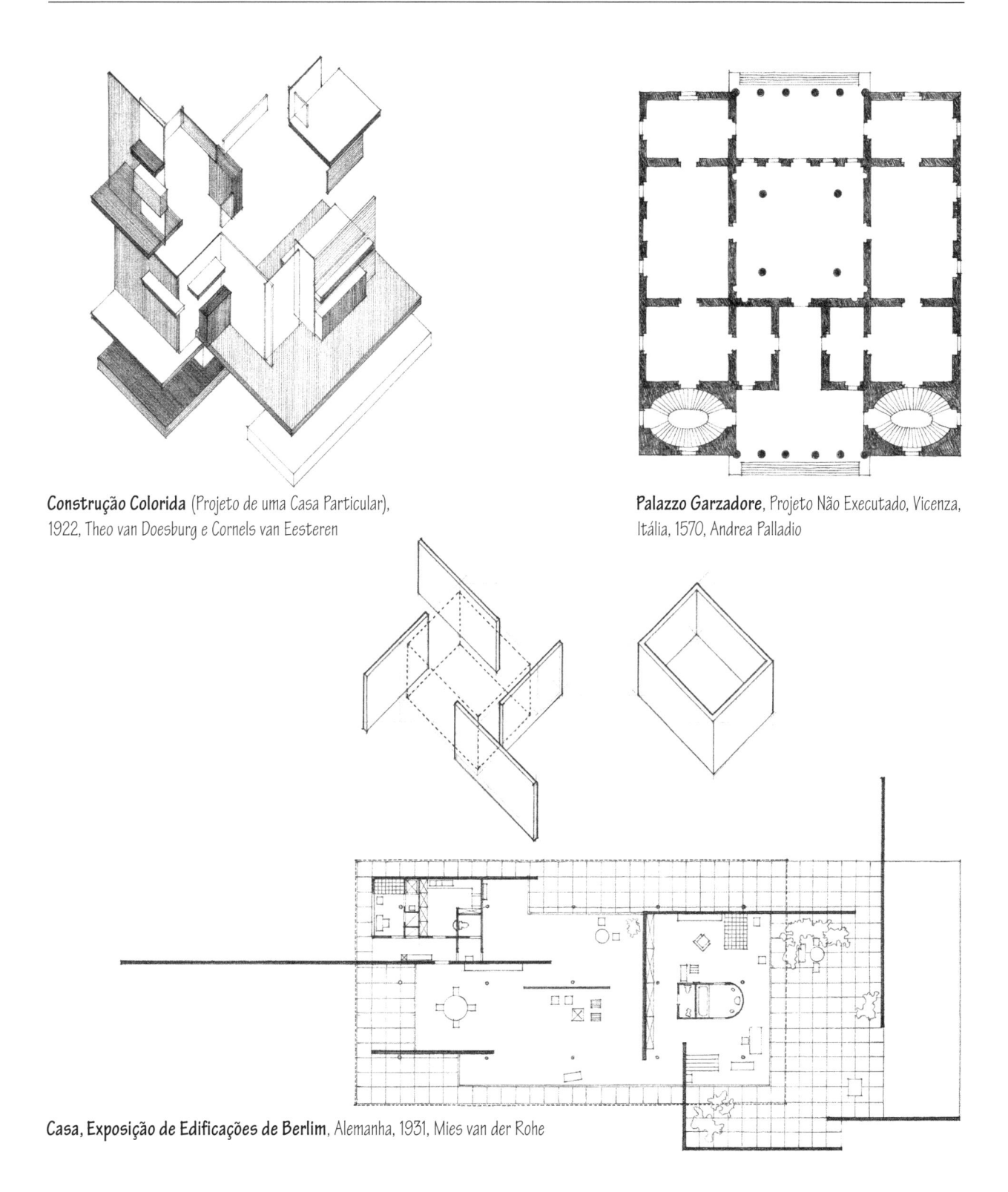

Construção Colorida (Projeto de uma Casa Particular), 1922, Theo van Doesburg e Cornels van Eesteren

Palazzo Garzadore, Projeto Não Executado, Vicenza, Itália, 1570, Andrea Palladio

Casa, Exposição de Edificações de Berlim, Alemanha, 1931, Mies van der Rohe

206 ILUMINAÇÃO

"A arquitetura é o jogo sábio, correto e magnífico dos volumes reunidos sob a luz. Nossos olhos são feitos para ver formas sob a luz; a luz e a sombra revelam essas formas..."
Le Corbusier, *Por Uma Arquitetura* [*Vers un Architecture*], 1927

Capela de Notre Dame du Haut, Ronchamp, França, 1950–1955, Le Corbusier

O sol é a rica fonte de luz natural para a iluminação das formas e espaços na arquitetura. Embora a radiação solar seja intensa, as características de sua luz, manifestadas nas formas direta ou difusa, varia conforme o horário do dia, a estação e o lugar. À medida que a energia luminosa do sol é dispersa pelas nuvens, pela névoa e por precipitações, ela transmite as dinâmicas cores do céu e do clima às formas e superfícies que ilumina.

ILUMINAÇÃO   207

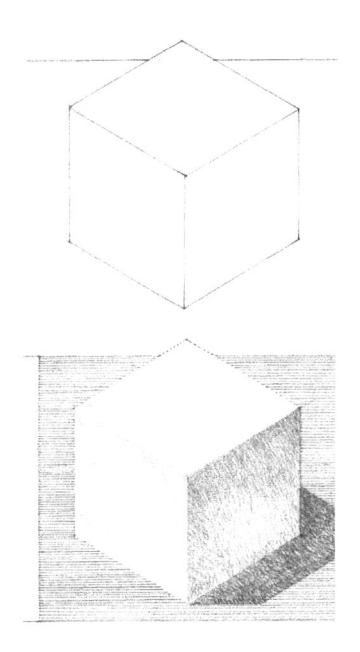

Casa da Cascata (Casa Kaufmann), próximo a Ohiopyle, Pensilvânia, Estados Unidos, 1936–1937, Frank Lloyd Wright

Penetrando um espaço através das janelas de um plano de parede ou das claraboias em um plano de cobertura, a energia solar irradiada incide sobre as superfícies de um ambiente interno, dá vida a suas cores e revela suas texturas. Com as variáveis padrões de luz, sombras próprias e sombras projetadas que cria, o sol anima o espaço de um cômodo, ressaltando as formas que nele estão contidas. Por meio de sua intensidade e dispersão dentro do ambiente, a energia luminosa do sol pode esclarecer a forma do espaço ou distorcê-la. A cor e o brilho da luz solar podem criar uma atmosfera alegre dentro do cômodo, enquanto uma iluminação diurna mais difusa lhe confere uma ambiência sombria.

Como a intensidade e direção da luz que o sol irradia é relativamente previsível, seu impacto visual nas superfícies, formas e espaços de um cômodo podem ser previstos com base no tamanho, na localização e orientação das janelas e claraboias de seus planos de fechamento.

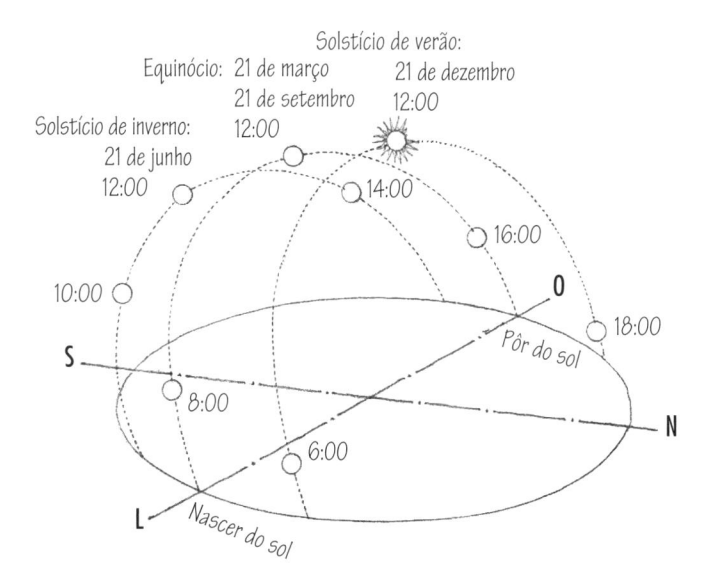

Diagrama do percurso aparente do sol no Hemisfério Sul

O tamanho de uma janela ou claraboia controla a quantidade de luz natural (luz diurna) que o cômodo recebe. No entanto, o tamanho de uma abertura em uma parede ou plano de cobertura também depende de outros fatores, além da luz, como os materiais e o tipo de construção do plano de parede ou cobertura; as necessidades de vista, privacidade visual e ventilação; o grau de fechamento desejado para o espaço e o efeito das aberturas na forma externa da edificação. A localização e orientação de uma janela ou claraboia podem, portanto, ser mais importantes do que seu tamanho na determinação do tipo de iluminação que um cômodo recebe.

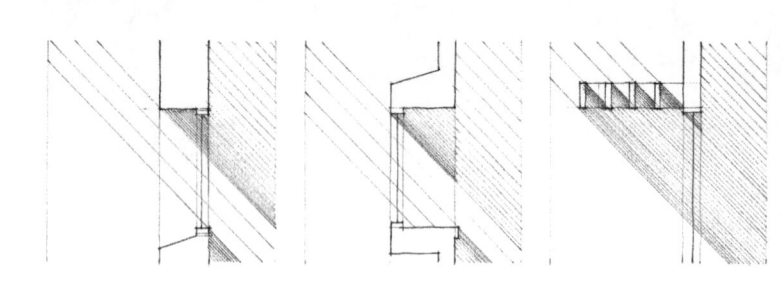

Uma abertura pode ser orientada de modo a receber luz solar direta durante certos horários do dia. A luz solar direta proporciona alto grau de iluminação e é especialmente intensa por volta do meio-dia. Ela cria padrões de luz e sombras nas superfícies de um cômodo e ressalta de modo intenso as formas dentro do espaço. Os possíveis efeitos prejudiciais da luz solar direta, como o ofuscamento e o ganho térmico excessivo, podem ser controlados por meio do uso de elementos de sombreamento acoplados à própria abertura ou proporcionados pela folhagem de árvores próximas ou por construções vizinhas.

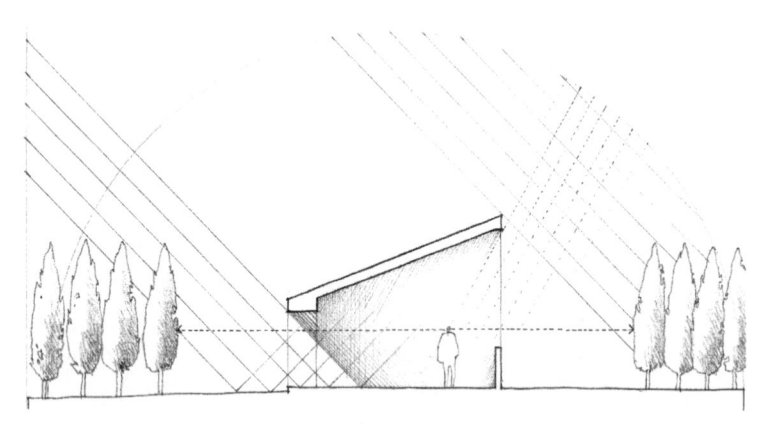

Uma abertura também pode estar orientada de modo a não receber luz solar direta, e sim a luz geral, difusa, da abóbada celeste. A abóbada celeste é uma boa fonte de luz natural, uma vez que permanece bastante constante, mesmo em dias nublados, e pode ajudar a atenuar os efeitos da luz solar direta, equilibrando o nível de iluminação em um ambiente interno.

A localização de uma abertura afeta a maneira pela qual a luz natural entra em um cômodo e ilumina suas formas e superfícies. Quando localizada inteiramente dentro de um plano de parede, uma abertura pode ter o aspecto de um ponto de luz forte sobre uma superfície mais escura. Essa condição pode provocar o ofuscamento, se houver um contraste excessivo entre o brilho da abertura e o da superfície mais escura que a circunda. O ofuscamento desconfortável ou agressivo causado por razões de brilho excessivas entre as superfícies adjacentes ou áreas de um cômodo pode ser atenuado pela incidência da luz natural no espaço interno vinda pelo menos de duas direções.

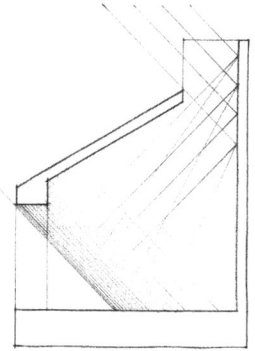

Quando uma abertura é localizada na extremidade de uma parede ou quina de um cômodo, a luz natural que entra através dela banhará a parede adjacente e perpendicular ao plano da abertura. Essa superfície iluminada se torna uma fonte de luz e aumenta o nível de iluminação dentro do espaço.

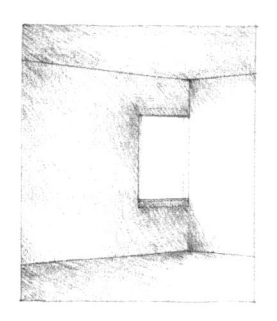

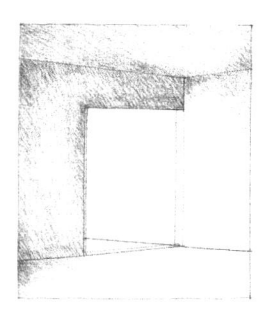

Outros fatores influenciam a iluminação natural de um cômodo. O formato e desenho de uma abertura são refletidos no padrão de sombras projetadas pela luz do sol sobre as formas e superfícies do ambiente. A cor e textura dessas formas e superfícies, por sua vez, afetam sua refletividade e o nível de iluminação geral dentro do cômodo.

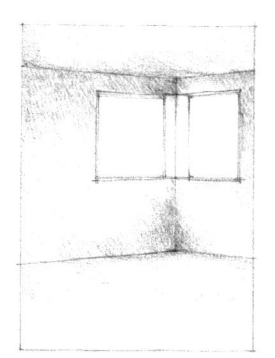

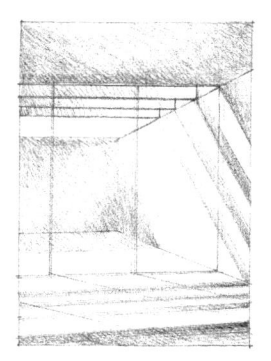

210 ILUMINAÇÃO

A iluminação diurna fornecida por uma abertura lateral e/ou zenital pode significar uma importante economia de energia. Otimizar os vidros para iluminação natural é diferente de projetar janelas para oferecer belas vistas. O melhor aproveitamento da iluminação natural é obtido pela iluminação superior distribuída de maneira uniforme pelo telhado plano de uma edificação. Isso, é claro, limita-se a edificações de um andar, ou ao último andar de um edifício grande ou aos andares que podem ser facilmente alcançados por dutos de iluminação. No caso das aberturas laterais, o ideal é que as janelas estejam localizadas no alto de uma parede, próximas ao teto, para iluminar ao máximo o espaço, sem ofuscar.

Quando empregados no lado interno de uma parede externa, os níveis de iluminação, os matizes frios e as cores acinzentadas parecem recuar e aumentar a distância aparente. Eles podem, portanto, ser usados para melhorar o espaço de uma sala e aumentar sua largura, comprimento ou pé-direito aparentes.

De igual importância para a distribuição cromática é a distribuição tonal e o padrão de claros e escuros em um espaço. Geralmente, é melhor usar quantidades variáveis de claros e escuros, tendo em mente uma faixa de valores médios como tons de transição. Evite usar quantidades iguais de claro e escuro, a menos que deseje um efeito fragmentado.

Normalmente, grandes áreas iluminadas são compensadas por áreas menores, com valores de iluminação médios e escuros. Este uso da luz é recomendado em situações em que o uso eficiente de energia é importante. Esquemas de cores escuras podem absorver grande parte da luz dentro de um espaço, resultando em uma perda significativa de iluminação e um aumento no uso de energia.

Outra forma de distribuir valores é seguir o padrão da natureza. Nesta sequência tonal, o plano do piso tem o valor mais escuro, as paredes circundantes estão nas faixas média a clara, e o teto é claro.

Obviamente, a distribuição dos valores e seu grau de contraste também dependerão do tamanho, da forma e da escala do espaço. Como os valores do claro tendem a recuar ao mesmo tempo em que os valores do escuro avançam, a posição de ambos pode modificar nossa percepção acerca dessas dimensões espaciais.

Valores tonais. Essas ilustrações mostram o efeito dos valores tonais sobre nossa percepção de limites espaciais.

Outra característica do espaço que deve ser considerada na fenestração dos cômodos é seu foco e orientação. Embora alguns cômodos tenham um foco interno, como uma lareira, outros têm orientação para fora – são extrovertidos – em função da vista para o exterior ou um espaço adjacente. As aberturas de janela e claraboia proporcionam essa vista e estabelecem uma relação visual entre um cômodo e seu entorno imediato. O tamanho e a localização dessas aberturas determinam, evidentemente, a natureza da vista, bem como o grau de privacidade visual de um espaço interno.

Uma pequena abertura pode revelar um detalhe no plano próximo ou enquadrar uma vista, como se estivéssemos observando um quadro pendurado na parede.

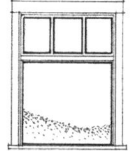

Uma abertura longa e estreita, seja vertical ou horizontal, pode não somente separar dois planos como também sugerir o que está por trás deles.

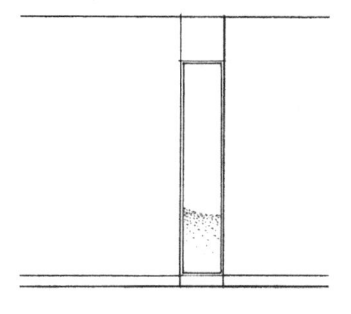

Um grupo de janelas pode ser ordenado em sequência, de modo a fragmentar uma cena e encorajar o movimento dentro do espaço.

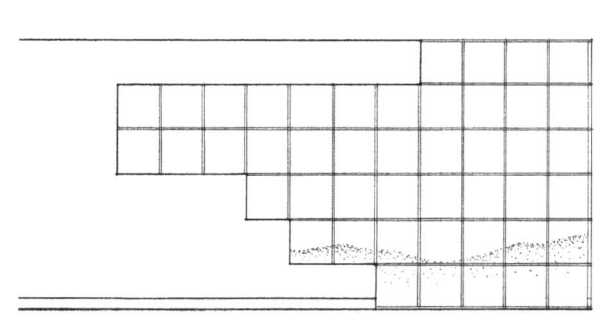

À medida que uma abertura aumenta, ela abre o cômodo para uma vista maior. Uma grande cena externa pode dominar o espaço interno ou servir de pano de fundo para as atividades que ocorrem no interior da edificação.

214 VISTA

VISTA **215**

O enquadramento de uma vista varia não apenas com o tamanho e a colocação de uma janela, mas também com a posição de alguém dentro de um espaço. De dentro de um recinto, uma vista pode estar bem emoldurada. À medida que nos aproximamos da janela, no entanto, a vista necessariamente se ampliará e se expandirá até que esteja totalmente exposta do peitoril da janela.

Roofscape view of tiled roofs, chimneys, gardens, + tv antennae from the "prow" of Palazzo Pio 5:30 – 6pm 10/23

216 VISTA

Vista: Interior do Templo Horyu-Ji, Nara, Japão, 607 d.C.
Uma janela pode estar localizada de tal modo que uma vista específica possa ser observada somente de uma posição dentro de um cômodo.

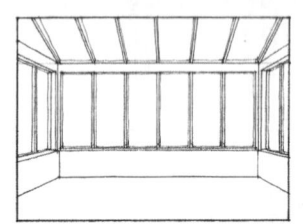

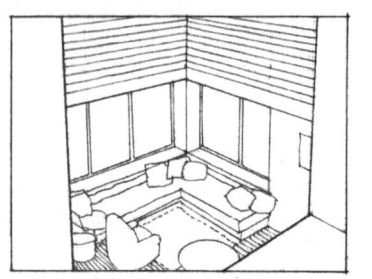

As aberturas internas oferecem vistas de um espaço interno para outro. Uma abertura pode estar orientada para cima, oferecendo uma vista das copas das árvores e do céu.

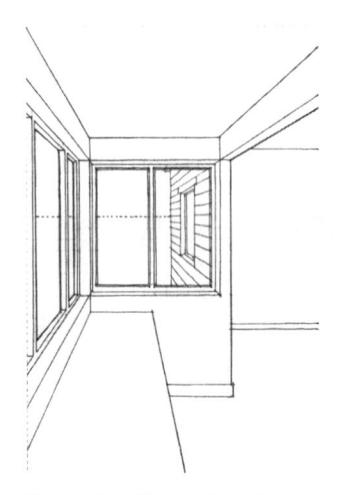

Uma janela saliente pode projetar o usuário a uma cena. Se a janela for grande o suficiente, o espaço projetado poderá se tornar uma alcova e ser ocupado.

Vista baseada em um croqui de Le Corbusier para o projeto do Ministério da Educação e Saúde (atual Palácio Gustavo Capanema), Rio de Janeiro, Brasil, 1936

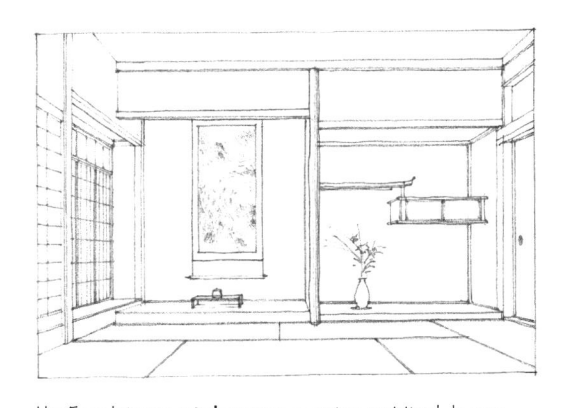

Um Foco Interno: o **tokonoma**, o centro espiritual de uma casa japonesa tradicional.

As vistas não devem se limitar ao exterior ou a espaços adjacentes. Elementos de decoração interna também podem ser temas para atenção visual.

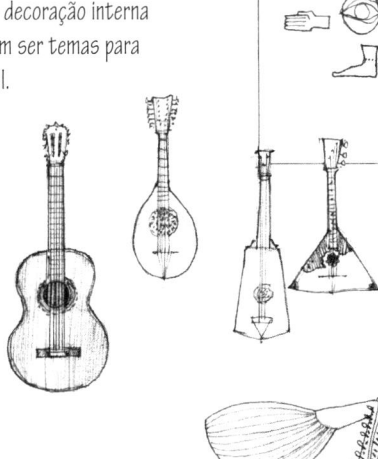

VENTILAÇÃO

Além da iluminação natural e das vistas, as aberturas das janelas podem fornecer, se reguláveis a ventilação de espaços habitáveis exigida pelos códigos de edificação. A ventilação natural depende do movimento natural do ar, e não de meios mecânicos, e é um componente importante de um projeto sustentável e incentivado pelos padrões de construção ecológica.

A ventilação natural usa forças da natureza para impelir o fluxo de ar através de um espaço. Os seus objetivos são garantir melhor qualidade do ar interior, reduzir o consumo de energia e maximizar o conforto térmico para os ocupantes do espaço.

Velocidade, temperatura e direção do vento são considerações importantes quando da localização de aberturas e janelas em diferentes regiões climáticas. Nos meses de calor, a ventilação natural cruzada é desejável para resfriamento por evaporação ou condução. Em climas frios, o vento deve ser evitado ou filtrado pelas janelas para minimizar a entrada de ar frio em uma edificação. Em qualquer situação, algum grau de ventilação é desejável para uma boa saúde e a remoção de ar viciado e odores dos espaços internos.

Duas forças naturais podem ser empregadas para induzir o fluxo de ar através de um edifício: vento e flutuabilidade, que levam, respectivamente, a duas estratégias principais de ventilação natural, sendo elas a ventilação cruzada e a ventilação pelo efeito chaminé.

A ventilação pelo efeito chaminé depende da diferença de temperatura entre o ar dentro do edifício e o exterior para impulsionar o fluxo de ar. O ar mais quente é mais leve do que o ar mais frio. Isto é, quando uma região de ar quente é exposta a um ambiente com ar mais frio, o ar mais quente e mais leve escapará através das aberturas mais altas, e o ar mais frio e mais pesado entrará no edifício pelas aberturas mais baixas. Para o aproveitamento da ventilação gerada pela estratificação do ar, deve-se prestar atenção ao percurso do ar através da edificação.

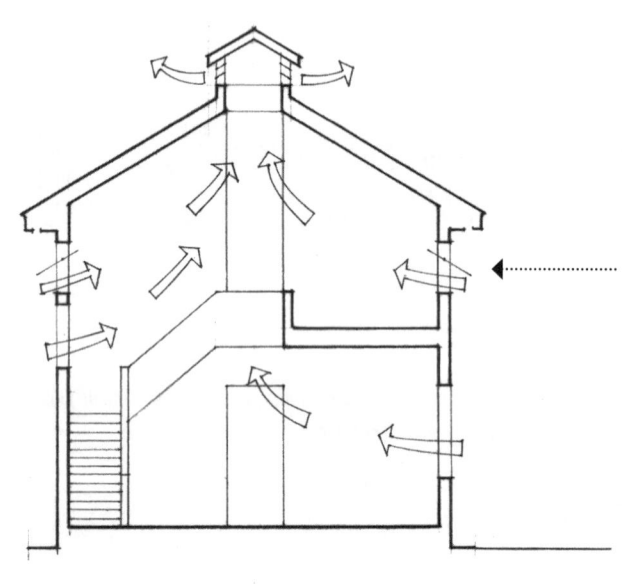

VENTILAÇÃO 219

A ventilação cruzada é uma estratégia importante para a ventilação natural. Ela ocorre quando o vento atinge o lado de barlavento de uma edificação, criando uma pressão positiva nessa fachada e uma região de menor pressão no lado oposto, à sotavento. Se as janelas estiverem abertas, tanto à barlavento como sotavento, o ar será aspirado pelo edifício, graças à diferença de pressão entre as aberturas. Os padrões de fluxo de ar induzidos por essas forças são mais afetados pela geometria do edifício do que pela velocidade do ar.

O funcionamento da ventilação cruzada depende de:
- Localização do edifício em relação aos ventos predominantes.
- O dimensionamento de janelas e outras aberturas.
- A disposição interior dos espaços e corredores.
- A localização de móveis e outras obstruções potenciais ao fluxo de ar.

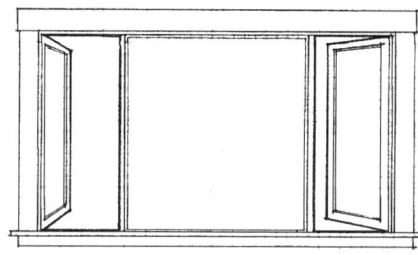

A ventilação natural exige o uso de janelas reguláveis.

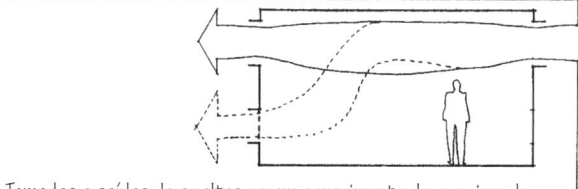

Tomadas e saídas de ar altas geram o movimento de ar acima do nível do nosso corpo. Baixar as saídas de ar não ajuda, neste caso.

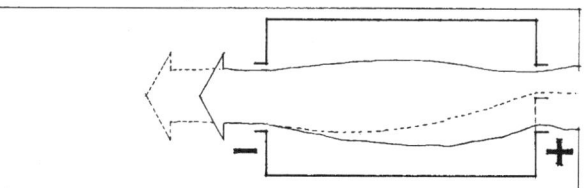

O ar flui das zonas de pressão mais alta para as mais baixas. O fluxo de ar é acelerado quando as entradas são menores do que as saídas.

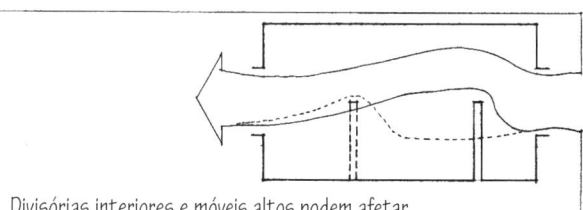

Divisórias interiores e móveis altos podem afetar negativamente o padrão de fluxo de ar.

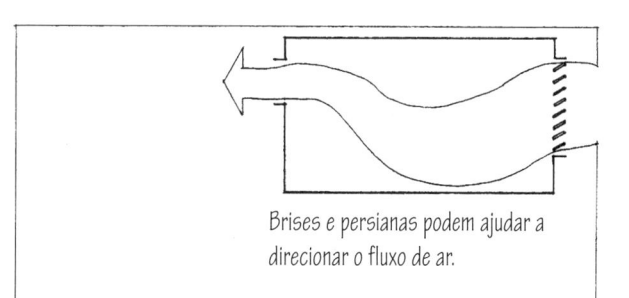

Brises e persianas podem ajudar a direcionar o fluxo de ar.

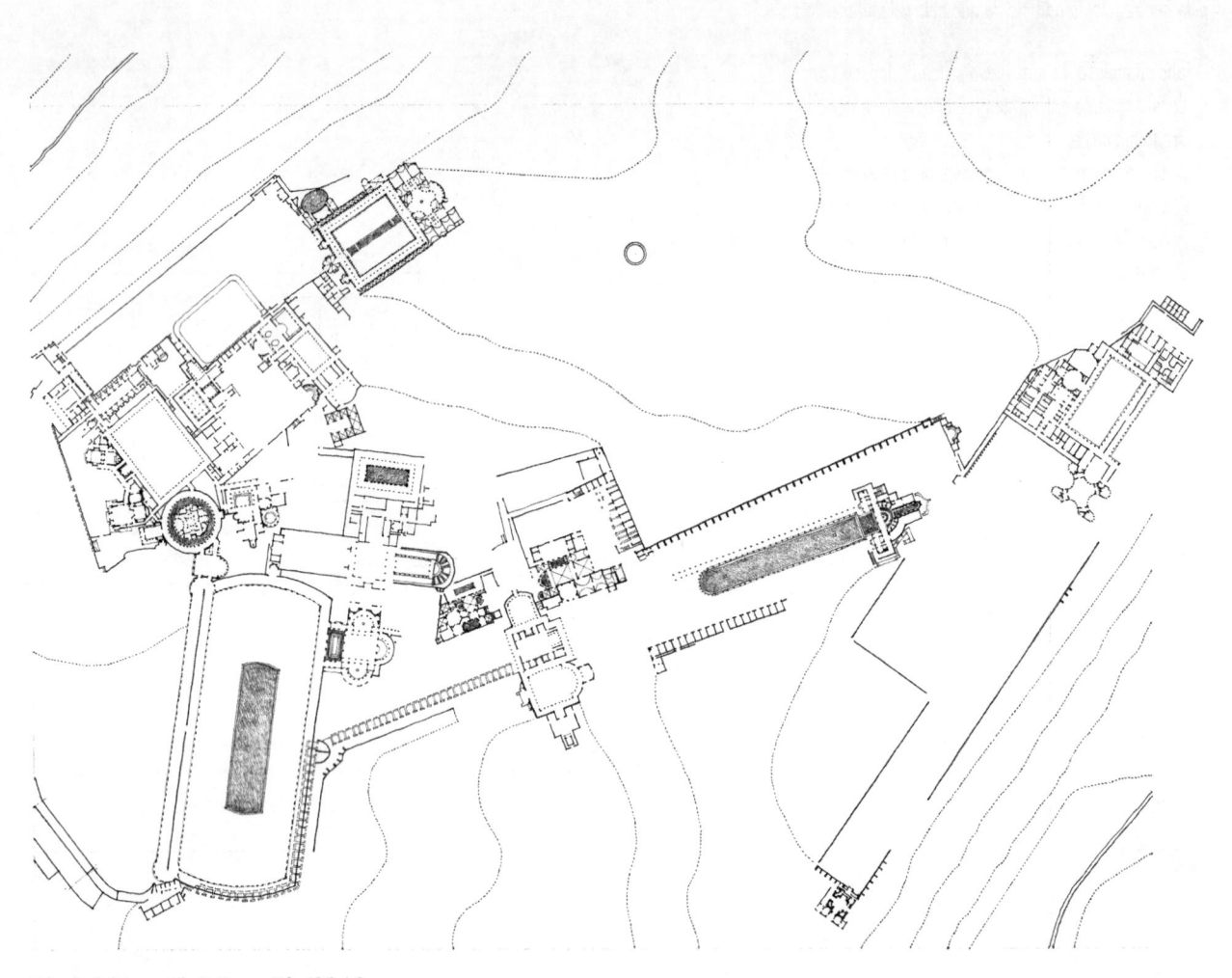

Vila de Adriano, Tívoli, Roma, 118–125 d.C.

4
A Organização

"Uma boa casa é algo simples, assim como um conjunto de muitas casas, e, para fazê-la, é necessário um salto conceitual dos componentes individuais para uma visão do todo. As escolhas (...) representam maneiras de reunir as partes.
(...) As partes essenciais de uma casa podem ser reunidas de modo a compor mais do que meras partes essenciais: elas também podem gerar espaços, padrões e domínios externos. Elas dramatizam o ato mais elementar que a arquitetura deve executar. Para fazer um mais um ser mais que dois, você deve, ao realizar qualquer coisa que considera importante (compor cômodos, reuni-los ou implantá-los no terreno), fazer outra coisa que também considera importante (criar espaços para viver, estabelecer um padrão significativo nos interiores ou reivindicar outros espaços externos)."

Charles Moore, Gerald Allen e Donlyn Lyndon
The Place of Houses
1974

222 A ORGANIZAÇÃO DA FORMA E DO ESPAÇO

O capítulo anterior mostrou como várias configurações da forma podem ser manipuladas para definir um campo ou volume de espaço isolado, e como seus padrões de sólidos e espaços vazios afetam as características visuais do espaço definido. Poucas edificações, no entanto, consistem em um espaço solitário. Elas geralmente são compostas de diversos ambientes, os quais devem se relacionar entre si pela função, proximidade ou circulação. Este capítulo apresenta, para fins de estudo e discussão, as maneiras básicas pelas quais os recintos de uma edificação podem se relacionar entre si e ser organizados em padrões coerentes de forma e espaço.

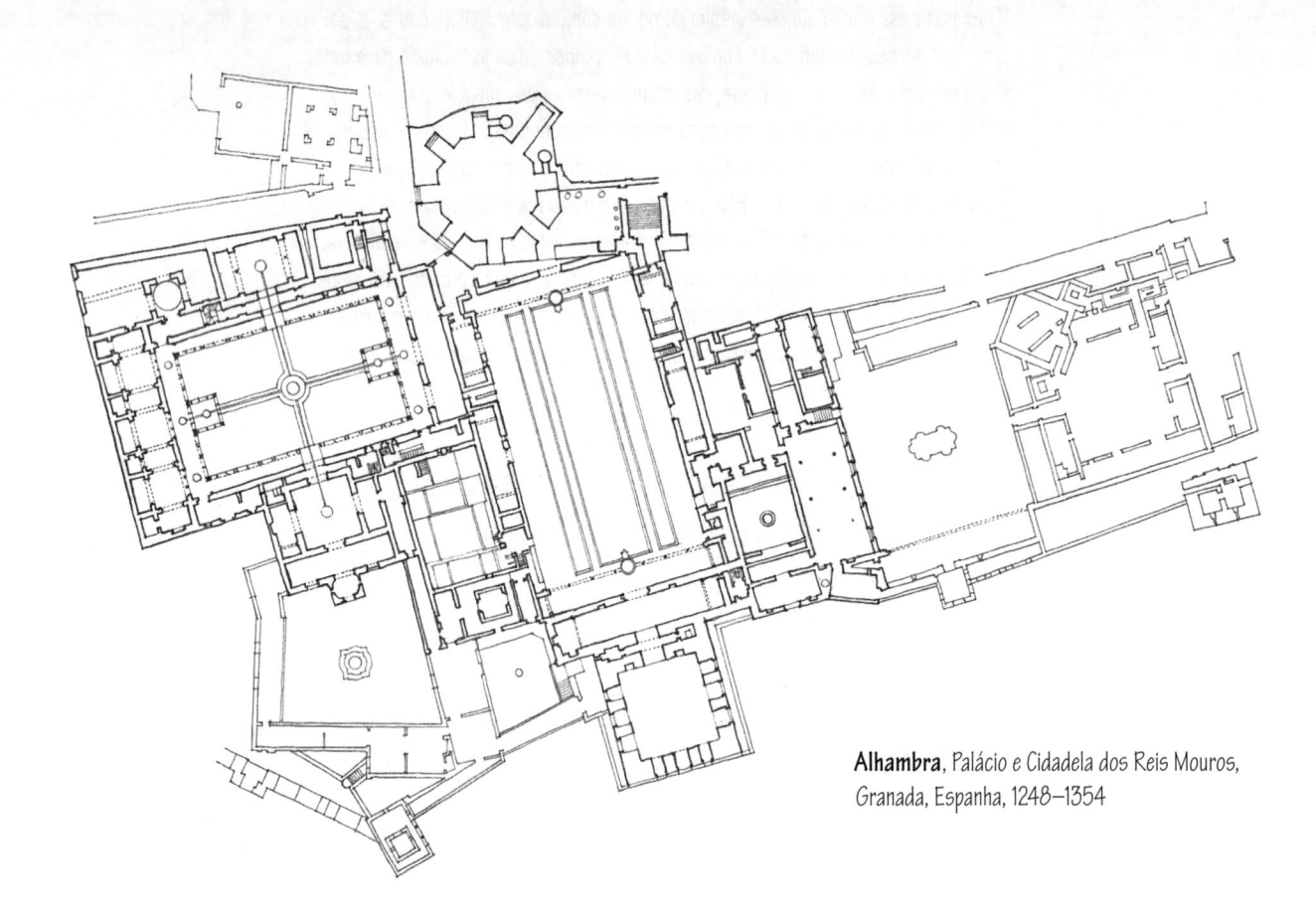

Alhambra, Palácio e Cidadela dos Reis Mouros, Granada, Espanha, 1248–1354

Dois espaços podem estar relacionados entre si de diversos modos.

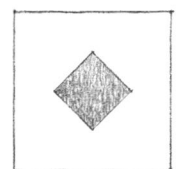

Um espaço dentro de outro espaço
Um espaço pode estar contido dentro do volume de outro espaço maior.

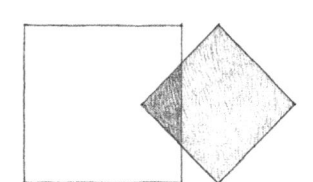

Espaços interseccionados
O campo de um espaço pode se sobrepor ao de outro espaço.

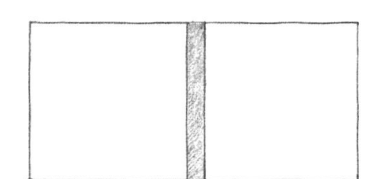

Espaços adjacentes
Dois espaços podem ser contíguos ou compartilhar uma área intermediária.

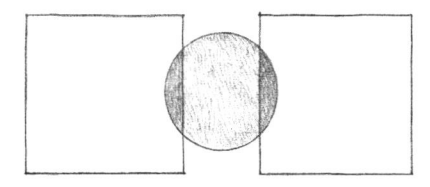

Espaços conectados por um terceiro espaço
Dois espaços podem ter uma relação estabelecida por um terceiro espaço.

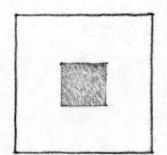

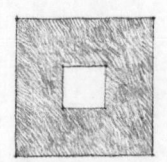

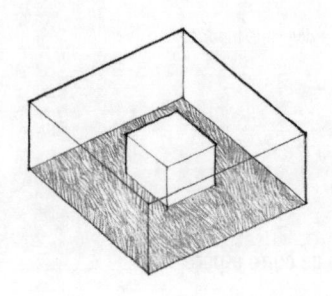

UM ESPAÇO DENTRO DE OUTRO

Um espaço pode envolver e conter outro espaço menor dentro de seu volume. A continuidade visual e espacial entre os dois espaços pode ser facilmente resolvida, mas o espaço menor, que está contido, dependerá do maior para sua relação com o ambiente externo.

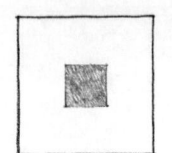

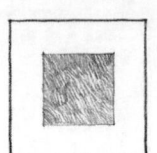

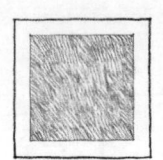

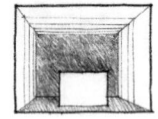

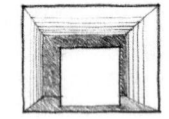

Neste tipo de relação espacial, o espaço maior, que contém o menor, serve como um campo tridimensional para o espaço menor. Para que este conceito possa ser percebido, é necessário que haja uma diferenciação clara de tamanho entre os dois espaços. Se o espaço contido aumentasse de tamanho, o espaço maior começaria a perder sua força como forma envolvente. Se o espaço contido continuasse a crescer, a área residual a seu redor se tornaria exígua demais para poder envolvê-lo. Assim, ela se tornaria uma mera camada ou uma pele ao redor do espaço contido, e a ideia original seria perdida.

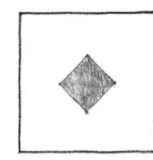

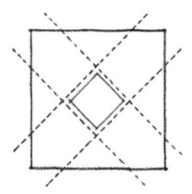

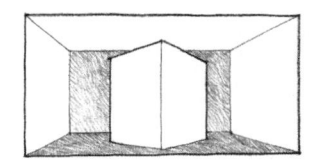

Para ser dotado de maior força de atração, o espaço contido pode ter a mesma forma do espaço que o contém, mas estar orientado de maneira diversa. Isso criaria uma malha secundária e estabeleceria um conjunto de espaços residuais dinâmicos dentro do espaço maior.

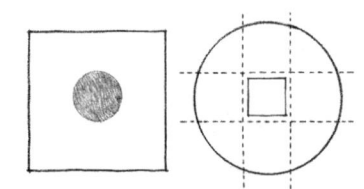

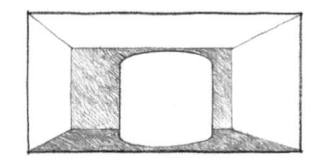

O espaço contido também pode diferir em forma em relação ao espaço que o contém, a fim de reforçar sua imagem como volume independente. Este contraste de forma pode indicar uma diferença de função entre os dois espaços ou a importância simbólica do espaço contido.

UM ESPAÇO DENTRO DE OUTRO 225

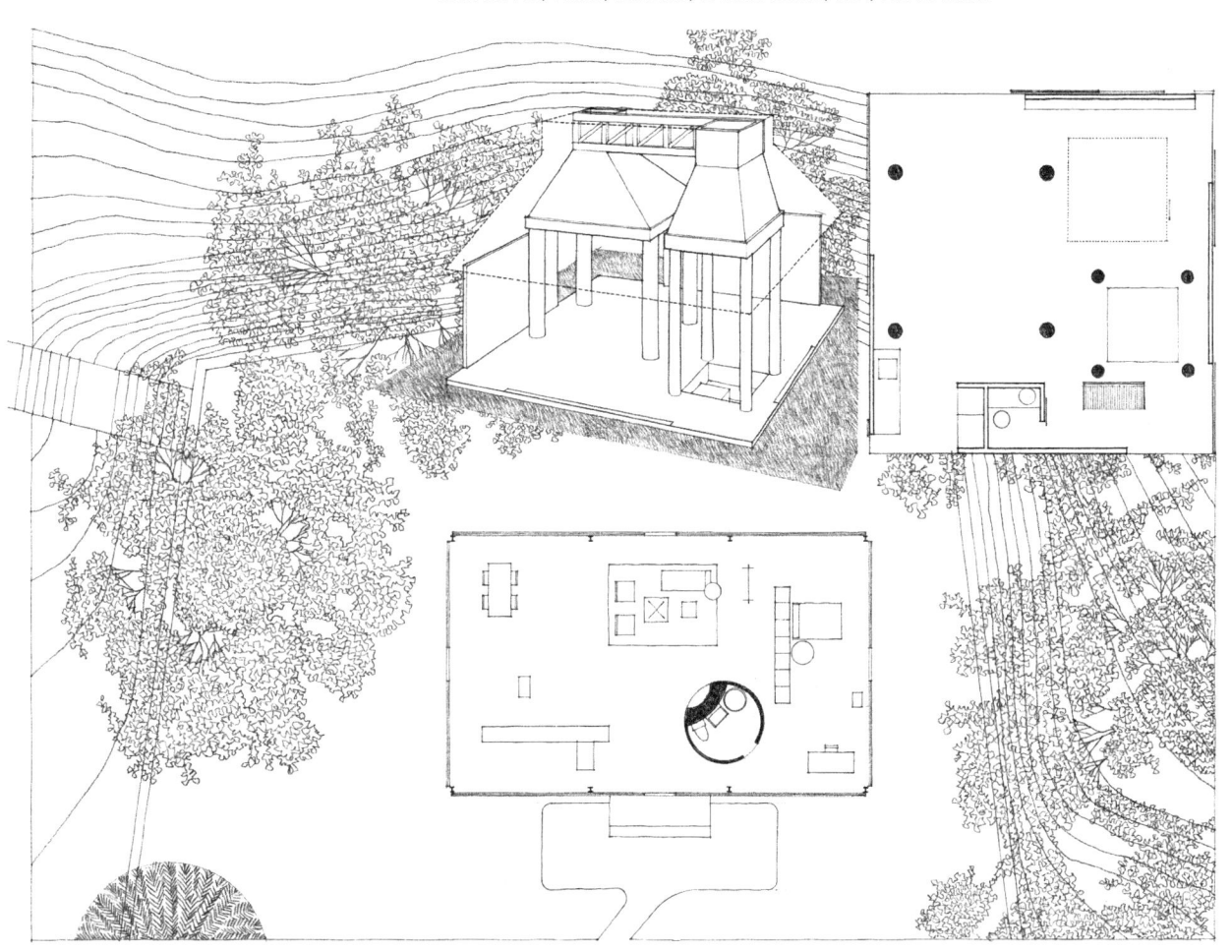

Casa Moore, Orinda, Califórnia, Estados Unidos, 1961, Charles Moore

Casa de Vidro, New Canaan, Connecticut, Estados Unidos, 1949, Philip Johnson

ESPAÇOS INTERSECCIONADOS

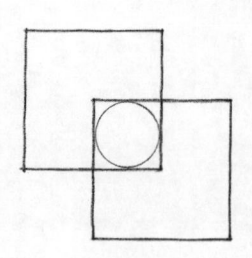

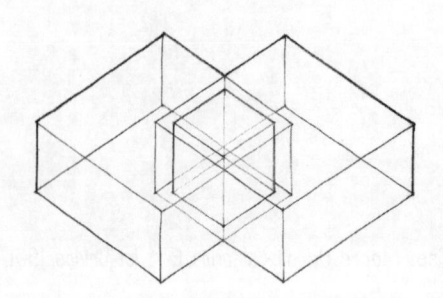

Uma relação espacial de interseção resulta da sobreposição de dois campos espaciais e do surgimento de uma zona de espaço compartilhada. Quando dois espaços têm seus volumes sobrepostos dessa maneira, cada um mantém sua identidade e definição como espaço. No entanto, a configuração resultante dos dois espaços interseccionados está sujeita a diversas interpretações.

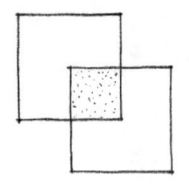

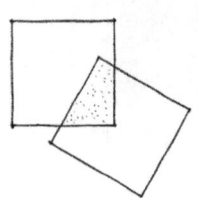

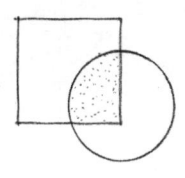

A interseção dos dois volumes pode pertencer igualmente a ambos os espaços.

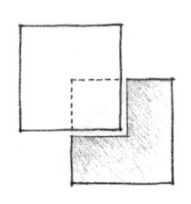

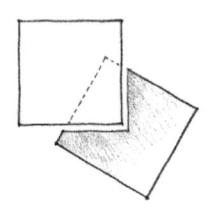

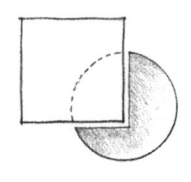

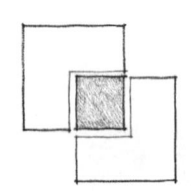

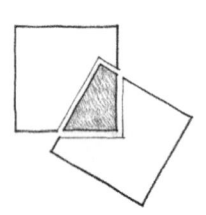

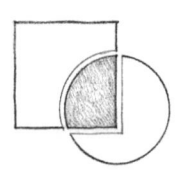

A interseção pode se fundir com um dos espaços e se tornar parte integral de seu volume.

A interseção pode desenvolver sua própria identidade como espaço de conexão entre os dois espaços originais.

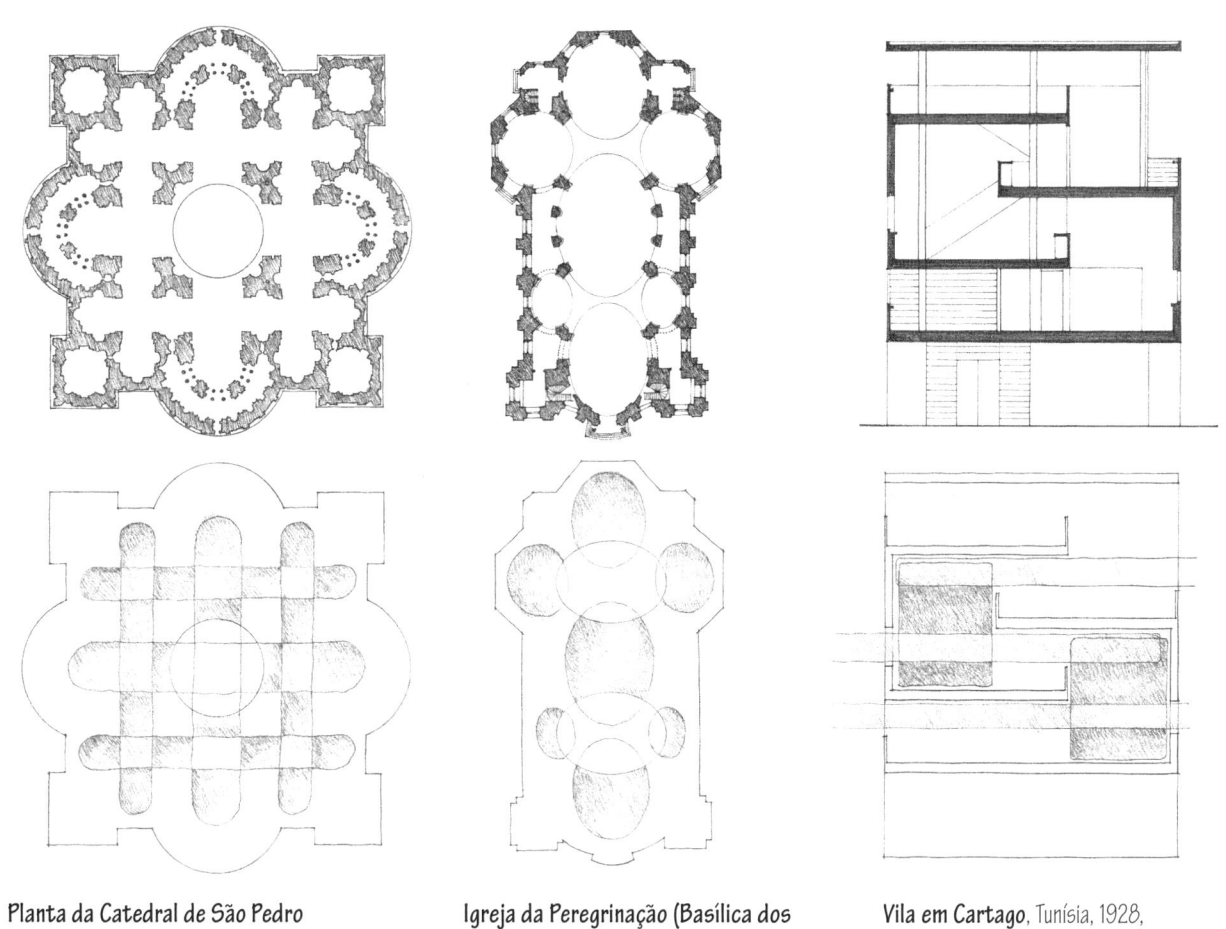

ESPAÇOS INTERSECCIONADOS   **227**

Planta da Catedral de São Pedro
(Segunda Versão), Roma, Itália, 1506–1520, Donato Bramante e Baldassare Peruzzi

Igreja da Peregrinação (Basílica dos Catorze Santos Auxiliares), Vierzehnheiligen, Alemanha, 1744–1772, Balthasar Neumann

Vila em Cartago, Tunísia, 1928, Le Corbusier

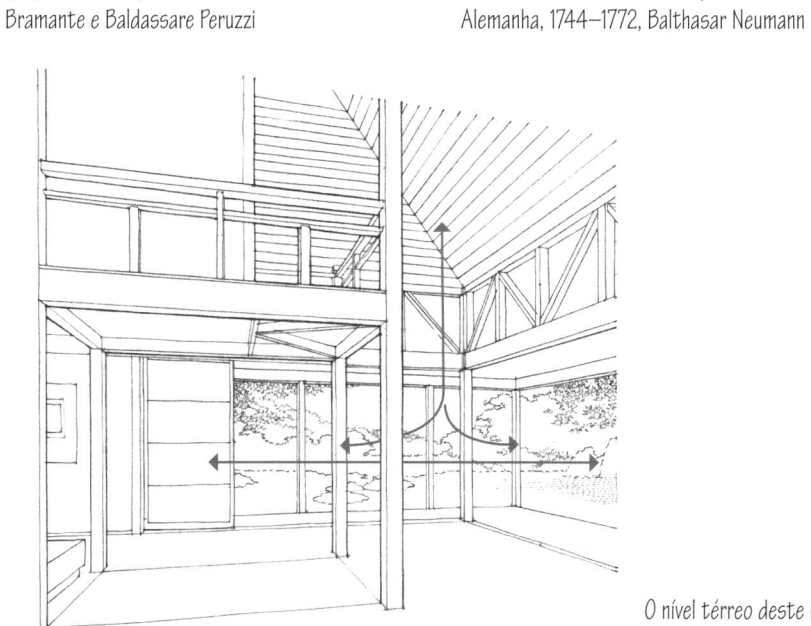

O nível térreo deste recinto se relaciona com o volume maior no qual se insere e também faz parte do exterior da casa.

228 ESPAÇOS ADJACENTES

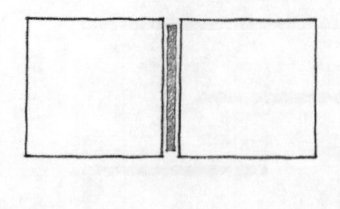

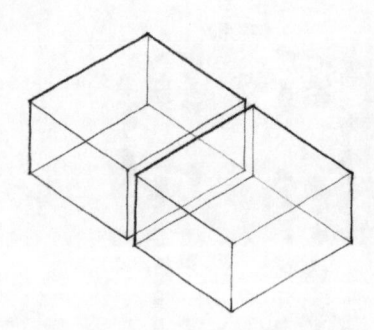

A adjacência é o tipo mais comum de relação entre dois espaços de uma edificação. Ela permite que cada espaço seja claramente definido e responda à sua maneira às exigências funcionais ou simbólicas específicas. O grau de continuidade visual e espacial que ocorre entre os dois espaços adjacentes depende da natureza do plano que, ao mesmo tempo, os separa e os conecta.

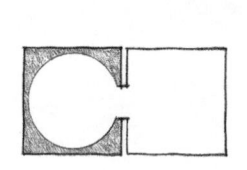

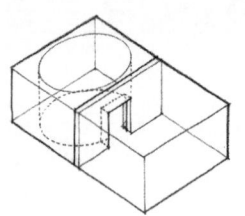

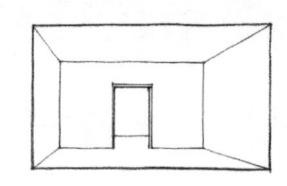

O plano de separação pode:

- limitar o contato físico e visual entre os dois espaços adjacentes, reforçando a individualidade de cada um e conciliando suas diferenças;

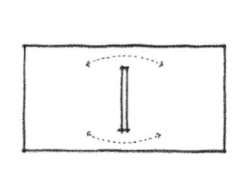

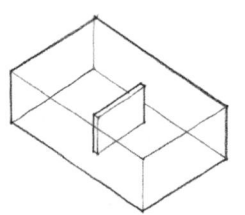

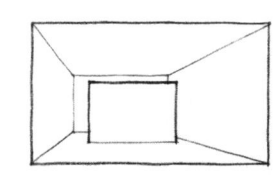

- ser um plano livre colocado dentro de um único volume de espaço;

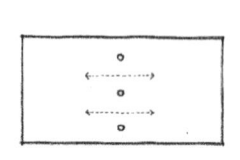

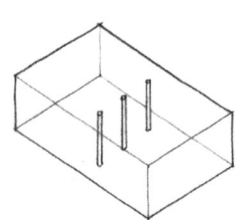

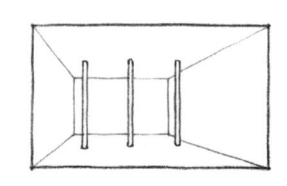

- ser definido por uma colunata, permitindo um alto nível de continuidade espacial e visual entre os dois espaços adjacentes;

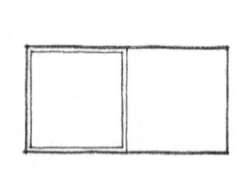

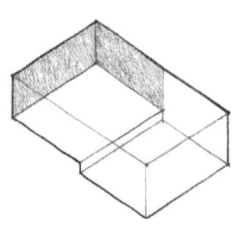

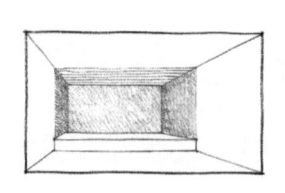

- ser apenas sugerido por meio de uma mudança de nível ou um contraste no material de superfície ou na textura entre os dois espaços. Este caso, assim como os últimos dois casos, também pode ser lido como um volume de espaço único dividido em duas zonas relacionadas.

ESPAÇOS ADJACENTES   229

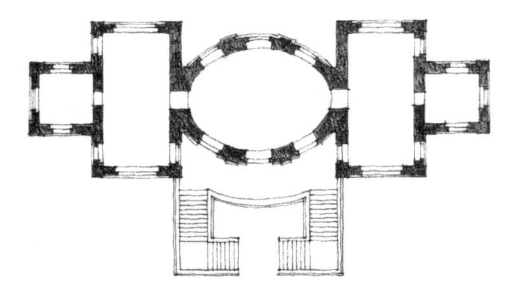

Projeto de Pavilhão, século XVII, Fischer von Erlach

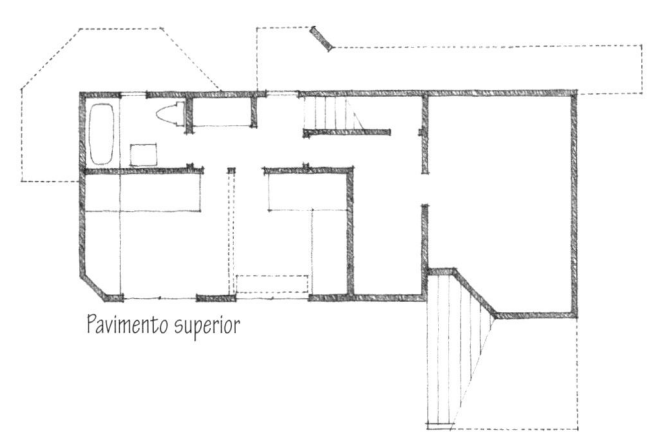

Pavimento superior

Os espaços nestas duas edificações são diferenciados em termos de tamanho, formato e forma. As paredes que os configuram acomodam as diferenças entre os espaços adjacentes.

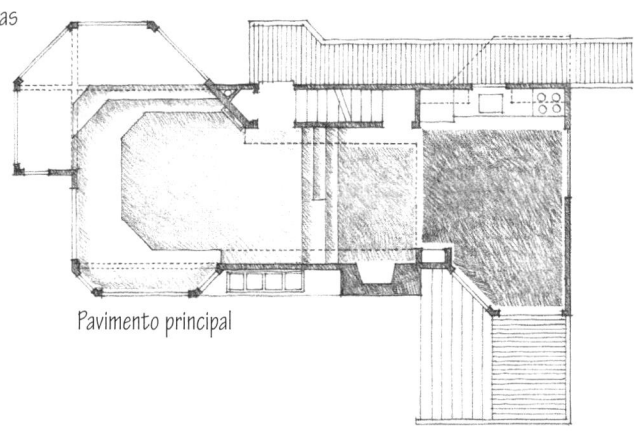

Pavimento principal

Três espaços – as áreas de estar, da lareira e de jantar – são definidos por mudanças no nível do piso, pé-direito, tipo de iluminação e vistas, e não por meio de planos de parede.

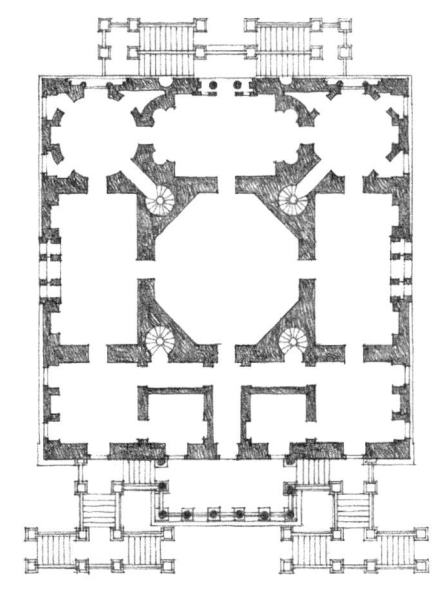

Pavimento inferior

Casa Chiswick, Chiswick, Inglaterra, 1729, Lord Burlington e William Kent

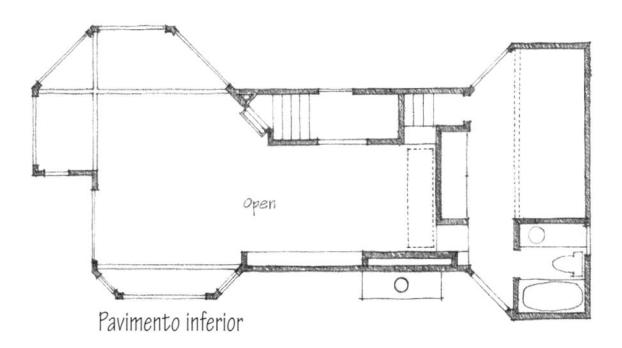

Casa Lawrence, Sea Ranch, Califórnia, Estados Unidos, 1966, Moore-Turnbull/MLTW

230 ESPAÇOS CONECTADOS POR UM TERCEIRO ESPAÇO

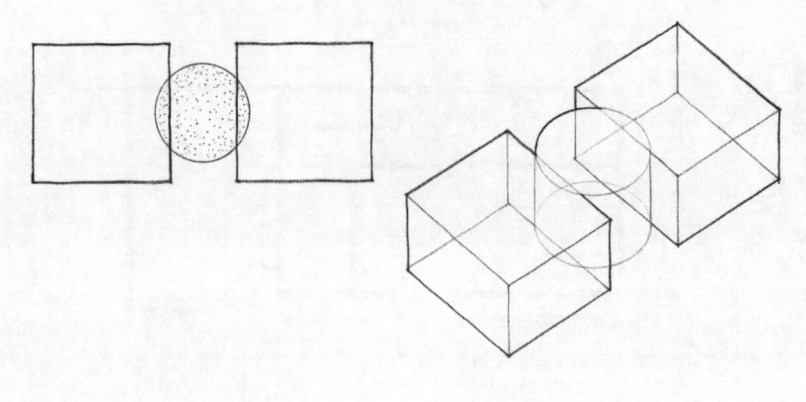

Dois espaços separados por uma distância podem estar conectados ou relacionados entre si por meio de um terceiro espaço intermediário. A relação visual e espacial entre os dois espaços principais dependerá da natureza do terceiro espaço, que é compartilhado por eles.

O espaço intermediário pode diferir em forma e orientação em relação aos outros dois espaços, a fim de expressar sua função como conector.

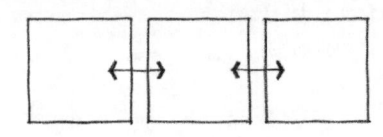

Os dois espaços originais, assim como o espaço intermediário, podem ter tamanhos e formatos equivalentes, formando uma sequência linear de espaços.

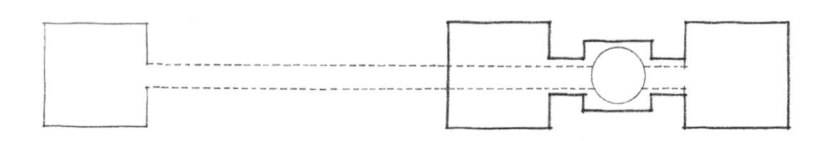

O espaço intermediário pode assumir uma forma linear, conectando dois espaços distantes, ou unir uma série de espaços que não têm relação direta entre si.

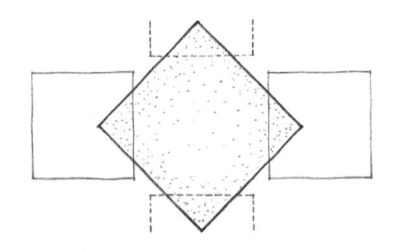

O espaço intermediário, se for grande o suficiente, pode se tornar o espaço dominante na composição e ter o poder de organizar diversos espaços ao seu redor.

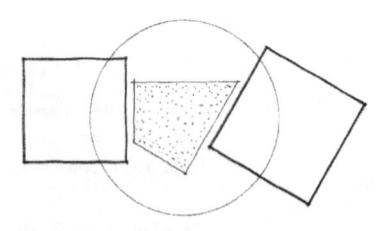

A forma do espaço intermediário pode ser de natureza residual e estar determinada apenas pelas formas e orientações dos dois espaços que estão sendo conectados.

ESPAÇOS CONECTADOS POR UM TERCEIRO ESPAÇO   231

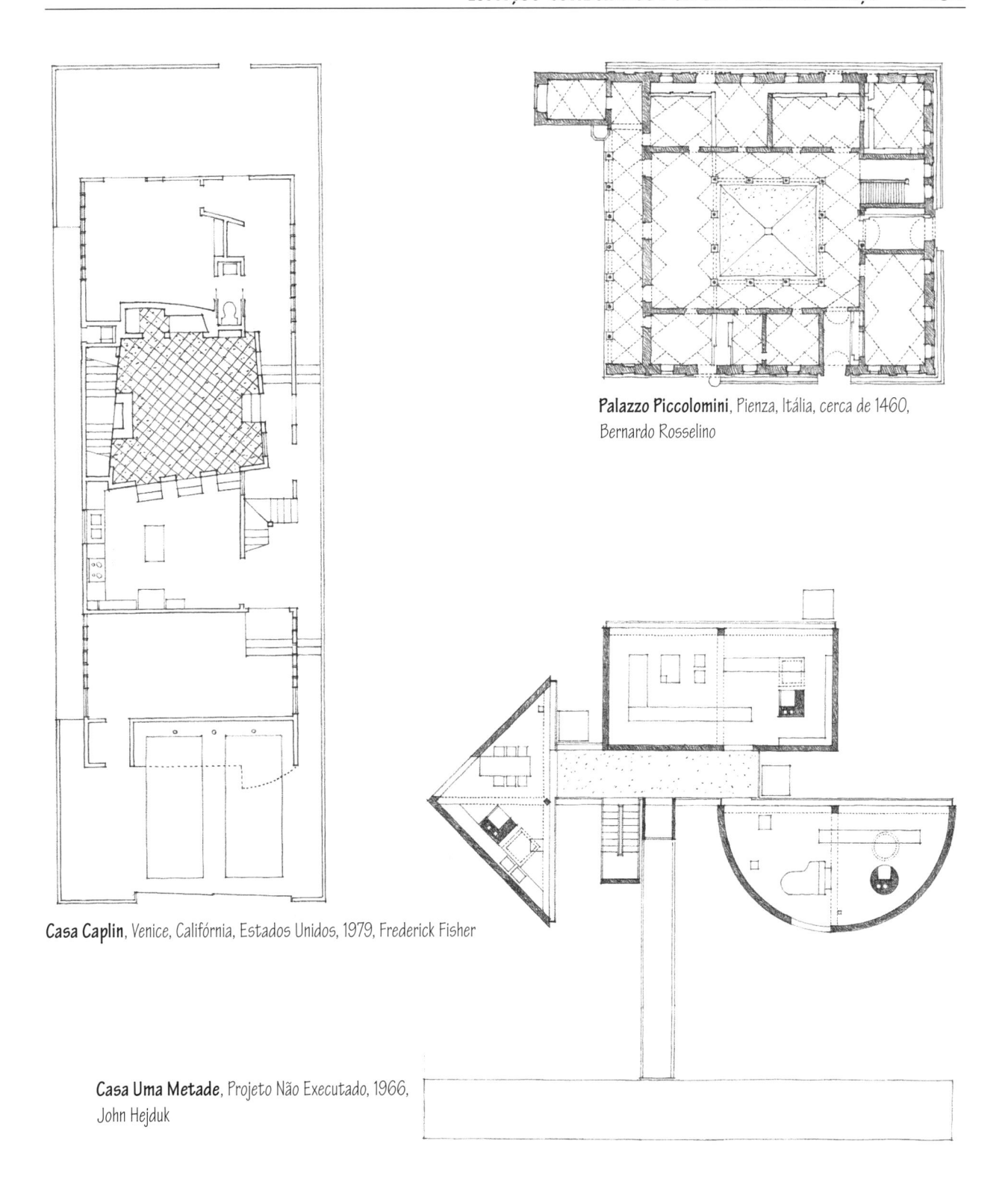

Palazzo Piccolomini, Pienza, Itália, cerca de 1460, Bernardo Rosselino

Casa Caplin, Venice, Califórnia, Estados Unidos, 1979, Frederick Fisher

Casa Uma Metade, Projeto Não Executado, 1966, John Hejduk

232 ORGANIZAÇÕES ESPACIAIS

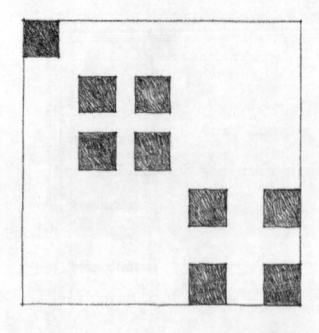

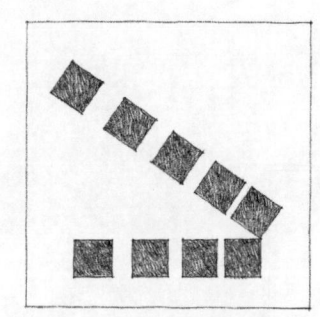

Composições de nove quadrados
Um estudo da Bauhaus

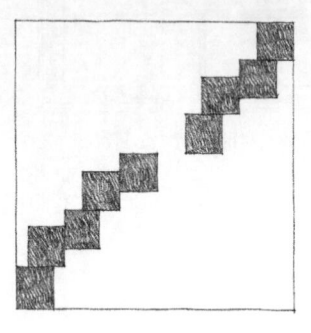

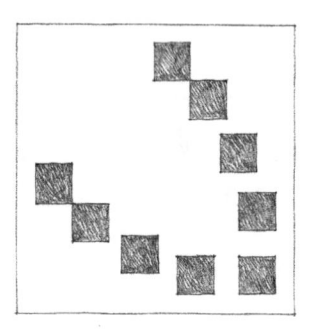

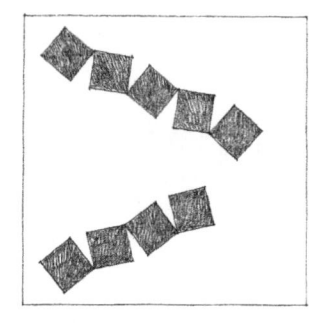

A seção a seguir apresenta as maneiras básicas de distribuição e organização dos espaços de uma edificação. Em um típico programa de necessidades de uma edificação, geralmente são exigidos vários tipos de espaços, os quais podem:

- ter funções específicas ou exigir formas específicas
- ter uso flexível e ser manipulados à vontade
- ser singulares e únicos em termos de função e importância dentro da organização da edificação
- ter funções similares e formar um agrupamento funcional ou se repetir em uma sequência linear
- exigir a exposição externa à luz, ventilação ou vistas ou ter acesso aos espaços externos
- ser segregados, para maior privacidade
- ser facilmente acessíveis

A forma como tais espaços estão distribuídos pode esclarecer sua importância relativa e seu papel simbólico na organização de um prédio. A decisão quanto ao tipo de organização que será empregado em uma situação específica dependerá das:

- exigências do programa de necessidades, como proximidades funcionais, exigências dimensionais, classificação hierárquica dos espaços e necessidades de acesso, luz e vista;
- condições externas do terreno, que podem limitar a forma ou o crescimento da organização ou mesmo encorajar a organização a aproveitar certas particularidades do terreno e a evitar outras.

Cada tipo de organização espacial será apresentado por uma seção que discutirá as características formais, relações espaciais e respostas contextuais da categoria. A seguir, vários exemplos ilustrarão as questões básicas levantadas na introdução. Cada um dos exemplos levará em consideração:

- Quais tipos de espaço são acomodados e onde? Como eles são configurados?
- Quais tipos de relações são estabelecidos entre os espaços e entre os espaços e o ambiente externo?
- Onde pode ser a entrada da organização, e qual o tipo de circulação será utilizado?
- Qual é a forma externa da organização e como ela pode responder ao contexto?

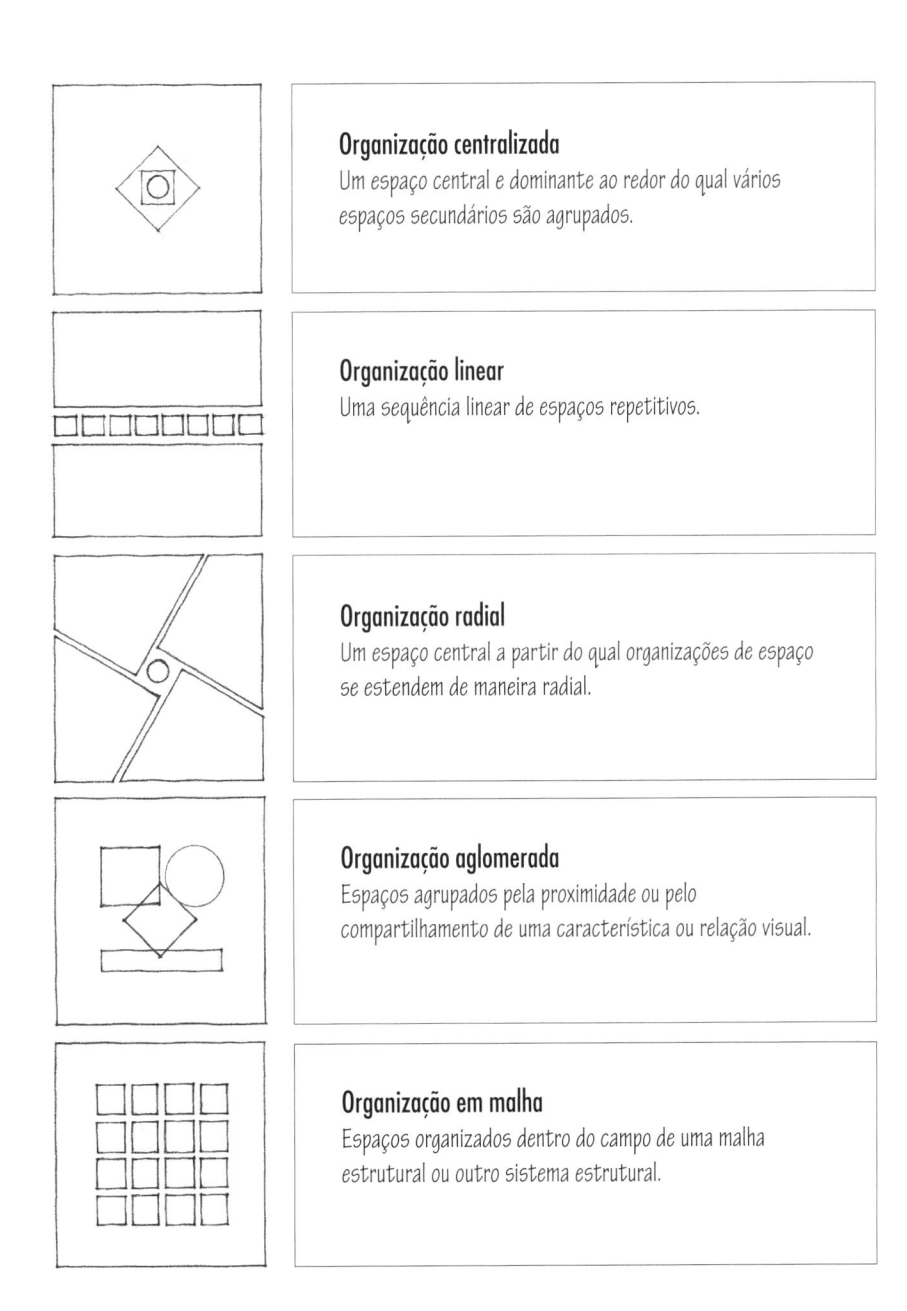

Organização centralizada
Um espaço central e dominante ao redor do qual vários espaços secundários são agrupados.

Organização linear
Uma sequência linear de espaços repetitivos.

Organização radial
Um espaço central a partir do qual organizações de espaço se estendem de maneira radial.

Organização aglomerada
Espaços agrupados pela proximidade ou pelo compartilhamento de uma característica ou relação visual.

Organização em malha
Espaços organizados dentro do campo de uma malha estrutural ou outro sistema estrutural.

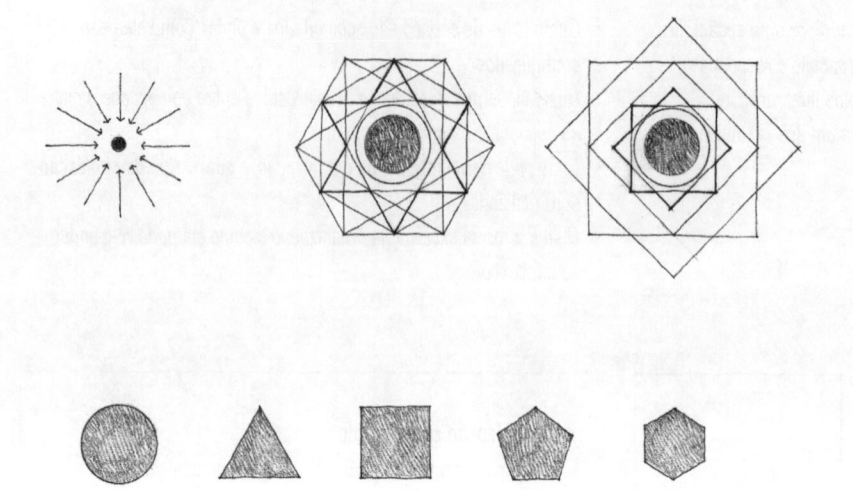

ORGANIZAÇÕES CENTRALIZADAS

Uma organização centralizada é uma composição estável e concentrada que consiste em vários espaços secundários agrupados ao redor de um espaço central grande e dominante.

O espaço central e unificador da organização geralmente tem forma regular e é grande o suficiente para reunir vários espaços secundários ao redor de seu perímetro.

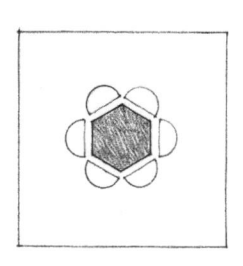

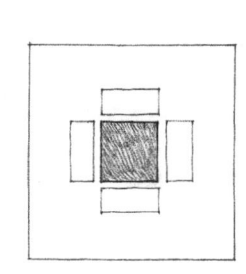

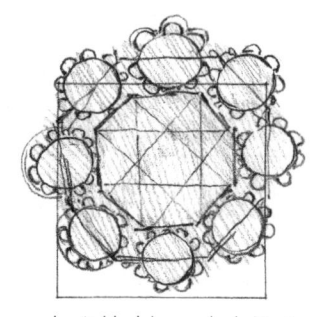

Os espaços secundários da organização podem ser equivalentes entre si em termos de função, forma e tamanho e criar uma configuração global que é geometricamente regular e simétrica em relação a dois ou mais eixos.

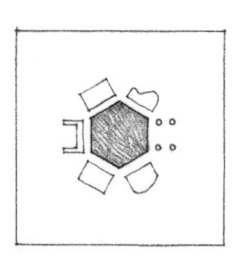

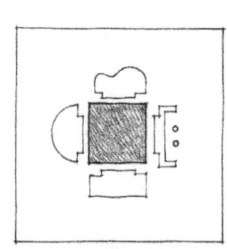

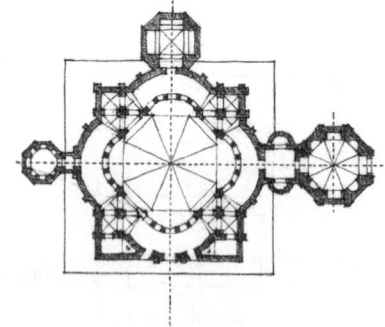

Igreja Ideal, Leonardo da Vinci

Os espaços secundários podem diferir entre si em forma ou tamanho, a fim de responder a diferentes requisitos funcionais, expressar sua função relativa ou reconhecer seu entorno. Essa diferenciação entre os espaços secundários também permite que a forma da organização centralizada responda às condições ambientais de seu terreno.

San Lorenzo Maggiore (Basílica de São Lourenço Maior), Milão, Itália, cerca de 480 d.C.

Uma vez que uma organização centralizada é não direcional por sua própria natureza, o acesso e a entrada devem ficar evidentes no terreno e no tratamento dos espaços secundários por meio de um portal ou outro elemento marcante.

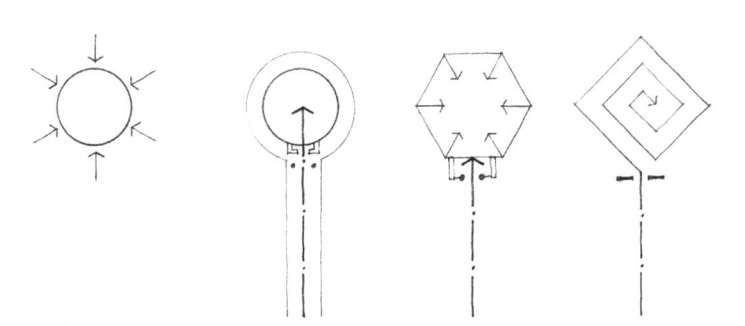

O padrão de circulação e movimento dentro de uma organização centralizada pode ter forma radial ou espiral ou compor um circuito. Contudo, em quase todos os casos, o padrão terminará no espaço central ou ao seu redor.

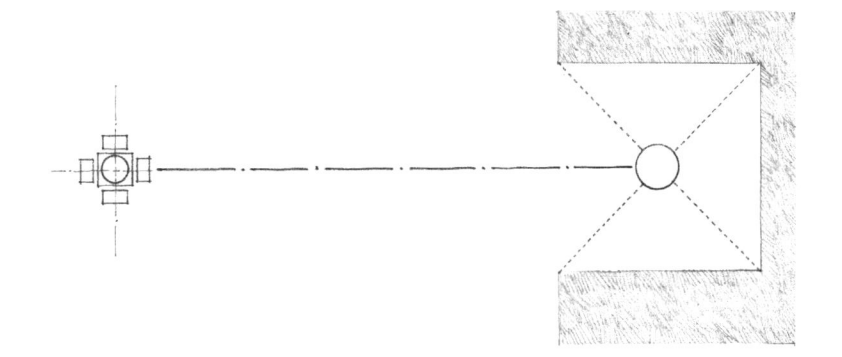

As organizações centralizadas cujas formas são relativamente compactas e geometricamente regulares podem ser empregadas para:

- estabelecer pontos ou lugares no espaço
- criar o foco para um eixo
- servir como um objeto ou uma forma dentro de um campo bem definido de volume espacial

O espaço organizador central pode ser um espaço interno ou externo.

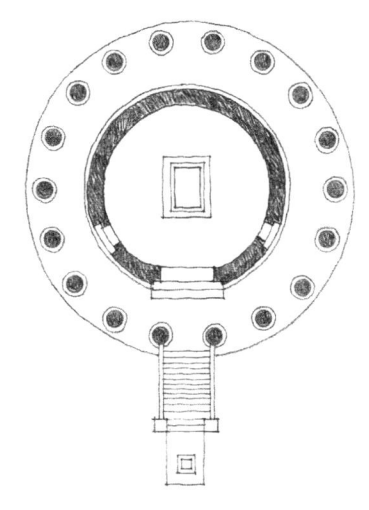

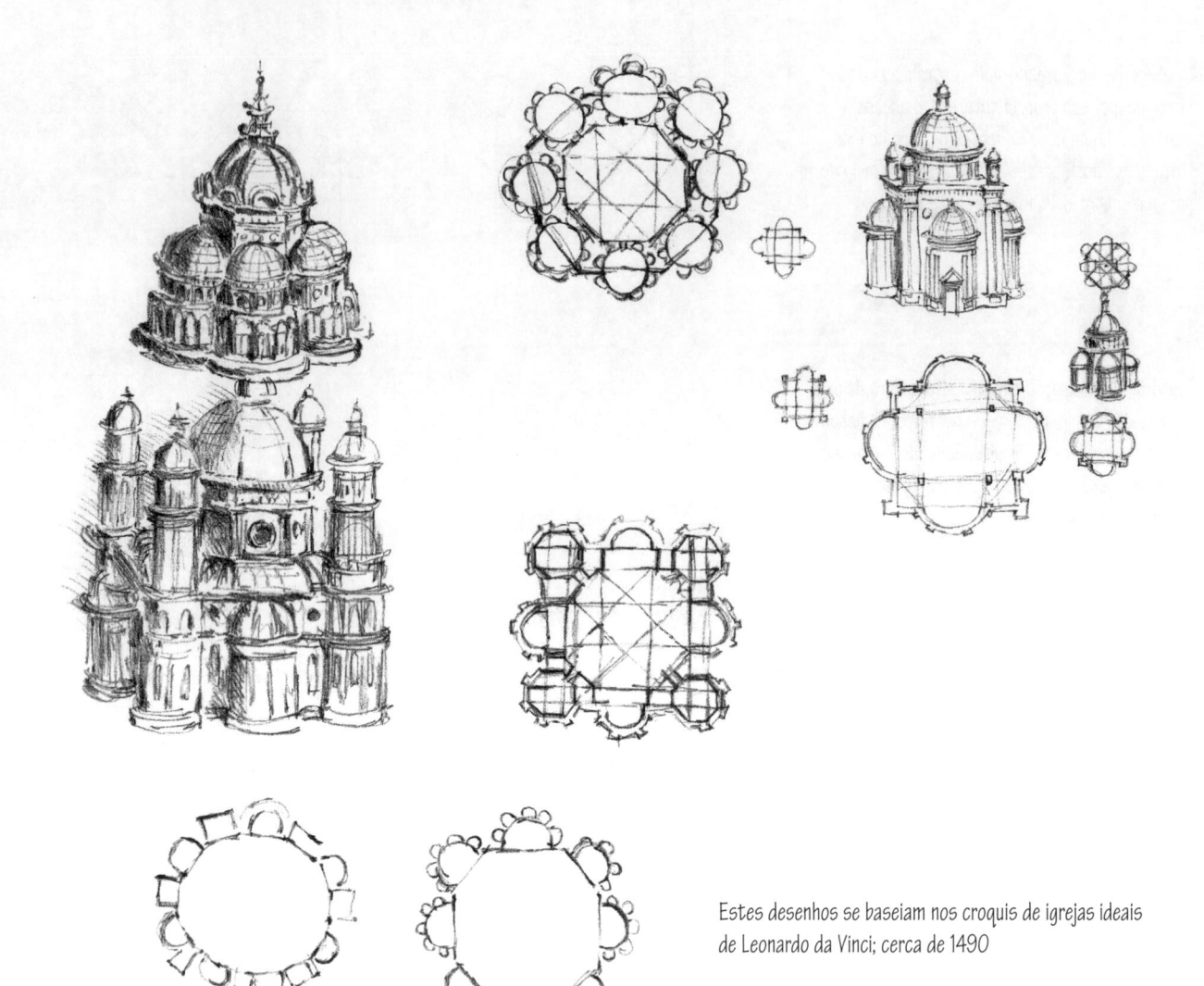

236 ORGANIZAÇÕES CENTRALIZADAS

Estes desenhos se baseiam nos croquis de igrejas ideais de Leonardo da Vinci; cerca de 1490

ORGANIZAÇÕES CENTRALIZADAS   237

Plantas Centralizadas, 1547, Sebastiano Serlio

Sant'Ivo della Sapienza (Igreja de São Ivo da Sabedoria), Roma, Itália, 1642–1650, Francesco Borromini

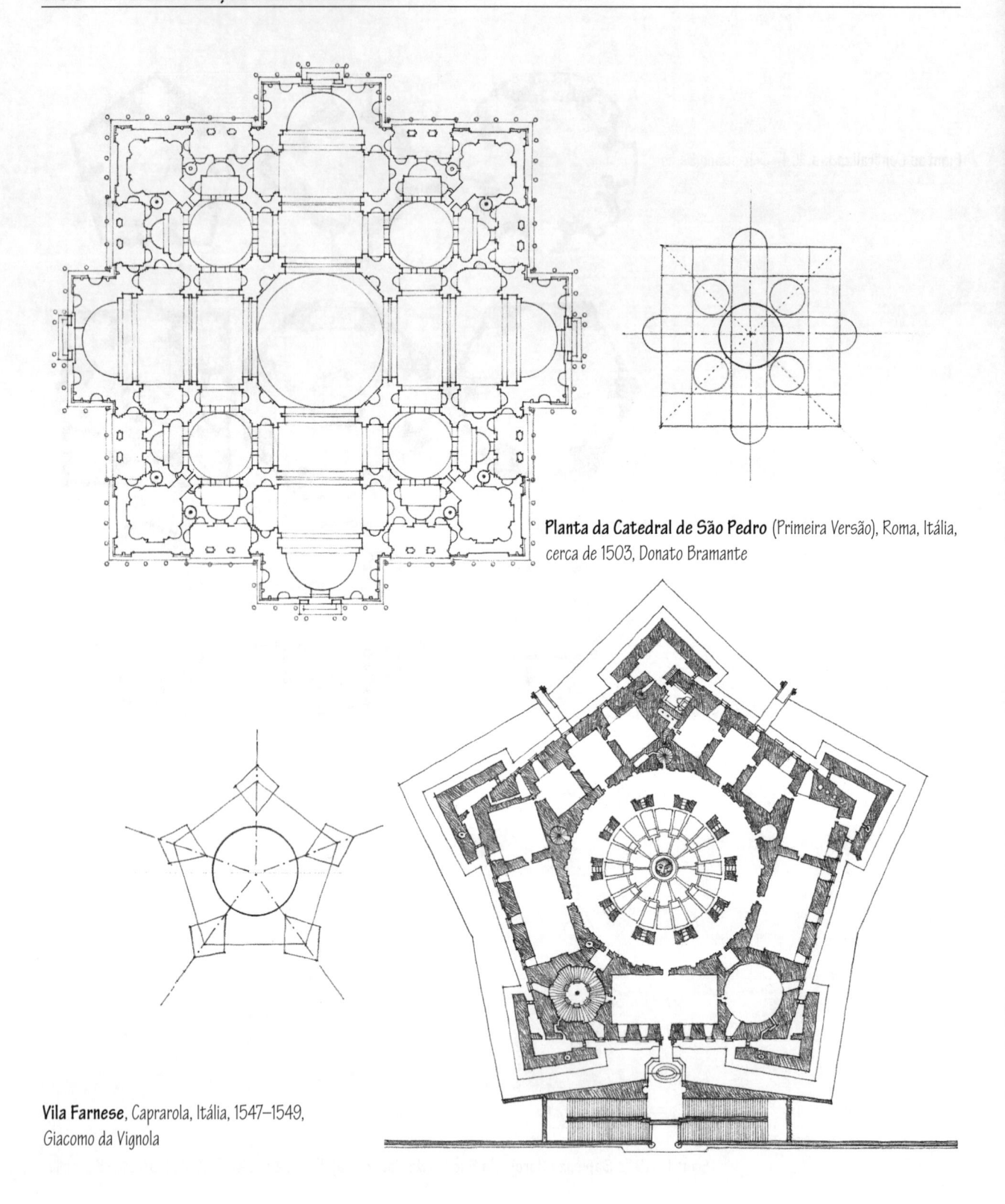

ORGANIZAÇÕES CENTRALIZADAS

Planta da Catedral de São Pedro (Primeira Versão), Roma, Itália, cerca de 1503, Donato Bramante

Vila Farnese, Caprarola, Itália, 1547–1549, Giacomo da Vignola

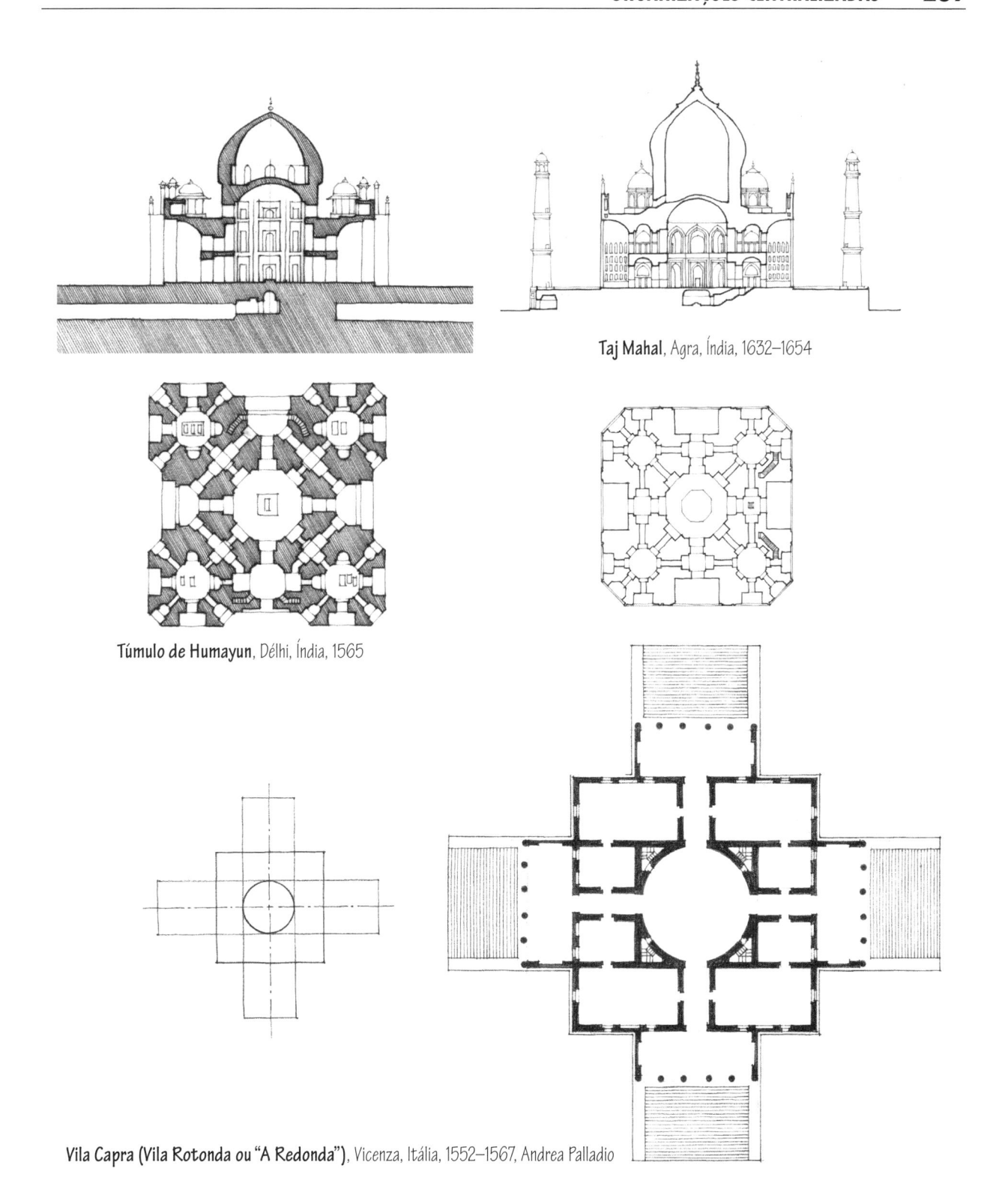

ORGANIZAÇÕES CENTRALIZADAS **239**

Taj Mahal, Agra, Índia, 1632–1654

Túmulo de Humayun, Délhi, Índia, 1565

Vila Capra (Vila Rotonda ou "A Redonda"), Vicenza, Itália, 1552–1567, Andrea Palladio

240 ORGANIZAÇÕES CENTRALIZADAS

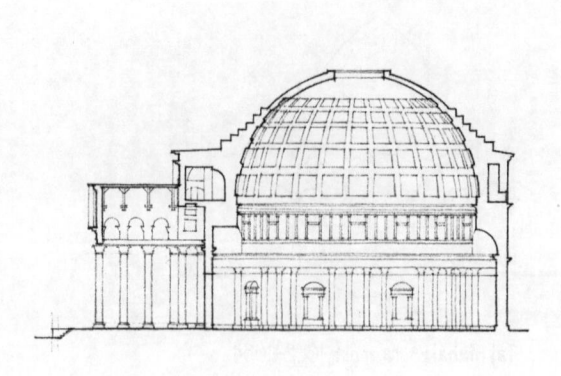

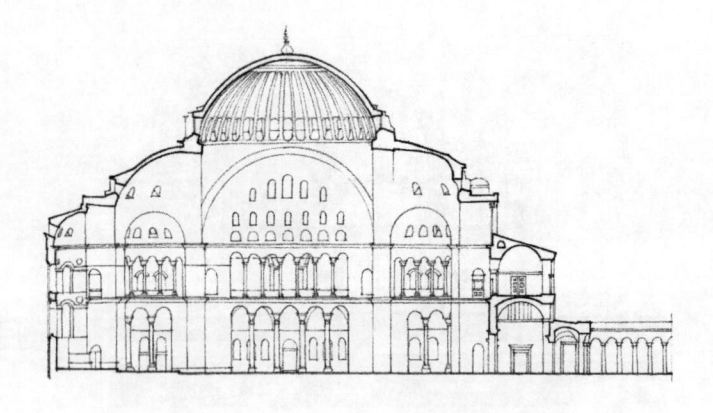

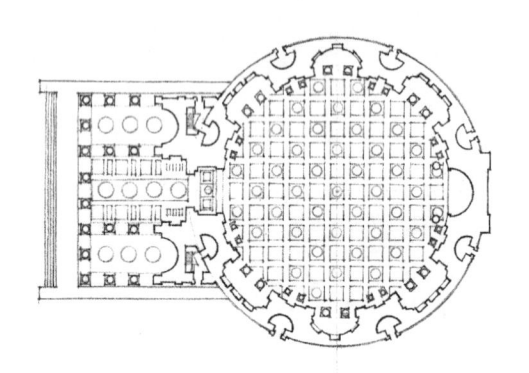

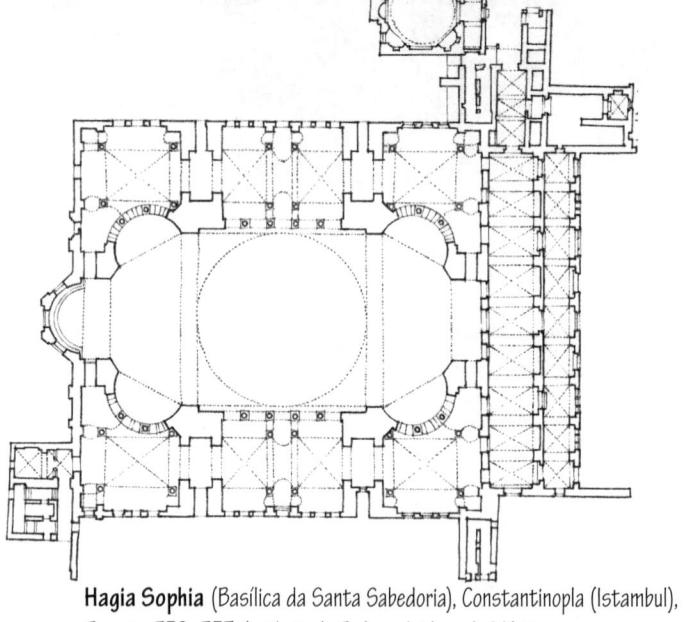

Panteon, Roma, Itália, 120–124 d.C. Seu pórtico é de um templo de 25 a.C.

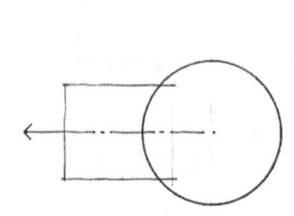

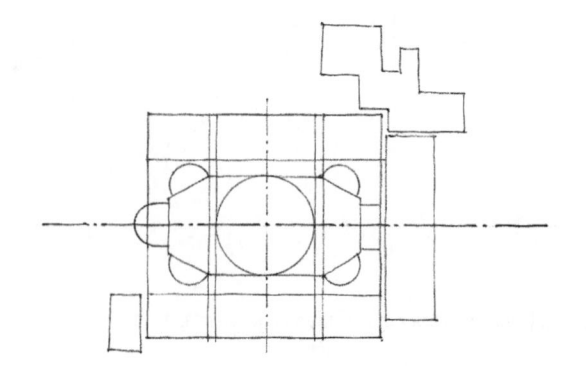

Hagia Sophia (Basílica da Santa Sabedoria), Constantinopla (Istambul), Turquia, 532–537, Antêmio de Trales e Isidoro de Mileto

ORGANIZAÇÕES CENTRALIZADAS   **241**

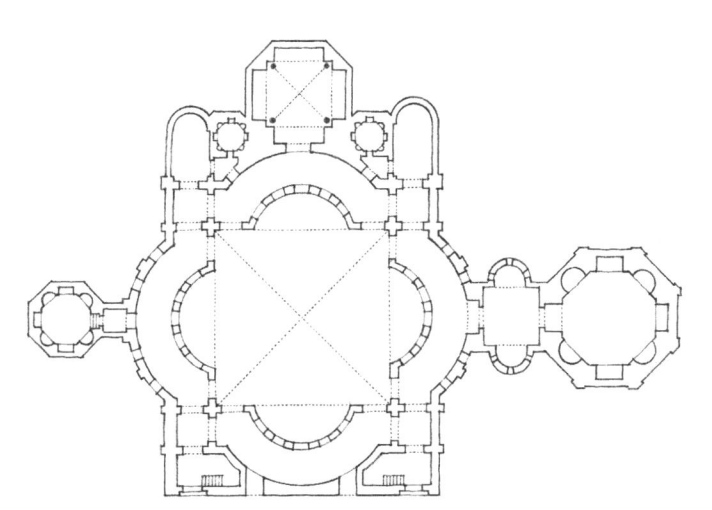

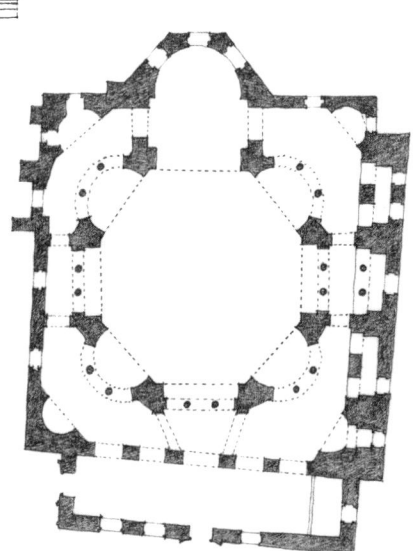

San Lorenzo Maggiore (Basílica de São Lourenço Maior), Milão, Itália, cerca de 480

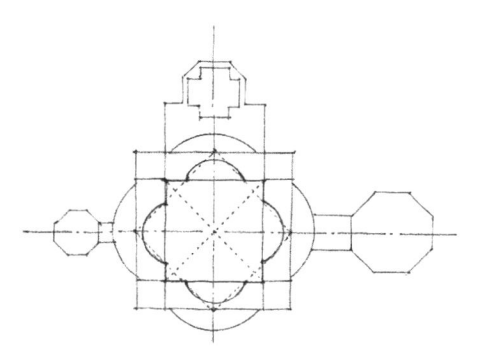

Igreja de São Sérgio e São Baco, Constantinopla (Istambul), Turquia, 525–530

242 ORGANIZAÇÕES CENTRALIZADAS

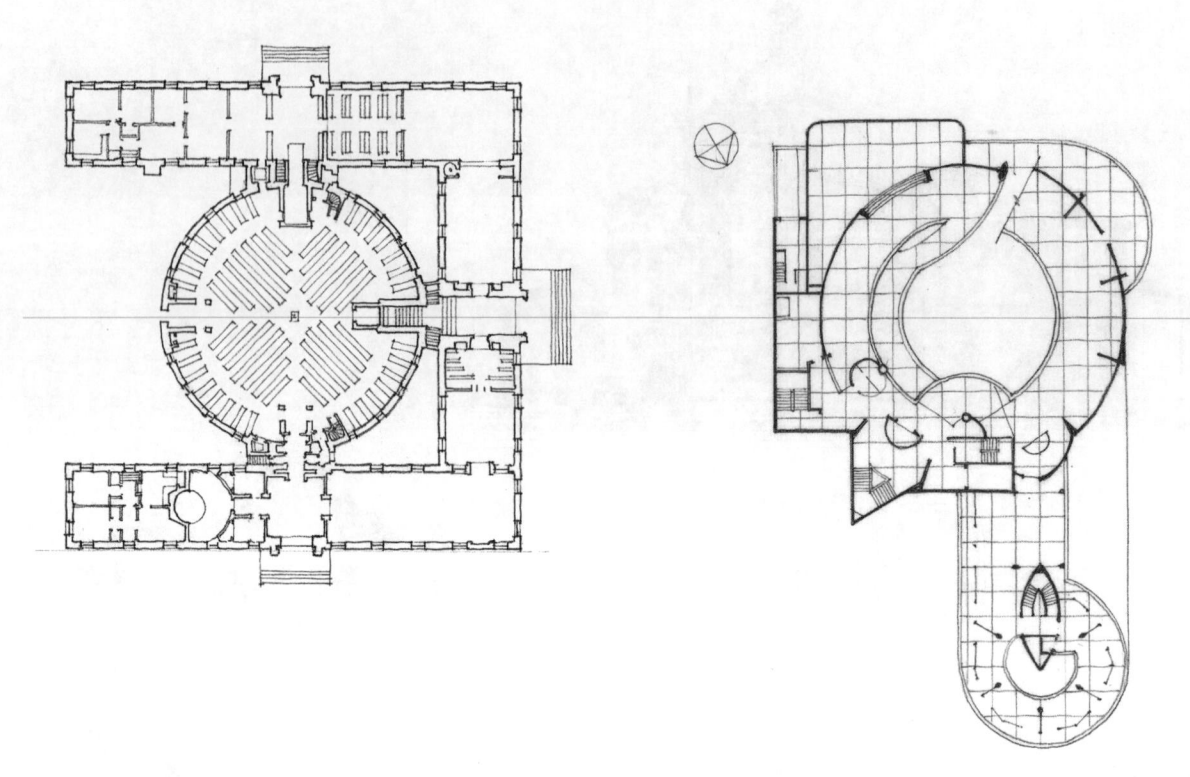

Biblioteca Pública de Estocolmo, Suécia, 1920–1928, Gunnar Asplund

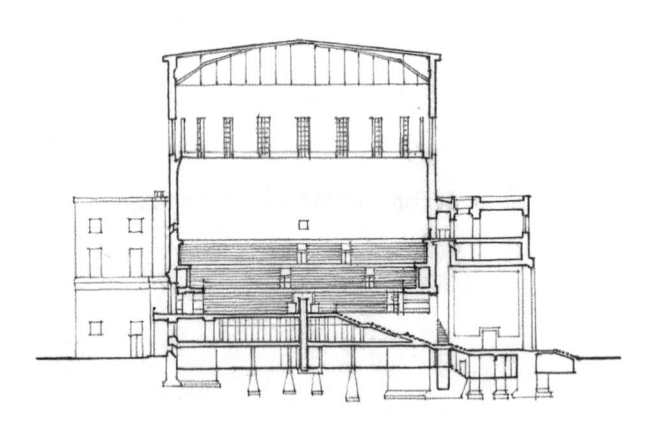

Museu Guggenheim, Cidade de Nova York, Estados Unidos, 1943–1959, Frank Lloyd Wright

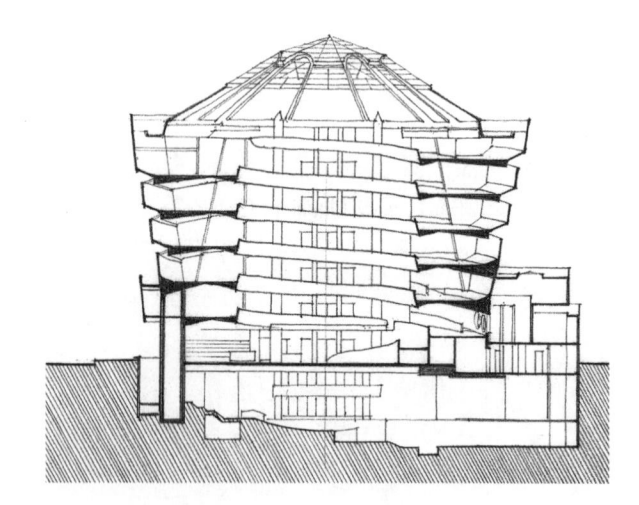

ORGANIZAÇÕES CENTRALIZADAS 243

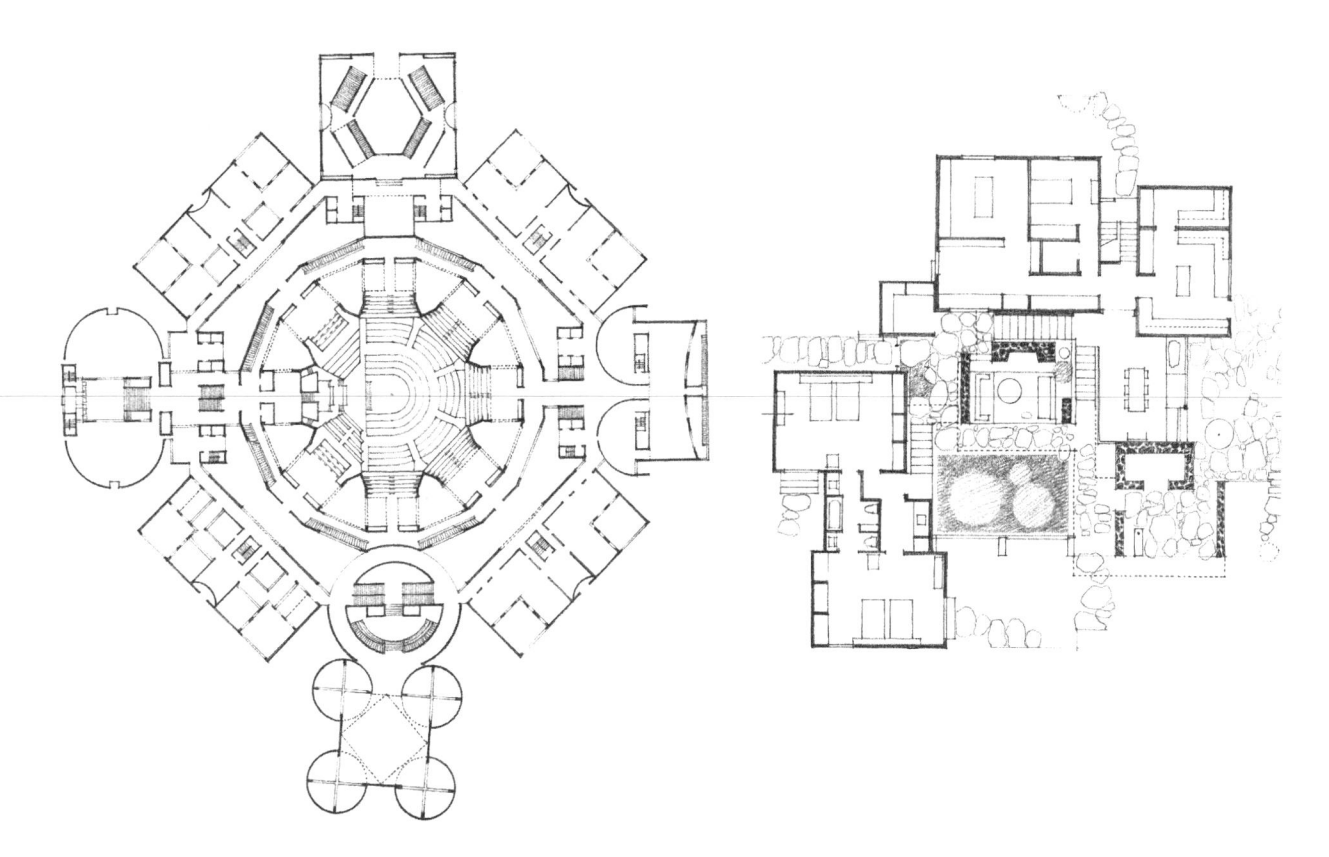

Assembleia Nacional, Complexo do Capitólio de Daca, Bangladesh, iniciada em 1962, Louis Kahn

Casa da Estufa, Connecticut, Estados Unidos, 1973–1975, John M. Johansen

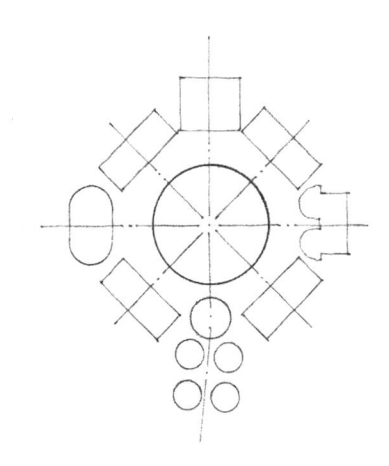

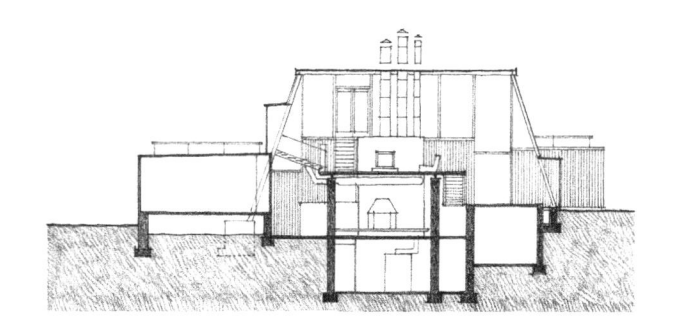

ORGANIZAÇÕES LINEARES

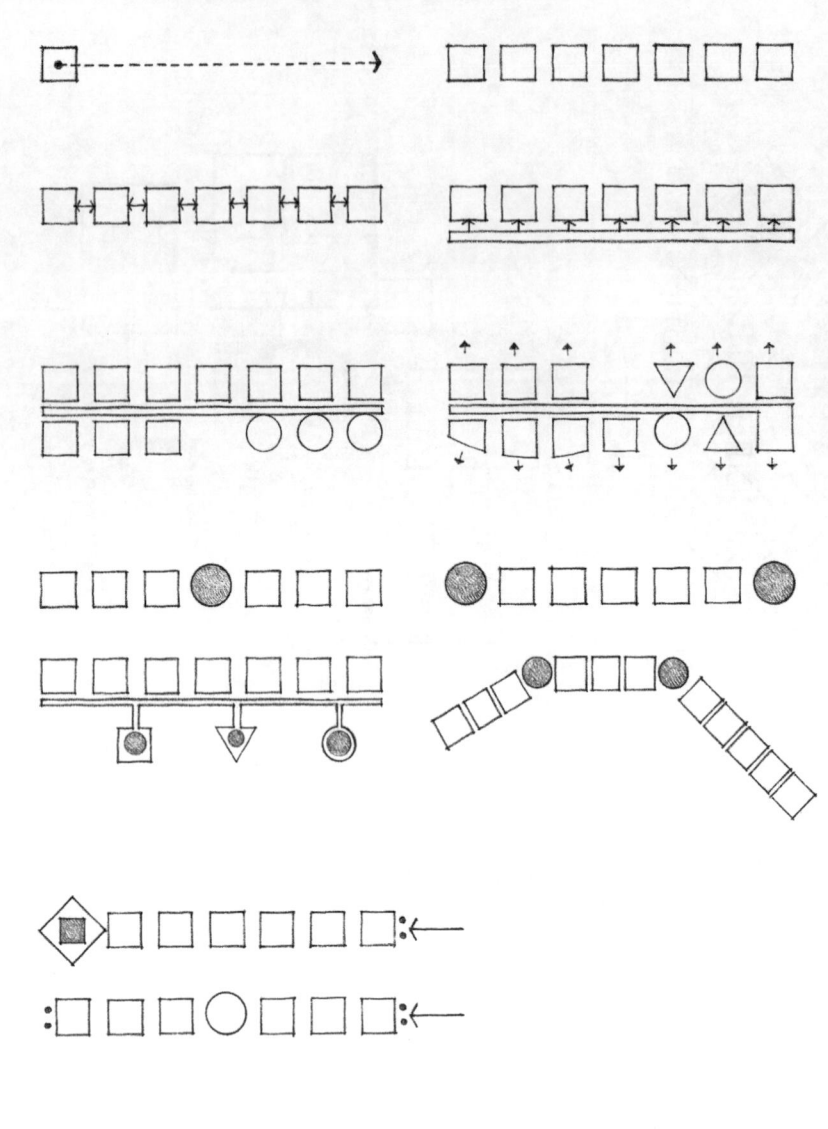

Uma organização linear consiste essencialmente em uma série de espaços. Tais espaços podem estar diretamente relacionados entre si ou conectados por meio de um espaço linear separado e distinto.

Uma organização linear geralmente é composta de espaços repetitivos similares em tamanho, forma e função. No entanto, ela também pode consistir em apenas um espaço linear que organiza, ao longo de sua extensão, uma série de espaços que diferem em tamanho, forma ou função. Em ambos os casos, cada espaço ao longo da sequência tem uma lateral voltada para fora.

Os espaços importantes para o conjunto, em termos funcionais ou simbólicos, podem estar posicionados em qualquer lugar da sequência linear e ter sua importância ressaltada pelo tamanho ou pela forma. Seu significado também pode ser enfatizado por sua localização, que pode ser:

- na extremidade da sequência linear
- deslocada da organização linear
- em pontos de destaque

Devido ao seu comprimento característico, as organizações lineares expressam direção e transmitem as ideias de movimento, extensão e crescimento. Para ter seu crescimento limitado, as organizações lineares podem ser terminadas por um espaço ou forma dominante, por uma entrada elaborada ou destacada, pela fusão com outra forma edificada ou com a topografia de seu terreno.

ORGANIZAÇÕES LINEARES **245**

A forma de uma organização linear é flexível por natureza e pode responder imediatamente a várias condições de seu terreno. Ela pode se adaptar a mudanças na topografia, desviar de um corpo d'água ou grupo de árvores ou mudar de direção a fim de orientar os espaços internos para obter uma melhor insolação e vistas mais interessantes. Ela pode ser reta, segmentada ou curvilínea, pode percorrer o terreno horizontalmente, descer um declive na diagonal ou se erguer verticalmente, como uma torre.

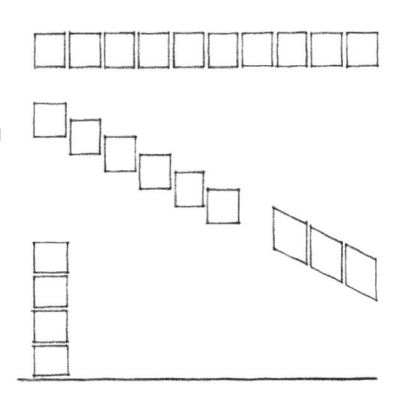

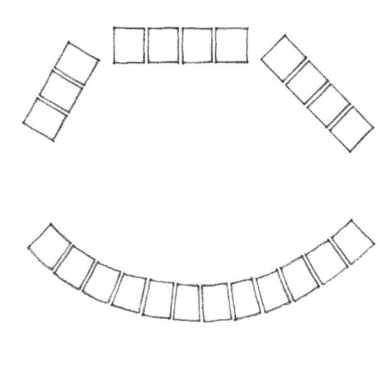

A forma de uma organização linear pode se relacionar com outras formas de seu contexto ao:

- conectá-las e organizá-las ao longo de sua extensão;
- servir como muro ou barreira, separando-as em diferentes campos;
- circundá-las e fechá-las dentro de um espaço.

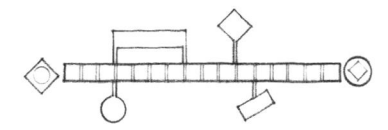

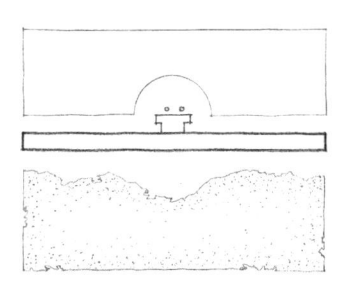

As organizações lineares com formas curvas ou segmentadas delimitam uma área externa em seus lados côncavos e orientam seus espaços para o centro deste espaço. Em seus lados convexos, estas formas assumem o caráter de uma barreira e excluem a área externa de seu campo delimitado.

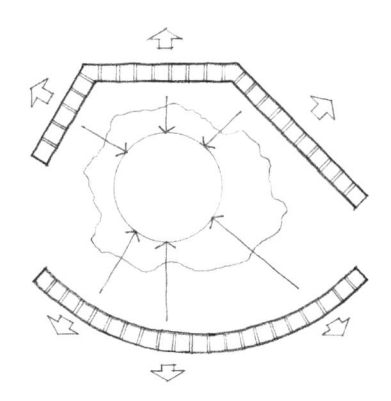

246 ORGANIZAÇÕES LINEARES

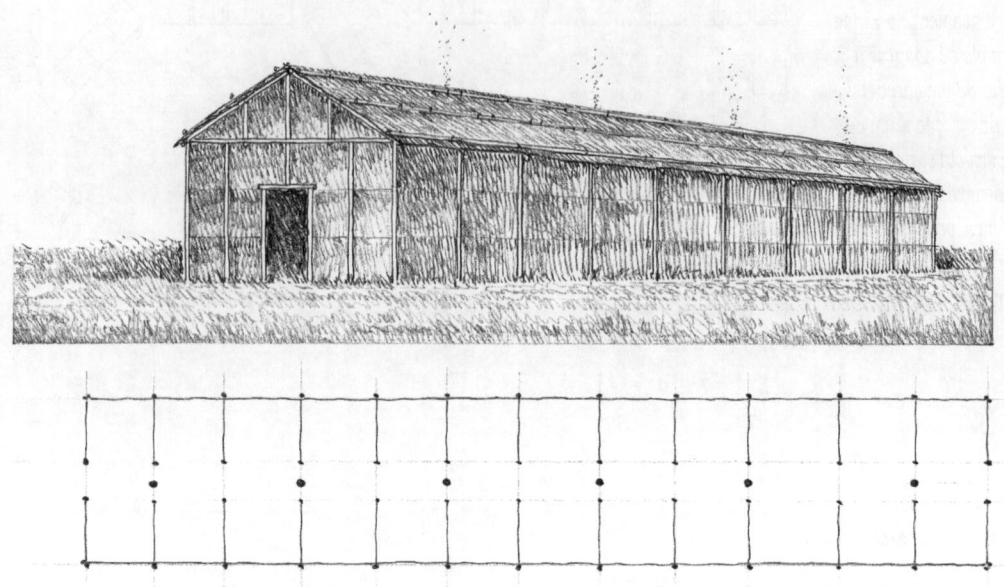

Casa-Galpão, um tipo de moradia das tribos da Confederação dos Iroquês, na América do Norte, cerca de 1600

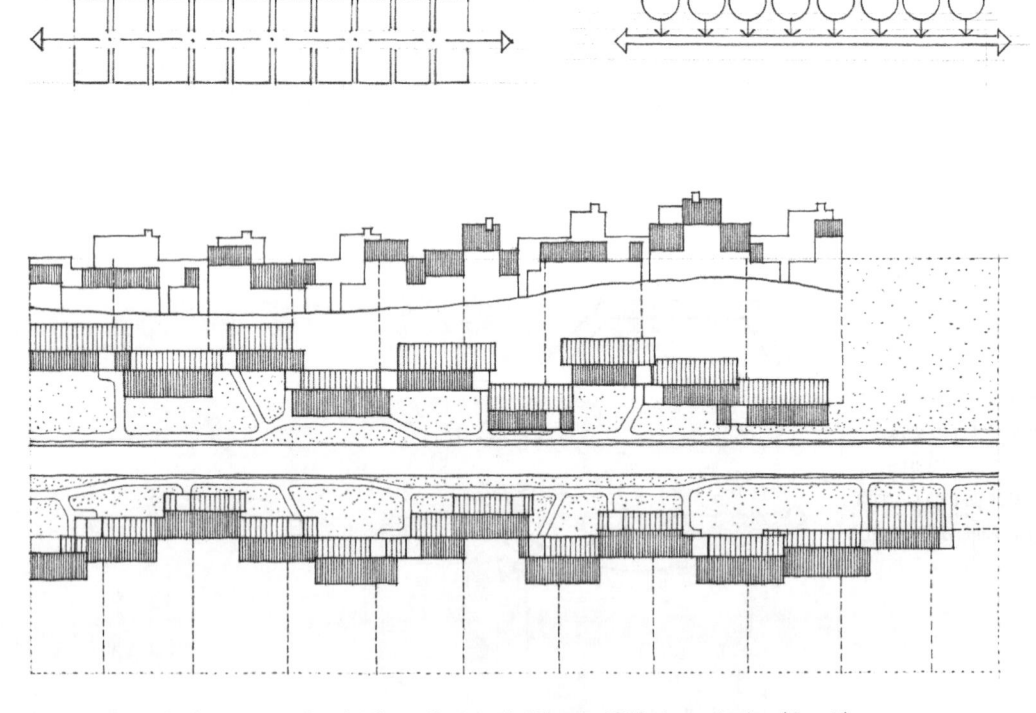

Casas em Fita Voltadas para uma Rua de Vilarejo, **Projeto de Vilarejo**, 1955, James Stirling (Team X)

ORGANIZAÇÕES LINEARES 247

Ampliação do Dormitório dos Estudantes, **Universidade de Saint Andrews**, Escócia, 1964–1968, James Stirling

Sequências lineares de espaços

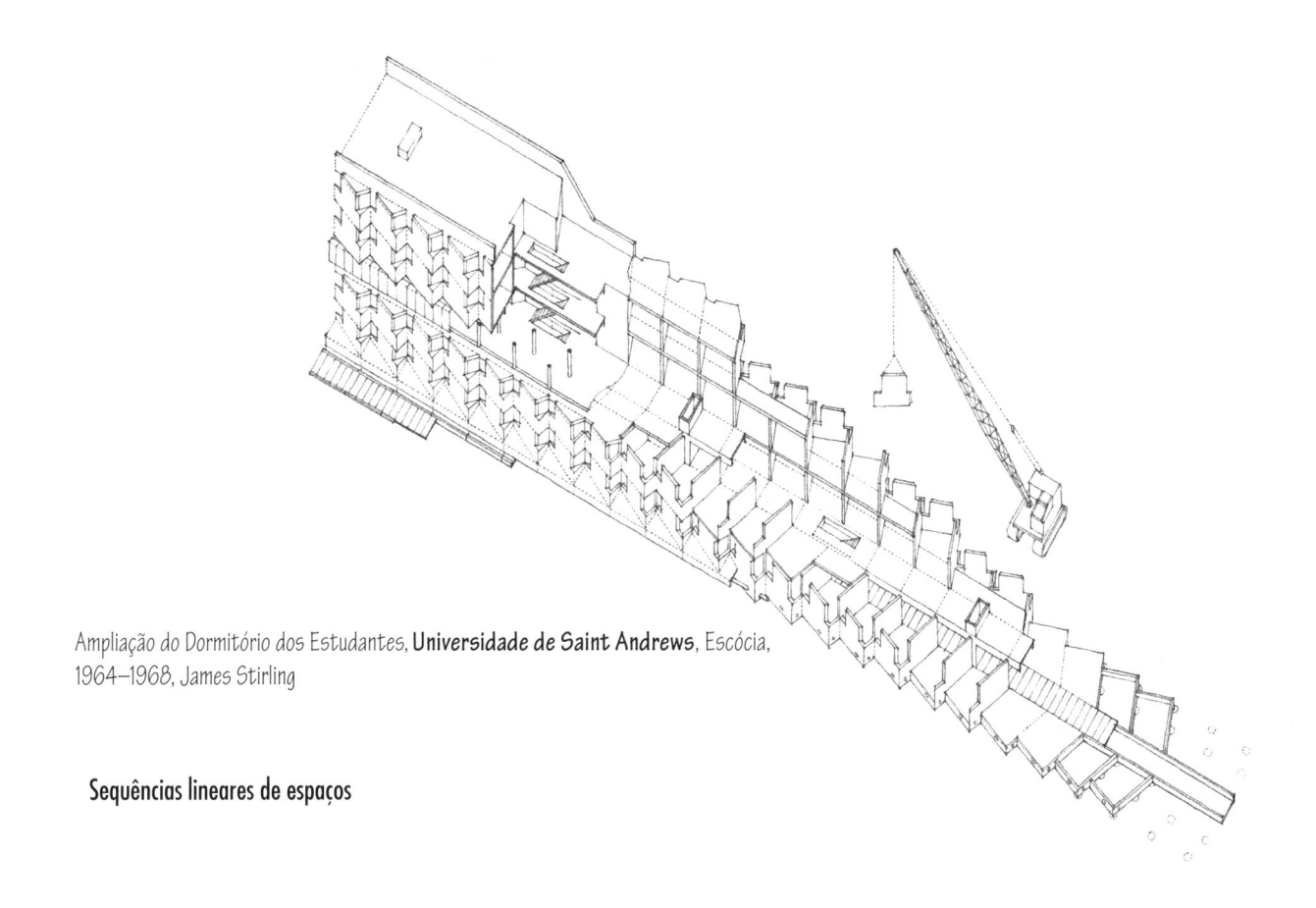

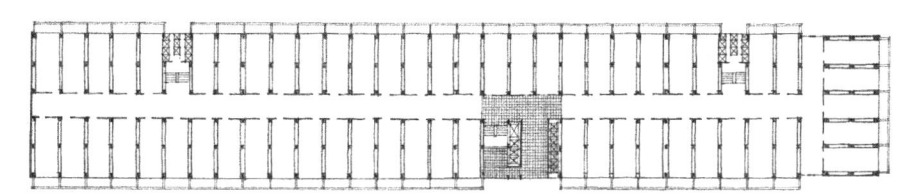

Planta Baixa do Pavimento Típico, **Unidade de Habitação**, Marselha, França, 1946–1952, Le Corbusier

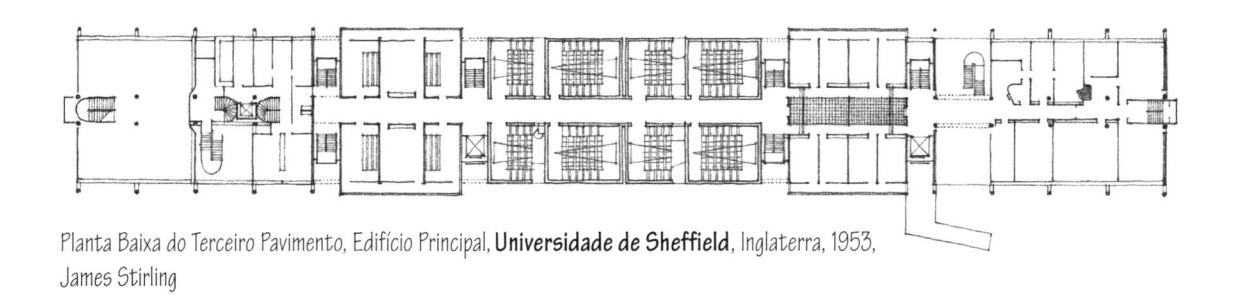

Planta Baixa do Terceiro Pavimento, Edifício Principal, **Universidade de Sheffield**, Inglaterra, 1953, James Stirling

ORGANIZAÇÕES LINEARES

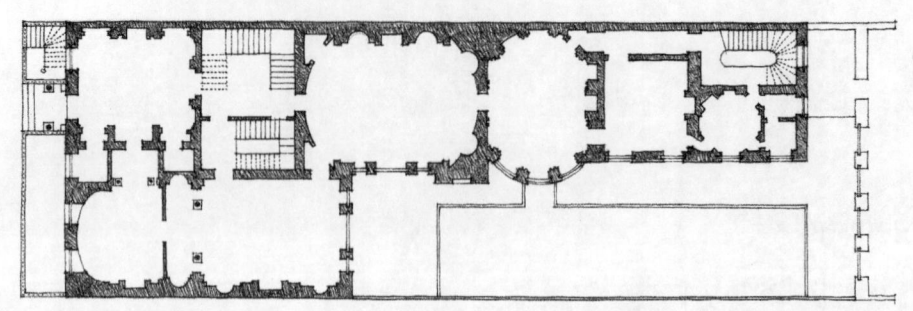

Casa do Lorde Derby, Londres, Inglaterra, 1777, Robert Adam

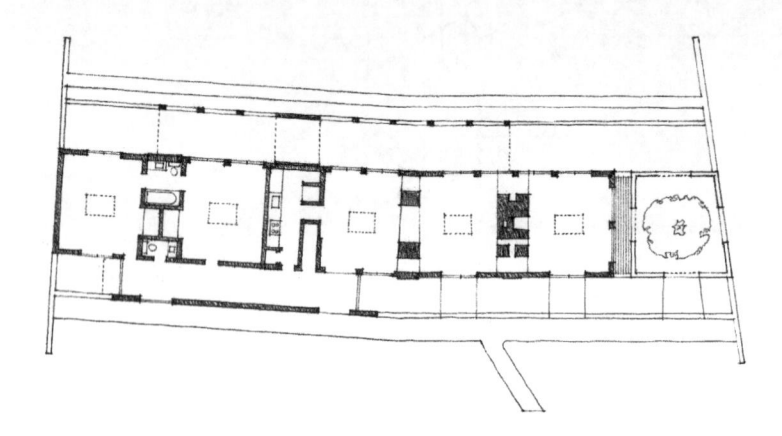

Casa Pearson, Projeto Não Executado, 1957, Robert Venturi

Sequências lineares de cômodos...

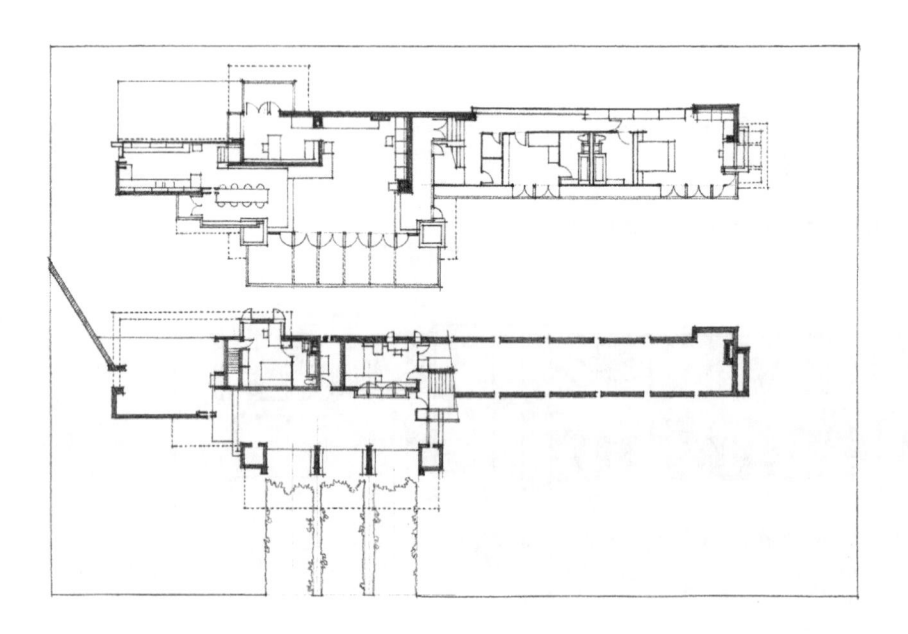

Casa Lloyd Lewis, Libertyville, Illinois, Estados Unidos, 1940, Frank Lloyd Wright

ORGANIZAÇÕES LINEARES **249**

Casa Romano, Kentfield, Califórnia, Estados Unidos, 1970, Esherick Homsey Dodge and Davis

...se adaptando à função e ao terreno

Casa Marcus, Projeto Não Executado, Dallas, Texas, Estados Unidos, 1935, Frank Lloyd Wright´

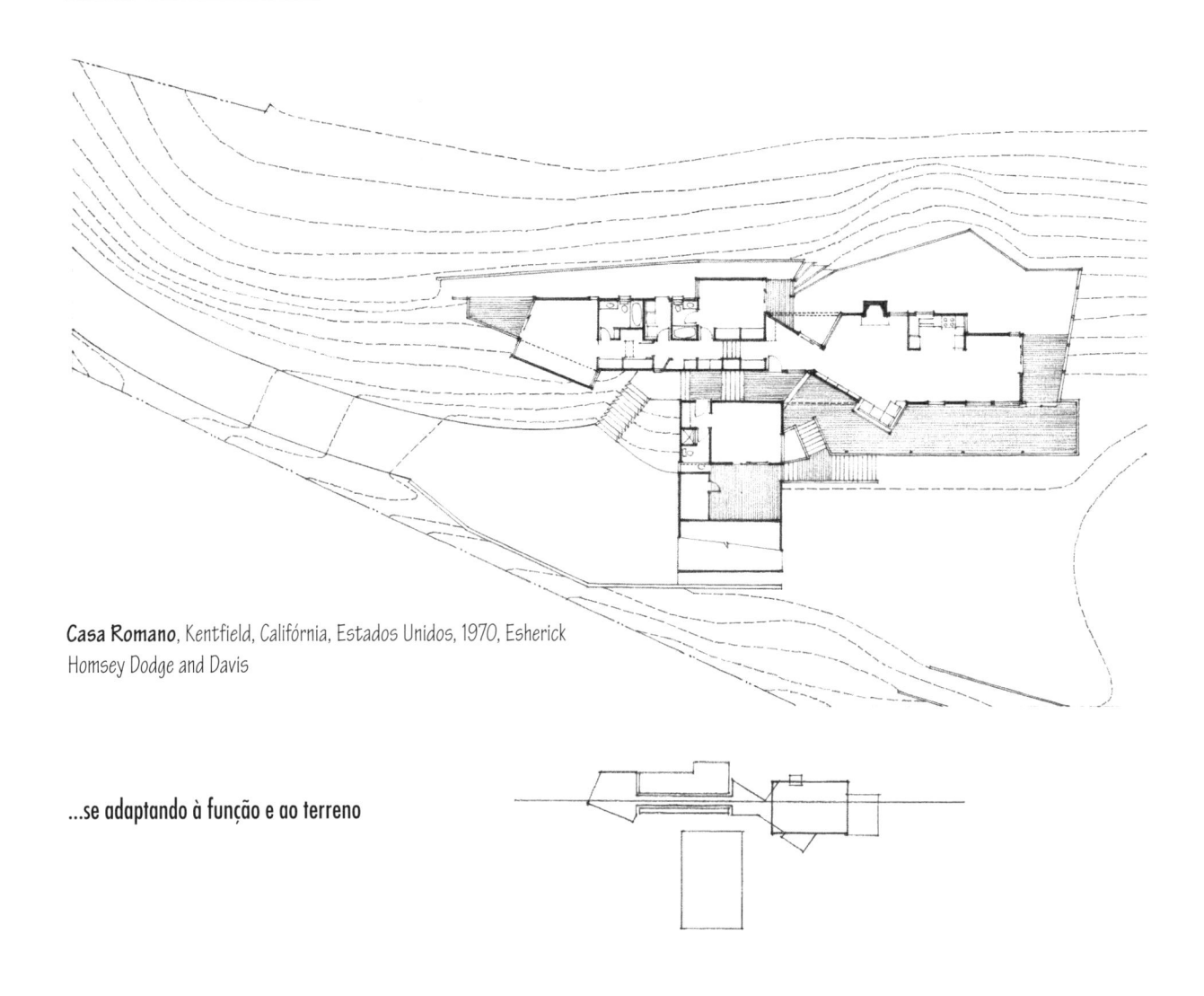

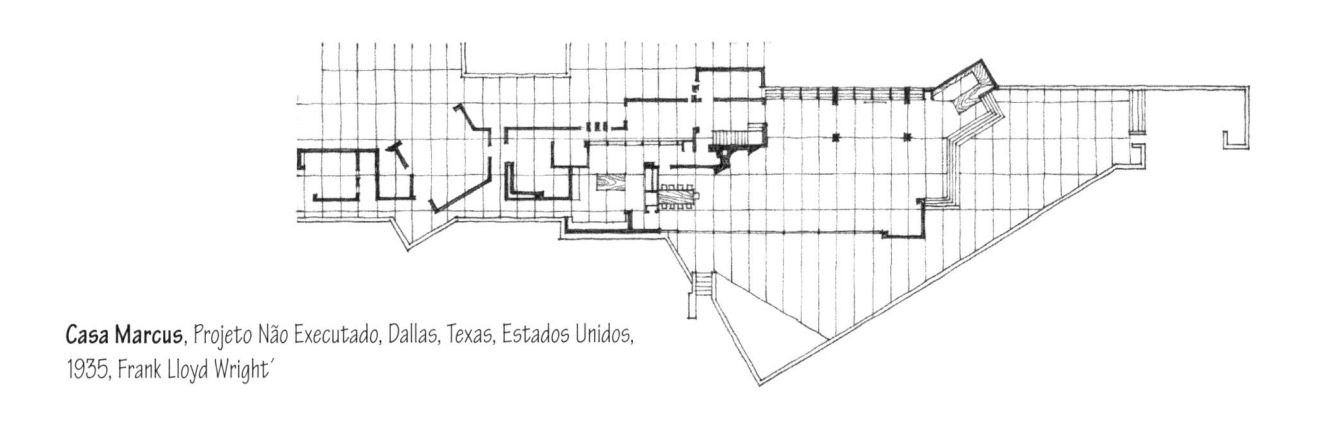

250 ORGANIZAÇÕES LINEARES

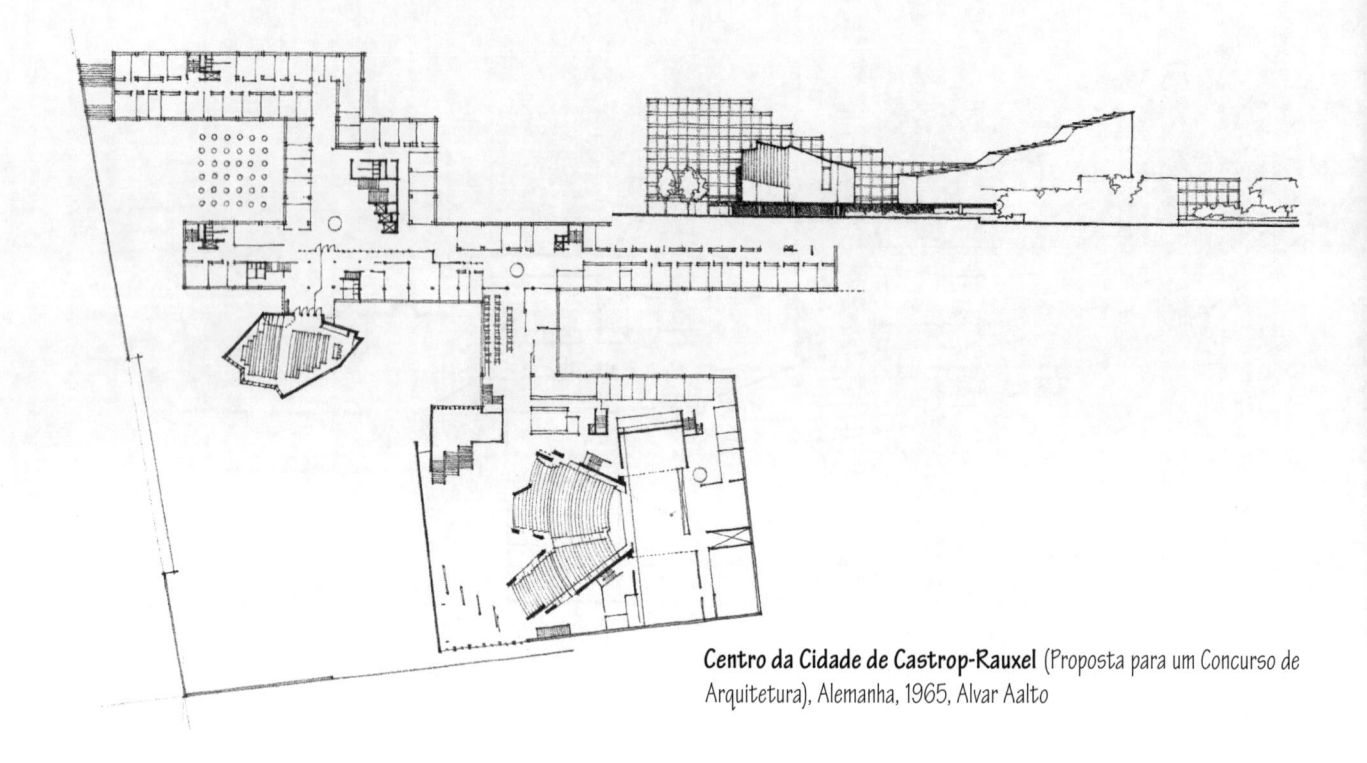

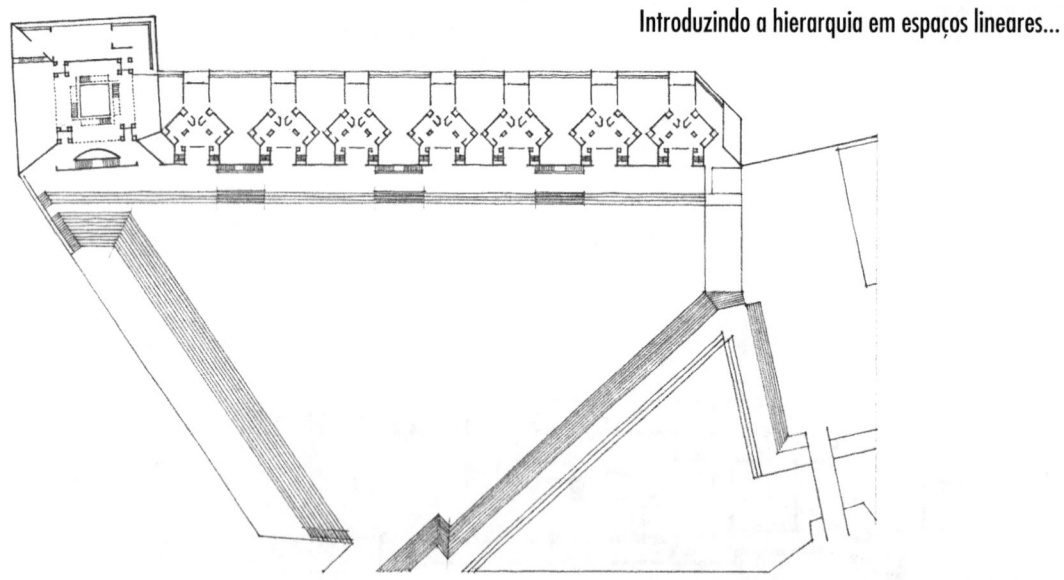

Centro da Cidade de Castrop-Rauxel (Proposta para um Concurso de Arquitetura), Alemanha, 1965, Alvar Aalto

Introduzindo a hierarquia em espaços lineares...

Interama, Projeto para uma Comunidade Interamericana, Flórida, Estados Unidos, 1964–1967, Louis Kahn

ORGANIZAÇÕES LINEARES 251

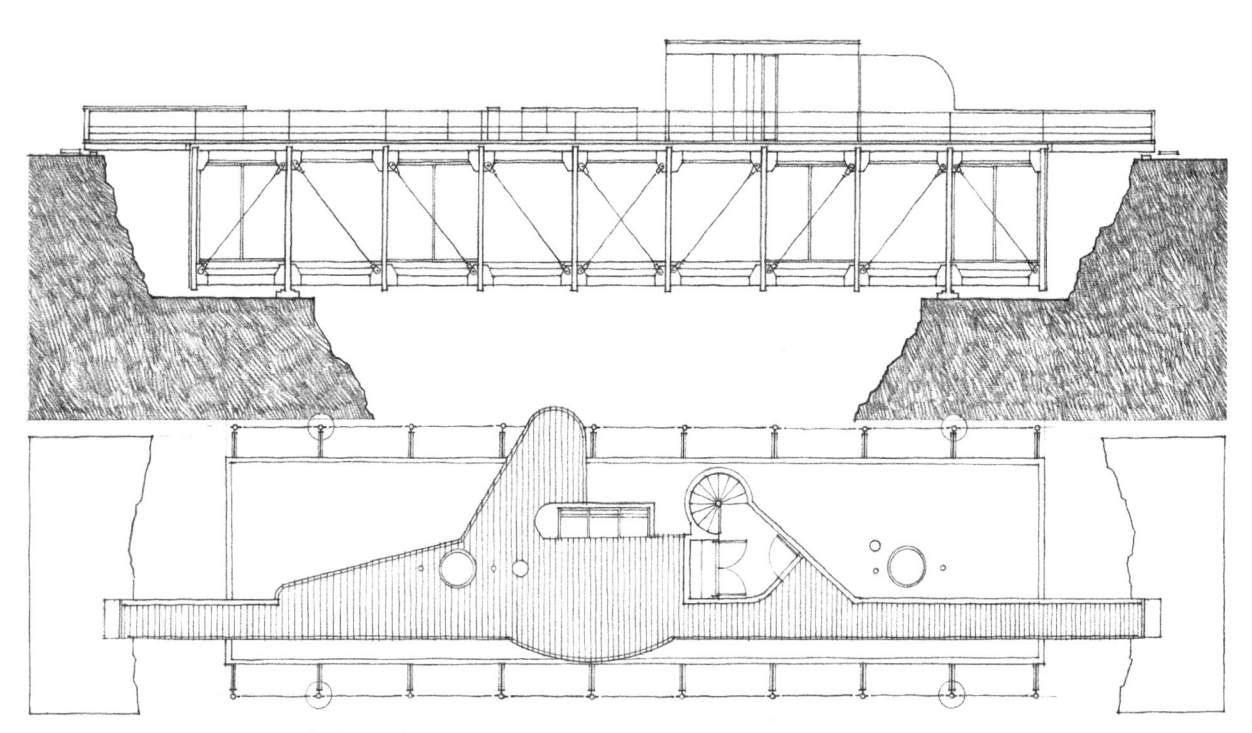

Casa-Ponte, Projeto Não Executado, Christopher Owen

... e expressando movimento.

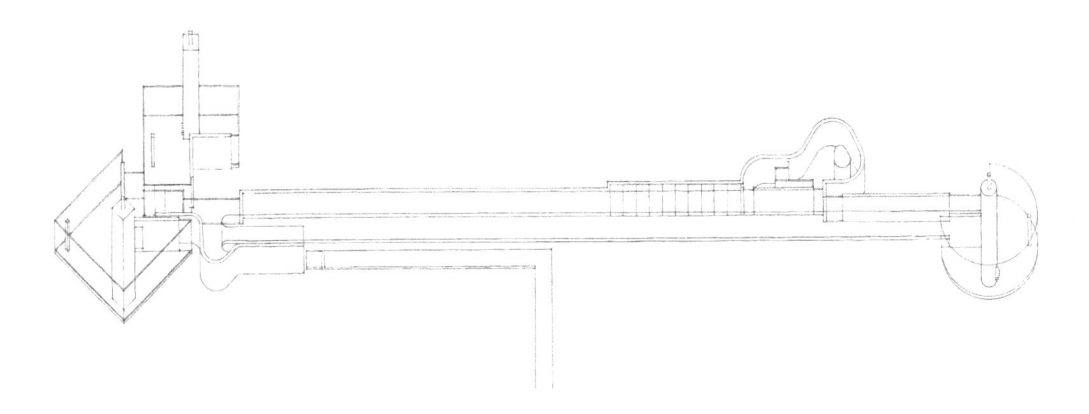

Casa 10, Projeto Não Executado, 1966, John Hejduk

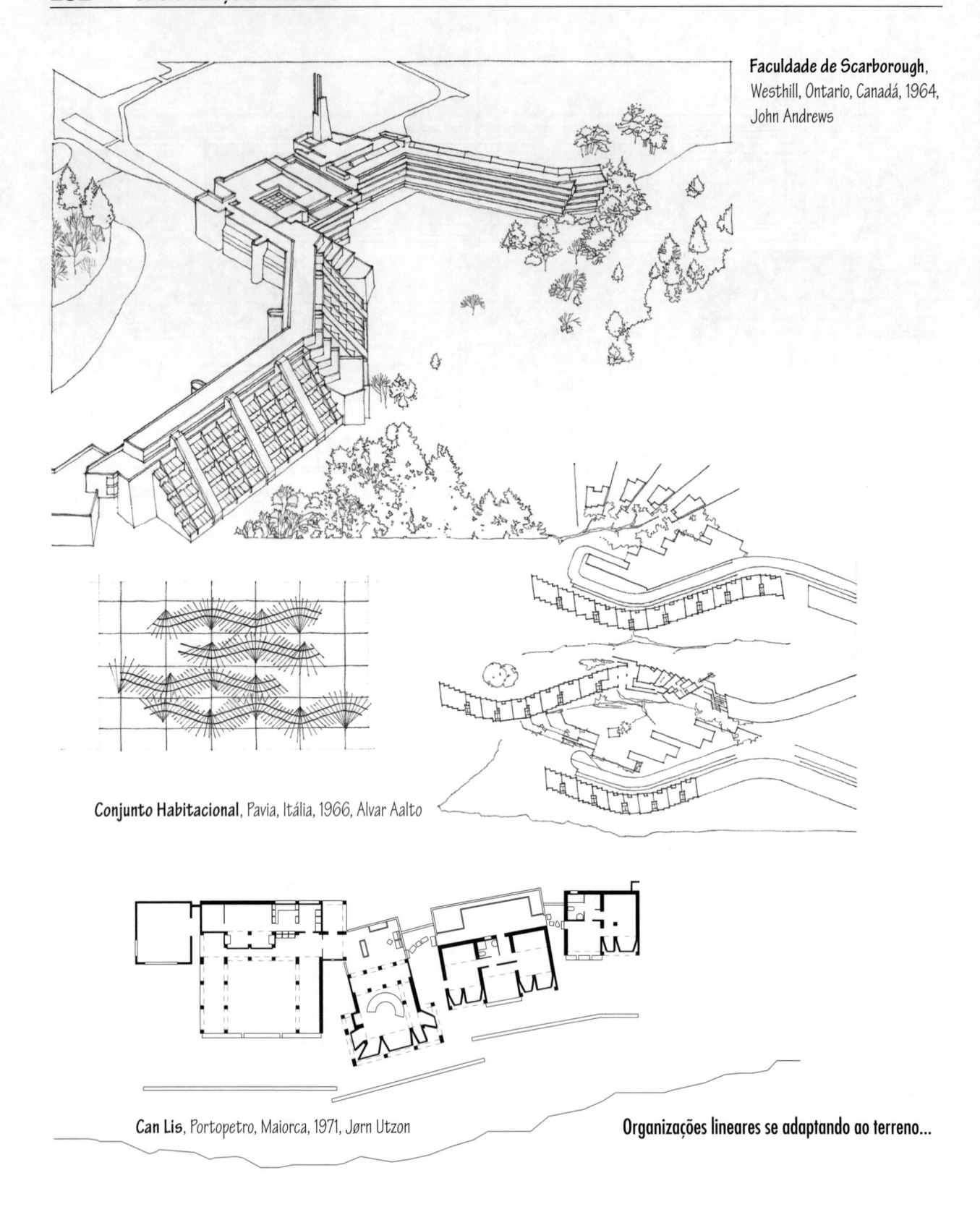

ORGANIZAÇÕES LINEARES

Faculdade de Scarborough, Westhill, Ontario, Canadá, 1964, John Andrews

Conjunto Habitacional, Pavia, Itália, 1966, Alvar Aalto

Can Lis, Portopetro, Maiorca, 1971, Jørn Utzon

Organizações lineares se adaptando ao terreno...

ORGANIZAÇÕES LINEARES 253

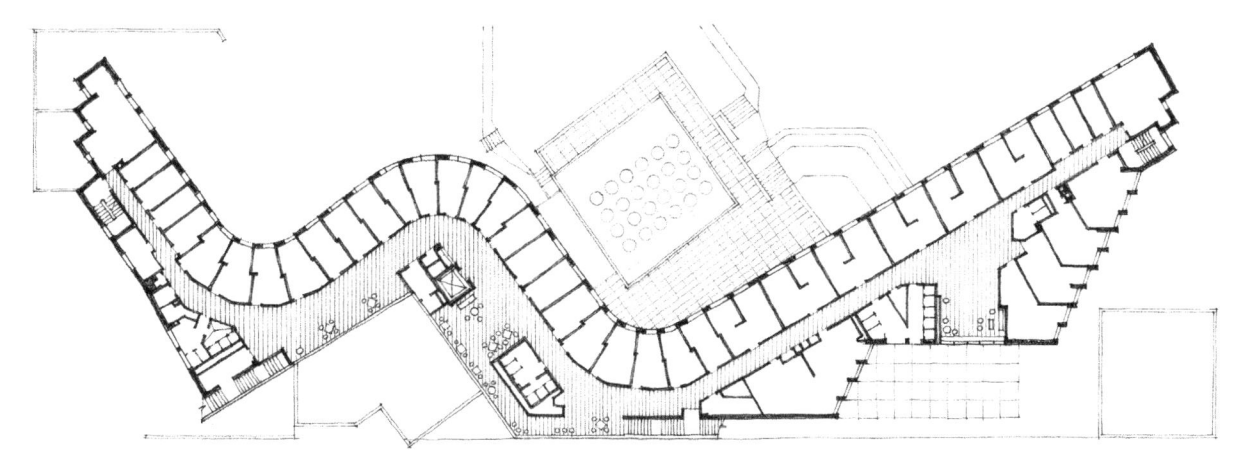

Planta Baixa do Pavimento Superior Típico, **Edifício Baker House**, Instituto de Tecnologia de Massachusetts, Cambridge, Massachusetts, Estados Unidos, 1948, Alvar Aalto

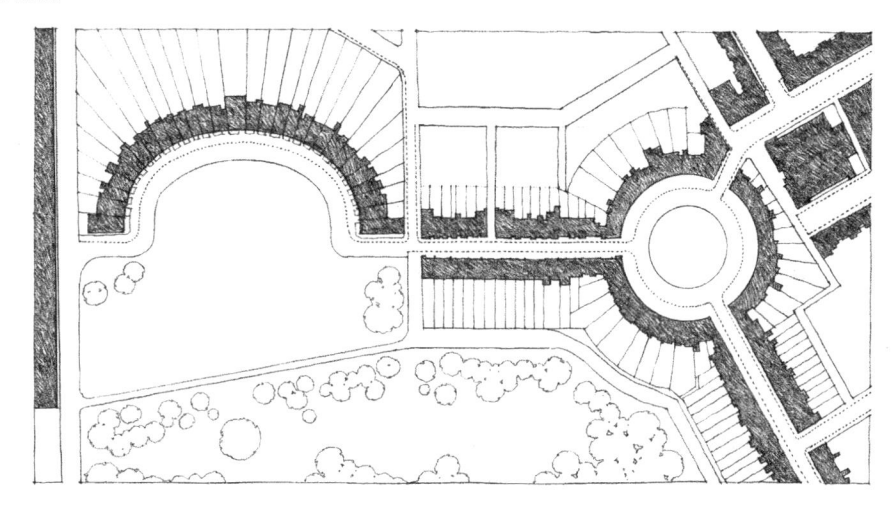

Planta do **Circus** (1754, John Wood, pai) e do **Royal Crescent** (1767–1775, John Wood, filho), Bath, Inglaterra

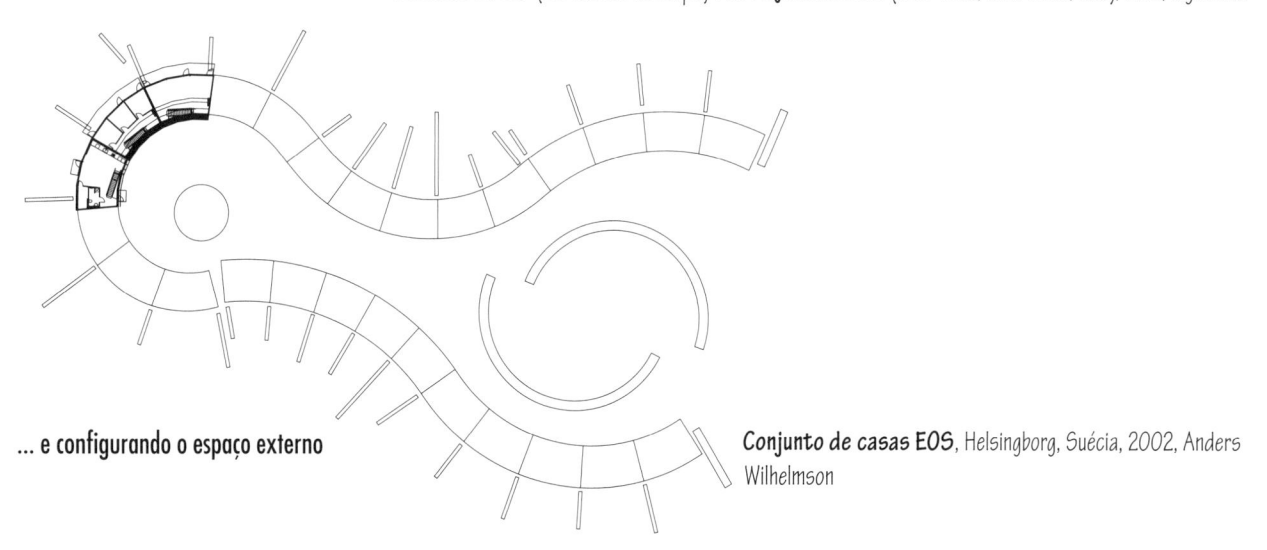

... e configurando o espaço externo

Conjunto de casas EOS, Helsingborg, Suécia, 2002, Anders Wilhelmson

ORGANIZAÇÕES RADIAIS

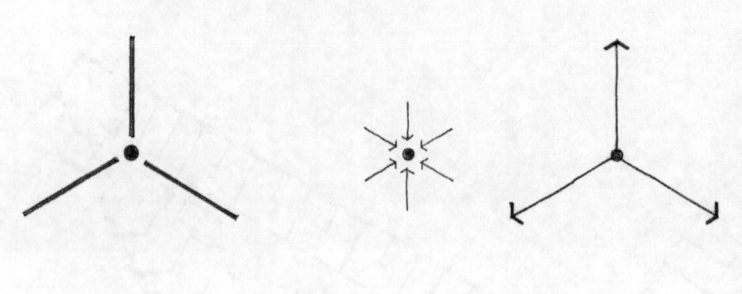

Uma organização de espaço radial combina elementos de organizações centralizadas e lineares. Ela consiste em um espaço central dominante do qual uma série de organizações lineares se estende de maneira radial. Enquanto uma organização centralizada é um esquema introvertido, por se voltar para o espaço central, uma organização radial é uma planta extrovertida voltada para seu contexto. Por meio de seus braços lineares, ela consegue se estender e se conectar a características ou elementos específicos de seu terreno.

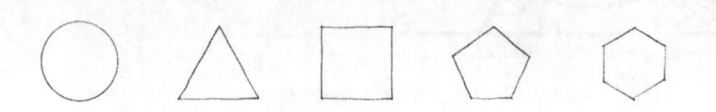

Como ocorre com as organizações centralizadas, o espaço central de uma organização radial geralmente tem forma regular. Os braços lineares, cujo eixo é o espaço central, podem ser similares entre si em forma e comprimento e manter a regularidade da forma geral da organização.

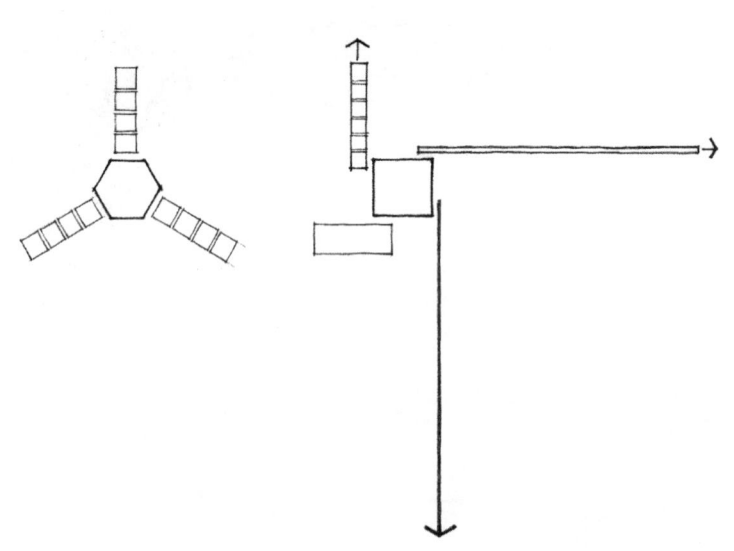

Os braços irradiados também podem ser diferentes entre si, a fim de responder a exigências individuais de função e contexto.

Uma variação específica da organização radial é o padrão em cata-vento, no qual os braços do conjunto se desenvolvem dos lados de um espaço central quadrado ou retangular. Esse arranjo resulta em um padrão dinâmico, que sugere visualmente um movimento de rotação em relação ao espaço central.

ORGANIZAÇÕES RADIAIS 255

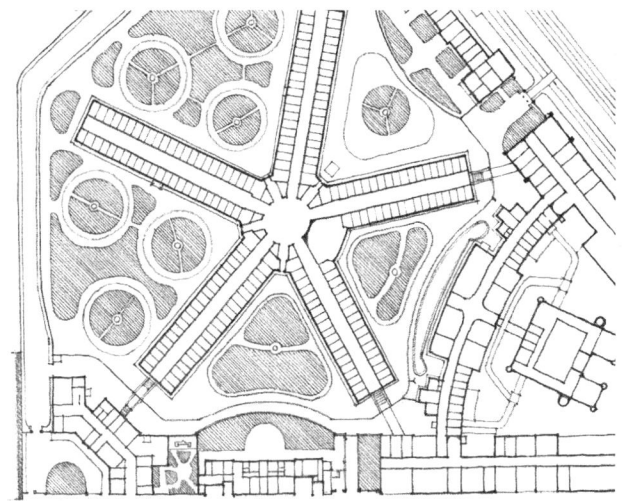

Penitenciária de Moabit, Berlim, Alemanha, 1869–1879, August Busse e Heinrich Herrmann

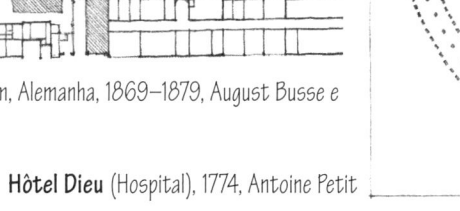

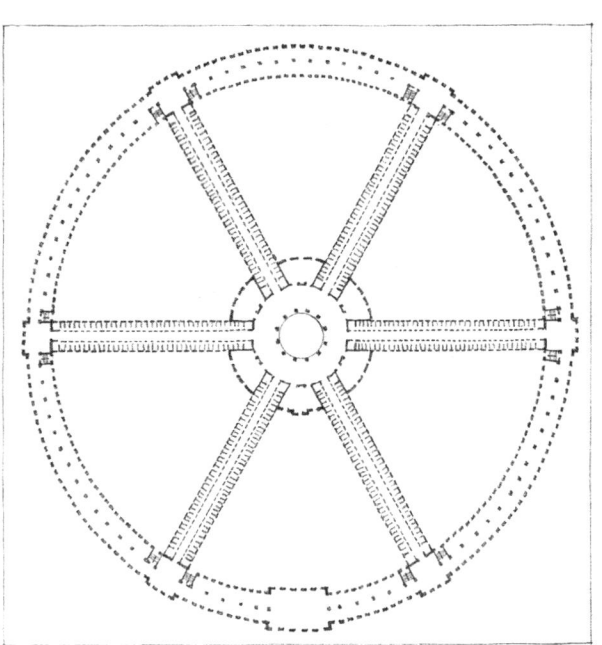

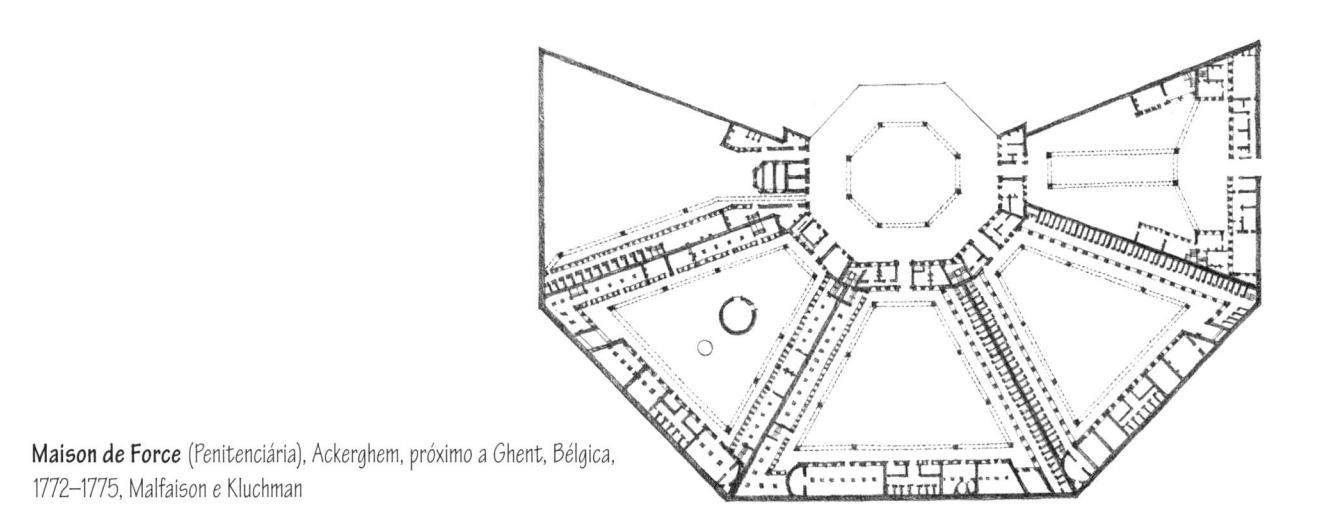

Hôtel Dieu (Hospital), 1774, Antoine Petit

Maison de Force (Penitenciária), Ackerghem, próximo a Ghent, Bélgica, 1772–1775, Malfaison e Kluchman

256 ORGANIZAÇÕES RADIAIS

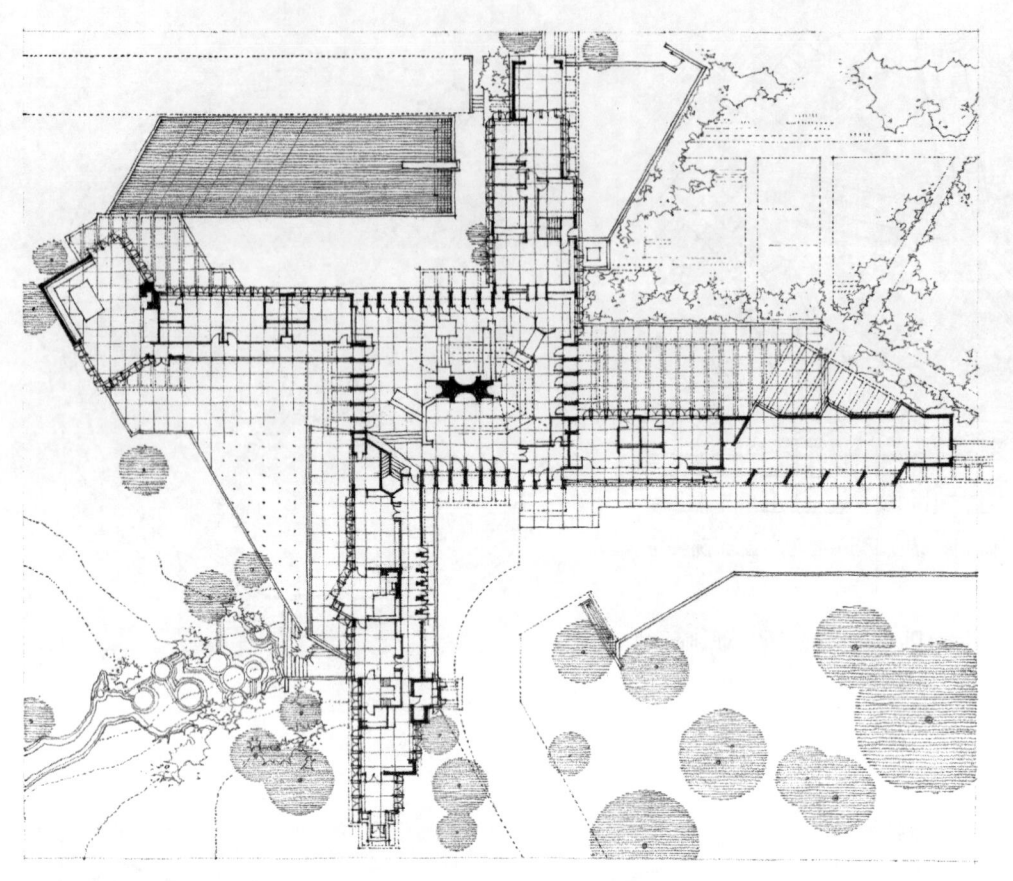

Casa Herbert F. Johnson (Wingspread ou Casa Cata-Vento), Wind Point, Wisconsin, Estados Unidos, 1937, Frank Lloyd Wright

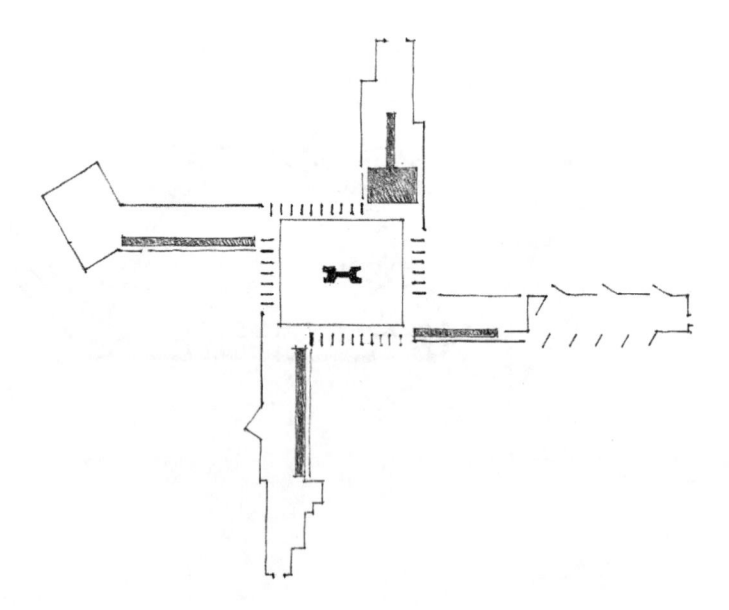

ORGANIZAÇÕES RADIAIS 257

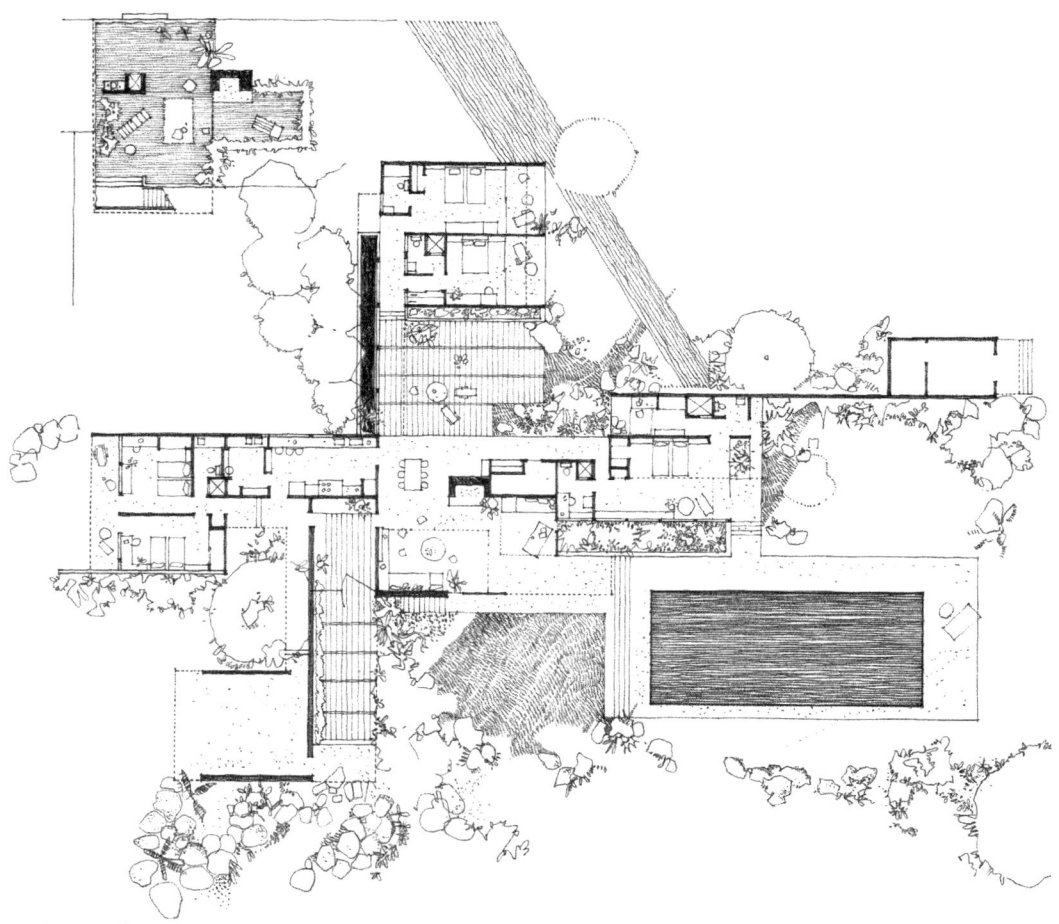

Casa Kaufmann no Deserto, Palm Springs, Califórnia, Estados Unidos, 1946, Richard Neutra

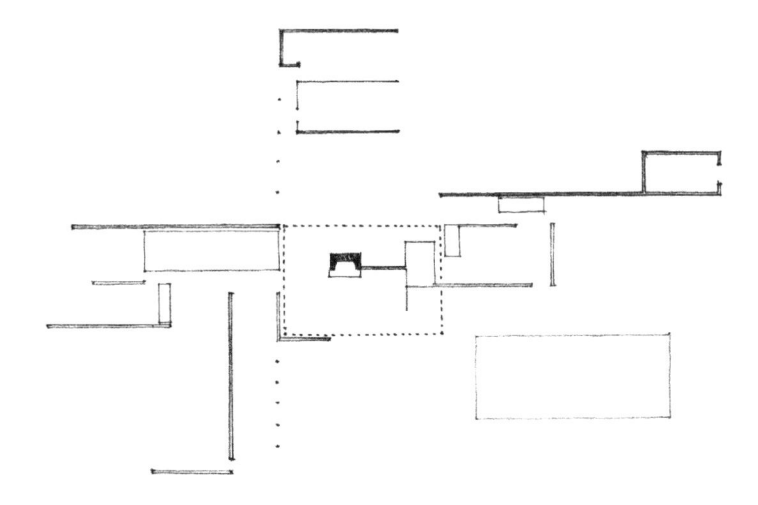

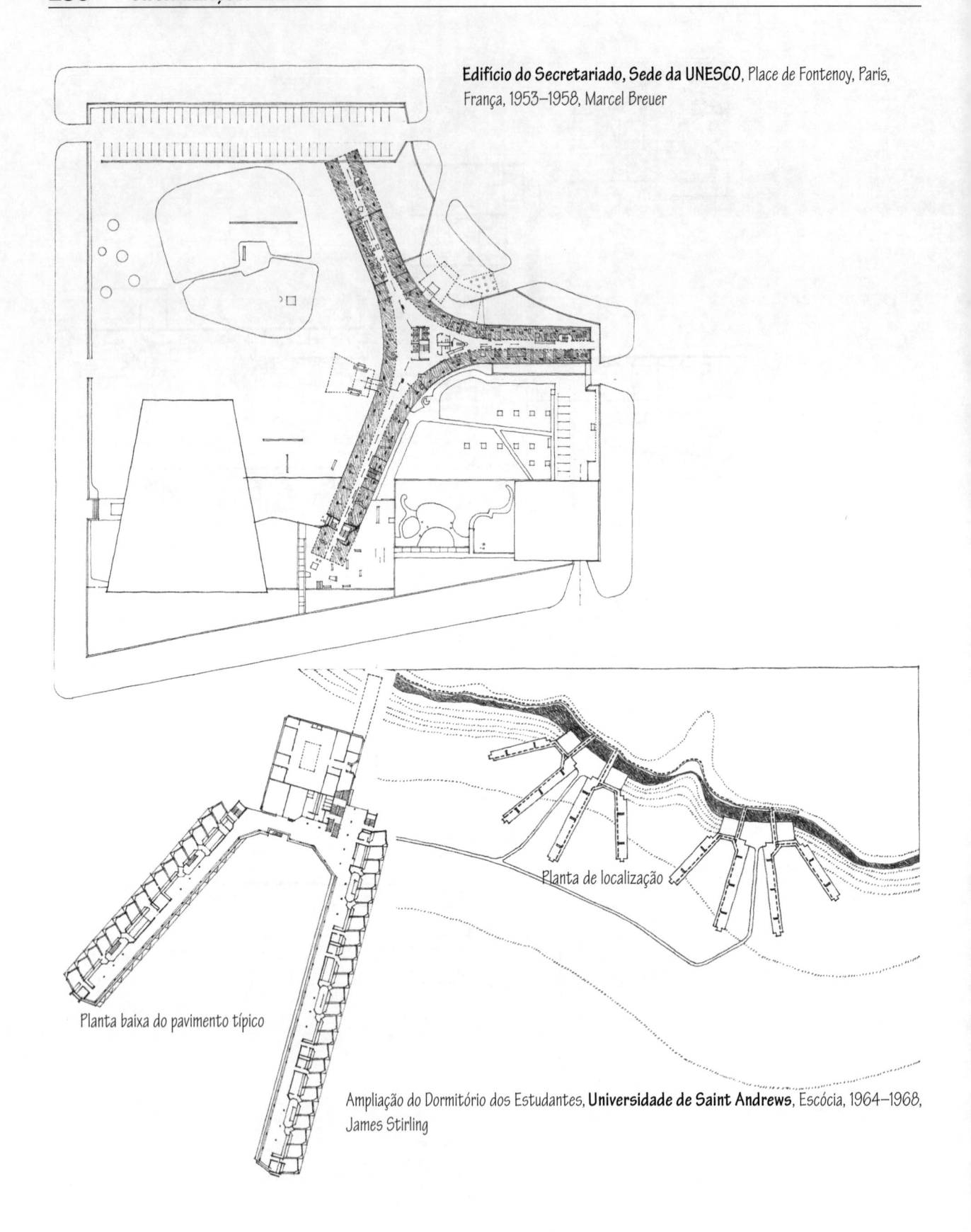

Edifício do Secretariado, Sede da UNESCO, Place de Fontenoy, Paris, França, 1953–1958, Marcel Breuer

Planta baixa do pavimento típico

Planta de localização

Ampliação do Dormitório dos Estudantes, **Universidade de Saint Andrews**, Escócia, 1964–1968, James Stirling

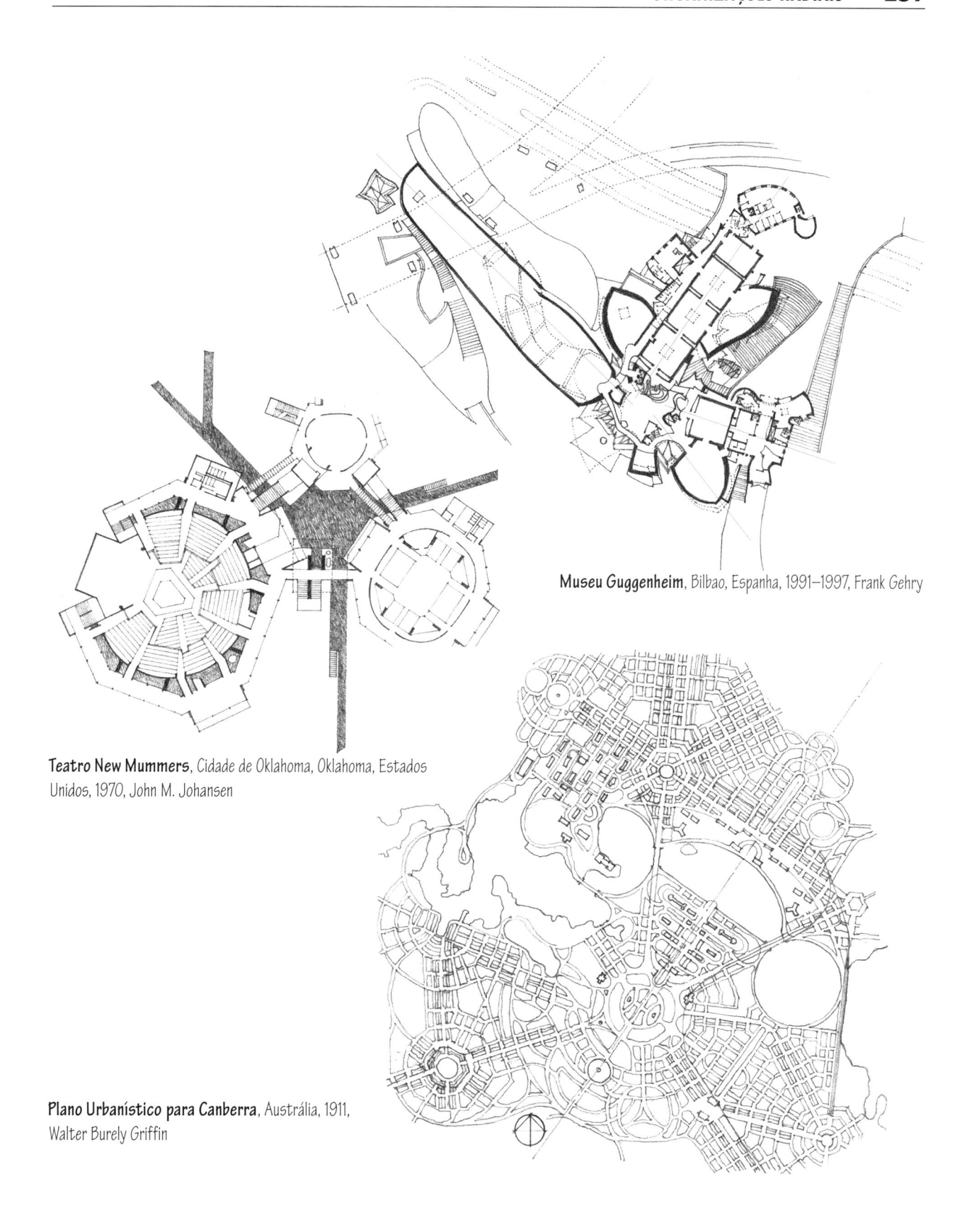

ORGANIZAÇÕES RADIAIS 259

Museu Guggenheim, Bilbao, Espanha, 1991–1997, Frank Gehry

Teatro New Mummers, Cidade de Oklahoma, Oklahoma, Estados Unidos, 1970, John M. Johansen

Plano Urbanístico para Canberra, Austrália, 1911, Walter Burely Griffin

ORGANIZAÇÕES AGLOMERADAS

Espaços repetitivos

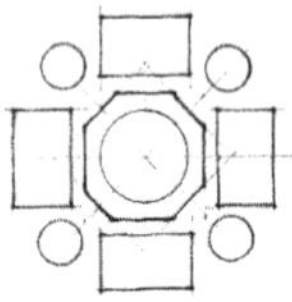

Com o mesmo formato

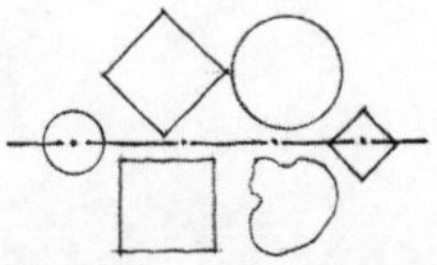

Organizados por meio de um eixo

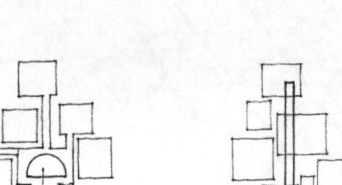

Aglomerados em relação à entrada

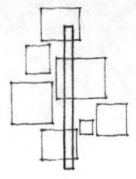

Agrupados ao longo de uma circulação...

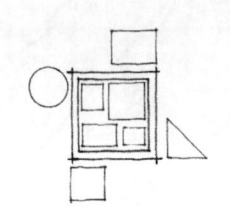

...ou de um circuito fechado

Padrão centralizado

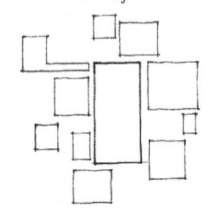

Padrão aglomerado

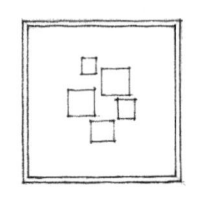

Padrão de elementos contidos em um espaço

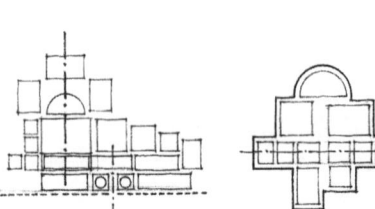

Configurações axiais múltiplas

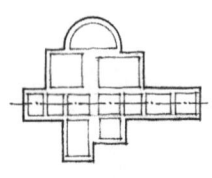

Configuração axial

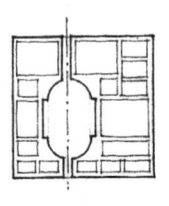

Configuração simétrica

Uma organização aglomerada se baseia na proximidade física para relacionar seus espaços entre si. Ela frequentemente consiste em espaços celulares repetitivos que têm funções similares e compartilham uma característica visual, como o formato ou a orientação. Uma organização aglomerada também pode ser composta de espaços com diferentes tamanhos, formas e funções, desde que estejam relacionados entre si pela proximidade ou por um recurso de ordenação, como a simetria ou um eixo. Como seu padrão não se origina de um conceito geométrico rígido, a forma de uma organização aglomerada é flexível e pode crescer ou mudar rapidamente, sem que seu caráter seja afetado.

Os espaços aglomerados podem ser organizados em relação a um ponto de entrada de uma edificação ou ao longo da circulação que o cruza. Os espaços também podem estar reunidos em relação a um grande campo bem definido ou volume de espaço. Este padrão é similar ao da organização centralizada, mas carece da compacidade e regularidade geométrica do último. Os espaços de uma organização aglomerada também podem estar confinados em um campo definido ou volume de espaço.

Uma vez que não há um lugar a priori importante dentro do padrão da organização aglomerada, o significado de um espaço deve ser articulado por meio de seu tamanho, forma ou orientação dentro do padrão.

A simetria ou condição axial pode ser utilizada para reforçar e unificar partes de uma organização aglomerada e para ajudar a destacar a importância de um espaço ou grupo de espaços dentro da composição.

ORGANIZAÇÕES AGLOMERADAS 261

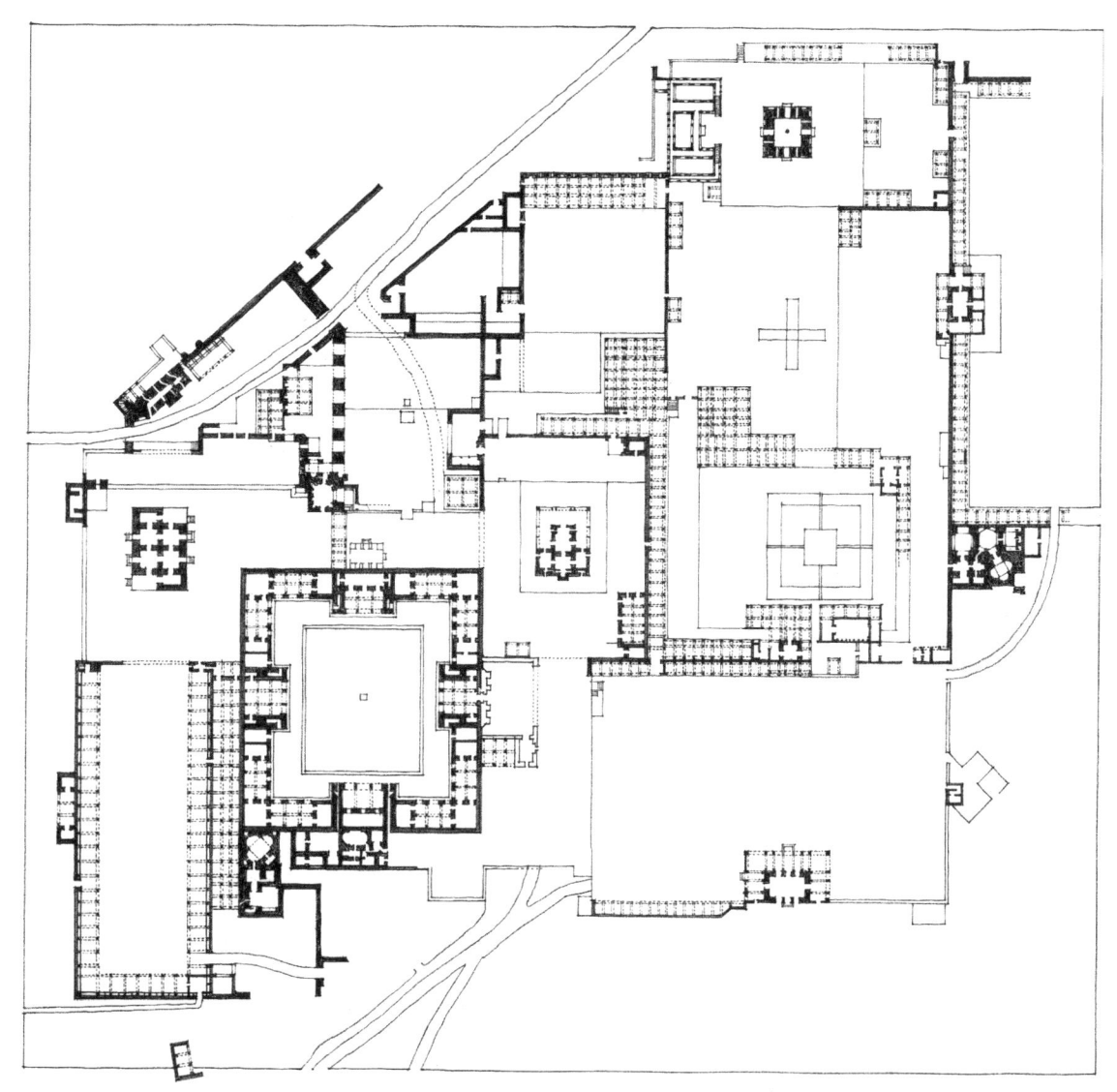

Diwan-i-Khas, Fatehpur Sikri, *o Complexo do Palácio de Akbar, o Grande, Imperador Mogol da Índia, 1569–1574*

262 ORGANIZAÇÕES AGLOMERADAS

Corte

Espaços organizados pela geometria

Planta baixa

Perspectiva axonométrica

Yeni-Kaplica (Termas), Bursa, Turquia

Casa japonesa tradicional

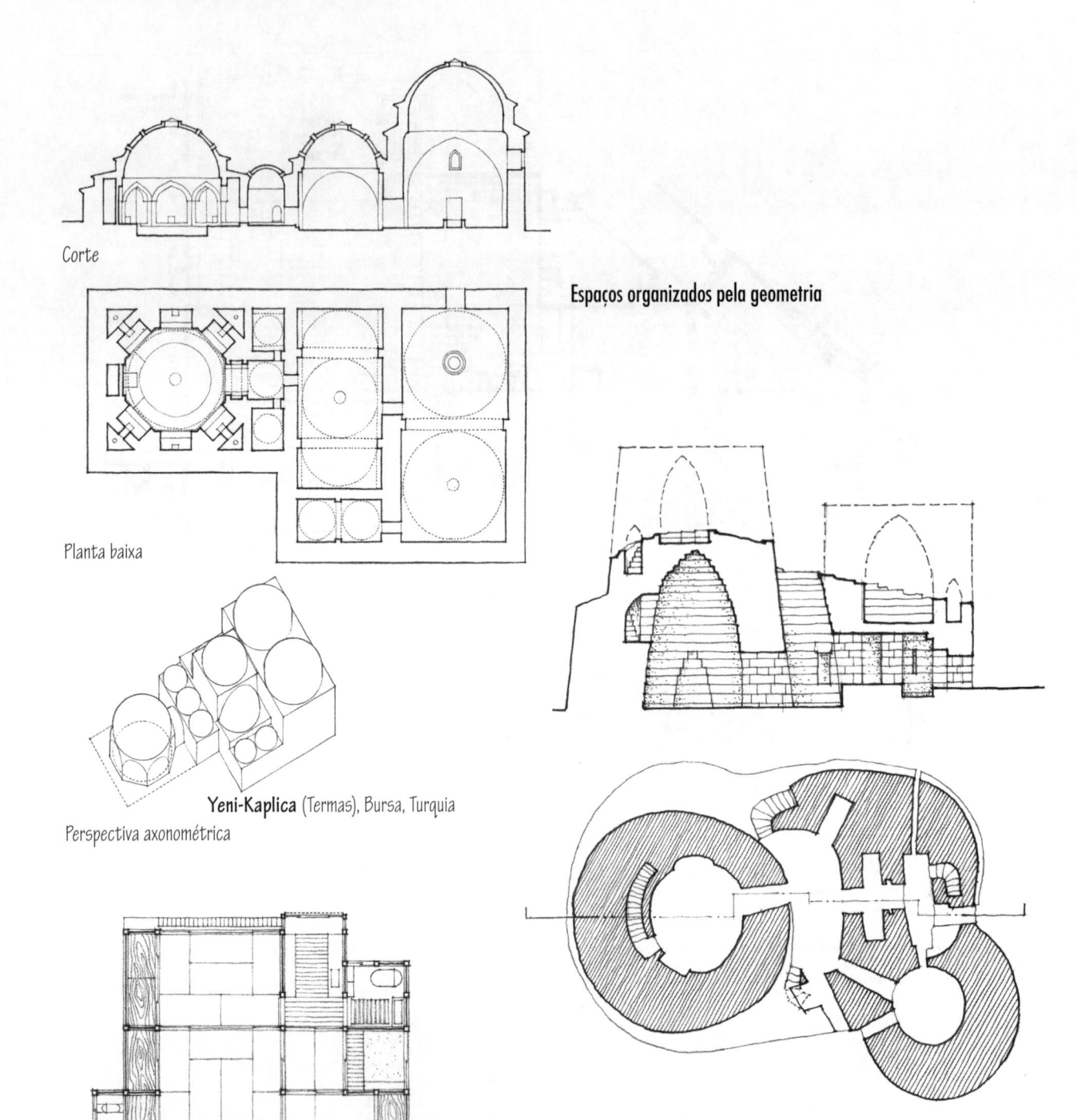

Nuraghe em Palmavera, Sardenha, Itália, exemplo típico das antigas torres de alvenaria de pedra da civilização *nuraghe*, 1800-1600 a.C.

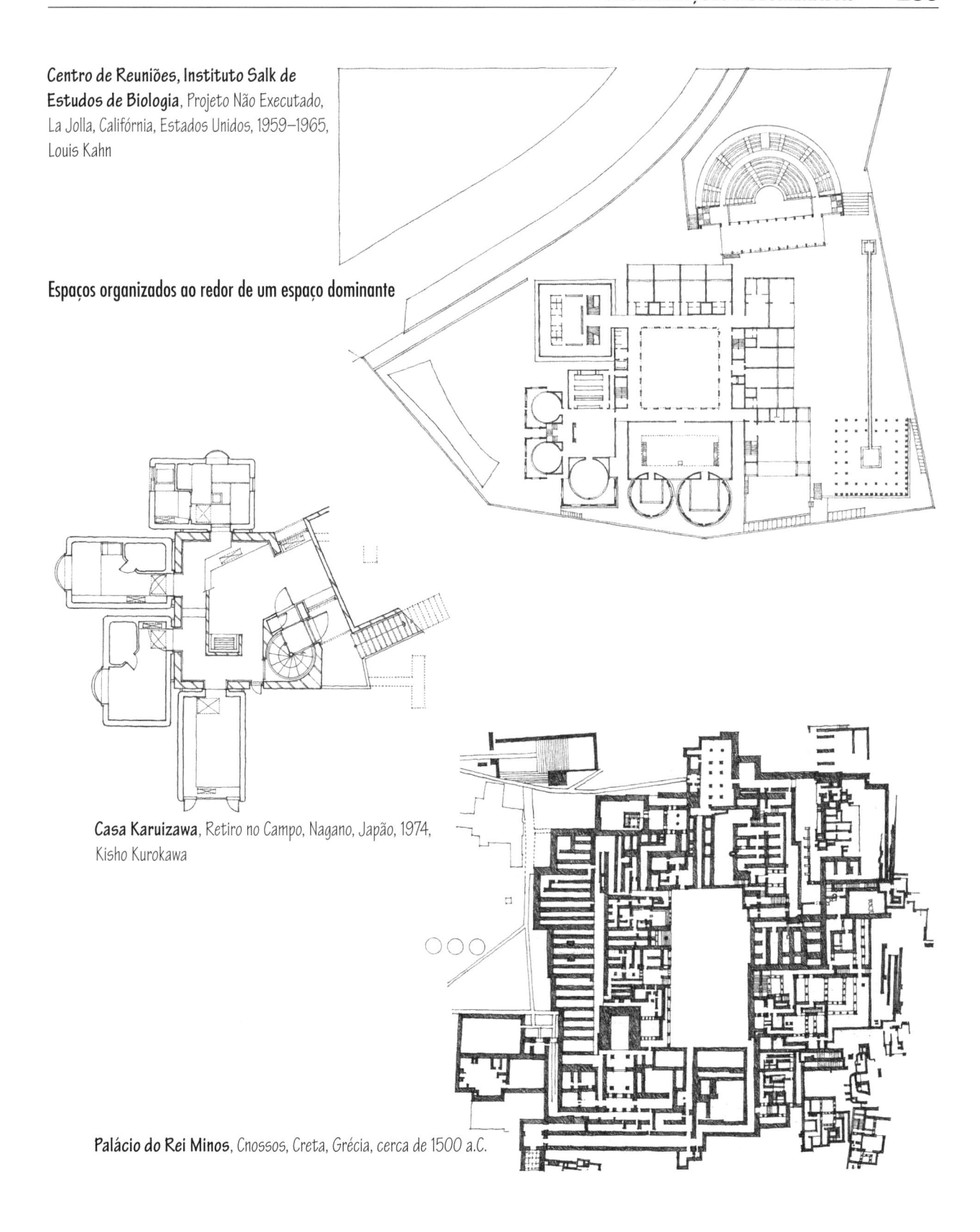

ORGANIZAÇÕES AGLOMERADAS   **263**

Centro de Reuniões, Instituto Salk de Estudos de Biologia, Projeto Não Executado, La Jolla, Califórnia, Estados Unidos, 1959–1965, Louis Kahn

Espaços organizados ao redor de um espaço dominante

Casa Karuizawa, Retiro no Campo, Nagano, Japão, 1974, Kisho Kurokawa

Palácio do Rei Minos, Cnossos, Creta, Grécia, cerca de 1500 a.C.

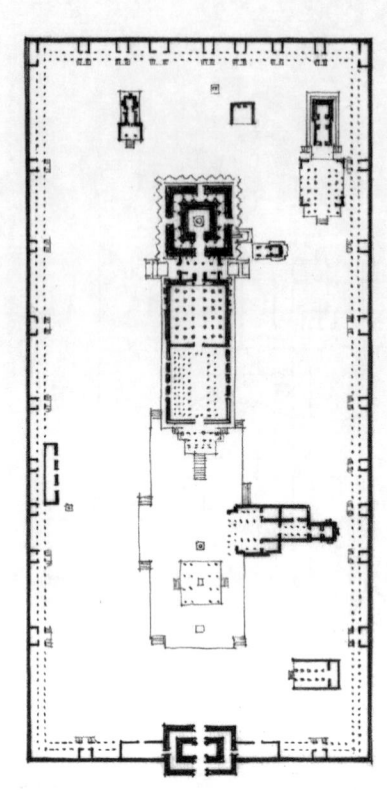

Dakshina-Meru (Templo Rajarajeshwara), Thanjavur, Índia, final do século X

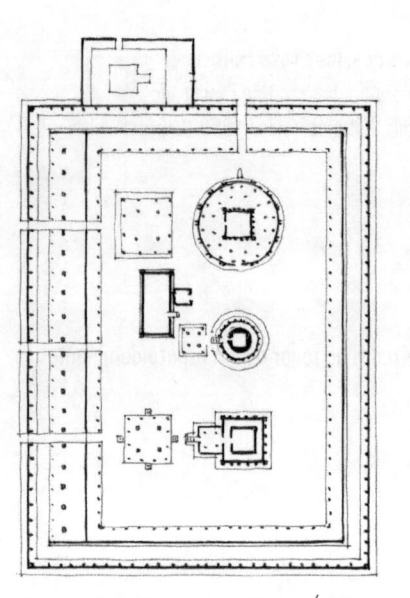

Templo Vadakkunnathan, Trichur, Índia, século XI

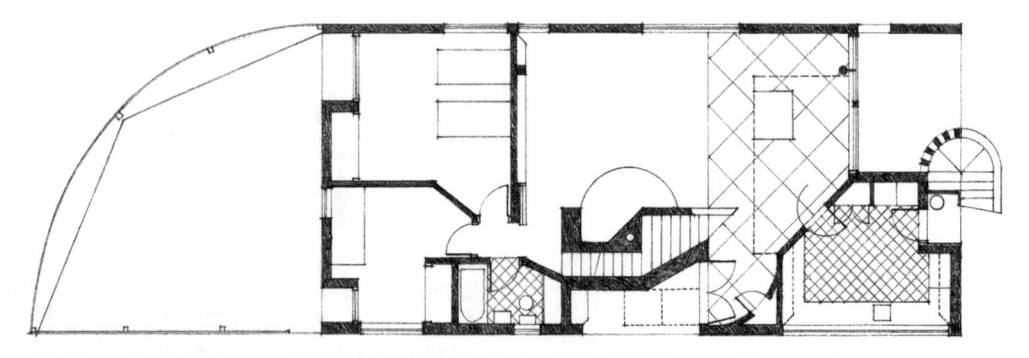

Casa Vanna Venturi, Chestnut Hill, Pensilvânia, Estados Unidos, 1962–1964, Venturi e Short

Espaços organizados dentro de um campo espacial

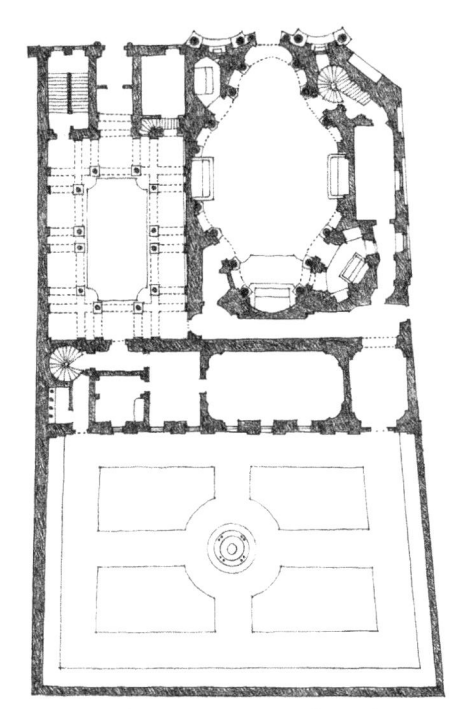

ORGANIZAÇÕES AGLOMERADAS **265**

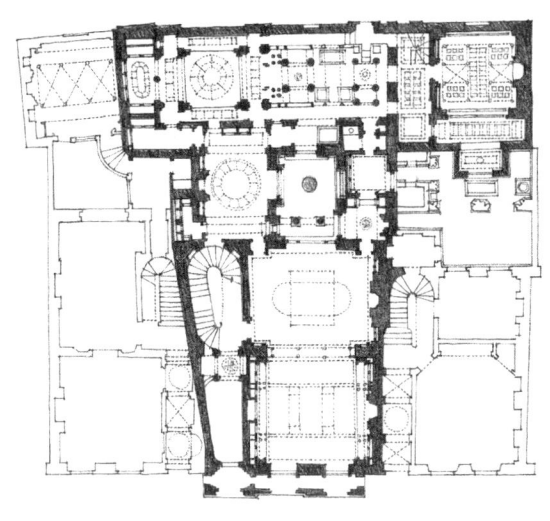

Casa Soane, Londres, Inglaterra, 1812–1834, Sir John Soane

San Carlo alle Quattro Fontane (Igreja de São Carlos das Quatro Fontes), Roma, Itália, 1633–1641, Francesco Borromini

Banco da Inglaterra, Londres, Inglaterra, 1788–1833, Sir John Soane

Espaços organizados por meio de simetrias axiais

266 ORGANIZAÇÕES AGLOMERADAS

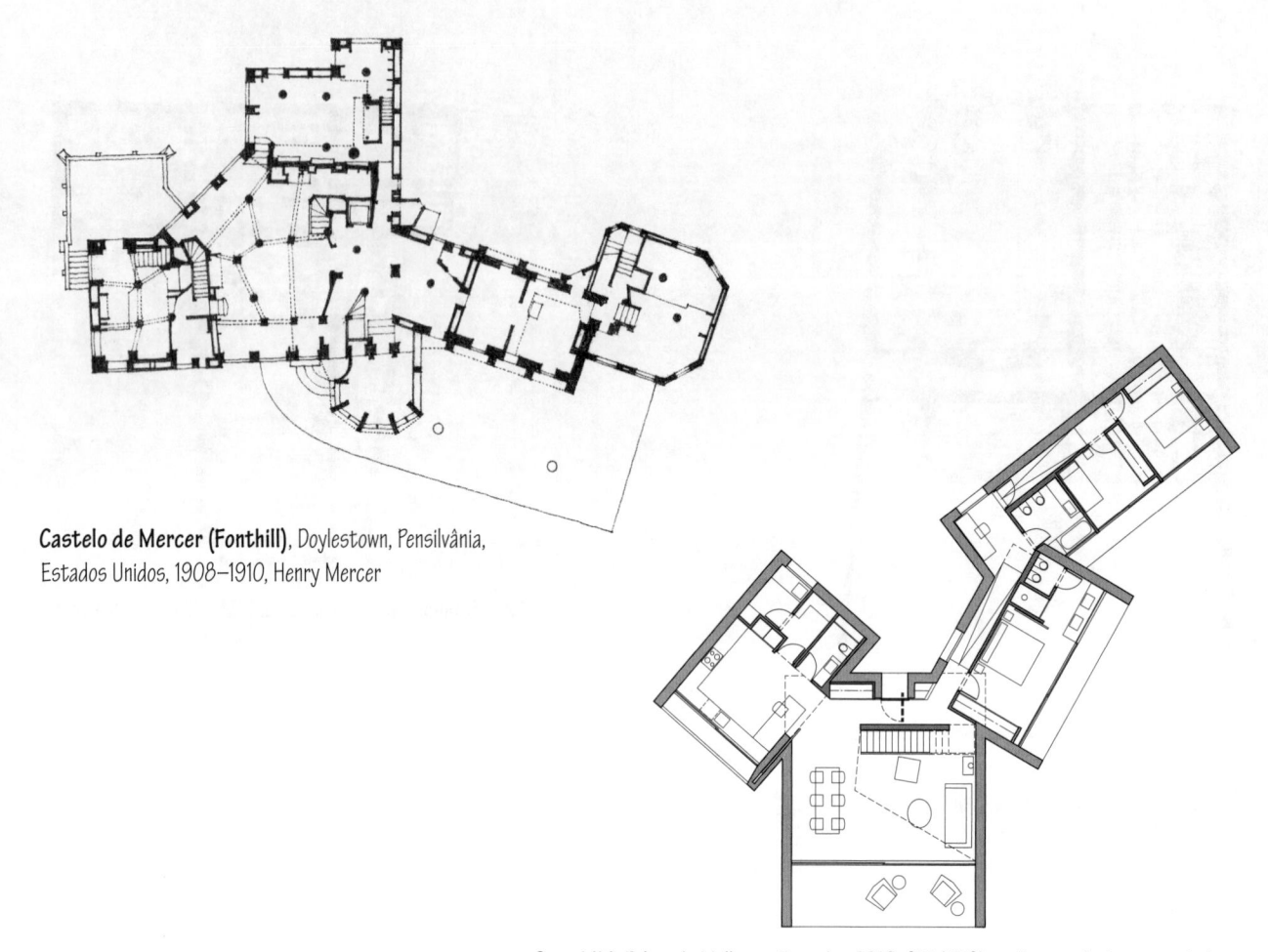

Castelo de Mercer (Fonthill), Doylestown, Pensilvânia, Estados Unidos, 1908–1910, Henry Mercer

Casa MM, Palma de Mallorca, Espanha, 2016, OHLAB/Oliver Hernaiz Architecture Lab

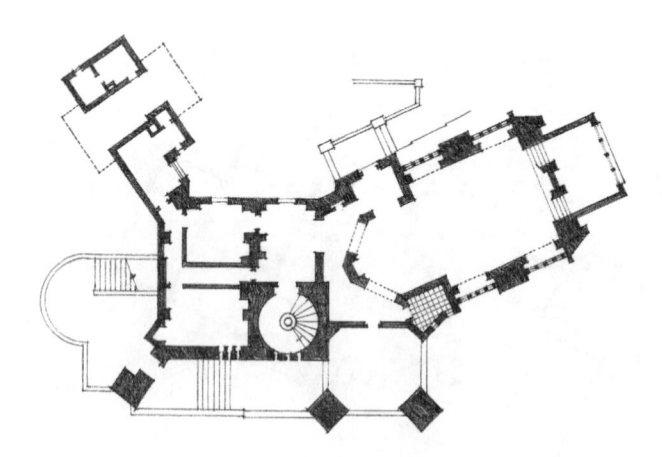

Wyntoon, propriedade rural para a família Hearst no norte da Califórnia, Estados Unidos, 1903, Bernard Maybeck

Espaços organizados de acordo com as condições do terreno

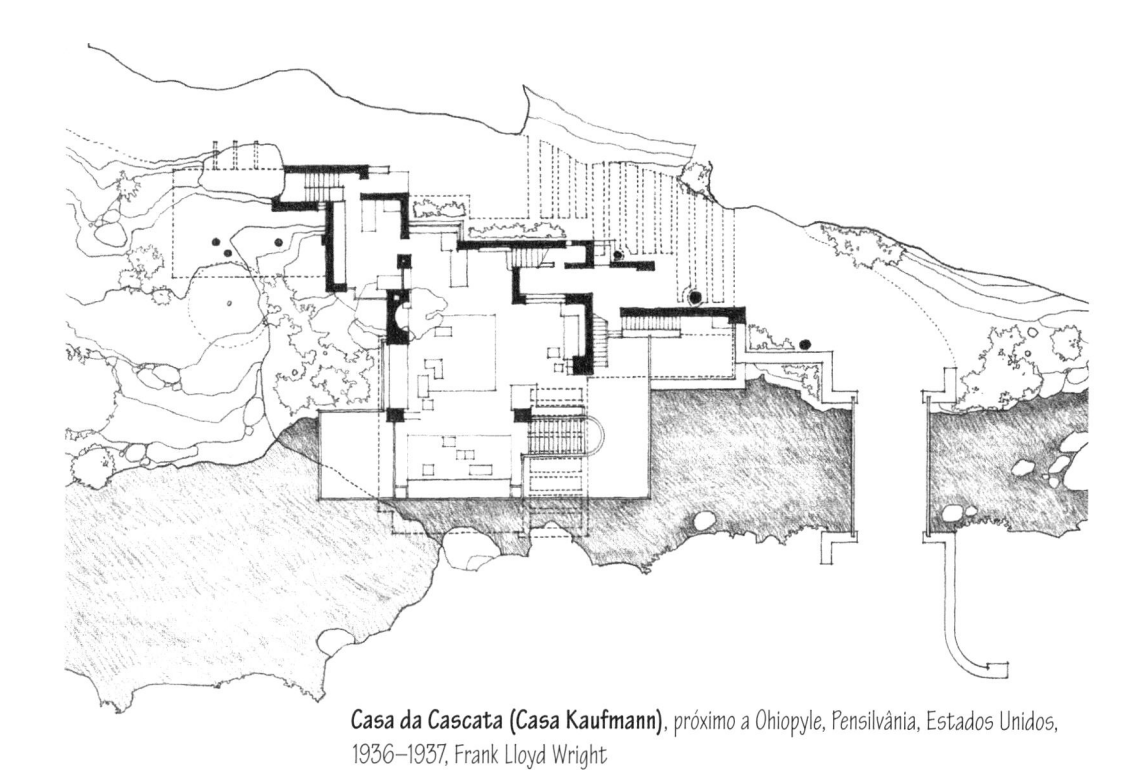

ORGANIZAÇÕES AGLOMERADAS 267

Casa da Cascata (Casa Kaufmann), próximo a Ohiopyle, Pensilvânia, Estados Unidos, 1936–1937, Frank Lloyd Wright

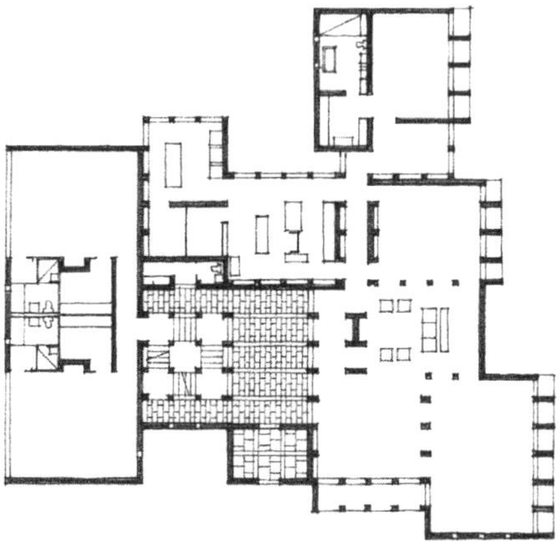

Casa Morris, Projeto Não Executado, Mount Kisco, Nova York, Estados Unidos, 1958, Louis Kahn

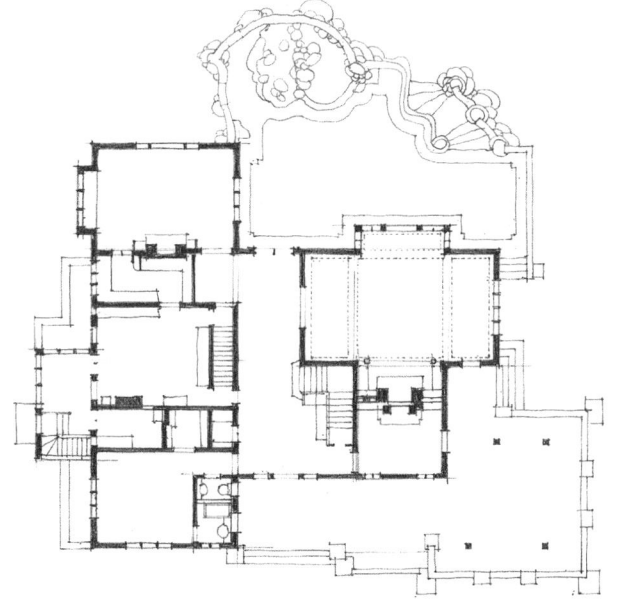

Espaços organizados por meio de um padrão geométrico

Casa Gamble, Pasadena, Califórnia, Estados Unidos, 1908, Greene & Greene

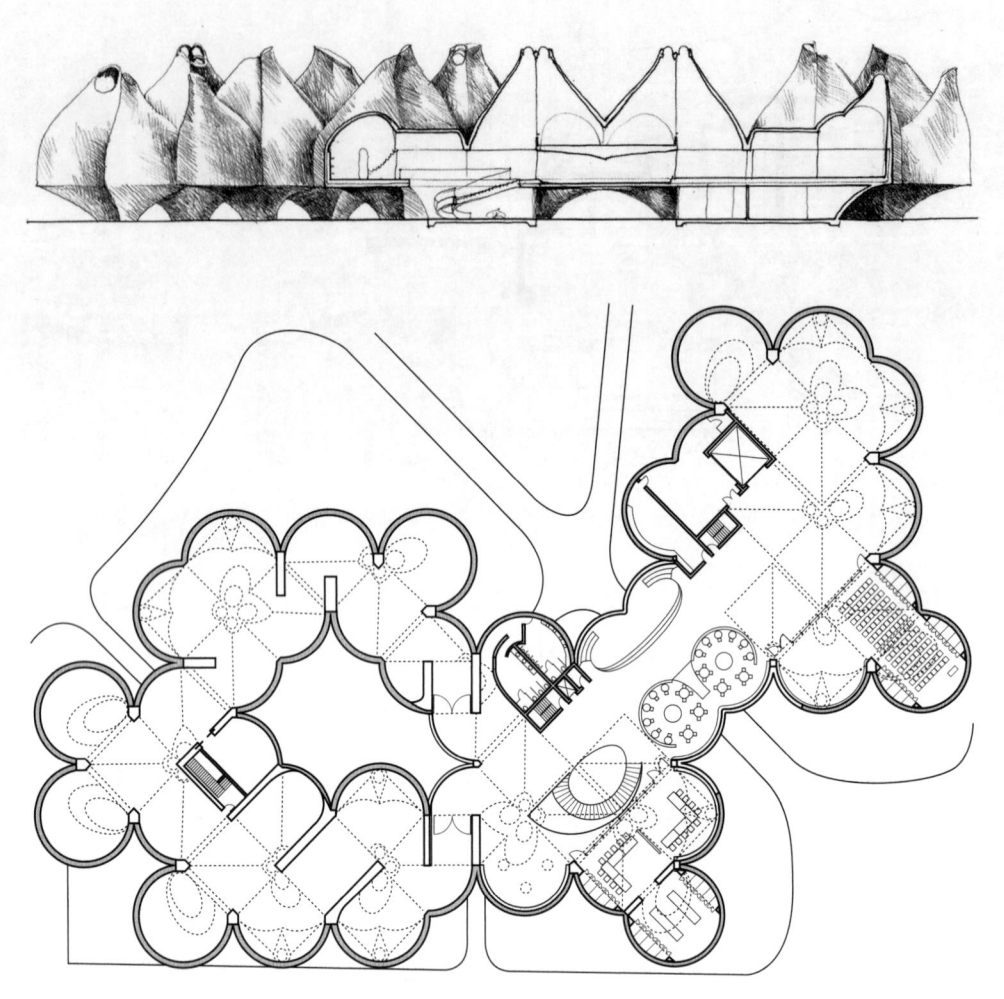

268 ORGANIZAÇÕES AGLOMERADAS

Projeto Vencedor do Concurso para o Museu Bauhaus Dessau, 2015, Young & Ayata (Paisagismo: Misako Murata)

Espaços organizados por padrões geométricos

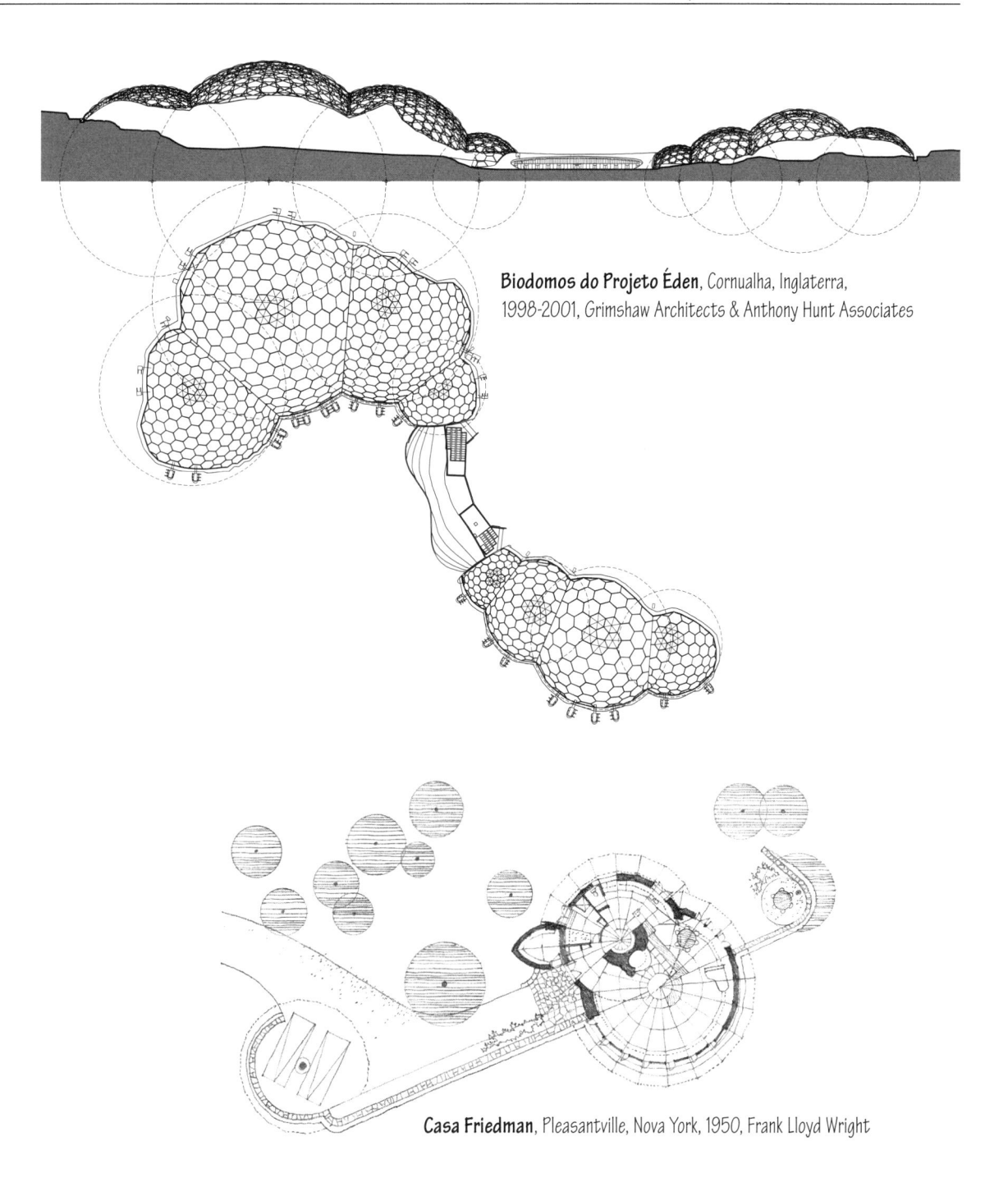

ORGANIZAÇÕES AGLOMERADAS **269**

Biodomos do Projeto Éden, Cornualha, Inglaterra, 1998-2001, Grimshaw Architects & Anthony Hunt Associates

Casa Friedman, Pleasantville, Nova York, 1950, Frank Lloyd Wright

ORGANIZAÇÕES EM MALHA

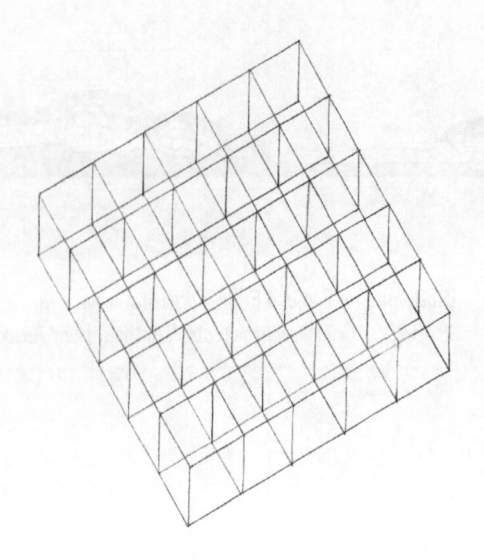

Uma organização em malha consiste em formas e espaços cujas posições no espaço e relações entre si são reguladas por um padrão ou campo reticulado tridimensional.

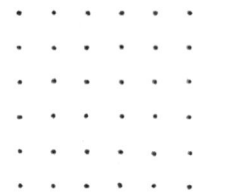

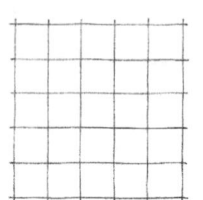

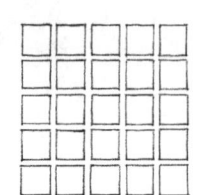

Uma malha é criada por meio do lançamento de dois conjuntos de retas paralelas, geralmente perpendiculares entre si, que estabelecem um padrão regular de pontos em suas interseções. Projetado à terceira dimensão, o padrão em malha se transforma em um conjunto de módulos de espaço repetitivos.

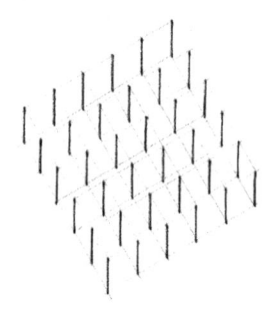

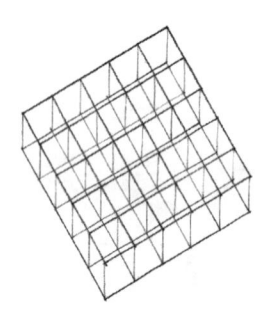

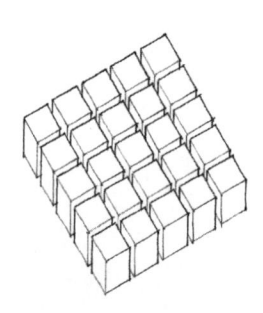

O poder ordenador de uma malha resulta da regularidade e continuidade de seu padrão, características que são transmitidas a seus elementos. Seu padrão estabelece um conjunto ou campo estável de pontos e retas de referência por meio do qual os espaços da malha, mesmo que tenham diferentes tamanhos, formas ou funções, podem compartilhar uma relação.

Na arquitetura, uma malha costuma ser estabelecida por meio de um sistema estrutural independente de pilares e vigas. Dentro do campo desta malha, os espaços podem ser eventos isolados ou repetições do módulo. Seja qual for sua disposição dentro do campo, esses espaços, quando vistos como formas positivas, criarão um segundo conjunto de espaços negativos.

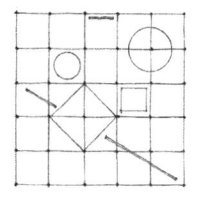

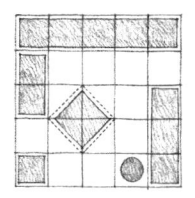

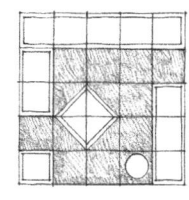

Uma vez que uma malha tridimensional consiste em módulos espaciais repetitivos, estes podem ser subtraídos, adicionados ou sobrepostos sem afetar a identidade da malha como uma estrutura de organização de espaços. Tais manipulações na forma podem ser utilizadas para adaptar uma malha ao seu terreno, definir uma entrada ou um espaço externo ou mesmo permitir o crescimento e a expansão da malha.

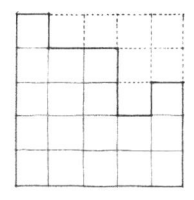

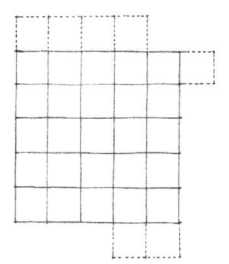

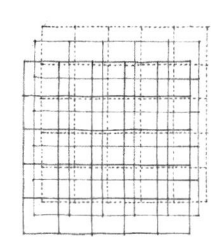

A fim de acomodar exigências dimensionais particulares de seus espaços ou destinar zonas à circulação ou aos serviços, uma malha pode se tornar irregular em uma ou duas direções. Essa transformação direcional cria um conjunto hierárquico de módulos diferenciados por seu tamanho, proporção e localização.

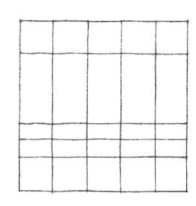

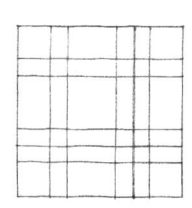

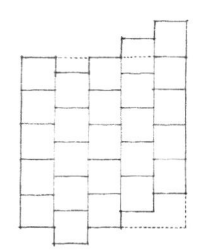

Uma malha também pode sofrer outras transformações. Partes da malha podem ser deslocadas, alterando a continuidade visual e espacial do conjunto. Uma malha pode ser interrompida para configurar um espaço principal ou acomodar um acidente topográfico. Parte da malha pode ser deslocada e girada em relação a um ponto do padrão básico. Ao longo de seu campo, uma malha pode transformar sua imagem, passando de um padrão de pontos para um de planos e, finalmente, de volumes.

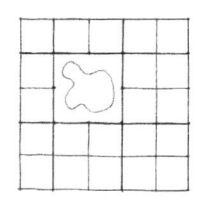

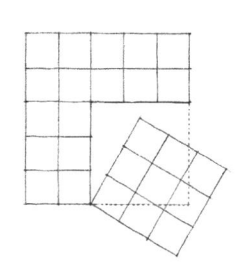

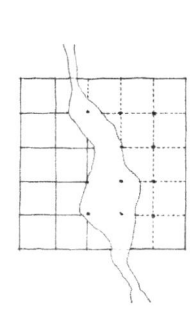

272 ORGANIZAÇÕES EM MALHA

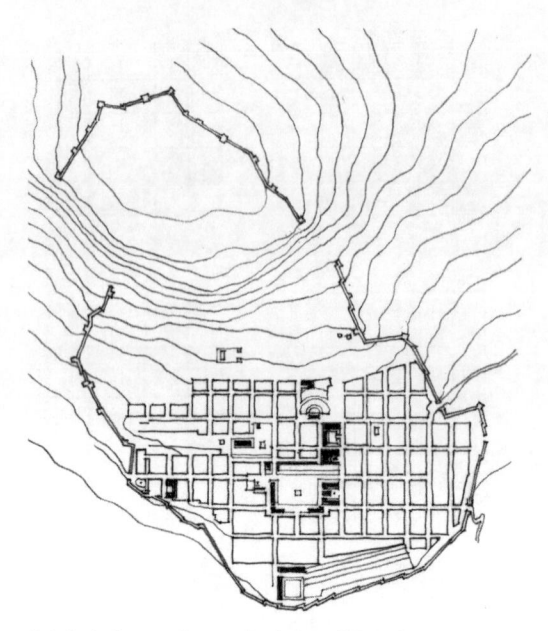

Cidade de **Priene**, Turquia, fundada em 334 a.C.

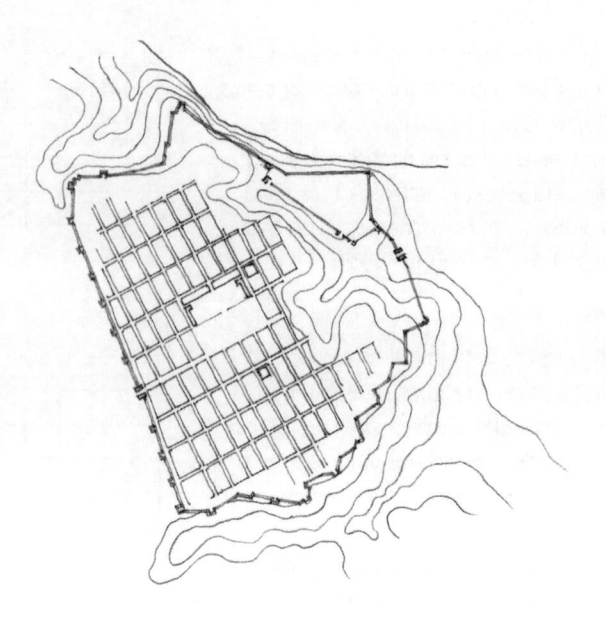

Planta da Cidade de **Dura-Europos**, próximo a Salhiyé, Síria, século IV a.C.

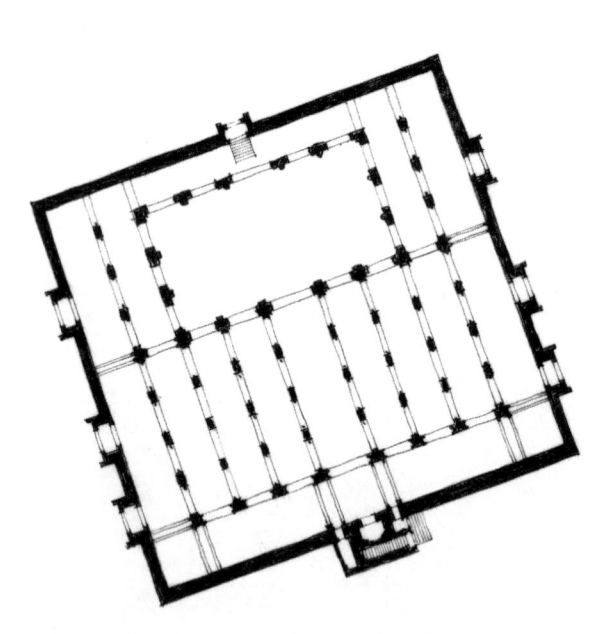

Mesquita de Tinmal, Marrocos, 1153–1154

ORGANIZAÇÕES EM MALHA 273

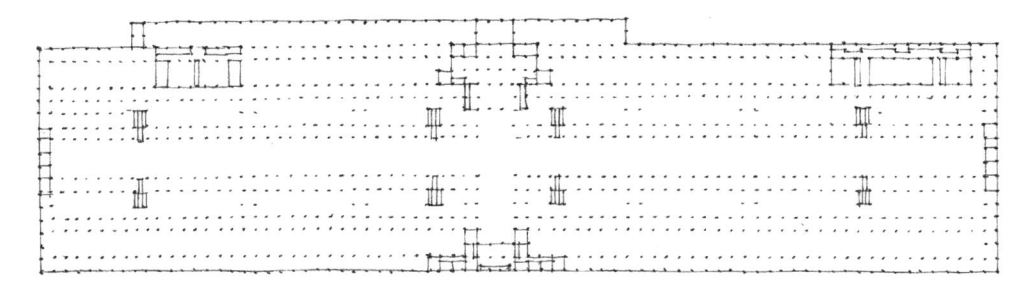

Palácio de Cristal, Grande Exibição de 1851, Londres, Inglaterra, Sir Joseph Paxton

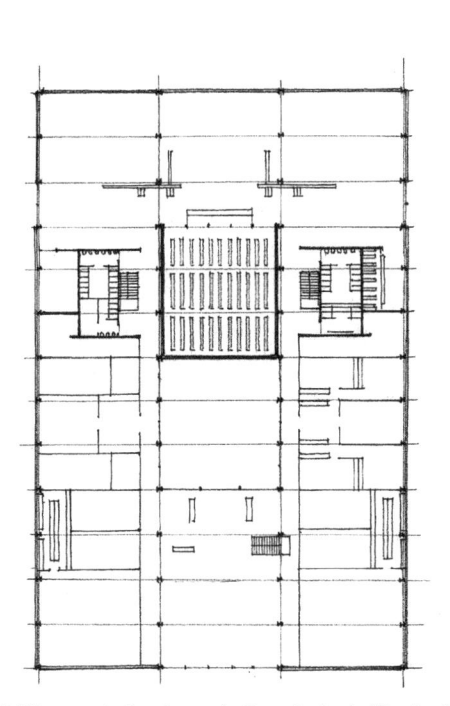

Biblioteca do Instituto de Tecnologia de Illinois, Chicago, Illinois, Estados Unidos, 1942–1943, Ludwig Mies van der Rohe

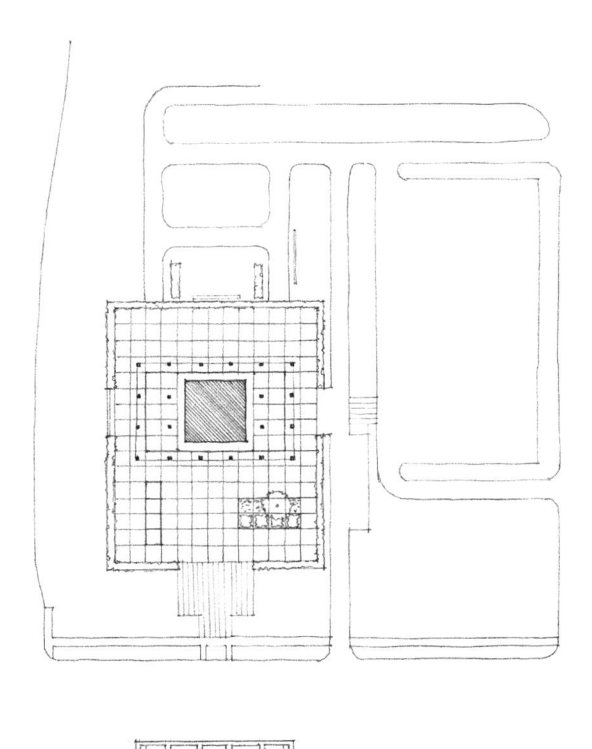

Bussiness Men's Assurance Company of America, Cidade do Kansas, Missouri, 1963, SOM

ORGANIZAÇÕES EM MALHA

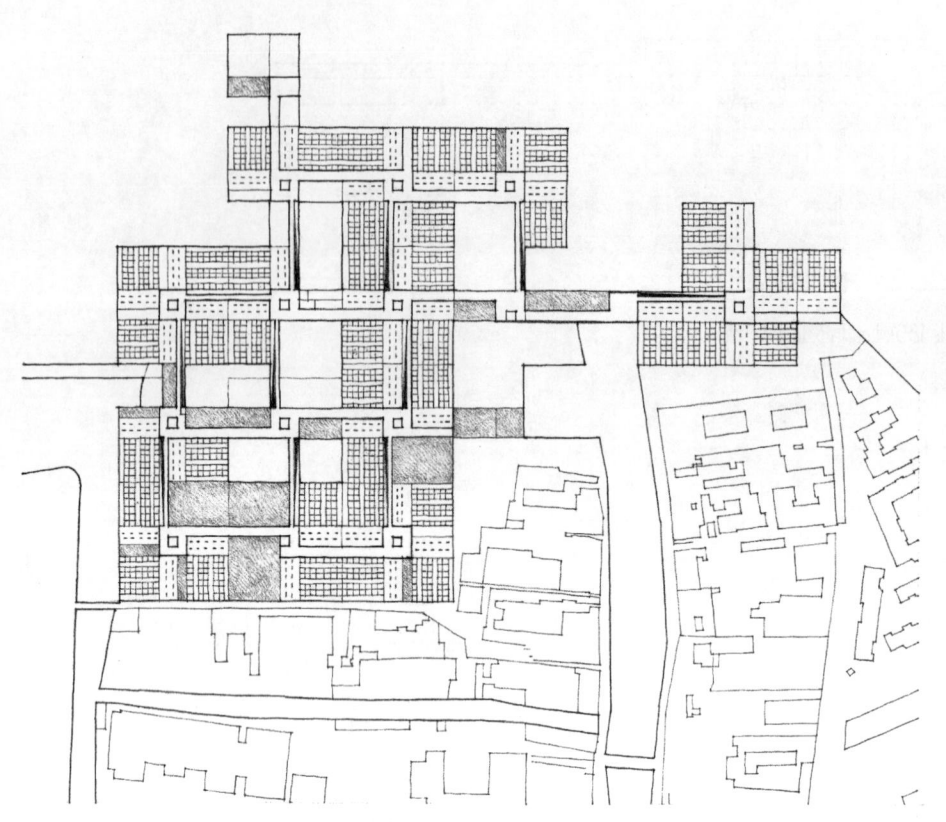

Projeto de Hospital, Veneza, Itália, 1964–1966, Le Corbusier

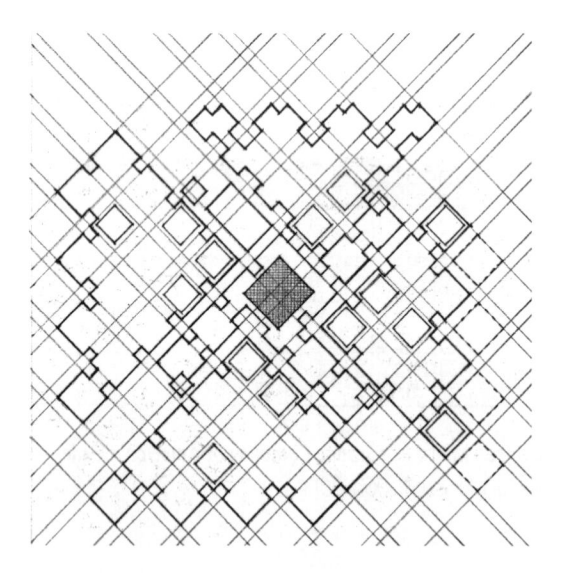

Edifício de Escritórios Centraal Beheer, Apeldoorn, Países Baixos, 1972, Herman Herzberger, em colaboração com Lucas e Niemeyer

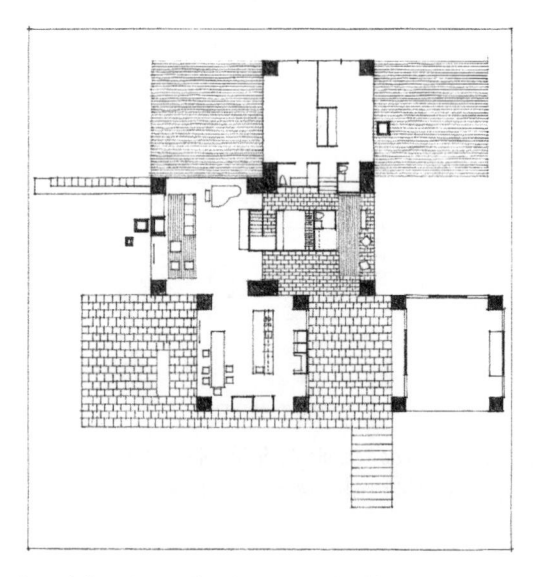

Casa Adler, Projeto Não Executado, Filadélfia, Pensilvânia, Estados Unidos, 1954, Louis Kahn

ORGANIZAÇÕES EM MALHA 275

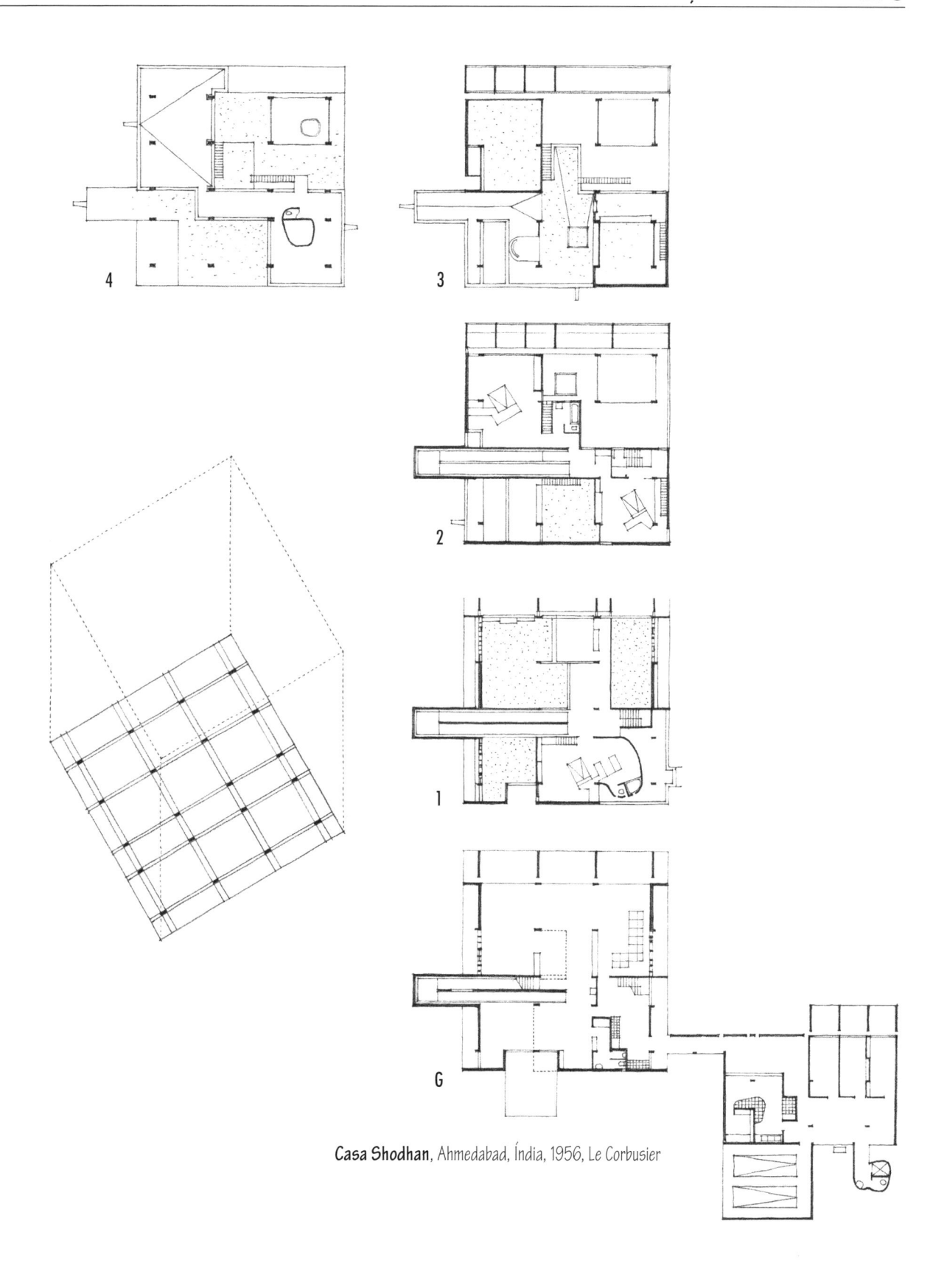

Casa Shodhan, Ahmedabad, Índia, 1956, Le Corbusier

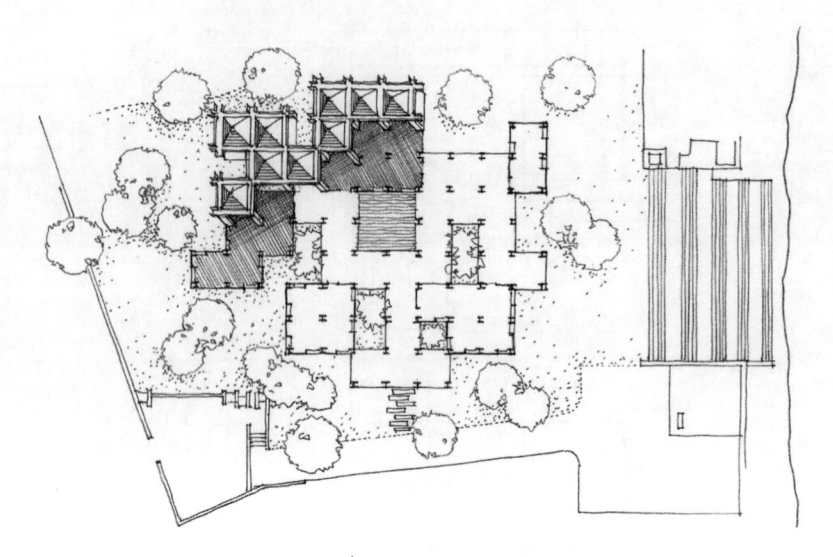

Museu Gandhi Ashram, Ahmedabad, Índia, 1958–1963, Charles Correa

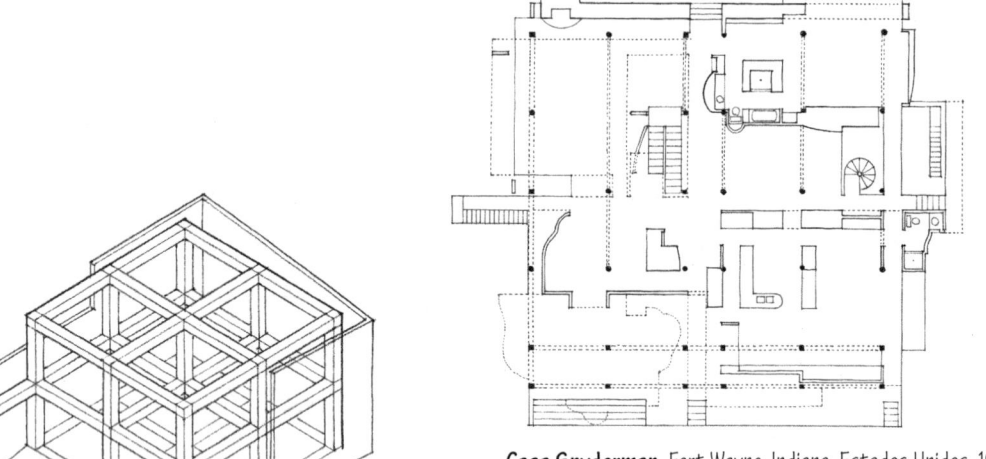

Casa Snyderman, Fort Wayne, Indiana, Estados Unidos, 1972, Michael Graves

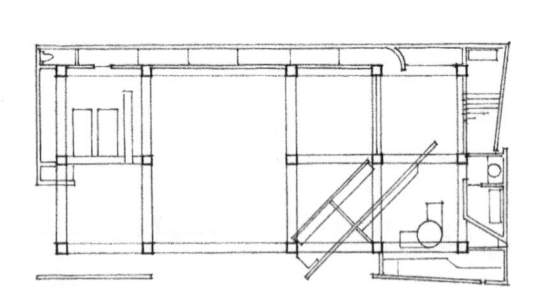

Casa Manabe, Tezukayama, Osaka, Japão, 1976–1977, Tadao Ando

ORGANIZAÇÕES EM MALHA 277

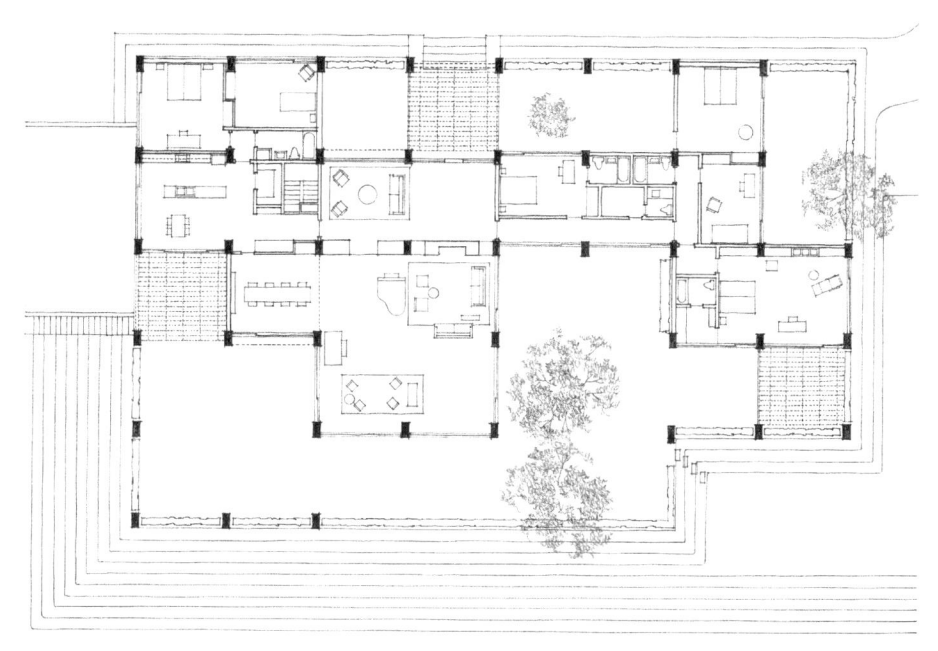

Casa I para Eric Boissonas, New Canaan, Connecticut, Estados Unidos, 1956, Philip Johnson

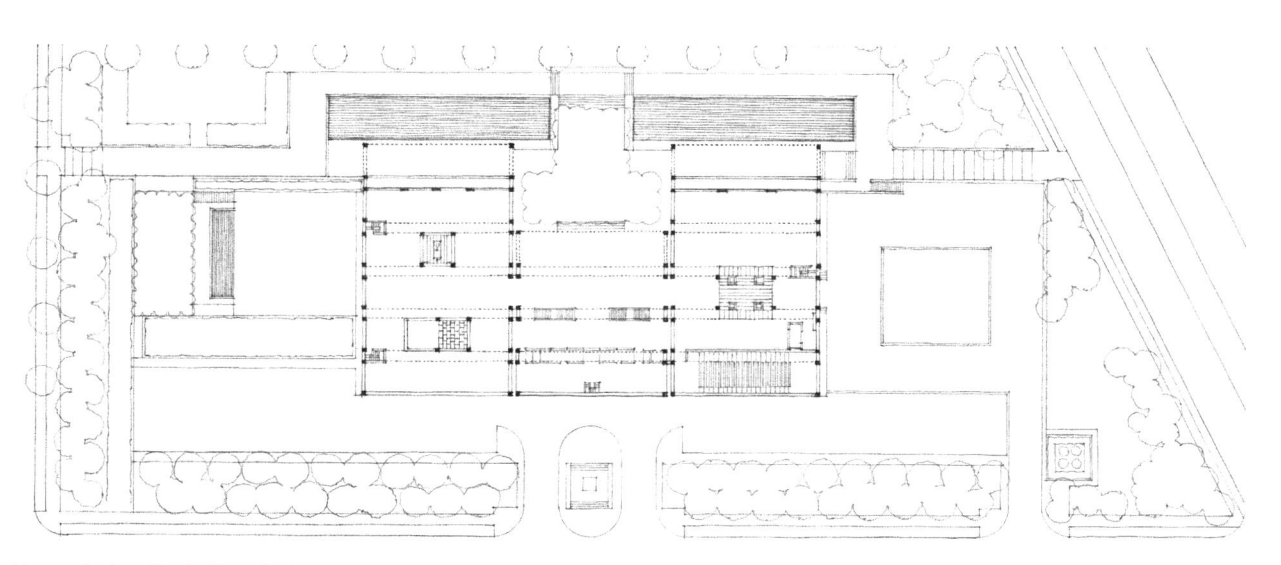

Museu de Arte Kimball, Forth Worth, Texas, Estados Unidos, 1967–1972, Louis Kahn

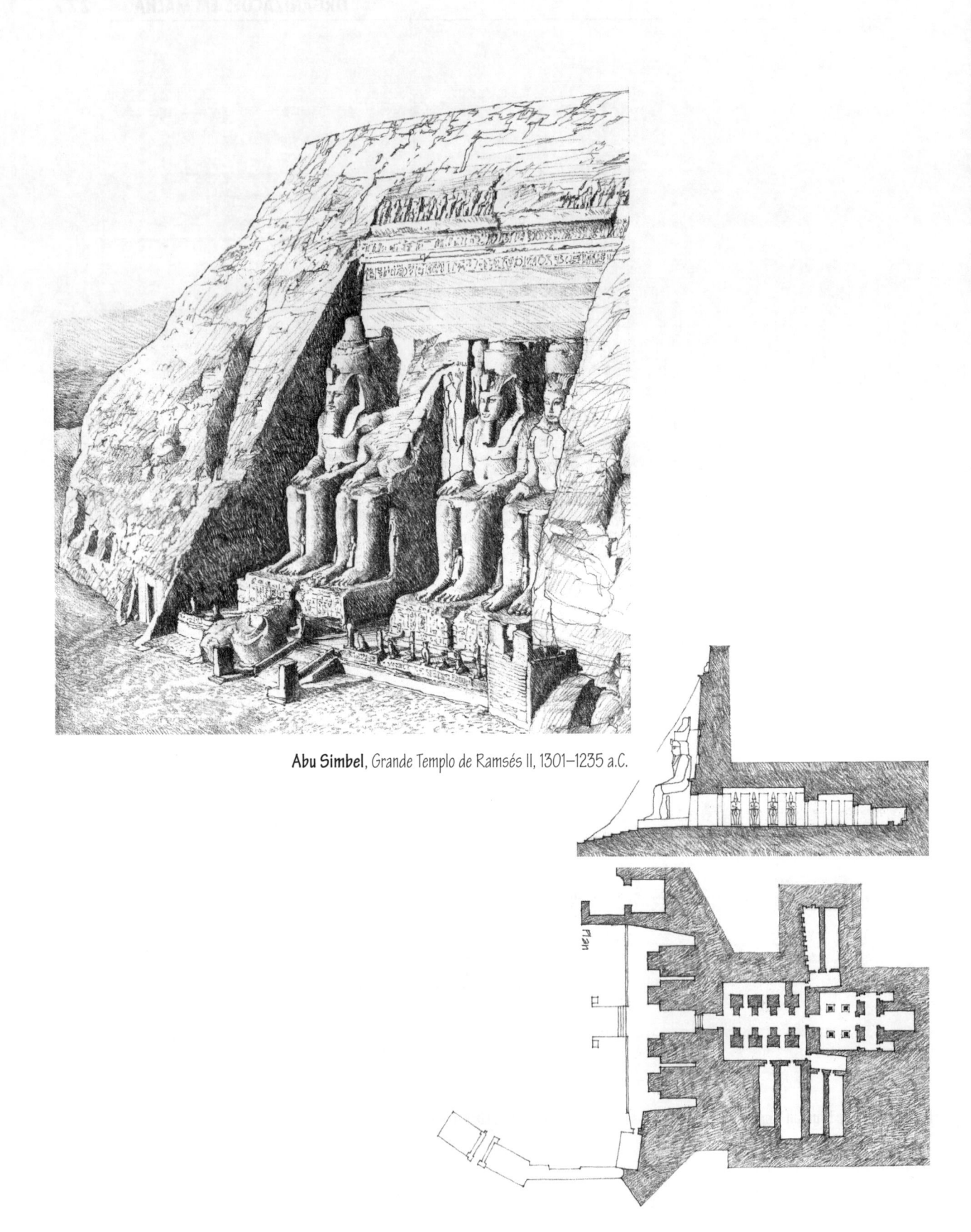

Abu Simbel, Grande Templo de Ramsés II, 1301–1235 a.C.

5
A Circulação

"(...) temos observado que o corpo humano, nossa propriedade tridimensional mais fundamental, não tem sido em si uma preocupação central na compreensão da forma arquitetônica; que a arquitetura, até onde é considerada uma arte, caracteriza-se, em seus estágios de projeto, como uma arte visual e abstrata e não como uma arte centrada no corpo. (...) Acreditamos que o sentido de tridimensionalidade mais essencial e memorável se origina da experiência corporal, e que esse sentido pode constituir uma base para compreendermos a percepção especial em nossa experiência com as edificações.

(...) A interação entre o mundo de nossos corpos e o mundo de nossas moradias está sempre em fluxo. Criamos lugares que são uma expressão de nossas experiências táteis, mesmo quando tais experiências são geradas pelos locais que já criamos. Estejamos conscientes ou não desse processo, nossos corpos e nosso movimento estão em constante diálogo com nossos prédios."

Charles Moore e Robert Yudell
Body, Memory, and Architecture
1977

280 A CIRCULAÇÃO: O MOVIMENTO ATRAVÉS DO ESPAÇO

O percurso de nosso movimento pode ser concebido como a linha perceptiva que conecta os espaços de uma edificação ou uma série qualquer de espaços internos ou externos.

Como nos movemos no **tempo**
através de uma **sequência**
de **espaços,**

experimentamos um espaço em relação aos locais em que já estivemos e aos quais planejamos ir. Este capítulo apresenta os principais componentes do sistema de circulação de uma edificação como elementos marcantes que afetam nossa percepção das formas e espaços daquela edificação.

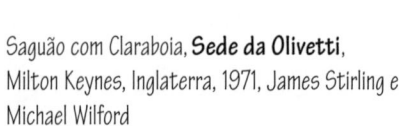

Saguão com Claraboia, **Sede da Olivetti**, Milton Keynes, Inglaterra, 1971, James Stirling e Michael Wilford

ELEMENTOS DE CIRCULAÇÃO 281

Acesso
- A vista distante

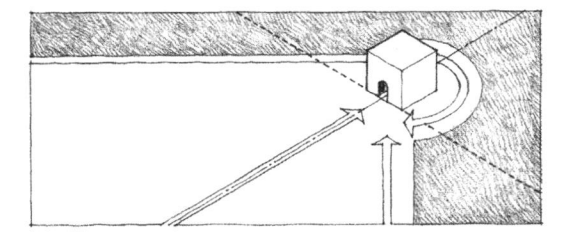

Entrada
- De fora para dentro

O desenho da circulação
- A sequência de espaços

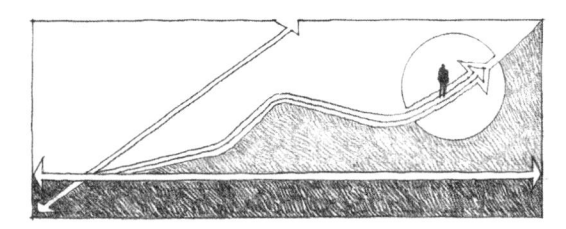

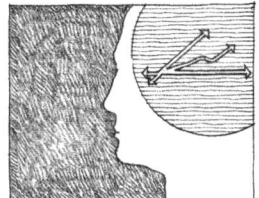

Relações entre a circulação e os espaços
- Limites, nós e terminações do percurso

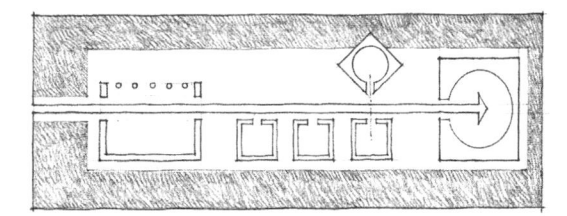

Forma do espaço de circulação
- Corredores, saguões, galerias, escadas e cômodos

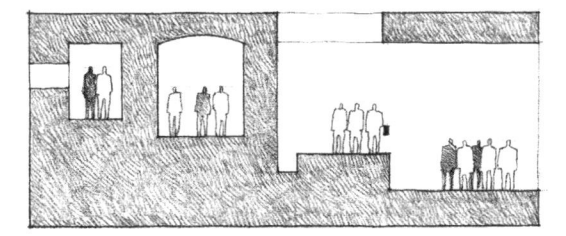

Acesso à **Capela de Notre-Dame-du-Haut**, Ronchamp, França, 1950–1955, Le Corbusier

Antes de passarmos efetivamente ao interior de uma edificação, acessamos sua entrada por meio de uma via de acesso. Essa é a primeira etapa do sistema de circulação, durante a qual nos preparamos para ver, experimentar e usar os espaços internos de uma edificação.

O acesso a uma edificação e sua entrada podem variar, em duração, de alguns passos através de um espaço exíguo a um longo e sinuoso percurso. Ele pode ser perpendicular à fachada principal de um prédio ou oblíquo a ela. A natureza do acesso pode contrastar com aquilo que encontramos ao seu término ou pode ser continuada na sequência de espaços internos da edificação, esmaecendo o contraste entre interior e exterior.

Acesso frontal
Um acesso frontal leva diretamente à entrada de um prédio por meio de um percurso reto, axial. O foco visual que dá fim ao acesso é evidente; ele pode ser toda a fachada do prédio ou uma entrada elaborada de seu plano.

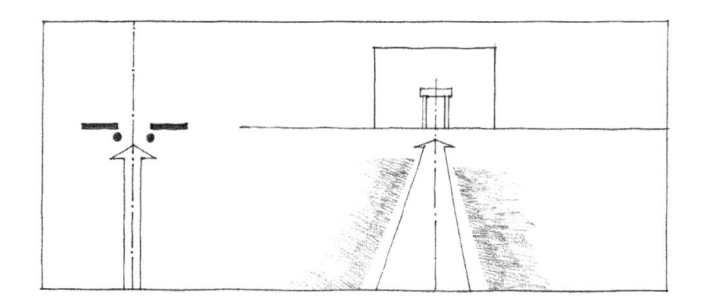

Acesso oblíquo
Um acesso oblíquo acentua o efeito da perspectiva sobre a fachada frontal e a forma do prédio. O percurso pode ser desviado uma ou mais vezes, retardando ou prolongando a sequência do acesso. Se o prédio for acessado em um ângulo agudo, sua entrada poderá estar projetada em relação à fachada, a fim de se tornar mais visível.

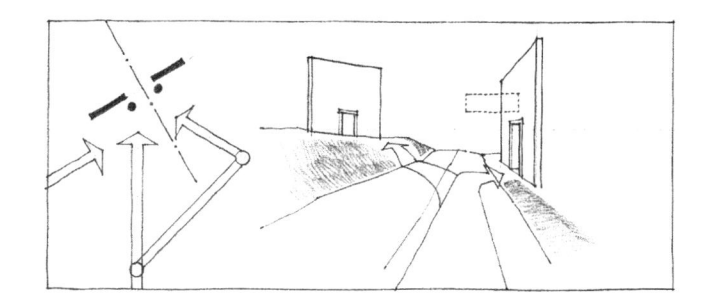

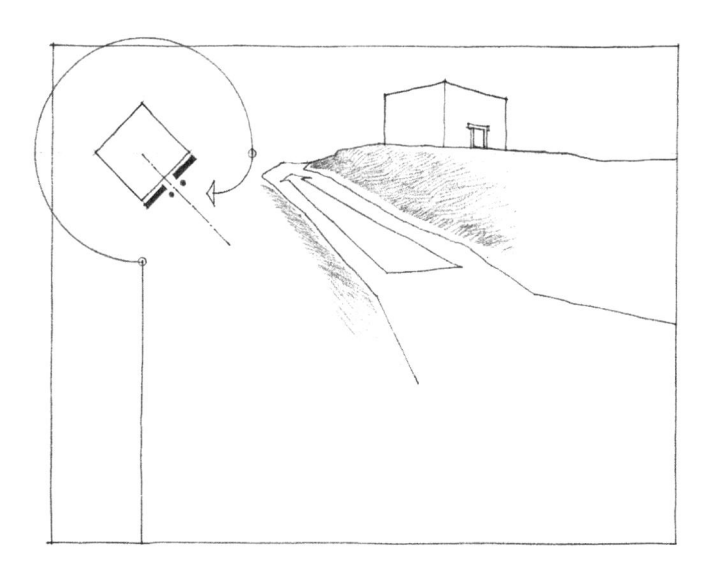

Acesso espiral
Uma via espiral prolonga a sequência do acesso e enfatiza a forma tridimensional de um prédio à medida que nos movemos ao redor de seu perímetro. A entrada do prédio pode ser vista de modo ocasional ao longo do acesso, ajudando a esclarecer sua posição, ou pode estar oculta até o momento de chegada.

284 O ACESSO

Vila Barbaro, Maser, Itália, 1560–1568, Andrea Palladio

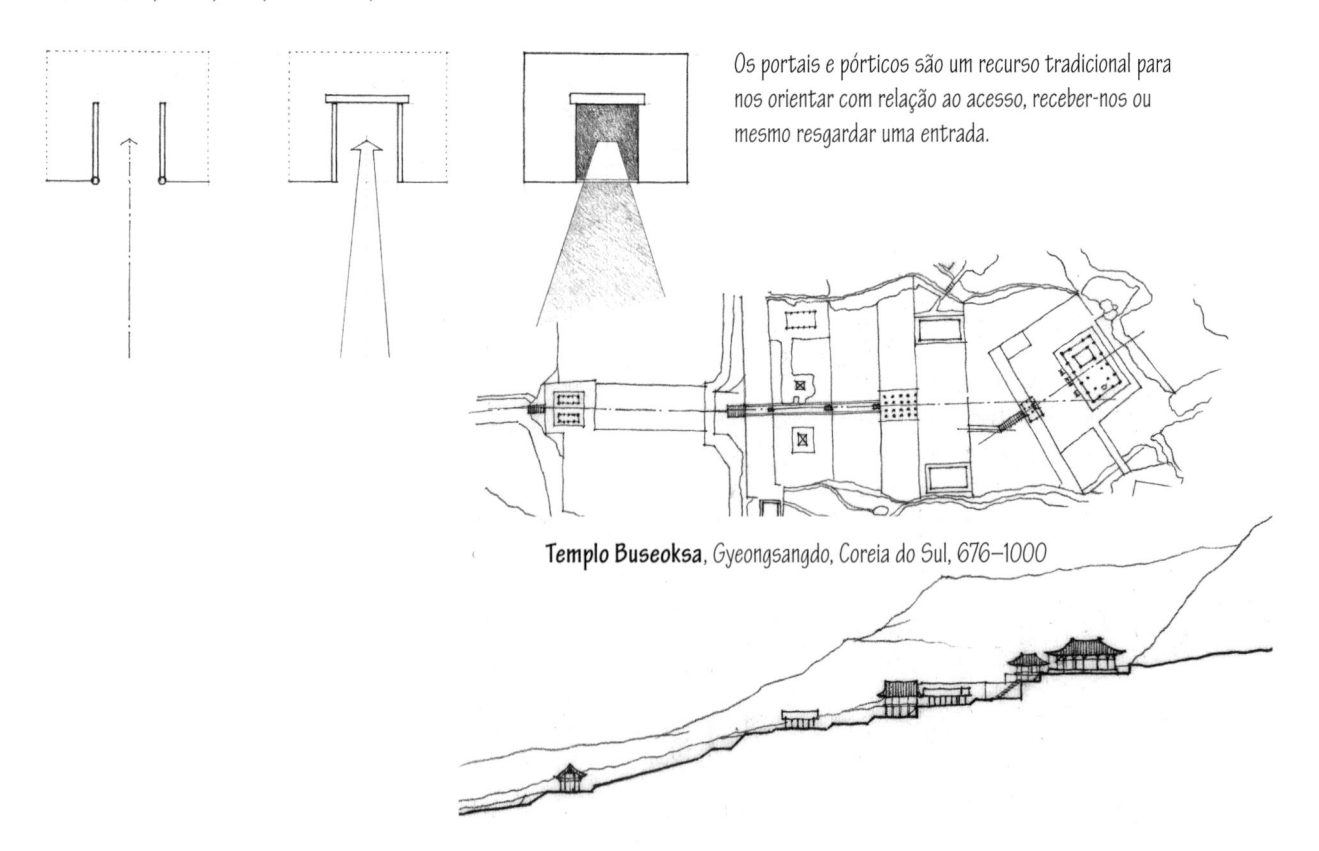

Os portais e pórticos são um recurso tradicional para nos orientar com relação ao acesso, receber-nos ou mesmo resgardar uma entrada.

Templo Buseoksa, Gyeongsangdo, Coreia do Sul, 676–1000

O ACESSO 285

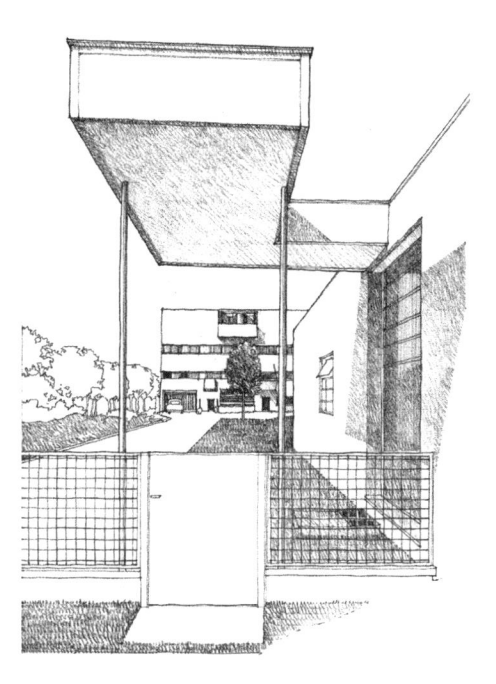

Vila Stein, Garches, França, 1926–1927, Le Corbusier

Praça da Paz Celestial (Praça Tian'anmen), Ligação entre a Cidade Proibida, ao norte, e a Cidade Externa, ao sul de Pequim, China, século XV

Igreja Católica, Taos, Novo México, Estados Unidos, século XVII

Casa de Vidro, New Canaan, Connecticut, Estados Unidos, 1949, Philip Johnson

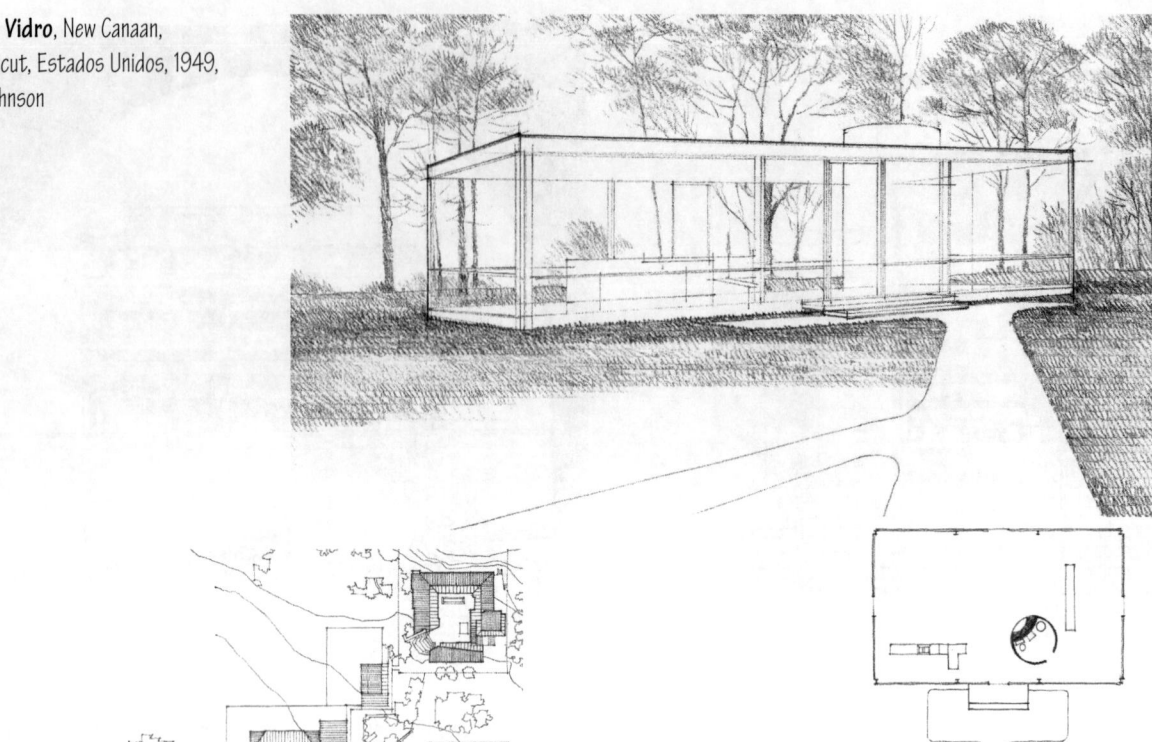

Implantação, **Prefeitura de Säynätsalo**, Finlândia, 1950–1952, Alvar Aalto

Rampa de acesso ao edifício e através dele, **Centro Carpenter de Artes Visuais**, Universidade de Harvard, Massachusetts, Estados Unidos, 1961–1964, Le Corbusier

O ACESSO 287

Desenhos de espaços urbanos dominados por igrejas, feitos por Camillo Sitte, ilustram o acesso assimétrico e pitoresco aos prédios. Somente fragmentos das igrejas podem ser vistos de vários pontos das praças.

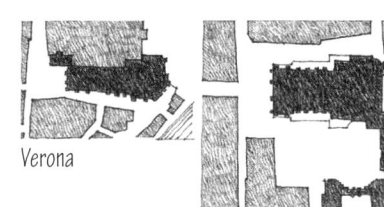

Verona

Estrasburgo

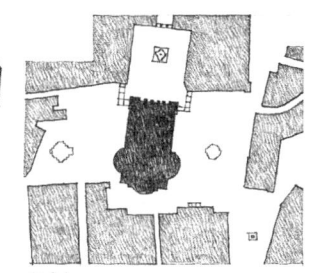

Salzburgo

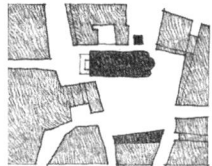

Módena

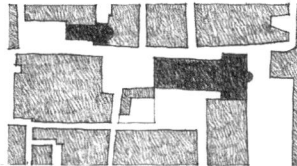

Lucca

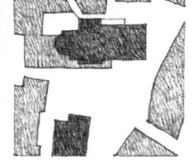

Perúgia

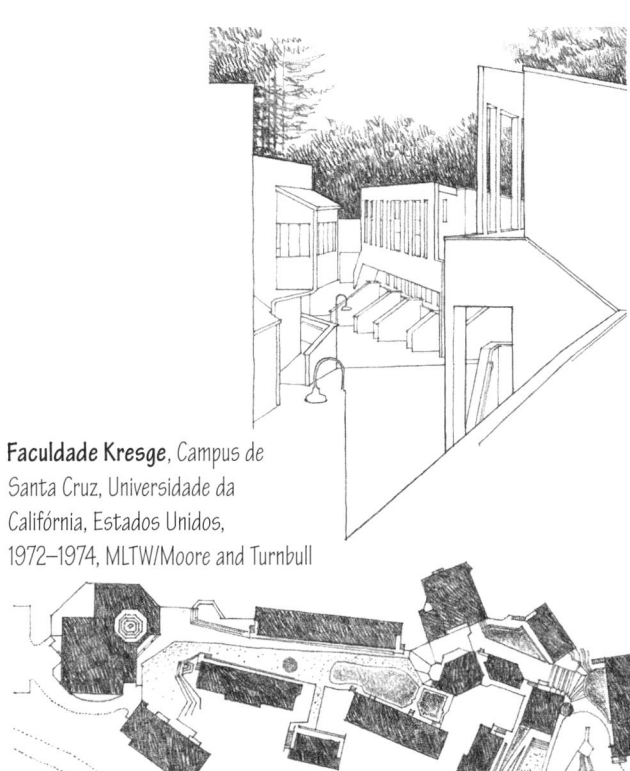

Faculdade Kresge, Campus de Santa Cruz, Universidade da Califórnia, Estados Unidos, 1972–1974, MLTW/Moore and Turnbull

Rua em Siena, Itália

288 O ACESSO

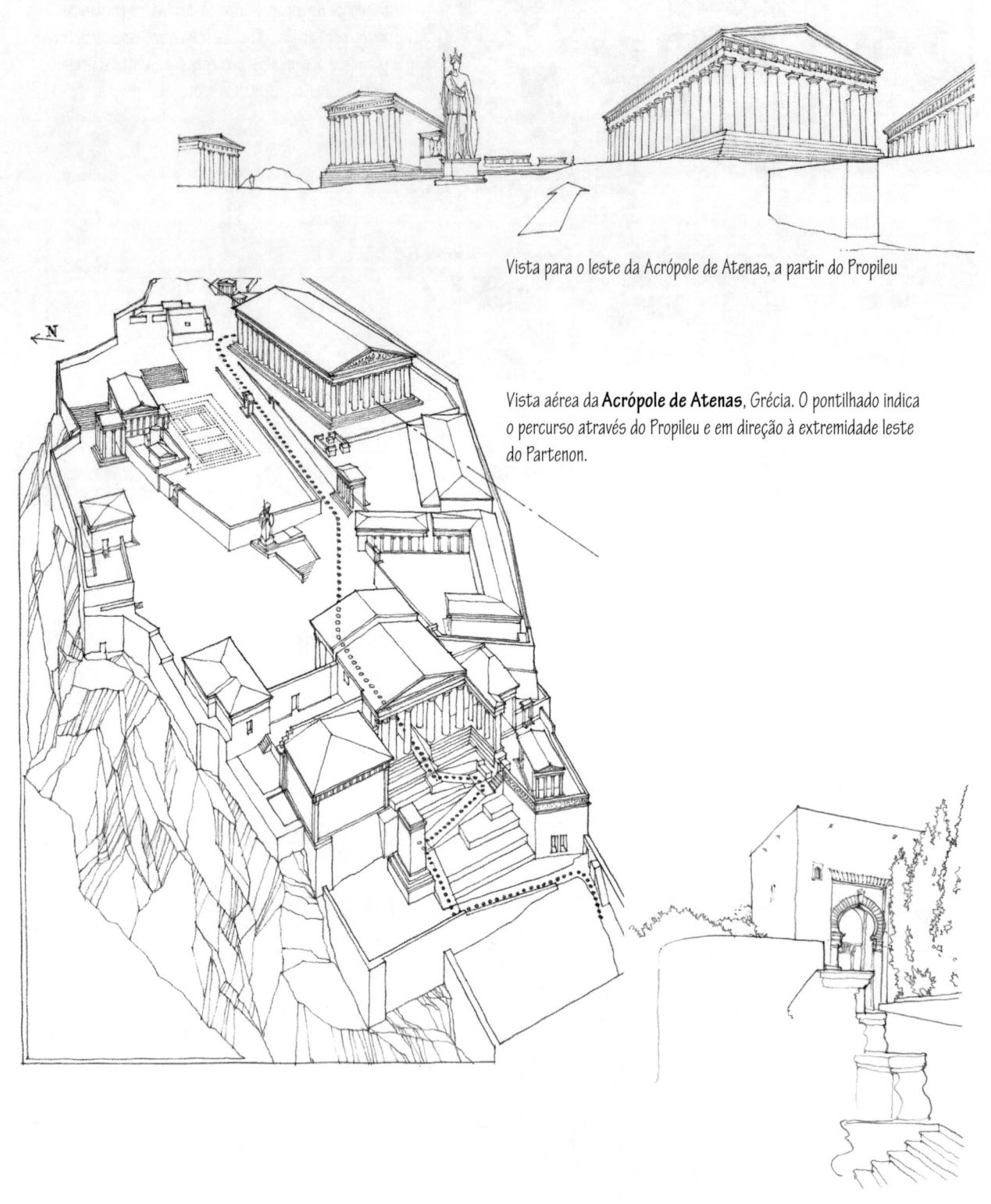

Vista para o leste da Acrópole de Atenas, a partir do Propileu

Vista aérea da **Acrópole de Atenas**, Grécia. O pontilhado indica o percurso através do Propileu e em direção à extremidade leste do Partenon.

Portão da Justiça, **Alhambra**, Granada, Espanha, 1338–1390

O ACESSO 289

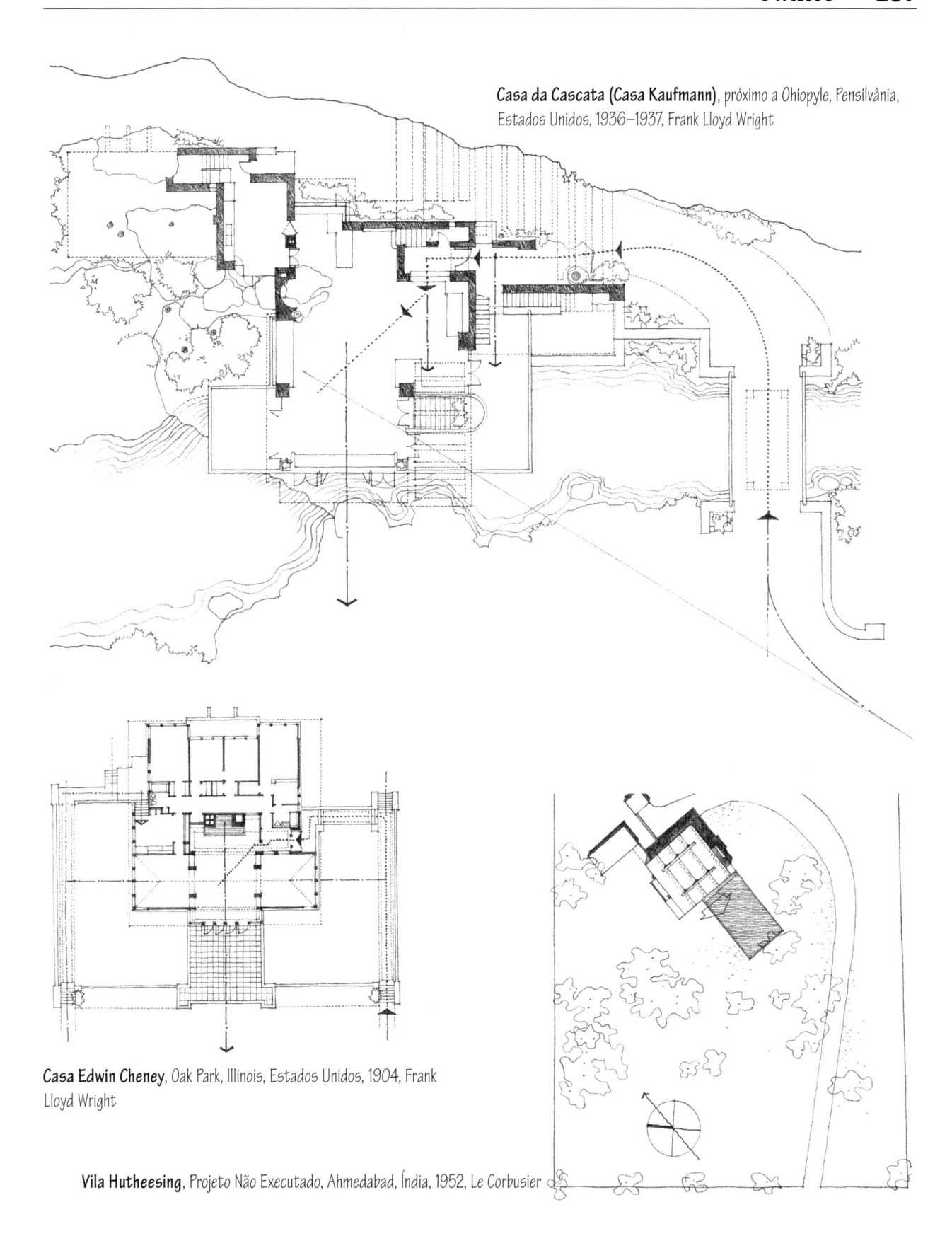

Casa da Cascata (Casa Kaufmann), próximo a Ohiopyle, Pensilvânia, Estados Unidos, 1936–1937, Frank Lloyd Wright

Casa Edwin Cheney, Oak Park, Illinois, Estados Unidos, 1904, Frank Lloyd Wright

Vila Hutheesing, Projeto Não Executado, Ahmedabad, Índia, 1952, Le Corbusier

A ENTRADA

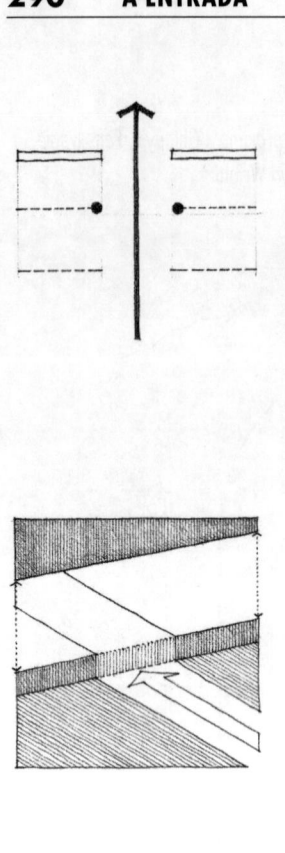

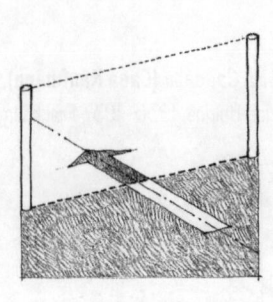

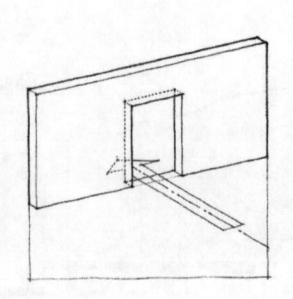

Entrar em uma edificação, cômodo ou espaço externo bem definido envolve o ato de atravessar um plano vertical que distingue um espaço do outro e separa o "aqui" do "ali".

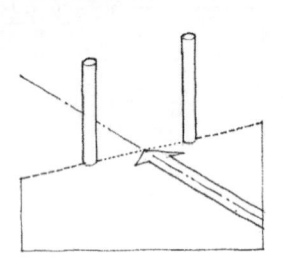

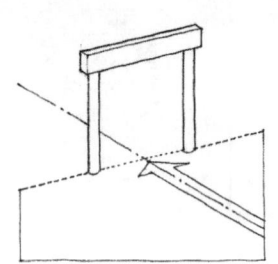

O ato de entrada pode ser expresso de maneiras mais sutis do que a abertura em um muro ou parede. A entrada pode ser uma passagem através de um plano sugerido por duas colunas ou uma viga superior. Nas situações em que se deseja uma continuidade espacial maior entre dois espaços, até mesmo uma mudança de nível pode estabelecer um limite e marcar a passagem de um lugar a outro.

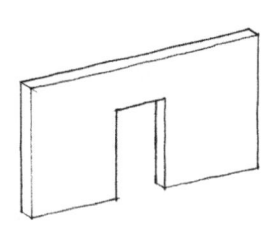

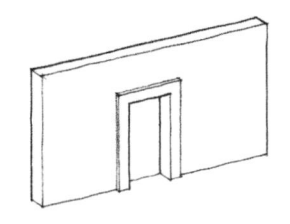

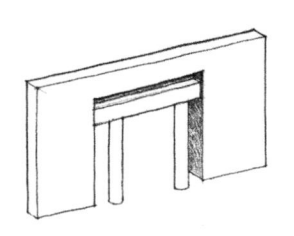

Na situação mais corriqueira — quando um muro ou parede é empregado para definir e fechar um espaço ou uma série de espaços —, a entrada é feita por meio de uma abertura no plano vertical. A forma da abertura, no entanto, pode variar de uma simples interrupção no plano a um pórtico elaborado e destacado.

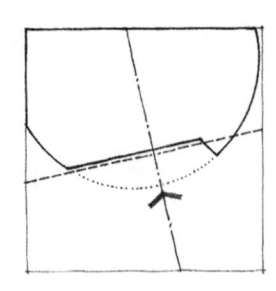

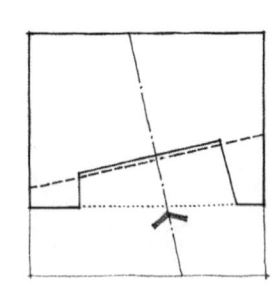

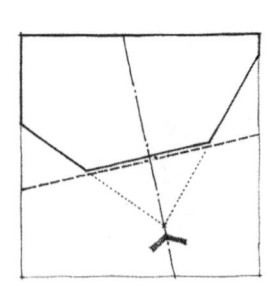

Seja qual for a forma do espaço acessado ou de seu fechamento, a entrada ficará mais bem marcada se estabelecermos um plano real ou sugerido perpendicular ao acesso.

As entradas das edificações podem ser agrupadas, quanto à forma, nas seguintes categorias: em nível, projetadas ou recuadas. Uma entrada em nível mantém a continuidade da superfície de uma parede e pode, caso se deseje, ser propositalmente oculta. Já uma entrada projetada forma um espaço de transição, anuncia sua função ao acesso e proporciona abrigo. Uma entrada recuada também oferece proteção e insere parte do espaço externo no domínio da edificação.

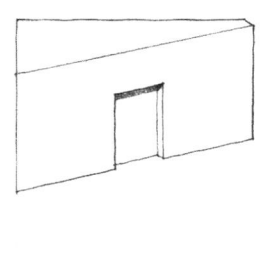

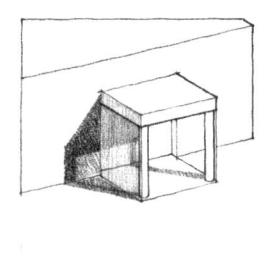

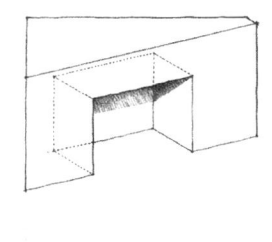

Em cada uma das categorias mencionadas, a forma da entrada pode ser similar à do espaço no qual se entrará, antecipando-o. Ou, então, ela pode contrastar com a forma do espaço, ressaltando seus limites e enfatizando seu caráter de lugar.

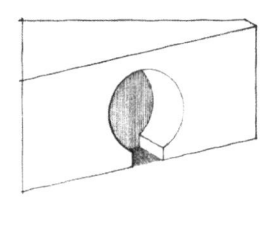

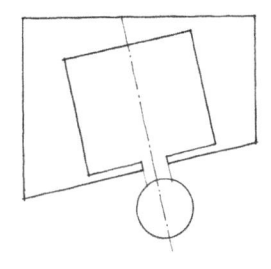

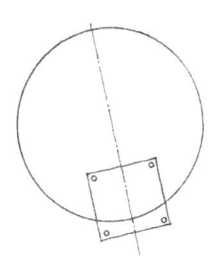

Em termos de localização, uma entrada pode estar centralizada no plano frontal de um prédio ou deslocada a fim de criar um eixo de simetria em relação à sua abertura. A localização de uma entrada em relação à forma do espaço no qual se entrará determina o desenho da circulação de acesso e do padrão das atividades internas.

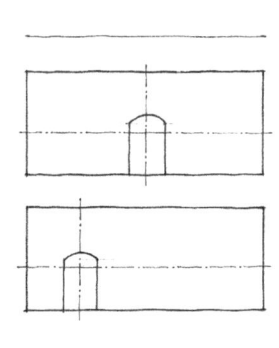

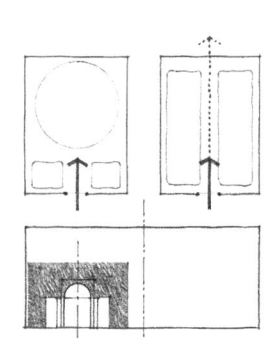

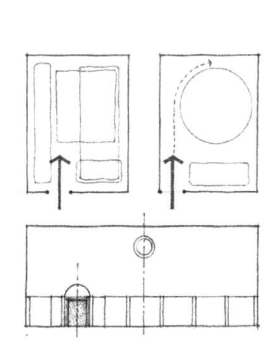

A ideia de entrada pode ser visualmente realçada de vários modos:

- tornando-se a abertura mais baixa, mais larga ou mais estreita do que o esperado
- aprofundando a entrada ou criando um circuito
- destacando a entrada com ornamentos

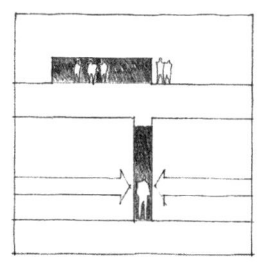

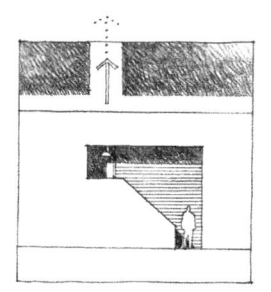

Palazzo Zuccari, Roma, Itália, cerca de 1592, Federico Zuccari

292 A ENTRADA

Praça de São Marcos, Veneza, Itália. Vista do mar emoldurada pelo Palácio do Doge, à esquerda, e pela Biblioteca Scamozzi, à direita. A entrada da praça a partir do mar é marcada por duas colunas de granito, a Coluna do Leão (1189) e a Coluna de São Teodoro (1329).

O-torii, o primeiro pórtico do **Templo Toshogu**, Nikko, Província de Tochigi, Japão, 1636

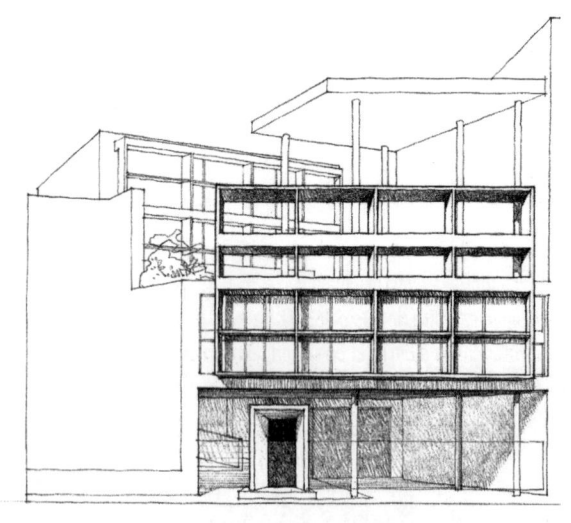

Casa do Dr. Currutchet, La Plata, Argentina, 1949, Le Corbusier. Um portal marca a entrada para pedestres dentro de uma abertura maior, que inclui uma garagem aberta.

Casa Von Sternberg, Los Angeles, Califórnia, Estados Unidos, 1936, Richard Neutra. Um acesso de veículos curvo conduz a uma entrada para automóveis, enquanto a porta principal para o interior desta casa está mais adiante, em um pátio de entrada.

Basílica de San Giorgio Maggiore (São Jorge Maior), Veneza, Itália, 1566–1610, Andrea Palladio. Fachada concluída por Vicenzo Scamozzi. A fachada principal funciona em duas escalas: a do prédio como um todo, voltado para o espaço público, e a escala da pessoa que entra na igreja.

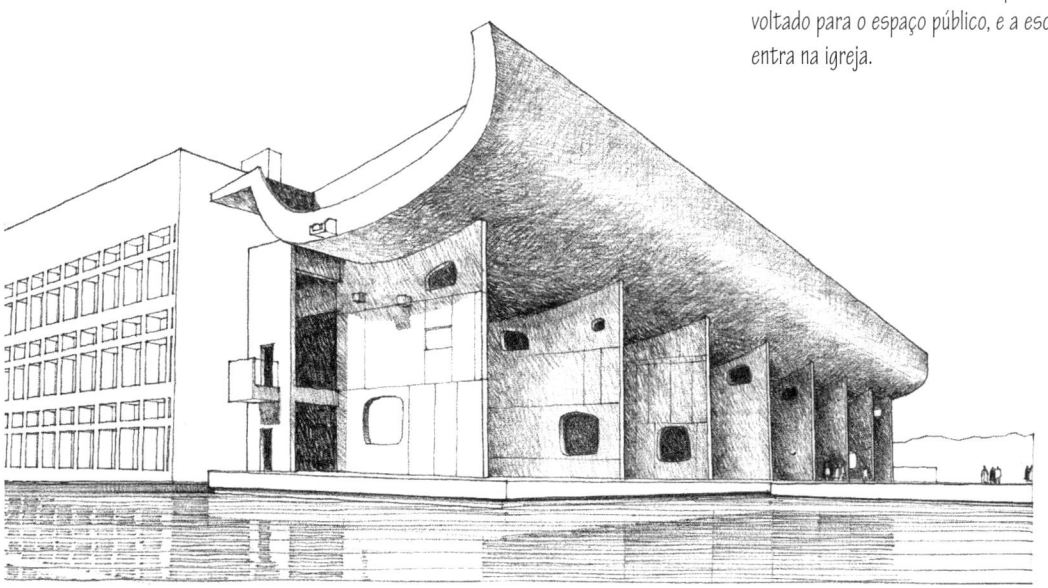

Edifício da Assembleia Legislativa de Chandigarh, Complexo do Capitólio do Punjab, Índia, 1956–1959, Le Corbusier. A colunata de entrada está em uma escala adequada à natureza pública do prédio.

294 A ENTRADA

Vila Imperial de Katsura (Palácio Imperial), Quioto, Japão, século XVII. Enquanto o muro separa, o portal e as pedras do caminho criam uma continuidade entre a Parada das Carruagens Imperiais e o Gepparo (Palácio de Observação da Lua), mais adiante.

Rochedo de Naqsh-e-Rustam (Necrópole), próximo a Persépolis, Irã, século III d.C.

A ENTRADA **295**

Loja de Presentes Morris, São Francisco, Califórnia, Estados Unidos, 1948–1949, Frank Lloyd Wright

Merchants' National Bank, Grinnell, Iowa, Estados Unidos, 1914, Louis Sullivan

Aberturas elaboradas dentro de planos verticais marcam as entradas destes dois prédios.

Porta no estilo Art Nouveu em Paris, França

Pilones da Entrada, **Templo de Hórus em Edfu**, 257–37 a.C.

Uma interrupção ou fenda vertical na fachada marca as entradas destas edificações.

Casa Vanna Venturi, Chestnut Hill, Pensilvânia, Estados Unidos, 1962–1964, Venturi and Short

Memorial a John F. Kennedy, Dallas, Texas, Estados Unidos, 1970, Philip Johnson

A ENTRADA **297**

Entrada do **Edifício Administrativo das Ceras Johnson**, Racine, Wisconsin, Estados Unidos, 1936–1939, Frank Lloyd Wright

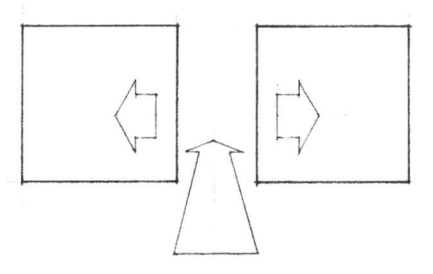

Edifício da Suprema Corte, Chandigarh, Complexo do Capitólio do Punjab, Índia, 1956, Le Corbusier

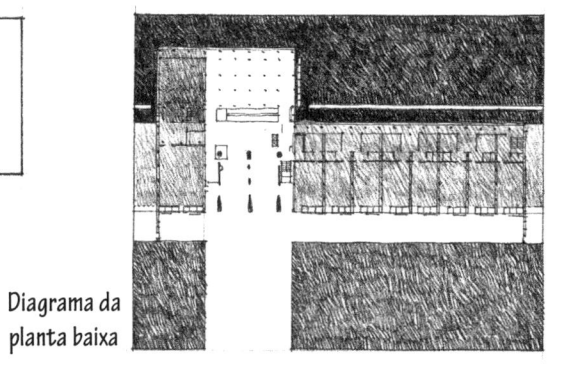

Diagrama da planta baixa

Elevação norte

Panteão, Roma, 120–124 d.C.
Pórtico de entrada construído a partir de um templo anterior datado de 25 a.C.

Sinagoga Kneses Tifereth Israel, Portchester, Nova York, Estados Unidos, 1954, Philip Johnson

Capela Pazzi, inserida no Claustro da Basílica da Santa Cruz (Santa Croce), Florença, Itália, 1429–1446, Filippo Brunelleschi

A ENTRADA

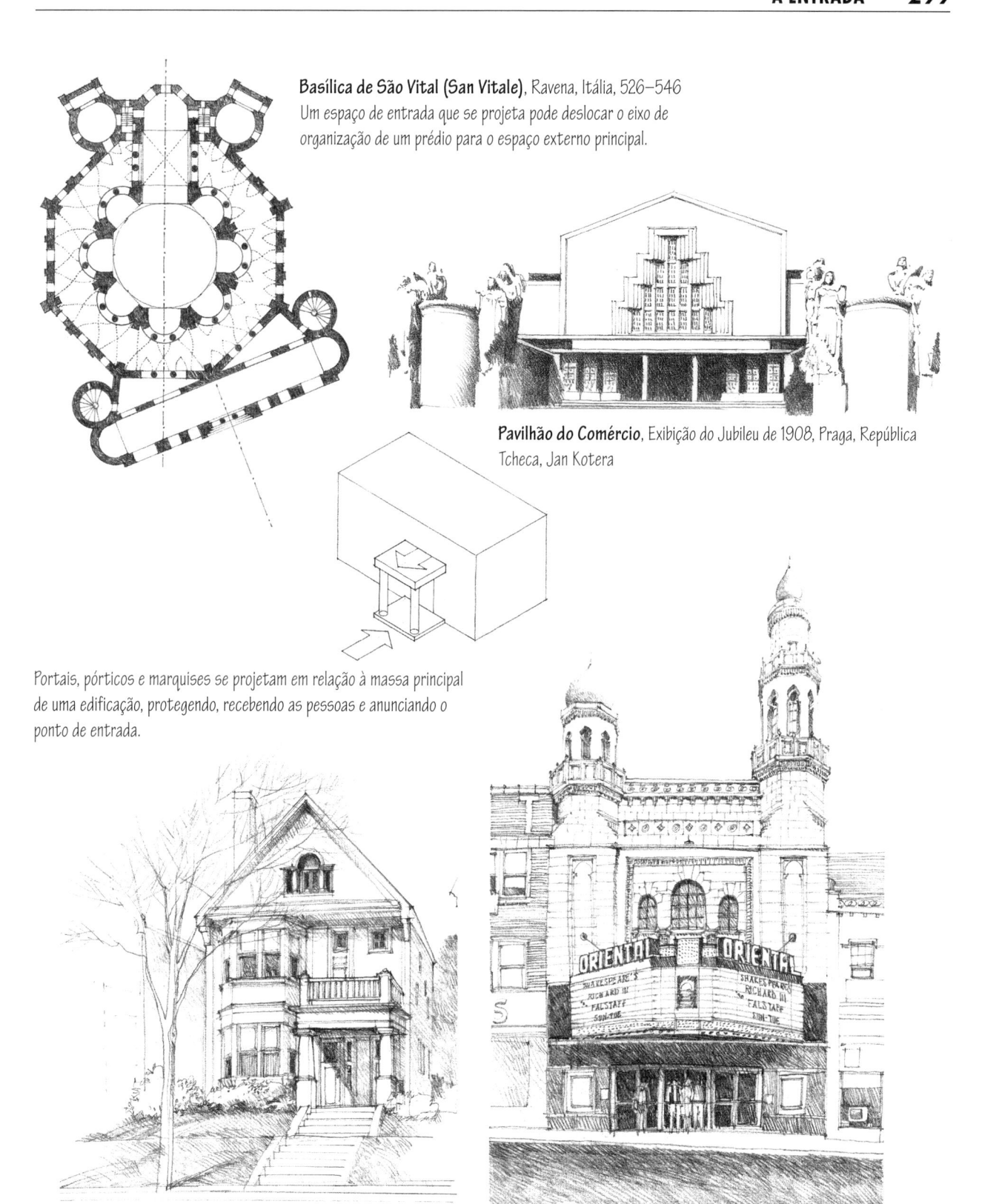

Basílica de São Vital (San Vitale), Ravena, Itália, 526–546
Um espaço de entrada que se projeta pode deslocar o eixo de organização de um prédio para o espaço externo principal.

Pavilhão do Comércio, Exibição do Jubileu de 1908, Praga, República Tcheca, Jan Kotera

Portais, pórticos e marquises se projetam em relação à massa principal de uma edificação, protegendo, recebendo as pessoas e anunciando o ponto de entrada.

Casa em Milwaukee, Wisconsin, Estados Unidos

Teatro Oriental, Milwaukee, Wisconsin, Estados Unidos, 1927, Dick and Bauer

300 A ENTRADA

Igreja de Santo André do Monte Quirino (San Andrea del Quirinale), Roma, Itália, 1670, Giovanni Bernini

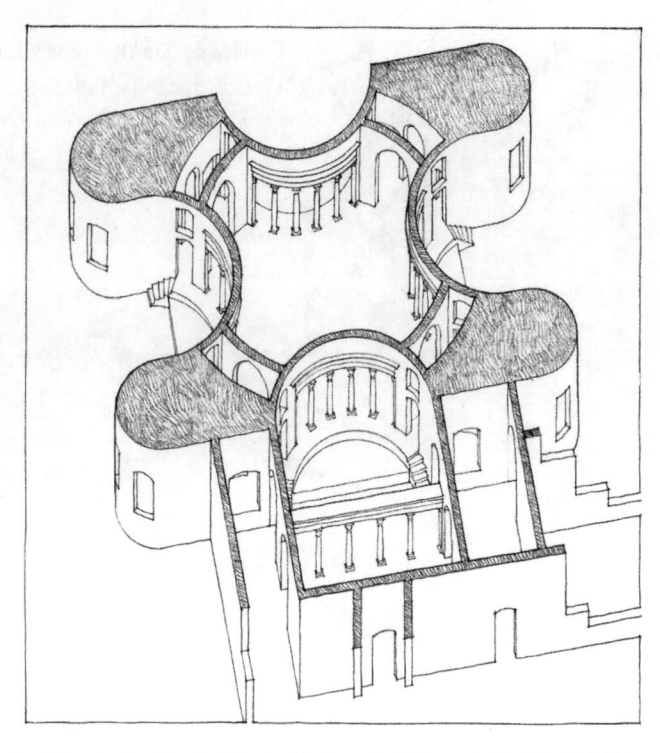

Pavilhão da Academia, Vila de Adriano, Tívoli, Roma, Itália, 118–125 d.C. (reconstrução com base em um desenho de Heine Kahler)

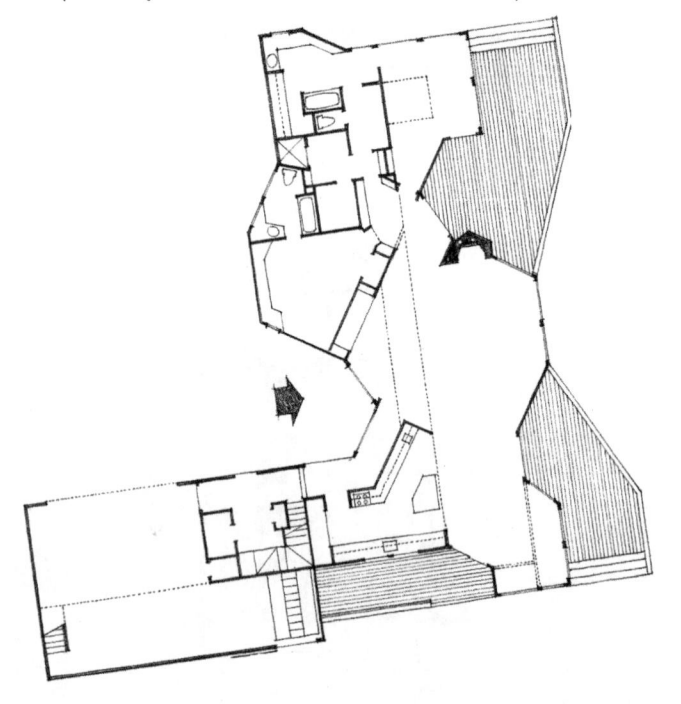

Casa Gagarin, Peru, Vermont, Estados Unidos, 1968, MLTW/Moore-Turnbull

A ENTRADA **301**

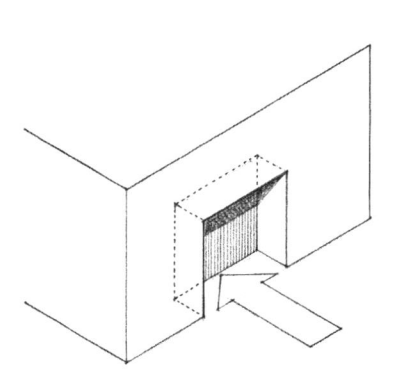

Exemplos de espaços recuados a fim de receber aqueles que entram em um prédio.

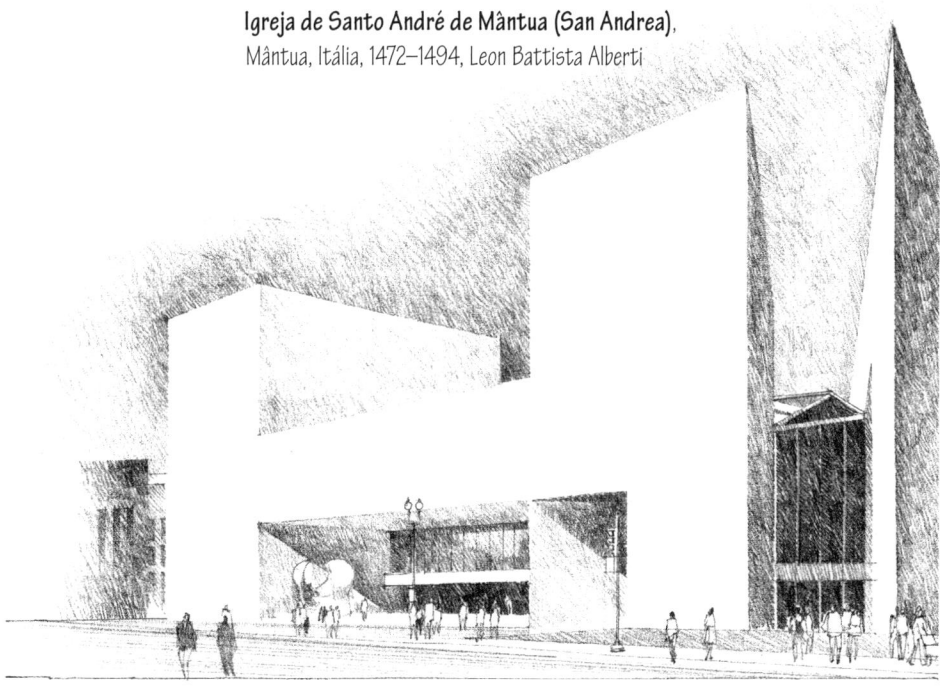

Igreja de Santo André de Mântua (San Andrea), Mântua, Itália, 1472–1494, Leon Battista Alberti

Edifício Leste, Galeria Nacional de Arte, Washingon, D.C., Estados Unidos, 1978, I.M. Pei and Partners

302 A ENTRADA

Degraus e rampas introduzem uma dimensão vertical e temporal ao ato de entrar em um prédio.

Bloco de apartamentos em Galena, Illinois, Estados Unidos

Edifício da Associação dos Fiandeiros, Ahmedabad, Índia, 1954, Le Corbusier

Taliesin Oeste, próximo a Phoenix, Arizona, Estados Unidos, 1938, Frank Lloyd Wright

A ENTRADA **303**

Uma estela e uma tartaruga guardam o **Túmulo do Imperador Wan Li** (1563–1620), noroeste de Pequim, China.

Porta Interna, Francesco Borromini

As entradas que perfuram paredes espessas criam espaços de transição através dos quais passamos quando nos movemos de um cômodo a outro.

Palácio da Justiça do Condado de Santa Bárbara, Califórnia, Estados Unidos, 1929, William Mooser
A entrada principal emoldura uma vista do jardim e das colinas ao fundo.

O DESENHO DA CIRCULAÇÃO

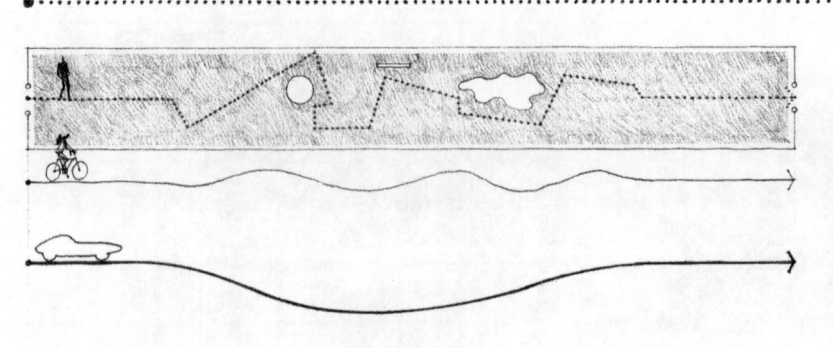

Todas as vias, sejam de pessoas, veículos, bens ou serviços, são de natureza linear. E todas elas têm um ponto de partida, do qual somos conduzidos ao nosso destino através de uma sequência de espaços. A configuração de uma via depende de nosso meio de transporte. Enquanto nós, como pedestres, podemos desviar, hesitar, parar e descansar à vontade, uma bicicleta não tem a mesma liberdade (e um veículo ainda menos) para mudar sua velocidade e direção de modo abrupto. Contudo, é interessante que, embora um veículo com rodas possa exigir uma via com curvas suaves, que refletem seus raios de giro, a largura da via pode ser pouco maior do que a do veículo. Já os pedestres, ainda que possam tolerar mudanças de direção abrutas, exigem um volume de espaço maior que as dimensões de seus corpos e mais liberdade de escolha ao longo do percurso.

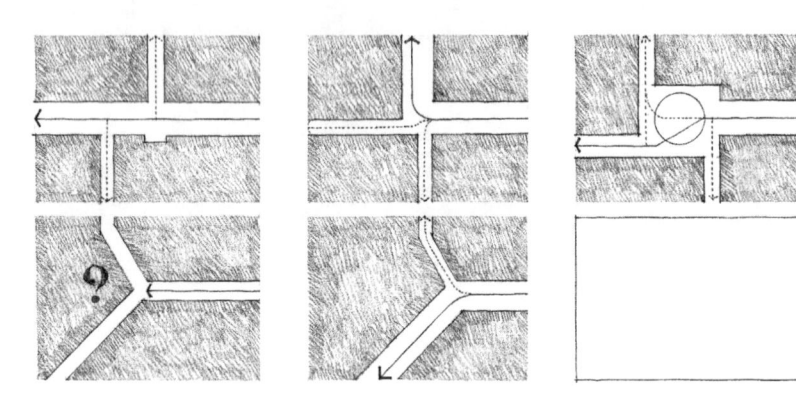

A interseção ou o cruzamento de vias é sempre um ponto de tomada de decisão para quem se aproxima. A continuidade e a escala de cada via de uma interseção podem nos ajudar a distinguir entre as rotas principais (que levam aos espaços mais importantes) e as rotas secundárias (que levam aos espaços menos importantes). Quando as vias de um cruzamento equivalem entre si, deve ser previsto um espaço suficiente para que as pessoas possam parar e se orientar. A forma e a escala das entradas e das vias também devem refletir a distinção funcional e simbólica entre passeios públicos, acessos privativos e corredores de serviço.

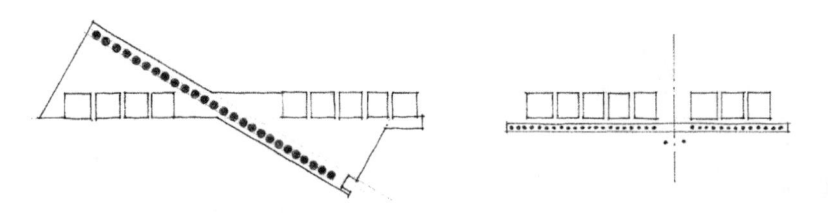

A natureza da configuração de uma via influencia o padrão organizacional dos espaços que ela conecta ao mesmo tempo em que é influenciada por eles. A configuração de uma via pode reforçar uma organização espacial criando um padrão paralelo. Ou, então, sua configuração pode contrastar com a forma da organização espacial e servir como contraponto visual a ela. Uma vez que somos capazes de criar um mapa mental da configuração geral das vias de circulação dentro de um prédio, nossa orientação em relação a ele e nossa compreensão de seu leiaute espacial se tornam claros.

O DESENHO DA CIRCULAÇÃO   305

1. Linear
Todas as vias de circulação são lineares. Contudo, uma via reta pode ser o principal elemento organizador de uma série de espaços; mas a via também pode ser curvilínea ou segmentada, intersectar outras vias, ter ramificações ou formar um circuito fechado.

2. Radial
Uma configuração radial é formada por vias que saem de um ponto comum, central, ou terminam nele.

3. Espiral
Uma configuração espiral é uma única via, contínua, que se origina de um ponto central, desenvolve-se ao redor dele e aos poucos se afasta.

4. Grelha
Uma configuração em grelha consiste em dois conjuntos de vias paralelas que se cruzam em intervalos regulares e criam módulos de espaço quadrados ou retangulares.

5. Rede
Uma configuração em rede consiste em vias que conectam pontos determinados no espaço.

6. Composta
Na realidade, uma edificação normalmente emprega uma combinação dos padrões citados. Os pontos importantes em qualquer padrão são centros de atividade, entradas para os cômodos e saguões e núcleos de circulação vertical compostos de escadas, rampas e elevadores. Estes nós pontuam as vias de circulação através de uma edificação e criam oportunidades para parada, descanso e reorientação. A fim de evitar a criação de um labirinto desorientador, deve ser estabelecida uma ordem hierárquica entre as circulações e os nós de um prédio, por meio da diferenciação de escala, forma, comprimento e localização.

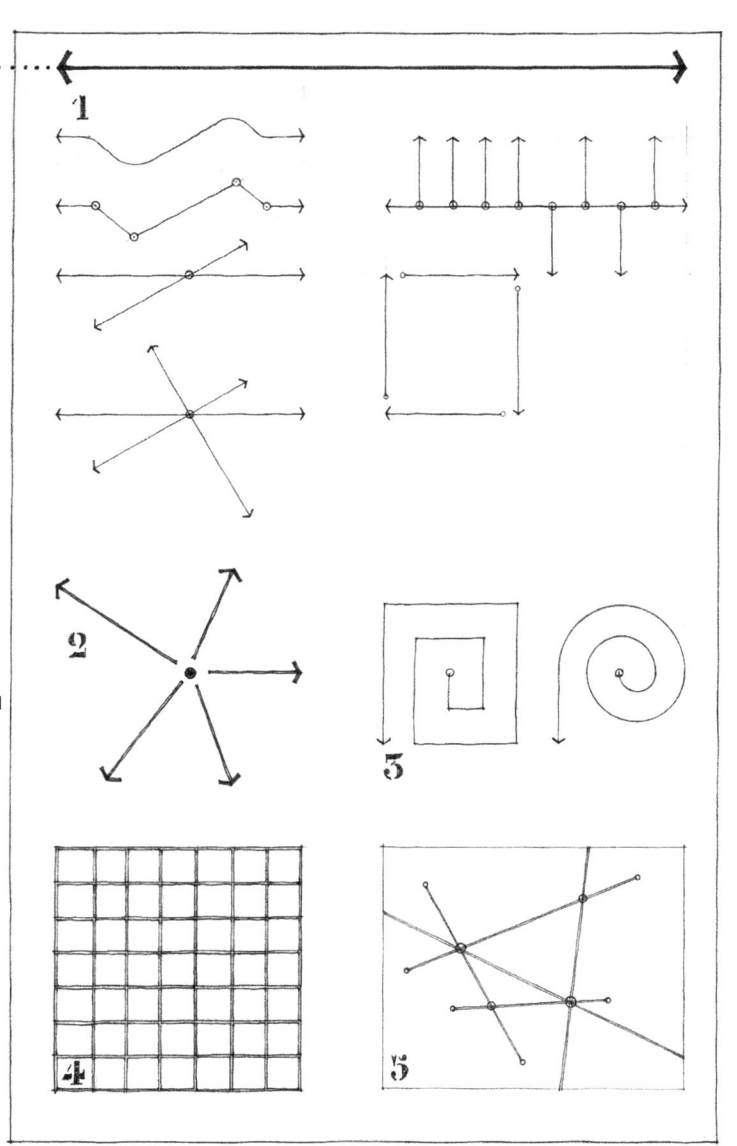

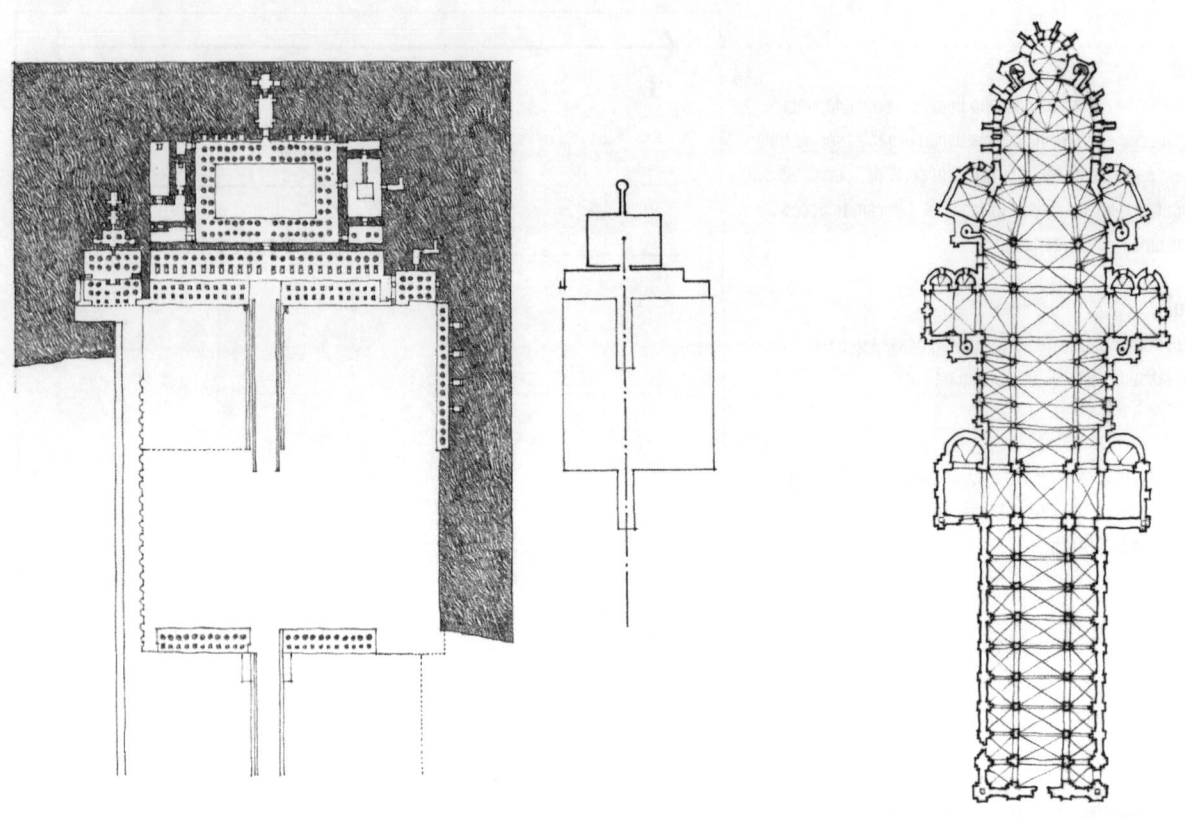

Templo Mortuário da Rainha Hatshepsut, Dêr el-Bahari, Tebas, Egito, 1511–1480 a.C., Senmut

Catedral de Canterbury, Inglaterra, 1070–1077

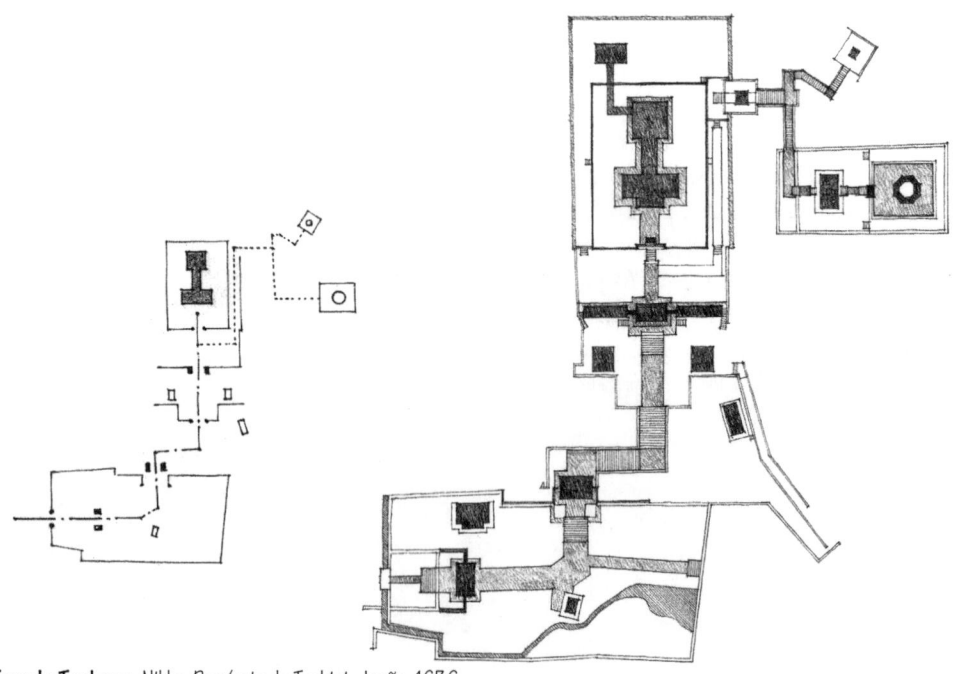

Planta do Conjunto Protegido do **Templo Toshogu**, Nikko, Província de Tochigi, Japão, 1636

O DESENHO DA CIRCULAÇÃO **307**

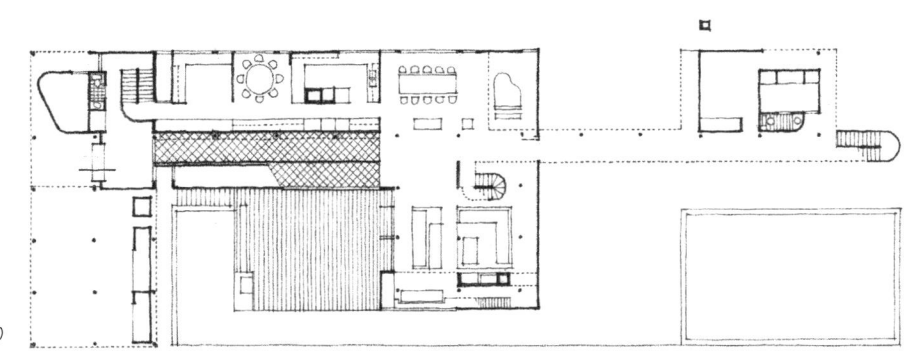

Planta baixa do pavimento térreo

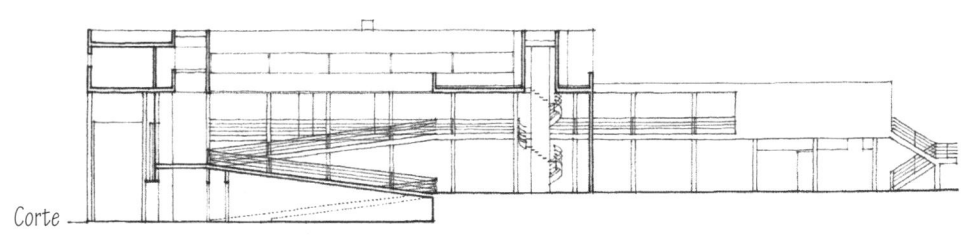

Corte

Casa em Old Westbury, Nova York, Estados Unidos, 1969–1971, Richard Meier

Circulações lineares como elementos de organização

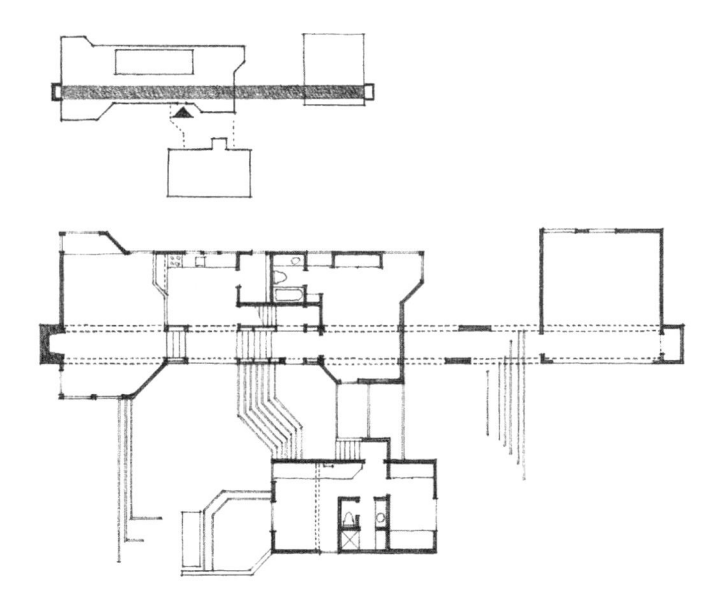

Planta baixa do segundo pavimento, **Casa Hines**, Sea Ranch, Califórnia, Estados Unidos, 1966, MLTW/Moore and Turnbull

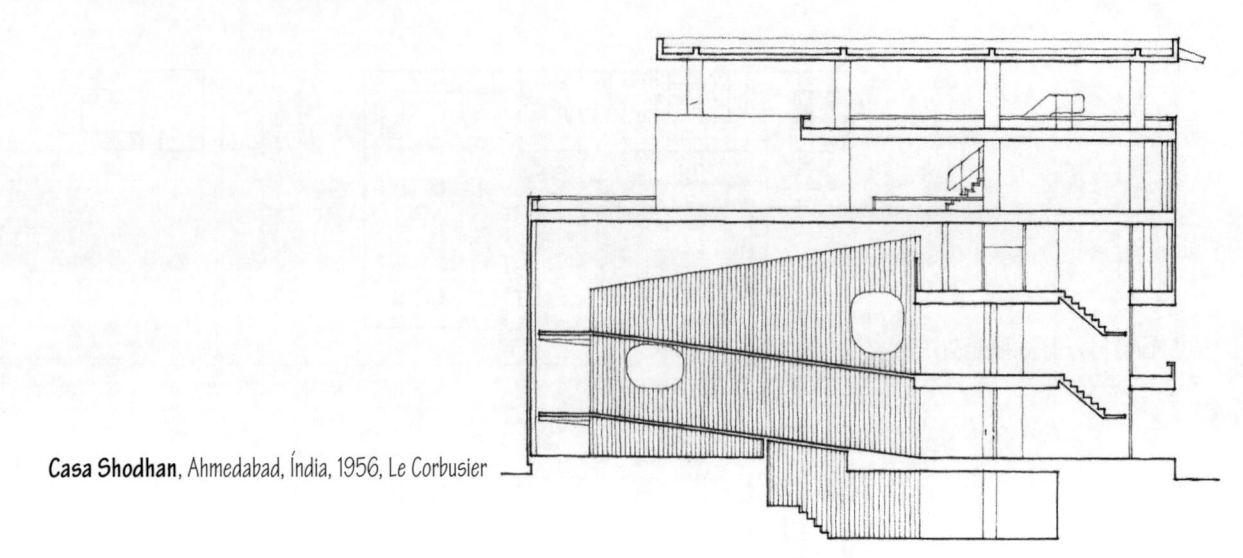

Casa Shodhan, Ahmedabad, Índia, 1956, Le Corbusier

Corte longitudinal na rampa e escada

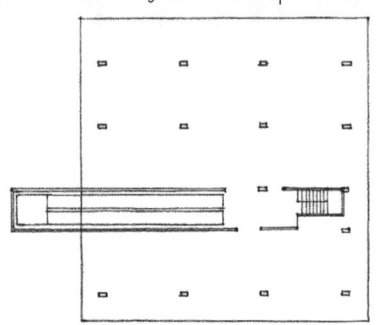

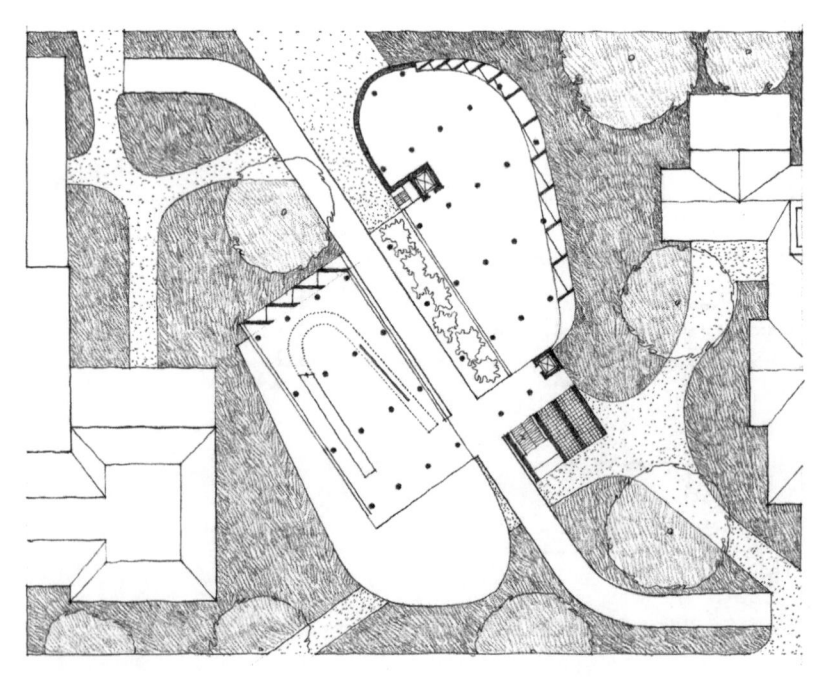

Centro Carpenter de Artes Visuais, Universidade de Harvard, Massachusetts, Estados Unidos, 1961–1964, Le Corbusier

O DESENHO DA CIRCULAÇÃO 309

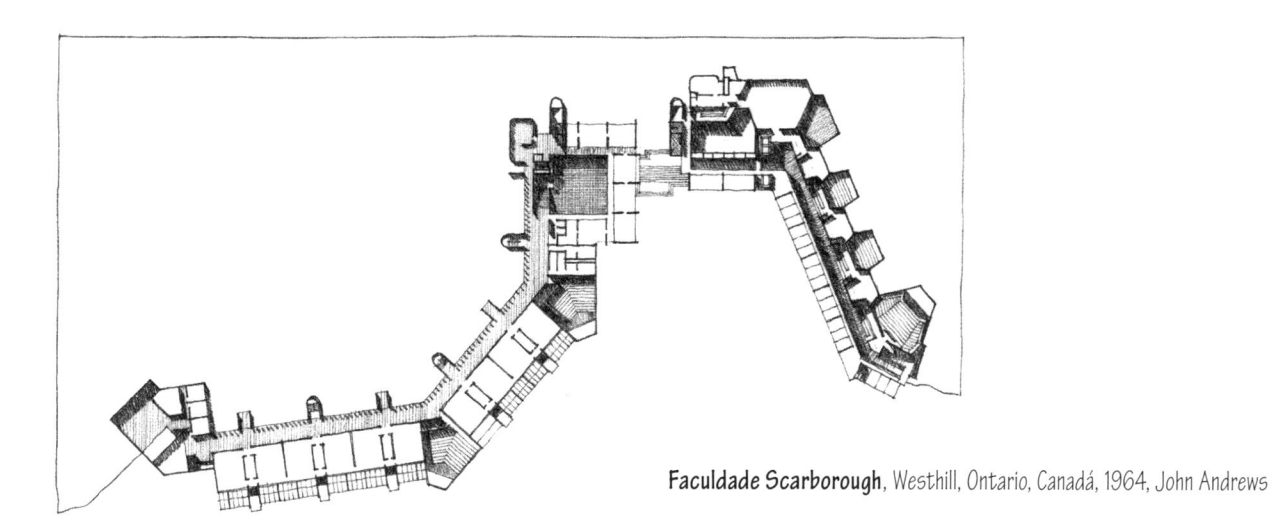

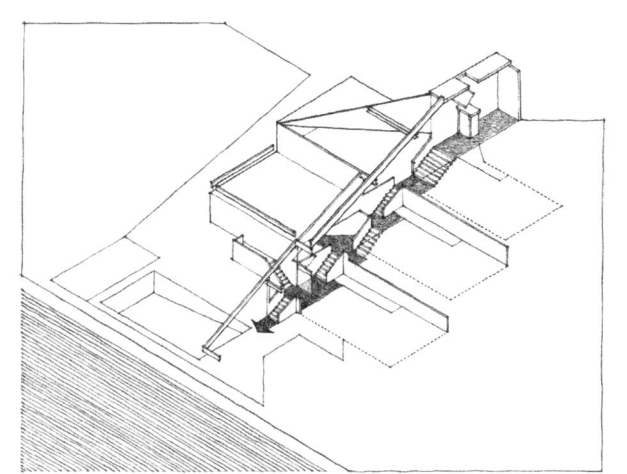

Faculdade Scarborough, Westhill, Ontario, Canadá, 1964, John Andrews

Casa Bookstaver, Westminster, Vermont, Estados Unidos, 1972, Peter L. Gluck

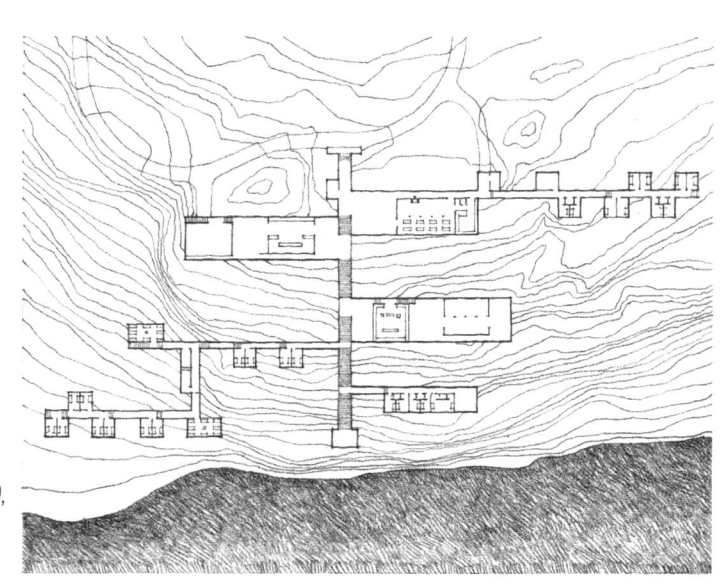

Escola de Arte e Artesanato de Haystack Mountain, Deer Isle, Maine, Estados Unidos, 1960, Edward Larrabee Barnes

310 O DESENHO DA CIRCULAÇÃO

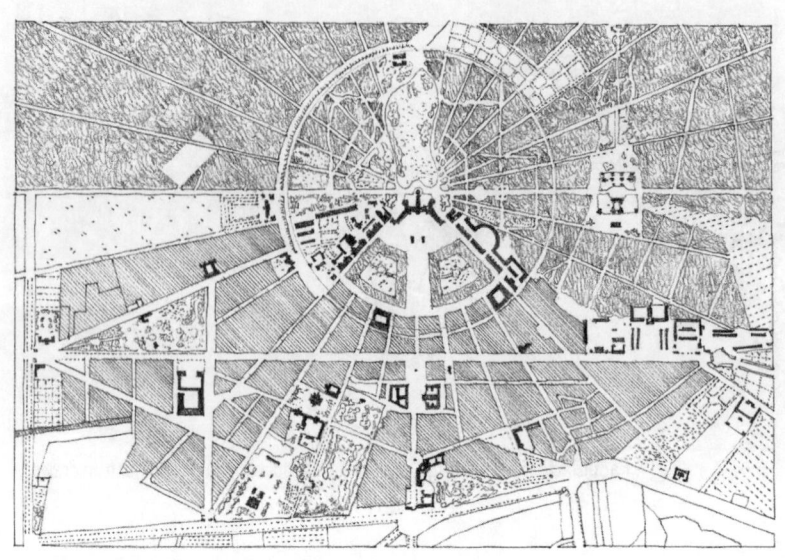

Cidade de Karlsruhe, Alemanha, 1834

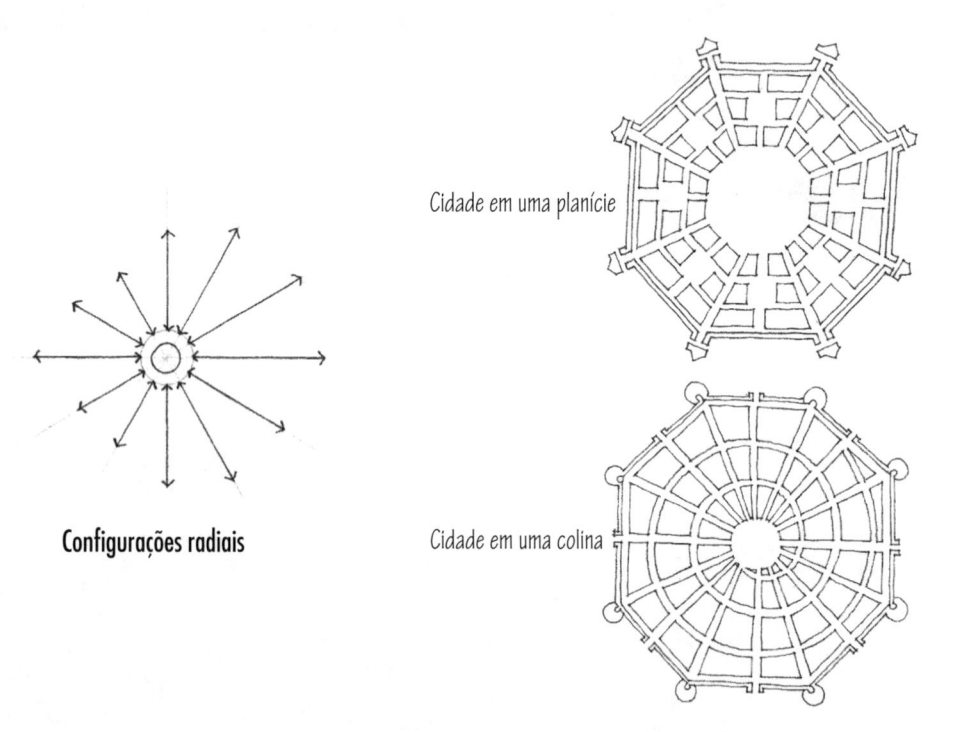

Configurações radiais

Cidade em uma planície

Cidade em uma colina

Planos de Cidades Ideais, 1451–1464,
Francesco di Giorgi Martini

O DESENHO DA CIRCULAÇÃO   311

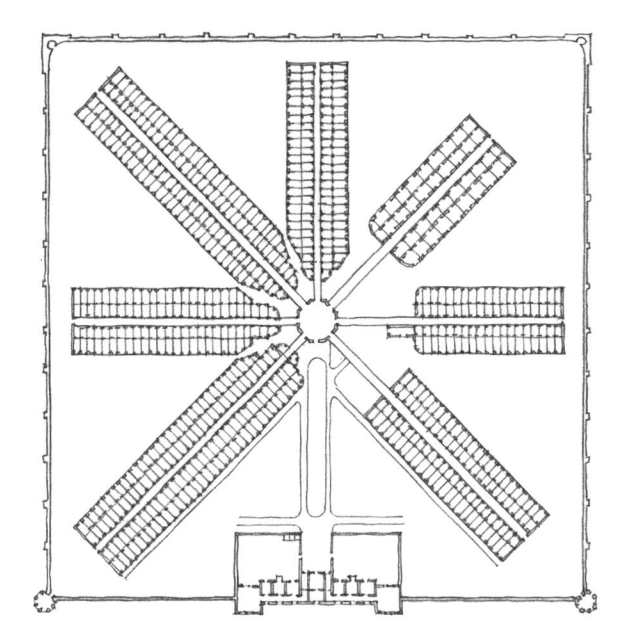

Penitenciária Eastern State, Filadélfia, Estados Unidos, iniciada em 1821

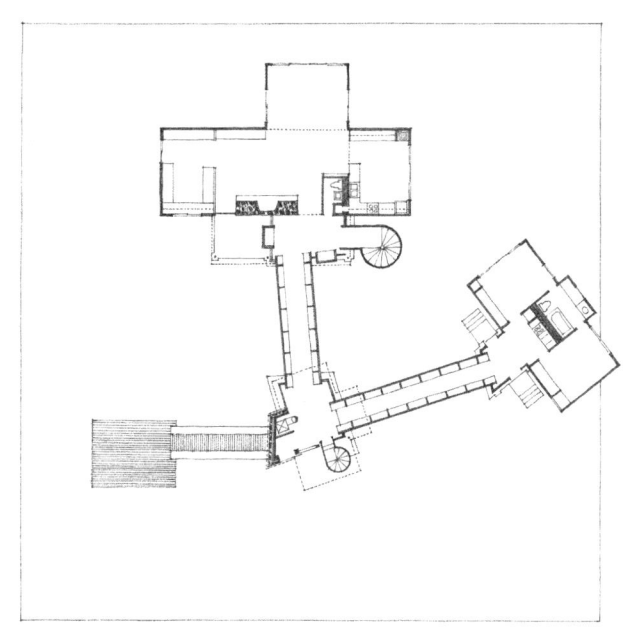

Casa Pope, Connecticut, 1974–1976, John M. Johansen

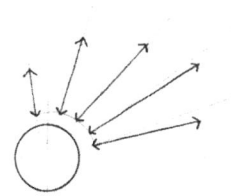

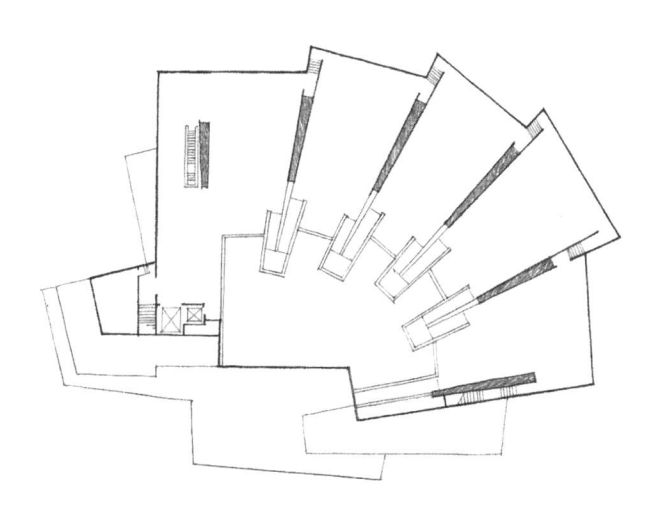

Museu de Arte da Universidade, Universidade da Califórnia em Berkeley, 1971, Mario J. Ciampi and Associates

Configurações espirais

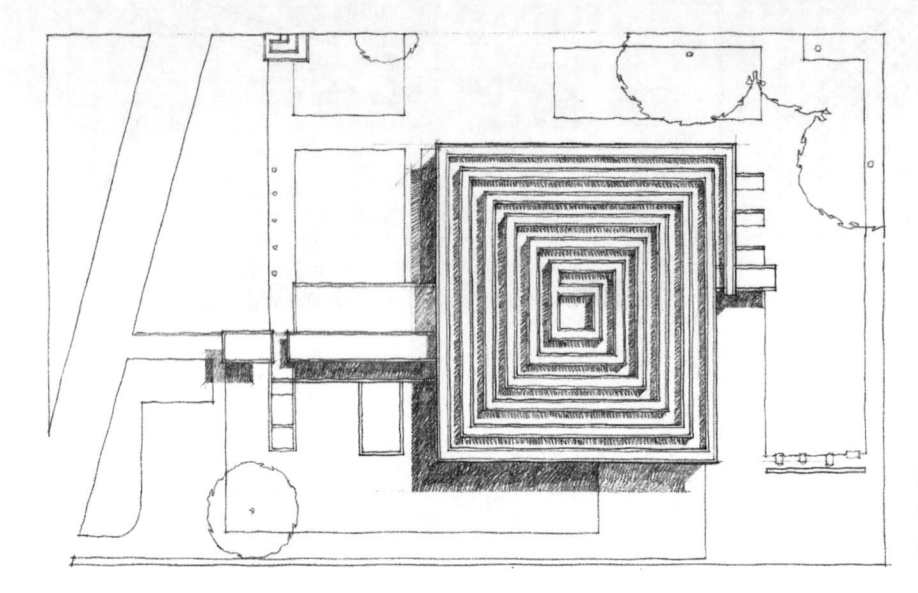

Museu do Crescimento Infinito, Projeto Não Executado, Philippeville, Algéria, 1939, Le Corbusier

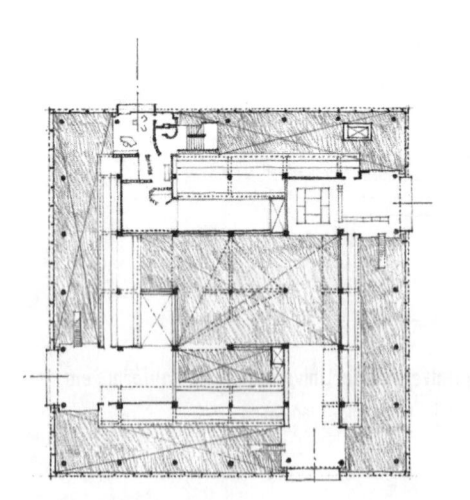

Museu de Arte Ocidental, Tóquio, Japão, 1957–1959, Le Corbusier

Planta baixa do mezanino

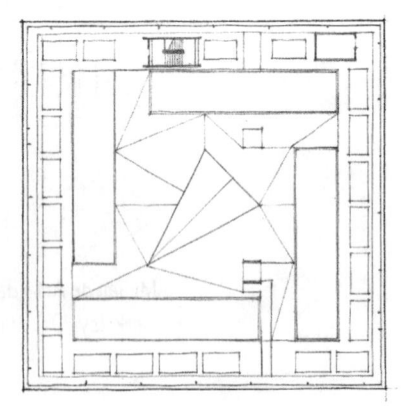

Planta de cobertura

O DESENHO DA CIRCULAÇÃO 313

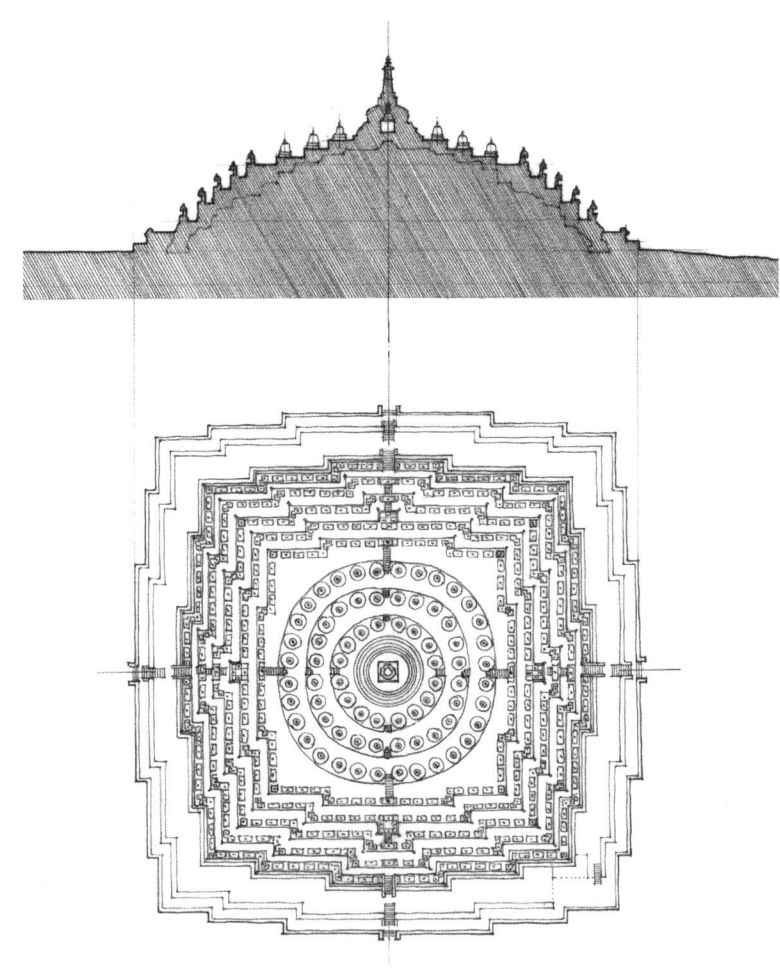

Borobudur, a estupa budista construída entre 750 e 850 d.C., na província de Java Central, na Indonésia. Ao circungirar o monumento, os peregrinos passavam ao longo de paredes ornamentadas com relevos ilustrando a vida de Buda e os princípios de seus ensinamentos.

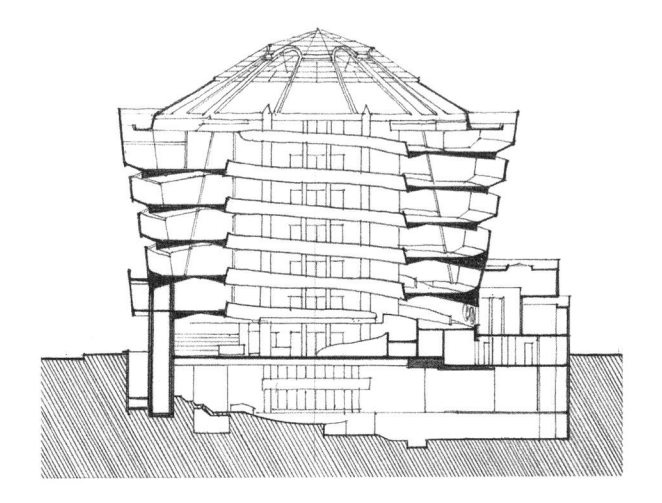

Museu Guggenheim, Cidade de Nova York, Estados Unidos, 1943–1959, Frank Lloyd Wright

314 O DESENHO DA CIRCULAÇÃO

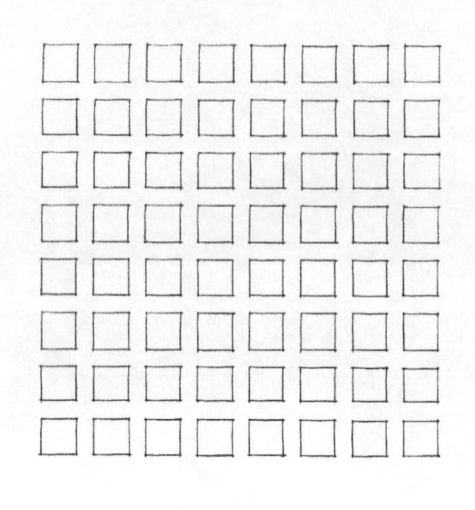

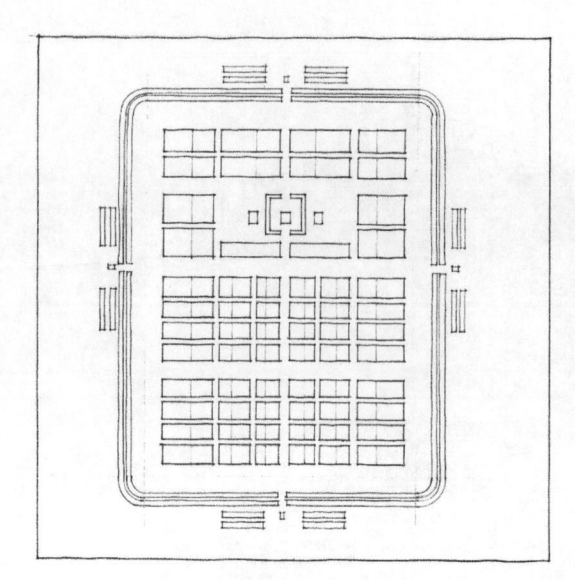

Configurações em grelha

Leiaute típico de um **Acampamento Romano**, por volta do século I d.C.

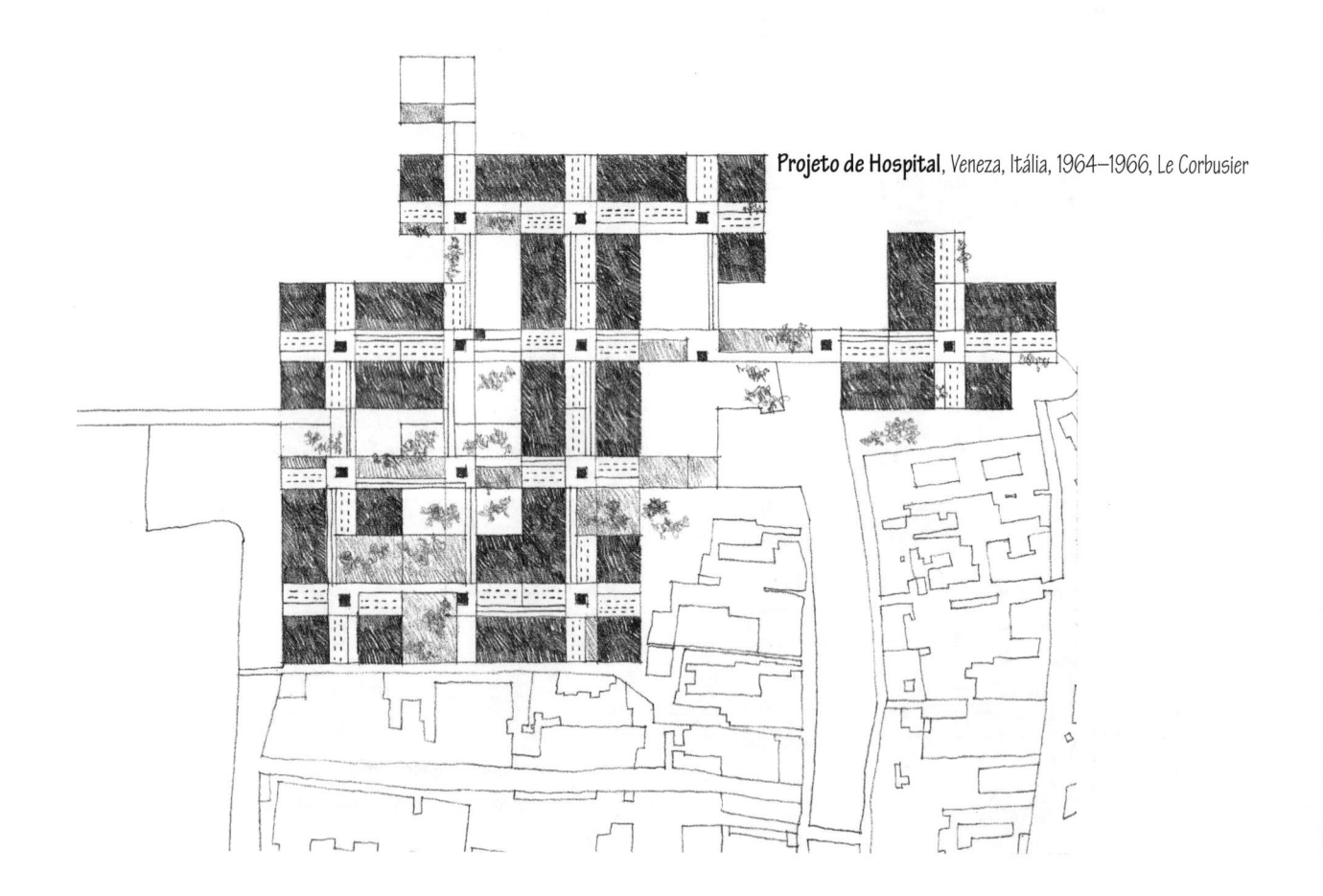

Projeto de Hospital, Veneza, Itália, 1964–1966, Le Corbusier

O DESENHO DA CIRCULAÇÃO   315

Cidade de Priene, Turquia, fundada no século IV a.C.

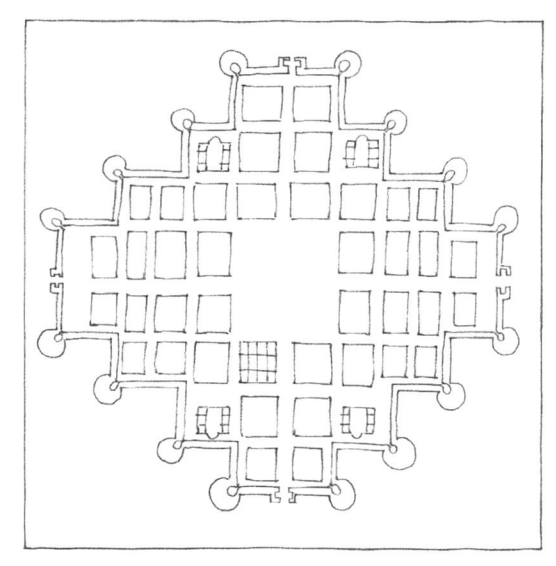

Jaipur, Índia, planta da cidade, 1728

Planta de uma Cidade Ideal, 1451–1464, Francesco di Giorgio Martini

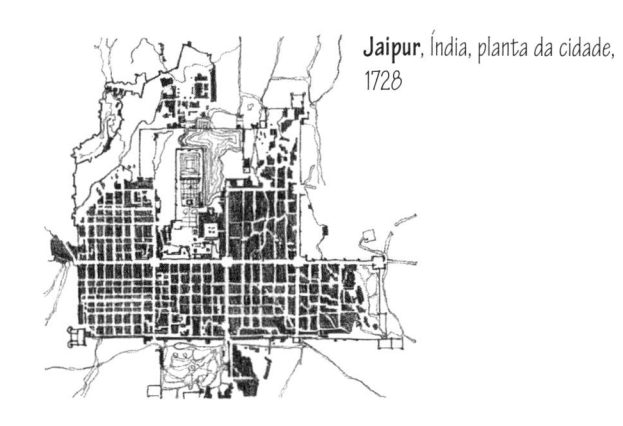

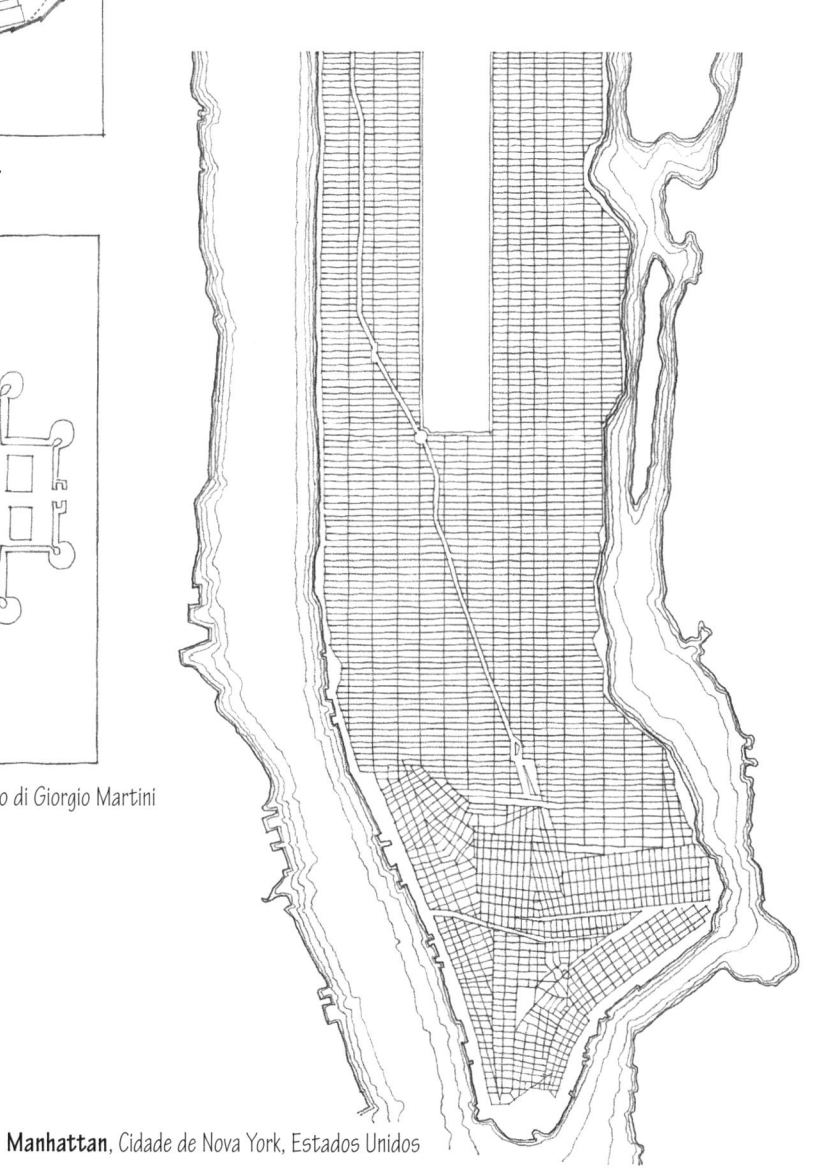

Manhattan, Cidade de Nova York, Estados Unidos

Paris na época de Luís XIV

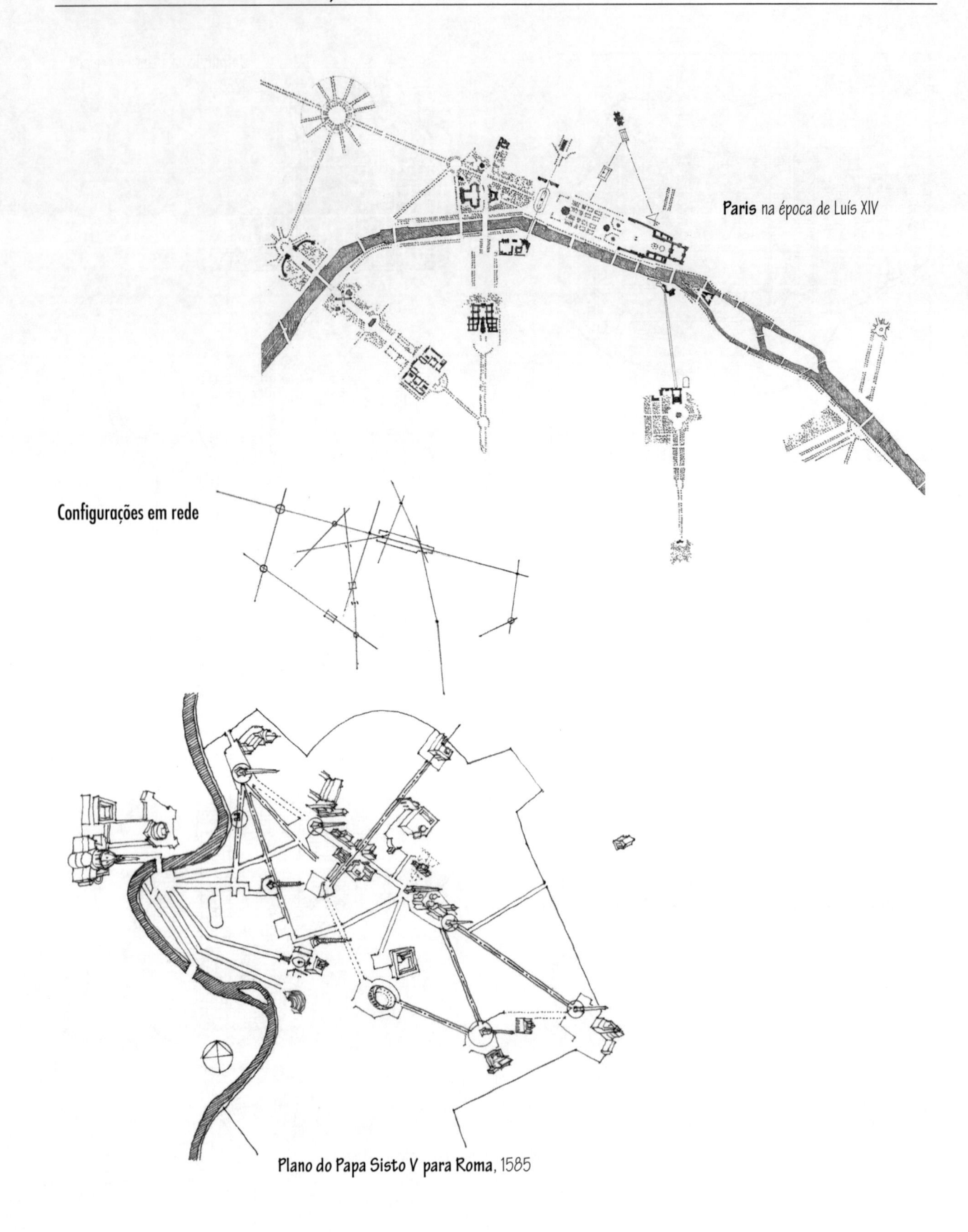

Configurações em rede

Plano do Papa Sisto V para Roma, 1585

O DESENHO DA CIRCULAÇÃO 317

Yu Yuan (Jardim do Contentamento), Suzhou, China, Dinastia Qing, século XIX

Plano para Washington, D.C., Estados Unidos, 1792, Pierre L'Enfant

As circulações podem estar relacionadas de vários modos aos espaços que conectam. Elas podem:

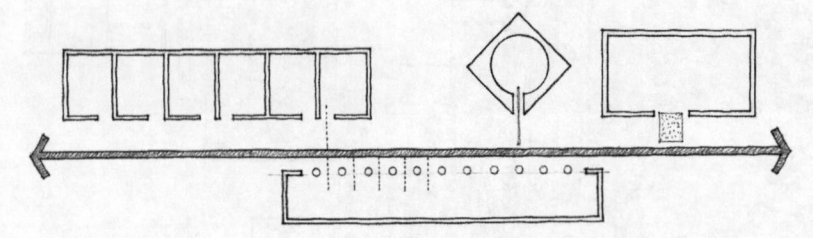

Passar ao lado dos espaços
- A integridade de cada espaço é preservada.
- A configuração da circulação é flexível.
- Espaços intermediários podem ser utilizados para ligar a circulação aos espaços.

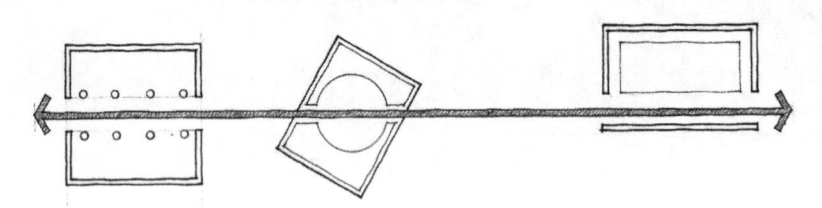

Passar através dos espaços
- A circulação pode cruzar um espaço de modo axial, oblíquo ou ao longo de uma lateral.
- Ao cortar um espaço, a circulação cria áreas de repouso e movimento dentro dele.

Terminar em um espaço
- A localização do espaço determina a circulação.
- Esta relação entre circulação e espaço é utilizada para o acesso e a entrada em espaços funcional ou simbolicamente importantes.

RELAÇÕES ENTRE A CIRCULAÇÃO E O ESPAÇO   319

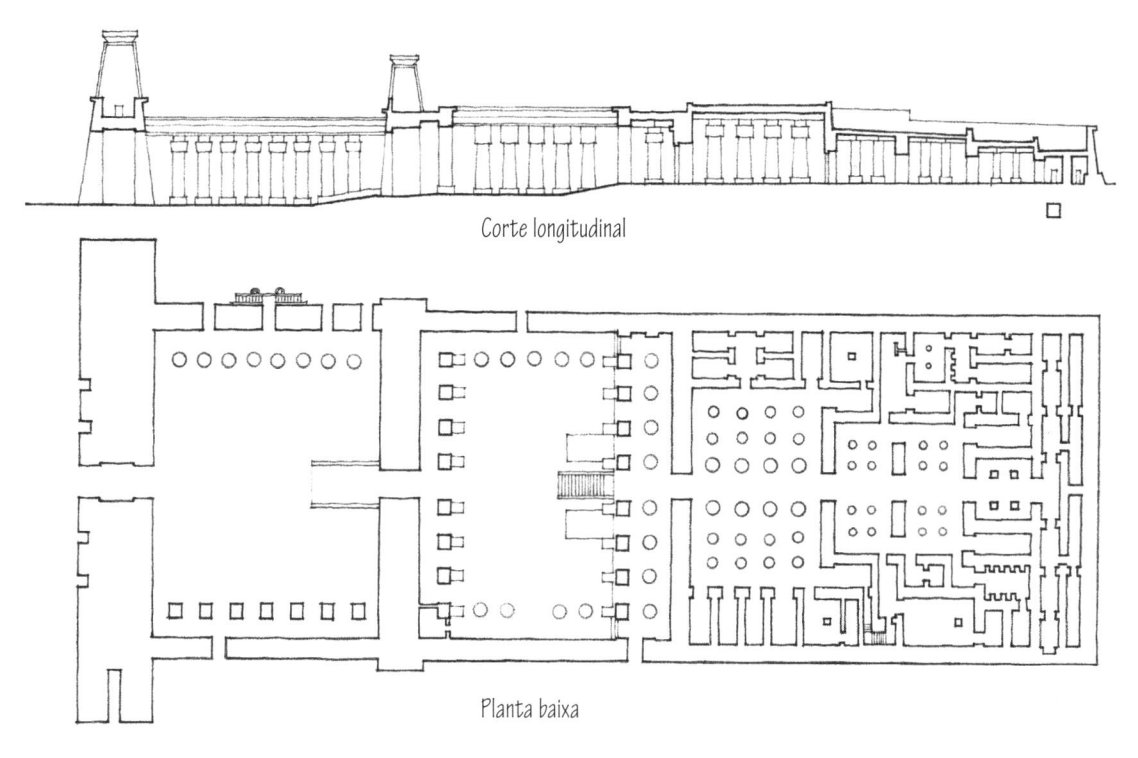

Corte longitudinal

Planta baixa

Templo Mortuário de Ramsés III, Medînet-Habu, Egito, 1198 a.C.

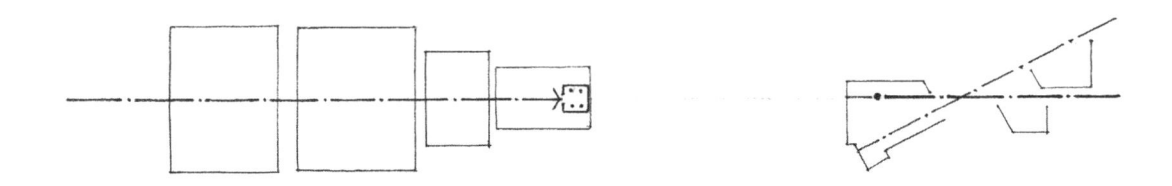

Casa Stern, Woodbridge, Connecticut, Estados Unidos, 1970, Charles Moore Associates

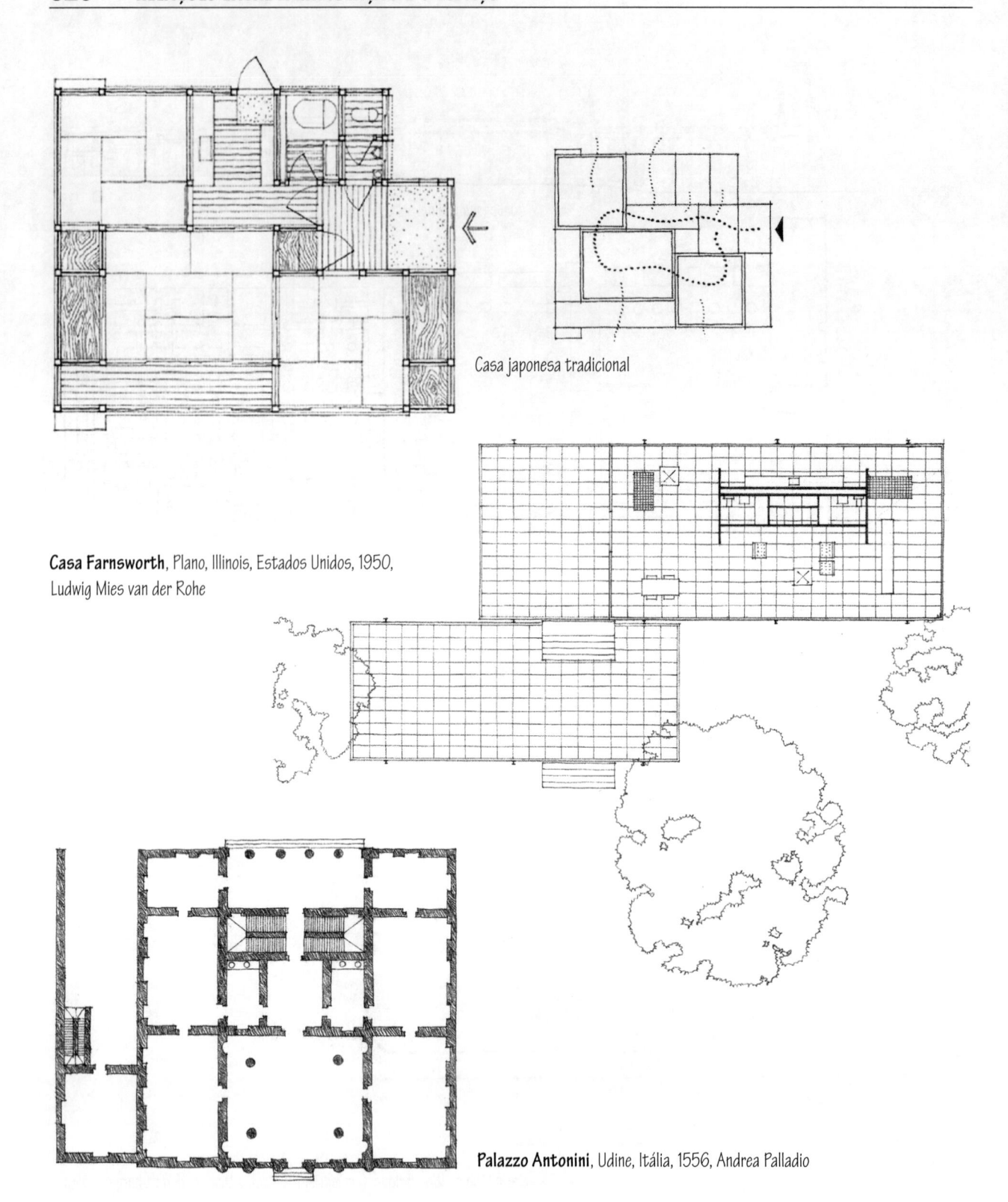

320 RELAÇÕES ENTRE A CIRCULAÇÃO E O ESPAÇO

Casa japonesa tradicional

Casa Farnsworth, Plano, Illinois, Estados Unidos, 1950, Ludwig Mies van der Rohe

Palazzo Antonini, Udine, Itália, 1556, Andrea Palladio

RELAÇÕES ENTRE A CIRCULAÇÃO E O ESPAÇO **321**

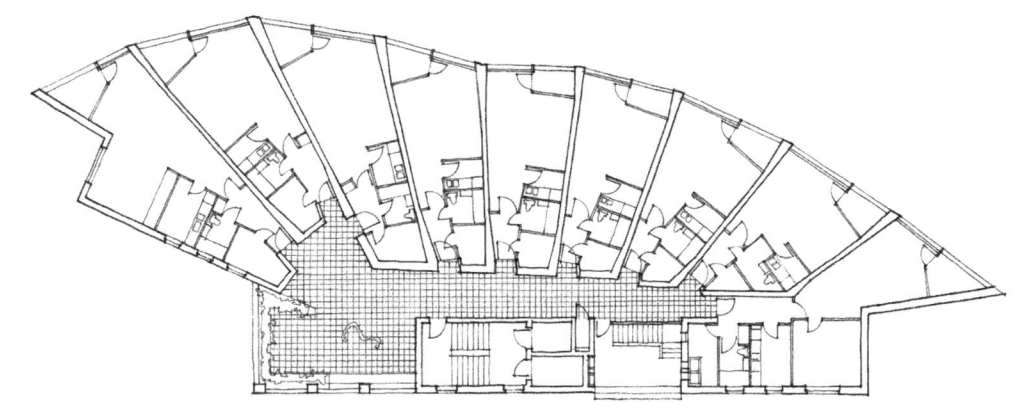

Edifício de Apartamentos Neur Vahr, Bremen, Alemanha, 1958–1962, Alvar Aalto

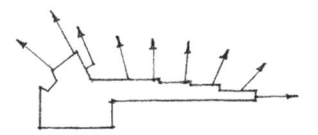

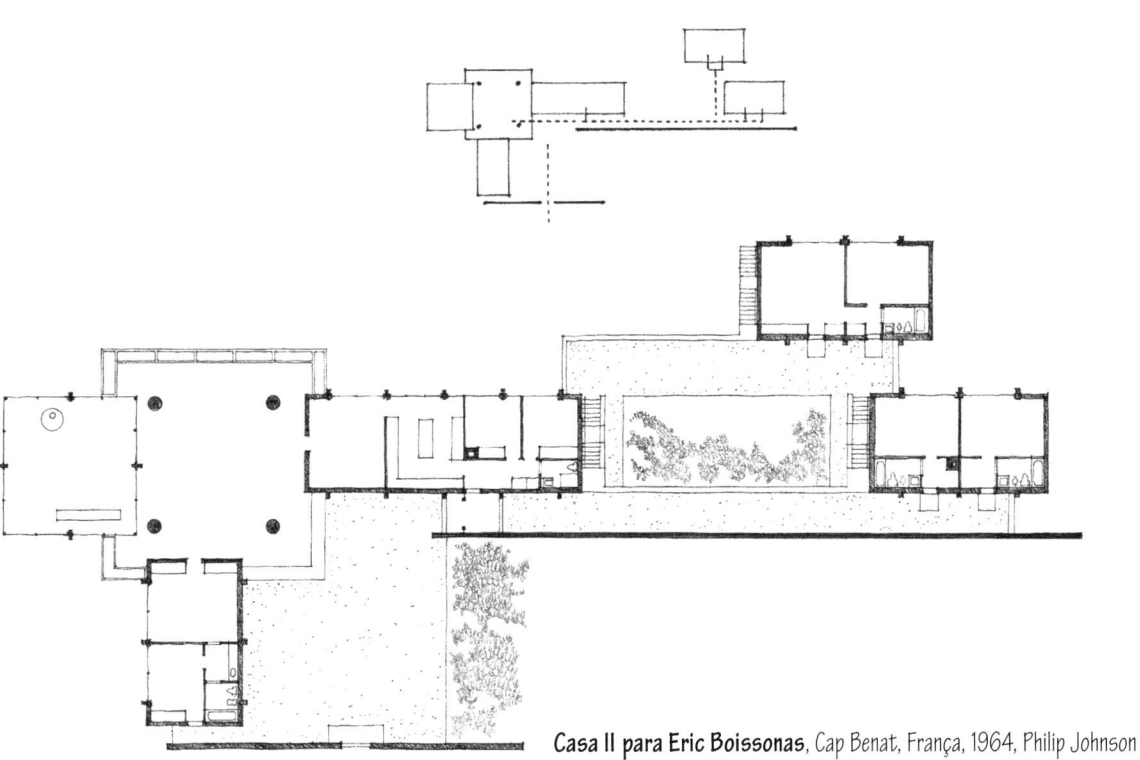

Casa II para Eric Boissonas, Cap Benat, França, 1964, Philip Johnson

A FORMA DO ESPAÇO DE CIRCULAÇÃO

Uma escadaria coberta por abóbadas, com base em um desenho de William R. Ware

Os espaços de circulação compõem uma parte fundamental da organização de qualquer prédio e ocupam uma quantidade significativa de seu volume. Se forem consideradas meramente como recursos funcionais de ligação dos espaços, as circulações podem se tornar infinitas e assumir o aspecto de meros corredores. Além disso, a forma e a escala de um espaço de circulação devem ser adequadas aos movimentos das pessoas que nele caminham, detêm-se, descansam ou observam a vista.

A forma de um espaço de circulação varia de acordo com o modo como:

- seus limites são definidos;
- sua forma se relaciona com a forma dos espaços que ele conecta;
- suas características em termos de escala, proporções, iluminação e vistas são destacadas;
- suas entradas foram projetadas; e
- ele articula as mudanças de nível por meio de escadas e rampas.

A FORMA DO ESPAÇO DE CIRCULAÇÃO

Um espaço de circulação pode ser:

Fechado
formando uma galeria pública ou um corredor privado que relaciona entre si os espaços, por meio das entradas em um plano de parede.

Aberto em um dos lados
formando um balcão que proporciona continuidade visual e espacial com os espaços que ele conecta.

Aberto em ambos os lados
formando uma passagem com colunata (uma galeria), que se torna uma extensão física do espaço que ela atravessa.

A largura e o pé direito de um espaço de circulação devem ser proporcionais ao tipo e volume de uso a que ele deve atender. Uma diferença de escala deve ser criada entre um passeio público, um corredor mais privado e um acesso de serviço.

Uma circulação estreita e parcialmente fechada naturalmente encoraja um movimento para frente. A fim de acomodar um trânsito maior ou de criar espaços para descanso, parada ou observação, partes da circulação podem ser alargadas, criando áreas de refúgio. A circulação também pode ser alargada por meio de sua fusão com os espaços pelos quais ela passa.

Em um espaço amplo, a circulação pode ser aleatória e determinada pelas atividades e pelo leiaute dos móveis e acessórios.

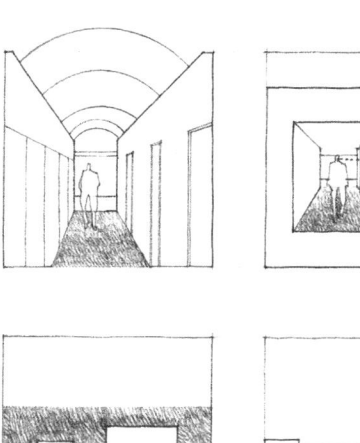

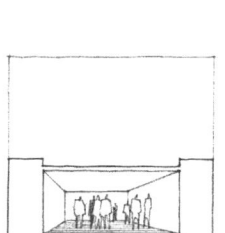

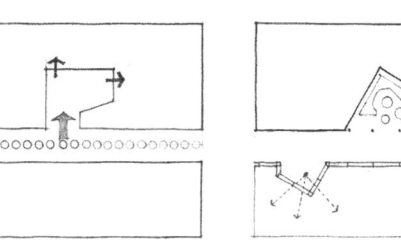

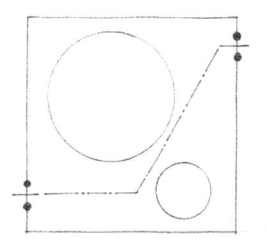

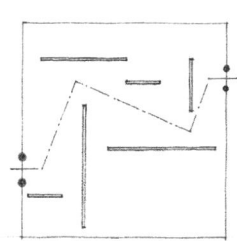

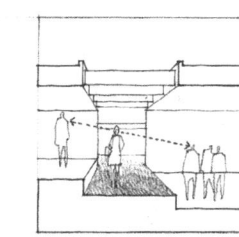

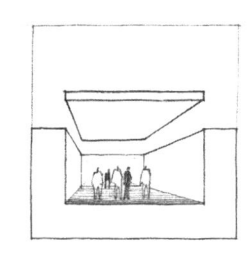

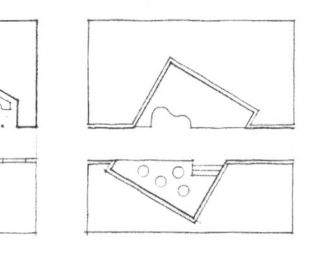

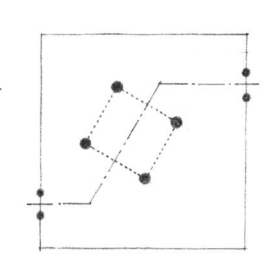

324 A FORMA DO ESPAÇO DE CIRCULAÇÃO

Claustro da Igreja de Santa Maria della Pace (Santa Maria da Paz), Roma, Itália, 1500–1504, Donato Bramante

Corredor da Casa Okusu, Todoroki, Tóquio, Japão, 1976–1978, Tadao Ando

Vestíbulo de um palácio renascentista

A FORMA DO ESPAÇO DE CIRCULAÇÃO 325

Exemplos de várias formas de espaços utilizados para a circulação interna de um prédio.

Um corredor que se abre para um espaço interno por meio de uma colunata e para um pátio externo por meio de uma série de portas envidraçadas.

Galeria, **Casa no Condado de Morris**, Nova Jersey, Estados Unidos, 1971, MLTW

ESCADAS E ESCADARIAS

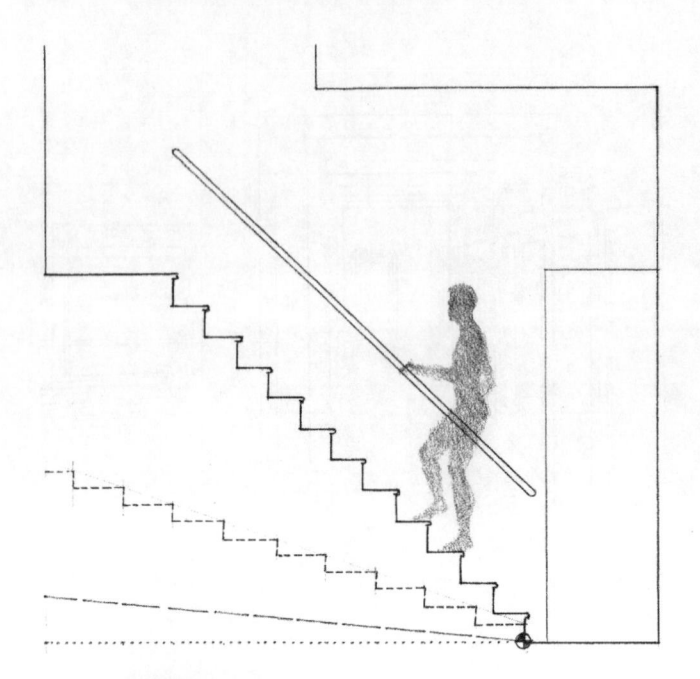

As escadas e escadarias (escadas monumentais) permitem nossa circulação vertical entre os diferentes níveis de uma edificação ou um espaço externo. A inclinação de uma escada, determinada pelas dimensões dos espelhos e pisos de seus degraus, deve ser proporcional aos movimentos e à capacidade de nossos corpos. Se a escada for muito íngreme, sua subida será fisicamente exaustiva e psicologicamente assustadora, e sua descida, perigosa. Se ela for muito plana, seus degraus deverão ser dimensionados de acordo com nossos passos.

Uma escada deve ser larga o suficiente para acomodar nossa passagem, bem como a subida ou descida de móveis e equipamentos. A largura da escada também nos sugere seu caráter público ou privado. Degraus largos e com espelhos baixos podem ser convidativos, enquanto degraus íngremes e estreitos podem conduzir a espaços mais privativos.

Enquanto o ato de subir uma escada pode sugerir privacidade, solidão ou separação, o processo de descê-la pode transmitir a ideia de que estamos em direção ao solo seguro, protegido ou estável.

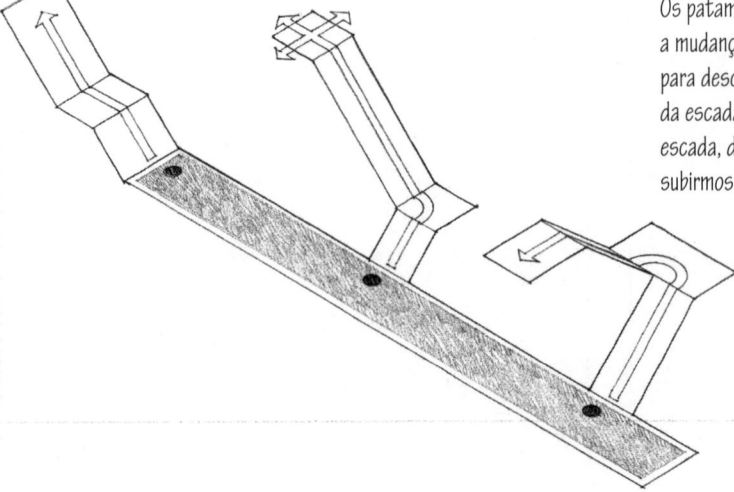

Os patamares interrompem o percurso de uma escada e permitem a mudança de direção. Eles também nos oferecem oportunidades para descanso, acesso a espaços secundários e vistas a partir da escada. A distribuição dos patamares, junto à inclinação da escada, determina o ritmo e a coreografia de nossos movimentos ao subirmos ou descermos seus degraus.

As escadas, ao acomodar uma mudança de nível, podem reforçar a circulação, interrompê-la, resolver uma mudança em seu percurso ou terminá-la antes da entrada em um espaço importante.

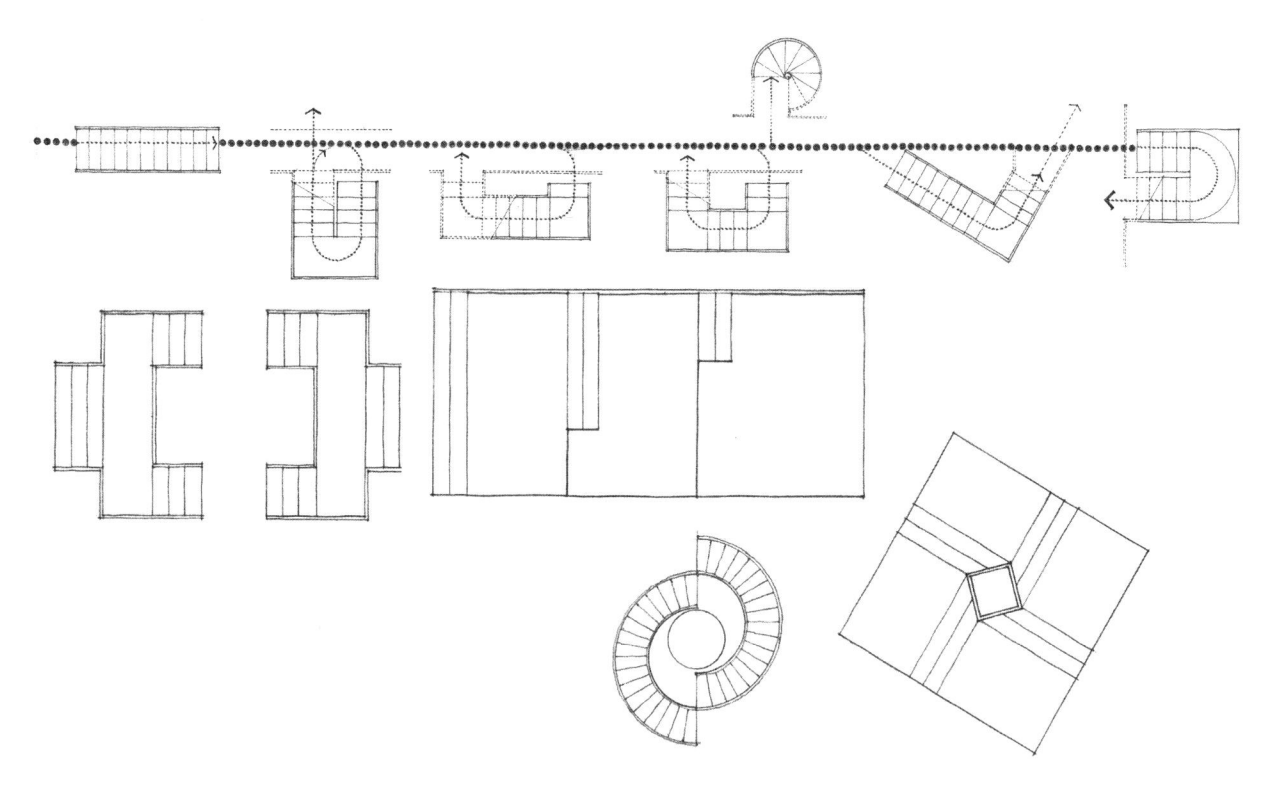

A configuração de uma escada determina a direção de nossa circulação ao subirmos ou descermos seus degraus. Há várias maneiras básicas de configurar os lanços; cada uma delas dá nome a um tipo diferente de escada:

- escada reta
- escada em L
- escada em U
- escada circular
- escada de caracol

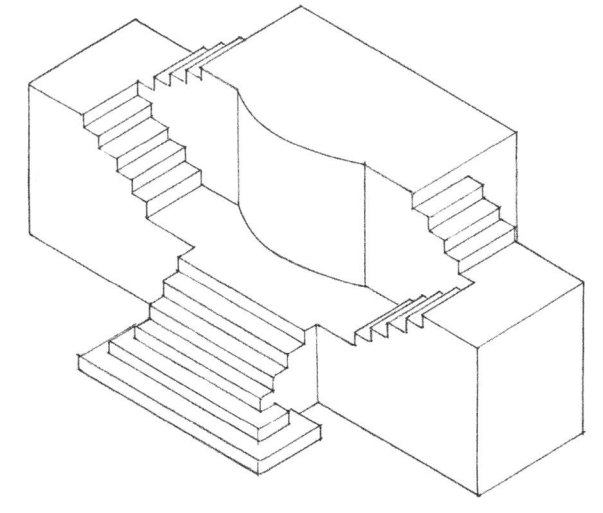

ESCADAS E ESCADARIAS

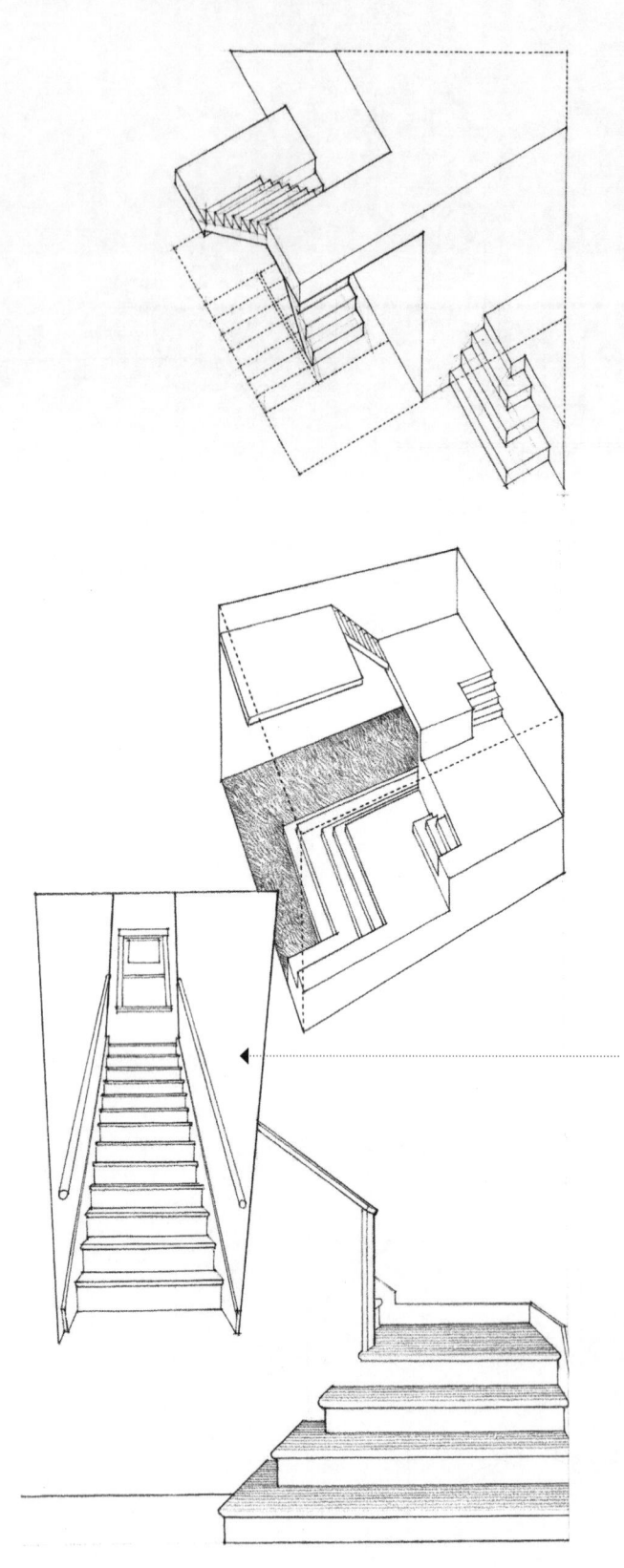

O espaço ocupado por uma escada às vezes é bastante grande, mas sua forma pode ser encaixada no interior de várias maneiras. A escada pode ser tratada como uma forma aditiva ou como um sólido que foi escavado para criar um espaço para circulação e descanso.

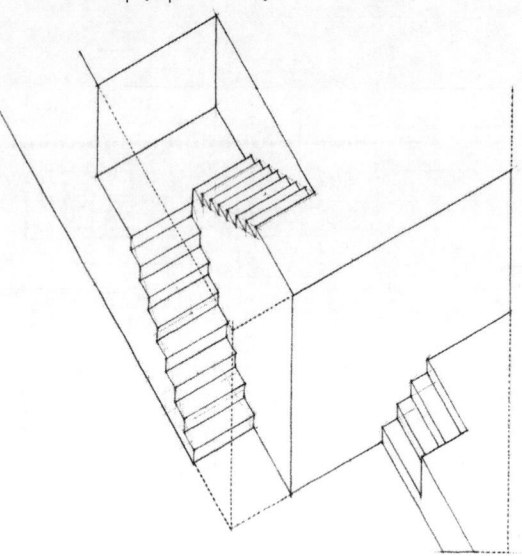

A escada pode ser lançada ao longo de uma das laterais de um cômodo, envolver o espaço ou preencher todo seu volume. Ela pode se fundir com os limites do espaço ou se estender em uma série de amplos patamares, criando espaços para nos sentarmos ou desenvolvermos outras atividades.

A escada pode estar confinada a uma caixa estreita, dando acesso a um local de uso privativo ou desmotivando o acesso.

Por outro lado, os patamares que ficam visíveis desde a chegada à escada nos convidam a subir, assim como os degraus que se ampliam na base da escada.

ESCADAS E ESCADARIAS **329**

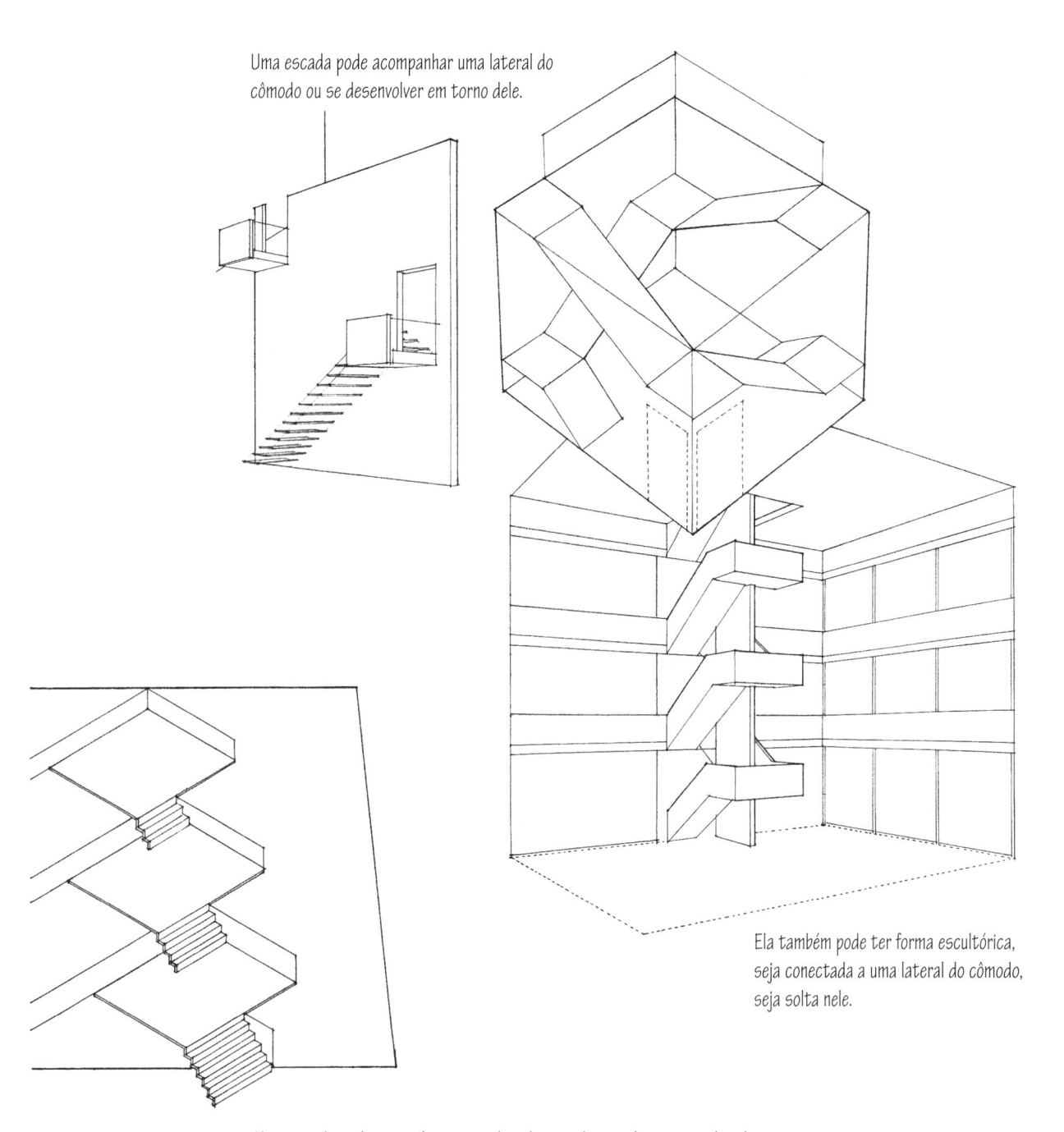

Uma escada pode acompanhar uma lateral do cômodo ou se desenvolver em torno dele.

Ela também pode ter forma escultórica, seja conectada a uma lateral do cômodo, seja solta nele.

Uma escada pode ser o elemento ordenador e pode entrelaçar uma série de espaços nos diferentes níveis de uma edificação ou espaço externo.

ESCADAS E ESCADARIAS

Uma vez que subir ou descer uma escada é uma experiência tridimensional, podemos dizer que as escadas são componentes tridimensionais de uma edificação. Essa característica pode ser explorada quando tratamos a escada como uma escultura, deixando-a solta em um espaço ou conectada a um plano de parede. Além disso, o próprio espaço pode se transformar em uma escada superdimensionada e muito elaborada.

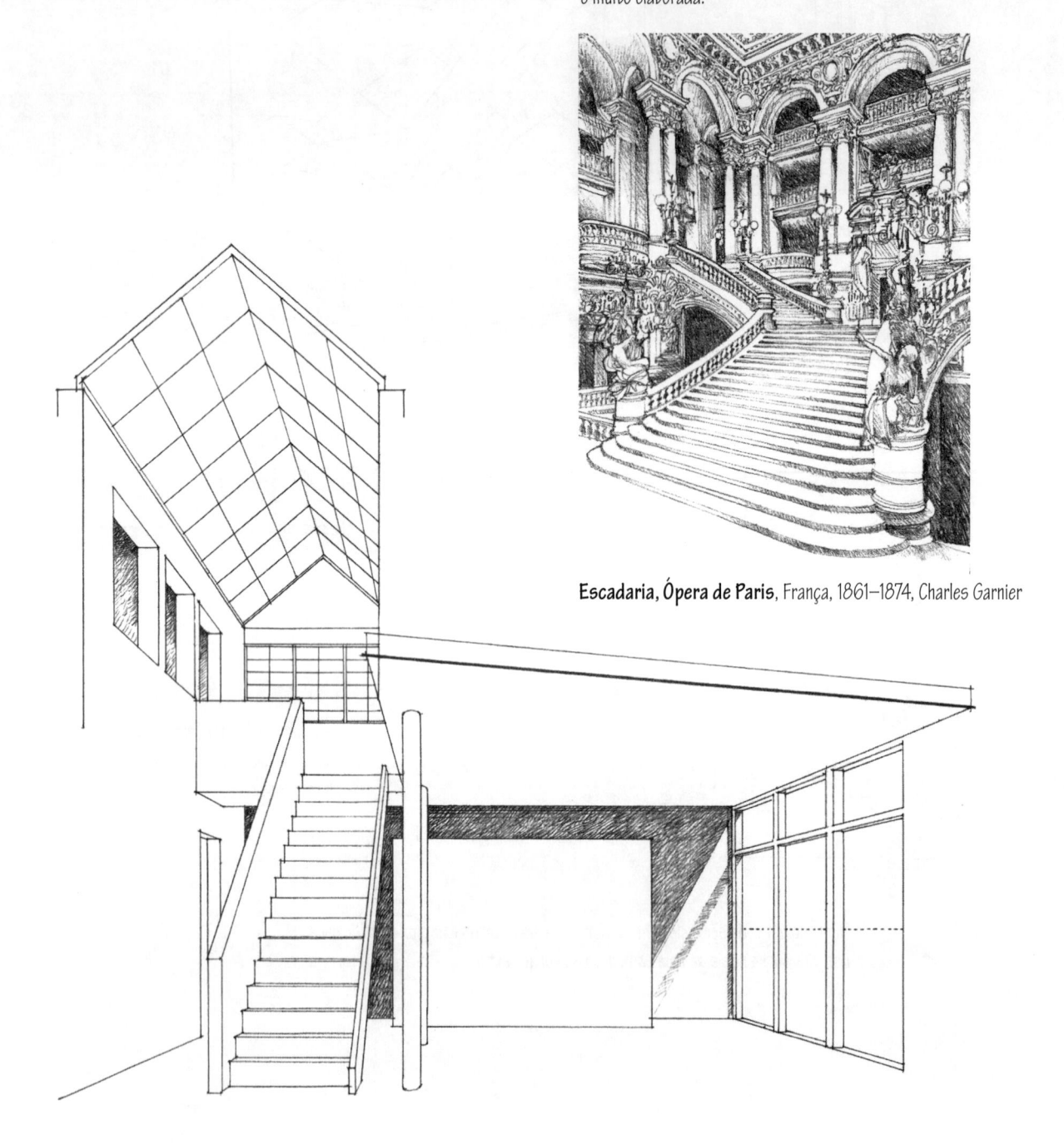

Escadaria, Ópera de Paris, França, 1861–1874, Charles Garnier

ESCADAS E ESCADARIAS **331**

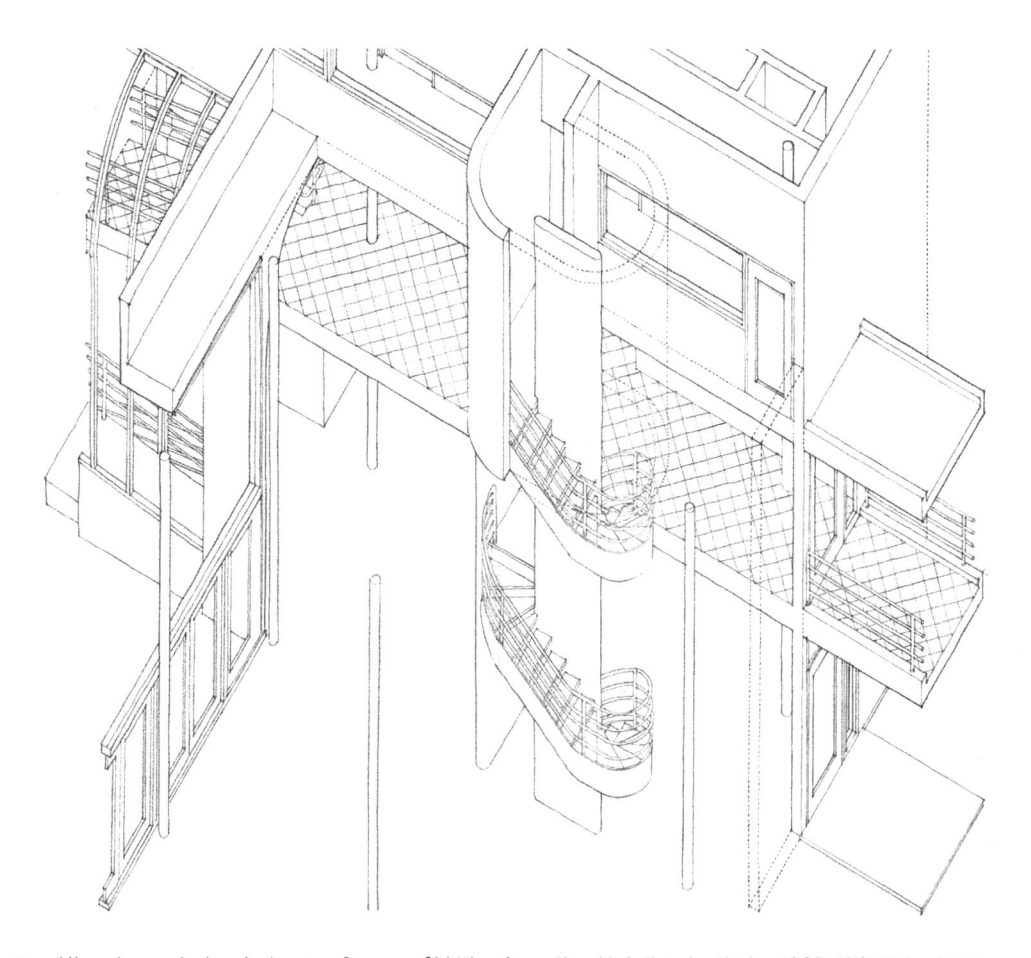

Perspectiva oblíqua da escada da sala de estar, **Casa em Old Westbury**, Nova York, Estados Unidos, 1969–1971, Richard Meier

Um exemplo de escada expressa como uma forma escultural solta no espaço.

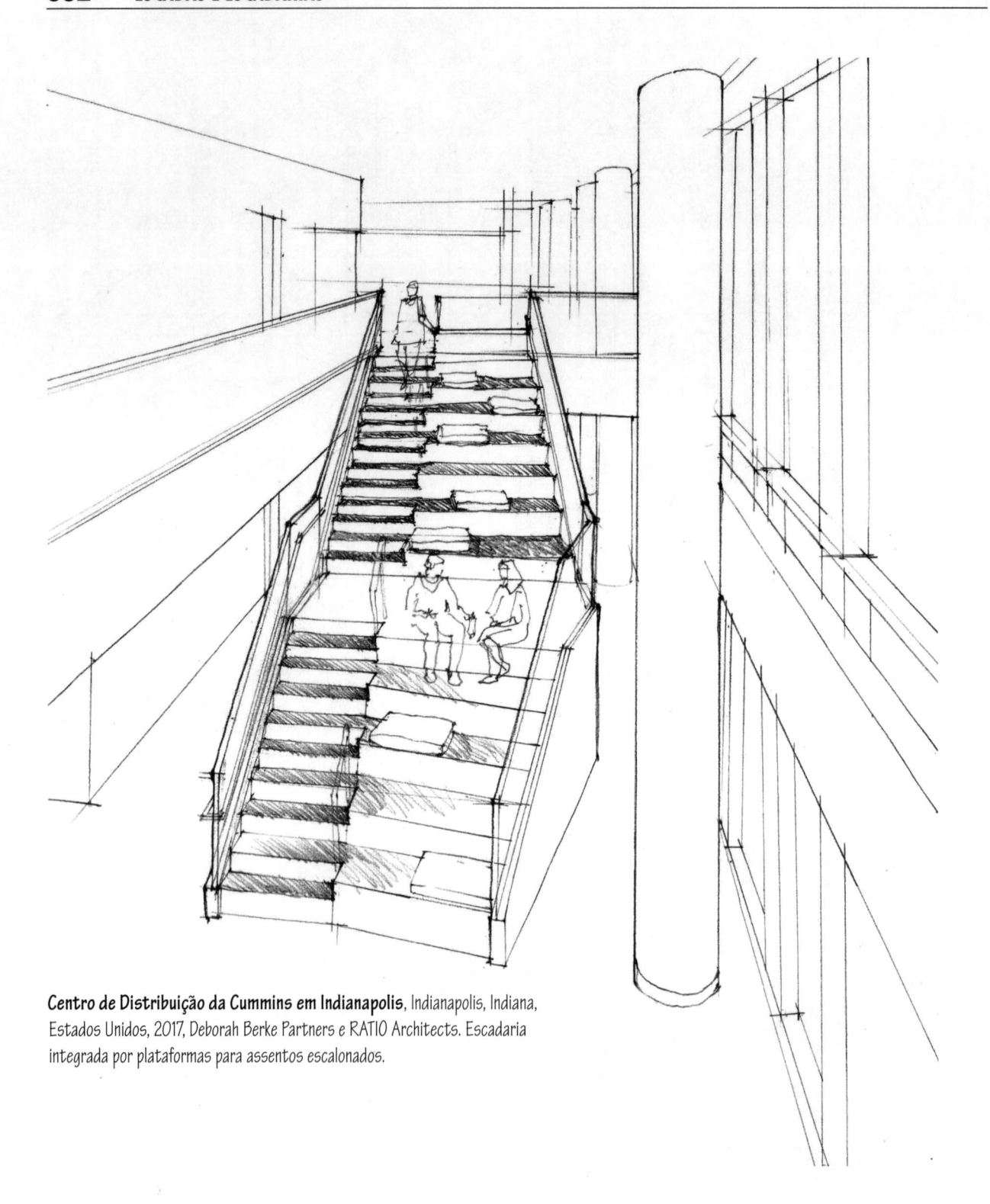

Centro de Distribuição da Cummins em Indianapolis, Indianapolis, Indiana, Estados Unidos, 2017, Deborah Berke Partners e RATIO Architects. Escadaria integrada por plataformas para assentos escalonados.

ESCADAS E ESCADARIAS   333

Uma escada entrelaçada na colunata que circunda um pátio.

Sannenzaka, Quioto, Japão. Rua histórica, levemente inclinada, animada por lojas, cafés e pousadas

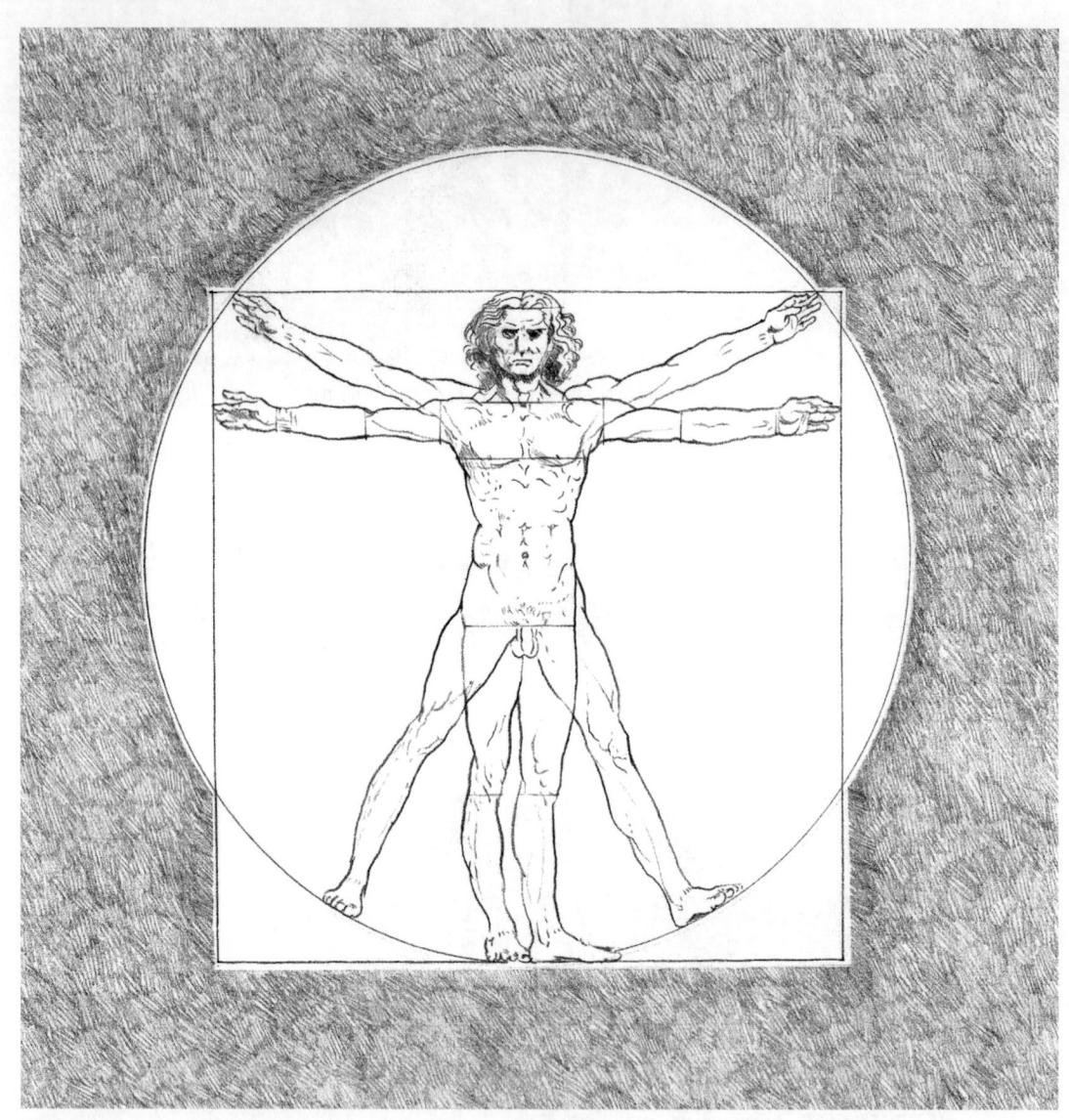

Homem vitruviano, Leonardo da Vinci

6
Proporção e Escala

"(...) Dentro da Vila Foscari temos consciência da espessura das paredes que separam os recintos, a cada um dos quais foi conferida uma forma definitiva e precisa. Em qualquer das extremidades da cruz do salão central, temos um recinto quadrado medindo cerca de 5 × 5 m. Este se encontra entre um recinto retangular menor e outro maior, o primeiro medindo cerca de 3,5 × 5 m e o segundo, aproximadamente 5 × 7 m, ou o dobro. O menor tem em comum com o recinto quadrado a parede mais comprida, e o maior, a parede mais curta. Palladio conferia grande ênfase a estas razões simples: 3:4, 4:4 e 4:6, que são aquelas encontradas na harmonia musical. A largura do salão central é também baseada em 5 m. Seu comprimento é menos exato, pois as dimensões dos ambientes devem ser acrescidas da espessura das paredes. O efeito especial do salão em sua composição bem encaixada é produzido por sua grande altura, o teto em abóbada de berço elevando-se bem acima das salas laterais do mezanino. Porém, podemos perguntar: o visitante realmente nota essas proporções? A resposta é sim – não as medidas exatas, mas a ideia fundamental por trás delas. Temos a impressão de uma composição nobre, extremamente integrada, em que cada recinto apresenta uma forma ideal dentro de um todo maior. Também sentimos que os recintos são relacionados em termos de tamanho. Nada é trivial – tudo é grandioso e completo."

Steen Eiler Rasmussen
Experiencing Architecture
1962

PROPORÇÃO E ESCALA

Este capítulo discute as questões relacionadas de proporção e escala. Enquanto a escala alude ao tamanho de algo comparado a um padrão de referência ou ao tamanho de outra coisa, a proporção se refere à relação apropriada e harmoniosa de uma parte com a outra, e com o todo. Essa relação pode não ser somente de magnitude, mas também de quantidade ou grau. Embora o projetista geralmente disponha de uma gama de escolhas ao determinar as proporções das coisas, algumas nos são dadas pela natureza dos materiais, pela maneira como os elementos construtivos respondem às forças e por como as coisas são feitas.

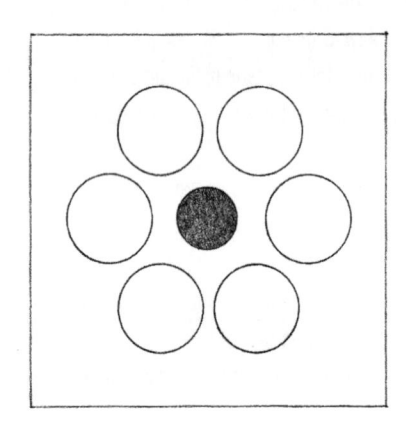

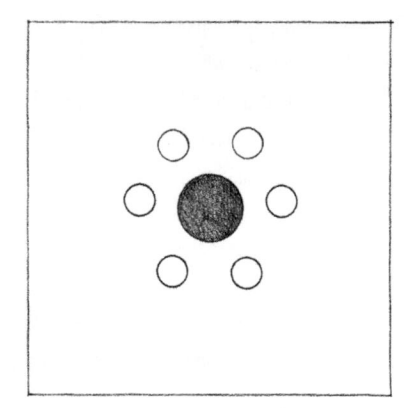

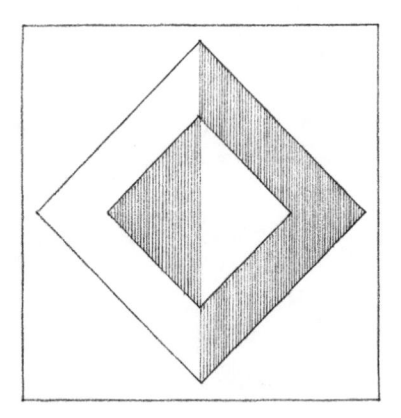

PROPORÇÕES DOS MATERIAIS

Todos os materiais de construção utilizados na arquitetura têm propriedades distintas de elasticidade, rigidez e durabilidade. E todos têm uma força máxima além da qual não podem ser distendidos sem que se fraturem, quebrem ou entrem em colapso. Como os esforços de um material resultantes da força da gravidade aumentam com o tamanho, todos os materiais também têm dimensões racionais que não podem ser ultrapassadas. Por exemplo, pode-se esperar que uma laje de pedra com 10 cm de espessura e 2,5 m de comprimento se sustente como uma ponte entre dois suportes. Porém, se seu tamanho quadruplicasse para 40 cm de espessura e 10 m de comprimento, esta provavelmente entraria em colapso, devido ao próprio peso. Mesmo um material forte como o aço não pode vencer certos vãos sem que sua resistência limite seja excedida.

Todos os materiais também têm proporções racionais ditadas por suas força e fraquezas inerentes. As unidades de alvenaria, como o tijolo, são resistentes à compressão, e sua resistência depende da massa. Tais materiais são, portanto, volumétricos em termos de forma. Materiais como o aço são resistentes tanto à compressão quanto à tração, podendo, portanto, ser moldados em forma de pilares e vigas lineares, assim como em chapas. A madeira, sendo um material flexível e razoavelmente elástico, pode ser utilizada em pilares e vigas lineares, tábuas planas e como um elemento volumétrico para a construção de cabanas rústicas de toras de madeira.

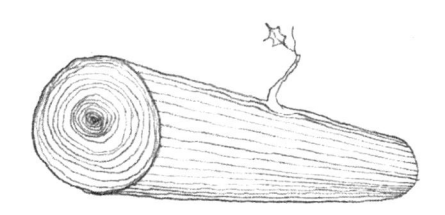

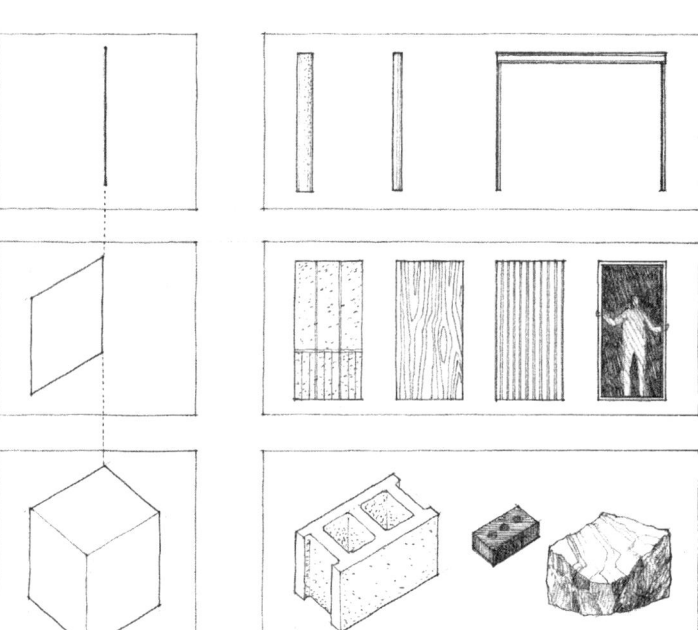

338   PROPORÇÕES DAS ESTRUTURAS

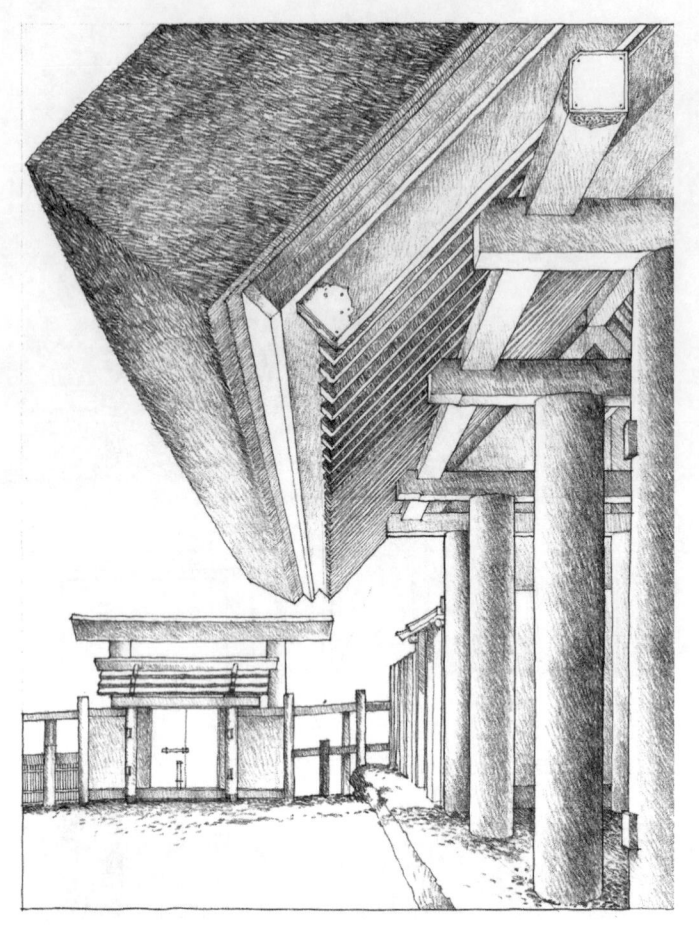

Na construção de uma obra de arquitetura são utilizados elementos estruturais para transpor espaços e transmitir suas cargas através de suportes verticais para o sistema de fundação de um edifício. O tamanho e a proporção desses elementos estão diretamente relacionados às funções estruturais que desempenham, e podem, portanto, constituir indicadores visuais do tamanho e da escala dos espaços que ajudam a configurar.

As vigas, por exemplo, transmitem suas cargas horizontalmente através do espaço para seus suportes verticais. Se o vão ou a carga de uma viga fosse duplicado, seus esforços de flexão também dobrariam, possivelmente provocando seu colapso estrutural. Porém, se sua altura fosse duplicada, sua força quadruplicaria. A altura, portanto, constitui a dimensão mais importante de uma viga, e a razão entre a altura e o vão a ser vencido pode constituir um indicador útil de sua função estrutural.

De maneira semelhante, os pilares se tornam mais espessos à medida que suas cargas e alturas entre apoios aumentam. Funcionando em conjunto, vigas e colunas formam a armação estrutural que define módulos de espaço. Por meio de seu tamanho e proporção, pilares e vigas trabalham o espaço, conferindo-lhe escala e estrutura hierárquica. Podemos observar isso na maneira como os caibros de uma cobertura são sustentados por vigas secundárias, que, por sua vez, são suportadas por vigas mestras. Cada elemento aumenta em espessura à medida que sua carga e envergadura aumentam em tamanho.

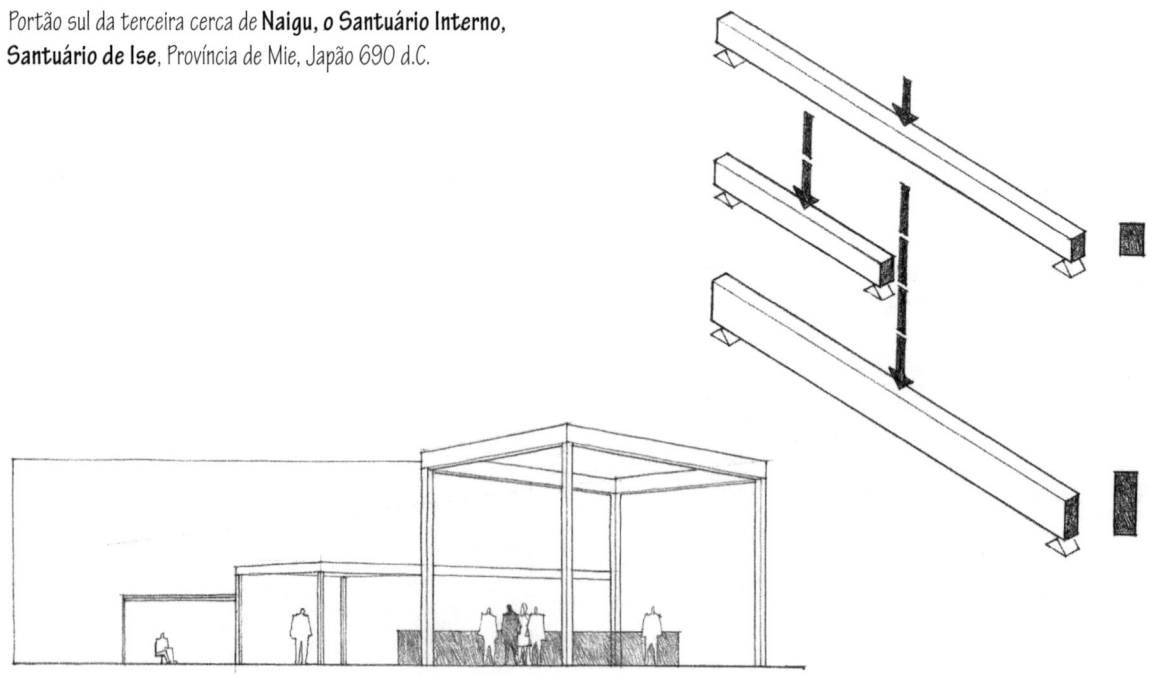

Portão sul da terceira cerca de **Naigu, o Santuário Interno, Santuário de Ise**, Província de Mie, Japão 690 d.C.

PROPORÇÕES DAS ESTRUTURAS 339

As proporções de outros elementos estruturais, como paredes portantes, lajes de piso e de cobertura, abóbadas e cúpulas, também nos fornecem indícios visuais de sua função em um sistema estrutural, assim como a natureza de seus materiais. Uma parede de alvenaria muito resistente à compressão, porém relativamente pouco resistente à flexão, será mais espessa do que uma parede de concreto armado submetida às mesmas cargas. Uma coluna de aço será mais fina do que um poste de madeira que suporta a mesma carga. Uma laje de concreto armado com 10 cm de espessura irá vencer um vão maior do que um deque de madeira com a mesma espessura.

Como a estabilidade de uma estrutura depende menos do peso e da rigidez de seu material e mais de sua geometria, como no caso de uma membrana estrutural ou treliça espacial, seus elementos se tornarão cada vez mais finos até que percam a sua capacidade de conferir escala e dimensão a um espaço.

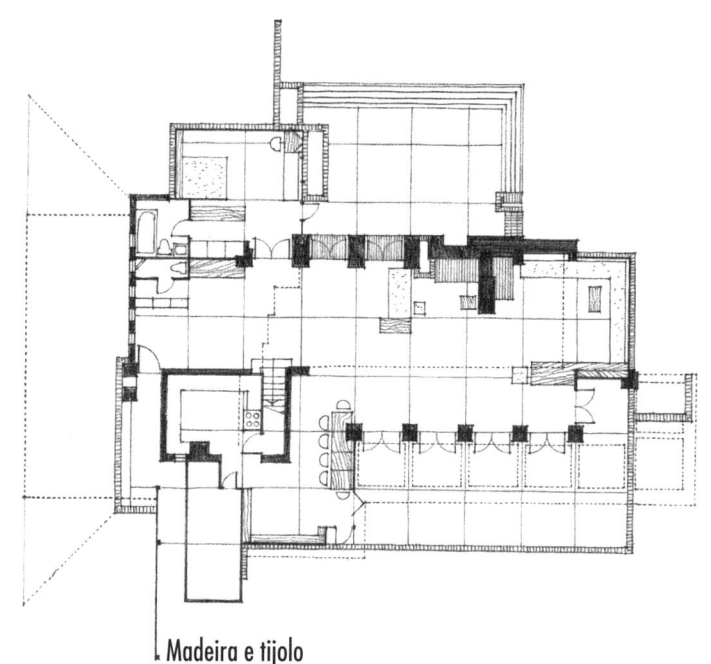

Madeira e tijolo
Casa Schwartz, Two Rivers, Wisconsin, Estados Unidos, 1939, Frank Lloyd Wright

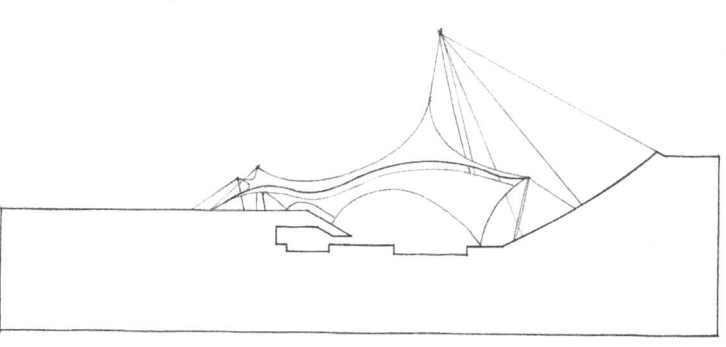

Membrana
Cobertura da **Arena de Natação Olímpica**, Munique, Alemanha, 1972, Frei Otto

Aço
Crown Hall, Instituto de Tecnologia de Illinois, Chicago, Estados Unidos, 1956, Mies van der Rohe

PROPORÇÕES INDUSTRIAIS

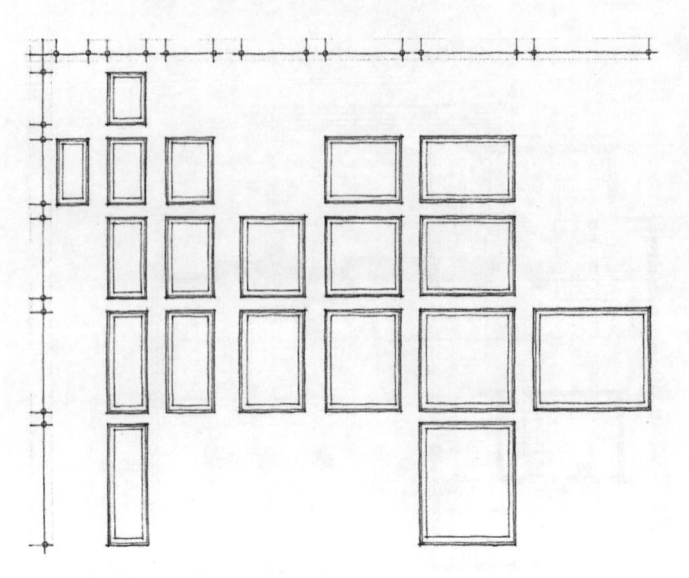

Janelas de batente padronizadas

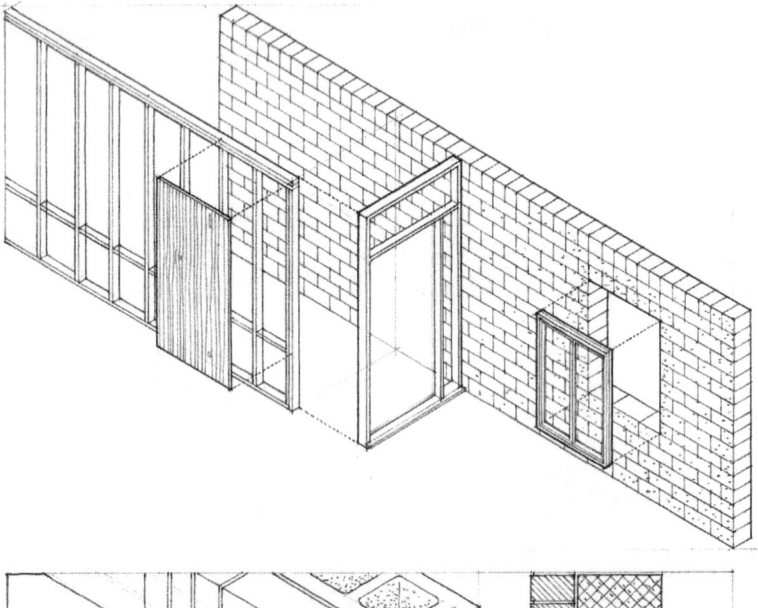

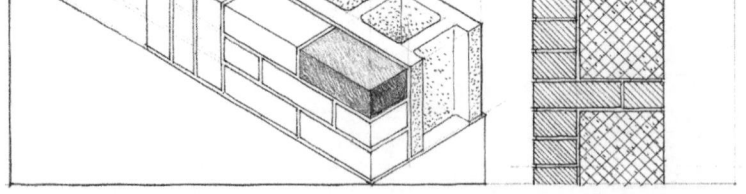

Muitos elementos arquitetônicos são dimensionados e proporcionados não só de acordo com suas propriedades estruturais e sua função, mas também com o seu processo de fabricação. Como esses elementos são produzidos em massa nas fábricas, têm tamanhos e proporções padronizados que lhes são impostos pelos fabricantes individuais ou pelas normas industriais.

Blocos de concreto e tijolo comum, por exemplo, são produzidos como unidades construtivas modulares. Embora diferenciem-se entre si em tamanho, ambos são proporcionados de acordo com uma base semelhante. Madeira compensada e outros materiais de revestimento também são fabricados como unidades modulares com proporções fixas. Os perfis de aço têm proporções fixas geralmente aceitas pelos fabricantes de aço. Janelas e portas têm proporções determinadas pelos fabricantes individuais das unidades.

Como esses e outros materiais devem, por fim, ser reunidos e alcançar alto grau de compatibilidade na construção de um edifício, os tamanhos e proporções padronizados dos elementos industrializados também afetam o tamanho, a proporção e o espaçamento de outros materiais. As unidades de janelas e portas padrão são dimensionadas e proporcionadas para se ajustar às aberturas de alvenaria modulares. Montantes e travessas de madeira ou metal são espaçados para aceitar os materiais de revestimento modulares.

Mesmo considerando as limitações proporcionais impostas a uma forma pela natureza de seu material, sua função estrutural ou seu processo de fabricação, os projetistas ainda têm a capacidade de controlar a proporção das formas e espaços no interior de uma edificação e ao seu redor. A decisão de conferir a um ambiente uma planta quadrada ou oblonga, uma escala de intimidade ou imponência ou de tornar exuberante a fachada de um edifício, fazendo-a mais alta do que o normal, cabe legitimamente ao arquiteto. Porém, no que se baseiam essas decisões?

Se fosse necessário um espaço de 100 m^2 de área, que dimensões – que razões entre largura e comprimento e entre comprimento e altura – deveria haver? Evidentemente, o funcionamento do espaço e a natureza das atividades a serem acomodadas influenciarão sua forma e proporção.

Um fator técnico, como sua estrutura, pode limitar uma ou mais de suas dimensões. Seu contexto – o ambiente externo ou um espaço adjacente interno – pode pressionar a sua forma. A decisão poderia ser a de se tomar como base um lugar de outro tempo e local e simular suas proporções. Ou a decisão poderia ser tomar por base, finalmente, um julgamento estético, visual, das relações "desejáveis" entre as dimensões das partes e o todo do edifício.

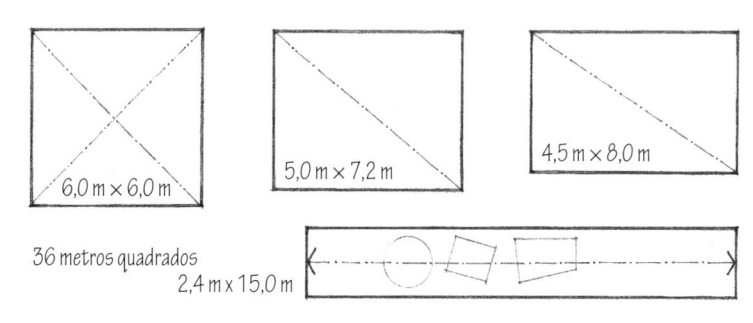

Um espaço quadrado, tendo quatro faces de mesma medida, tem um caráter estático. Se o seu comprimento se expandir e dominar a largura, ele se tornará mais dinâmico. Enquanto os espaços quadrados e oblongos definem lugares para atividade, os espaços lineares encorajam o movimento e são suscetíveis à subdivisão em certo número de áreas.

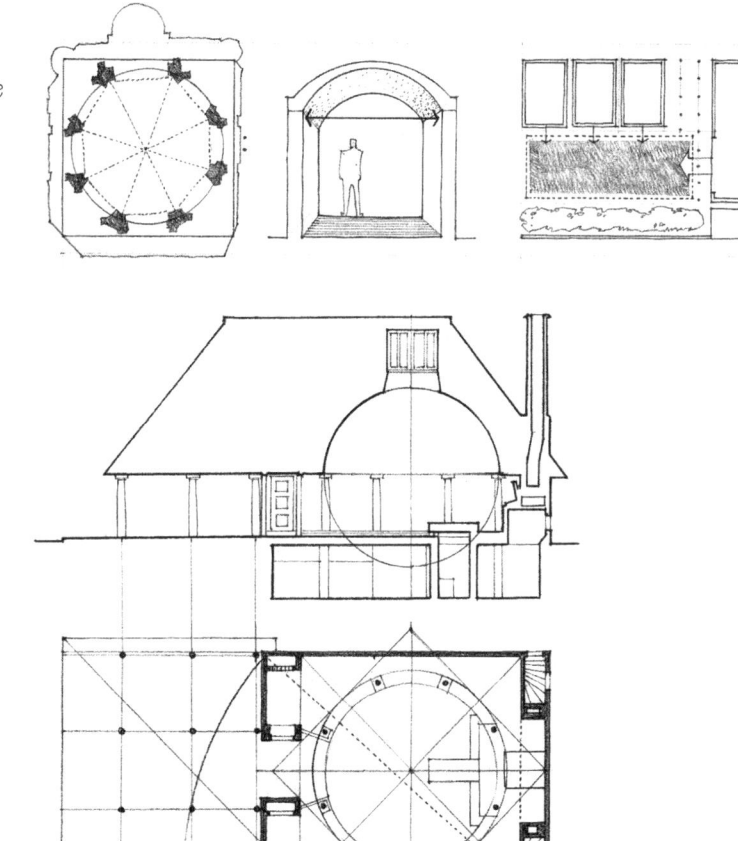

Capela do Bosque,
Estocolmo, Suécia, 1918–1920, Erik Gunnar Asplund

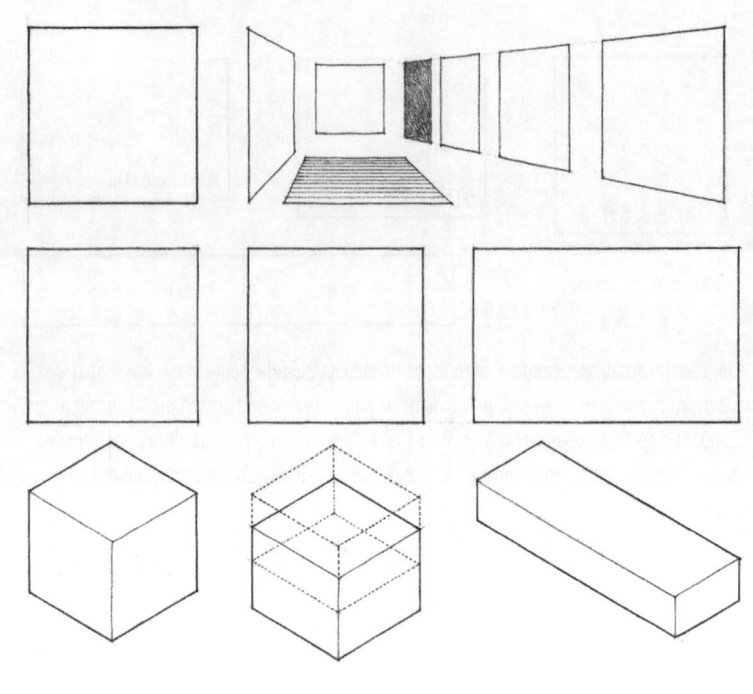

SISTEMAS DE PROPORCIONALIDADE

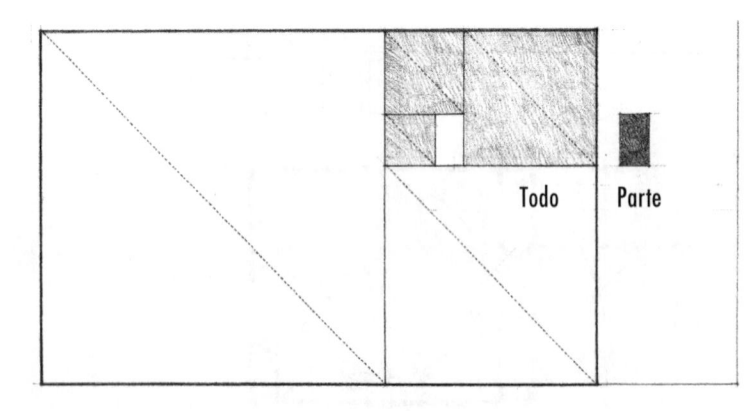

Na verdade, nossa percepção das dimensões físicas da arquitetura, da proporção e da escala é imprecisa. Ela é distorcida pelo escorço da perspectiva e a distância, bem como pelas tendências culturais, sendo, portanto, difícil de controlar e prever tal percepção de uma maneira objetiva e precisa.

Diferenças leves ou pequenas nas dimensões de uma forma são especialmente difíceis de discernir. Enquanto um quadrado, por definição, tem quatro lados iguais e quatro ângulos retos, um retângulo pode aparentar ser perfeitamente quadrado, quase um quadrado ou muito diferente de um quadrado. Ele pode aparentar ser comprido, curto, atarracado ou baixo, dependendo de nosso ponto de vista. Utilizamos esses termos para conferir a uma forma uma qualidade visual que é, em grande parte, resultado do modo como percebemos suas proporções. Não é, entretanto, uma ciência exata.

Se as direções e relações precisas de um projeto que é regulado por um sistema de proporcionalidade não podem ser objetivamente percebidas de uma maneira semelhante por todos, por que os sistemas de proporcionalidade são úteis e particularmente importantes para o projeto de arquitetura?

O objetivo de todas as teorias de proporções é criar um sentido de ordem e harmonia entre os elementos de uma composição visual. De acordo com Euclides, uma razão se refere à comparação quantitativa de duas coisas semelhantes, enquanto proporção se refere à igualdade de razões. Por trás de um sistema de proporcionalidade, portanto, há uma razão característica, uma característica permanente que é transmitida de uma razão a outra. Assim, um sistema de proporcionalidade estabelece um conjunto coerente de relações visuais entre as partes de uma edificação, assim como entre as partes e o todo. Embora tais relações talvez não sejam imediatamente percebidas pelo observador casual, a ordem visual que criam pode ser percebida, aceita ou mesmo reconhecida mediante uma série de experiências repetitivas. Após um período, podemos começar a ver o todo na parte, e a parte no todo.

Razão: $\frac{a}{b}$

Proporção: $\frac{a}{b} = \frac{c}{d}$ ou $\frac{a}{b} = \frac{b}{c} = \frac{c}{d} = \frac{d}{e}$

Proporção é a igualdade entre duas razões na qual o primeiro dos quatro termos dividido pelo segundo é igual ao terceiro dividido pelo quarto.

Todo Parte

SISTEMAS DE PROPORCIONALIDADE

Os sistemas de proporcionalidade vão além dos determinantes funcionais e técnicos da forma e do espaço arquitetônicos, conferindo um fundamento estético lógico para as suas dimensões. Eles podem unificar visualmente a multiplicidade de elementos de um projeto de arquitetura, ao fazer todas as suas partes pertencerem à mesma família de proporções. Podem conferir um sentido de ordem a uma sequência de espaços e elevar a continuidade dela, podem estabelecer relações entre os elementos externos e internos de um edifício.

Diversas teorias de proporções "desejáveis" foram desenvolvidas no decorrer da história. A ideia de elaborar um sistema de projeto e comunicar seus meios é comum a todos os períodos. Embora o sistema real varie de tempos em tempos, os princípios envolvidos e seu valor para o arquiteto permanecem os mesmos.

Teorias da proporção:

- Seção áurea
- Ordens clássicas
- Teorias renascentistas
- Modulor
- Ken
- Antropometria
- Escala   Uma proporção fixa utilizada para determinar medidas e dimensões.

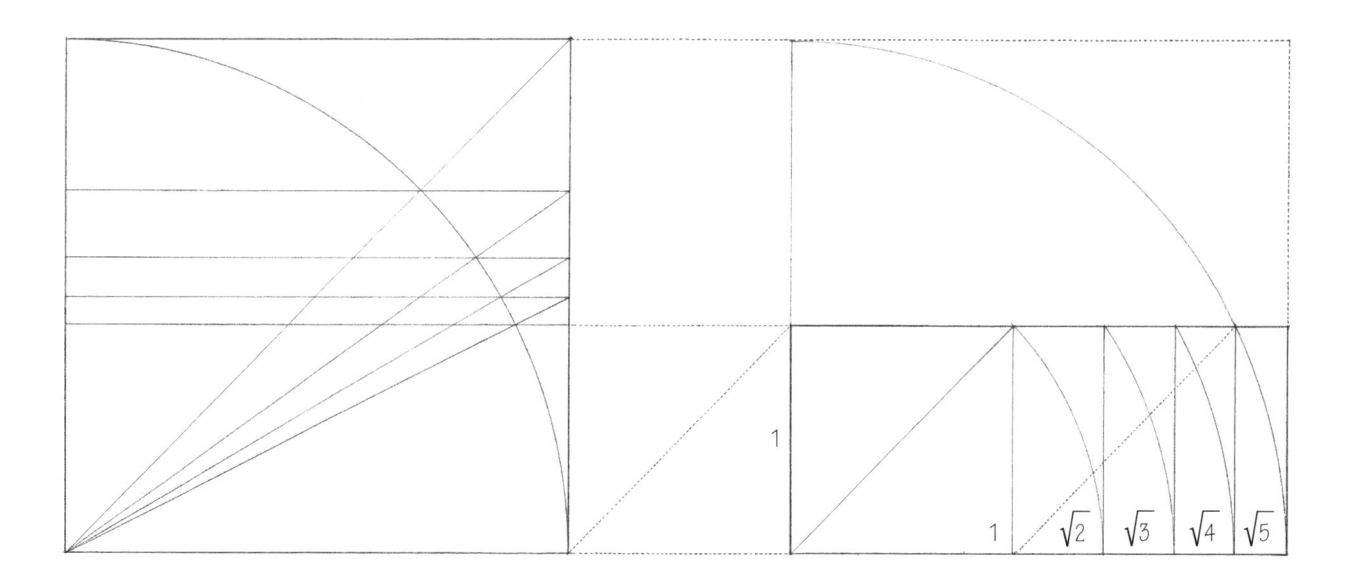

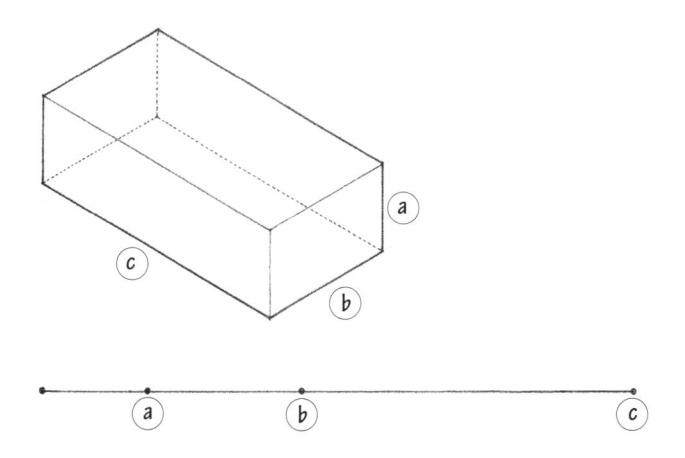

Tipos de proporção:

Aritmética: $\dfrac{c-b}{b-a} = \dfrac{c}{c}$ *(por exemplo, 1, 2, 3)*

Geométrica: $\dfrac{c-b}{b-a} = \dfrac{c}{b}$ *(por exemplo, 1, 2, 4)*

Harmônica: $\dfrac{c-b}{b-a} = \dfrac{c}{a}$ *(por exemplo, 2, 3, 6)*

344 A SEÇÃO ÁUREA

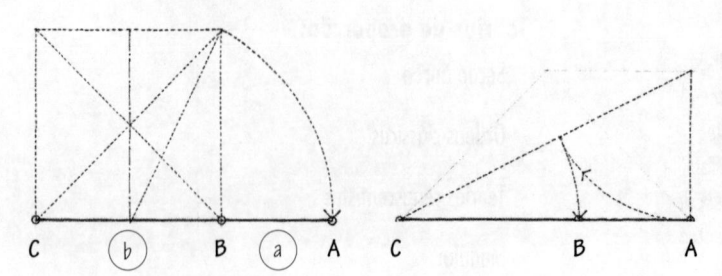

Construção geométrica da seção áurea, primeiro por extensão e depois por divisão.

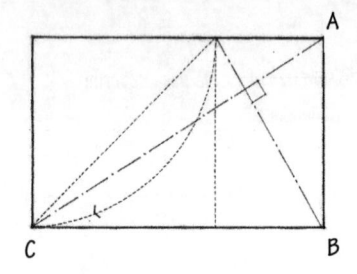

AB = a
BC = b
Ø = Seção áurea
$$Ø = \frac{a}{b} = \frac{b}{a+b} = 0{,}618$$

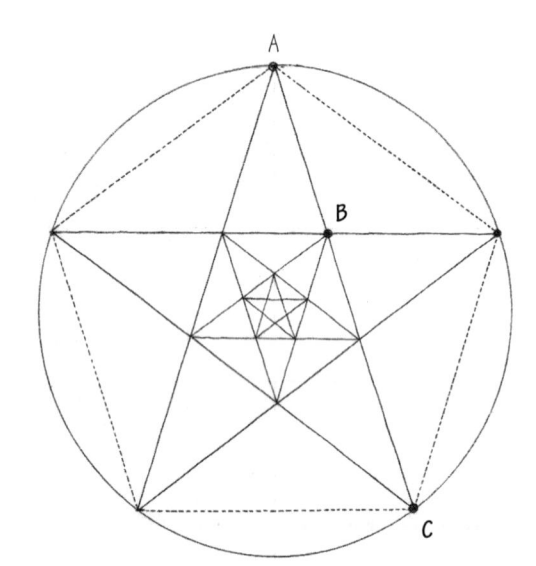

Os sistemas matemáticos de proporção se originam de conceito pitagórico de que "tudo é número" e da crença de que certas relações numéricas manifestam a estrutura harmônica do universo. Uma dessas relações, utilizada desde a Antiguidade, é a proporção conhecida como seção áurea. Os gregos reconheceram o papel dominante que a seção áurea desempenhava nas proporções do corpo humano. Acreditando que tanto a humanidade quanto os santuários que acomodavam suas divindades deveriam pertencer e uma ordem universal mais elevada, utilizavam essas mesmas proporções em seus templos. Os arquitetos renascentistas também exploraram a seção áurea em suas obras. Em tempos mais recentes, Le Corbusier baseou seu sistema Modulor na seção áurea. Seu uso na arquitetura perdura mesmo atualmente.

A seção áurea pode ser definida como a razão entre duas secções de uma reta, ou as duas dimensões de uma figura plana, na qual a menor das duas está para a maior assim como a maior está para a soma de ambas. Pode ser expressa algebricamente pela equação de duas razões:

$$\frac{a}{b} = \frac{b}{a+b}$$

A seção áurea tem algumas propriedades geométricas e algébricas notáveis que explicam a sua existência na arquitetura, assim como nas estruturas de muitos organismos vivos. Qualquer progressão baseada na seção áurea é, ao mesmo tempo, aditiva e geométrica.

Outra progressão que se aproxima estreitamente da seção áurea em números inteiros é a série de Fibonacci: 1, 1, 2, 3, 5, 8, 13... Cada termo é também a soma dos dois termos anteriores, e a razão entre dois termos consecutivos tende a se aproximar da seção áurea à medida que a série progride ao infinito.

Na progressão numérica: 1, $Ø^1$, $Ø^2$, $Ø^3$... $Ø^n$, cada termo é a soma dos dois termos precedentes.

A SEÇÃO ÁUREA

Um retângulo cujos lados são dimensionados de acordo com a seção áurea é conhecido como um retângulo áureo. Se um quadrado for extraído de um lado do retângulo áureo, a parte remanescente do retângulo original seria um retângulo menor, mas também áureo. Essa operação pode ser repetida infinitamente para criar uma gradação de quadrados e retângulos áureos. Durante essa transformação, cada parte permanece semelhante a todas as demais, assim como ao todo. Os diagramas desta página ilustram esse padrão de crescimento aditivo e geométrico de progressões baseado na seção áurea.

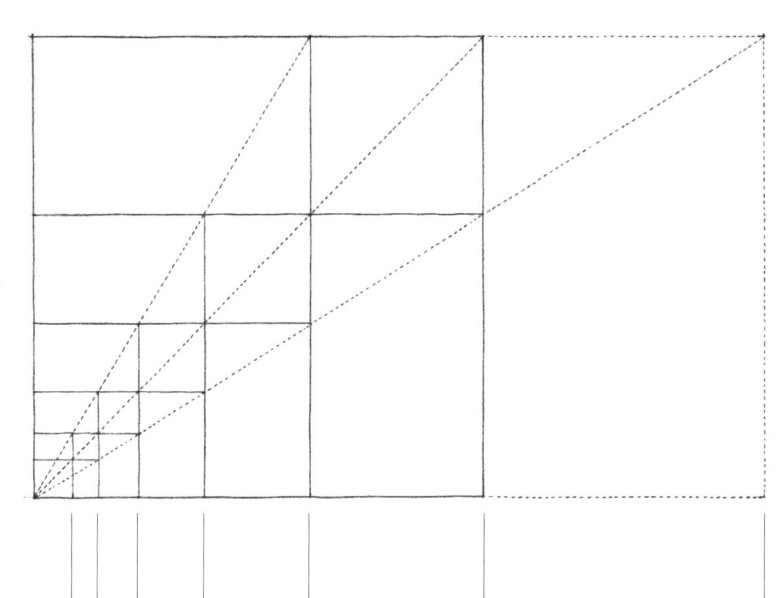

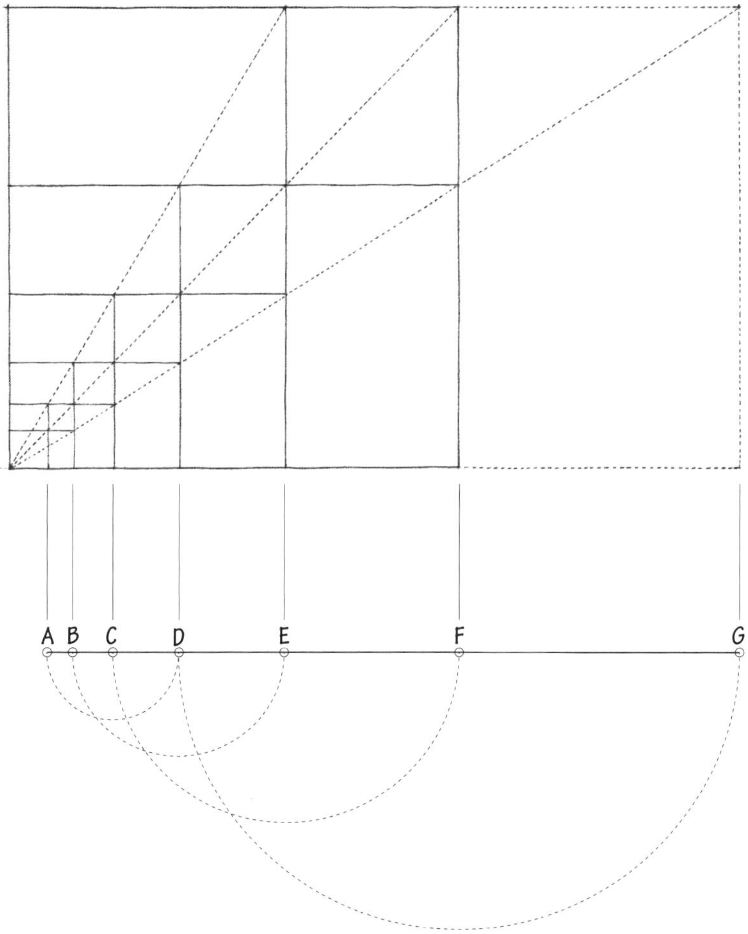

$$\frac{AB}{BC} = \frac{BC}{CD} = \frac{CD}{DE} \ldots\ldots = \emptyset$$

$$AB + BC = CD$$
$$BC + CD = DE$$
$$\vdots$$
etc.

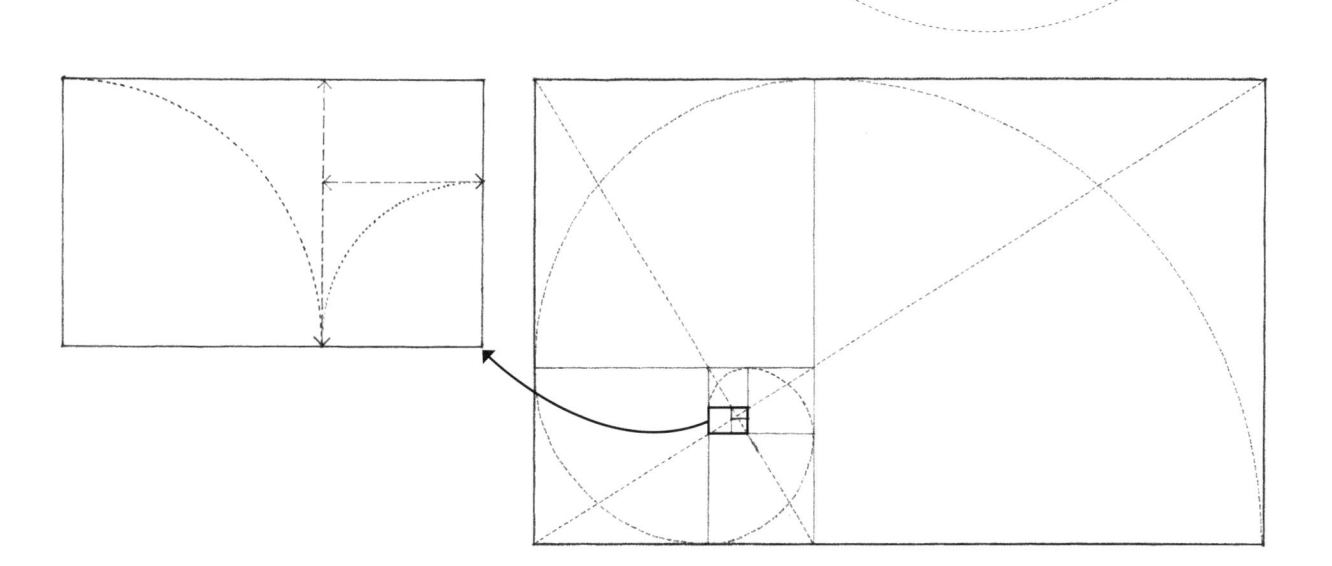

346 A SEÇÃO ÁUREA

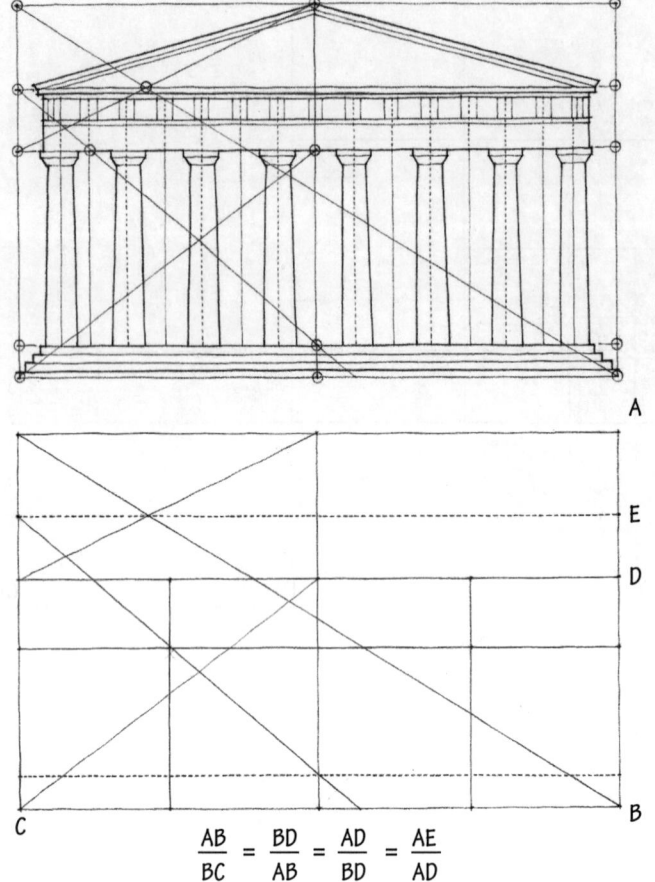

Partenon, Atenas, Grécia, 447–432 a.C., Ictino e Calícrates

$$\frac{AB}{BC} = \frac{BD}{AB} = \frac{AD}{BD} = \frac{AE}{AD}$$

As duas análises gráficas ao lado ilustram o uso da seção áurea na proporcionalidade da fachada do Partenon. É interessante notar que, embora ambas as análises comecem por inserir a fachada no retângulo áureo, elas diferem em sua abordagem para provar a existência da seção áurea e seu efeito nas dimensões e na distribuição dos elementos na fachada.

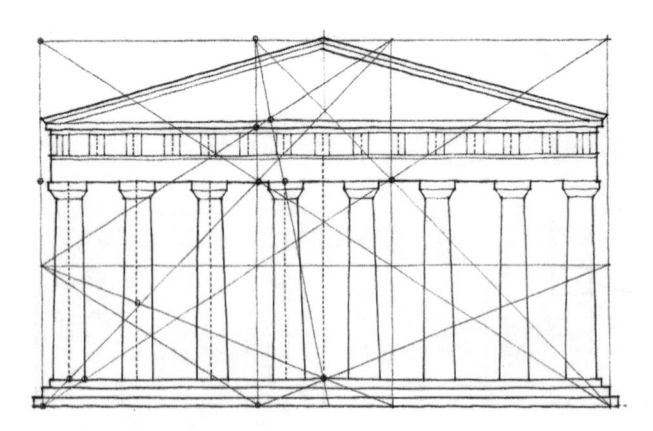

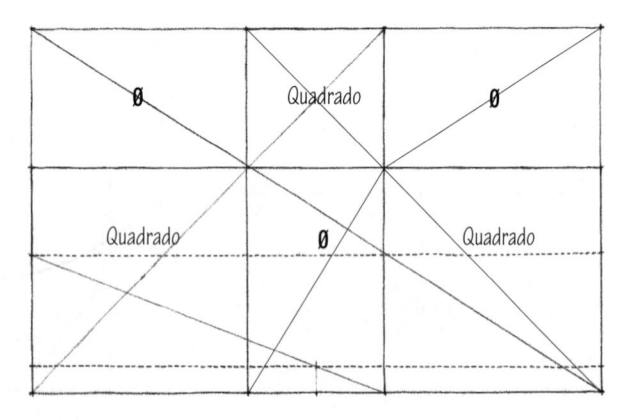

Ø   Quadrado   Ø

Quadrado   Ø   Quadrado

A SEÇÃO ÁUREA 347

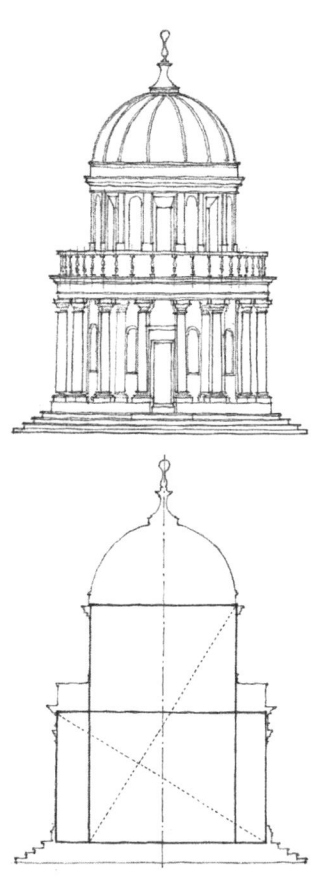

Tempietto de San Pietro em Montorio (Pequeno Templo de São Pedro em Montorio), Roma, Itália, 1502–1510, Donato Bramante

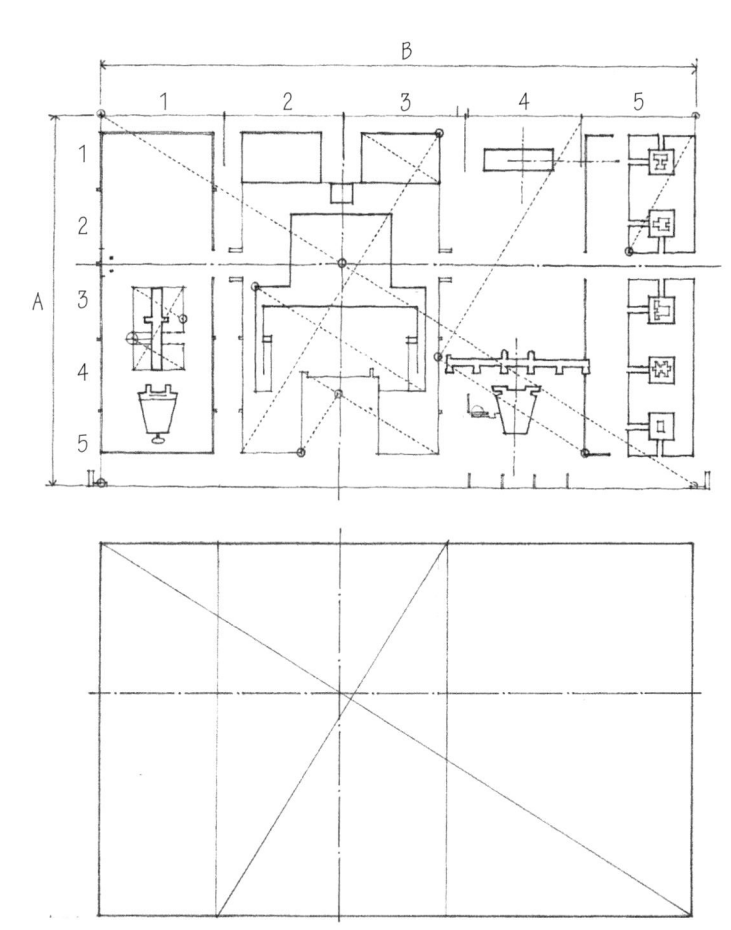

Museu Mundial (Projeto Não Executado), Genebra, Suíça, 1929, Le Corbusier

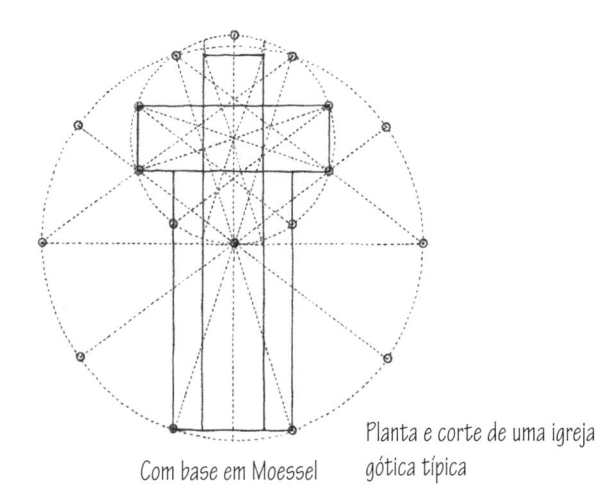

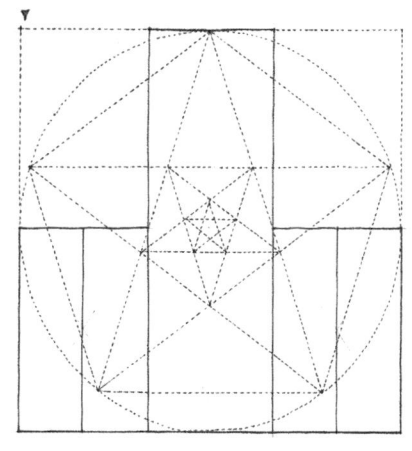

Com base em Moessel

Planta e corte de uma igreja gótica típica

Segundo F. M. Lund

LINHAS REGULADORAS

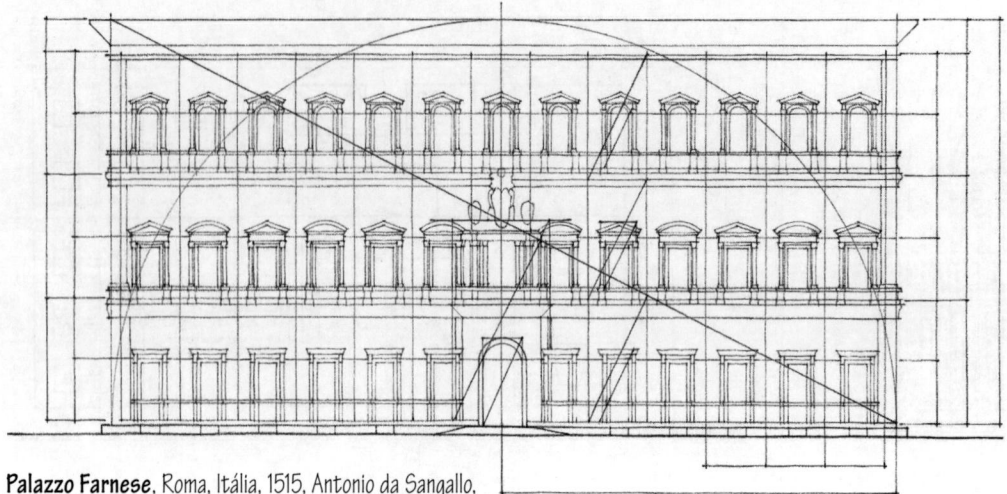

Palazzo Farnese, Roma, Itália, 1515, Antonio da Sangallo, O Jovem

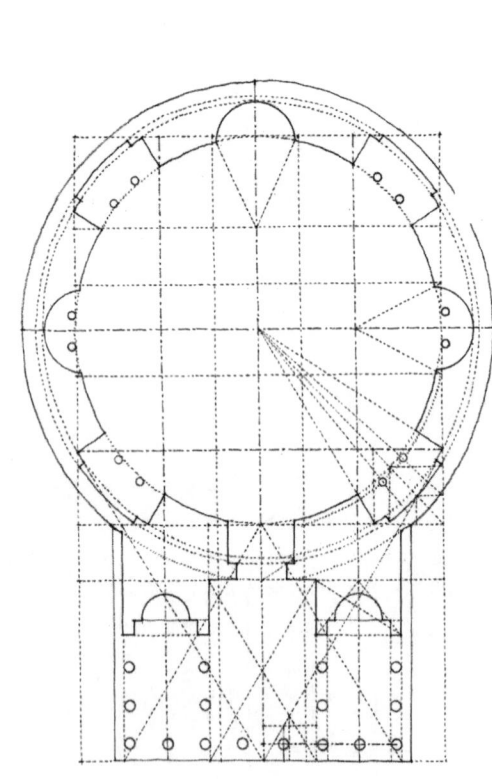

Panteon, Roma, Itália, 120–124 d.C.

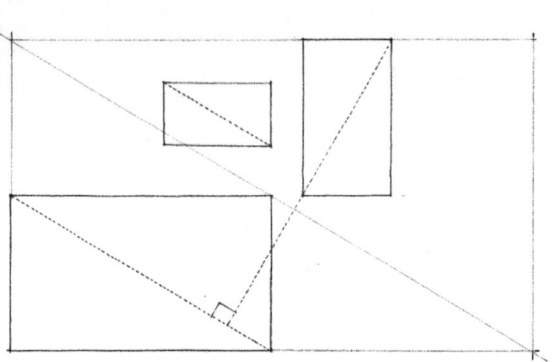

Se as diagonais de dois retângulos forem paralelas ou perpendiculares entre si, elas indicam que os dois retângulos têm proporções semelhantes. Essas diagonais, assim como as linhas que indicam o alinhamento comum dos elementos, são chamadas de linhas reguladoras. Foram vistas anteriormente na discussão da seção áurea, mas também podem ser utilizadas para controlar a proporção e a localização de elementos em outros sistemas de proporcionalidade. Le Corbusier, em *Por uma Arquitetura (Vers une Archictecture)*, afirmou o seguinte:

"Um traçado regulador constitui uma garantia contra o capricho; é um meio de verificação que pode ratificar toda obra criada com fervor (...) Confere à obra a qualidade do ritmo. Um traçado regulador introduz a forma tangível da matemática, que confere a percepção tranquilizadora de uma ordem. A escolha de um traçado regulador estabelece a geometria fundamental da obra (...) É um meio para um fim; não é uma receita."

LINHAS REGULADORAS **349**

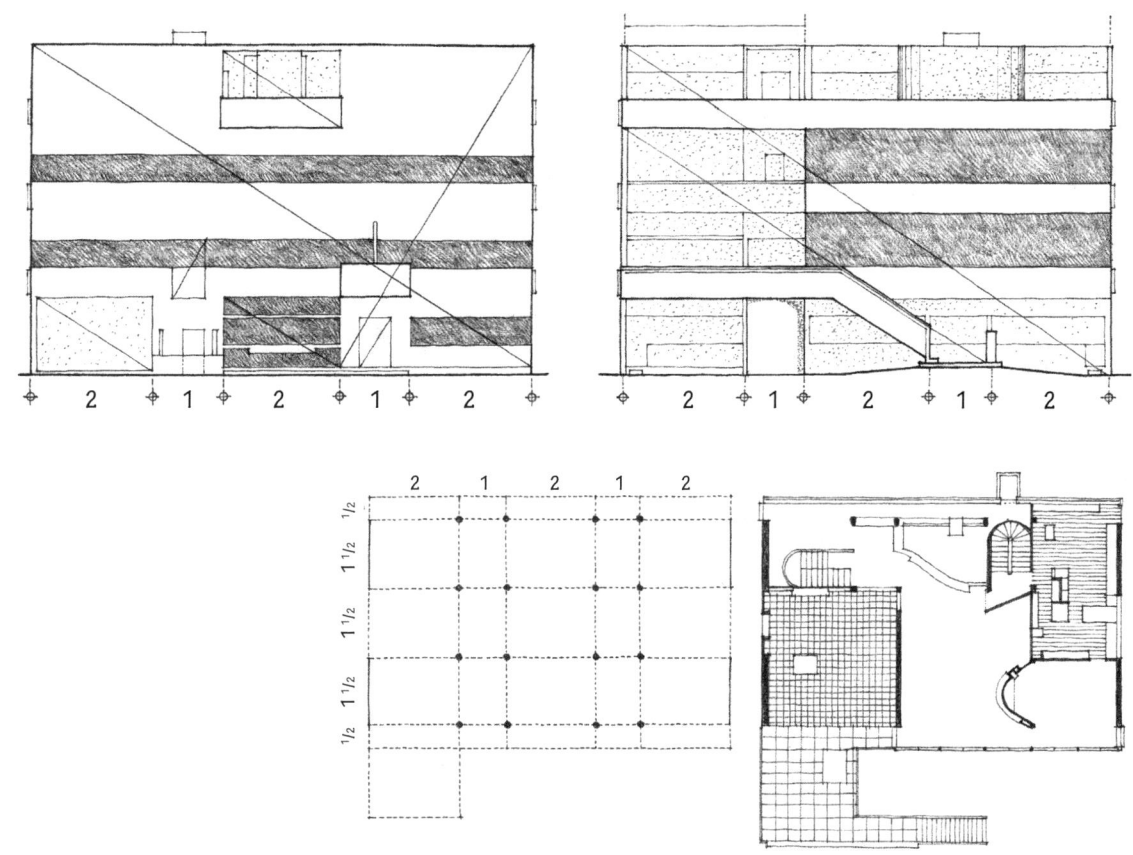

Vila Stein, Garches, França, 1926–1927, Le Corbusier

Em seu ensaio, *The Mathematics of the Ideal Villa*, 1947, Collin Rowe mostrou a semelhança entre a subdivisão espacial da vila palladiana e a malha estrutural da vila de Le Corbusier. Embora ambas as vilas tenham um sistema de proporcionalidade semelhante e uma relação com uma ordem matemática sagrada, a vila palladiana consistia em espaços com formatos fixos e relações harmônicas. A vila de Le Corbusier era composta por camadas horizontais de espaço livre definidas pelas lajes de piso e cobertura. Os ambientes variavam em formato e eram assimetricamente dispostos em cada nível.

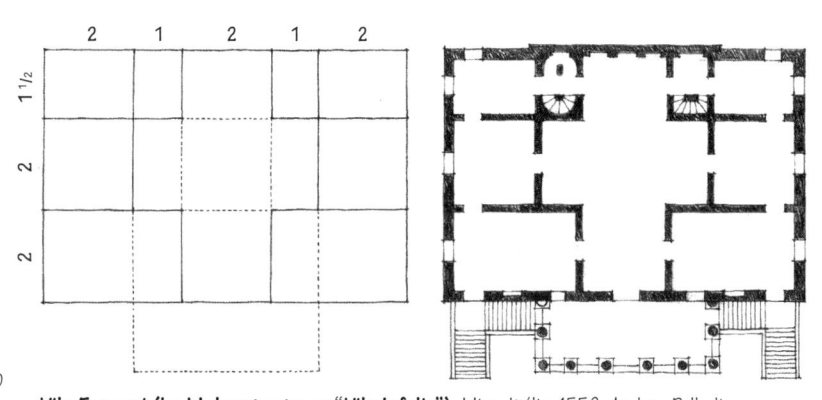

Vila Foscari (La Malcontenta ou "Vila Infeliz"), Mira, Itália, 1558, Andrea Palladio

350 ORDENS CLÁSSICAS

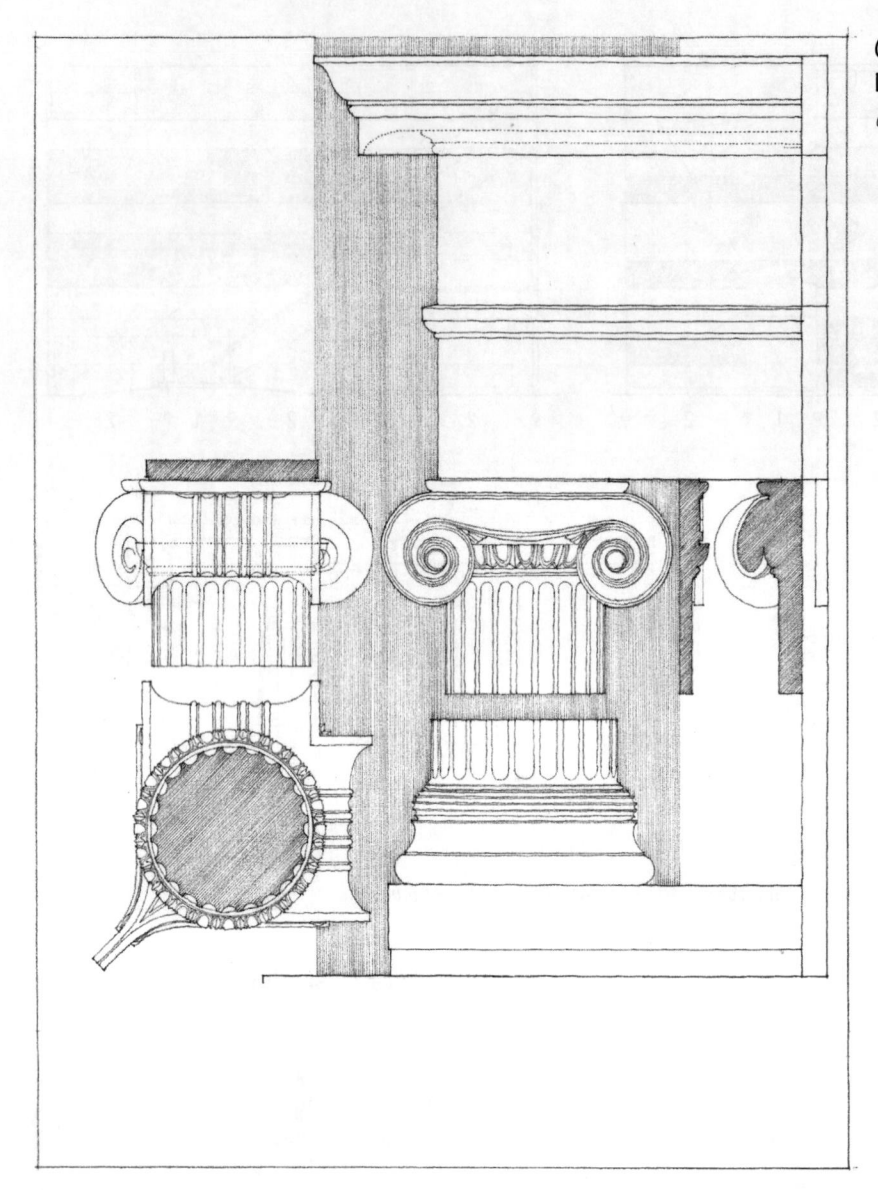

Ordem jônica, do Templo junto ao rio Ilisso, Atenas, Grécia, 449 a.C. Segundo um desenho de William R. Ware.

Para os gregos e romanos da Antiguidade Clássica, as ordens representavam, em sua proporcionalidade dos elementos, a expressão perfeita da beleza e harmonia. A unidade básica de dimensão era o diâmetro da coluna. Desse módulo derivavam as dimensões do fuste, do capitel, assim como do pedestal abaixo e do entablamento acima, até os mínimos detalhes. O intercolúnio – o sistema de espaçamento entre colunas – também era baseado no diâmetro da coluna.

Uma vez que o tamanho das colunas variava de acordo com a extensão do prédio, as ordens não eram baseadas em uma unidade fixa de medida. Em vez disso, a intenção era garantir que todas as partes de qualquer edificação fossem proporcionais e harmônicas entre si.

Vitrúvio, no período de Augusto, estudou exemplos reais das ordens e apresentou suas proporções "ideais" para cada uma em seu tratado, *Os Dez livros da Arquitetura*. Vignola traduziu essas regras para o Renascimento italiano e sua codificação das ordens arquitetônicas é, provavelmente, a mais conhecida atualmente.

ORDENS CLÁSSICAS **351**

Toscana   Dórica   Jônica   Coríntia   Compósita

352 ORDENS CLÁSSICAS

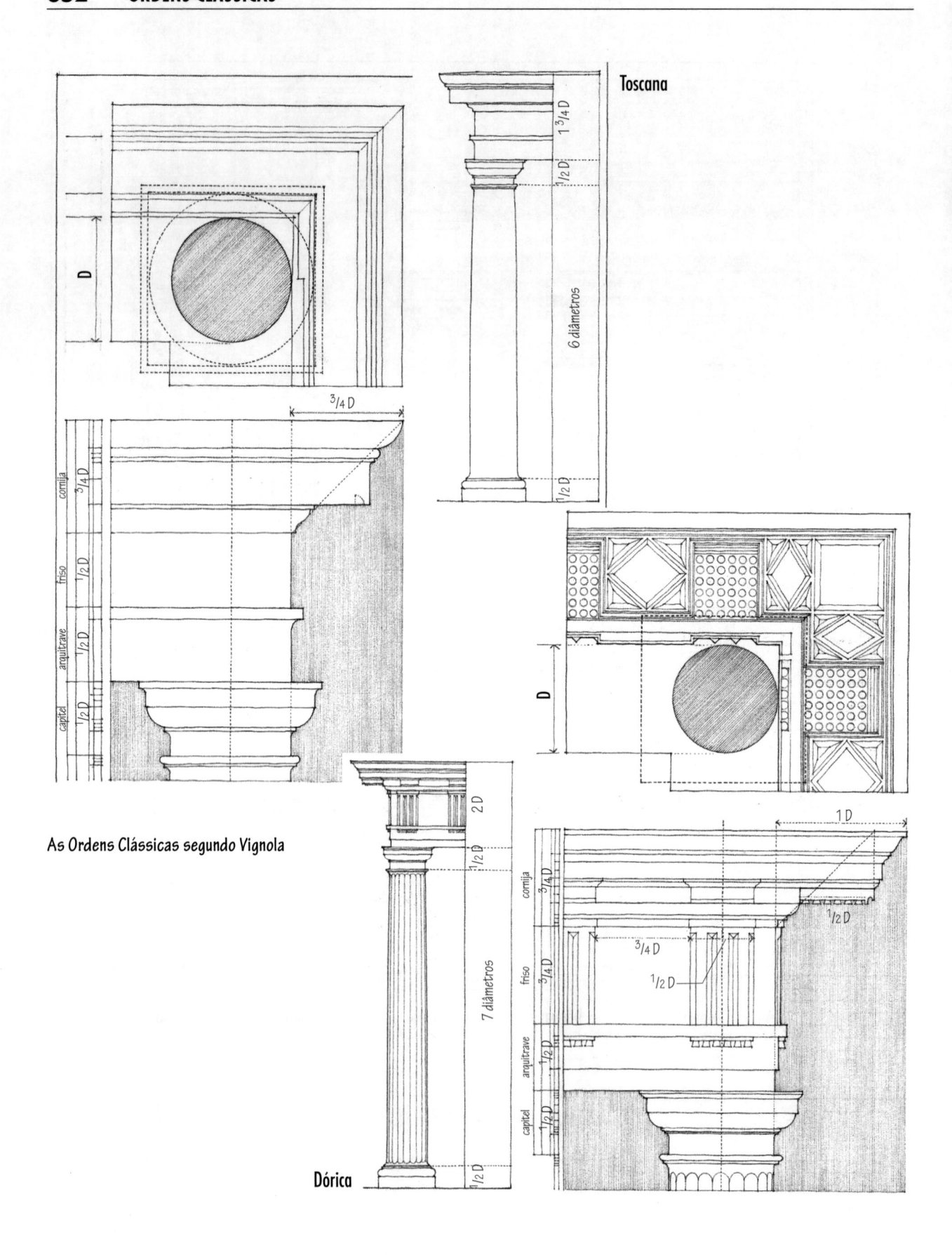

As Ordens Clássicas segundo Vignola

Toscana

Dórica

ORDENS CLÁSSICAS

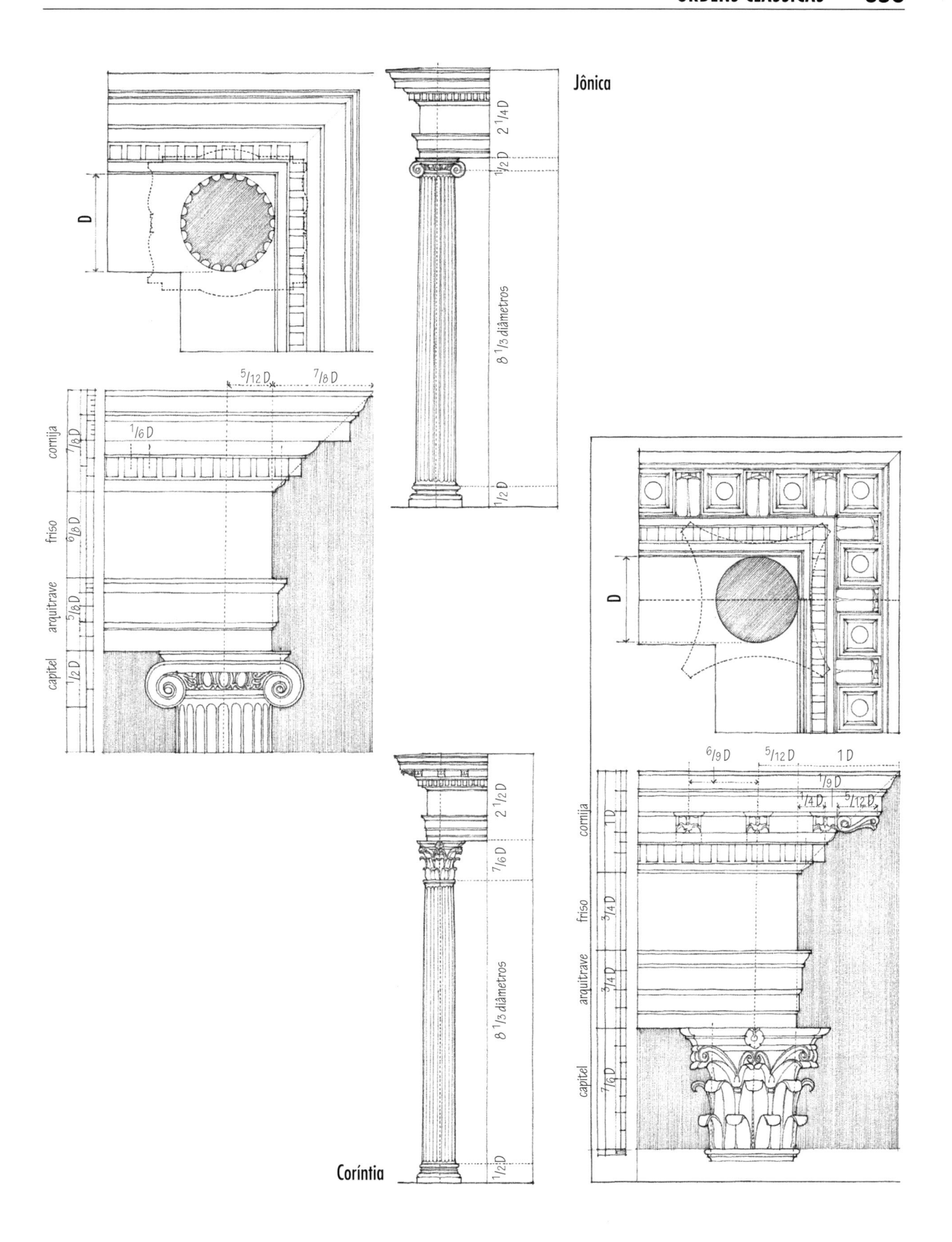

Jônica

Coríntia

ORDENS CLÁSSICAS

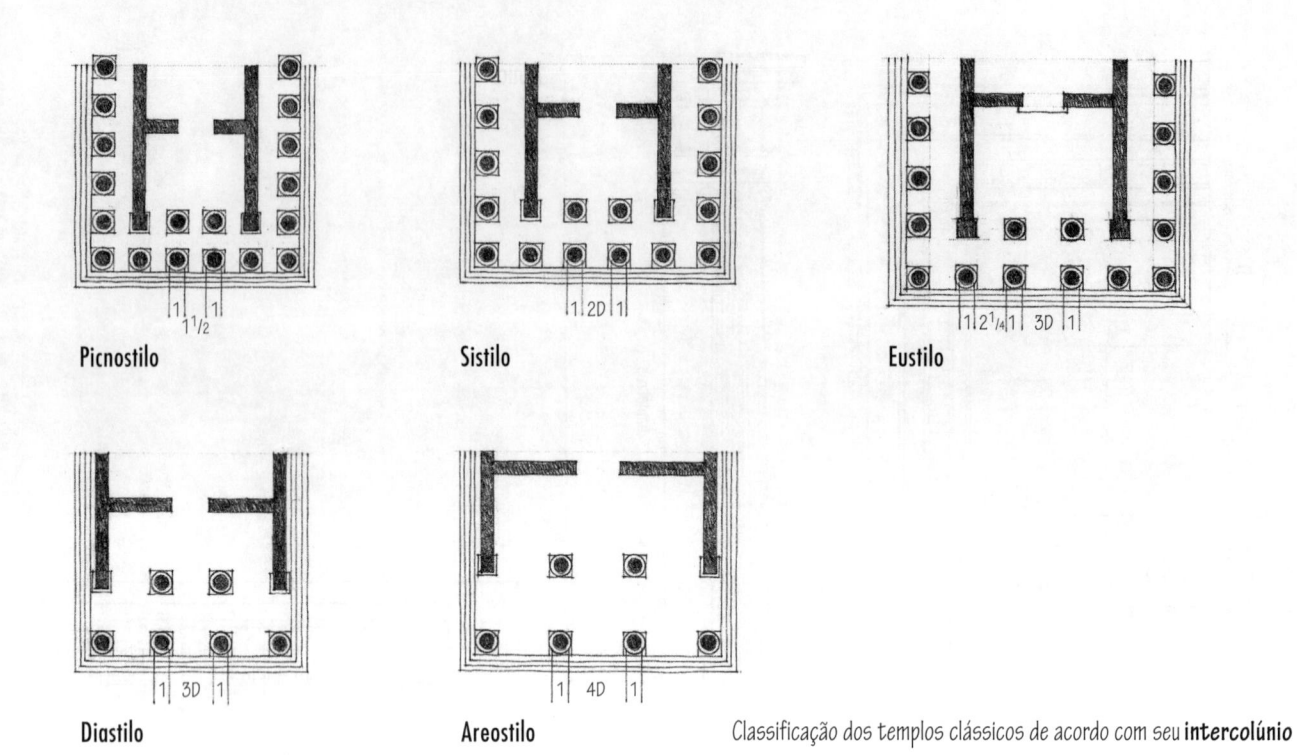

Picnostilo — 1 1½ 1

Sistilo — 1 2D 1

Eustilo — 1 2¼ 1 3D 1

Diastilo — 1 3D 1

Areostilo — 1 4D 1

Classificação dos templos clássicos de acordo com seu **intercolúnio**

Regras de **Vitrúvio para diâmetro, altura e espaçamento das colunas**

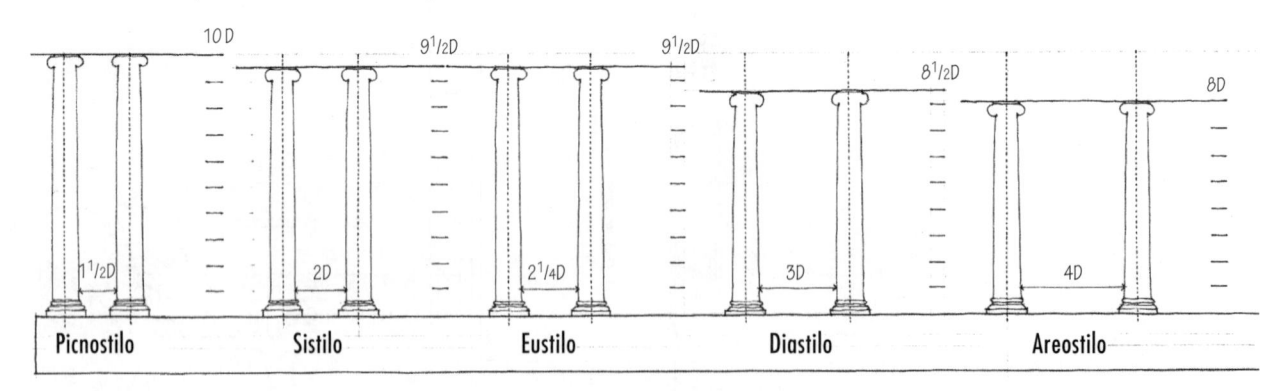

Picnostilo — 10 D — 1½D
Sistilo — 9½D — 2D
Eustilo — 9½D — 2¼D
Diastilo — 8½D — 3D
Areostilo — 8D — 4D

ORDENS CLÁSSICAS

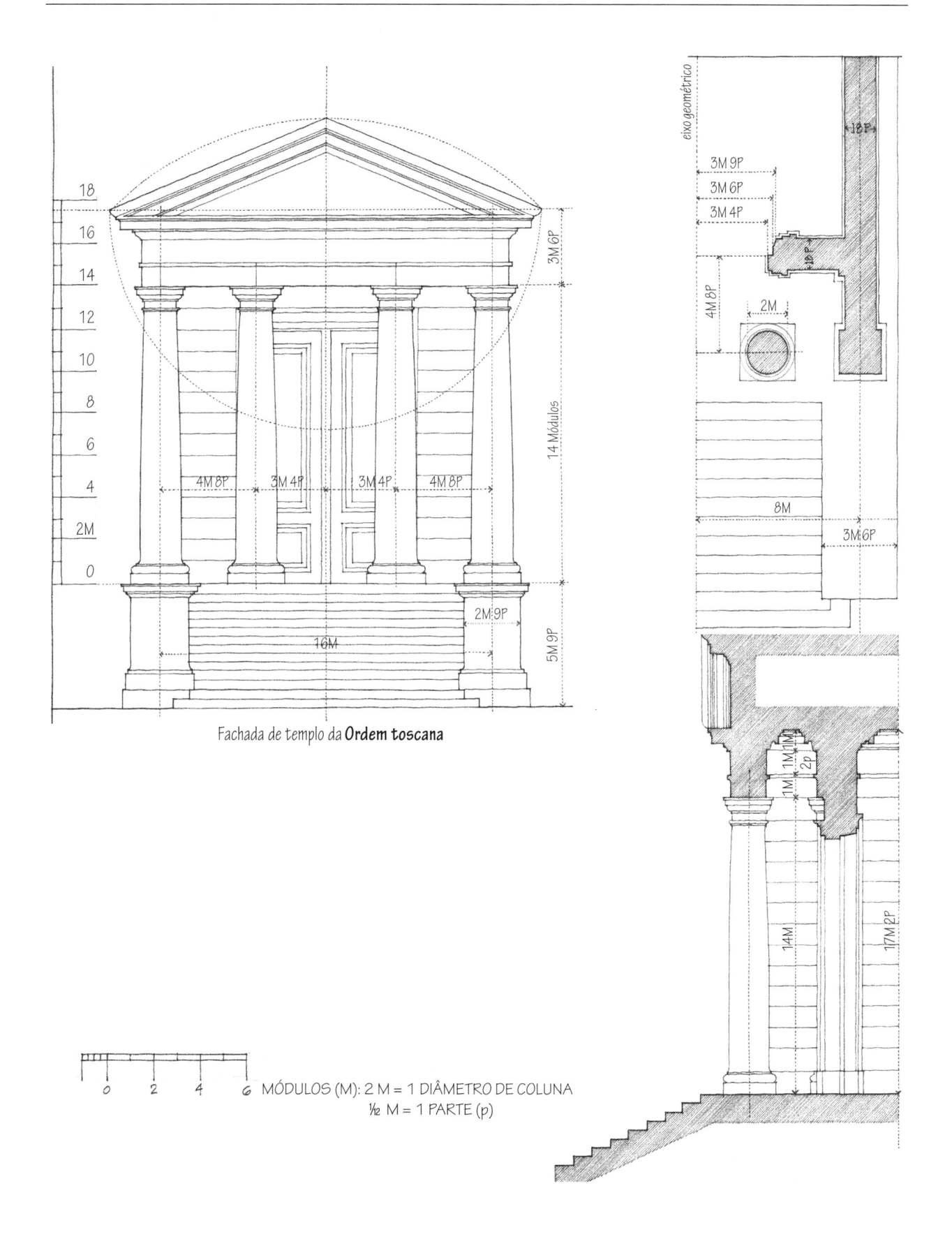

Fachada de templo da **Ordem toscana**

MÓDULOS (M): 2 M = 1 DIÂMETRO DE COLUNA
½ M = 1 PARTE (p)

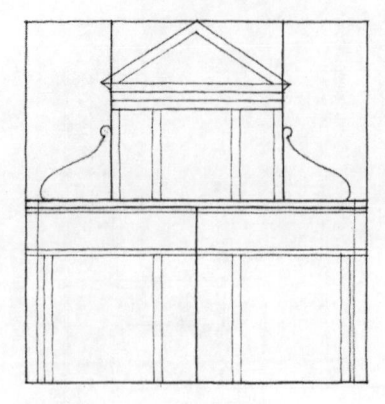

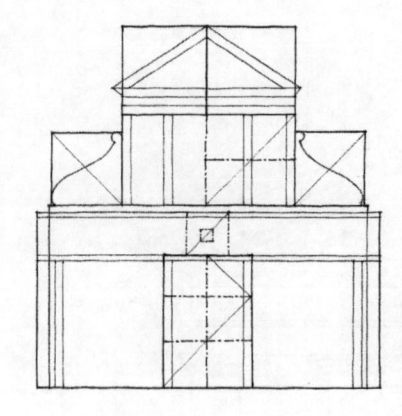

Santa Maria Novella, Florença, Itália. Alberti projetou a fachada renascentista (1456–1470) para completar uma igreja gótica (1278–1350).

Pitágoras descobriu que as consonâncias do sistema musical grego poderiam ser expressas pela progressão numérica simples – 1, 2, 3, 4 – e suas razões, 1:2, 1:3, 2:3, 3:4. Essa relação levou os gregos a acreditarem que haviam encontrado a chave para a misteriosa harmonia musical onipresente no universo. O credo pitagórico era "Tudo é organizado de acordo com os números". Platão, posteriormente, desenvolveu a estética pitagórica dos números em uma estética da proporção. Elevou ao quadrado e ao cubo a progressão numérica simples para produzir as progressões duplas ou triplas 1, 2, 4, 8, e 1, 3, 9, 27. Para Platão, esses números e suas razões não apenas continham as consonâncias da escala musical grega, mas também expressavam a estrutura harmônica de seu universo.

Os arquitetos da Renascença, acreditando que suas edificações tinham de pertencer a uma ordem mais elevada, retomaram o sistema matemático grego das proporções. Assim como os gregos concebiam a música como sendo a geometria traduzida em som, os arquitetos renascentistas acreditavam que a arquitetura era matemática traduzida em unidades espaciais. Aplicando a teoria de Pitágoras das médias para as razões dos intervalos da escala musical grega, desenvolveram uma progressão ininterrupta de razões que formava a base para as proporções de sua arquitetura. Tais séries de razões se manifestavam não apenas nas dimensões de um recinto ou uma fachada, mas também nas proporções relacionadas entre si de uma sequência de espaços ou de toda uma planta.

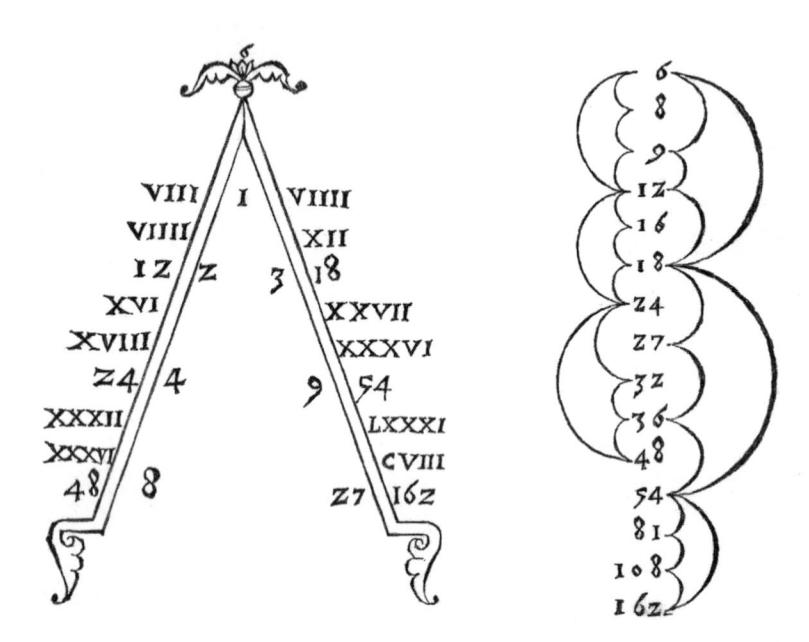

Diagrama de Francesco Giorgi, 1525, ilustrando a série de razões relacionadas entre si que resultam da aplicação da teoria de Pitágoras das médias aos intervalos da escala musical grega.

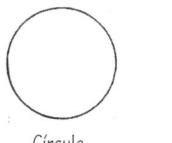

Sete Formatos Ideais de Plantas de Recintos

Andrea Palladio (1508–1580) foi, provavelmente, o arquiteto mais influente do Renascimento italiano. Em *Os Quatro Livros da Arquitetura*, primeiramente publicado em Veneza, em 1570, ele seguiu os passos de seus predecessores, Alberti e Serlio, e propôs estes sete "modos de recintos mais belos e proporcionais".

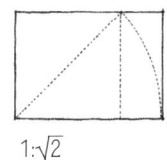

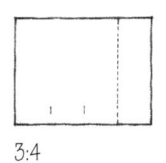

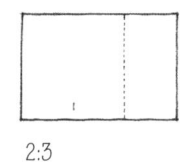

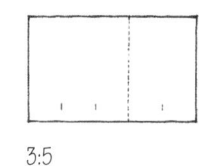

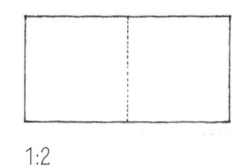

Determinação das Alturas dos Recintos

Palladio também propôs vários métodos para se determinar a altura de um recinto de forma que se obtivesse uma proporção apropriada entre sua largura e comprimento. A altura dos recintos com tetos planos seria igual à sua largura. A altura dos recintos quadrados com tetos abobadados seria um terço maior do que a sua largura. Para outros recintos, Palladio utilizou, na determinação de suas alturas, a teoria pitagórica das médias. Consequentemente, havia três tipos de médias: aritmética, geométrica e harmônica.

Aritmética:
$$\frac{c-b}{b-a} = \frac{c}{c}$$ (por exemplo, 1, 2, 3… ou 6, 9, 12)

Geométrica:
$$\frac{c-b}{b-a} = \frac{c}{b}$$ (por exemplo, 1, 2, 4… ou 4, 6, 9)

Harmônica:
$$\frac{c-b}{b-a} = \frac{c}{a}$$ (por exemplo, 2, 3, 6… ou 6, 8, 12)

Em cada caso, a altura de um recinto é igual à média (b) entre os dois extremos da largura (a) e do comprimento (c) do recinto.

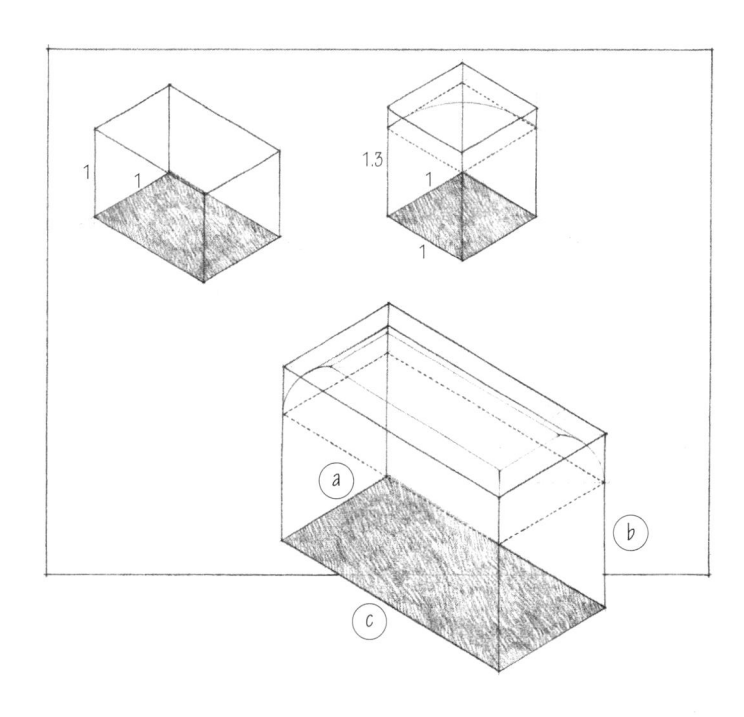

TEORIAS RENASCENTISTAS

"A beleza resultará da forma e da correspondência do todo, com relação às várias partes, das partes com relação a cada uma, e destas novamente com relação ao todo; de que a edificação possa parecer um corpo inteiro e completo, em que cada membro está de acordo com o outro e todos são necessários para compor aquilo a que você pretende dar forma."

— Andrea Palladio, *Os Quatro Livros da Arquitetura*, Livro I, Capítulo 1

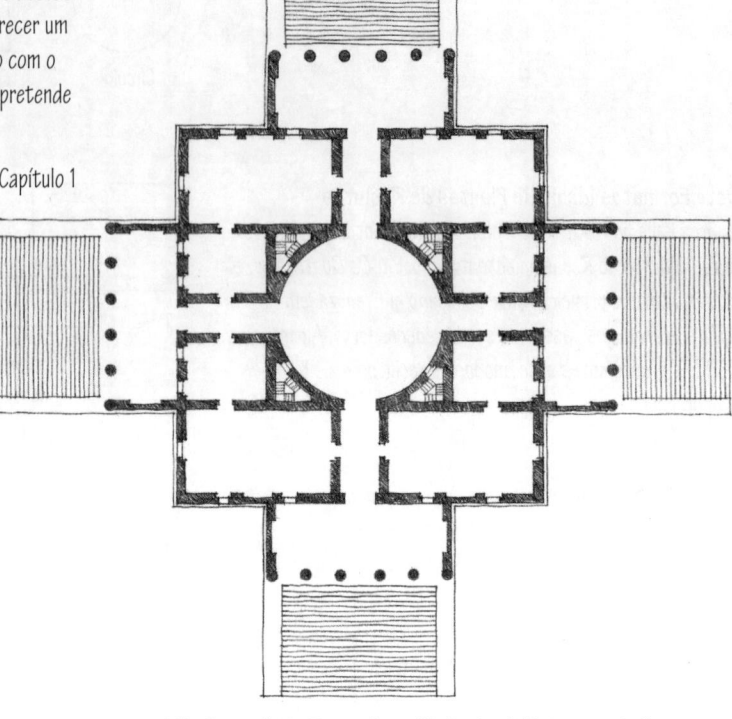

Vila Capra (Vila Rotonda ou "A Redonda"), Vicenza, Itália, 1552–1567, Andrea Palladio
3,65 m × 9,15 m; 1,82 m × 4,60 m; 9,15 m × 9,15 m

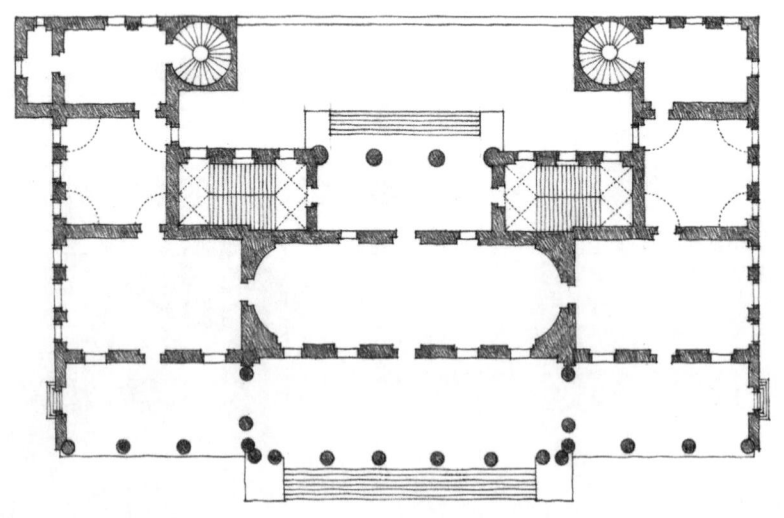

Palazzo Chiericati, Vicenza, Itália, 1550, Andrea Palladio
16,45 m × 4,85 m (5,50 m); 5,50 m × 9,15 m; 5,50 m × 5,50 m; 5,50 m × 3,65 m

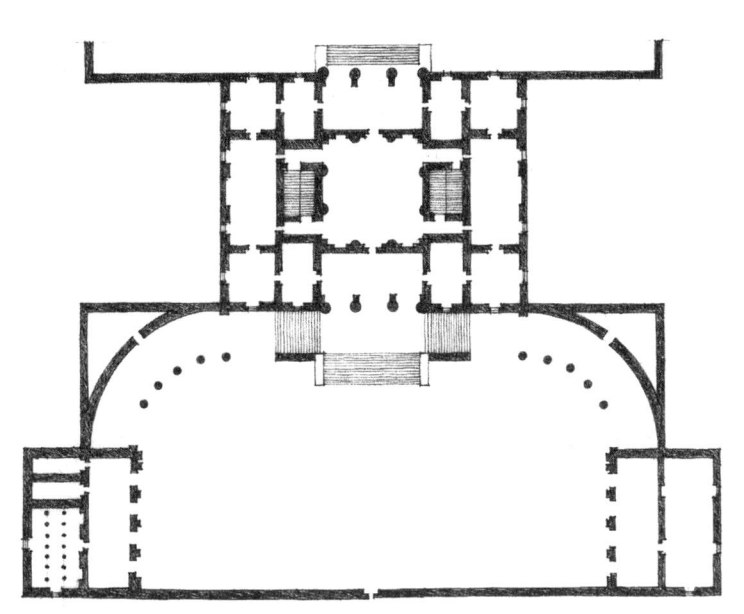

Vila Thiene, Cicogna, Itália, 1549, Andrea Palladio
5,50 m × 11,00 m; 11,00 m × 11,00 m; 11,00 m × 5,50 m;
5,50 m × 5,50 m; 5,50 m × 3,65 m

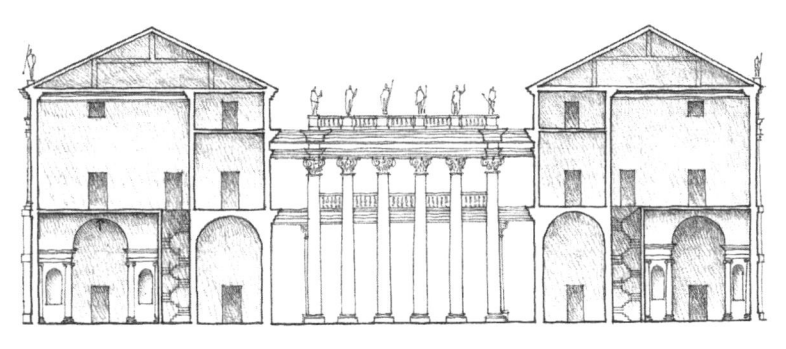

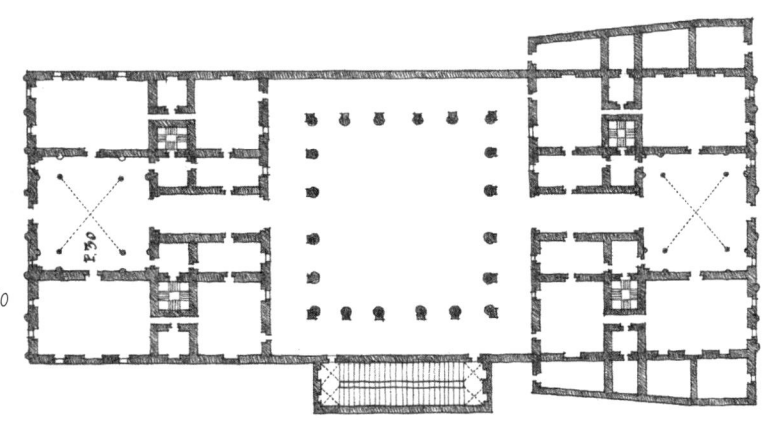

Palazzo Iseppo Porto, Vicenza, Itália, 1552, Andrea Palladio
9,15 m × 9,15 m; 6,10 m × 9,15 m; 3,05 m × 9,15 m;
13,75 m × 13,75 m

O MODULOR

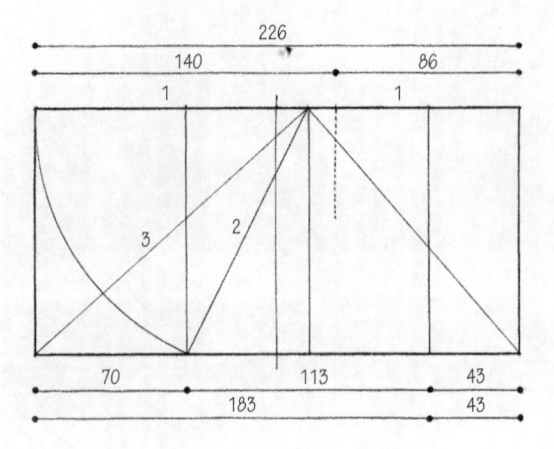

Le Corbusier desenvolveu seu sistema de proporcionalidade, o Modulor, para ordenar "as dimensões daquilo que contém e daquilo que é contido". Ele via os instrumentos de medição dos gregos, egípcios e outras grandes civilizações como "infinitamente ricos e sutis, pois faziam parte da matemática do corpo humano, gracioso, elegante e firme, a fonte daquela harmonia que nos move, a beleza". Baseou, portanto, seu instrumento de medição, o Modulor, tanto na matemática (nas dimensões estéticas da seção áurea e na série de Fibonacci) como nas proporções do corpo humano (as dimensões funcionais).

Le Corbusier iniciou seus estudos em 1942 e publicou *O Modulor: uma Medida Harmoniosa para a Escala Humana Aplicável Universalmente a Arquitetura e Mecânica* em 1948. Um segundo volume, *Modulor II*, foi publicado em 1954.

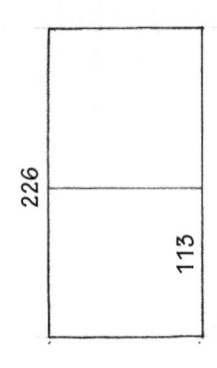

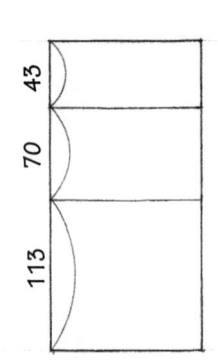

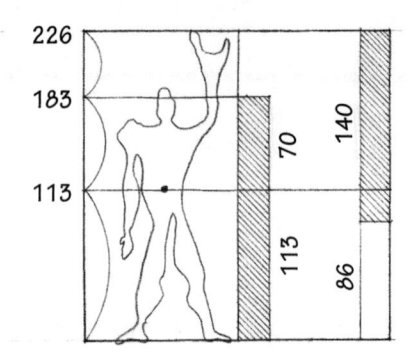

A malha básica consiste em três medidas: 113, 70 e 43 cm, proporcionadas de acordo com a seção áurea.

$$43 + 70 = 113$$
$$113 + 70 = 183$$
$$113 + 70 + 43 = 226 \, (2 \times 113)$$

113, 183 e 226 definem o espaço ocupado pela figura humana. A partir de 113 e 226, Le Corbusier desenvolveu as séries Vermelha e Azul, escalas de dimensões decrescentes, relacionadas à estatura da figura humana.

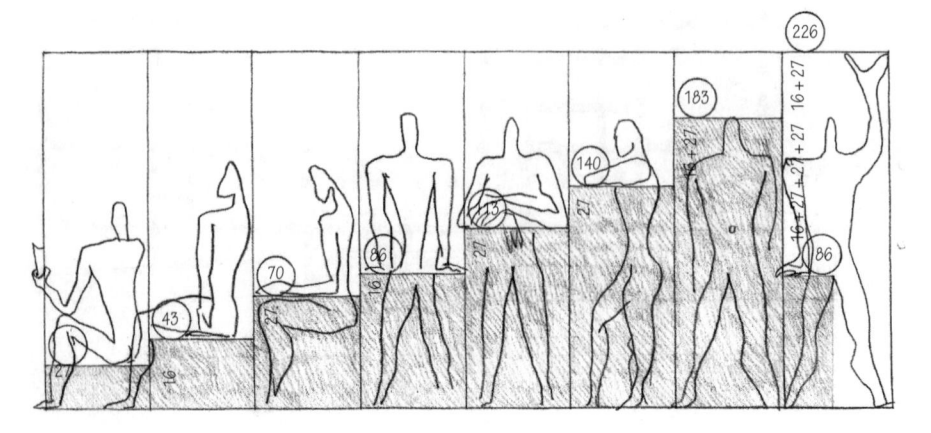

O MODULOR 361

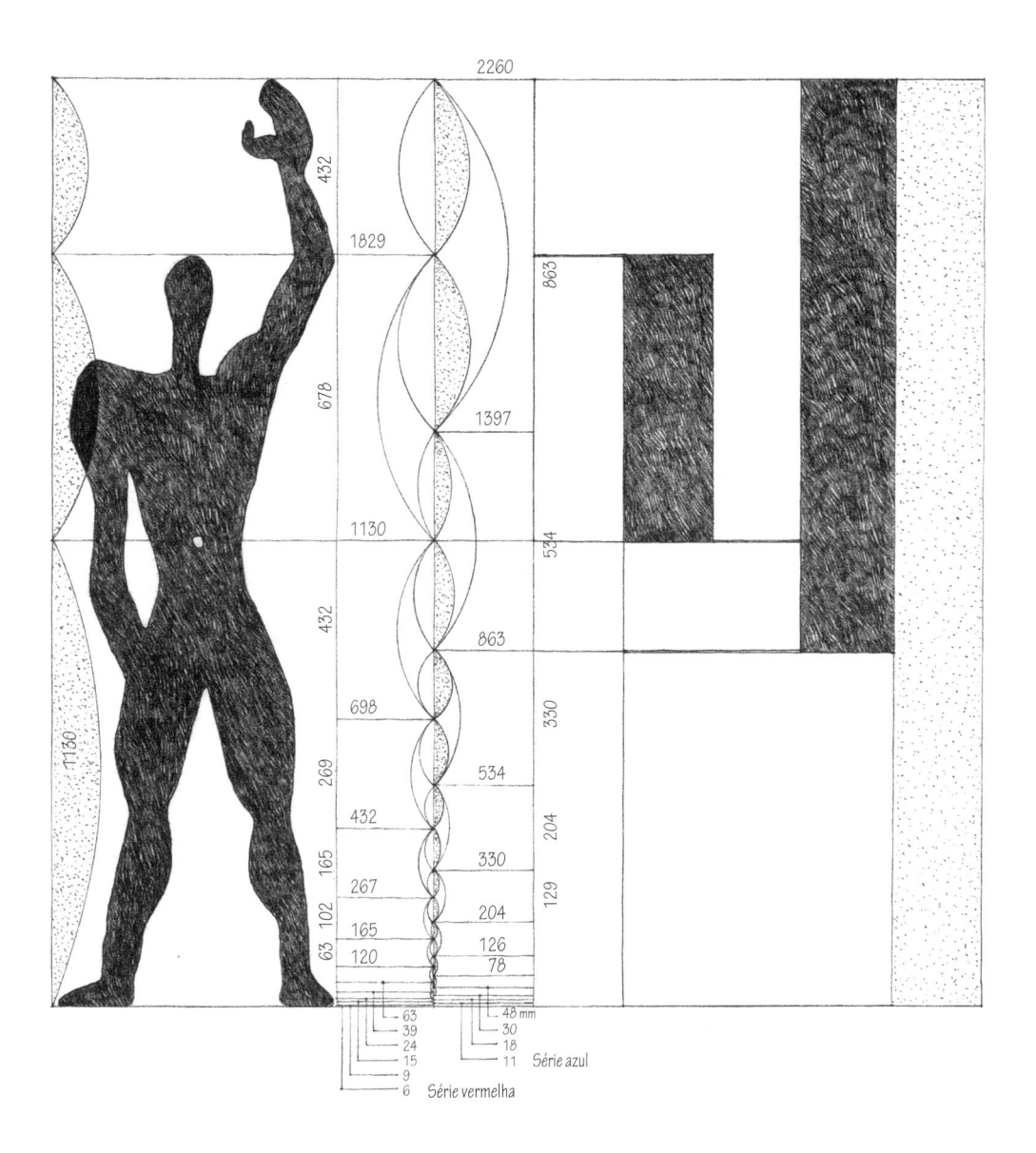

Le Corbusier via o Modulor não apenas como uma série de números com uma harmonia inerente, mas como um sistema de medidas que poderiam determinar comprimentos, superfícies e volumes e "manter a escala humana em qualquer lugar". Ele poderia "servir a uma infinidade de combinações: ele garante a unidade com diversidade (...) o milagre dos números."

362   O MODULOR

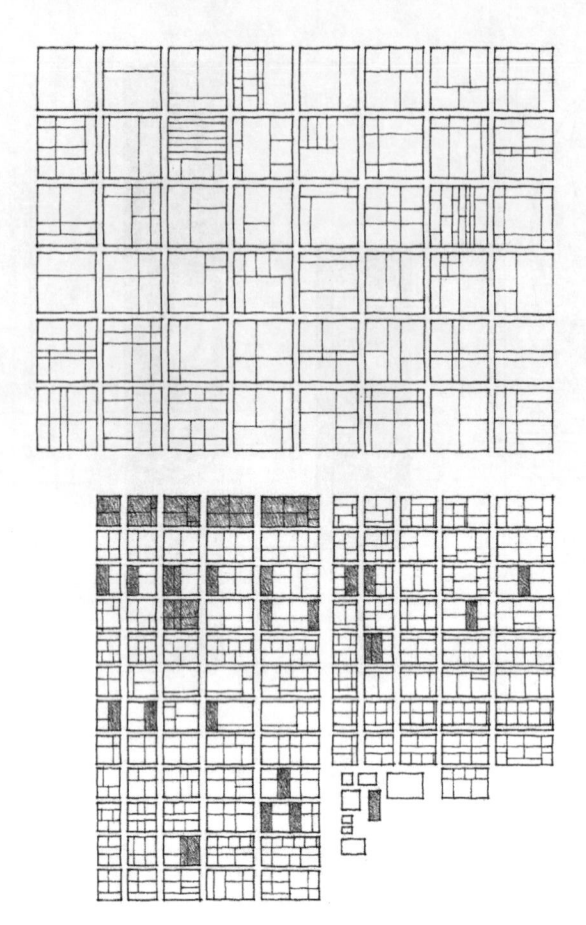

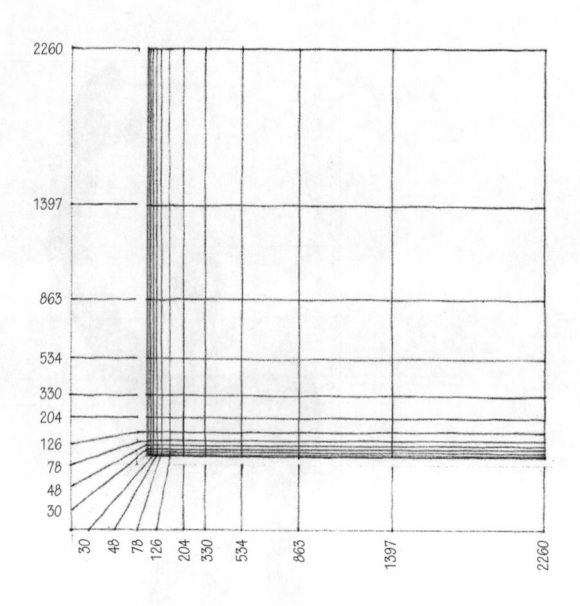

A principal obra de Le Corbusier que exemplificou o uso do Modulor foi a sua Unidade de Habitação em Marselha. Ela utiliza 15 medidas do Modulor a fim de trazer a escala humana para um edifício com 140 m de comprimento, 24 m de largura e 70 m de altura.

Le Corbusier utilizou esses diagramas para ilustrar a diversidade dos tamanhos e superfícies que poderia ser obtida com as proporções do Modulor.

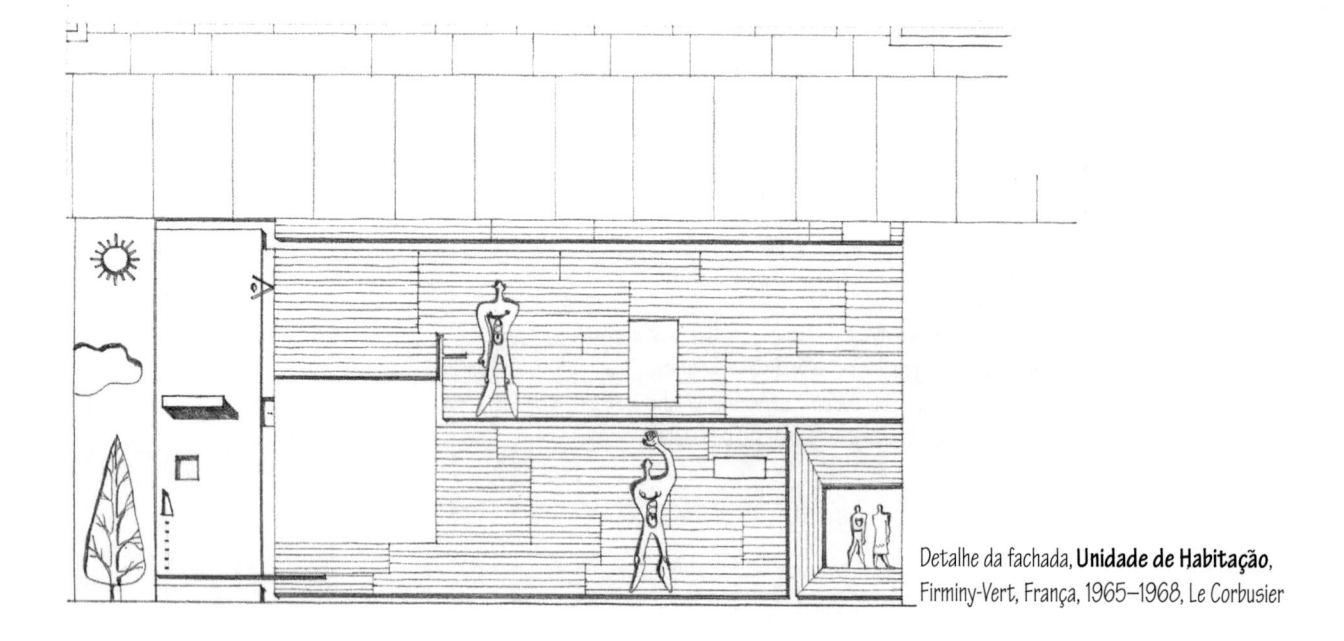

Detalhe da fachada, **Unidade de Habitação**, Firminy-Vert, França, 1965–1968, Le Corbusier

O MODULOR **363**

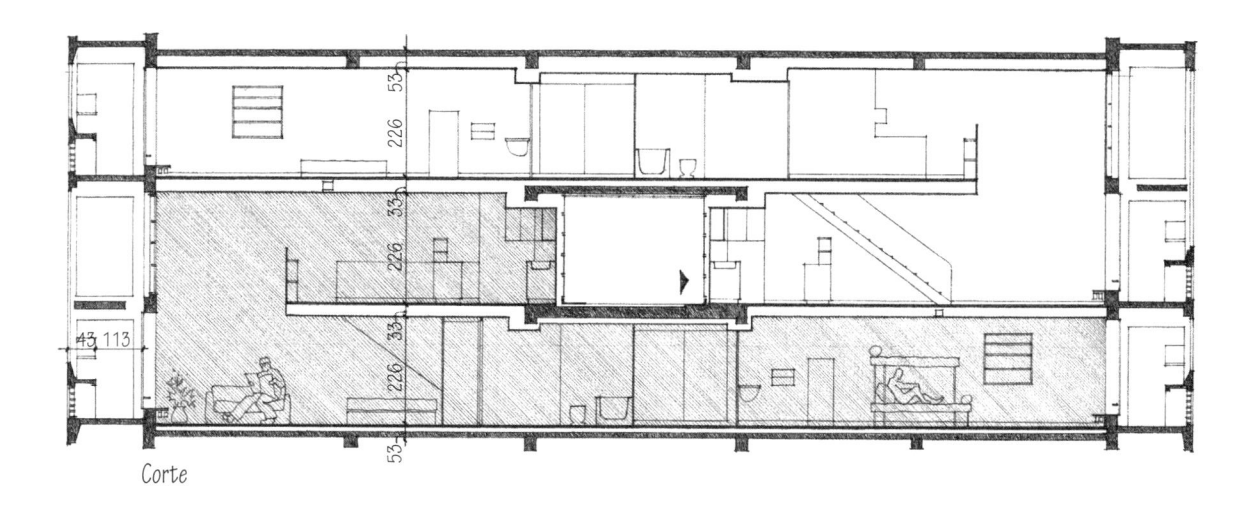

Corte

Planta e corte de um apartamento típico,
Unidade de Habitação de Marselha, França, 1946–1952, Le Corbusier

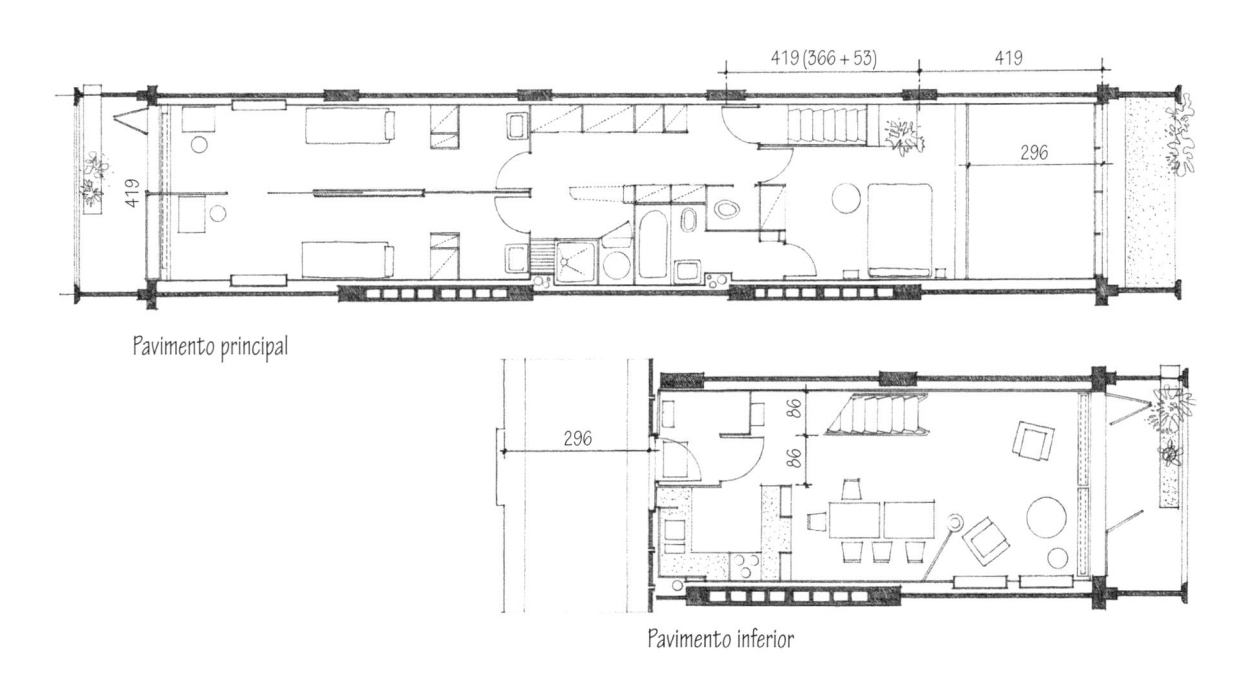

Pavimento principal

Pavimento inferior

O KEN

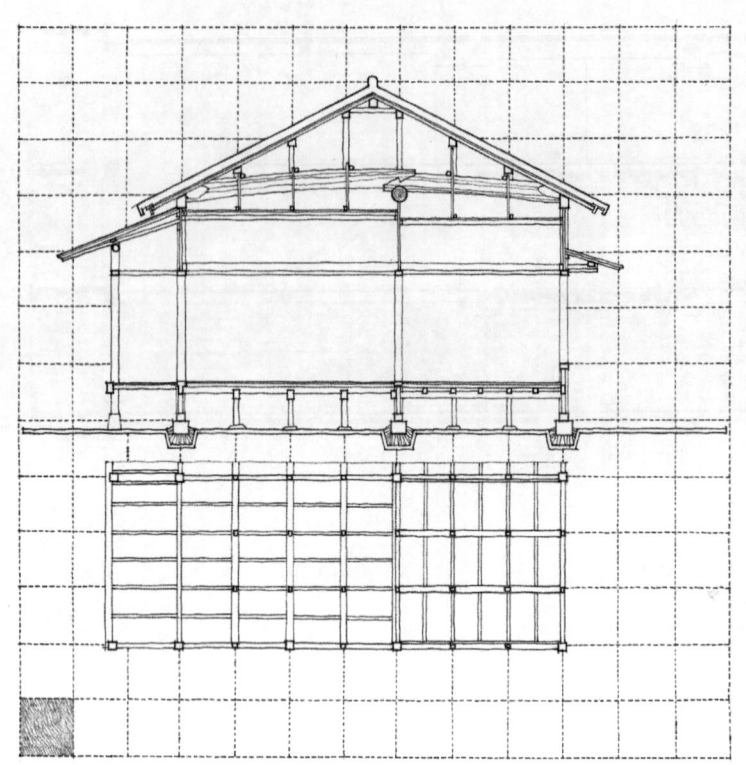

A unidade japonesa tradicional de medida, o *shaku*, foi originalmente importada da China. É quase equivalente ao pé inglês (30,48 cm) e divisível em unidades decimais. Outra unidade de medida, o *ken*, foi introduzida na segunda metade da Idade Média japonesa. Embora fosse originalmente utilizado apenas para designar o intervalo entre duas colunas e variasse em tamanho, o *ken* foi logo padronizado para a arquitetura residencial. Ao contrário do módulo das ordens clássicas, que se baseava no diâmetro de uma coluna e variava conforme o tamanho da edificação, o *ken* se tornou uma medida absoluta.

O *ken*, entretanto, não constituía somente uma medida para a construção de edificações. Ele evoluiu até se converter em um módulo estético que organizava a estrutura, os materiais e o espaço da arquitetura japonesa.

Casa tradicional japonesa

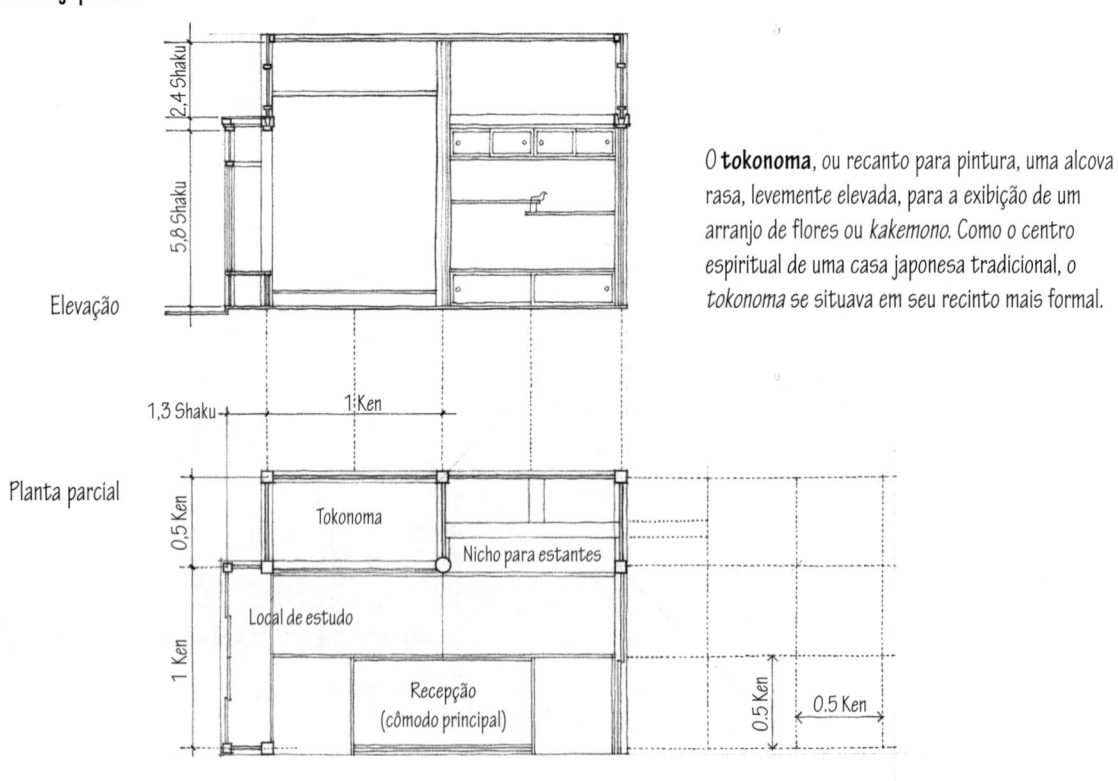

O **tokonoma**, ou recanto para pintura, uma alcova rasa, levemente elevada, para a exibição de um arranjo de flores ou *kakemono*. Como o centro espiritual de uma casa japonesa tradicional, o *tokonoma* se situava em seu recinto mais formal.

Elevação

Planta parcial

Dois métodos de projeto com o uso da malha modular *ken* se desenvolveram, afetando sua dimensão. No método *Inaka-ma*, a malha do *ken* de seis *shaku* determinava o intercolúnio. Portanto, o tatame padrão (3 × 6 *shaku* ou 0,5 × 1 *ken*) variava ligeiramente a fim de acomodar a espessura das colunas.

No método *Kyo-ma*, o tatame permanecia constante (3,15 × 6,30 *shaku*) e o intercolúnio (módulo *ken*) variava, de acordo com o tamanho do cômodo, entre 6,4 e 6,7 *shaku*.

O tamanho de um cômodo é designado pelo número de seus tatames. O tatame tradicional era originalmente proporcionado a fim de acomodar duas pessoas sentadas ou uma pessoa dormindo. Com o desenvolvimento do sistema de ordem da malha *ken*, entretanto, o tatame perdeu a sua dependência das dimensões humanas, ficando sujeito às exigências do sistema estrutural e do intercolúnio.

Devido à sua modularidade 1:2, os tatames podem ser dispostos em uma série de módulos, para compor qualquer tamanho de cômodo. E para cada tamanho de cômodo, um pé direito diferente é estabelecido da seguinte maneira:

pé direito (*shaku*), medido a partir da parte superior do friso = número de tatames × 0,3.

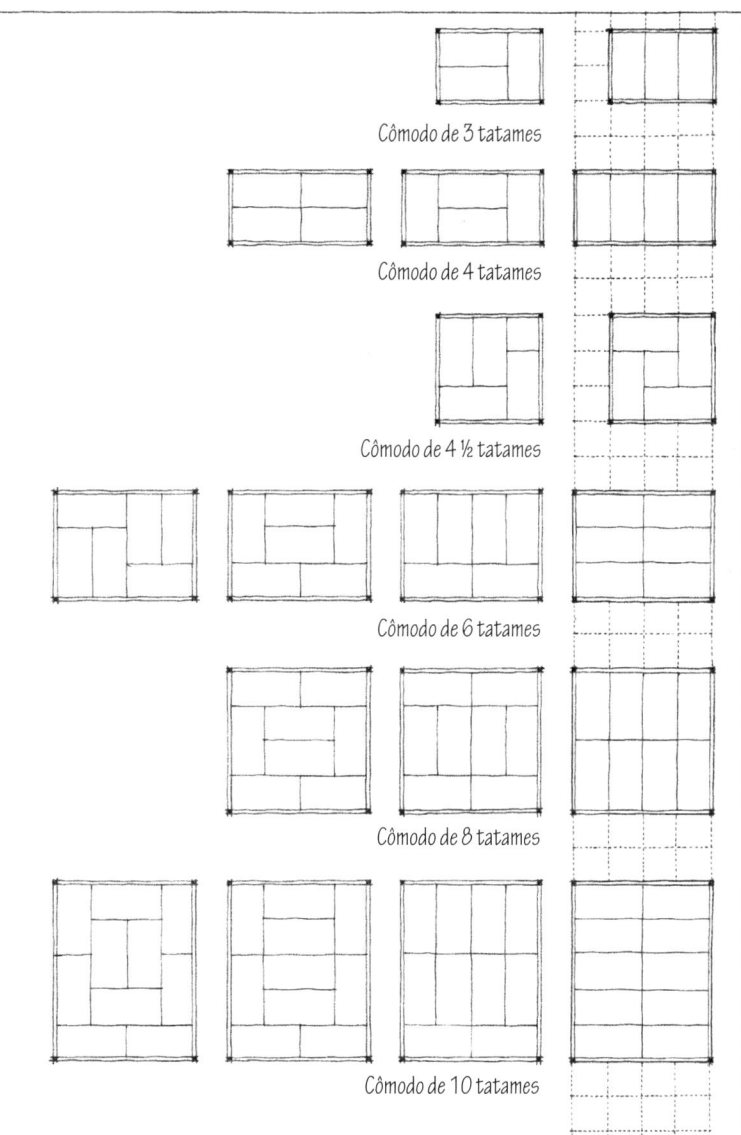

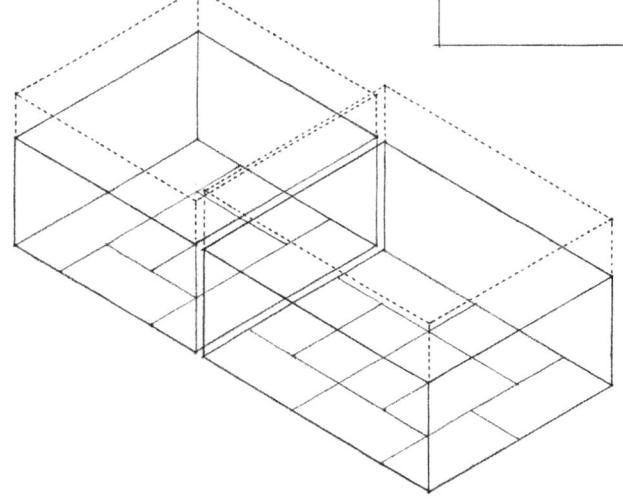

Cômodo de 3 tatames

Cômodo de 4 tatames

Cômodo de 4 ½ tatames

Cômodo de 6 tatames

Cômodo de 8 tatames

Cômodo de 10 tatames

O KEN

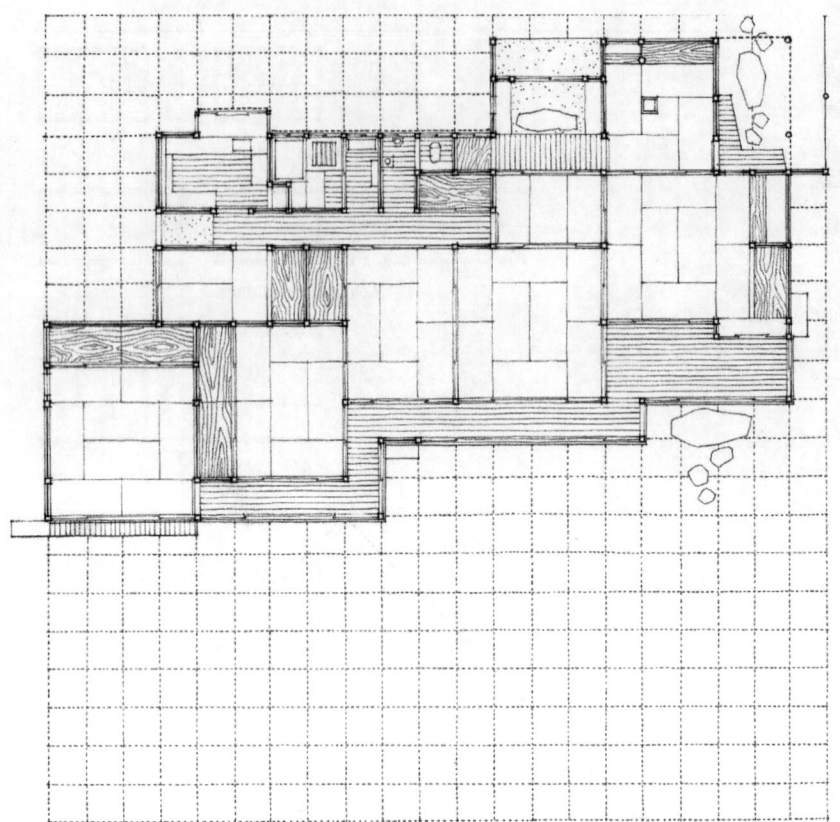

Em uma casa japonesa típica, a malha de *ken* organiza a estrutura, assim como a sequência de espaços entre cômodos. O tamanho relativamente pequeno do módulo permite que os espaços retangulares sejam livremente dispostos em padrões lineares, em ziguezague ou agrupados.

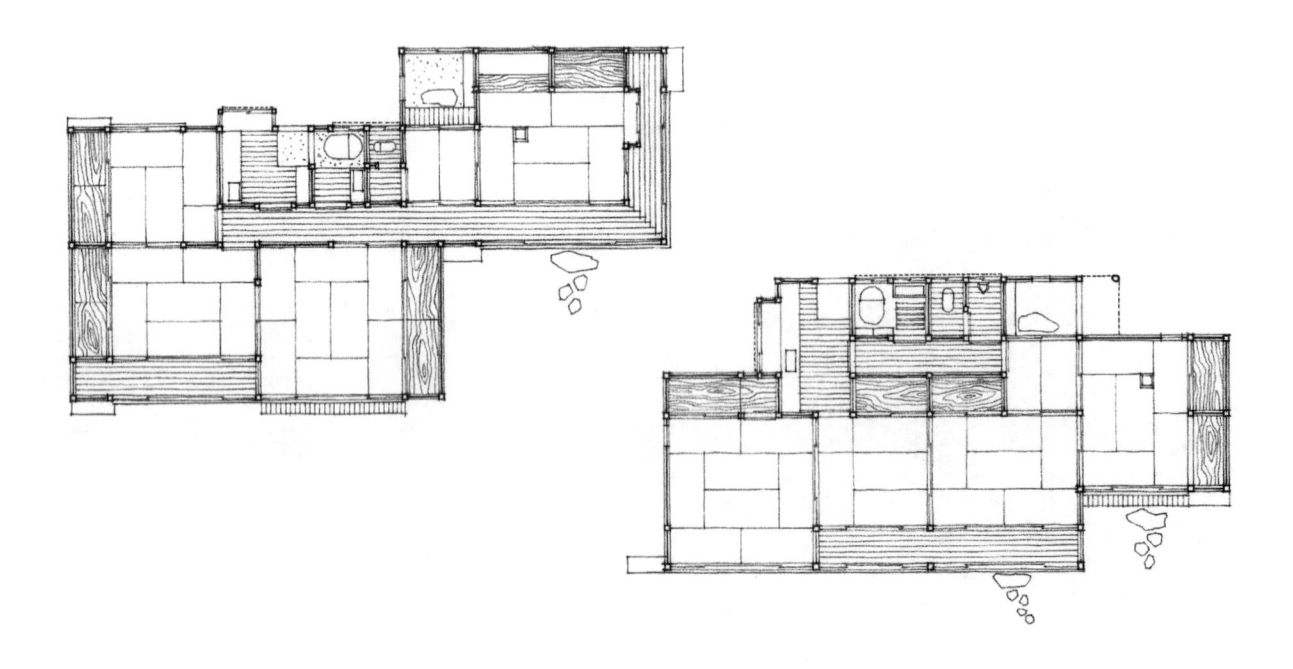

Elevações de uma casa japonesa tradicional

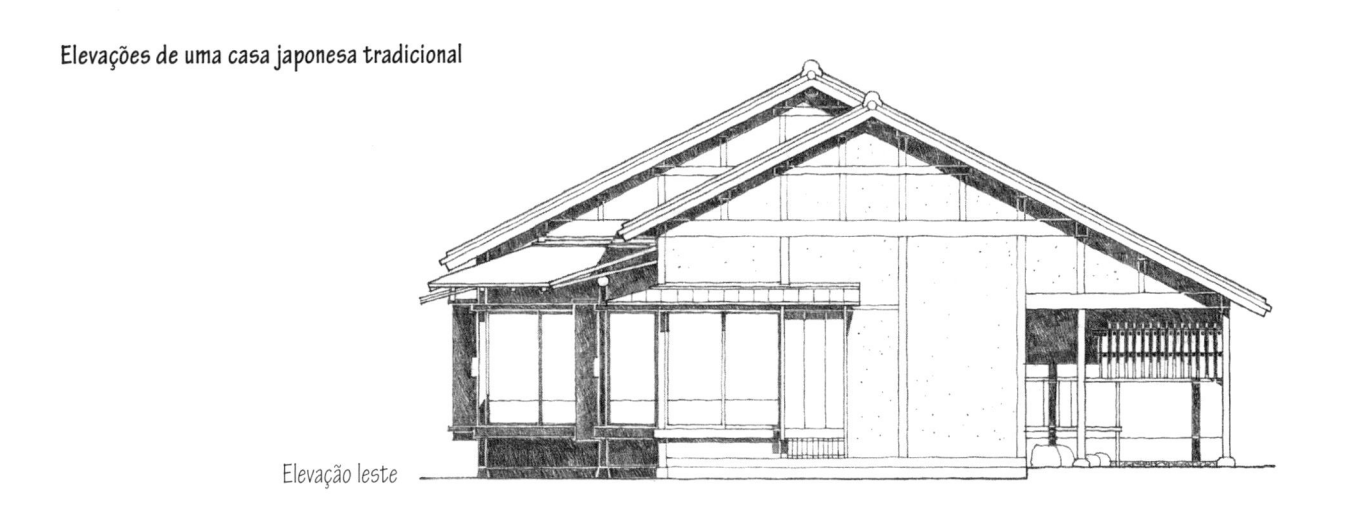

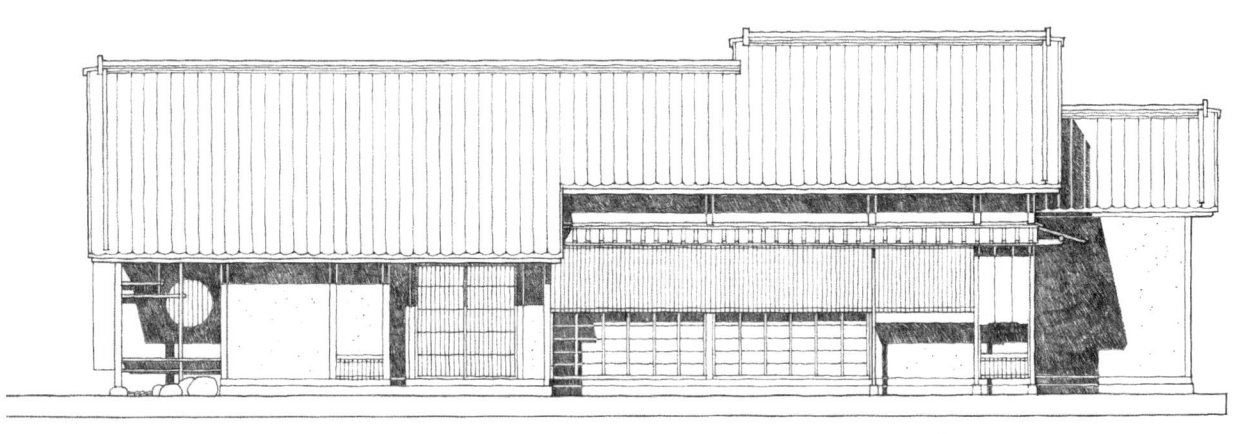

Elevação leste

Elevação norte

368 A ANTROPOMETRIA

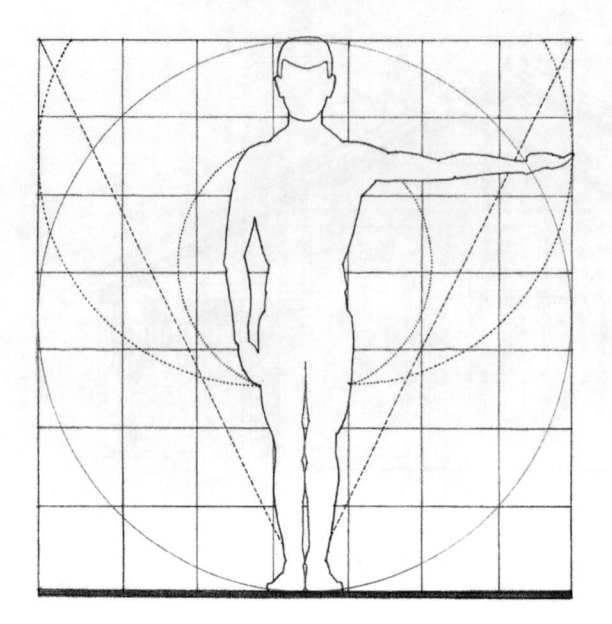

A antropometria se refere à medição do tamanho e das proporções do corpo humano. Enquanto os arquitetos renascentistas viam as proporções da figura humana como uma confirmação de que certas razões matemáticas refletiam a harmonia de seu universo, os métodos de proporção antropométricos não visam às relações abstratas ou simbólicas, mas àquelas funcionais. É um pressuposto da teoria que as formas e os espaços arquitetônicos constituem recipientes ou extensões do corpo humano, devendo, portanto, ser determinados pelas dimensões deste.

A dificuldade com relação à proporcionalidade antropométrica é a natureza dos dados exigidos para o seu uso. Por exemplo, as dimensões aqui fornecidas constituem medidas médias e são apenas diretrizes, assim, devem ser modificadas a fim de satisfazer às necessidades específicas do usuário. O uso de dimensões médias exige sempre precaução, uma vez que sempre há variações com relação à norma, devido à diferença entre o homem e a mulher, entre vários grupos etários e raciais e mesmo de um indivíduo para o outro.

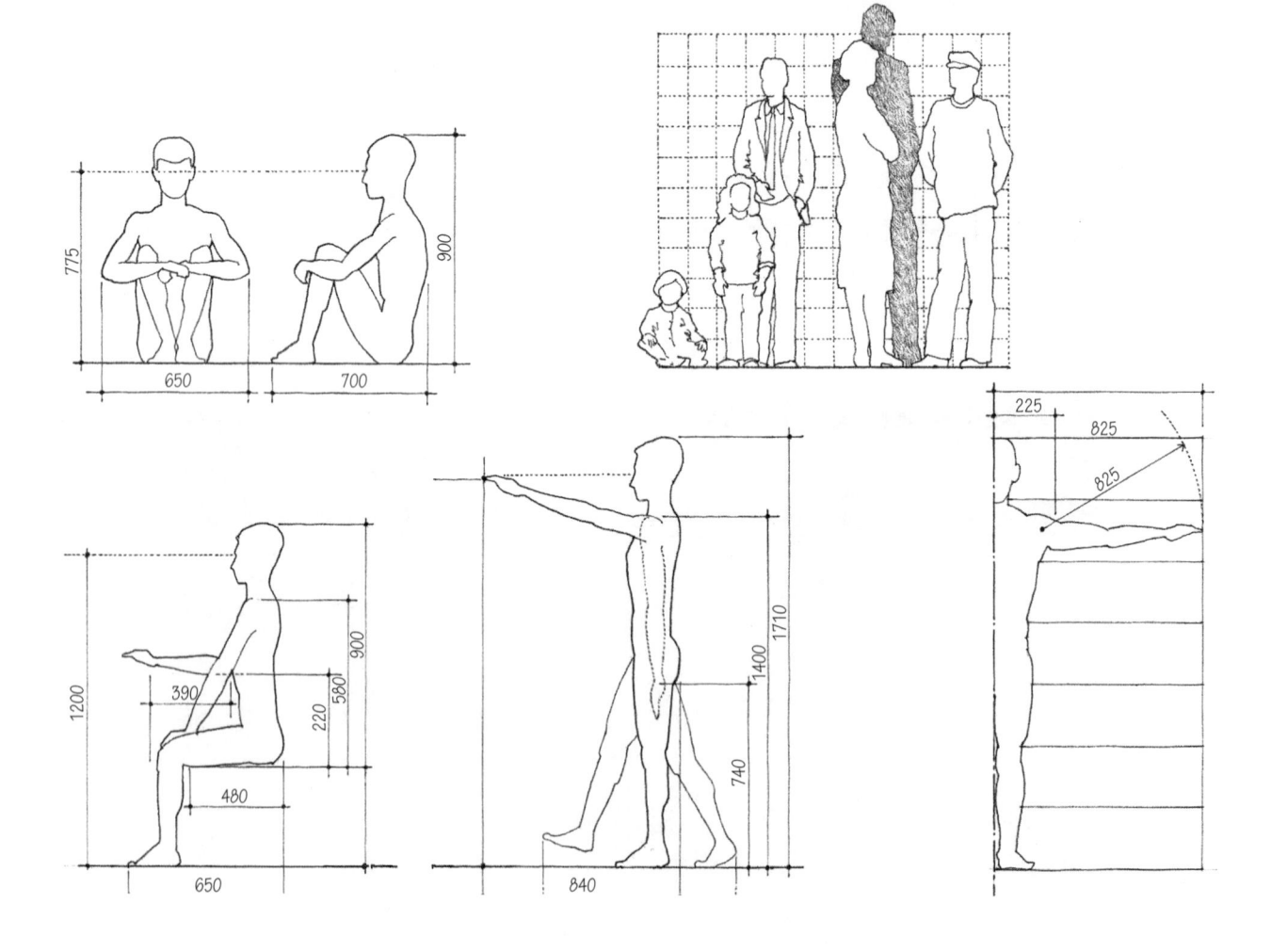

A ANTROPOMETRIA

As dimensões e proporções do corpo humano afetam a proporção dos objetos que manuseamos, a altura e a distância dos objetos que tentamos alcançar e as dimensões do mobiliário que utilizamos para nos sentar, trabalhar, comer e dormir. Há uma diferença entre nossas dimensões estruturais e aquelas exigências dimensionais que resultam do modo como tentamos alcançar alguma coisa em uma prateleira, nos sentar a uma mesa, descer um lanço de escadas ou interagir com outras pessoas. Essas são dimensões funcionais e variarão de acordo com a natureza da atividade executada e a situação social.

Um campo especial que se desenvolveu a partir da preocupação com os fatores humanos é a ergonometria — a ciência aplicada que coordena o projeto de equipamentos, sistemas e ambientes com as nossas capacidades e necessidades fisiológicas e psicológicas.

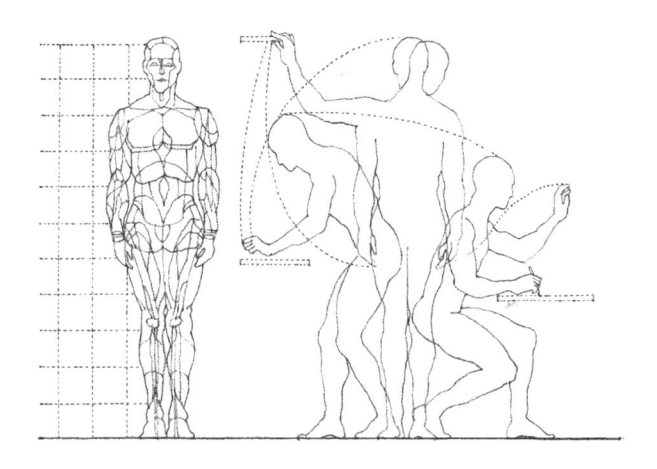

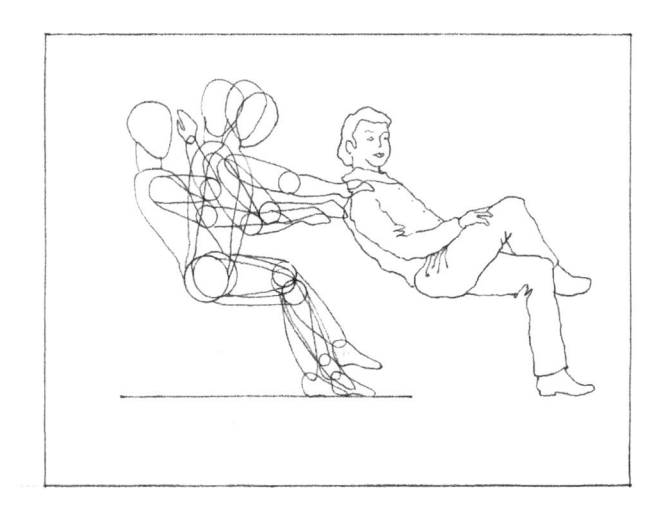

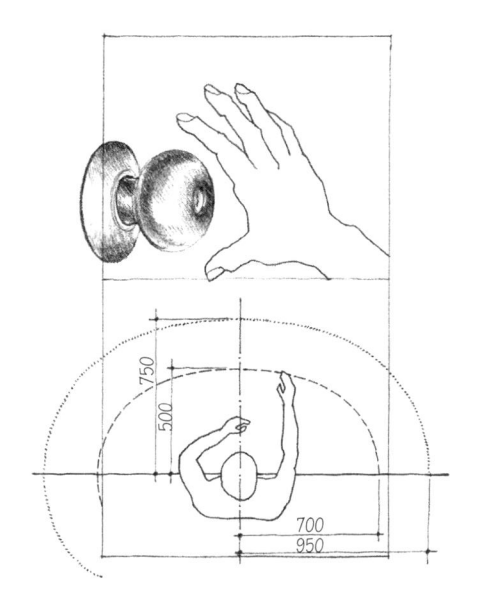

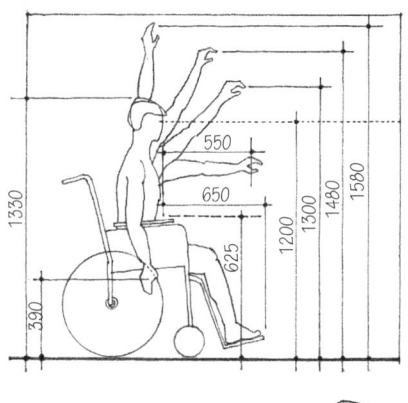

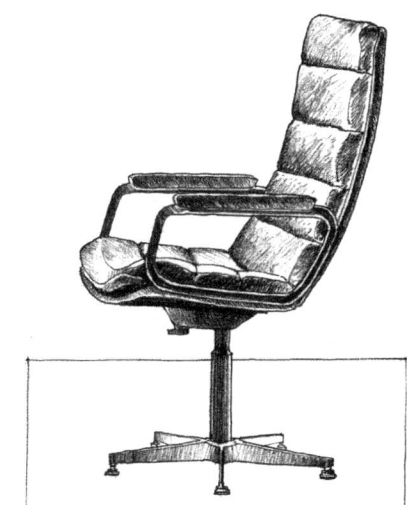

370　A ANTROPOMETRIA

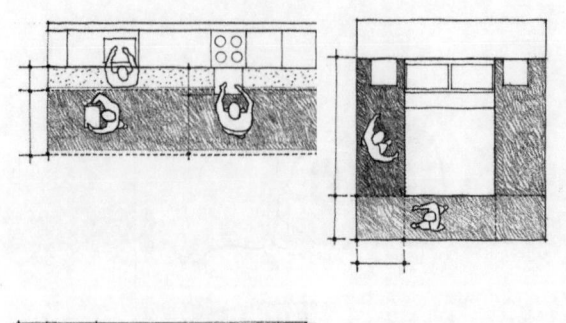

Além dos elementos que utilizamos em uma edificação, as dimensões do corpo humano também afetam o volume de espaço de que necessitamos para o movimento, a atividade e o repouso. O ajuste entre a forma e as dimensões de um espaço e as nossas dimensões corporais pode ser estático, como quando nos sentamos em uma cadeira, encostamo-nos em um guarda-corpo ou nos aconchegamos no espaço de uma alcova. Pode haver também um ajuste dinâmico, como quando entramos no saguão de um edifício, subimos uma escada ou nos deslocamos pelos cômodos e corredores de um edifício. Um terceiro tipo de ajuste é a maneira como o espaço acomoda nossa necessidade de manter distâncias sociais apropriadas e de exercer um controle sobre nosso espaço pessoal.

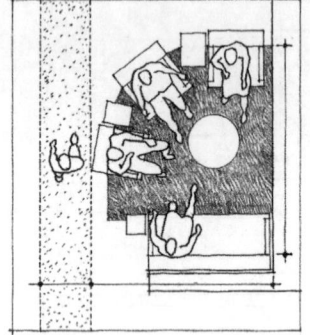

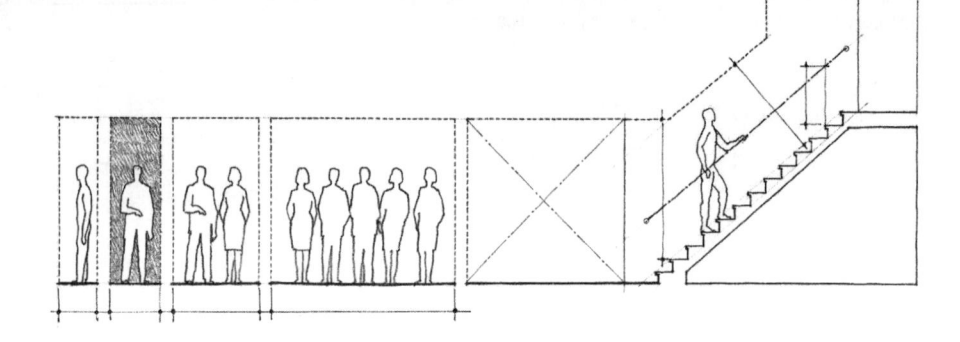

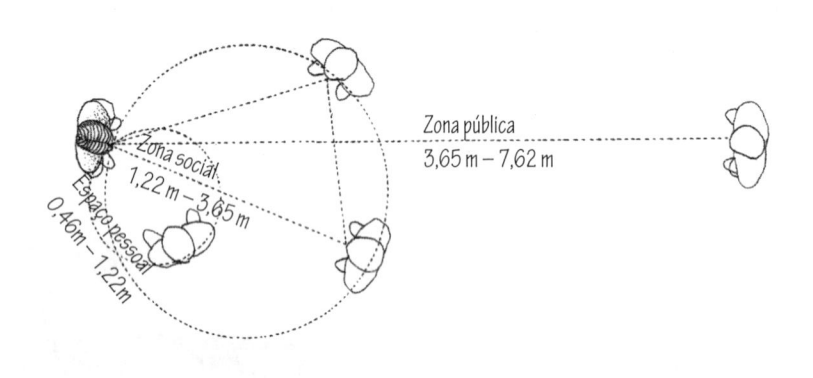

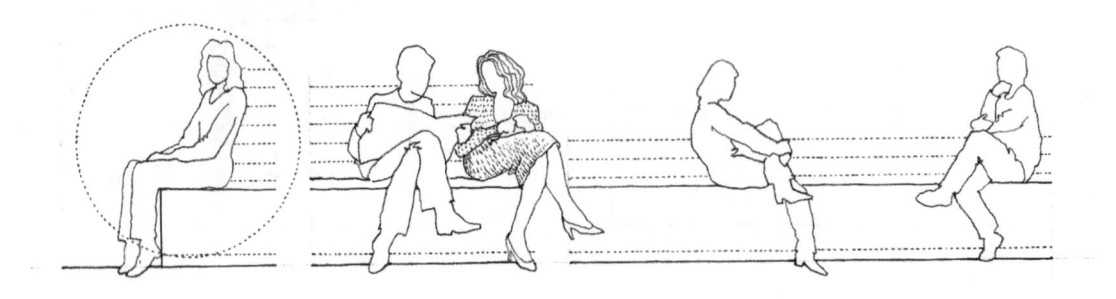

Zona pública
3,65 m – 7,62 m

Zona social
1,22 m – 3,65 m

Espaço pessoal
0,46 m – 1,22 m

Enquanto a proporção diz respeito a um conjunto ordenado de relações matemáticas entre as dimensões de uma forma ou espaço, a escala se refere à maneira como percebemos ou julgamos o tamanho de algo em comparação a outra coisa. Quando falamos sobre escala, portanto, estamos sempre comparando uma coisa a outra.

A entidade com a qual um objeto ou espaço está sendo comparado pode ser uma unidade aceita ou padrão de medida. Por exemplo, podemos dizer que uma mesa tem, de acordo com o Sistema Imperial ou Padrão Americano, 3 pés de largura, 6 pés de comprimento e 29 polegadas de altura. Utilizando o Sistema Internacional de Unidades, a mesma mesa teria 914 mm de largura, 1.829 mm de comprimento e 737 mm de altura. As dimensões físicas da mesa não mudaram, somente o sistema utilizado para representar o seu tamanho.

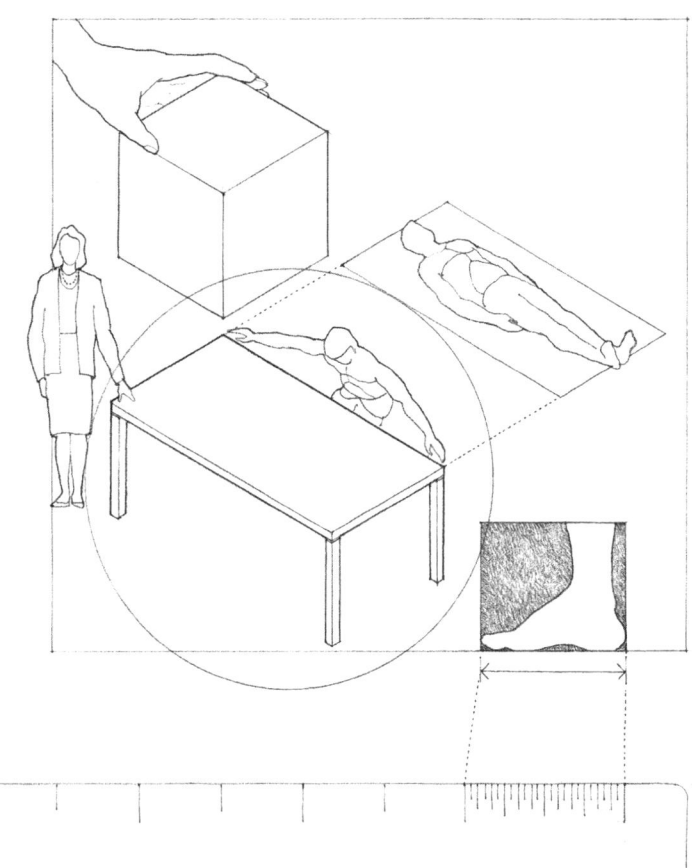

Ao desenhar, utilizamos uma escala para especificar a razão que determina a relação entre uma ilustração e aquilo que ela representa. Por exemplo, a escala de um desenho de arquitetura indica o tamanho de um edifício representado em comparação ao seu tamanho real.

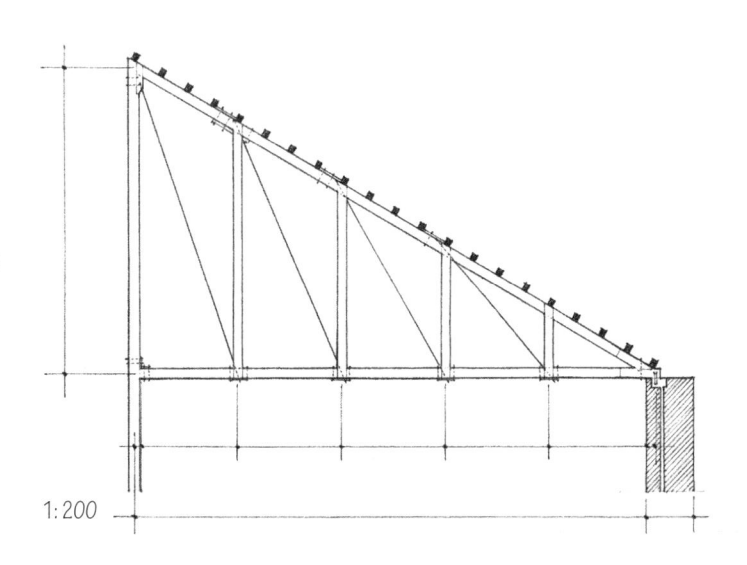

1:200

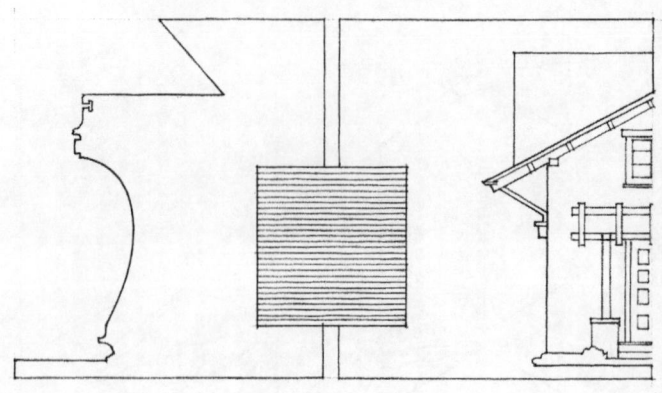

372 A ESCALA VISUAL

É fundamental para os arquitetos e engenheiros a noção de escala visual, que se refere não às dimensões reais das coisas, e sim a quanto um objeto parece grande ou pequeno em relação ao seu tamanho normal ou ao tamanho de outro elemento de seu contexto.

Quando afirmamos que algo está em escala pequena ou em miniatura, normalmente queremos dizer que aquilo parece ser menor do que seu tamanho usual. Da mesma maneira, algo que está em escala grande é percebido como maior do que o normal ou esperado.

Falamos de escala urbana quando nos referimos ao tamanho de um projeto no contexto de uma cidade, de escala do entorno quando consideramos uma edificação apropriada ao seu local dentro de uma cidade, ou de escala da rua quando observamos os tamanhos relativos de elementos voltados para uma via.

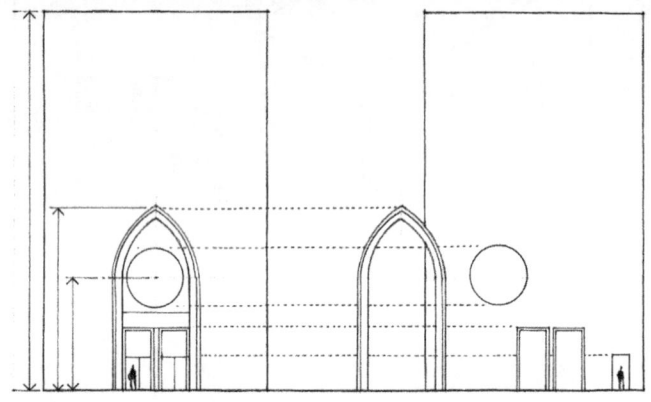

Qual é o tamanho deste quadrado?

Na escala de um edifício, todos os elementos, independentemente de quão triviais ou sem importância possam ser, têm certo tamanho. Suas dimensões podem ser predeterminadas pelo fabricante ou podem ser selecionadas pelo projetista a partir de uma gama de opções. Não obstante, percebemos o tamanho de cada elemento em relação a suas partes e ao todo de uma composição.

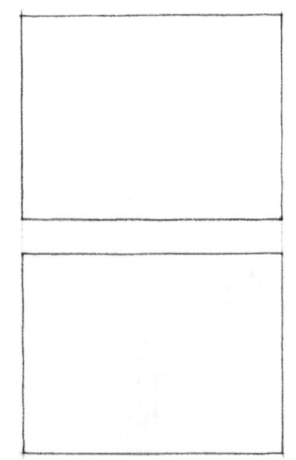

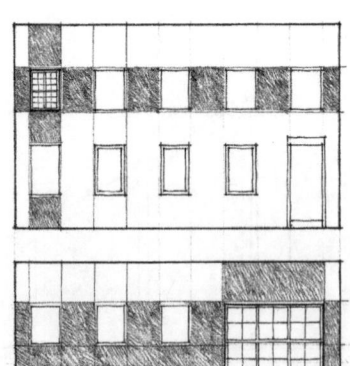

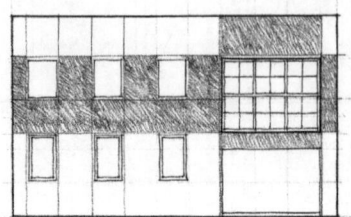

Escala mecânica: o tamanho ou a proporção de algo em relação a um padrão de medida aceito.

Escala visual: o tamanho ou a proporção que um elemento parece ter em relação a outros elementos de tamanho conhecido ou pressuposto.

Por exemplo, o tamanho e a proporção das janelas em uma fachada de edifício estão visualmente relacionados uns com os outros, assim como com os espaços entre elas e as dimensões totais da fachada. Se as janelas forem todas do mesmo tamanho e formato, estabelecerão uma escala relativa ao tamanho da fachada.

Se, contudo, uma das janelas for maior do que as outras, criará outra escala dentro da composição da fachada. O salto em escala poderia indicar o tamanho ou a importância do espaço atrás da janela em questão ou poderia afetar nossa percepção do tamanho das outras janelas ou das dimensões totais da fachada.

A ESCALA VISUAL   **373**

Muitos elementos da arquitetura têm tamanhos e características que nos são familiares e que utilizamos para julgar os tamanhos de outros elementos ao seu redor. Tais elementos, como janelas e portas de residências, ajudam a dar uma ideia da dimensão de um prédio e de quantos pavimentos ele tem. Escadas e certos materiais modulares, como tijolos e blocos de concreto, ajudam-nos a medir a escala de um espaço. Devido à sua familiaridade, tais elementos, se superdimensionados, podem também ser utilizados para alterar deliberadamente nossa percepção do tamanho de uma edificação ou espaço.

Certas edificações e espaços têm duas ou mais escalas atuando simultaneamente. O pórtico de entrada da biblioteca da Universidade da Virgínia, modelado com base no Panteão de Roma, está dimensionado proporcionalmente à forma arquitetônica global, enquanto o vão ocupado pela porta e as janelas atrás do pórtico estão dimensionados proporcionalmente ao tamanho dos espaços internos do edifício.

Universidade da Virgínia, Charlottesville, Estados Unidos, 1817–1826, Thomas Jefferson, em colaboração com Thornton e Latrobe

Os portais de entrada recuados da Catedral de Reims estão dimensionados proporcionalmente às dimensões da fachada e podem ser vistos e reconhecidos à distância como as entradas para os espaços internos da igreja. À medida que nos aproximamos, no entanto, vemos que as entradas reais são, na verdade, portas relativamente comuns dentro dos portais maiores e com as dimensões calculadas de acordo com as nossas, com a escala humana.

Catedral de Reims, França, 1211–1290

A ESCALA HUMANA

A escala humana, na arquitetura, baseia-se nas dimensões e proporções do corpo humano. Já mencionamos, na seção sobre as proporções antropométricas, que nossas dimensões variam de indivíduo para indivíduo e não devem ser empregadas como uma referência de medida absoluta. Podemos, no entanto, perceber fisicamente um espaço cuja largura é tal que podemos esticar nossos braços e tocar suas paredes. De maneira similar, conseguimos julgar sua altura se pudermos erguer os braços e tocar o plano do teto. Quando isso não é possível, devemos nos basear em indícios visuais – e não táteis – para ter uma sensação da escala de um espaço.

Para ter tais indícios, podemos empregar elementos que têm significado para os seres humanos e estão relacionados às dimensões de nossa postura, passo, ritmo ou alcance. Tais elementos, como uma mesa ou cadeira, os espelhos e pisos de um degrau, o peitoril de uma janela e a verga de uma porta, conferem escala humana a um espaço, além de nos ajudar a estimar o seu tamanho.

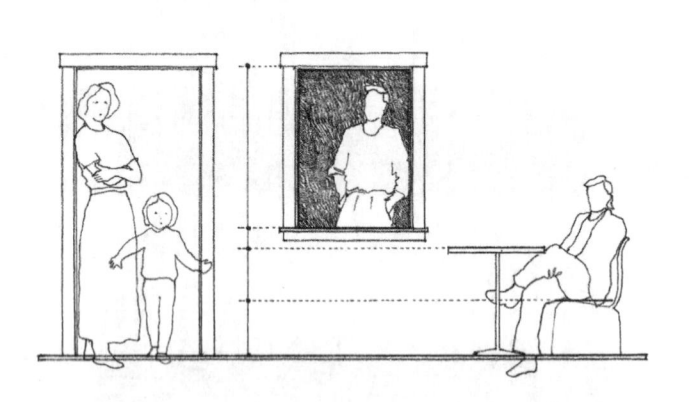

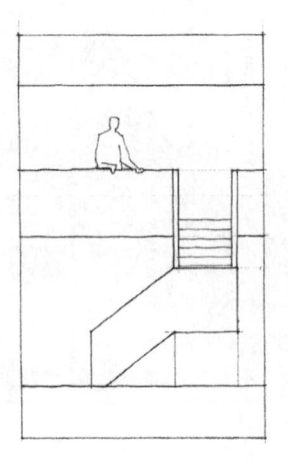

Enquanto algo de escala monumental nos faz sentir comparativamente pequenos, um espaço em escala íntima descreve um ambiente no qual nos sentimos confortáveis, no controle ou importantes. Ambientes íntimos, como os espaços definidos por conjuntos de poltronas ou mesas em um grande saguão de hotel, transmitem a amplidão do espaço, além de definir áreas confortáveis e com escala humana. Uma escada que leva a uma galeria ou mezanino pode nos transmitir uma ideia das dimensões verticais de um cômodo, além de sugerir a presença humana. Uma janela em uma parede vazia diz algo sobre o espaço que está por trás e também dá a impressão de que ele é habitado.

A ESCALA HUMANA

Das três dimensões de um recinto, sua altura tem um efeito maior sobre sua escala do que sua largura ou comprimento. Enquanto as paredes de um recinto o fecham, a altura de um plano de teto acima determina suas propriedades de abrigo e intimidade.

Se aumentarmos de 2,4 para 2,7 m o pé direito de um recinto medindo 3,6 x 4,8 m, o efeito será mais notado e afetará mais sua escala do que se tivéssemos aumentado sua largura para 3,9 m e seu comprimento para 5,2 m. Embora o recinto medindo 3,6 x 4,8 m com um pé direito de 2,7 m possa parecer confortável para a maioria das pessoas, um espaço medindo 15,3 x 15,3 m com o mesmo pé direito começaria a dar a sensação de opressividade.

Além da dimensão vertical de um espaço, outros fatores que afetam sua escala são:

- o formato, a cor e o padrão de suas superfícies delimitadoras
- o formato e a disposição de suas aberturas
- a natureza e escala dos elementos distribuídos dentro dele

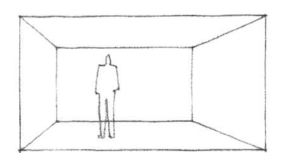

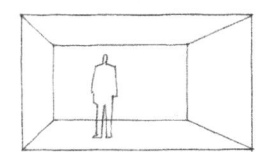

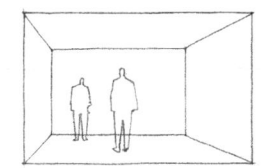

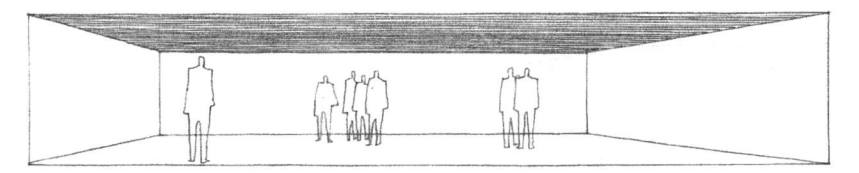

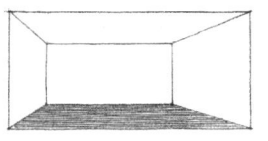

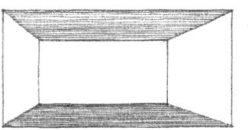

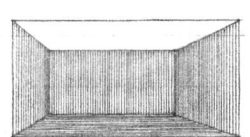

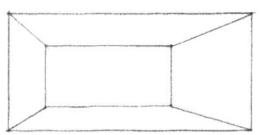

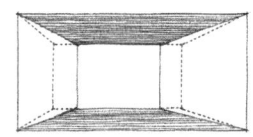

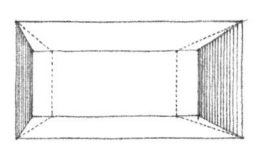

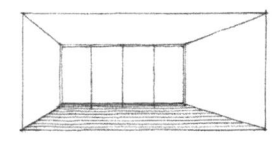

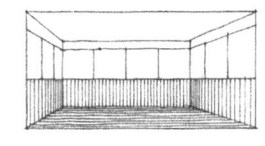

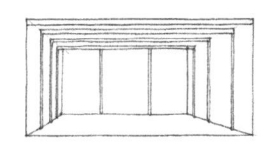

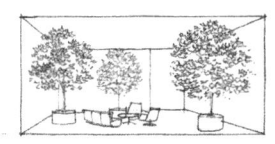

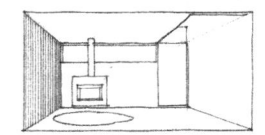

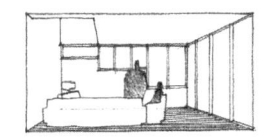

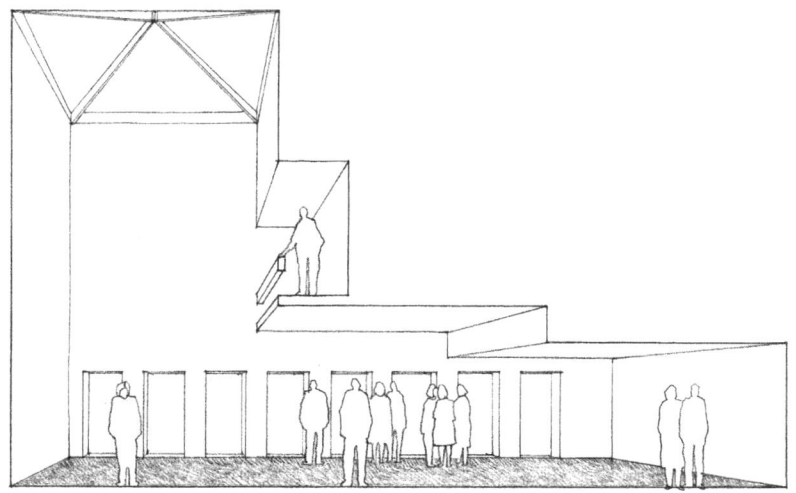

A ESCALA HUMANA

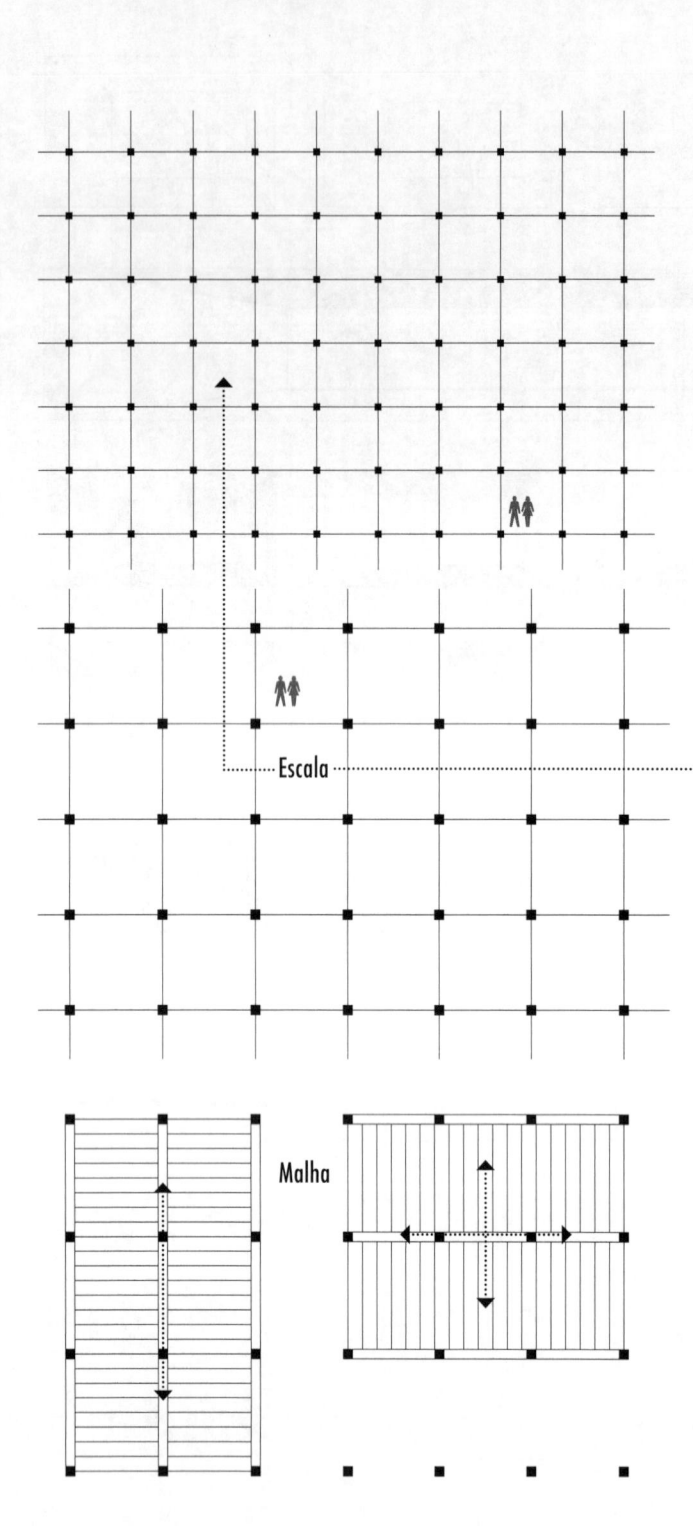

Um fator decisivo para determinar a escala de um espaço é a maneira como ele é estruturado. O tamanho, o espaçamento e o padrão de seus suportes estruturais e sistemas de vencimento dos vãos contribuem para nossa leitura da escala de um espaço. Portanto, ao desenvolver uma grade estrutural, devemos estar cientes da espessura relativa das dimensões e proporções dos módulos em relação ao que consideramos normal. A escala de uma grade estrutural está relacionada a:

- O tipo de atividade humana que será realizada
- O alcance de um sistema de abrangência específico
- A natureza do solo onde será construída a edificação

Escala

Malha

Outro aspecto que influencia nossa leitura da escala de um espaço são os tamanhos relativos dos elementos estruturais utilizados. Algumas estruturas podem ser vistas como concentradas na natureza pelo uso de elementos relativamente grandes transferindo cargas concentradas. Por outro lado, existem algumas estruturas que usam uma multiplicidade de pequenos elementos estruturais que distribuem suas cargas entre grande número de outros elementos ainda menores.

Um atributo final de alguns sistemas estruturais é sua malha, determinado pela direção, tamanho e disposição de seus elementos de vencimento de vão.

A ESCALA HUMANA   377

Embora a escala e o padrão de suportes verticais sugeridos por uma grade estrutural influenciem o tipo de sistema de vencimento de vãos empregado, seu arranjo também deve acomodar a escala e os padrões pretendidos da atividade humana. No mínimo, o padrão de suporte vertical não deve limitar a utilidade de um espaço em restringir suas atividades pretendidas.

Essas atividades que exigem grandes vãos livres muitas vezes determinam o tipo de estrutura escolhido, mas atividades de menor escala geralmente podem ser acomodadas por uma variedade de opções estruturais. Aqui estão ilustrados vários tipos e escalas de padrões estruturais e o padrão e a escala da atividade humana que cada um pode acomodar.

Uma grelha de colunas oferece flexibilidade, dá origem a múltiplas leituras de volumes espaciais e estabelece um ritmo e uma escala para a leitura das dimensões espaciais

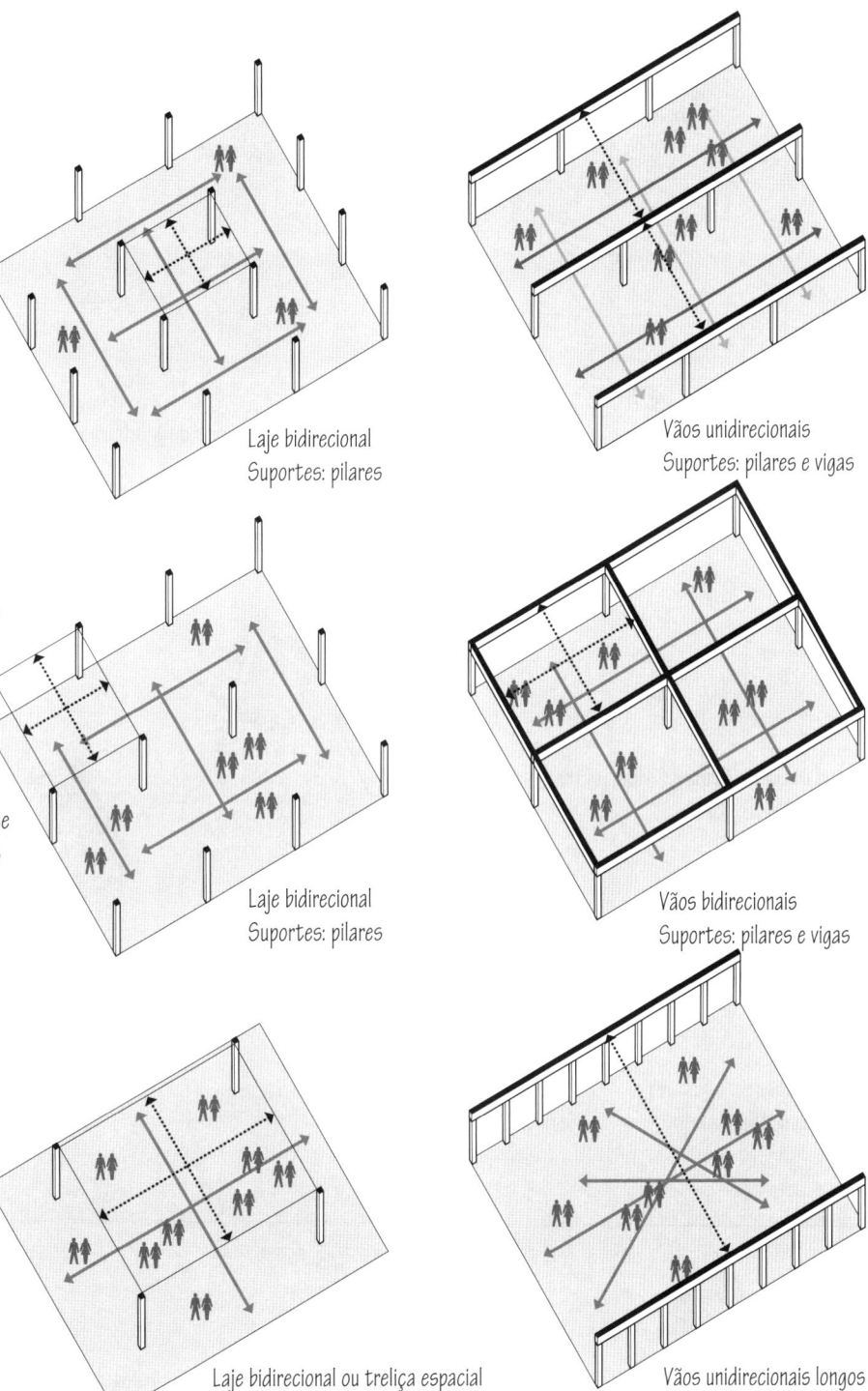

Laje bidirecional
Suportes: pilares

Vãos unidirecionais
Suportes: pilares e vigas

Laje bidirecional
Suportes: pilares

Vãos bidirecionais
Suportes: pilares e vigas

Laje bidirecional ou treliça espacial
Suportes: pilares

Vãos unidirecionais longos

UMA COMPARAÇÃO DE ESCALAS

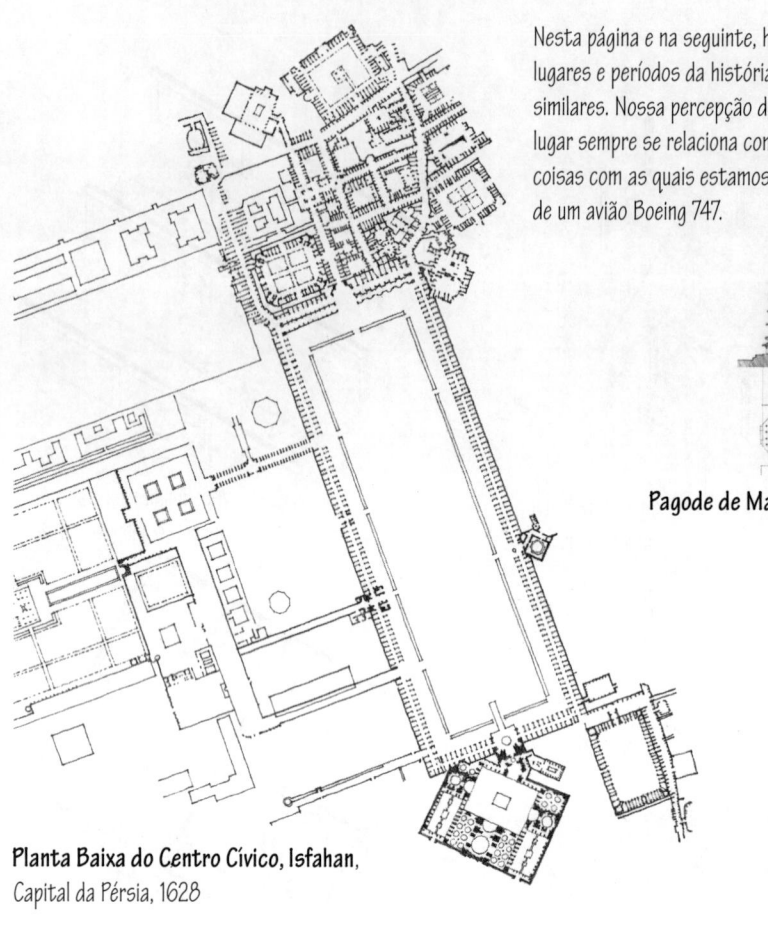

Nesta página e na seguinte, há obras de arquitetura de vários lugares e períodos da história desenhadas em escalas iguais ou similares. Nossa percepção do tamanho de alguma coisa ou algum lugar sempre se relaciona com seu contexto e as dimensões das coisas com as quais estamos familiarizados, como o comprimento de um avião Boeing 747.

Pagode de Madeira de Yingxian, China, 1056

Edifício Empire State, Cidade de Nova York, Estados Unidos, 1931, Shreve, Lamb and Harmon

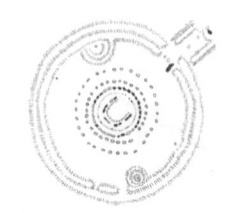

Planta Baixa do Centro Cívico, Isfahan, Capital da Pérsia, 1628

Stonehenge, Inglaterra cerca de 1800 a.C.

Pagode Shwezigon, Pagan, próximo a Nyangu, Burma, 1058

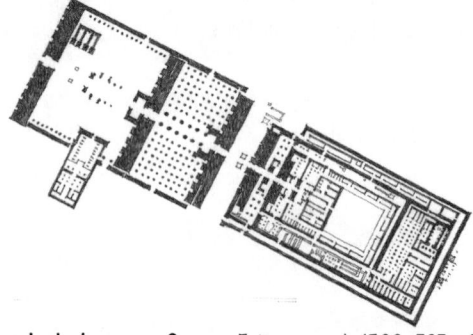

Templo de Amon em Carnac, Egito, cerca de 1500–323 a.C.

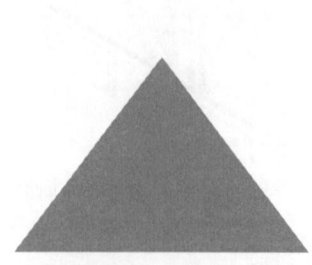

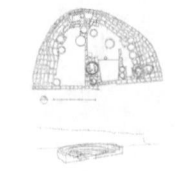

Pueblo Bonito, Cânion Chaco, Estados Unidos, iniciado cerca de 920 d.C.

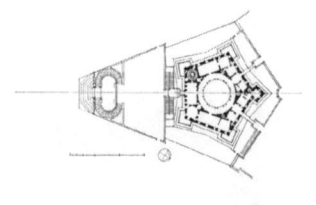

Grande Pirâmide de Quéops, Gizé, Egito, cerca de 2500 a.C.

Vila Farnese, Caprarola, Itália, 1559–1560, Giacomo Vignola

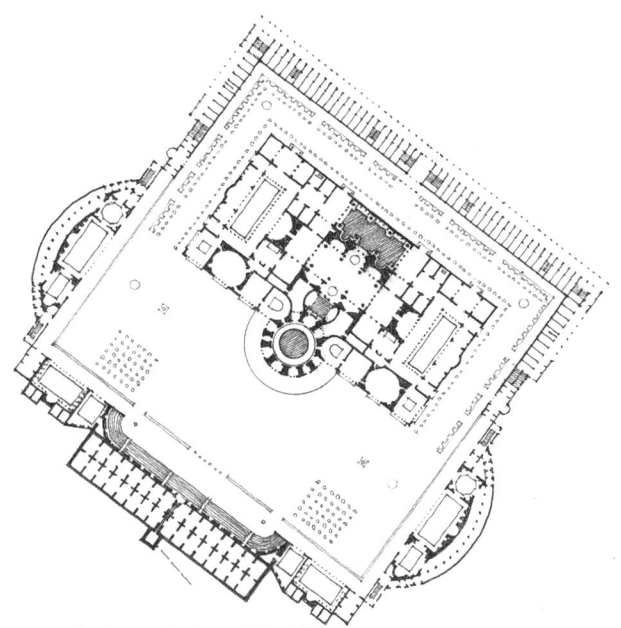

UMA COMPARAÇÃO DE ESCALAS 379

Termas de Caracala, Roma, 212–216 d.C.

Basílica de São Pedro, 1607, Michelangelo Buonarroti e Carlo Maderno

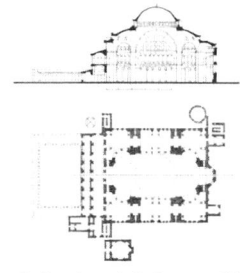

Santa Sofia, Istanbul, Turquia, 532–537 d.C.

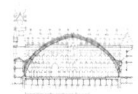

Estação Ferroviária Saint Pancras, Londres, Inglaterra, 1863–1876, George Gilbert Scott

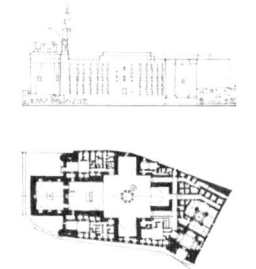

Mesquita do Sultão Hasan, Cairo, Egito, 1356–1363

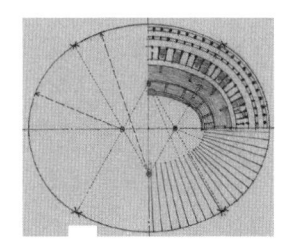

Coliseu, Roma, Itália, 70–82 d.C.

Boeing 747–400

Edifício da Assembleia Legislativa de Chandigarh, Índia, 1956–1959, Le Corbusier

Angkor Wat, próximo a Siem Reap, Camboja, 802–1220

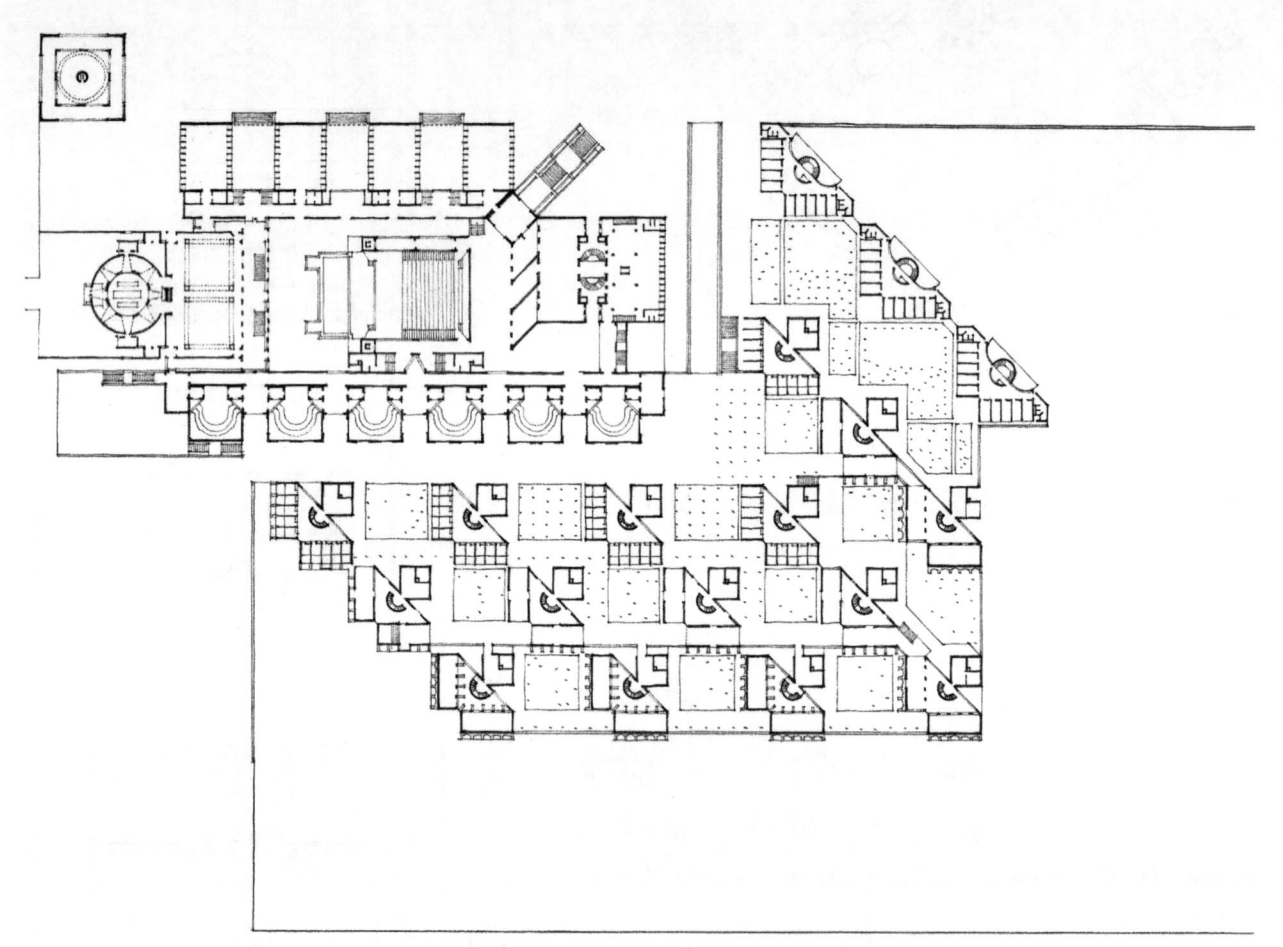

Instituto Indiano de Administração, Ahmedabad, Índia, 1965, Louis Kahn

7
Os Princípios

"(...) Nada além de confusão pode resultar de quando a ordem é considerada uma característica que tanto pode ser acatada como abandonada, algo que pode ser dispensado e substituído por outra coisa. A ordem deve ser considerada indispensável ao funcionamento de qualquer sistema organizado, seja sua função física ou mental. Assim como um motor, uma orquestra ou um time esportivo não podem funcionar sem a cooperação integrada de todas as suas partes, uma obra de arquitetura não tem como satisfazer sua função e transmitir sua mensagem a menos que apresente um padrão ordenado. A ordem é possível em qualquer nível de complexidade: em estátuas tão simples como as da Ilha de Páscoa ou tão intricadas como as de Bernini, em uma casa de fazenda ou em uma igreja de Borromini. Contudo, se a ordem não está presente, não há como saber o que a obra está tentando dizer."

Rudolf Arnheim
The Dynamics of Architectural Form
1977

Enquanto o Capítulo 4 empregou uma base geométrica para a organização das formas e dos espaços de uma edificação, este capítulo discute princípios adicionais que podem ser empregados a fim de conferir ordem a uma composição de arquitetura. A ordem se refere não apenas à regularidade geométrica, mas à condição na qual qualquer parte de um todo é disposta de modo apropriado em relação às demais partes e ao seu propósito, a fim de produzir um arranjo harmonioso.

Existe uma diversidade e complexidade natural às exigências do programa de necessidades de uma edificação. As formas e os espaços de qualquer edificação deveriam reconhecer a hierarquia inerente às funções que acomodam, aos usuários que servem, ao propósito ou significado que transmitem e o escopo que visam ou ao contexto no qual se inserem. É nesse reconhecimento da diversidade, complexidade e hierarquia naturais na elaboração do programa de necessidades, projeto e execução das edificações que os princípios ordenadores são discutidos.

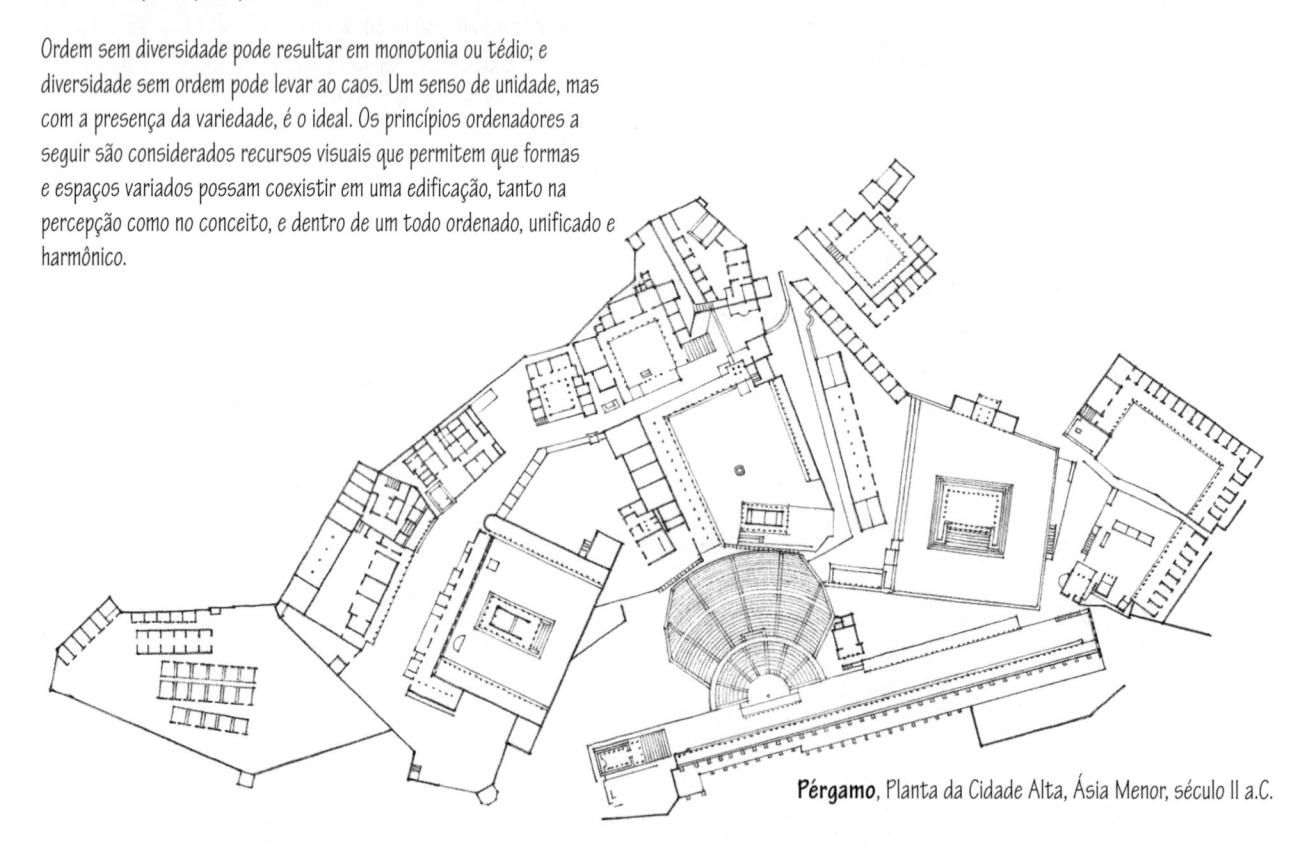

Ordem sem diversidade pode resultar em monotonia ou tédio; e diversidade sem ordem pode levar ao caos. Um senso de unidade, mas com a presença da variedade, é o ideal. Os princípios ordenadores a seguir são considerados recursos visuais que permitem que formas e espaços variados possam coexistir em uma edificação, tanto na percepção como no conceito, e dentro de um todo ordenado, unificado e harmônico.

Pérgamo, Planta da Cidade Alta, Ásia Menor, século II a.C.

OS PRINCÍPIOS ORDENADORES 383

Eixo — Uma reta estabelecida por dois pontos no espaço, em relação à qual as formas e os espaços podem ser distribuídos de modo simétrico ou equilibrado.

Simetria — A distribuição e o arranjo equilibrado de formas e espaços equivalentes em ambos os lados de uma linha ou plano paralelo ou em relação a um centro ou eixo.

Hierarquia — O destaque da importância ou do significado de uma forma ou espaço em função de seu tamanho, formato ou posicionamento em relação às demais formas e espaços da organização.

Ritmo — Um movimento unificador caracterizado por um padrão repetitivo ou pela alternação de elementos formais ou motivos no espaço ou em uma forma modificada.

Referência — Linha, plano ou volume que, devido a sua continuidade e regularidade, serve para reunir, medir e organizar um padrão de formas e espaços.

Transformação — O princípio de que um conceito, estrutura ou organização de arquitetura pode ser alterado por meio de uma série de manipulações e permutações distintas, em resposta a um contexto específico ou a um conjunto de condições, sem perda de identidade ou conceito.

O EIXO

O eixo talvez seja o meio mais elementar de organização de formas e espaços na arquitetura. O eixo é uma linha reta estabelecida por dois pontos no espaço, em relação ao qual as formas e os espaços podem ser distribuídos de maneira regular ou irregular. Embora seja imaginário e visível apenas em nossa imaginação, o eixo pode ser uma ferramenta poderosa, dominante e reguladora. Ainda que sugira simetria, ele exige o equilíbrio. A distribuição específica dos elementos em relação a um eixo determinará se a força visual da organização axial é sutil ou exagerada, informal ou formal, pitoresca ou monótona.

Esta rua de Florença, configurada pela **Galeria dos Ofícios** (Galleria degli Uffizi) em ambos os lados, conecta o rio Arno à Piazza della Signoria. Veja a planta na p. 386.

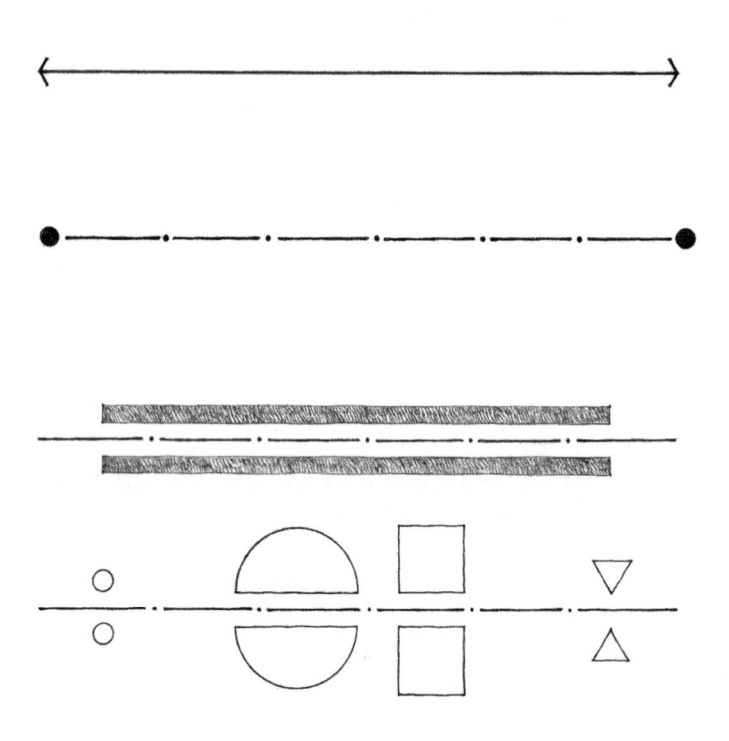

Como um eixo é, em essência, linear, ele tem comprimento e direção, induz ao movimento e promove as vistas ao longo de seu percurso.

Por definição, um eixo deve terminar, em ambas as extremidades, em uma forma ou espaço significativo.

A noção de eixo pode ser reforçada por limites laterais ao longo de sua extensão. Estes limites podem ser meras linhas no plano do solo ou do piso (o plano-base) ou planos verticais que definem um espaço linear que coincide com o eixo.

Um eixo também pode ser estabelecido por meio de um simples arranjo simétrico de formas e espaços.

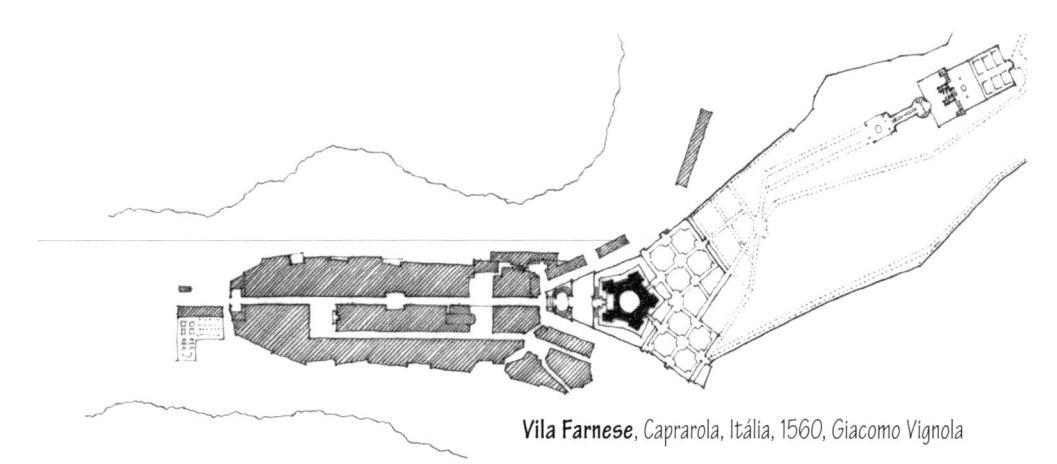

Vila Farnese, Caprarola, Itália, 1560, Giacomo Vignola

Os elementos que definem um eixo (suas extremidades) servem tanto para enviar seu impulso visual como para acabá-lo. Esses elementos podem ser:

- pontos no espaço estabelecidos por elementos verticais ou lineares ou formas edificadas centralizadas;

- planos verticais, como fachadas de edificações simétricas, precedidas por um pátio frontal ou um espaço aberto similar;

- espaços bem-definidos, com forma centralizada ou regular;

- portais que se abrem para fora, em direção a uma vista ou uma paisagem.

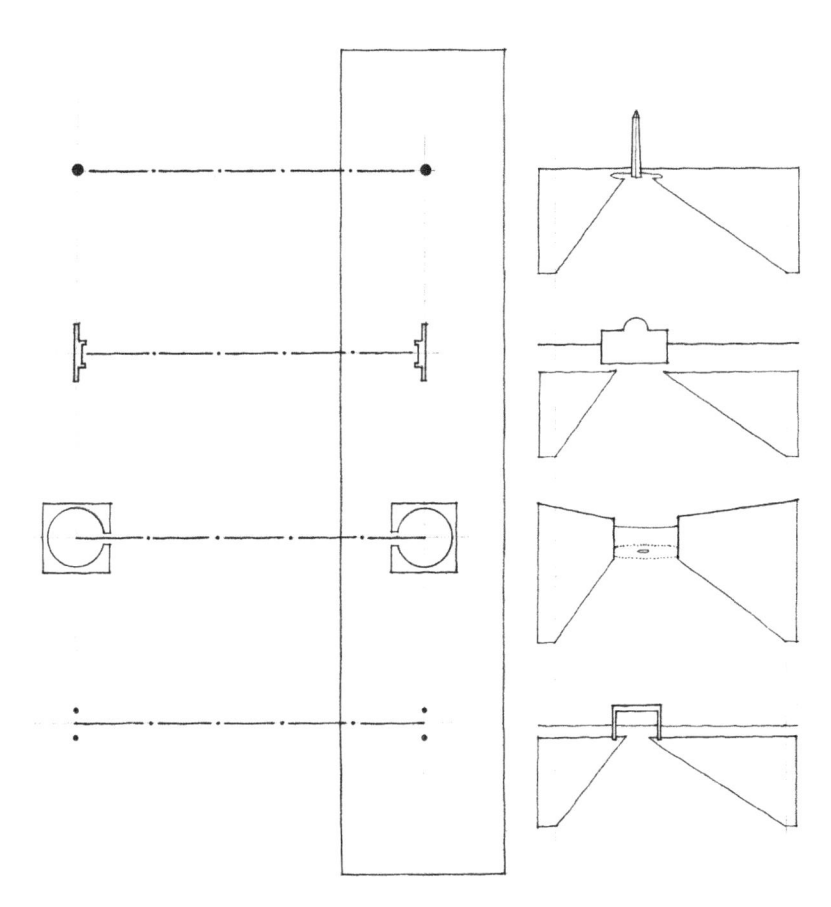

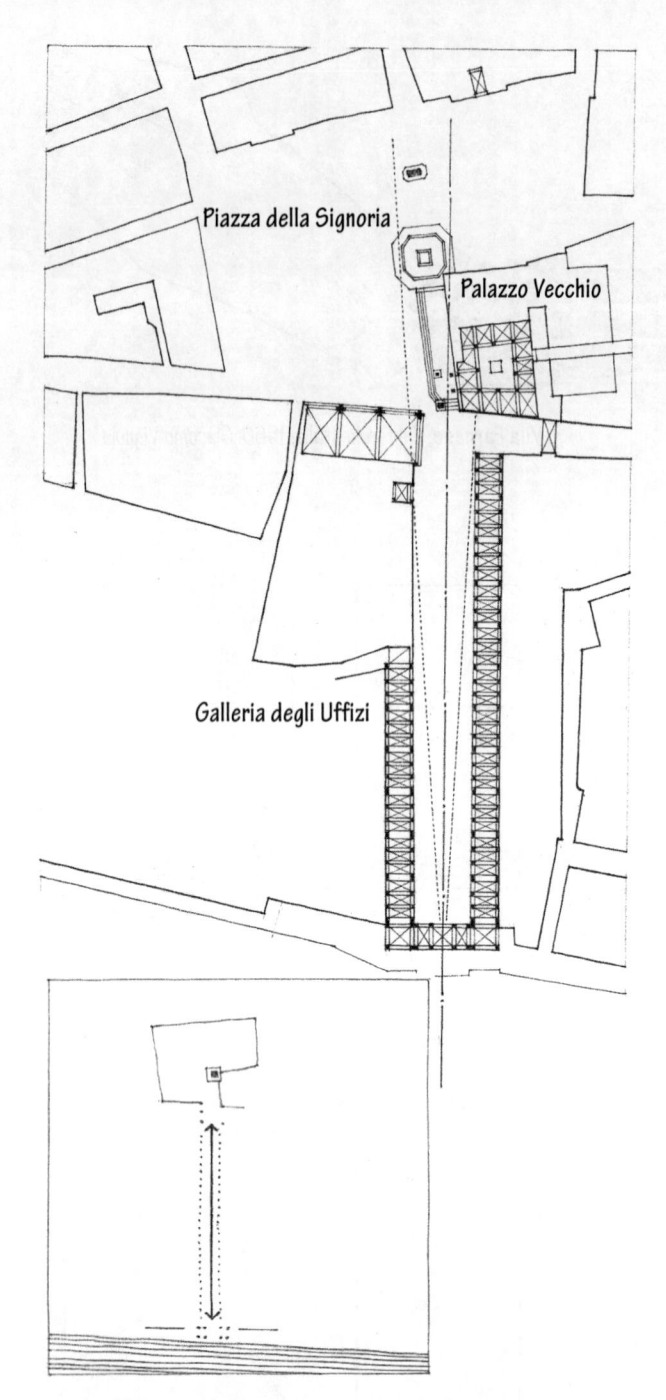

As alas da **Galleria degli Uffizi** em Florença, Itália (1560, Giorgio Vasari) emolduram um espaço axial que leva do rio Arno, passando através do arco da galeria, à **Piazza della Signoria** e ao Palazzo Vecchio (1298–1314, Arnolfo di Cambio).

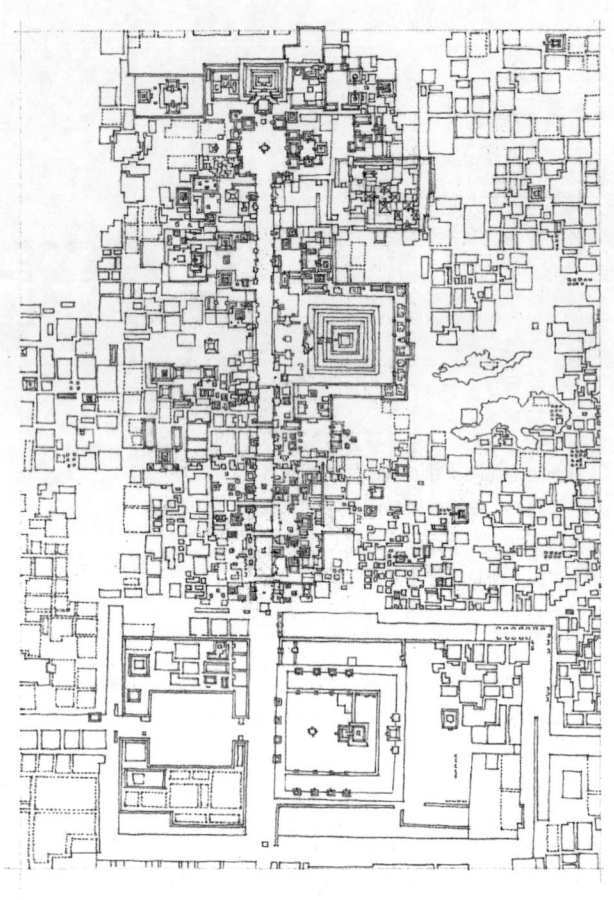

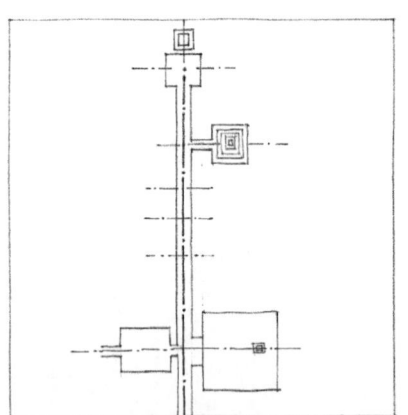

Teotihuacán, Cidade dos Deuses. Localizada perto da Cidade do México, Teotihuacán foi o maior e mais influente centro ritual da América Central, tendo sido fundada por volta do ano 100 a.C. e prosperado até aproximadamente 750 d.C. A área era dominada por duas gigantescas pirâmides-templo, a Pirâmide do Sol e a Pirâmide da Lua (a menor), a partir das quais a Avenida dos Mortos corria para o sul, em direção à cidadela e ao complexo do mercado, no centro da cidade.

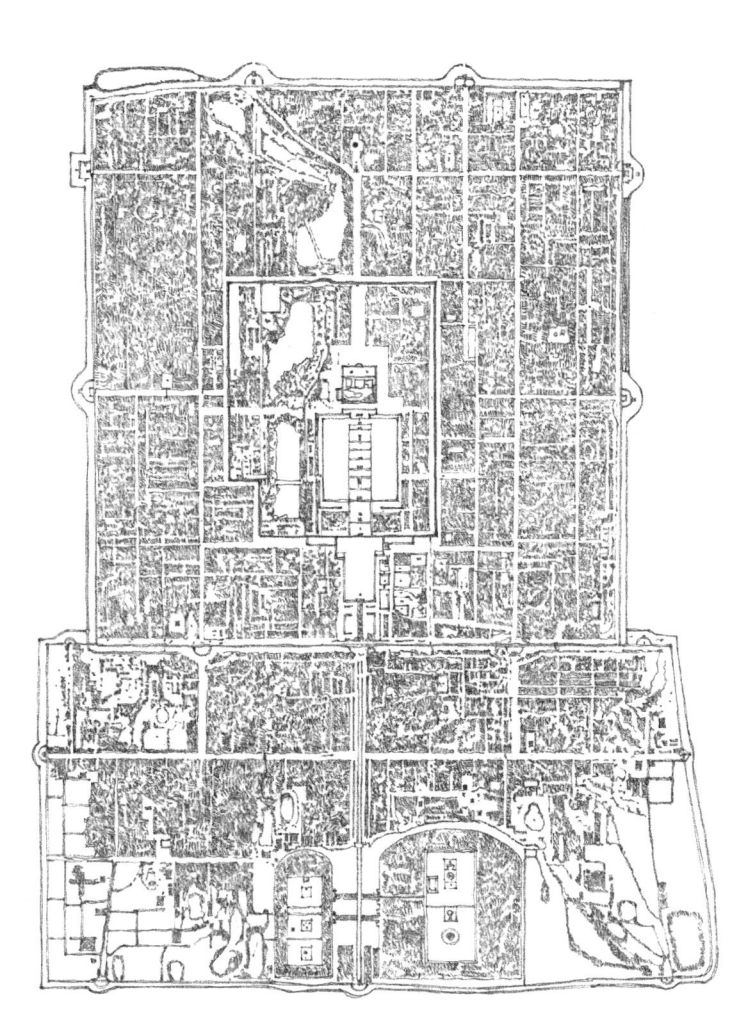

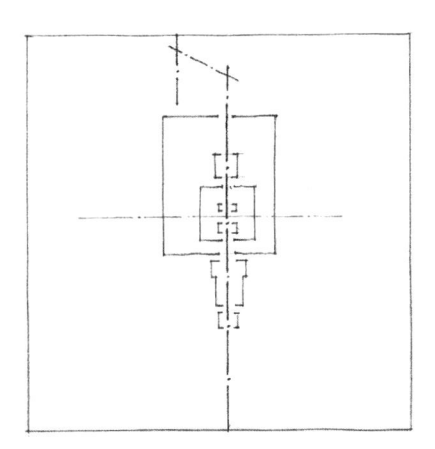

Planta de Pequim, China. Implantada no eixo norte-sul da **Cidade Proibida**, uma área murada do centro da cidade, ela foi construída no século XV e continha o Palácio Imperial e outras edificações do governo imperial chinês. Ela foi assim denominada porque outrora era fechada ao público.

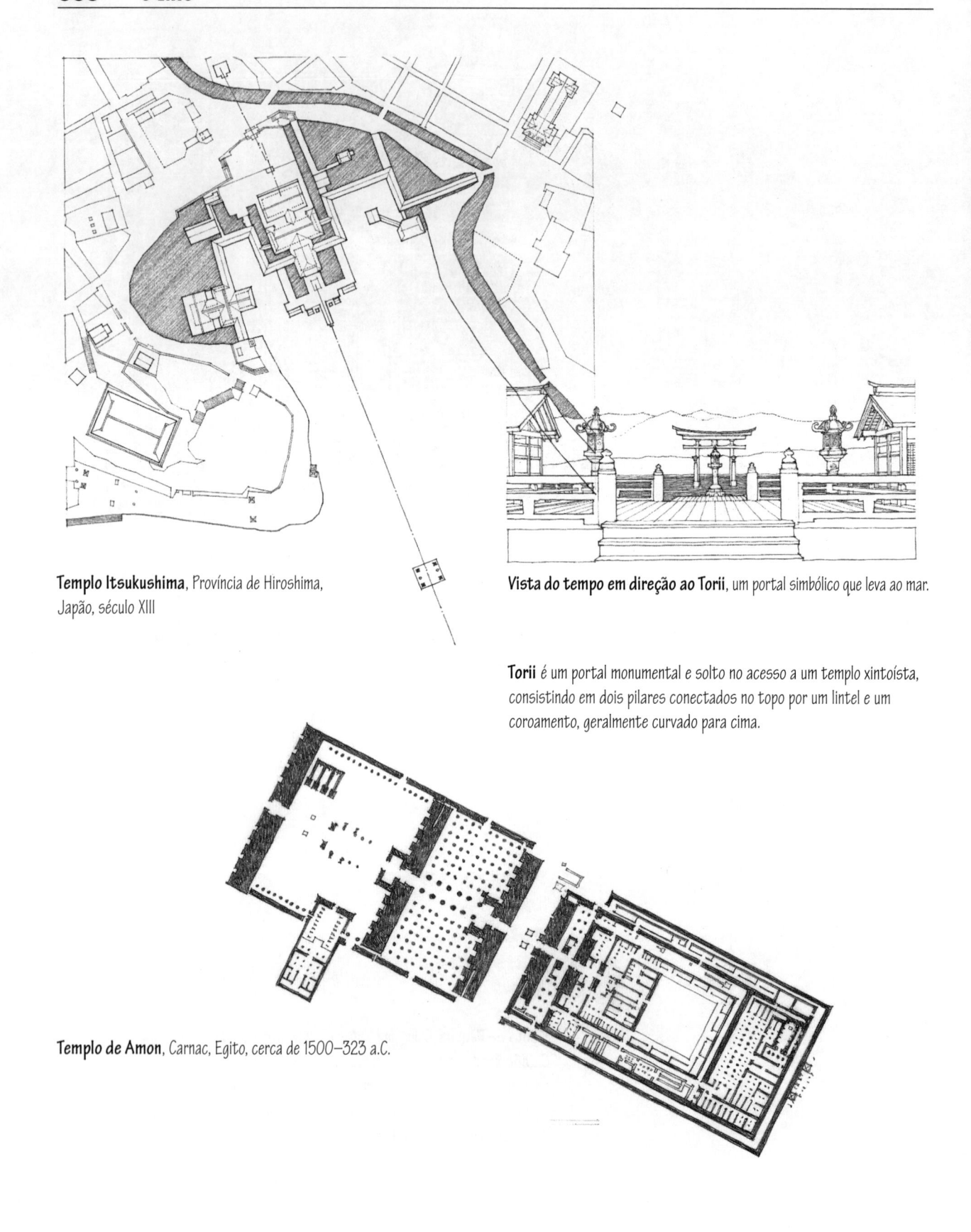

Templo Itsukushima, Província de Hiroshima, Japão, século XIII

Vista do tempo em direção ao Torii, um portal simbólico que leva ao mar.

Torii é um portal monumental e solto no acesso a um templo xintoísta, consistindo em dois pilares conectados no topo por um lintel e um coroamento, geralmente curvado para cima.

Templo de Amon, Carnac, Egito, cerca de 1500–323 a.C.

O EIXO **389**

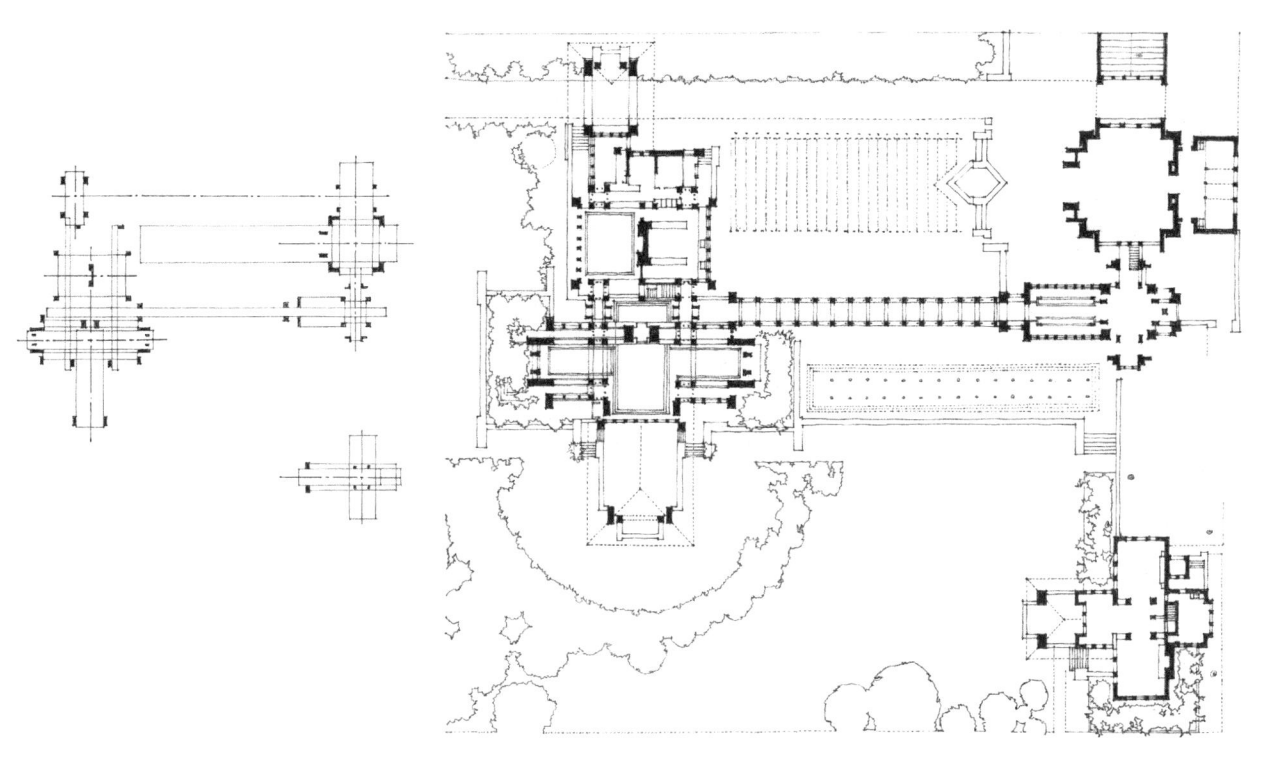

Casa e Propriedade de Darwin D. Martin, Buffalo, Nova York, Estados Unidos, 1904, Frank Lloyd Wright

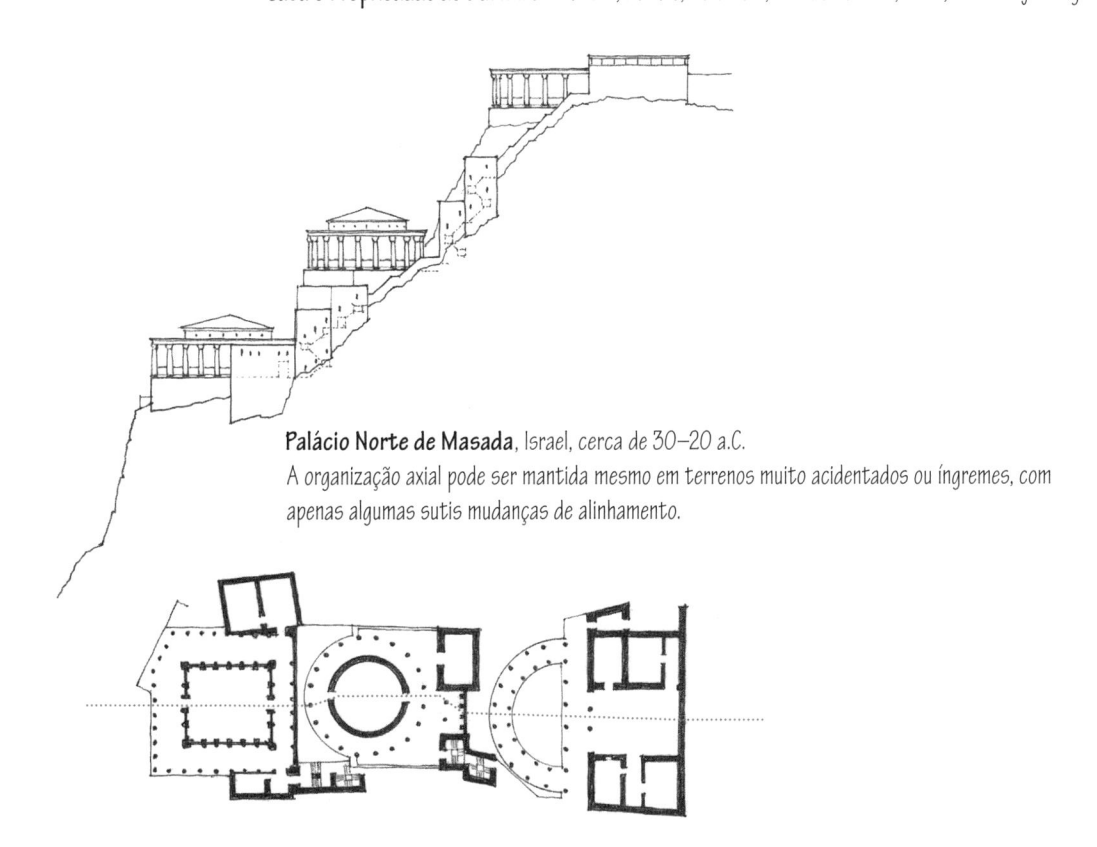

Palácio Norte de Masada, Israel, cerca de 30–20 a.C.
A organização axial pode ser mantida mesmo em terrenos muito acidentados ou íngremes, com apenas algumas sutis mudanças de alinhamento.

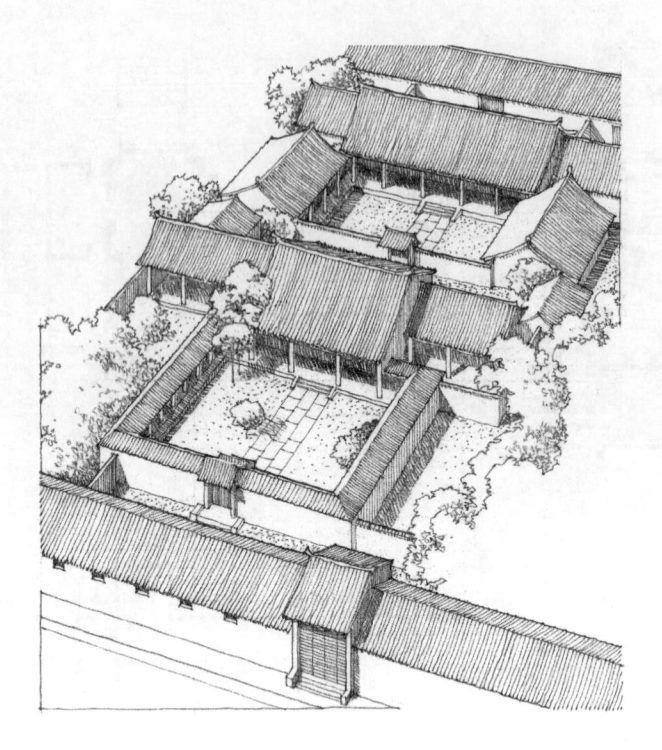

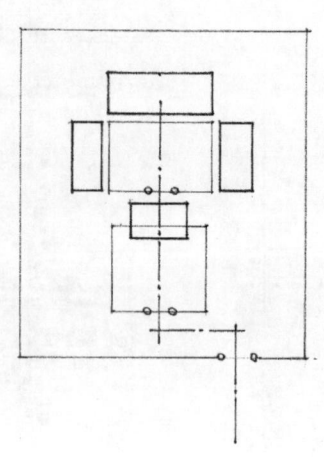

Casa com Pátio Central Chinesa, Pequim, China

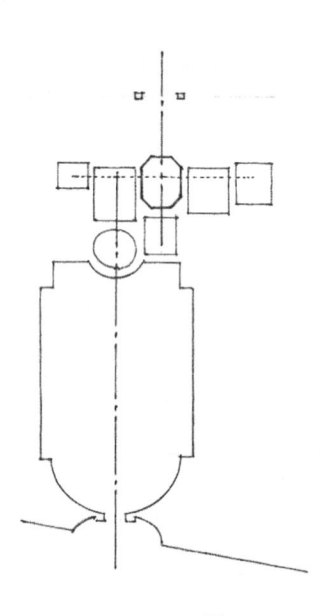

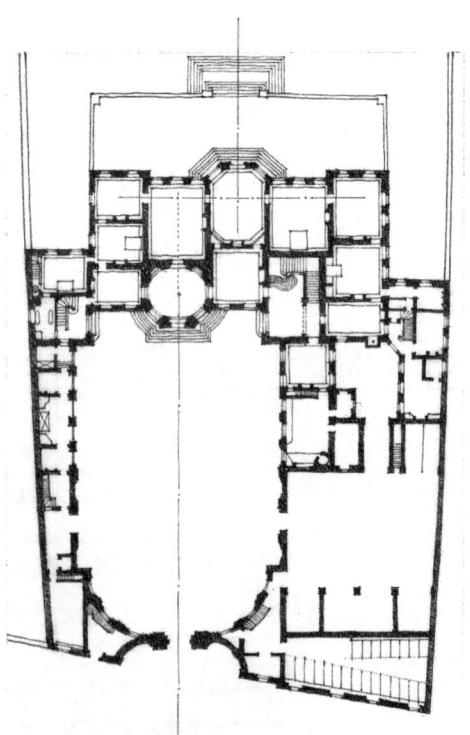

Edifício Hôtel de Matigon (Residência Oficial do Primeiro Ministro Francês), Paris, França, 1721, Jean Courtonne

O EIXO 391

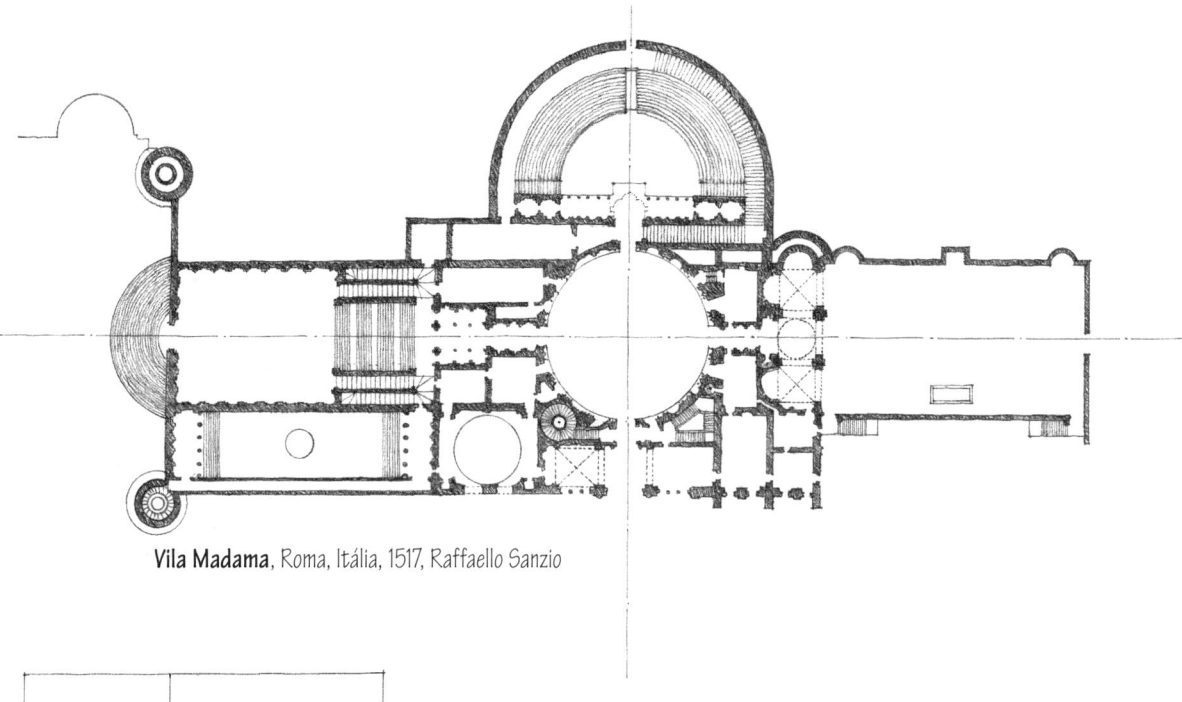

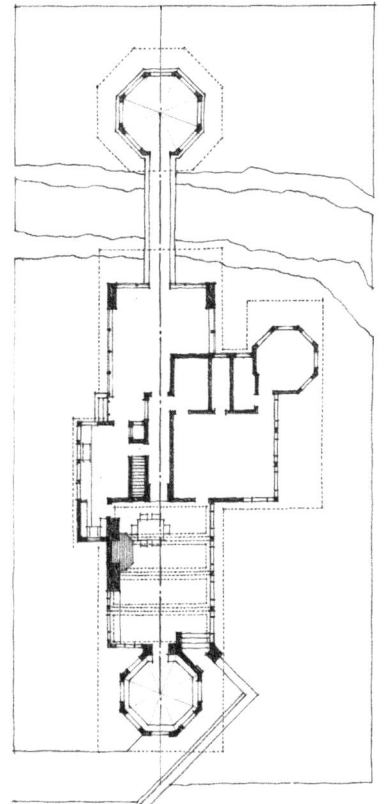

Vila Madama, Roma, Itália, 1517, Raffaello Sanzio

Casa W. A. Glasner, Glencoe, Illinois, Estados Unidos, 1905, Frank Lloyd Wright

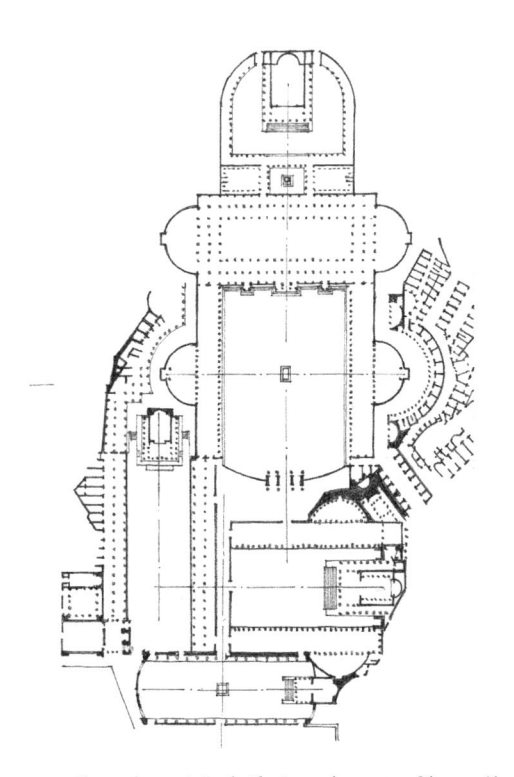

Foros Imperiais de Trajano, Augusto, César e Nerva, Roma, Itália, século I a.C ao século II d.C.

Embora seja possível uma configuração axial sem a simultaneidade da simetria, o inverso não é possível, ou seja, toda simetria exige a existência de um eixo ou centro em relação ao qual ela é estruturada. Um eixo é estabelecido por dois pontos; uma simetria exige a distribuição equilibrada de padrões de forma e espaço equivalentes em ambos os lados da linha ou plano divisor ou em relação ao centro ou eixo.

Há basicamente dois tipos de simetria:

1. A simetria bilateral se refere ao arranjo equilibrado de elementos similares ou equivalentes nos dois lados de um eixo intermediário, de modo que apenas um plano possa dividir o todo em metades praticamente idênticas.

2. A simetria radial se refere ao arranjo equilibrado de elementos similares em uma forma radial, de modo que a composição possa ser dividida em metades similares ao se passar um plano em qualquer ângulo, mas desde que ele cruze o ponto central do conjunto.

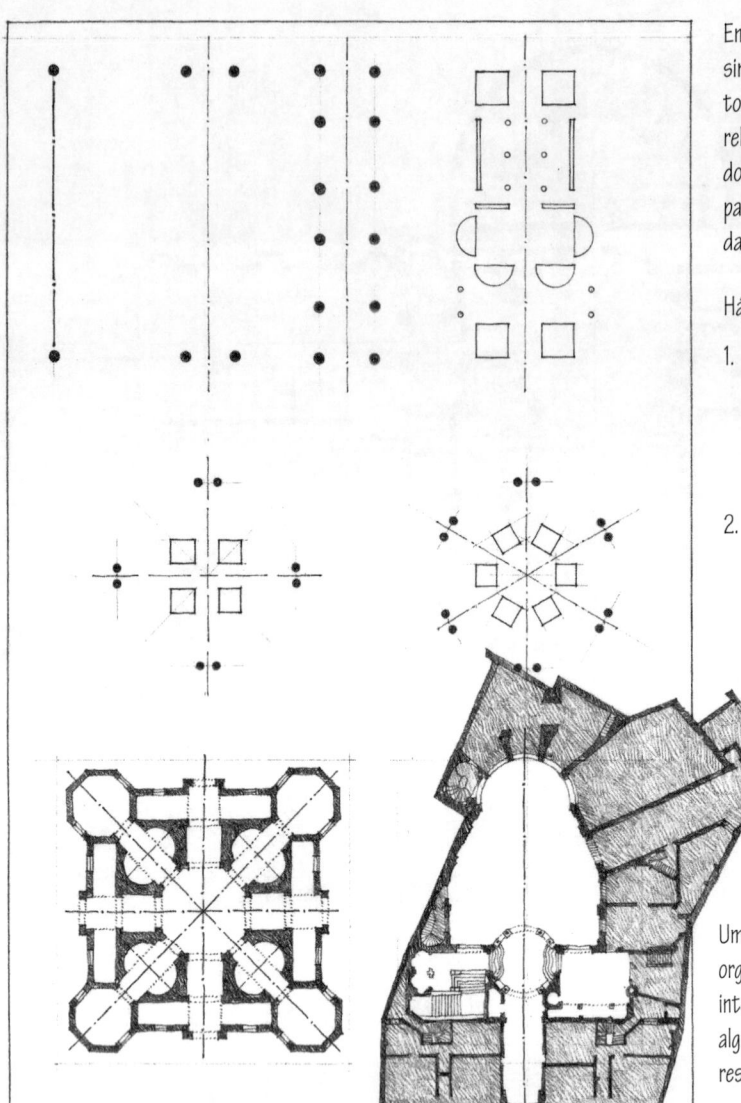

Planta de uma Igreja Ideal, 1460, Antonio Filarete

Edifício Hôtel de Beavais, Paris, França, 1656, Antoine Le Pautre

Uma composição arquitetônica pode empregar a simetria para organizar suas formas e espaços de duas maneiras. A organização inteira de uma edificação pode ser feita de modo simétrico. Em algum lugar, contudo, todo arranjo simétrico deverá enfrentar e resolver a assimetria de seu terreno ou contexto.

A simetria pode ocorrer em apenas uma parte do prédio e organizar um padrão irregular de formas e espaços em relação a si própria. Nesse caso, a simetria local permite que o prédio responda a condições excepcionais de seu terreno ou programa de necessidades. A simetria perfeita poderá, então, ser reservada para espaços significativos ou importantes dentro da composição.

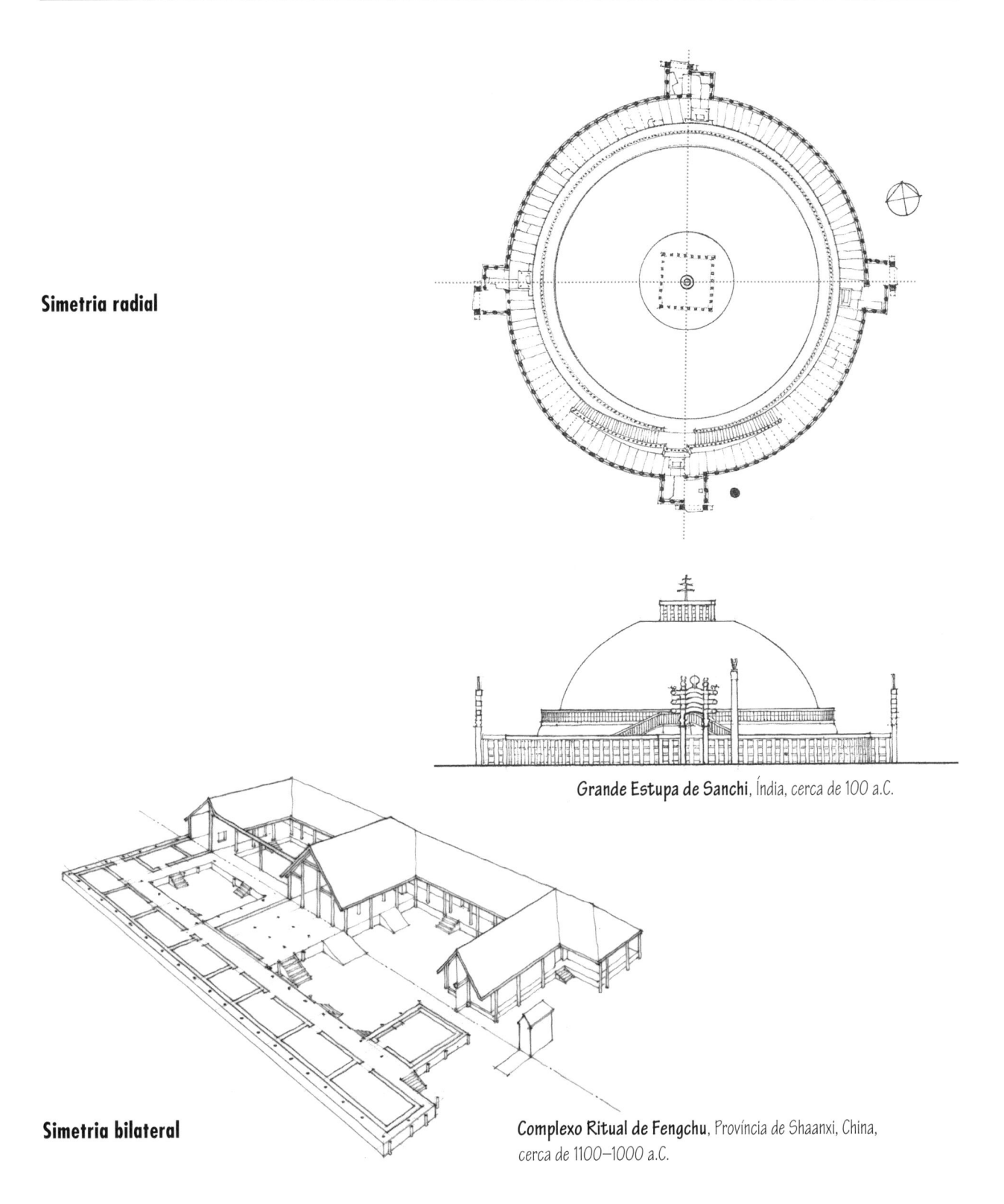

A SIMETRIA 393

Simetria radial

Grande Estupa de Sanchi, Índia, cerca de 100 a.C.

Simetria bilateral

Complexo Ritual de Fengchu, Província de Shaanxi, China, cerca de 1100–1000 a.C.

394 A SIMETRIA

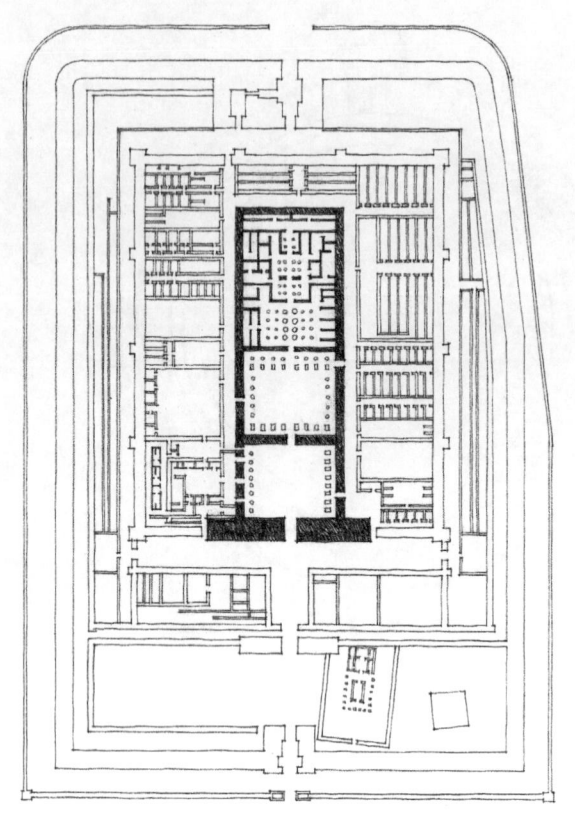

Templo Mortuário de Ramsés III, Medînet-Habu, 1198 a.C.

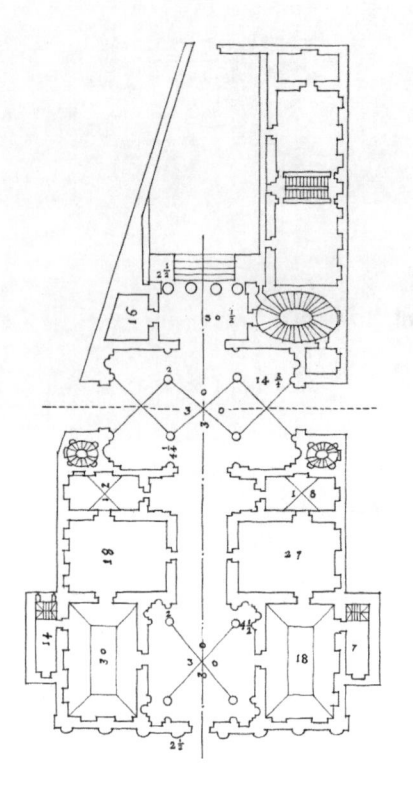

Palazzo nº 52, Andrea Palladio

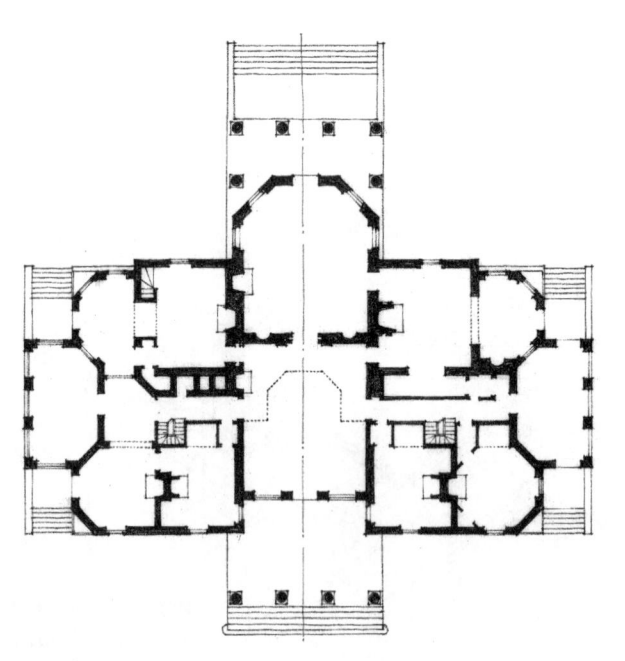

Monticello, próximo a Charlottesville, Virgínia, Estados Unidos, 1770–1808, Thomas Jefferson

A SIMETRIA

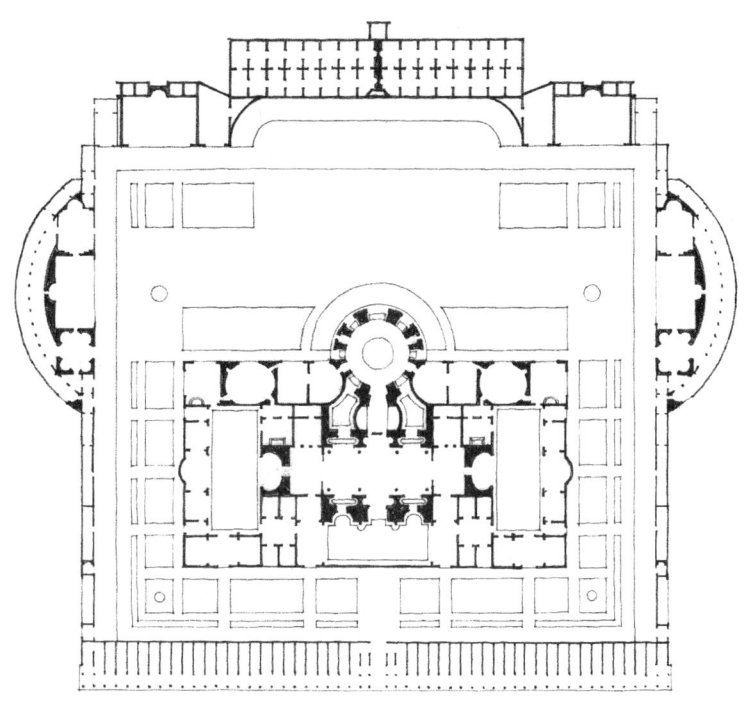

Termas de Caracalla, Roma, Itália, 211–17 d.C.

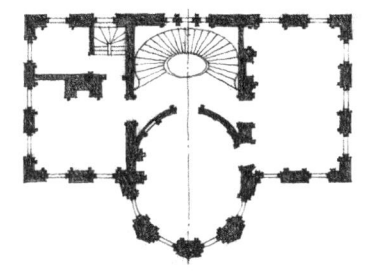

Casa Nathaniel Russell, Charleston, Carolina do Sul, Estados Unidos, 1809

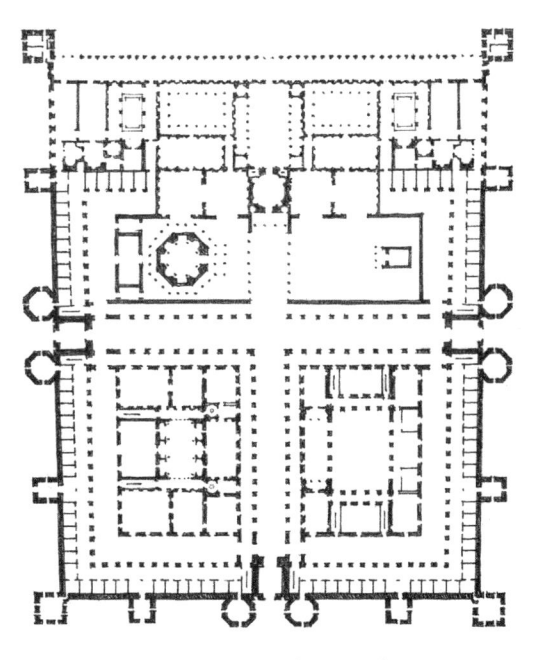

Palácio de Diocleciano, Spalato (atual Split), Iugoslávia, cerca de 300 d.C.

396 A SIMETRIA

Templo da Unidade, Oak Park, Illinois, Estados Unidos, 1905–1907, Frank Lloyd Wright

Metade da planta baixa do pavimento térreo

Metade da planta baixa do mezanino

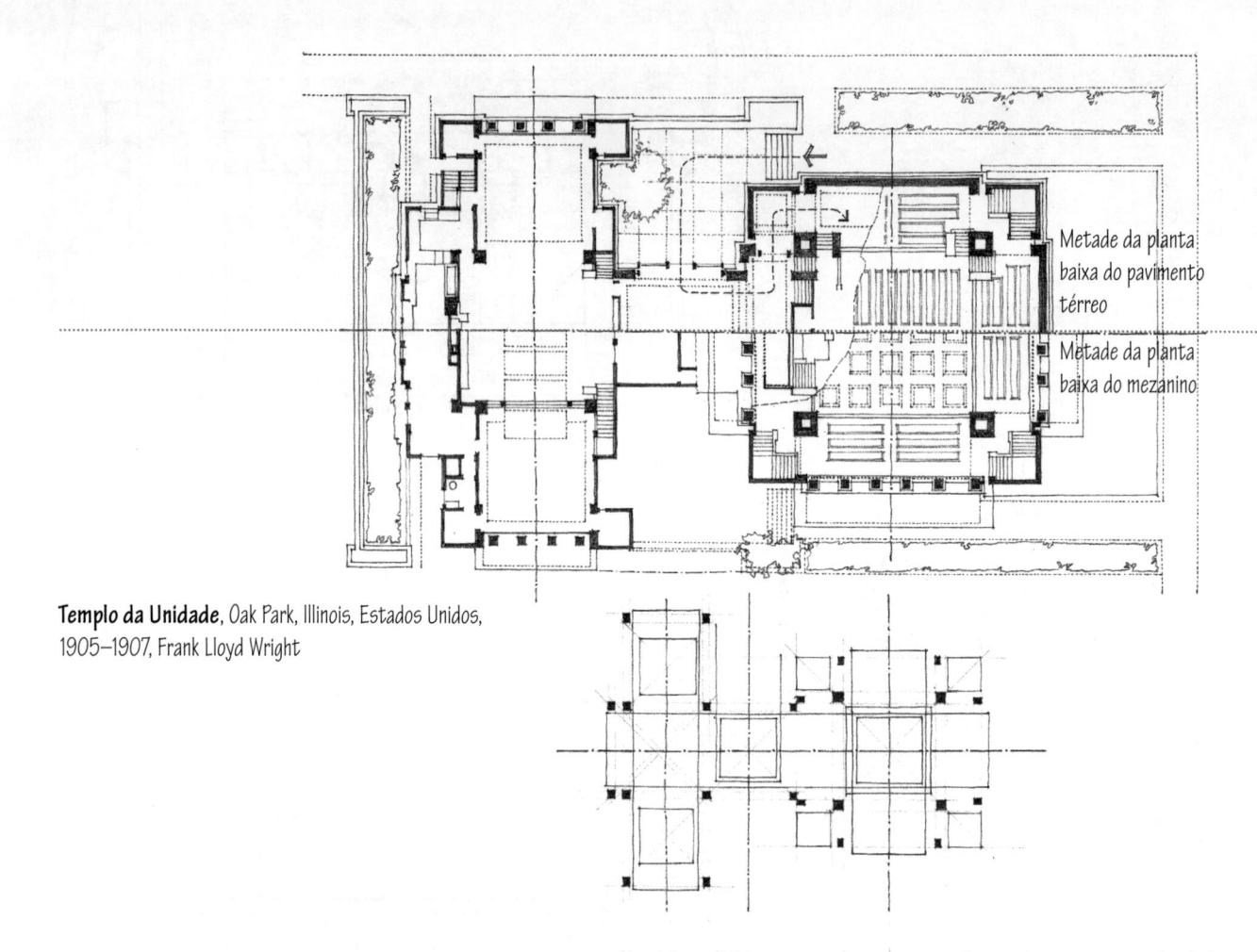

Simetrias múltiplas — tanto fortes como sutis — podem agregar complexidade e hierarquia a uma composição, além de resolver as exigências do programa de necessidades e do contexto.

A SIMETRIA **397**

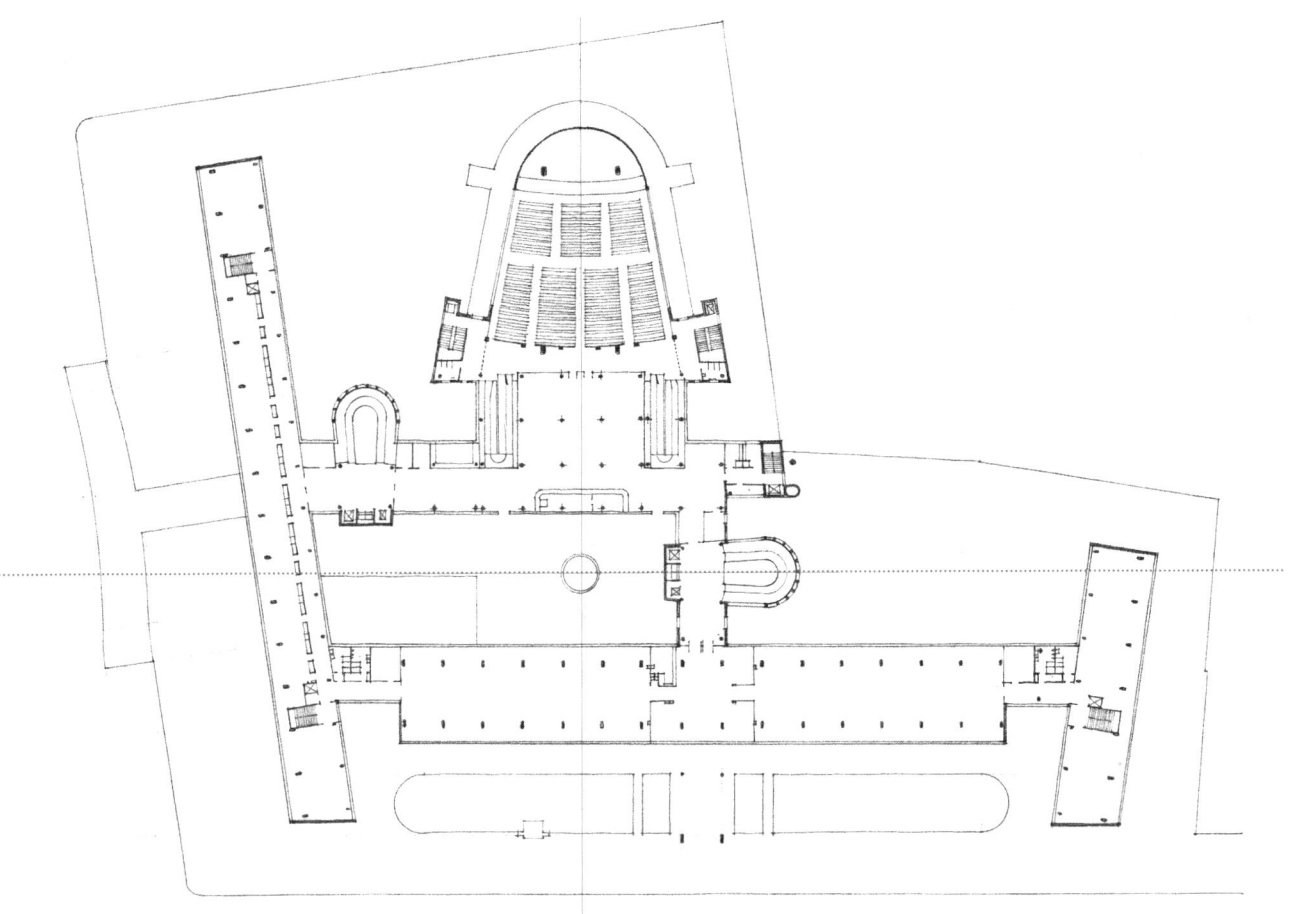

Planta baixa do quarto pavimento, **Edifício Centrosoyus**, Kirova Ulitsa, Moscou, Rússia, 1929–1933, Le Corbusier

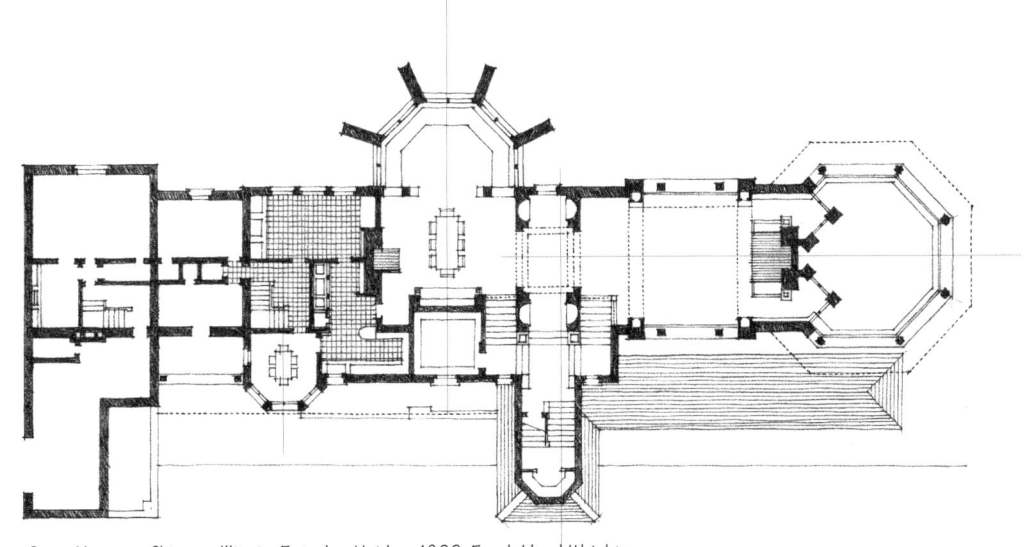

Casa Husser, Chicago, Illinois, Estados Unidos, 1899, Frank Lloyd Wright

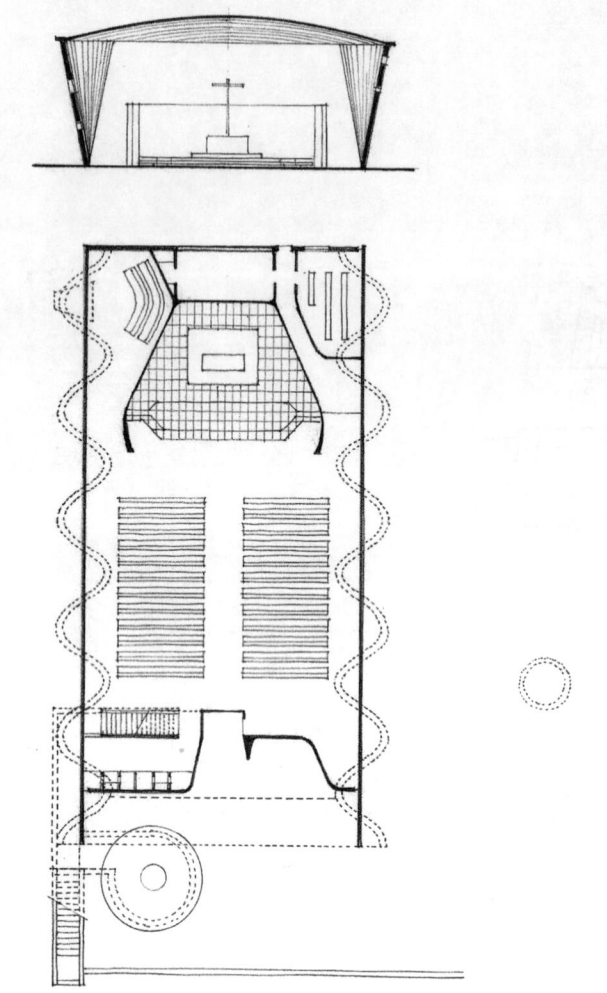

398 A SIMETRIA

Igreja de Cristo, o Trabalhador, Atlântida, Uruguai, 1958–1960, Eladio Dieste

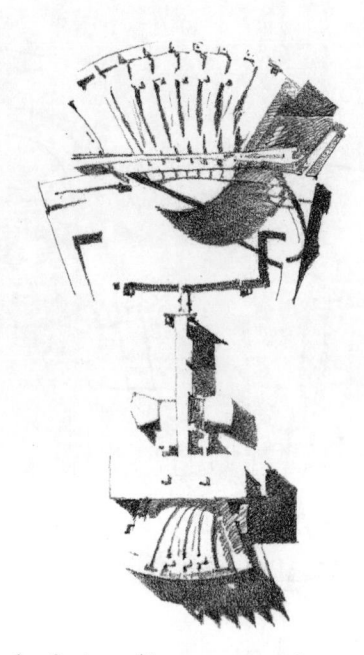

Palácio dos Sovietes (Proposta para um Concurso de Arquitetura), 1931, Le Corbusier

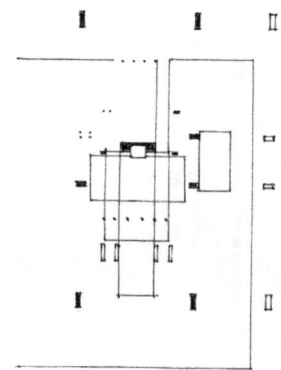

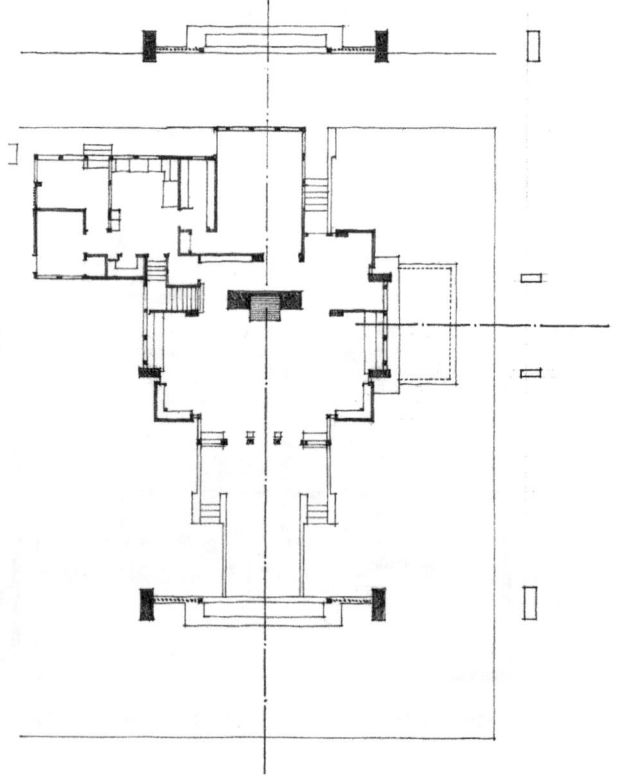

Casa Robert W. Evans, Chicago, Illinois, Estados Unidos, 1908, Frank Lloyd Wright

A SIMETRIA **399**

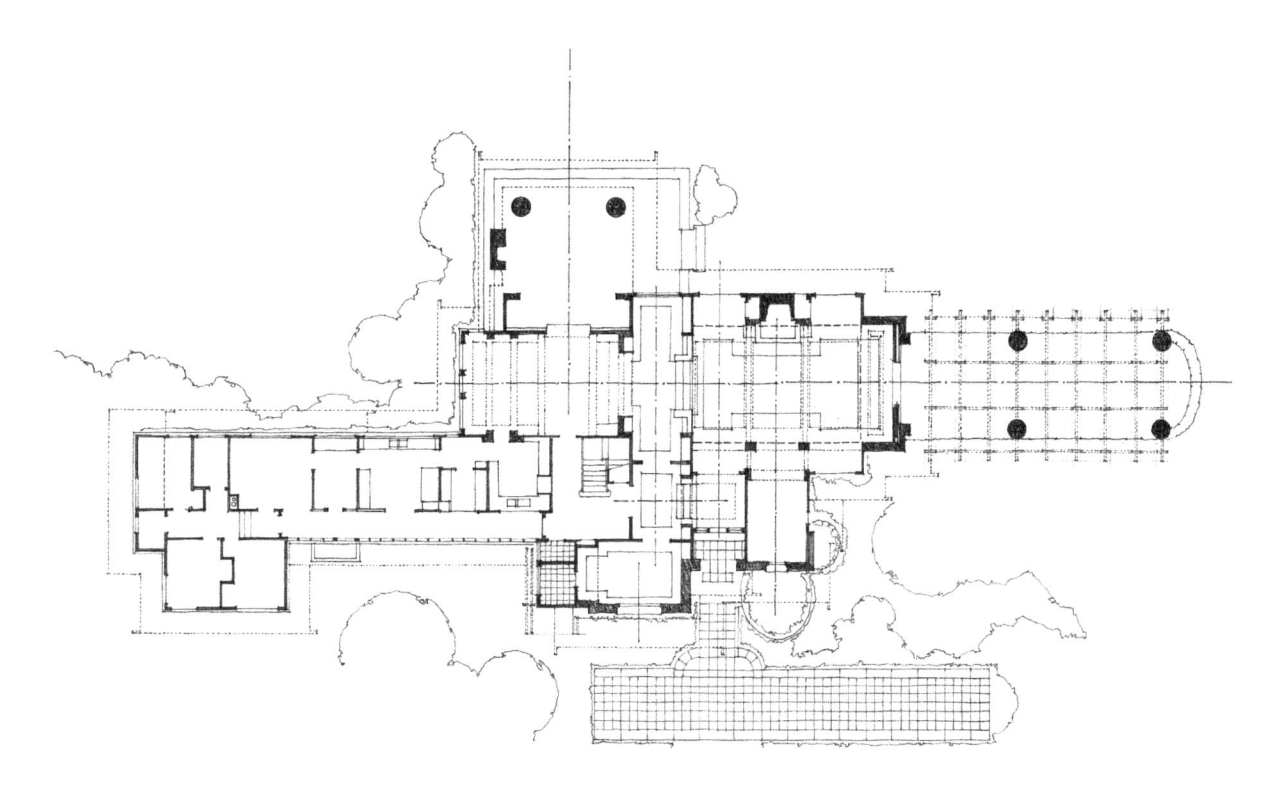

Casa A. E. Bingham, Próximo a Santa Bárbara, Califórnia, Estados Unidos, 1916, Bernard Maybeck

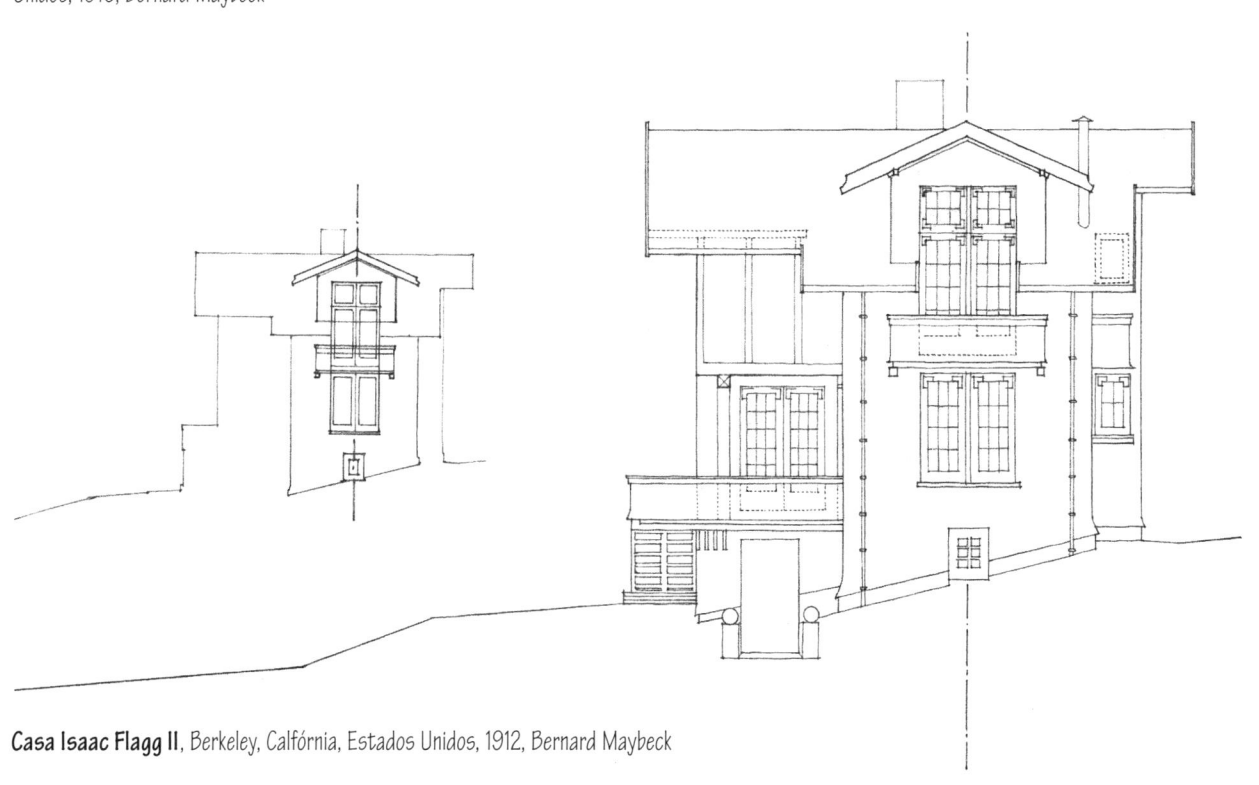

Casa Isaac Flagg II, Berkeley, Calfórnia, Estados Unidos, 1912, Bernard Maybeck

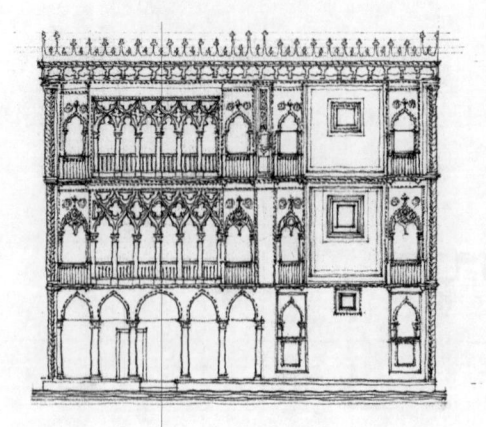

400 A SIMETRIA

Ca d'Oro, Veneza, Itália, 1424–1436, Giovanni e Bartolomeo Buon

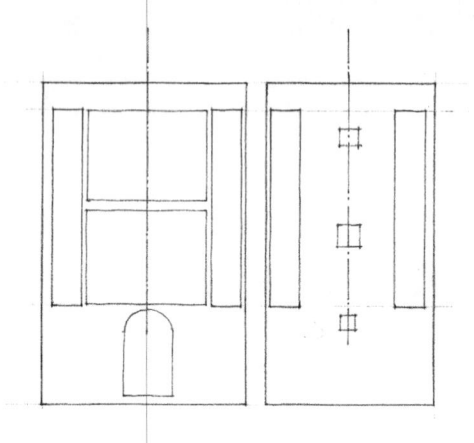

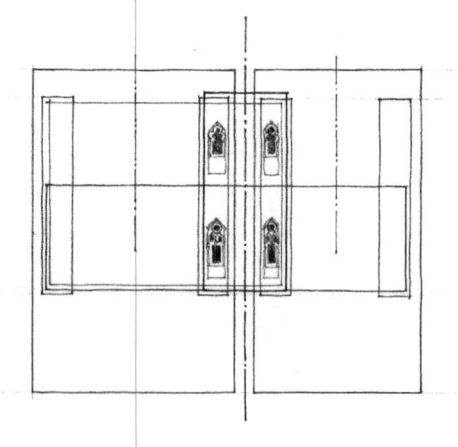

Ateliê de Frank Lloyd Wright, Oak Park, Illinois, Estados Unidos, 1889

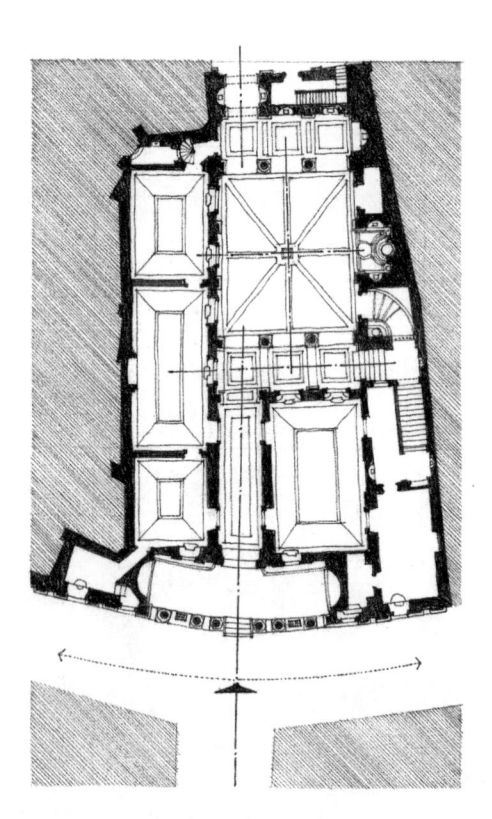

Palazzo Pietro Massimi, Roma, Itália, 1532–1536, Baldassare Peruzzi. Uma fachada simétrica que corresponde a um interior assimétrico.

A SIMETRIA **401**

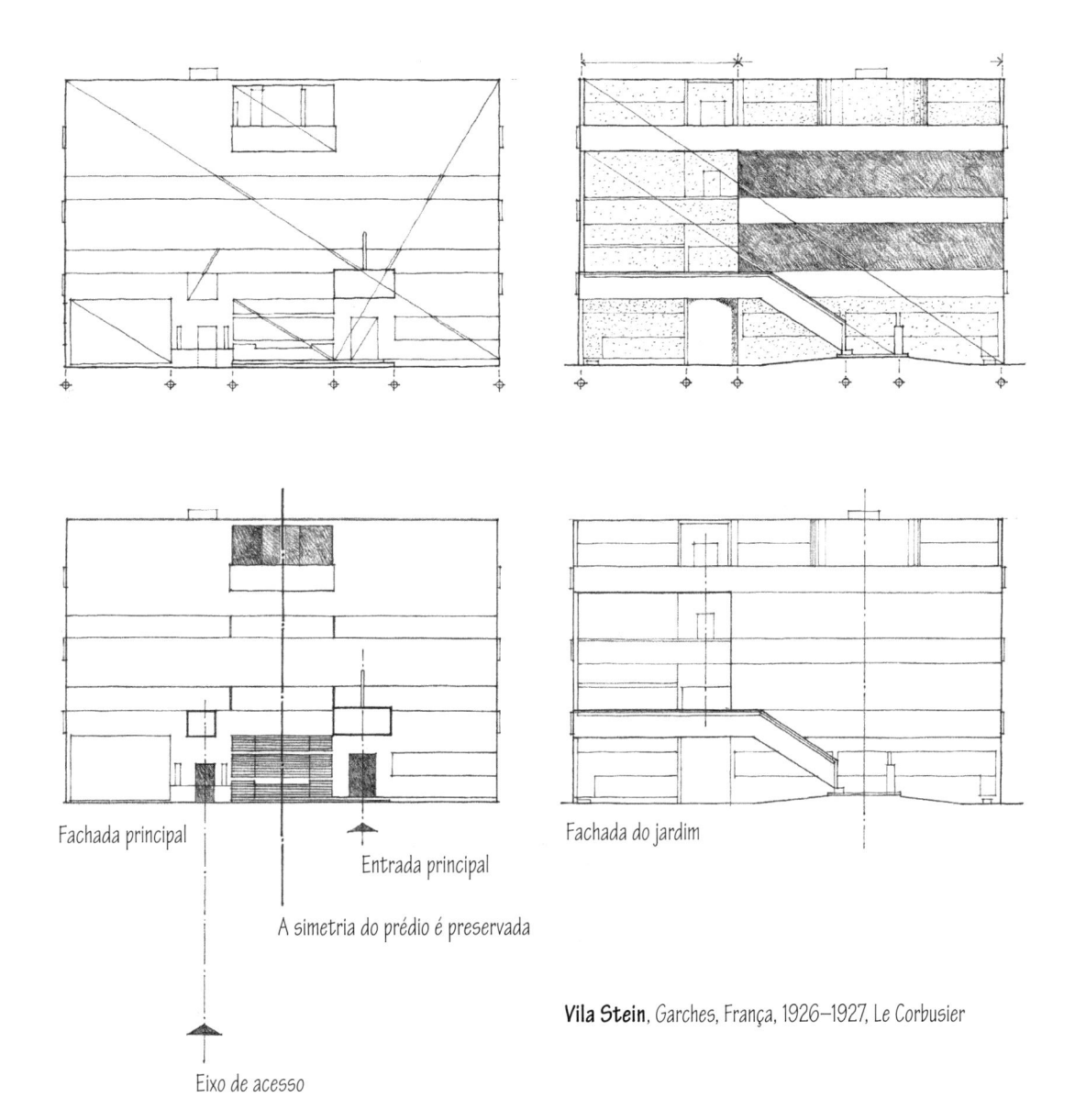

Fachada principal

Entrada principal

A simetria do prédio é preservada

Eixo de acesso

Fachada do jardim

Vila Stein, Garches, França, 1926–1927, Le Corbusier

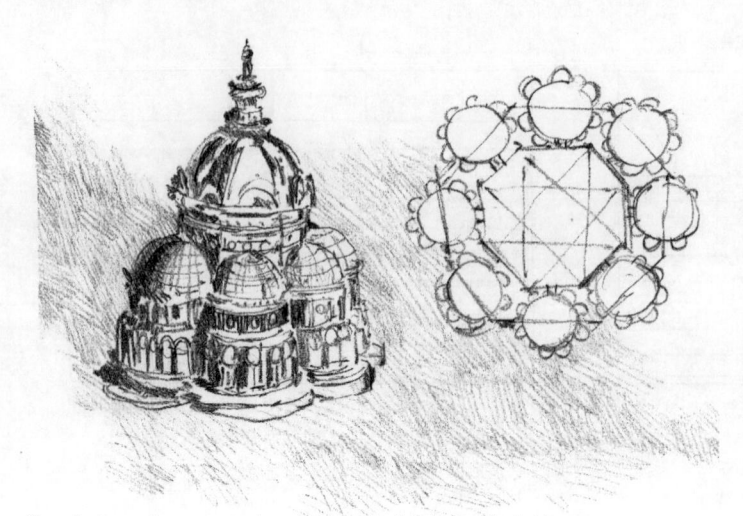

Desenho baseado em um projeto de igreja ideal de Leonardo da Vinci

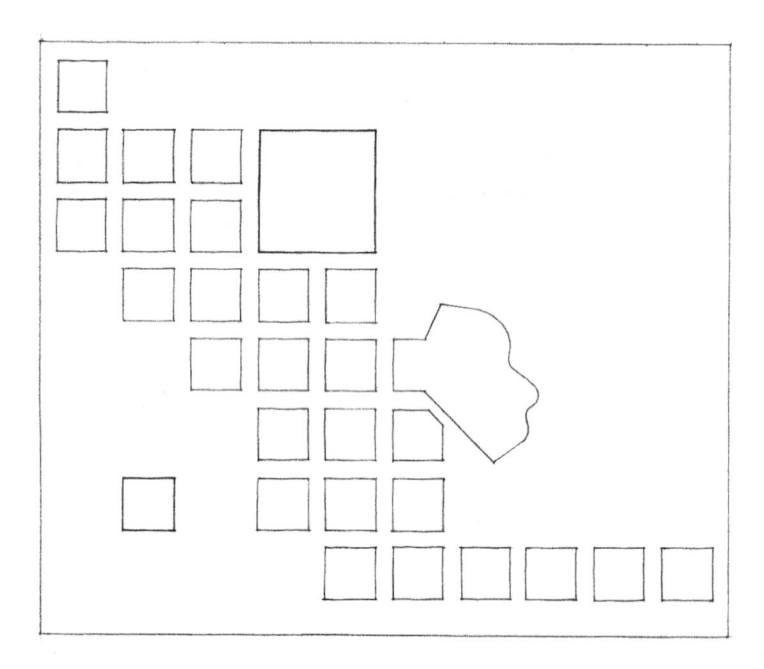

O princípio da hierarquia implica o fato de que na maior parte das composições de arquitetura (ou talvez em todas elas) existem diferenças reais entre suas formas e espaços. Tais diferenças refletem o grau de importância dessas formas e espaços, bem como os papéis funcionais, formais e simbólicos que eles desempenham na organização. O sistema de valores por meio do qual a importância relativa é mensurada dependerá, evidentemente, da situação específica, das necessidades e desejos dos usuários e das decisões do projetista. Os valores expressos podem ser individuais ou coletivos, pessoais ou culturais. De qualquer maneira, o modo pelo qual são reveladas tais diferenças funcionais ou simbólicas entre os elementos de uma edificação é crucial para o estabelecimento de uma ordem hierárquica clara entre suas formas ou espaços.

Para que uma forma ou um espaço se torne importante ou significativo dentro de uma organização, deve ser claramente visível. Essa ênfase pode ser alcançada conferindo a uma forma ou formato:

- um tamanho excepcional
- um formato único
- uma locação estratégica

Em cada caso, a forma ou o espaço com importância hierárquica ganha significado por ser uma exceção à norma — uma anormalidade dentro de um padrão de resto regular.

Na composição da arquitetura, pode haver mais de um elemento dominante. Os pontos de ênfase secundários — que possuem valor de atração menor em relação ao ponto focal principal — criam destaques visuais. Estes elementos distintivos, porém, secundários, podem tanto acomodar a variedade como criar interesse visual, ritmo e tensão em uma composição. No entanto, caso seu uso seja exagerado, o interesse se transformará em confusão: quando se tenta enfatizar tudo, nada é enfatizado.

A hierarquia pelo tamanho

Uma forma ou espaço pode dominar uma composição de arquitetura por ter tamanho significativamente diferente de todos os demais elementos da composição. Esse predomínio geralmente se torna visível pelo tamanho destacado de um elemento. Em alguns casos, um elemento pode ser significativamente menor que os demais, mas estar inserido em um contexto bem-definido.

A hierarquia pelo formato

Uma forma ou espaço pode dominar uma composição de arquitetura e, portanto, tornar-se importante ao diferenciar nitidamente seu formato em relação aos demais elementos da composição. Um contraste claro no formato é essencial tanto no caso da diferenciação se basear em uma mudança na geometria ou na regularidade da distribuição. É claro que também é importante que o formato selecionado para o elemento hierarquicamente significativo seja compatível com seu uso funcional.

A hierarquia pela localização

Uma forma ou espaço pode dominar uma composição de arquitetura por estar estrategicamente posicionada, de modo a chamar a atenção para si própria como sendo o elemento mais importante da composição. As localizações hierarquicamente importantes para uma forma ou espaço incluem:

- o término de uma sequência linear ou de uma organização axial
- o ponto central de uma organização simétrica
- o foco de uma organização centralizada ou radial
- o deslocamento para cima, para baixo ou para o primeiro plano de uma composição

404 A HIERARQUIA

Plano para Savannah, Geórgia, Estados Unidos, 1733, James Oglethorpe

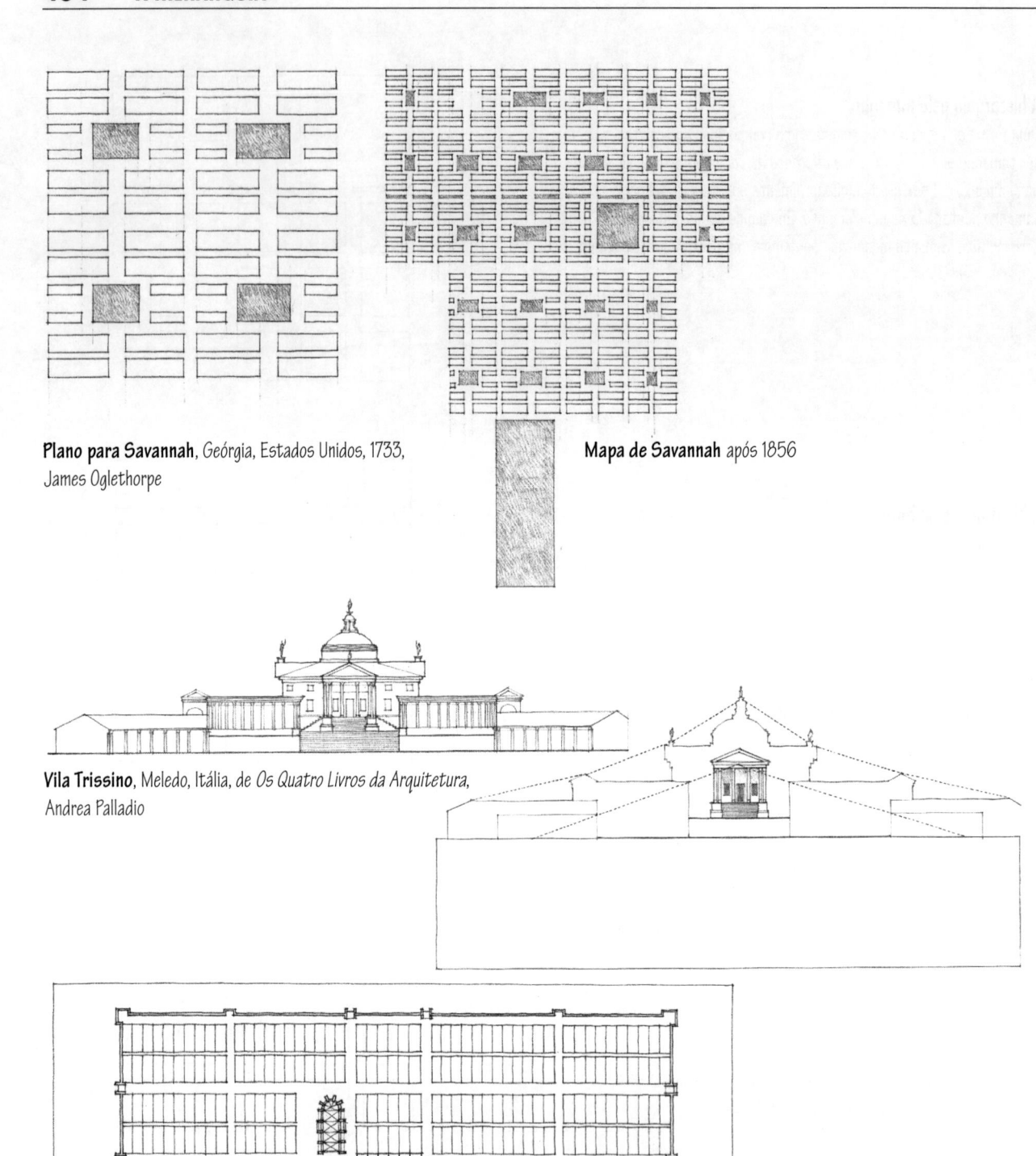

Mapa de Savannah após 1856

Vila Trissino, Meledo, Itália, de *Os Quatro Livros da Arquitetura*, Andrea Palladio

Planta de Montfazier, França, cidade medieval fundada em 1284

A HIERARQUIA 405

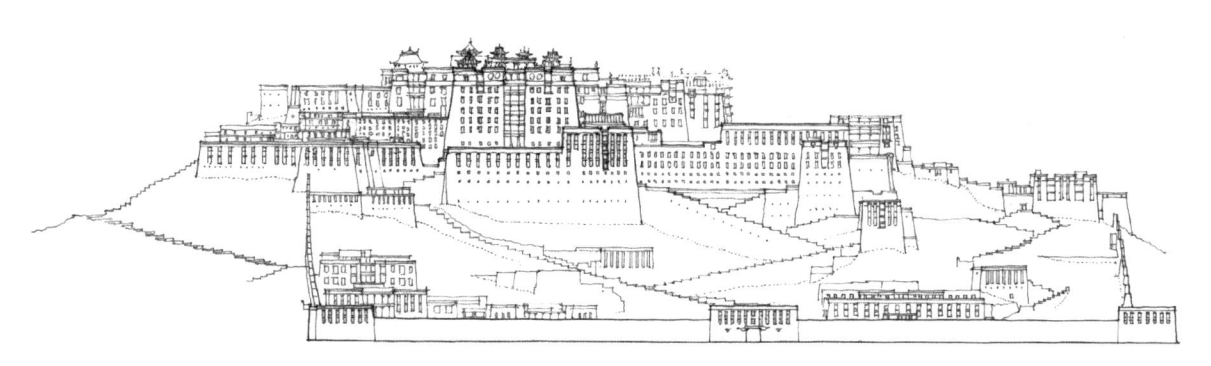

Palácio de Potala, Lhasa, Tibete (China), século XVII

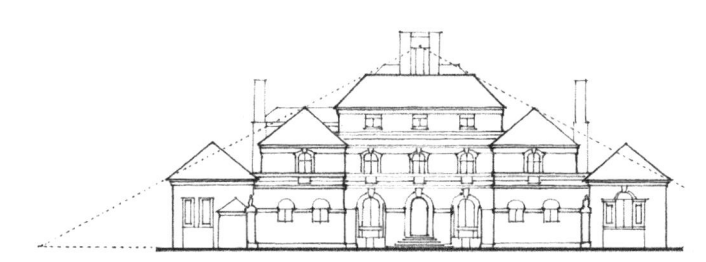

Heathcote (Casa Hemingway), Ilkley, Yorkshire, Inglaterra, 1906, Sir Edwin Lutyens

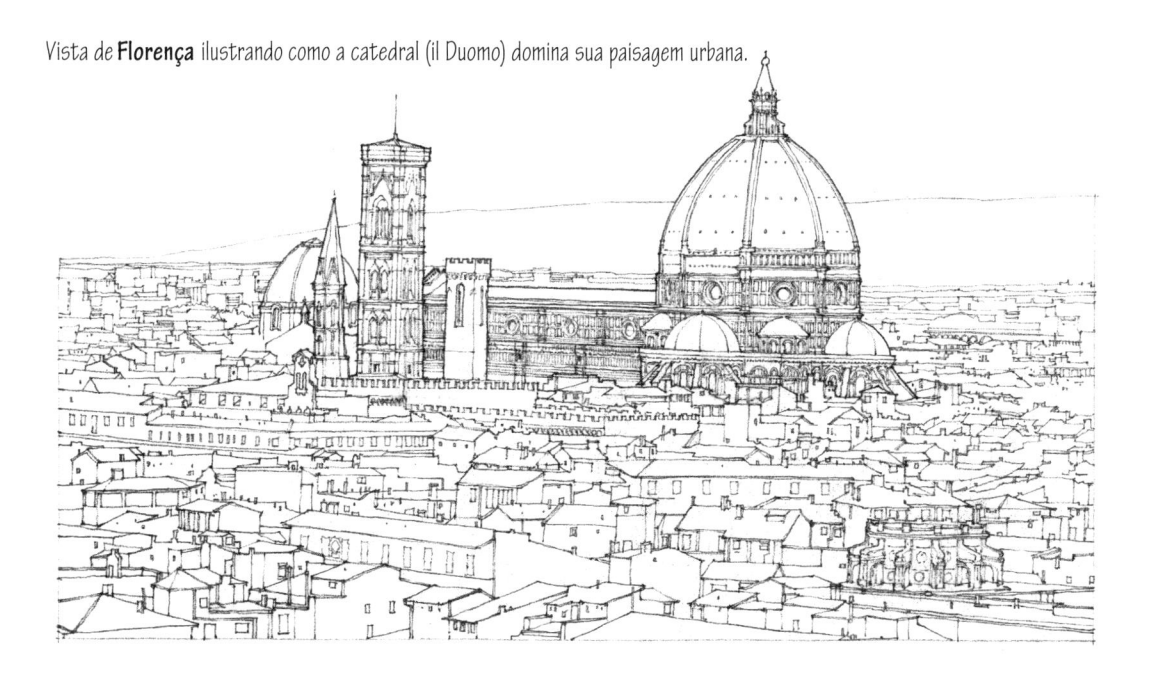

Vista de **Florença** ilustrando como a catedral (il Duomo) domina sua paisagem urbana.

406 A HIERARQUIA

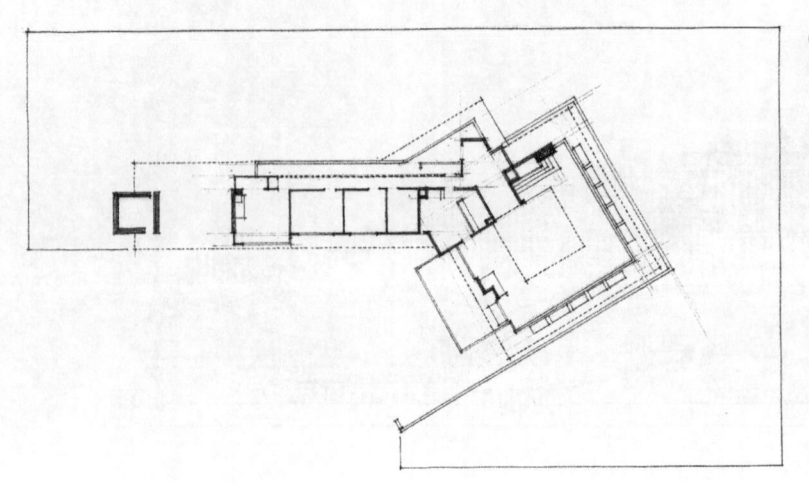

Casa Lowell Walter, Quasqueton, Iowa, Estados Unidos, 1949, Frank Lloyd Wright

Instituto de Tecnologia, Otaniemi, Finlândia, 1955–1964, Alvar Aalto

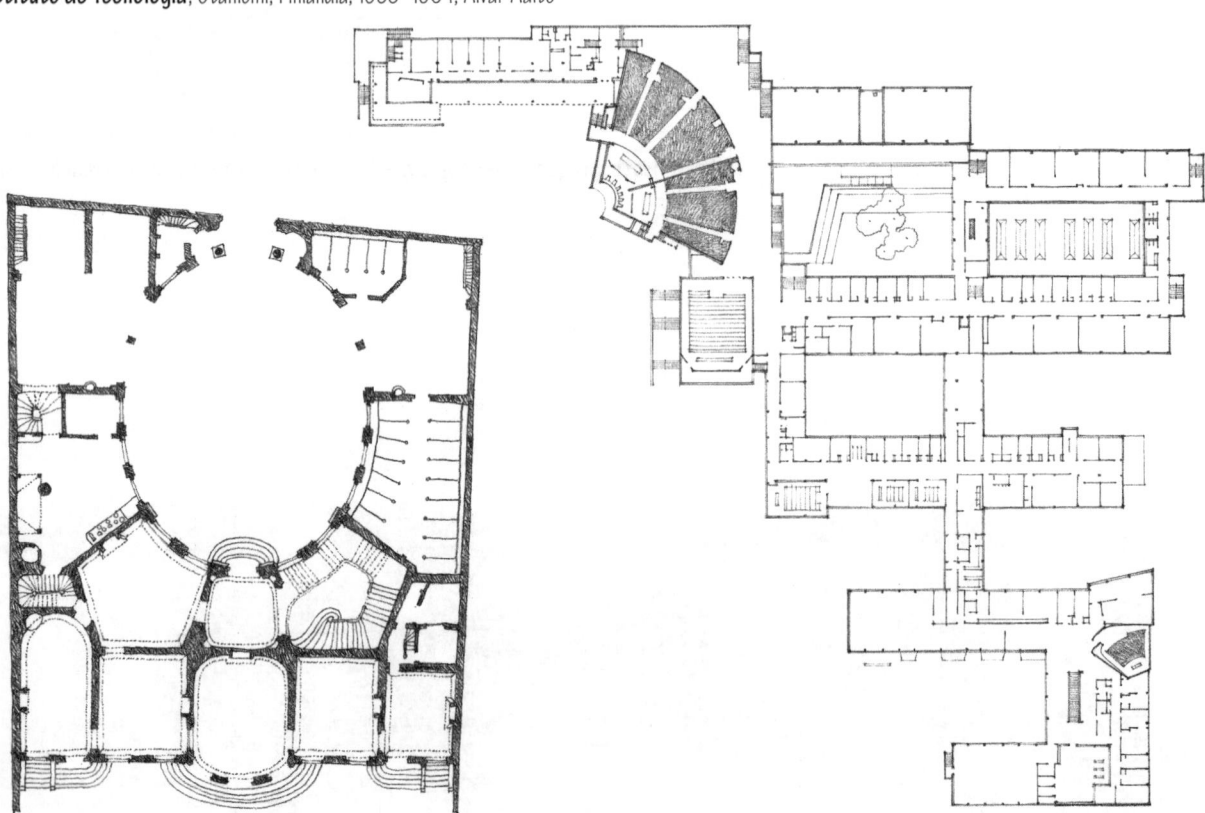

Edifício Hôtel Amelot, Paris, 1710–1713, Germain Boffrand

A HIERARQUIA **407**

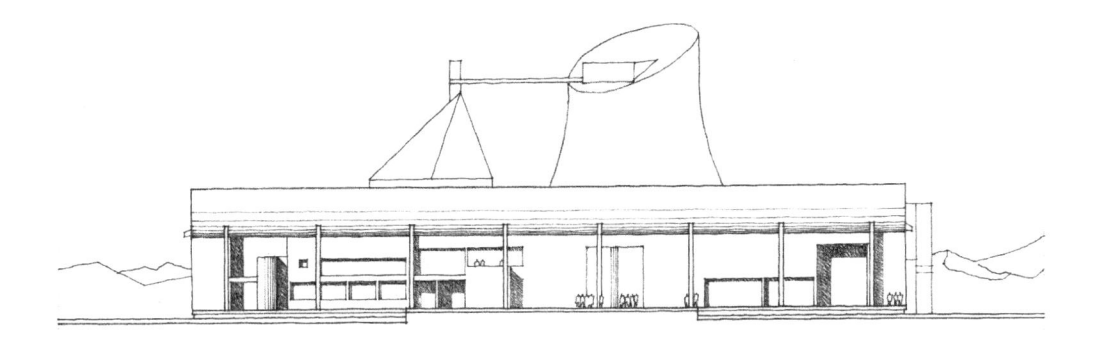

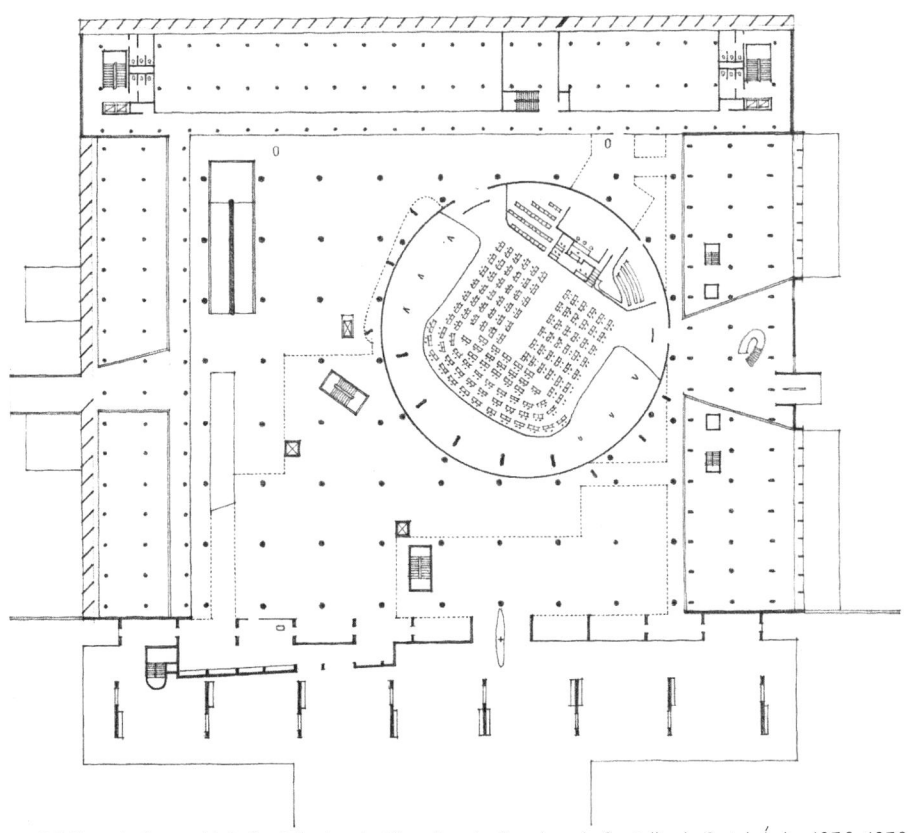

Edifício da Assembleia Legislativa de Chandigarh, Complexo do Capitólio do Punjab, Índia, 1956–1959, Le Corbusier

408   A HIERARQUIA

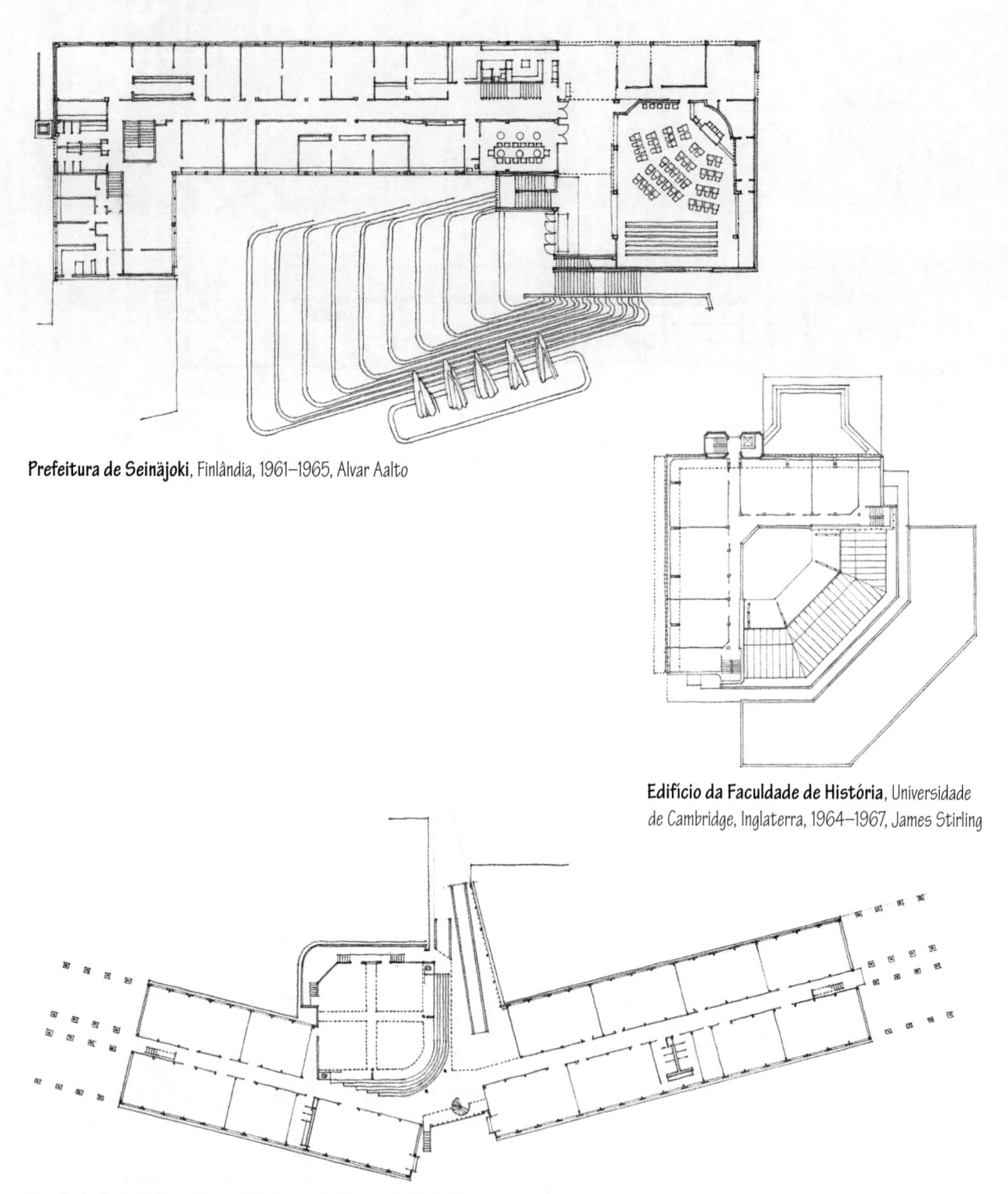

Prefeitura de Seinäjoki, Finlândia, 1961–1965, Alvar Aalto

Edifício da Faculdade de História, Universidade de Cambridge, Inglaterra, 1964–1967, James Stirling

Escola de Treinamento Olivetti, Haslemere, Inglaterra, 1969–1972, James Stirling

A HIERARQUIA

Planta de uma Igreja Ideal, cerca de 1490, Leonardo da Vinci

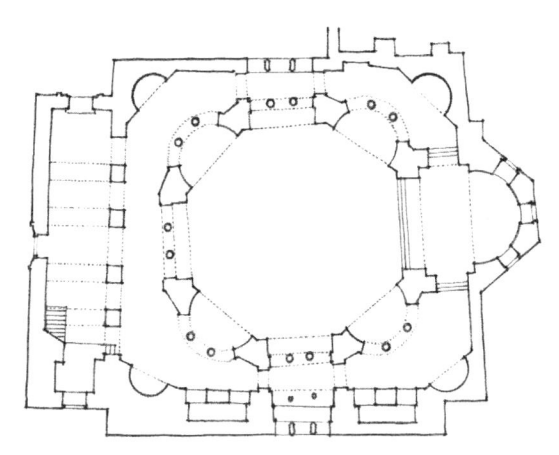

Igreja de São Sérgio e São Baco, Constantinopla (Istambul), Turquia, 525–530 d.C.

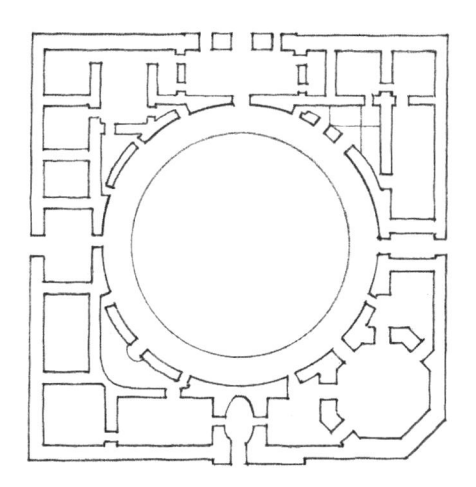

Palácio de Carlos V, Granada, Espanha, 1527–1568, Pedro Machuca

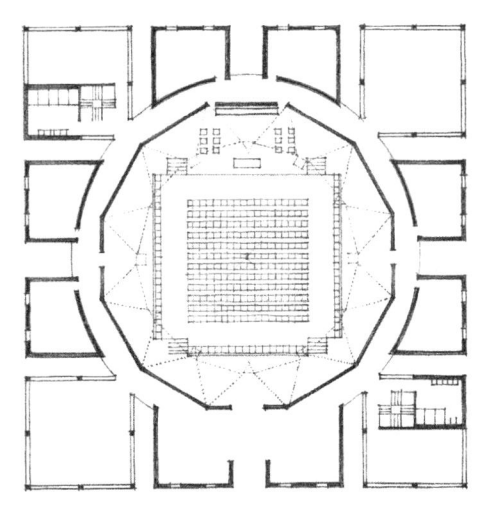

Primeira Igreja Unitária, Primeiro Projeto, Rochester, Nova York, Estados Unidos, 1959, Louis Kahn

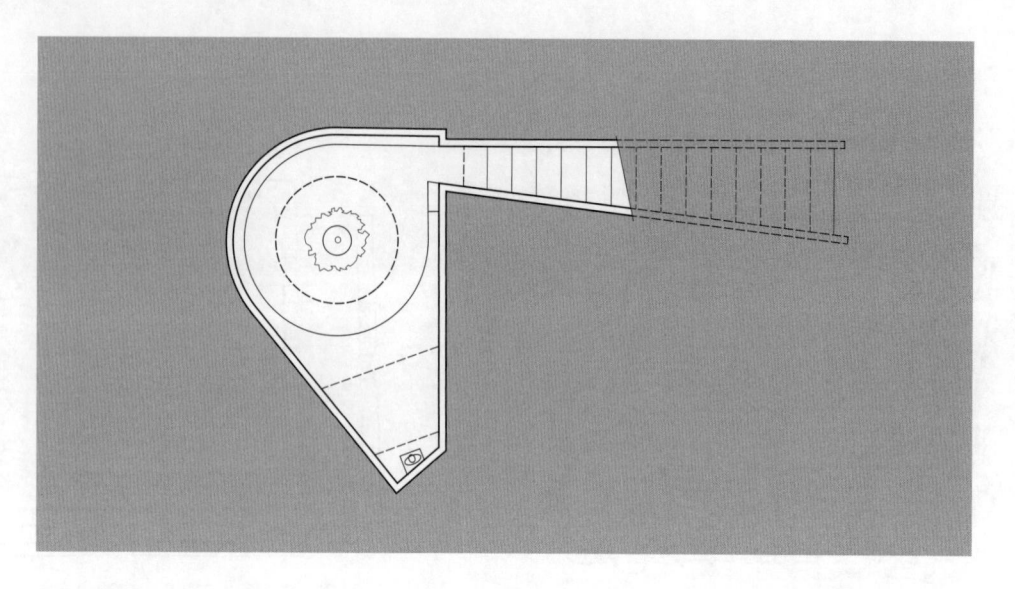

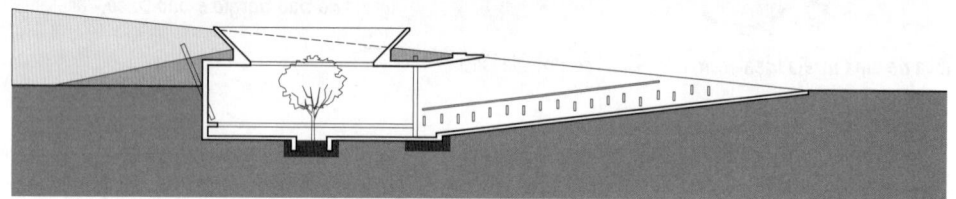

M9 (Memorial 9), Santiago, Chile, 2011, Gonzalo Mardones Viviani

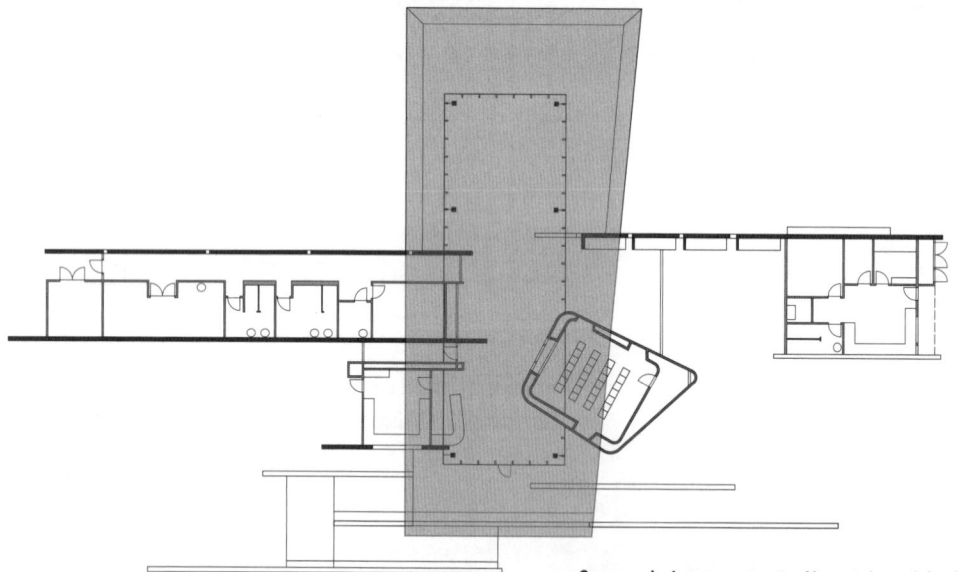

Centro de Interpretação Kauwi, Lonsdale, Australia, 2012, Woodhead

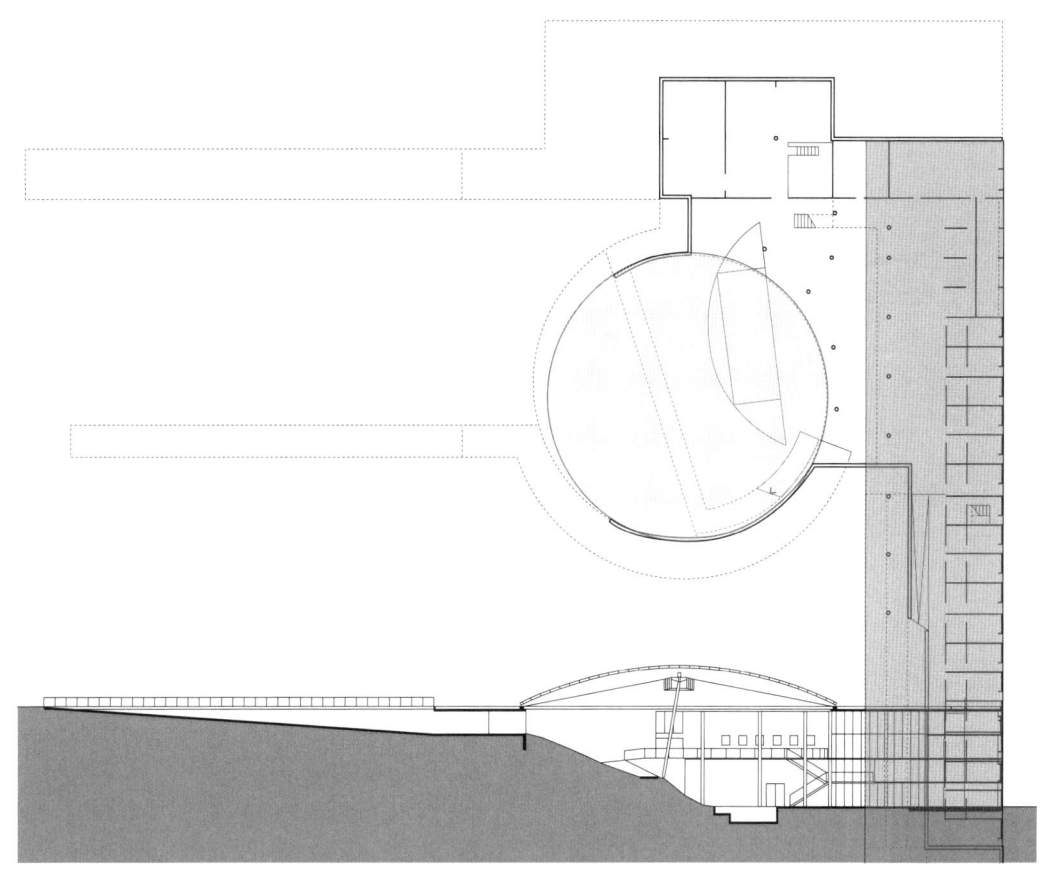

Hotel do Observatório Europeu do Sul, Cerro Paranal, Deserto do Atacama, Chile, 1999–2002, Auer + Weber Associates

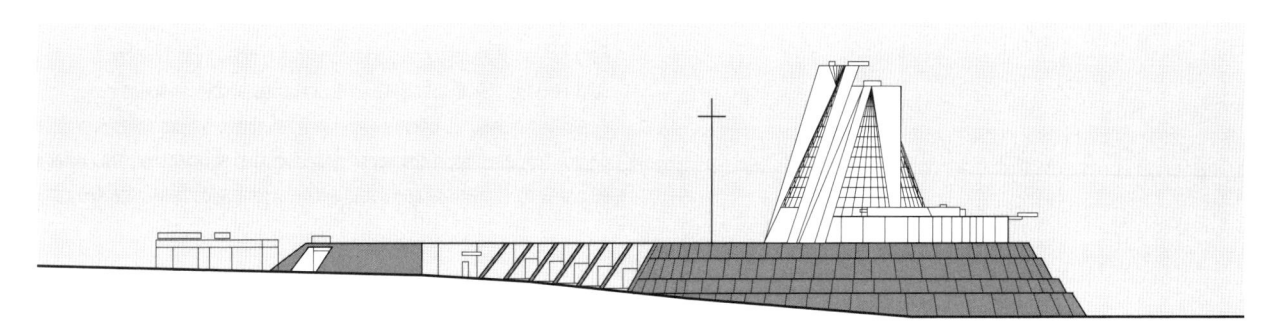

Igreja de San Josemaría Escrivá, Álvaro Obregon, Mexico, 2009, Sordo Madaleno Arquitectos

412 A REFERÊNCIA

Trecho de **Gavota I, Suíte nº 6 para Violoncelo**, de Johann Sebastian Bach (1685–1750). Transcrição de Jerry Snyder para o violão clássico.

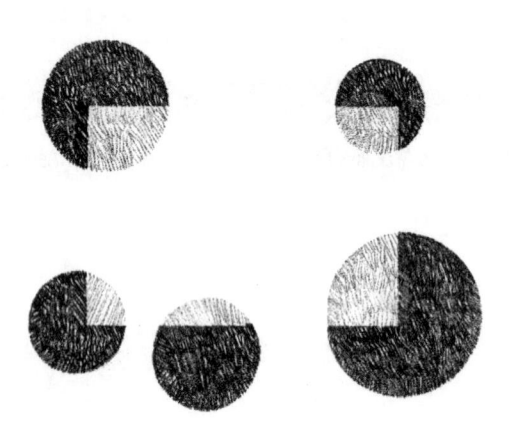

Uma referência é uma linha, plano ou volume com o qual os demais elementos de uma composição podem se relacionar. Ela organiza um padrão aleatório de elementos por meio de sua regularidade, continuidade e presença constante. Por exemplo, as linhas de uma partitura servem como referência, ao criar uma base visual para a leitura das notas e tons da música. A regularidade de seu espaçamento e continuidade organiza, esclarece e acentua as diferenças entre as séries de notas em uma composição musical.

Uma seção anterior ilustrou a capacidade de um eixo de organizar uma série de elementos ao longo de seu comprimento. Na verdade, o eixo serve como uma referência. No entanto, uma referência, não precisa ser uma reta — ela também pode ter forma plana ou volumétrica.

Para ser um elemento ordenador, uma referência linear deve ter continuidade visual suficiente para cortar ou seccionar todos os elementos que serão organizados. Se a referência for um plano ou volume, deverá ter tamanho, fechamento e regularidade suficientes para englobar ou reunir os elementos que estão sendo organizados dentro de seu campo.

Em uma organização aleatória de elementos distintos, uma referência pode organizar os elementos dos seguintes modos:

Reta

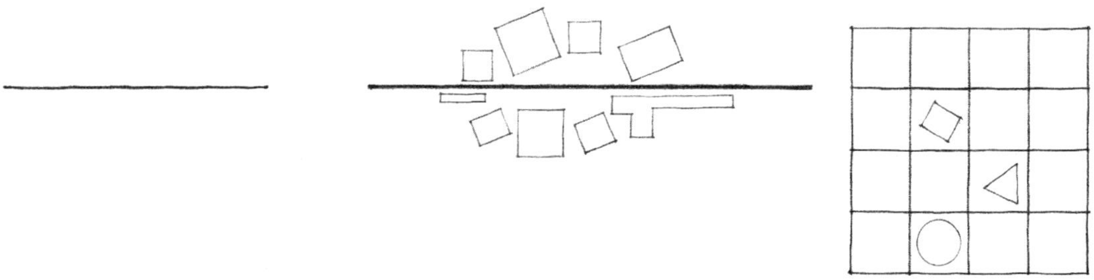

Uma linha reta pode cortar ou formar uma aresta comum para o padrão, enquanto uma malha pode formar um campo neutro e unificador para o padrão.

Plano

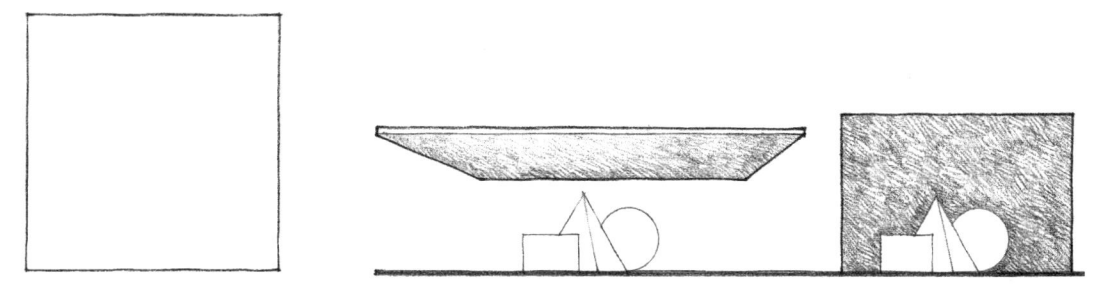

Um plano pode reunir o padrão de elementos sob ele ou servir como um fundo unificador, enquadrando-os dentro de seu campo visual.

Volume

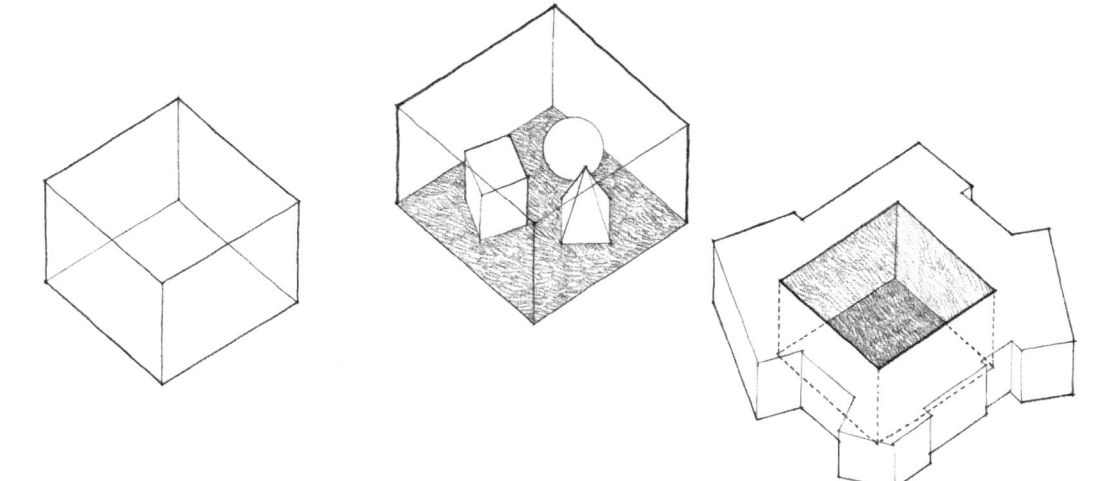

Um volume pode agrupar o padrão de elementos dentro de seus limites ou organizá-los ao longo de seu perímetro.

414 A REFERÊNCIA

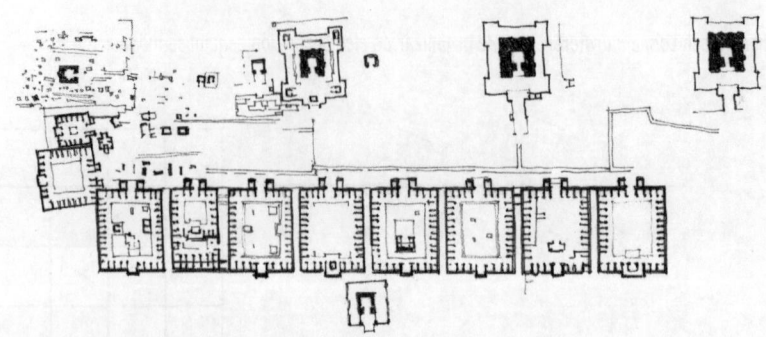

Mahavihara de Nalanda (O Grande Monastério), Índia, séculos VI–VII d.C.

Linha de referência

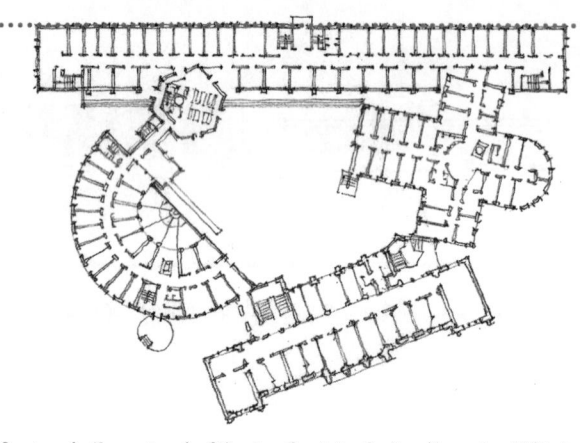

Centro de Pesquisa de Ciências Sociais, Berlim, Alemanha, 1981, James Stirling

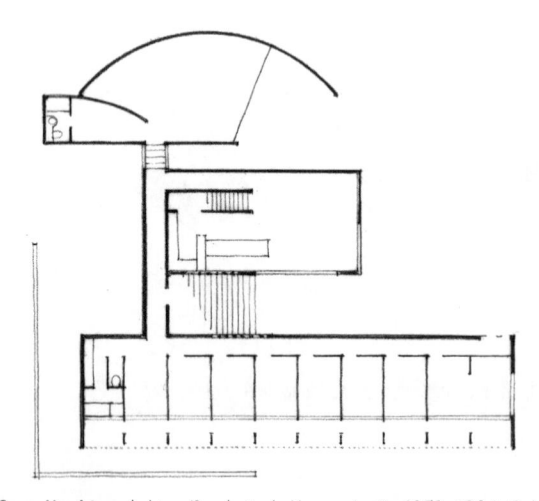

Casa Koshino, Ashiya, Província de Hyogo, Japão, 1979–1984, Tadao Ando

A REFERÊNCIA   **415**

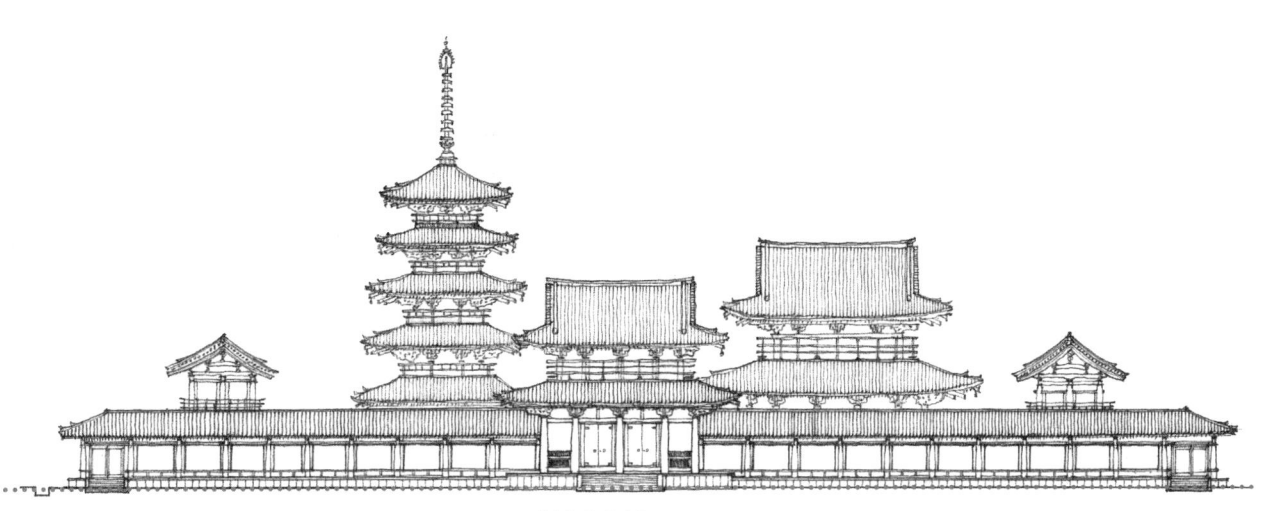

Conjunto Oeste, Templo Horyu-Ji, Província de Nara, Japão, 607–746 d.C.

Arcadas unificam as fachadas das casas voltadas para a praça da cidade de Telc, na República Tcheca.

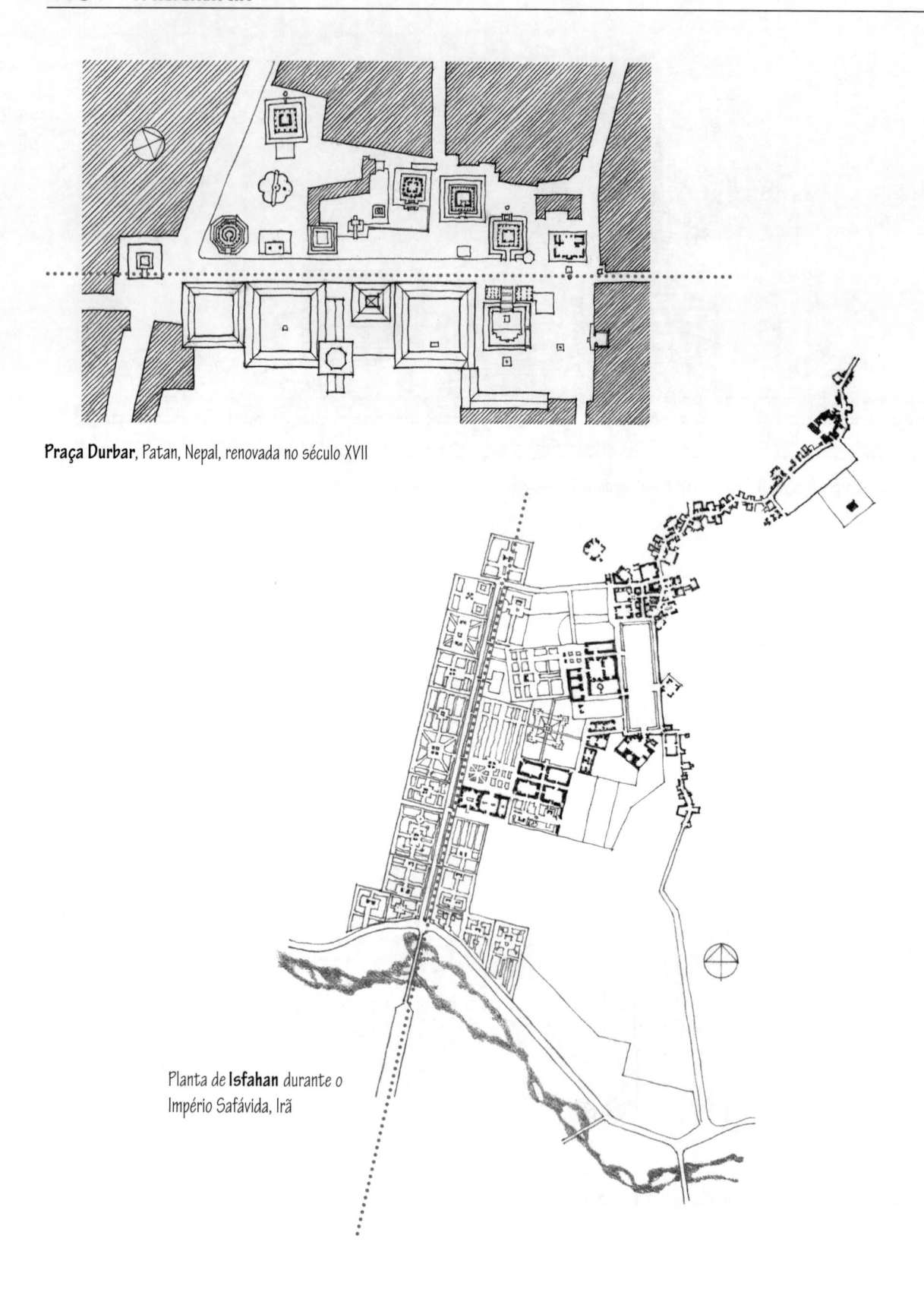

Praça Durbar, Patan, Nepal, renovada no século XVII

Planta de **Isfahan** durante o Império Safávida, Irã

A REFERÊNCIA 417

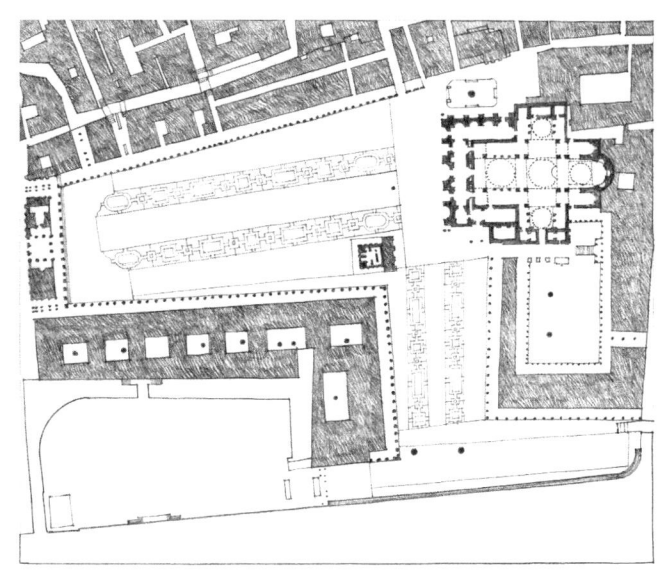

Praça de São Marcos (Piazza San Marco), Veneza, Itália

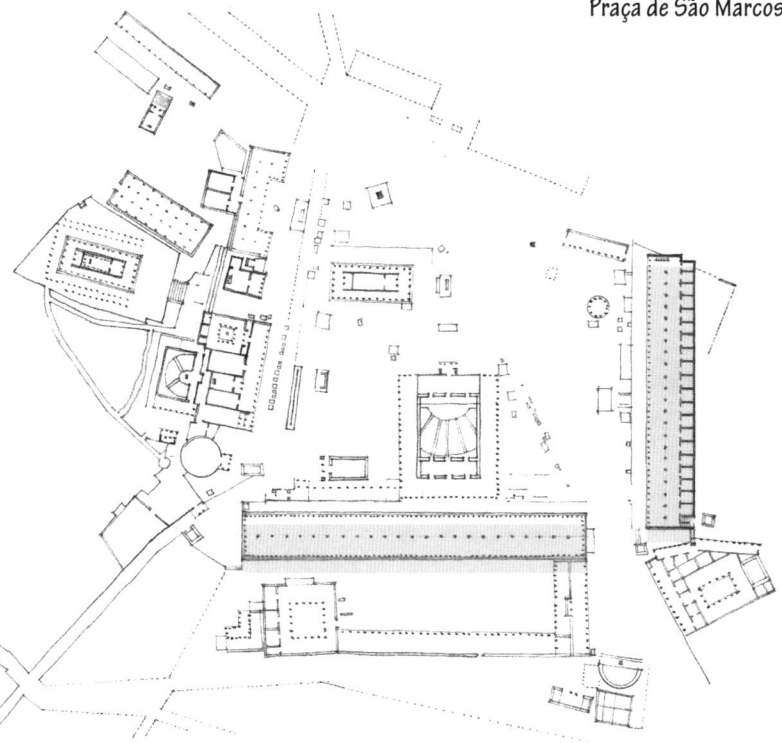

Planta da **Ágora** de Atenas, Grécia

418 A REFERÊNCIA

Centro Cívico do Condado de Marin, San Rafael, Califórnia,
Estados Unidos, 1957, Frank Lloyd Wright

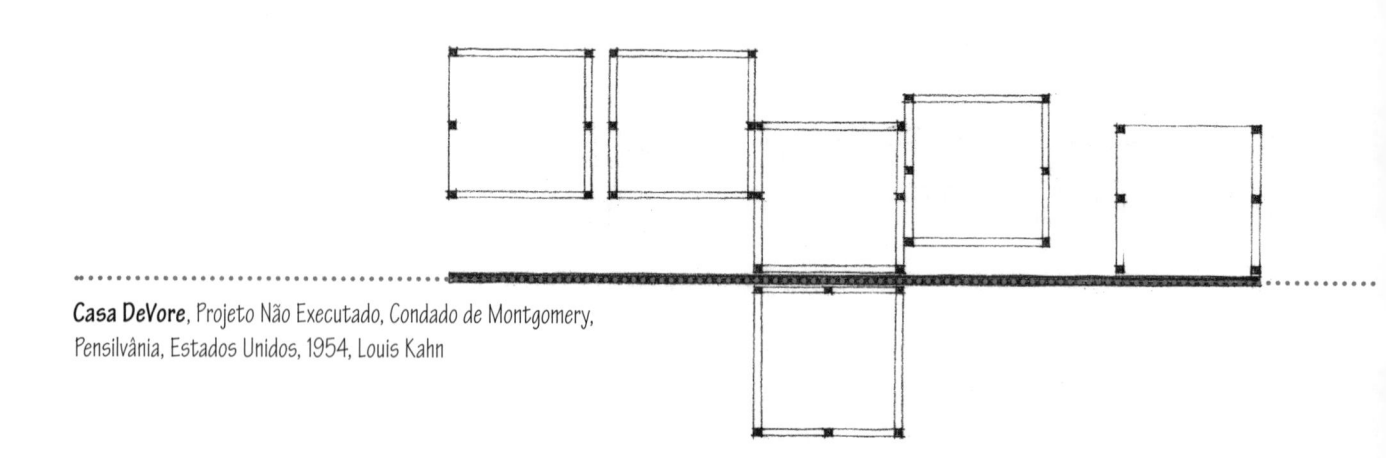

Casa DeVore, Projeto Não Executado, Condado de Montgomery,
Pensilvânia, Estados Unidos, 1954, Louis Kahn

A REFERÊNCIA 419

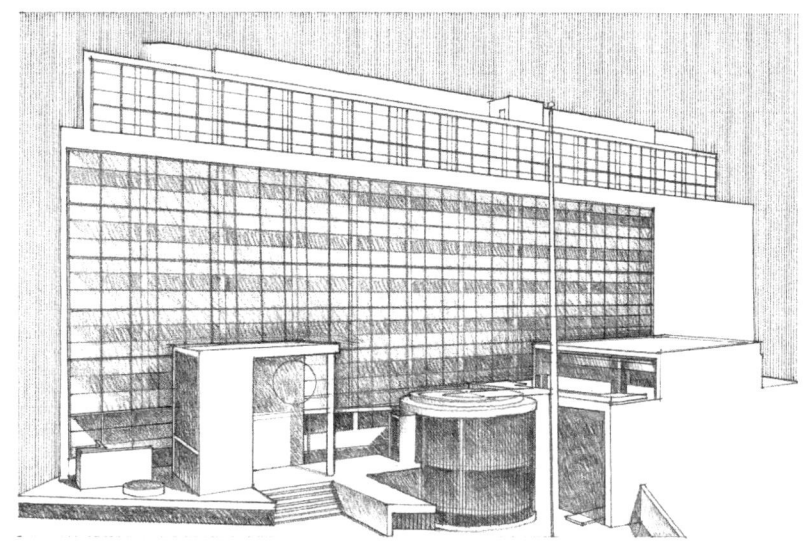

Albergue do Exército da Salvação, Paris, França, 1928–1933, Le Corbusier

Centro Cultural (Proposta para um Concurso de Arquitetura), Leverkusen, Alemanha, 1962, Alvar Aalto

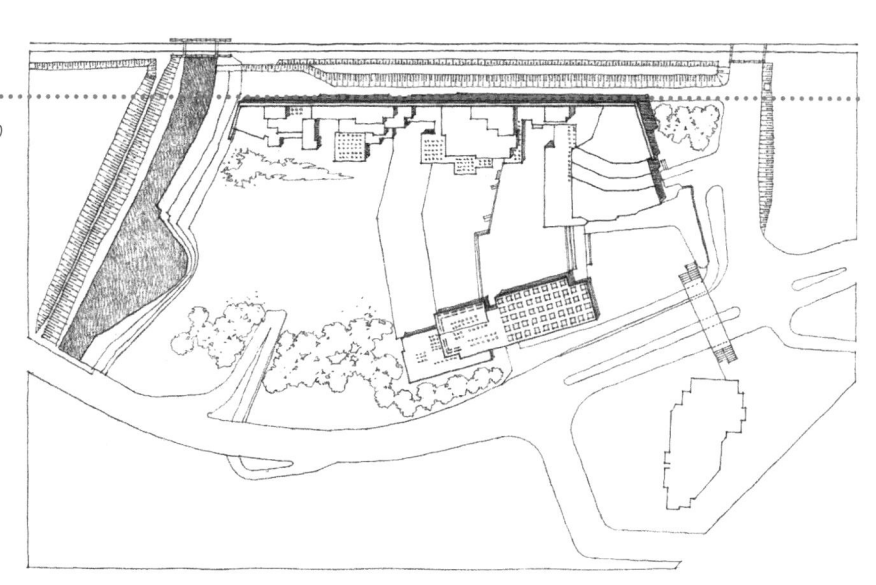

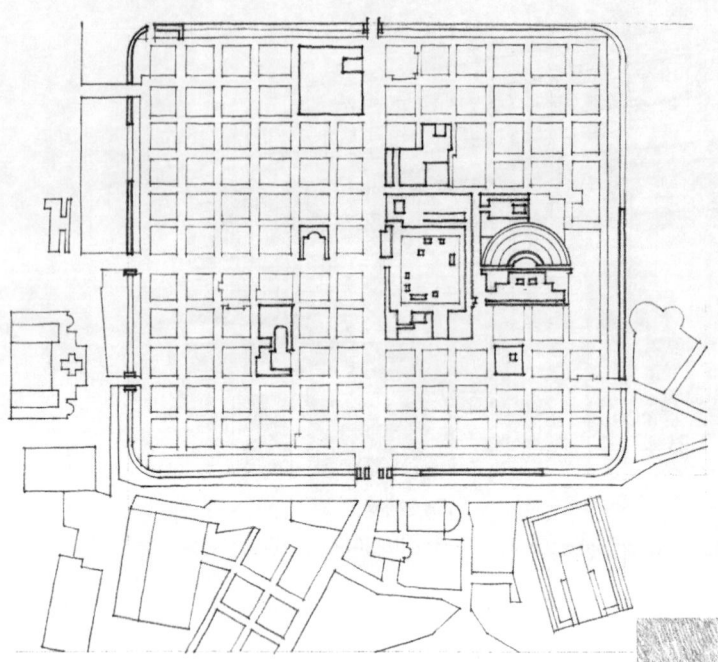

Planta do Centro da Cidade de Timgad, colônia romana na Argélia, fundada em 100 a.C.

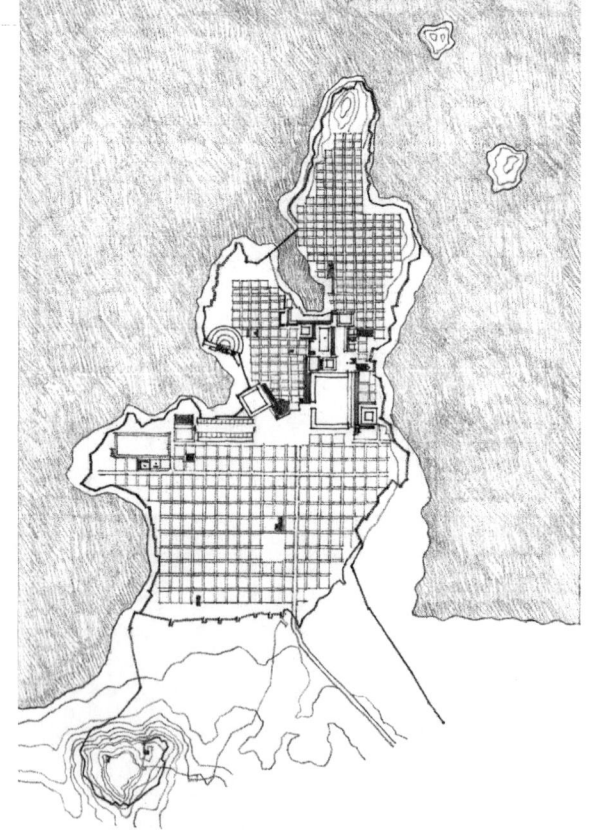

Planta da Cidade de Mileto, Ásia Menor (atual Turquia), século V a.C.

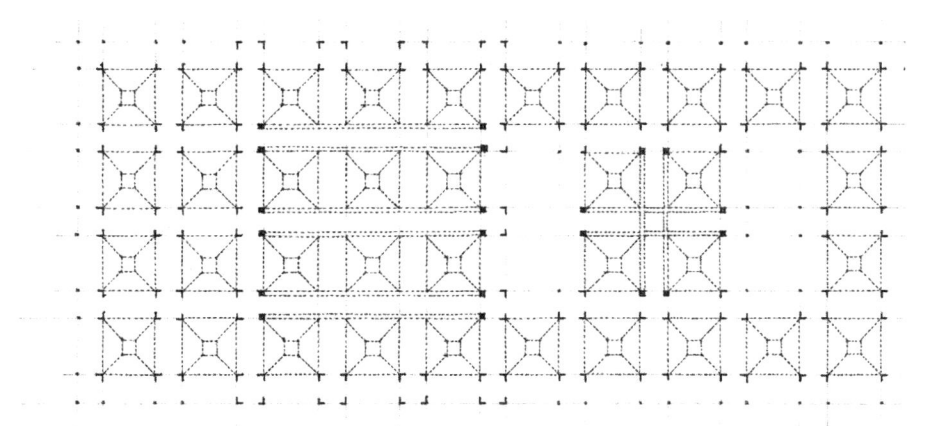

Malha Estrutural do Edifício Principal, **Centro Comunitário Judaico**, Trenton, Nova Jersey, Estados Unidos, 1954–1959, Louis Kahn

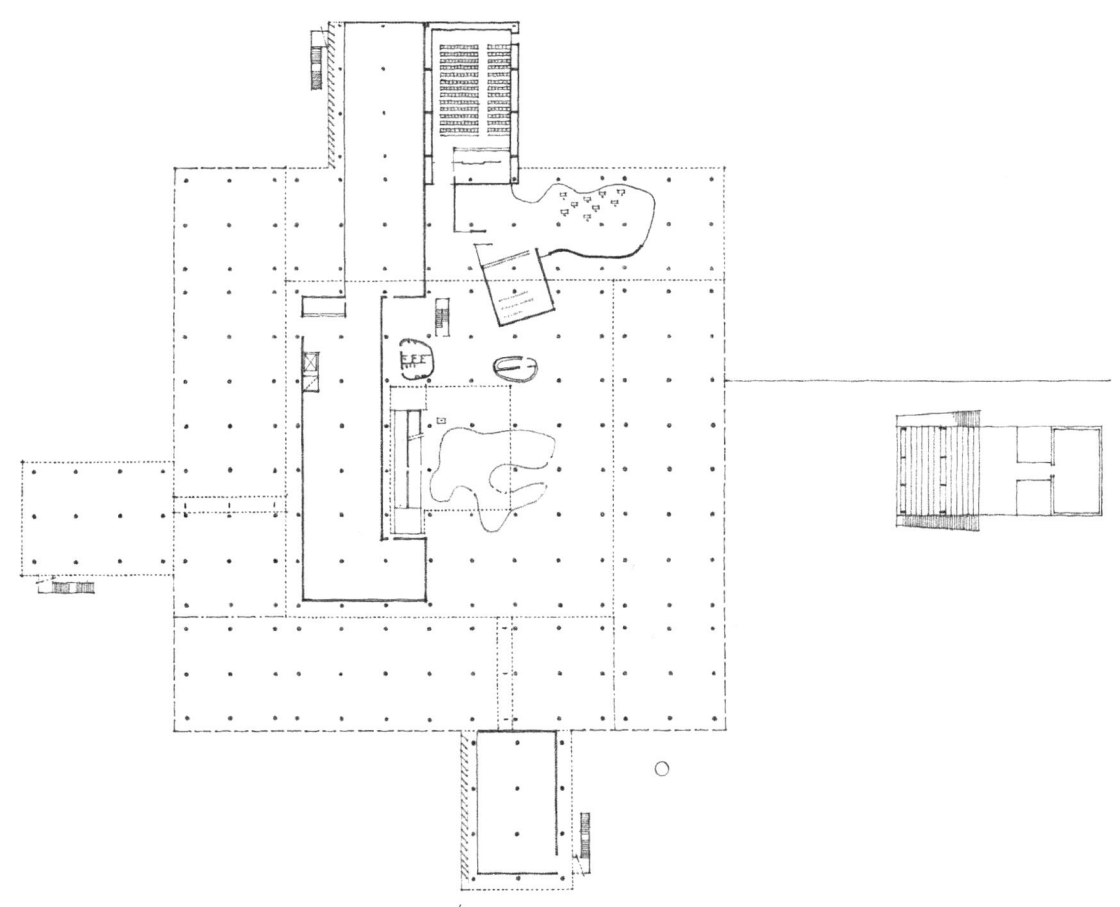

Museu de Ahmedabad, Índia, 1954–1957, Le Corbusier

Corte

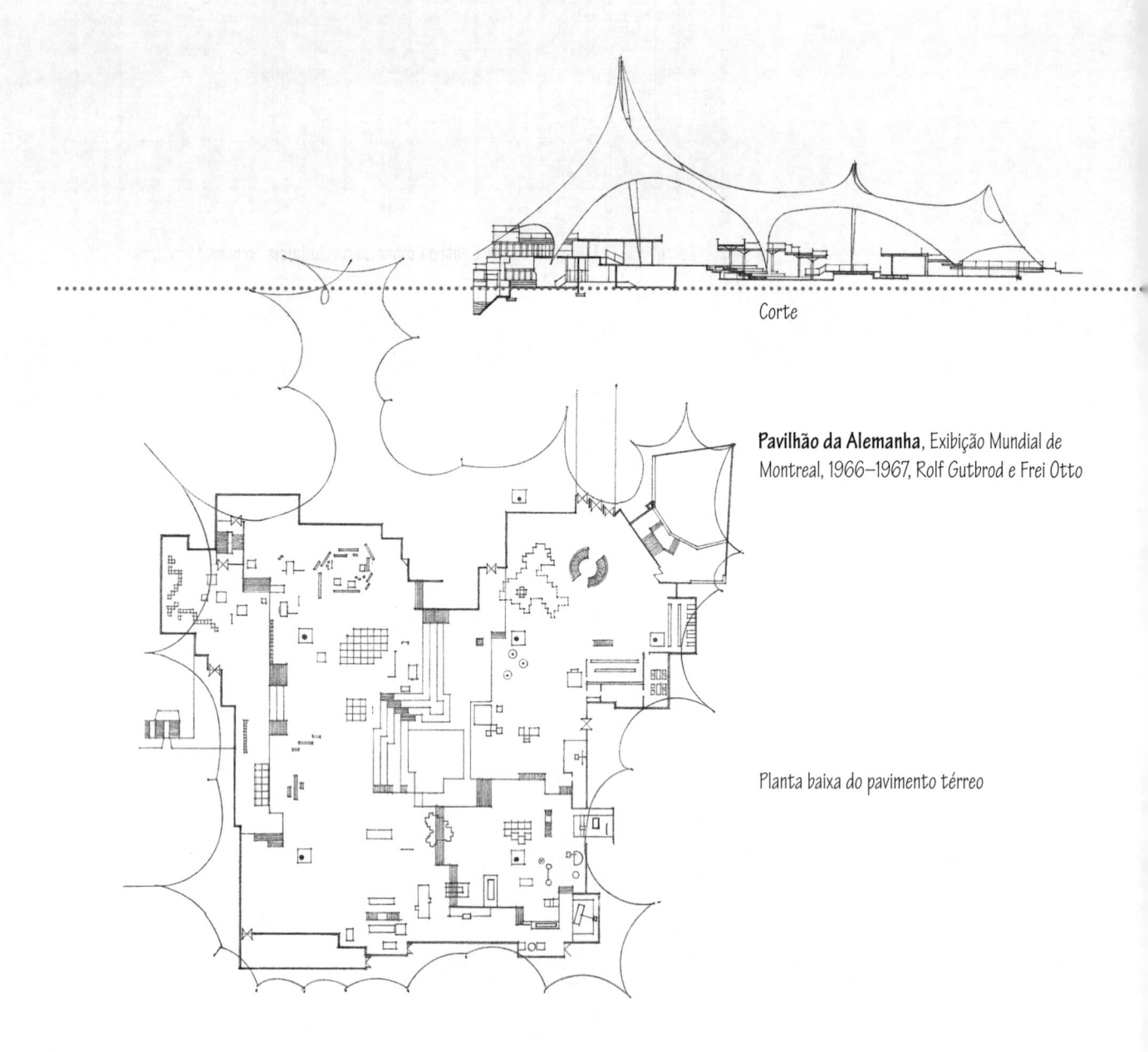

Pavilhão da Alemanha, Exibição Mundial de Montreal, 1966–1967, Rolf Gutbrod e Frei Otto

Planta baixa do pavimento térreo

A REFERÊNCIA 423

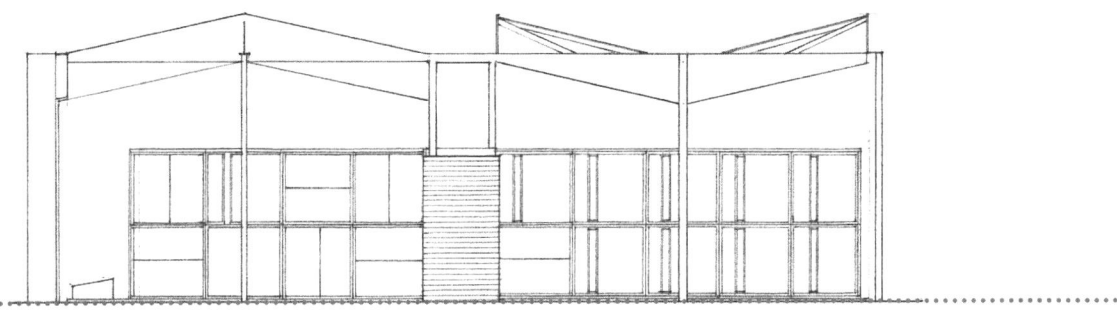

Elevação norte

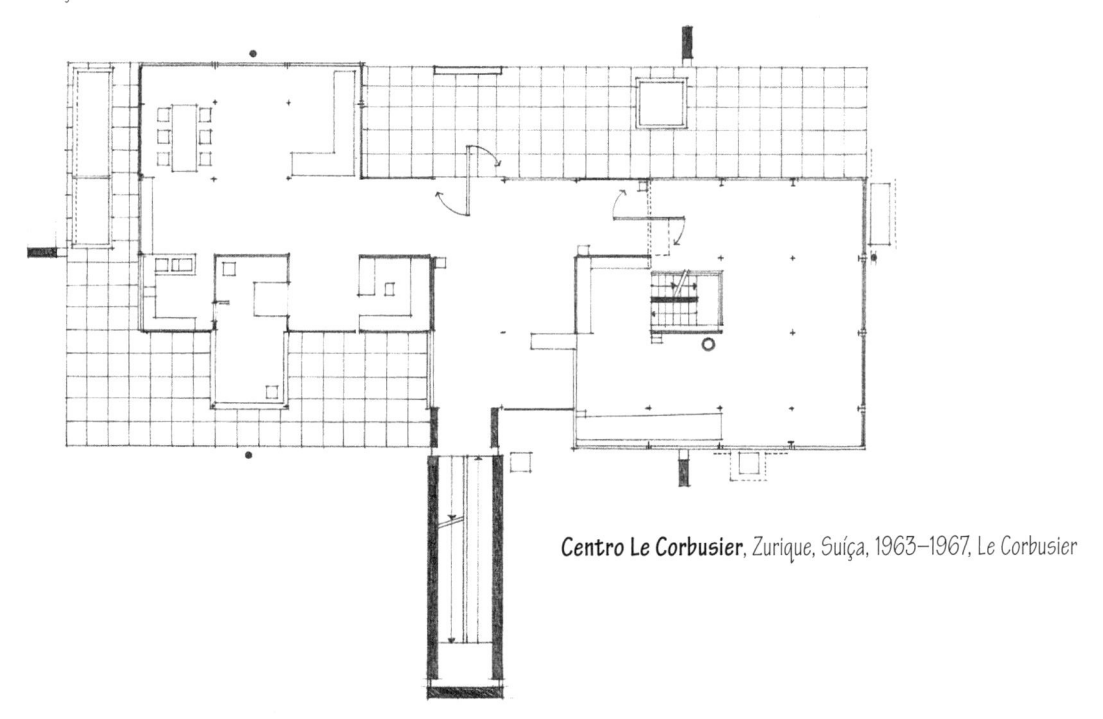

Centro Le Corbusier, Zurique, Suíça, 1963–1967, Le Corbusier

Planta de Huánoco, cidade inca no centro do Peru

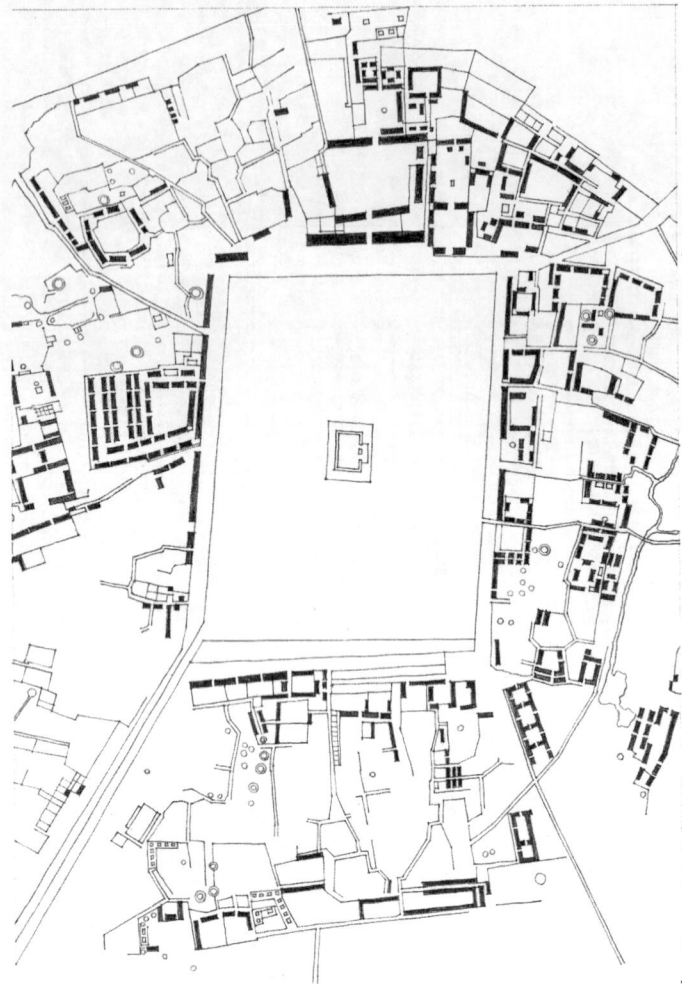

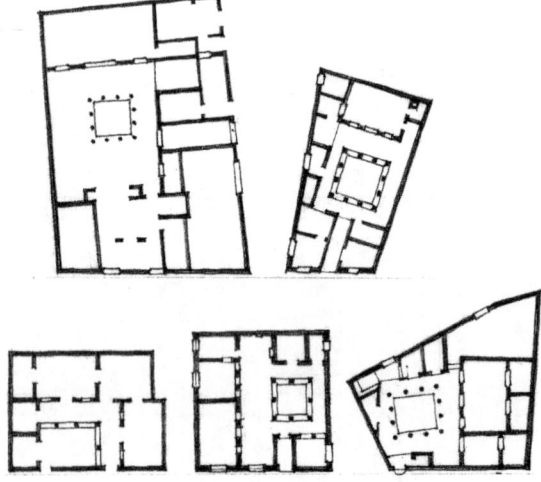

Place Royale, Paris, França, século XVIII

Planta baixa de casas com pátio interno e peristilo em Delos, ilha grega do Mar Egeu

A REFERÊNCIA 425

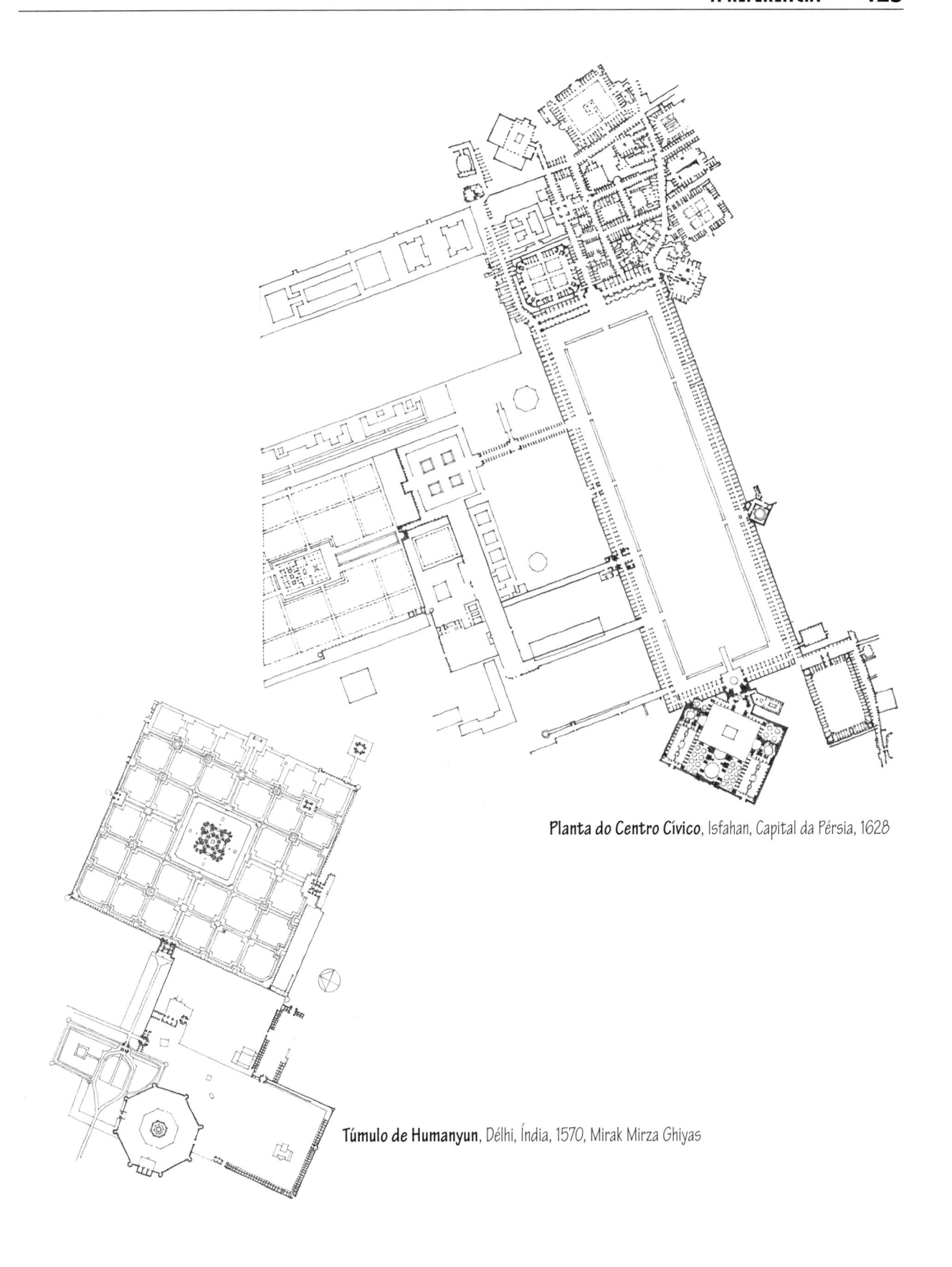

Planta do Centro Cívico, Isfahan, Capital da Pérsia, 1628

Túmulo de Humanyun, Délhi, Índia, 1570, Mirak Mirza Ghiyas

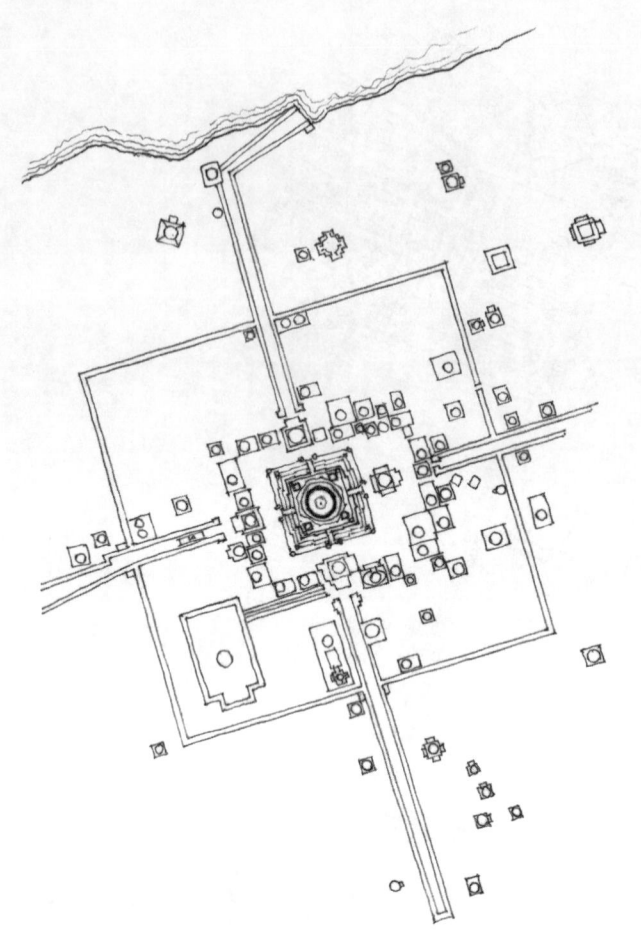

426 A REFERÊNCIA

Implantação do **Pagode Shwezigon**, Bagan, Mianmar, século XII

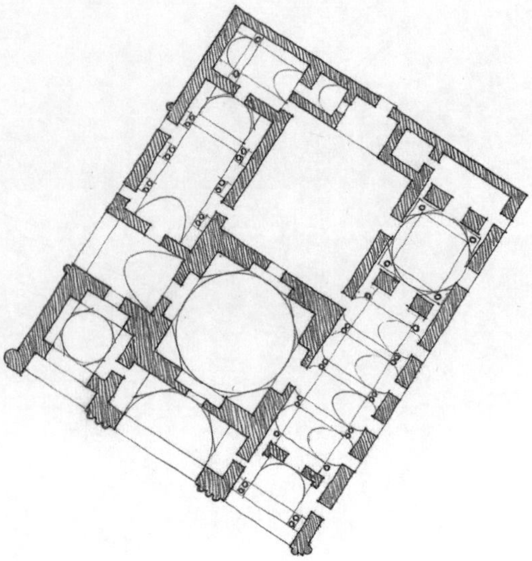

Templo do Fogo em Sarvistan, Irã, séculos V a VIII

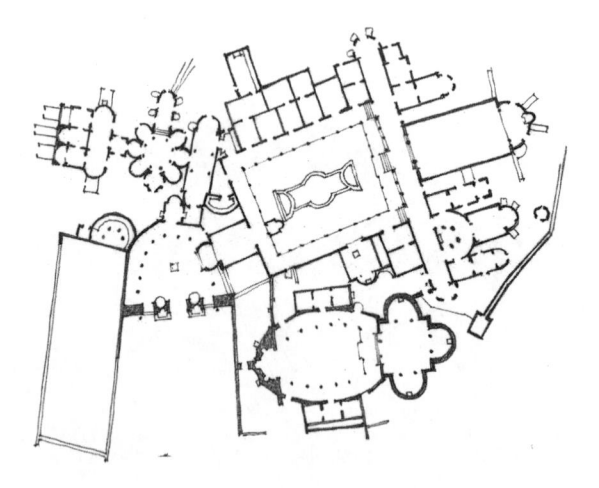

Praça Armerina, Sicília, Itália, início do século IV

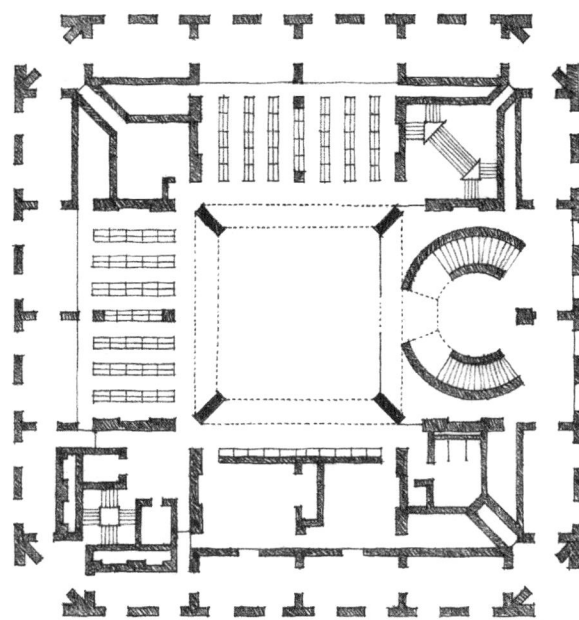

A REFERÊNCIA   427

Biblioteca, Academia Philip Exeter, Nova Hampshire, Estados Unidos, 1967–1972, Louis Kahn

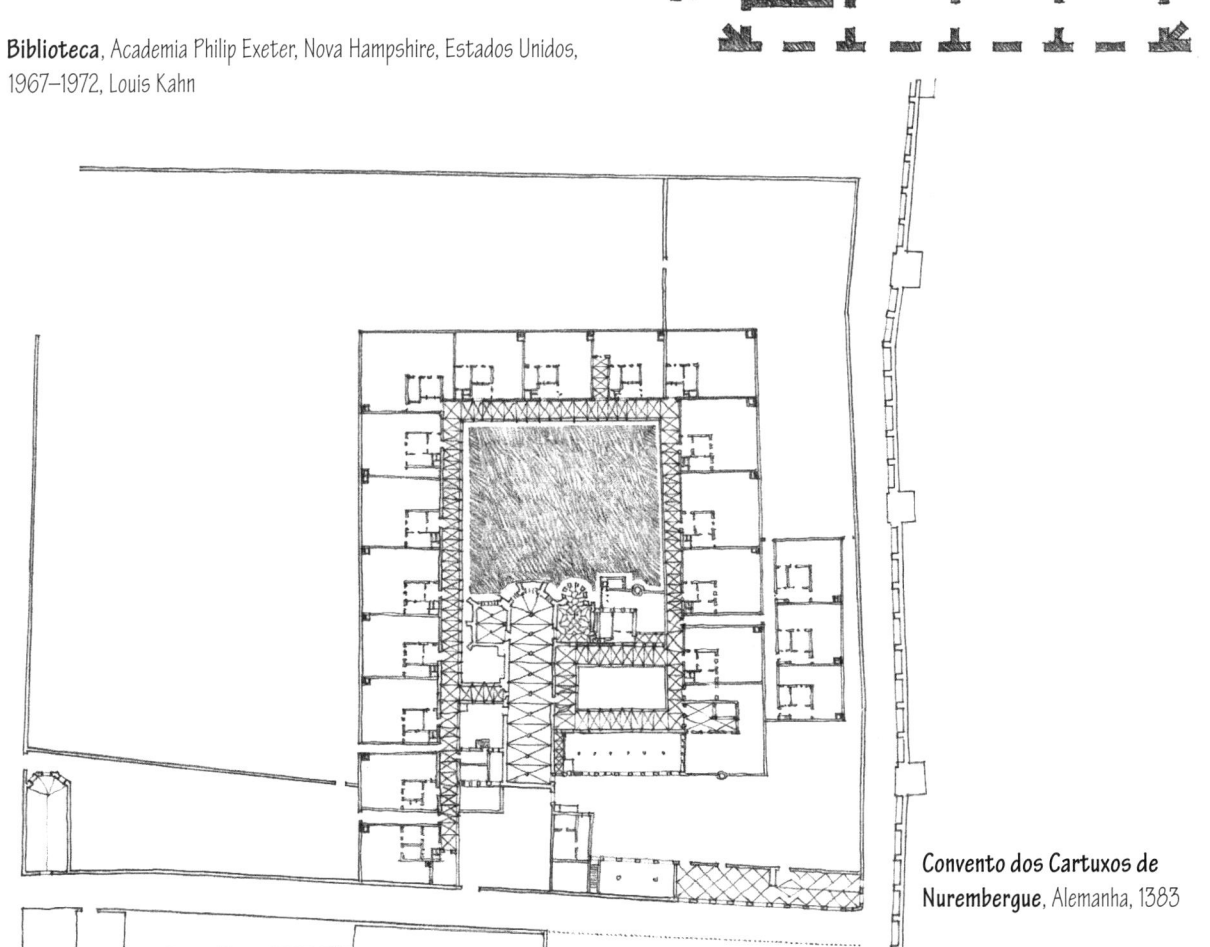

Convento dos Cartuxos de Nurembergue, Alemanha, 1383

428 O RITMO

Detalhes das colunas, **Notre Dame la Grande (Igreja de Nossa Senhora, a Grande)**, Poitiers, França, 1130–1145

O ritmo se refere a qualquer movimento caracterizado por uma recorrência padronizada de elementos ou motivos em intervalos regulares ou irregulares. O movimento pode ser de nossos olhos, à medida que acompanhamos os elementos recorrentes da composição, ou de nossos corpos, ao avançarmos ao longo de uma sequência de espaços. Em ambos os casos, o ritmo incorpora a noção fundamental de repetição como um recurso para organizar as formas e os espaços na arquitetura.

Praticamente todas as edificações incluem elementos repetitivos por natureza. As vigas e as colunas se repetem a fim de compor os vãos estruturais e módulos espaciais. As janelas e as portas abrem repetidamente as superfícies de uma edificação, proporcionando vistas, admitindo luz e ar e permitindo às pessoas entrarem nos interiores. Os espaços frequentemente se repetem, para atender a exigências funcionais similares ou repetitivas do programa de necessidades. Esta seção discute os padrões de repetição que podem ser utilizados para organizar uma série de elementos recorrentes, bem como os ritmos visuais resultantes desses padrões.

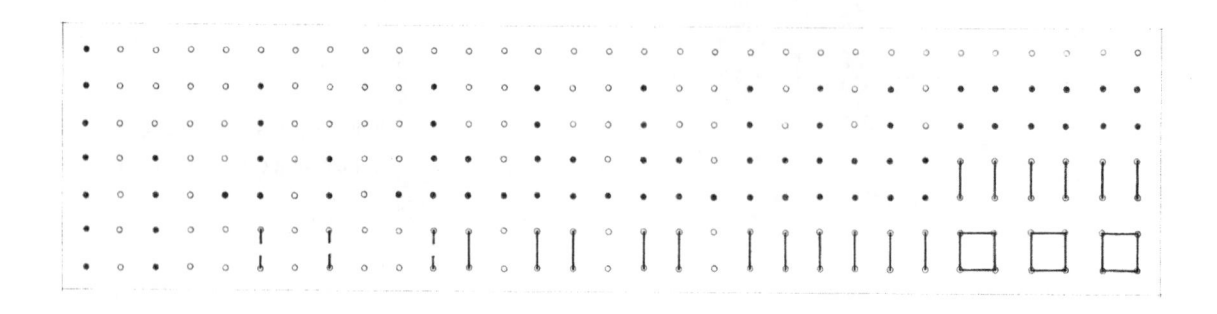

A REPETIÇÃO   429

Tendemos a agrupar os elementos de uma composição aleatória de acordo com:

- a contiguidade ou proximidade dos elementos entre si
- as características visuais que eles compartilham

O princípio da repetição emprega estes dois conceitos de repetição visual a fim de ordenar os elementos recorrentes em uma composição.

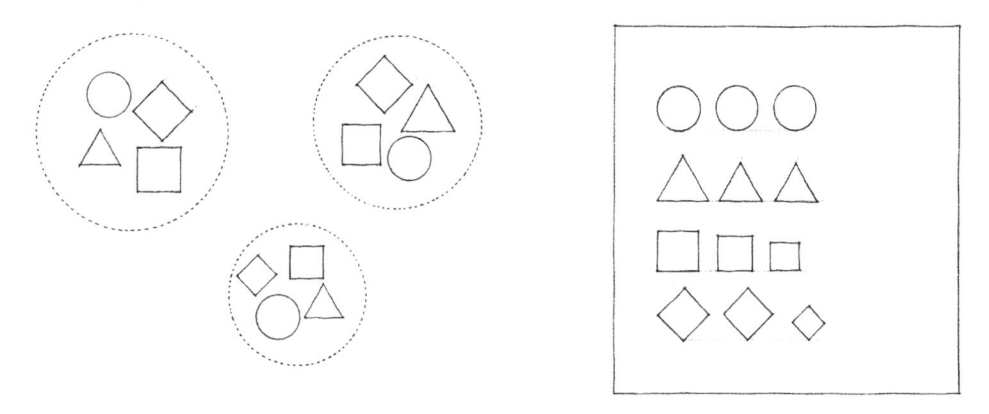

A forma mais simples de repetição é um padrão linear de elementos redundantes. Os elementos não precisam ser idênticos para serem agrupados de modo repetitivo. Eles podem simplesmente compartilhar uma característica ou ter um denominador comum, permitindo que cada um dos elementos seja único e, ainda assim, pertença à mesma família.

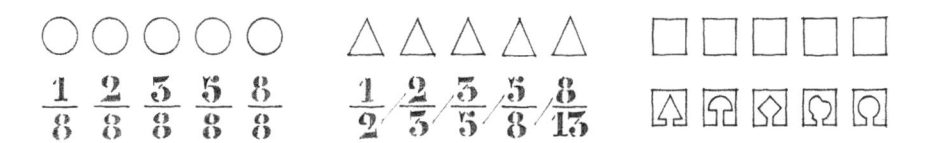

- Tamanho

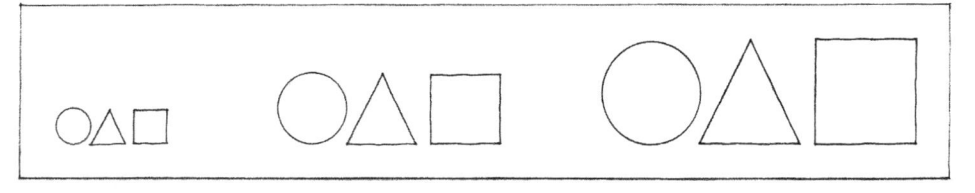

- Formato

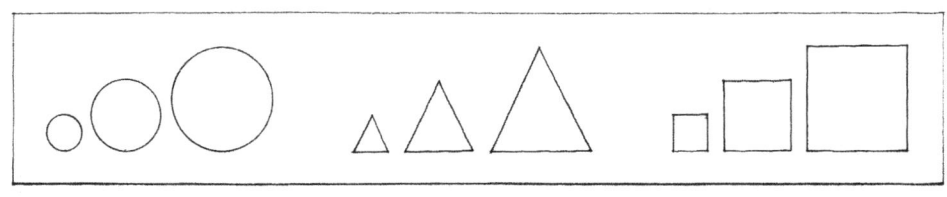

- Detalhes distintivos

Distilo *in antis*

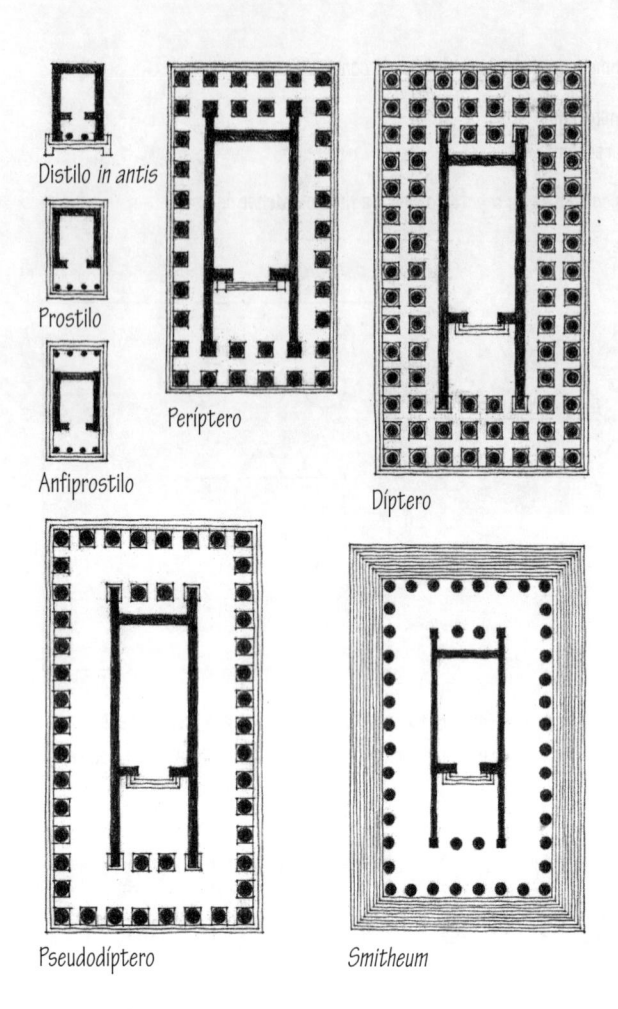

Prostilo

Anfiprostilo

Períptero

Díptero

Pseudodíptero

Smitheum

Classificação dos Templos, de acordo com o arranjo das colunatas. Extraído do Livro III, Capítulo II, de *Os Dez Livros de Arquitetura*, de Vitrúvio.

Os padrões estruturais frequentemente incluem a repetição de suportes verticais em intervalos regulares ou harmoniosos, os quais definem os vãos da estrutura ou as divisões do espaço. Com tais padrões repetitivos, a importância de um espaço pode ser enfatizada por meio de seu tamanho e localização.

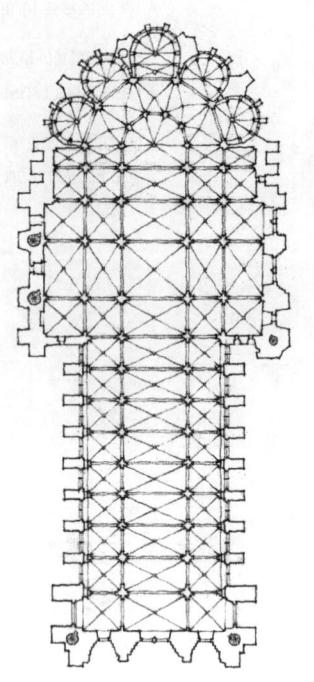

Catedral de Reims, França, 1211–1290

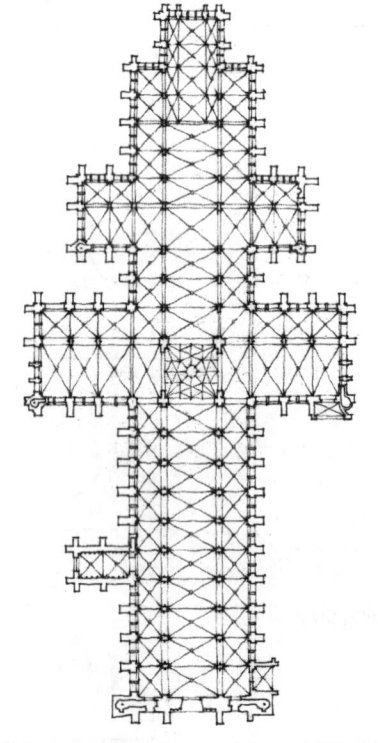

Catedral de Salisbury, Inglaterra, 1220–1260

A REPETIÇÃO **431**

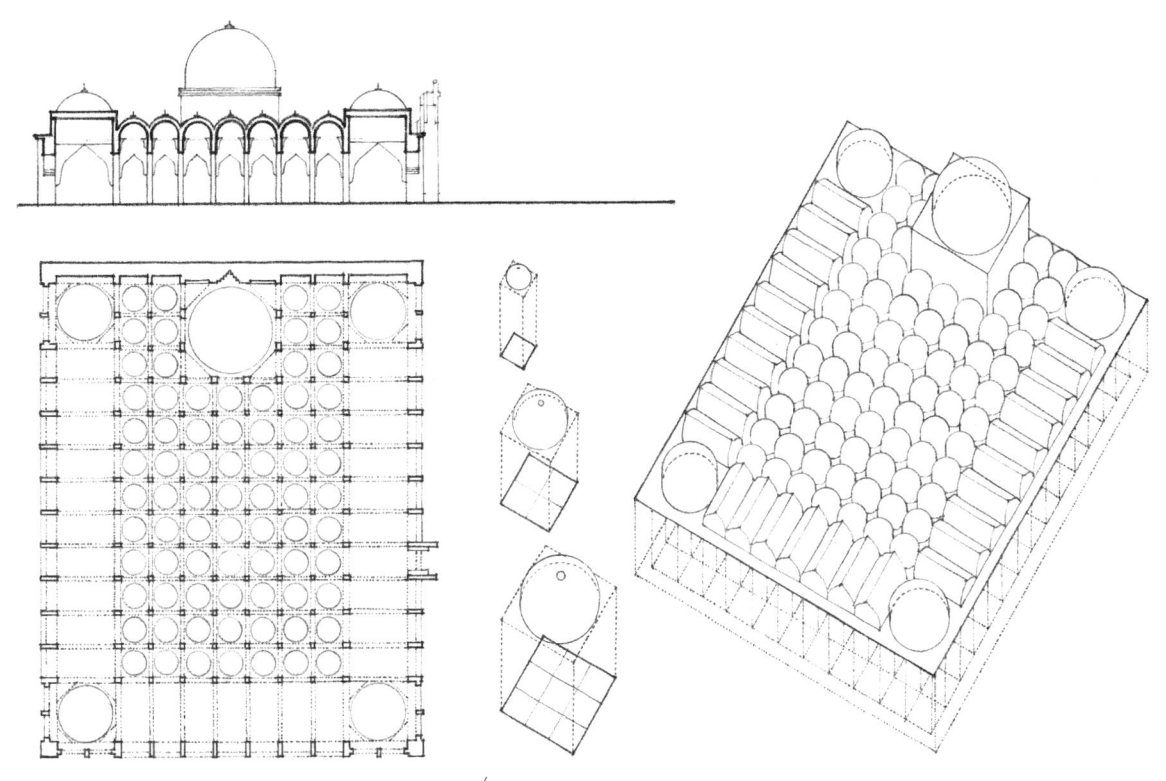

Mesquita da Sexta-Feira (Jami Masjid), Gulbarga, Índia, 1367

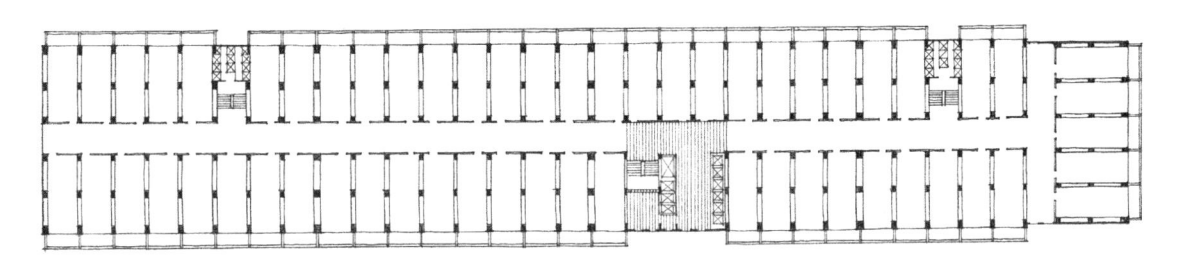

Planta Baixa do Pavimento Típico, **Unidade de Habitação** de Marselha, França, 1946–1952, Le Corbusier

432 A REPETIÇÃO

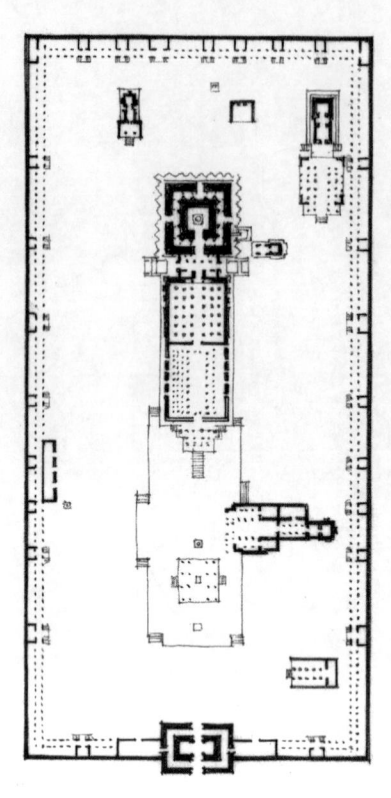

Dakshina-Meru (Templo Rajarajeshwara), Thanjavur, Índia, final do século X

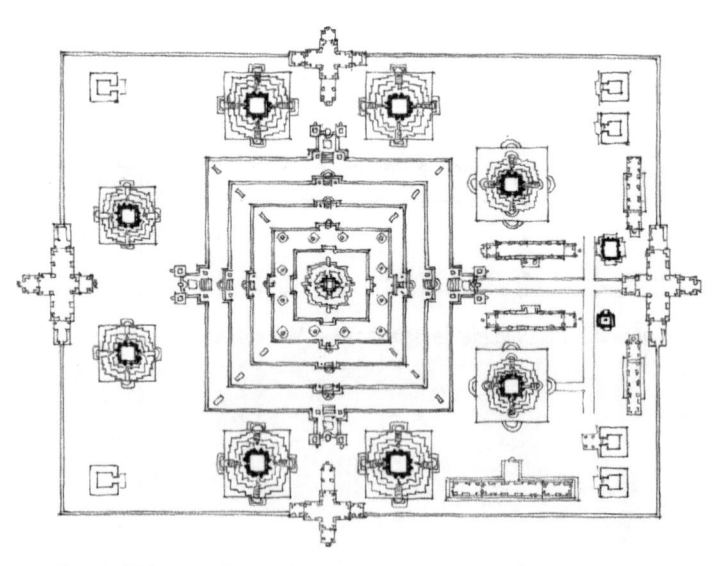

Templo Bakong, próximo a Siem Reap, Camboja, cerca de 881 d.C.

A REPETIÇÃO 433

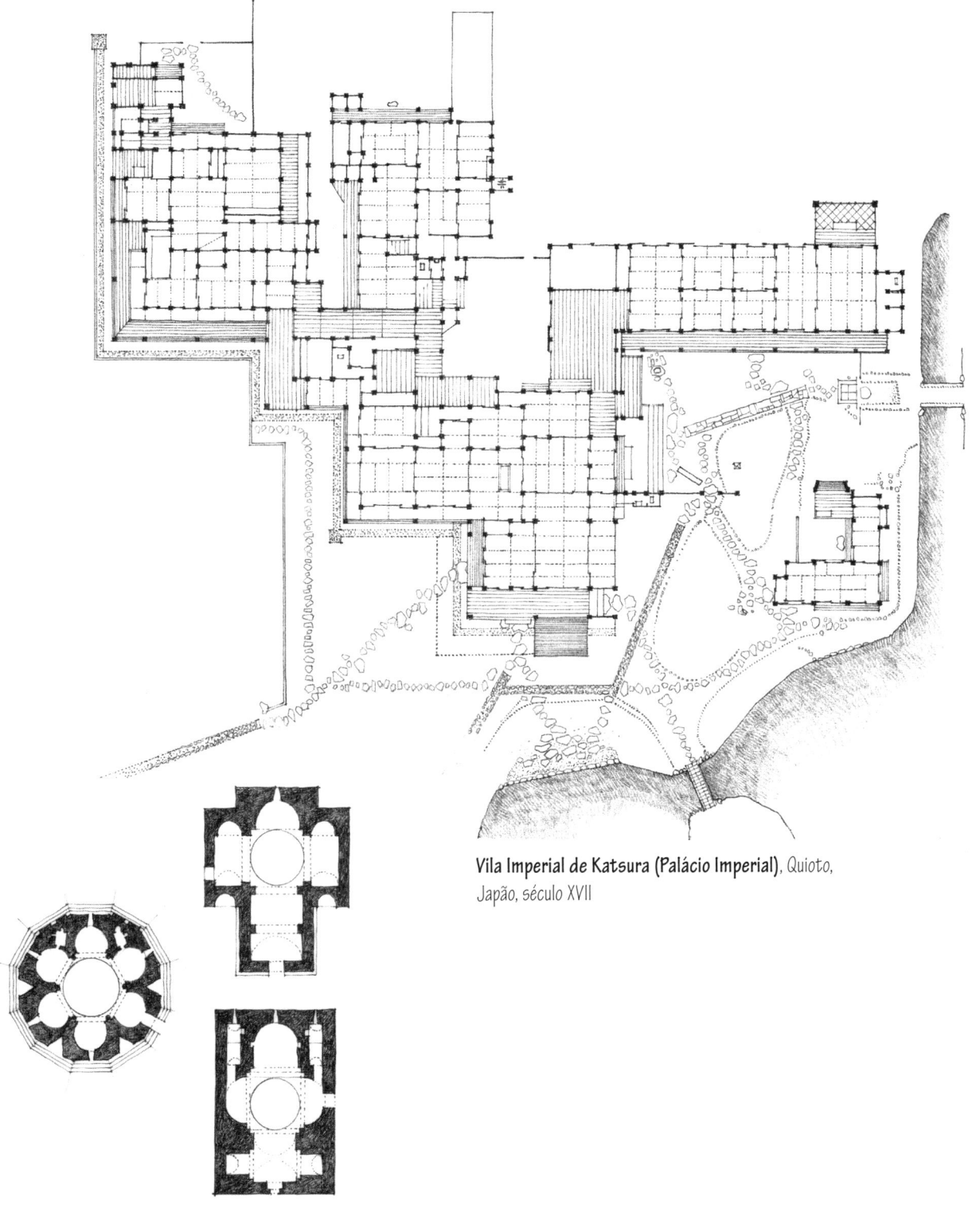

Vila Imperial de Katsura (Palácio Imperial), Quioto, Japão, século XVII

Tipologia das igrejas armênias do século VI

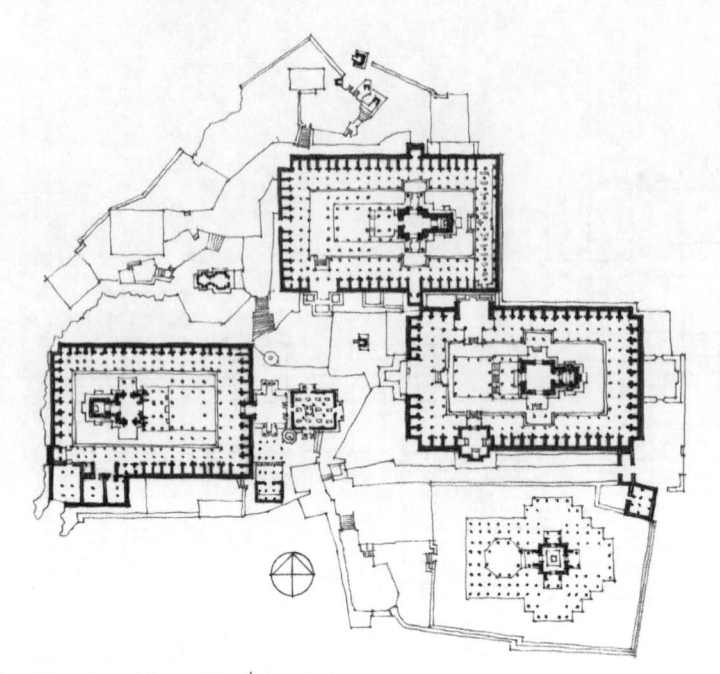

Templos Jain no Monte Abu, Índia, séculos XI a XVI

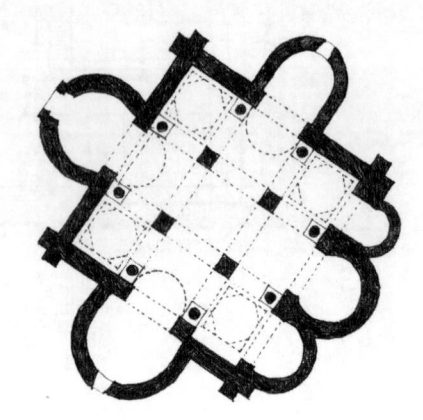

Oratório de Germigny-des-Prés, França, 806–811, Oton Matsaetsi

Assim como na música, um padrão rítmico na arquitetura pode ser *legato*, contínuo e fluído ou *staccato* e brusco em seu ritmo e cadência.

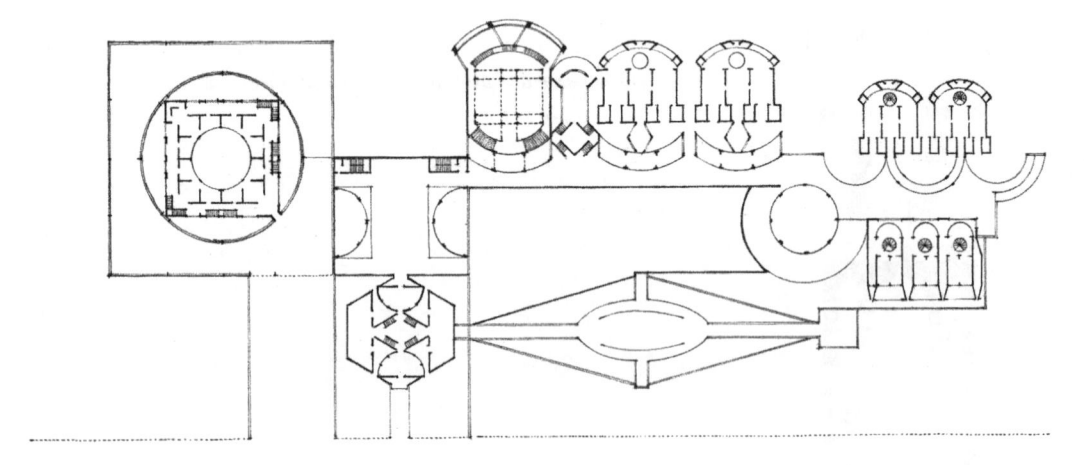

Complexo do Capitólio, Projeto Não Executado, Islamabad, Paquistão, 1965, Louis Kahn

A REPETIÇÃO 435

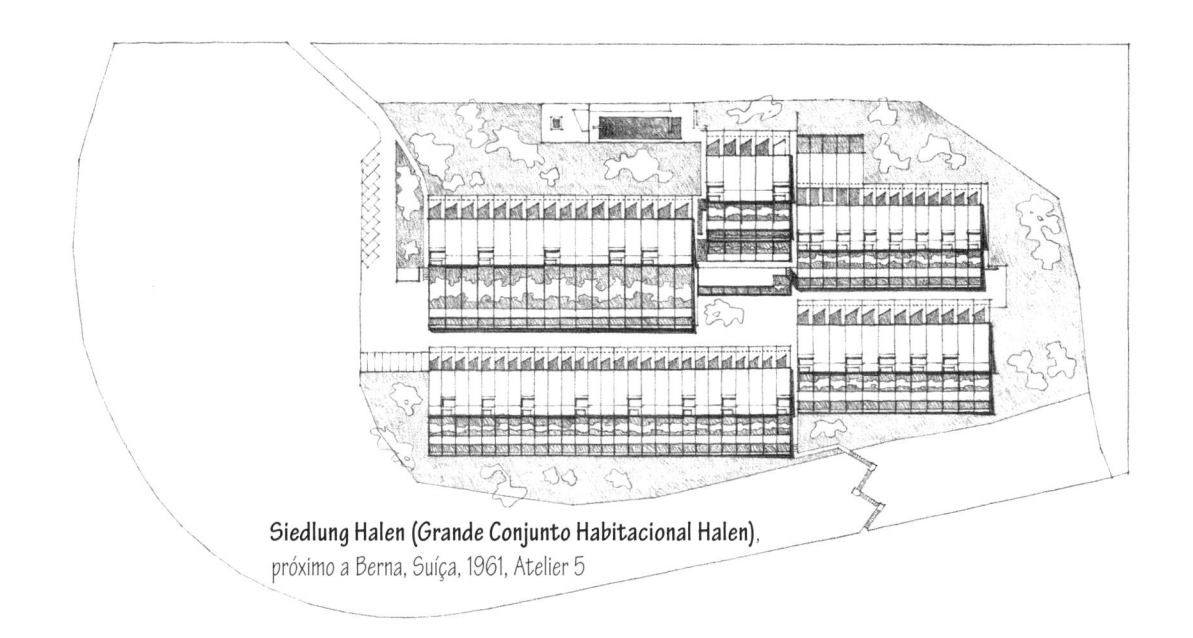

Siedlung Halen (Grande Conjunto Habitacional Halen), próximo a Berna, Suíça, 1961, Atelier 5

Tecido urbano da área habitacional de **Pompeia**, Itália, no século I d.C.

436 A REPETIÇÃO

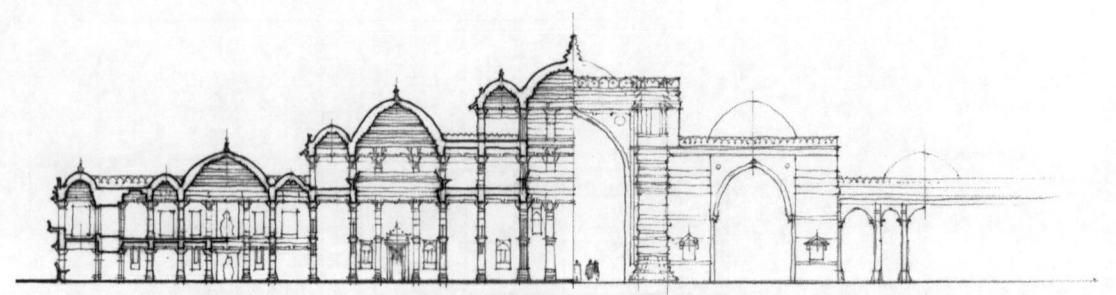

Corte através da principal sala de oração da **Mesquita da Sexta-Feira (Jami Masjid)**, Ahmedabad, Délhi, Índia, 1423

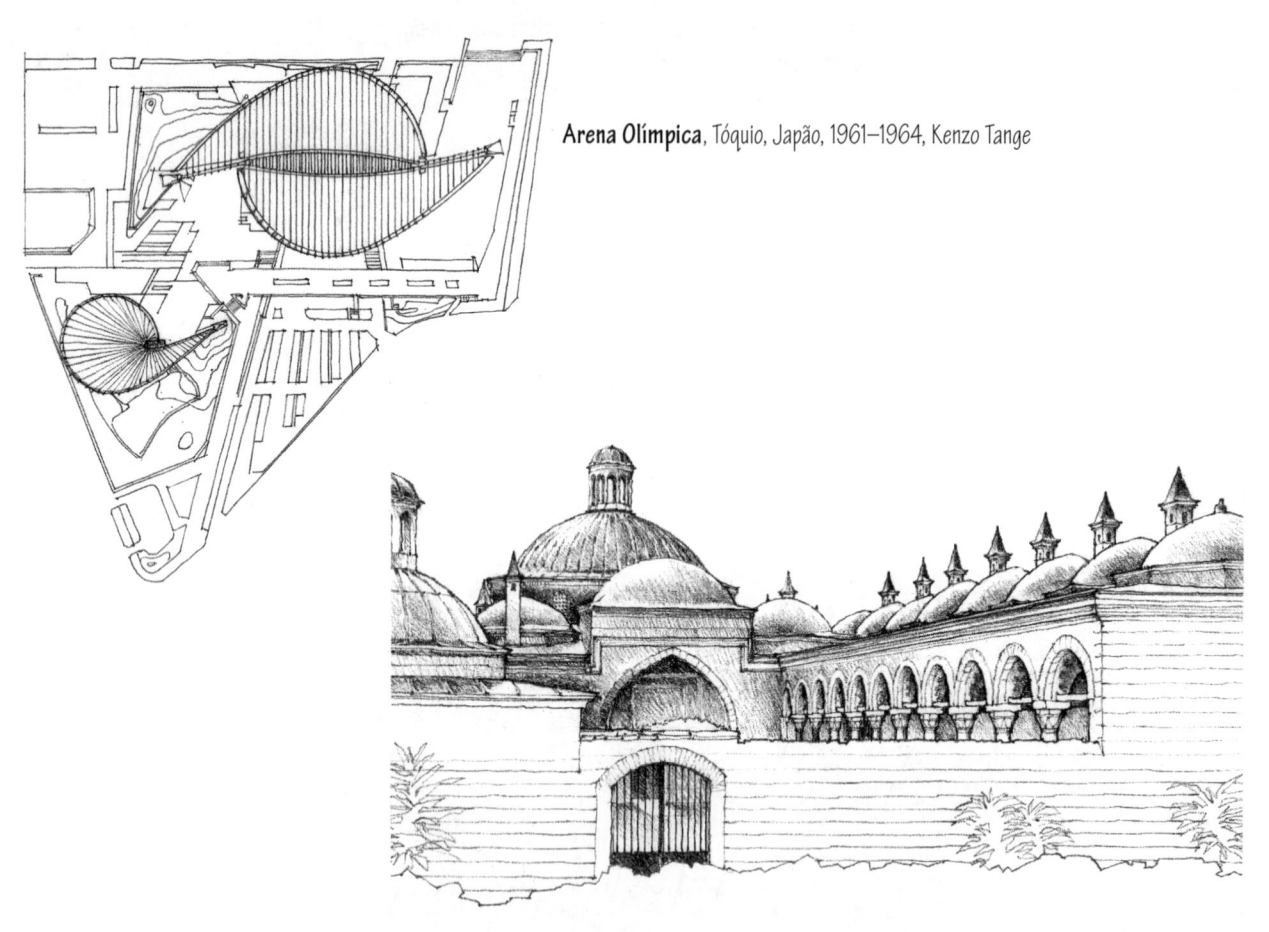

Arena Olímpica, Tóquio, Japão, 1961–1964, Kenzo Tange

Os padrões rítmicos proporcionam continuidade e nos permitem fazer previsões. Qualquer interrupção no padrão anuncia e enfatiza a importância do elemento de interrupção ou intervalo.

Complexo da Mesquita de Beyazid II, Bursa, Turquia, 1398–1403

A REPETIÇÃO   437

Vista de **Mojácar**, cidade espanhola construída sobre uma colina

Vista de **Vila Hermosa**, Espanha

438 A REPETIÇÃO

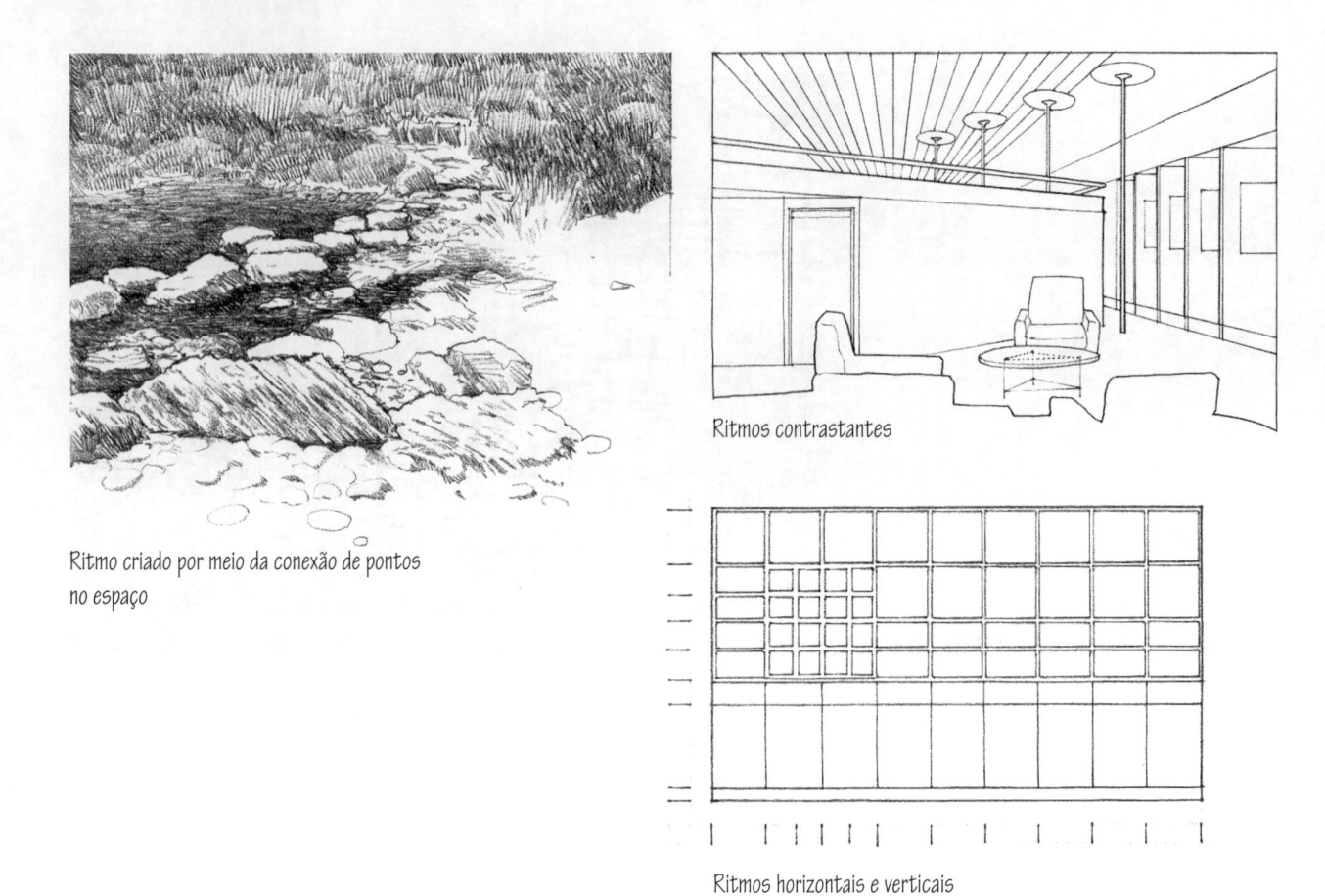

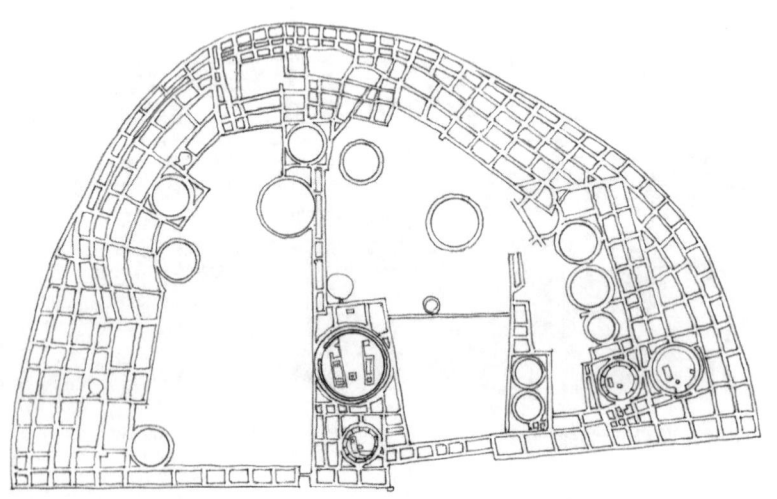

Ritmo criado por meio da conexão de pontos no espaço

Ritmos contrastantes

Ritmos horizontais e verticais

Pueblo Bonito, Cânion Chaco, Estados Unidos, séculos X a XIII

A REPETIÇÃO 439

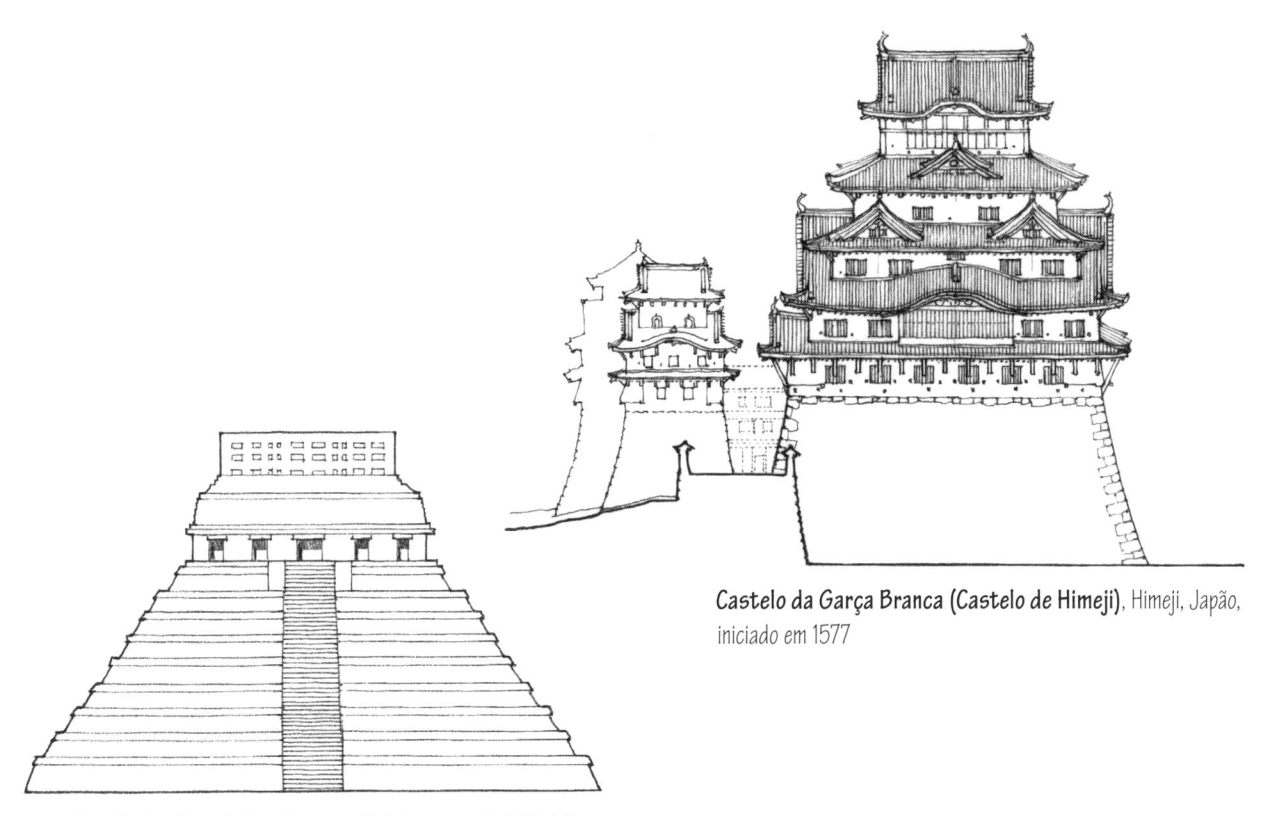

Castelo da Garça Branca (Castelo de Himeji), Himeji, Japão, iniciado em 1577

Templo das Inscrições, Palenque, México, cerca de 550 d.C.

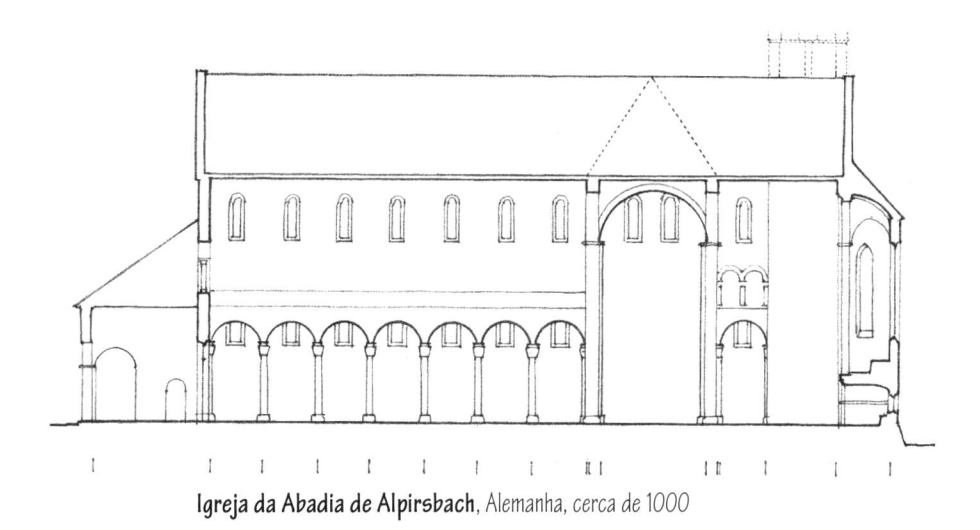

Igreja da Abadia de Alpirsbach, Alemanha, cerca de 1000

440 A REPETIÇÃO

Fachadas vitorianas em uma rua de San Francisco, Califórnia, Estados Unidos

Diversos ritmos podem ser sobrepostos na fachada de um prédio.

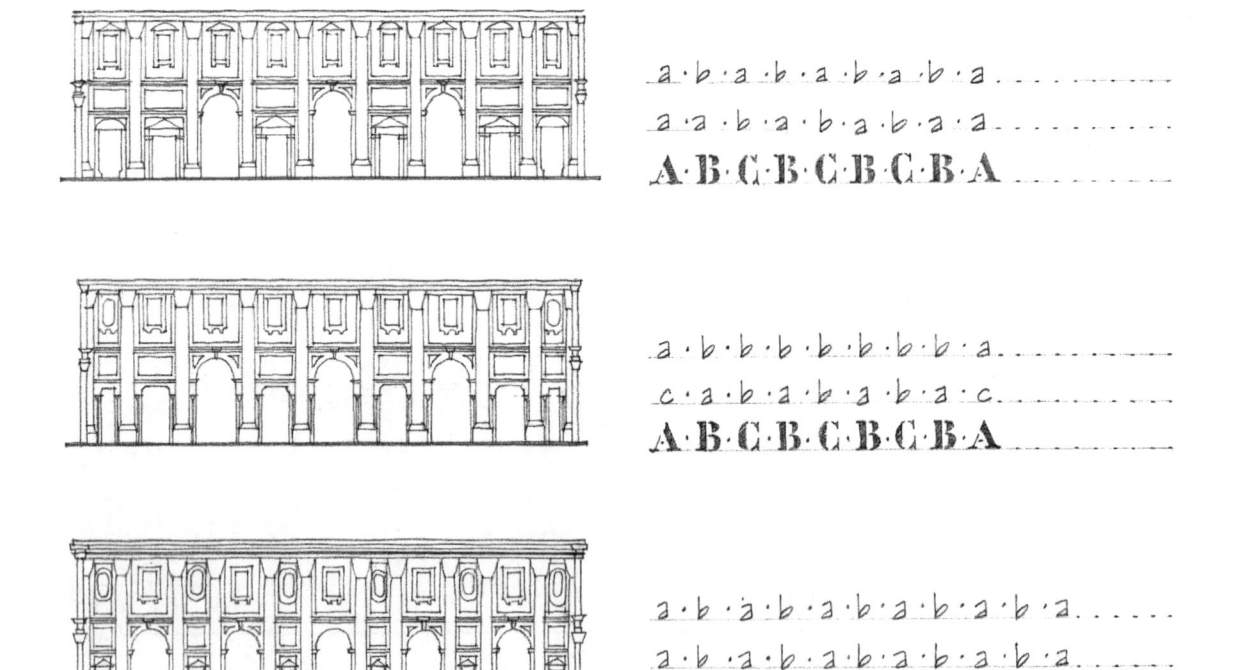

a·b·a·b·a·b·a·b·a
a·a·b·a·b·a·b·a·a
A·B·C·B·C·B·C·B·A

a·b·b·b·b·b·b·b·a
c·a·b·a·b·a·b·a·c
A·B·C·B·C·B·C·B·A

a·b·a·b·a·b·a·b·a·b·a
a·b·a·b·a·b·a·b·a·b·a
A·B·A·B·A·C·A·B·A·B·A

Estudos para a **Fachada Interna de uma Basílica**, Francesco Borromini

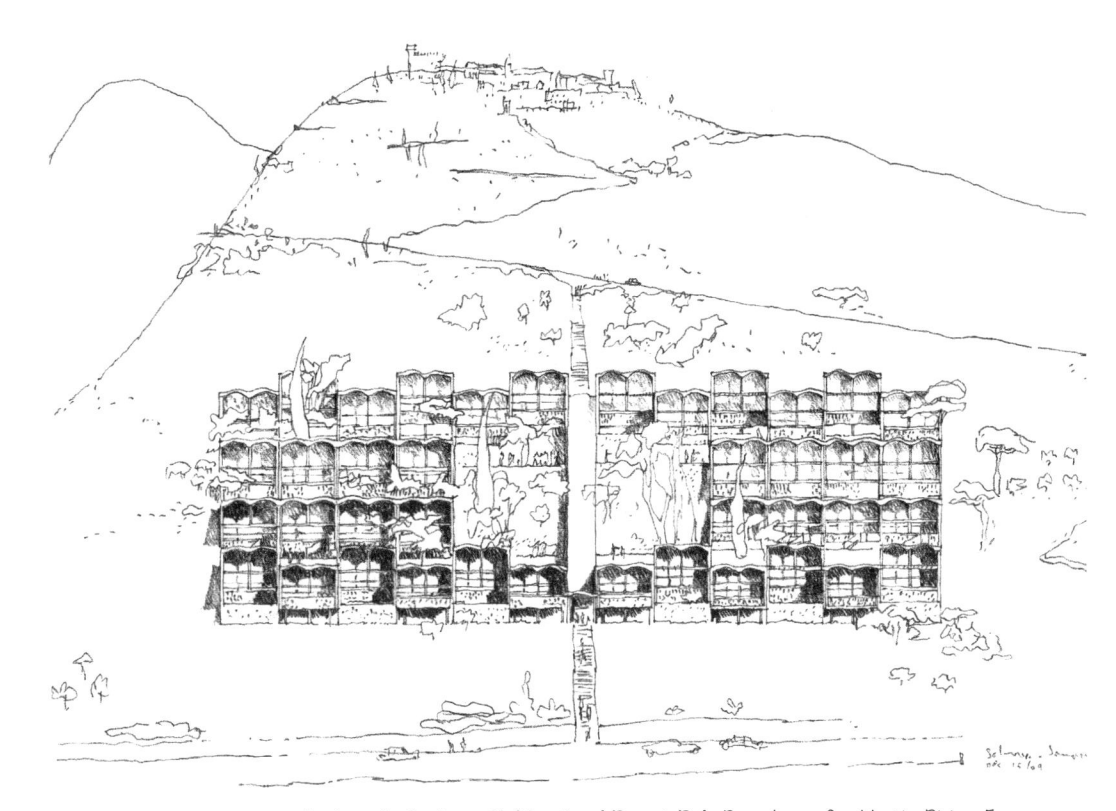

Projeto do Conjunto Habitacional Roq et Rob, Roquebrune-Cap-Martin, Riviera Francesa, próximo a Nice, 1949, Le Corbusier

Padrões rítmicos mais complexos podem ser criados mediante a introdução de pontos de ênfase ou intervalos excepcionais em uma sequência. Estes destaques ou marcações ajudam a diferenciar entre os temas mais importantes de uma composição e os secundários.

Subúrbio-Jardim Bedford Park, Londres, Inglaterra, 1875, Maurice Adams, E. W. Goodwin, E. J. May, Norman Shaw

442   A REPETIÇÃO

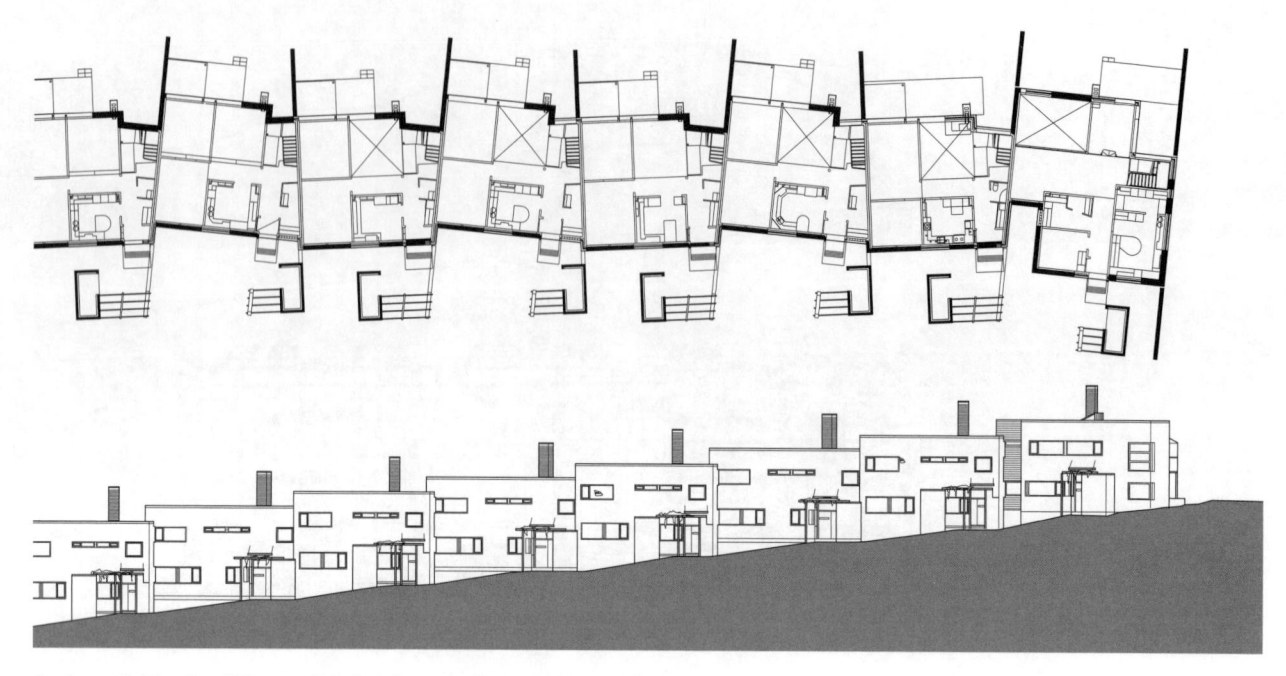

Conjunto Habitacional Westendinhelmi, Espoo, Finlândia, 2001, Marja-Ritta Norri Architects

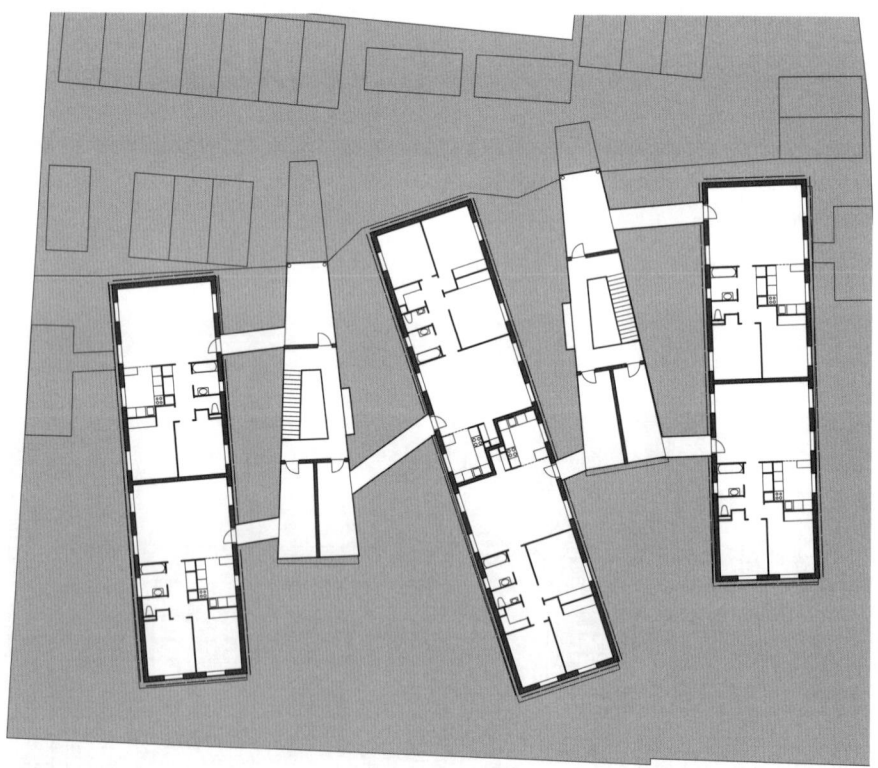

Casas para Aluguel Social, Louviers, França, 2006, Edouard Francois

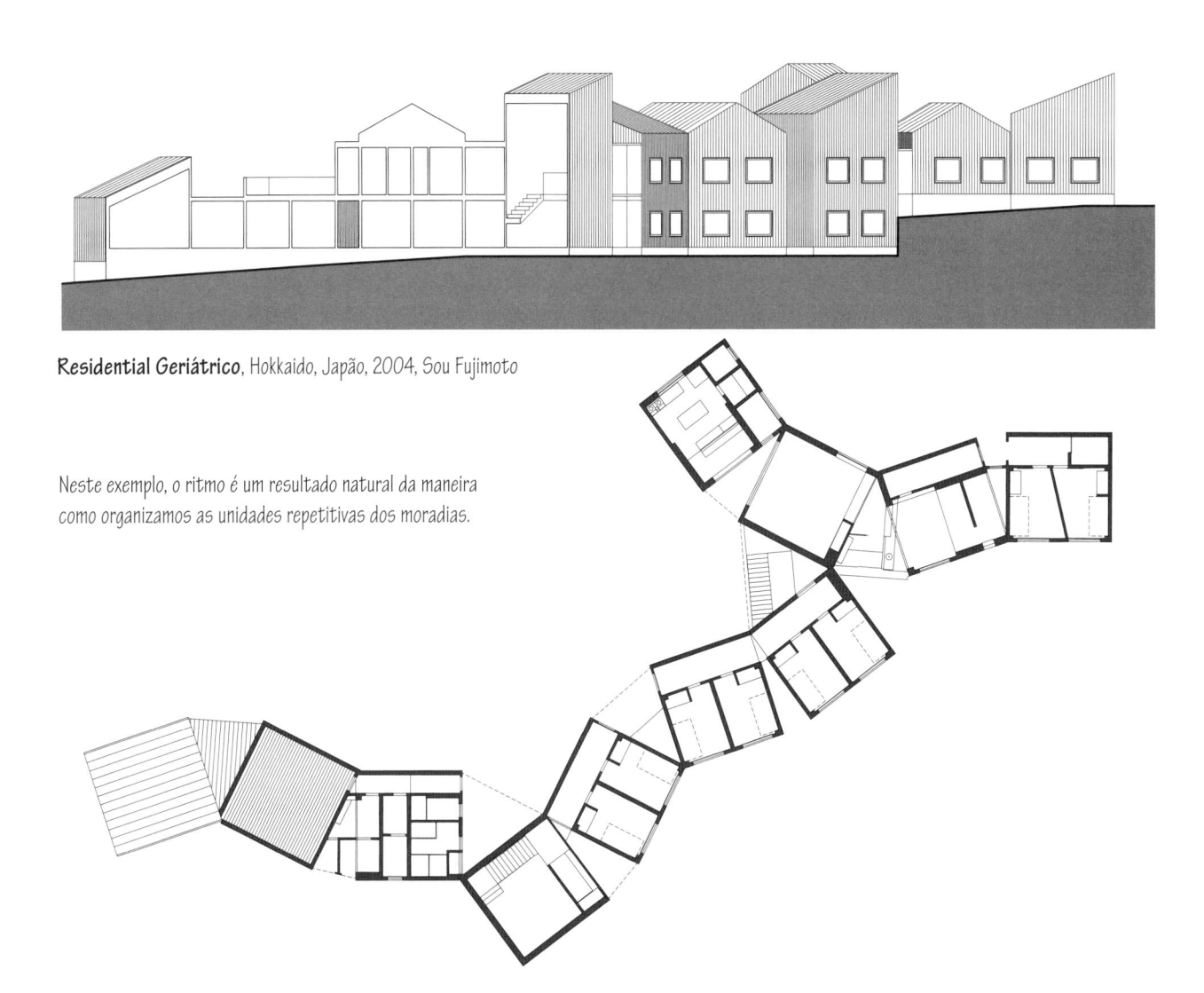

Residential Geriátrico, Hokkaido, Japão, 2004, Sou Fujimoto

Neste exemplo, o ritmo é um resultado natural da maneira como organizamos as unidades repetitivas dos moradias.

Os segmentos radiais de um náutilo se desenvolvem para fora, reverberando a partir de seu centro e mantendo a unidade orgânica da concha por meio desse padrão aditivo. Utilizando-se a razão matemática da seção áurea, uma série de retângulos pode ser gerada a fim de formar uma organização unificada na qual cada retângulo é proporcional aos demais, bem como à estrutura geral. Em cada um destes exemplos, o princípio da reverberação cria um senso de ordem em um grupo de elementos de formato similar, mas com diferenças hierárquicas de tamanho.

Os padrões progressivos e que reverberam formas e espaços podem ser organizados das seguintes maneiras:

- de modo radial ou concêntrico, em relação a um ponto
- de modo sequencial e linear, de acordo com o tamanho
- de modo aleatório, mas com formas e espaços relacionados pela proximidade, assim como pela semelhança das formas

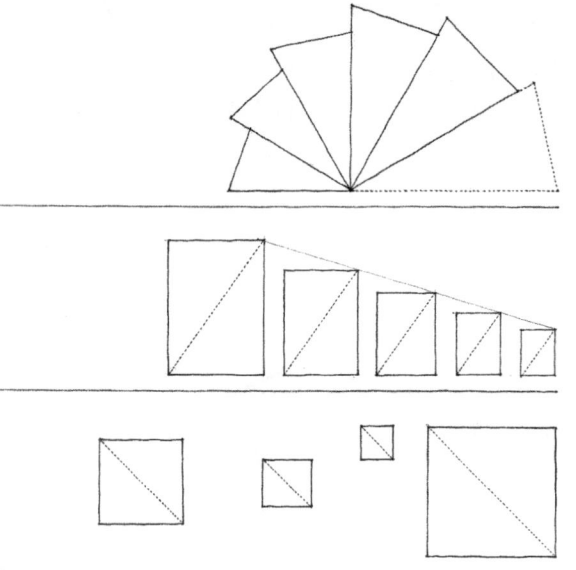

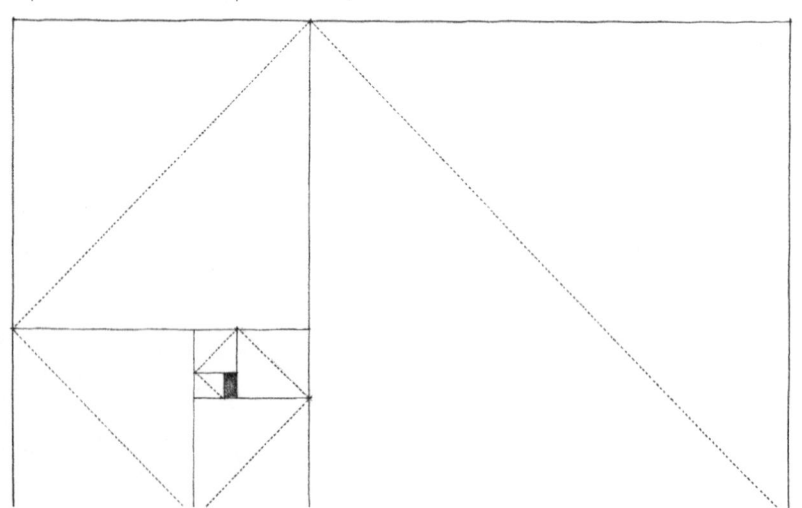

A REPETIÇÃO   445

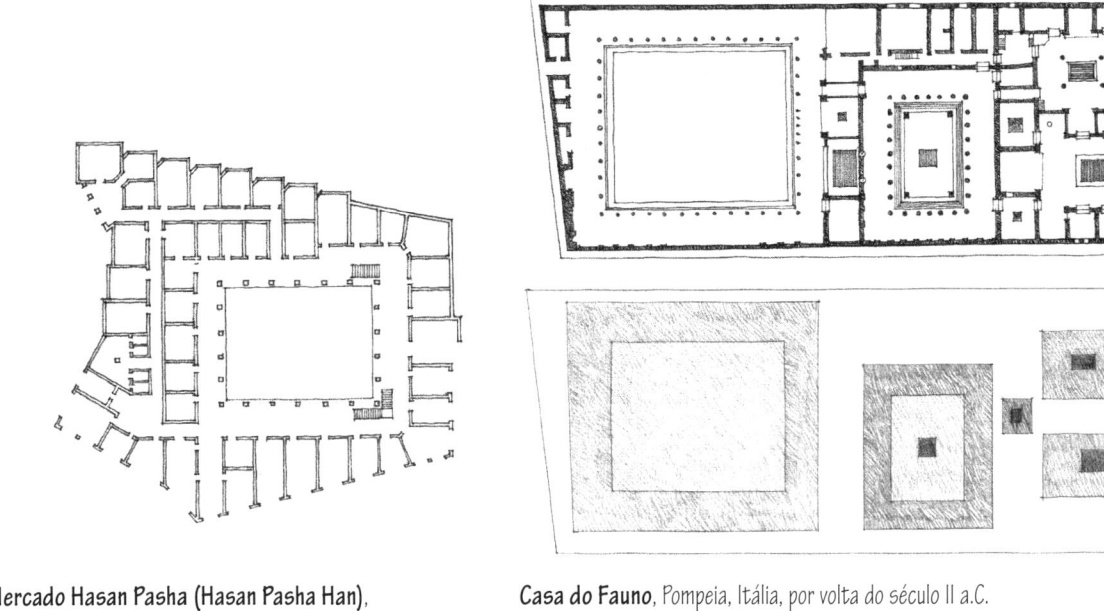

Mercado Hasan Pasha (Hasan Pasha Han), Istambul, Turquia, século XIV

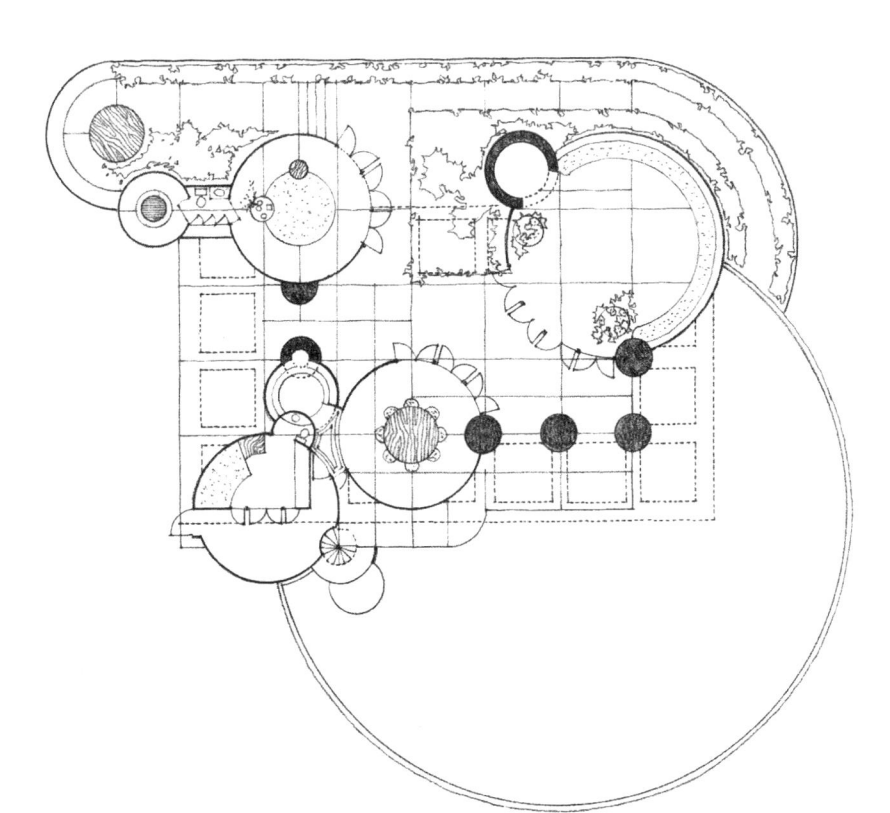

Casa do Fauno, Pompeia, Itália, por volta do século II a.C.

Casa Jester, Projeto Não Executado, Palos Verdes, Califórnia, Estados Unidos, 1938, Frank Lloyd Wright

Planta e corte: edificações com planta circular e ponto central do **Complexo de Guachimontones**, em Teuchitlán, Jalisco, México, 300–800 d. C.

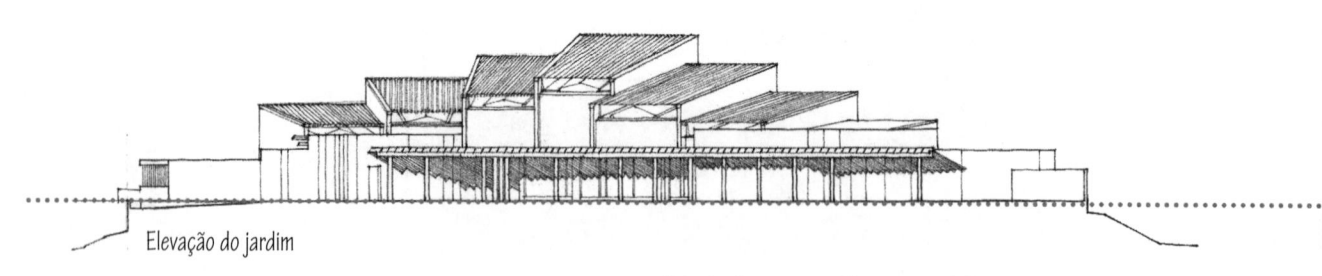

Elevação do jardim

Galeria de arte em Shiraz, Irã, 1970, Alvar Aalto

A REPETIÇÃO 447

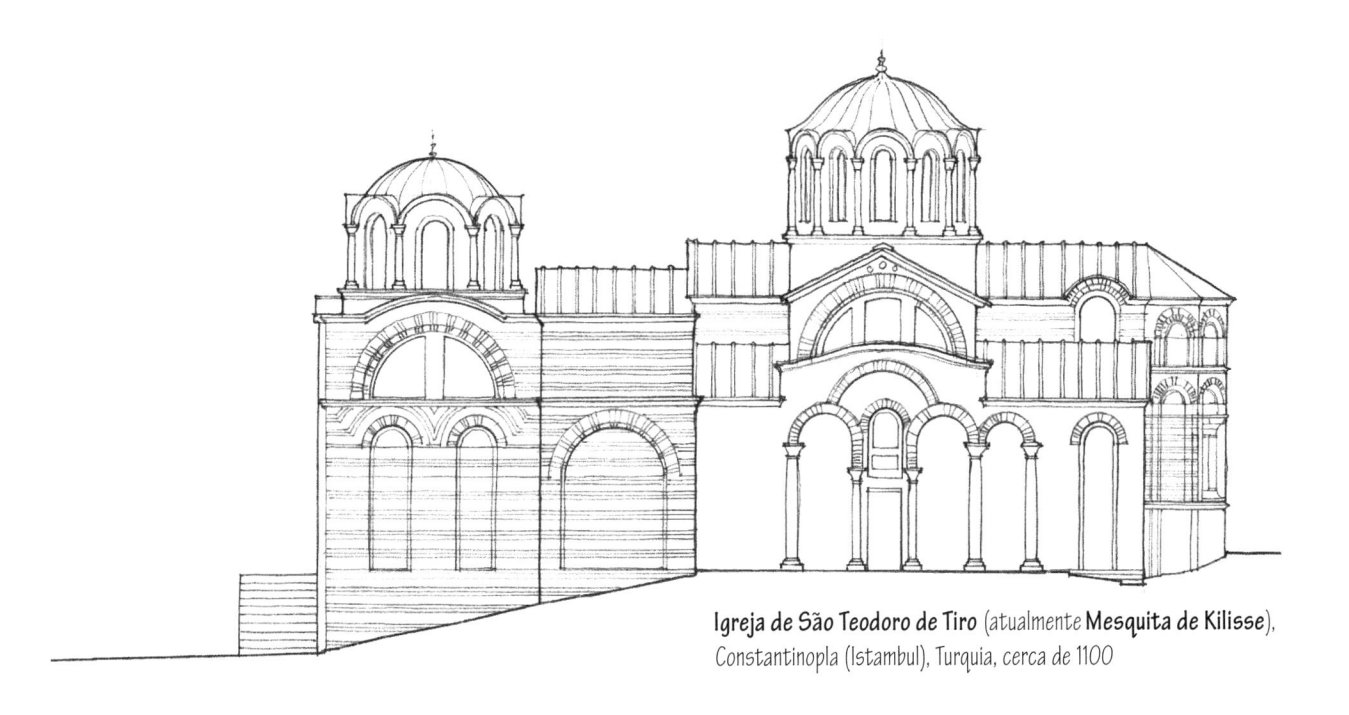

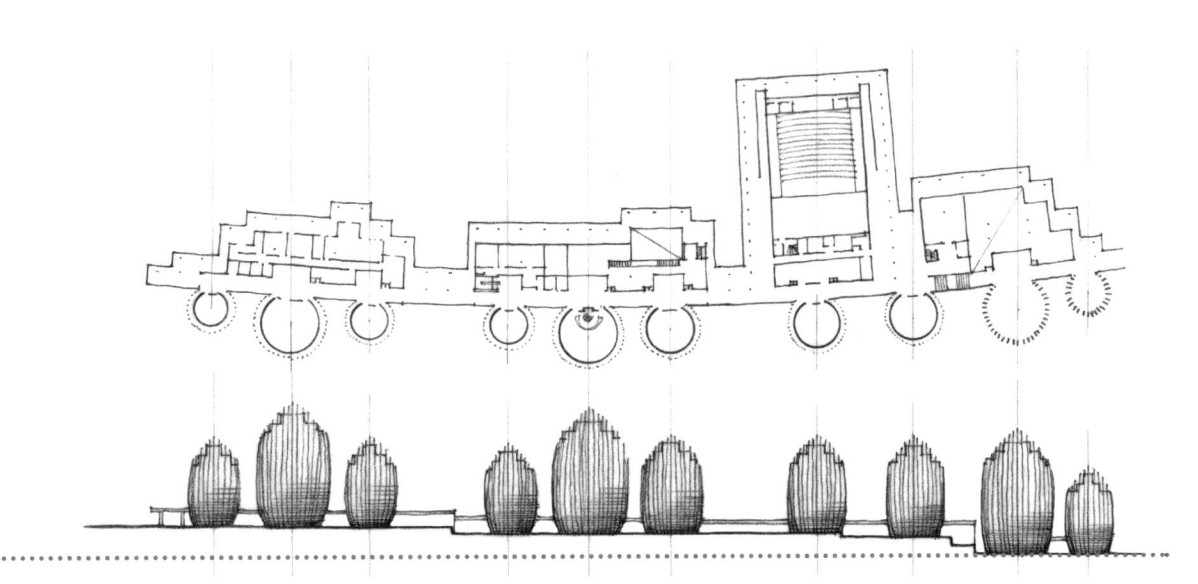

Igreja de São Teodoro de Tiro (atualmente **Mesquita de Kilisse**), Constantinopla (Istambul), Turquia, cerca de 1100

Centro Cultural de Tjibaou, Nouméa, Nova Caledônia, França, 1991–1998, Renzo Piano

448 A REPETIÇÃO

Ópera de Sidnei, Austrália, projetada em 1957, mas concluída apenas em 1973, Jørn Utzon

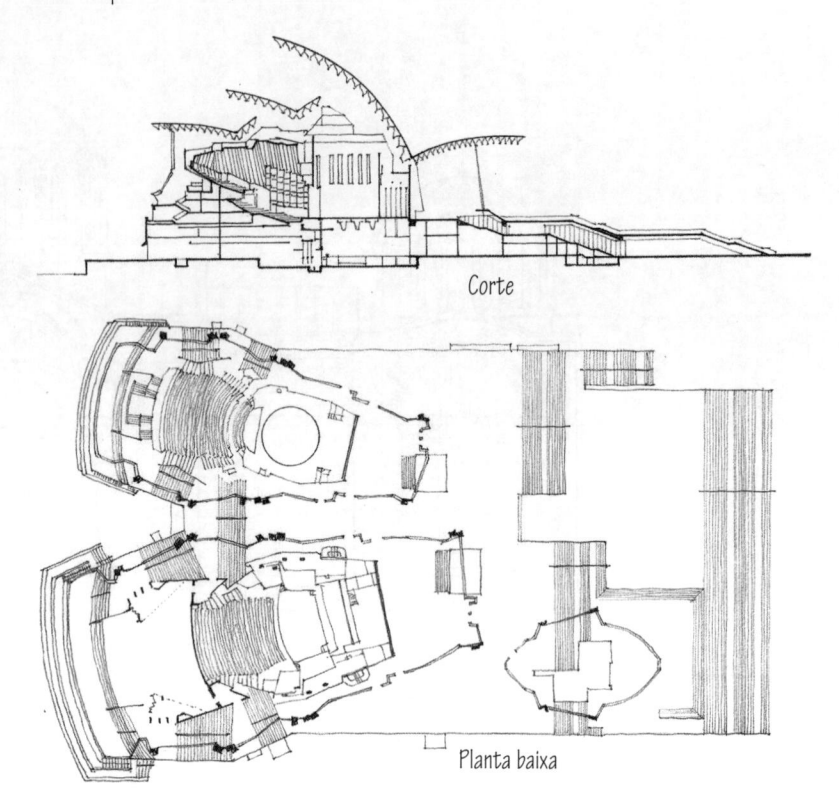

Corte

Planta baixa

Centro Paroquial Wolfsburg, Essen, Alemanha, 1948–1962, Alvar Aalto

Planta baixa

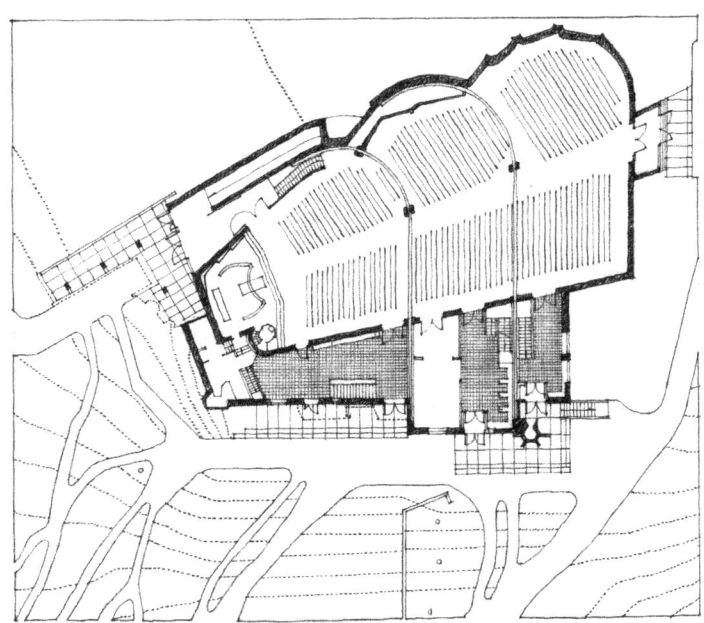

Igreja em Vuoksenniska, Finlândia, 1956, Alvar Aalto

450 A TRANSFORMAÇÃO

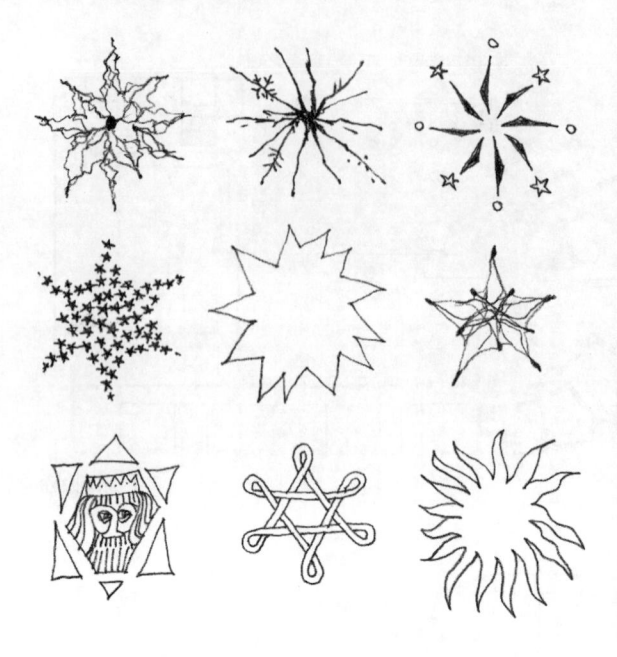

O estudo da arquitetura, assim como de outras disciplinas, deveria envolver a análise de seu passado, suas experiências anteriores, tentativas e sucessos, do qual muita coisa pode ser aprendida e tomada como exemplo. O princípio da transformação aceita essa ideia; este livro e todo os exemplos nele contidos estão baseados nesse princípio.

O princípio da transformação permite ao projetista selecionar um protótipo (um modelo) de arquitetura, cuja estrutura formal e ordenamento de elementos possa ser adequado e razoável, e o transformar por meio de uma série de manipulações distintas, a fim de dar uma resposta às condições específicas e ao contexto do projeto que se tem em mãos.

O projeto é um processo de geração por meio de análises e sínteses, tentativas e erros, de experimentar possibilidades e aproveitar oportunidades. No processo de exploração de uma ideia e análise de seu potencial, é essencial que o arquiteto entenda a natureza fundamental e a estrutura do conceito. Se o sistema ordenador de um protótipo é percebido e entendido, então o conceito do projeto poderá, por meio de uma série de permutações limitadas, ser esclarecido, reforçado e desenvolvido, em vez de destruído.

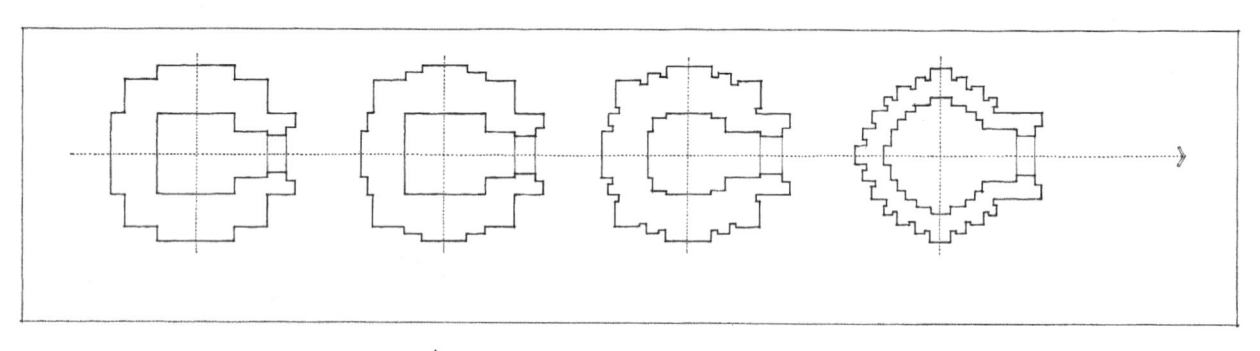

Esquema do desenvolvimento da **cela do norte da Índia**

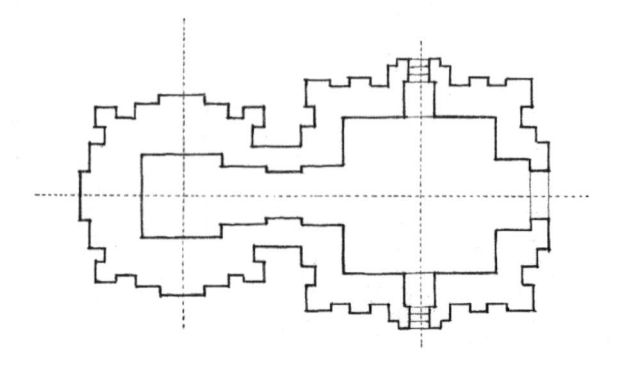

A TRANSFORMAÇÃO   451

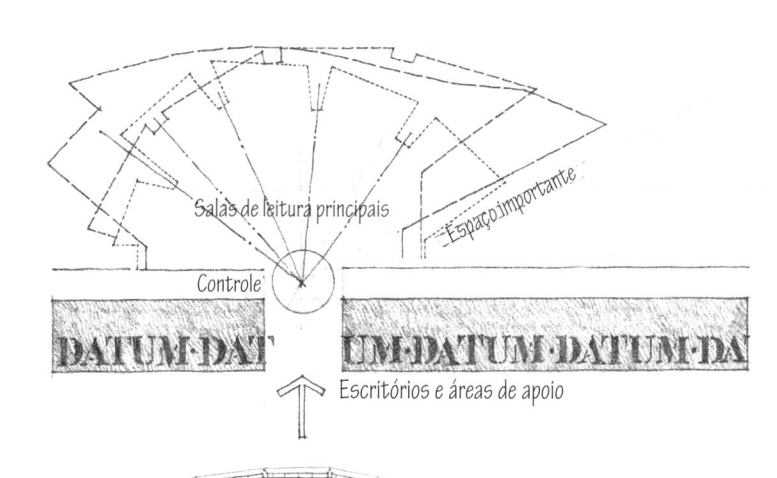

Esquema de Três Bibliotecas projetadas por
Alvar Aalto

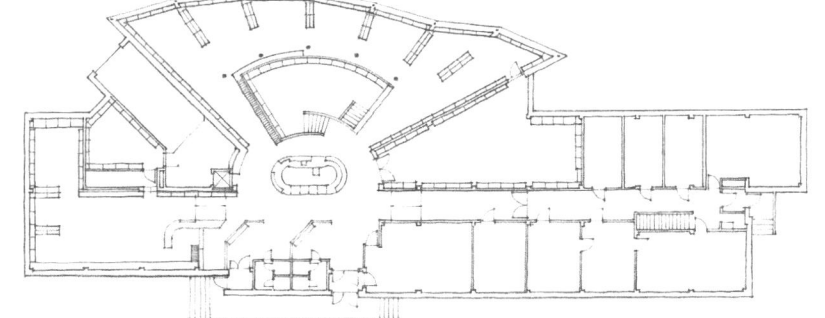

Salas de leitura principais
Espaço importante
Controle
Escritórios e áreas de apoio

Biblioteca de Seinäjoki, Finlândia, 1963–1965

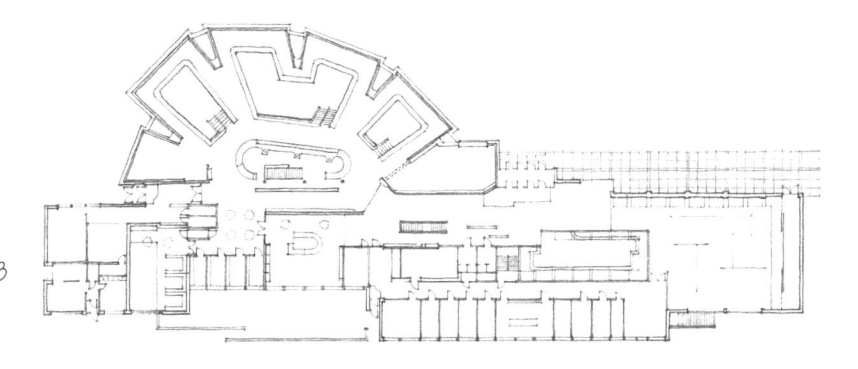

Biblioteca de Rovaniemi, Finlândia, 1963–1968

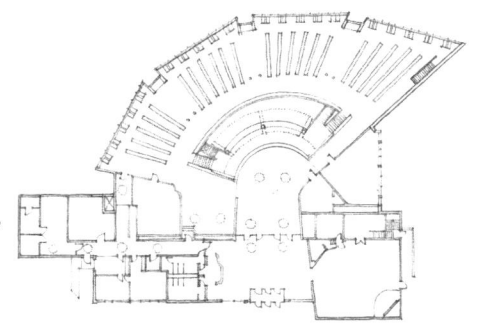

Biblioteca de Mount Angel, Faculdade Beneditina, Mount Angel, Oregon, Estados Unidos, 1965–1970

452 A TRANSFORMAÇÃO

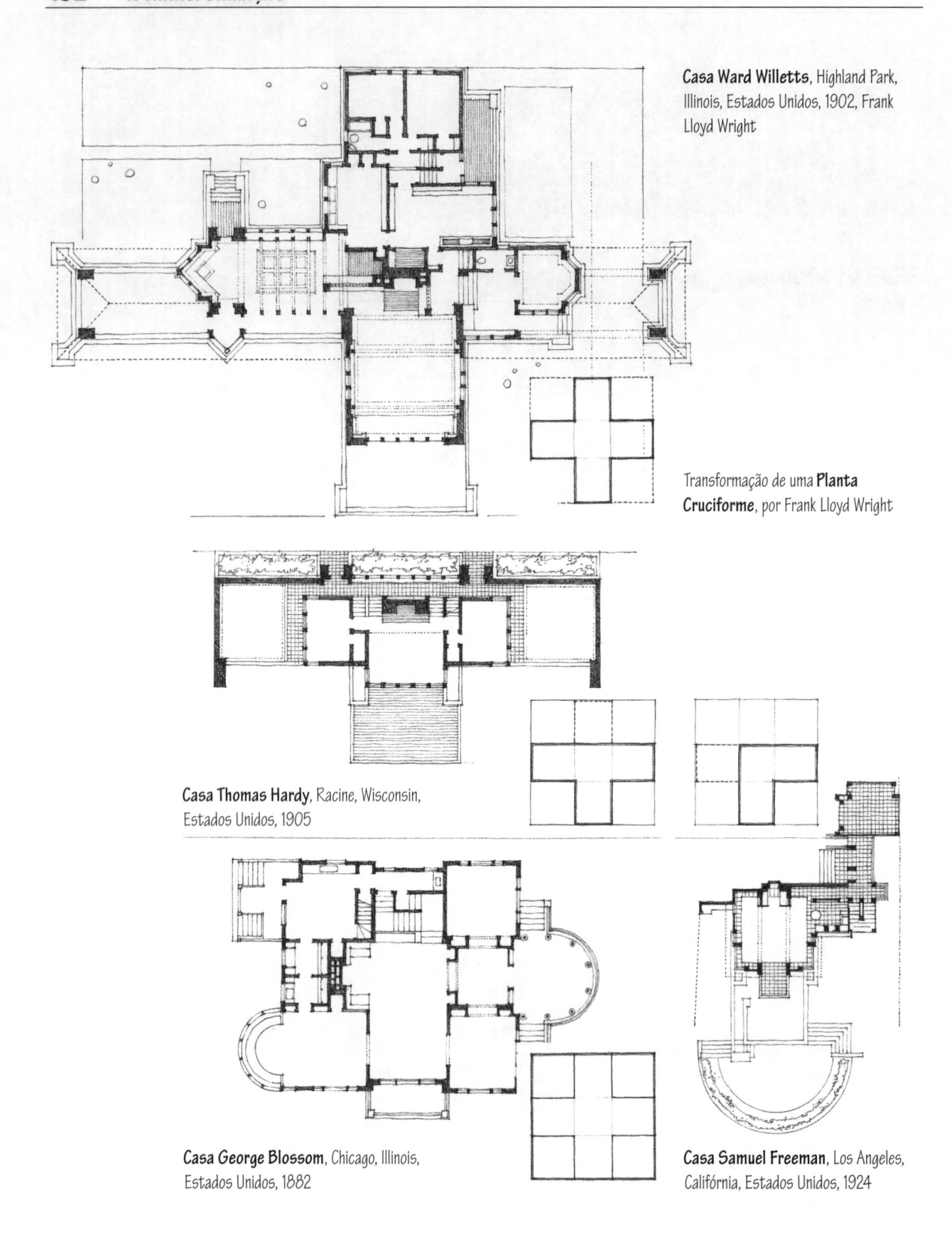

Casa Ward Willetts, Highland Park, Illinois, Estados Unidos, 1902, Frank Lloyd Wright

Transformação de uma **Planta Cruciforme**, por Frank Lloyd Wright

Casa Thomas Hardy, Racine, Wisconsin, Estados Unidos, 1905

Casa George Blossom, Chicago, Illinois, Estados Unidos, 1882

Casa Samuel Freeman, Los Angeles, Califórnia, Estados Unidos, 1924

A TRANSFORMAÇÃO 453

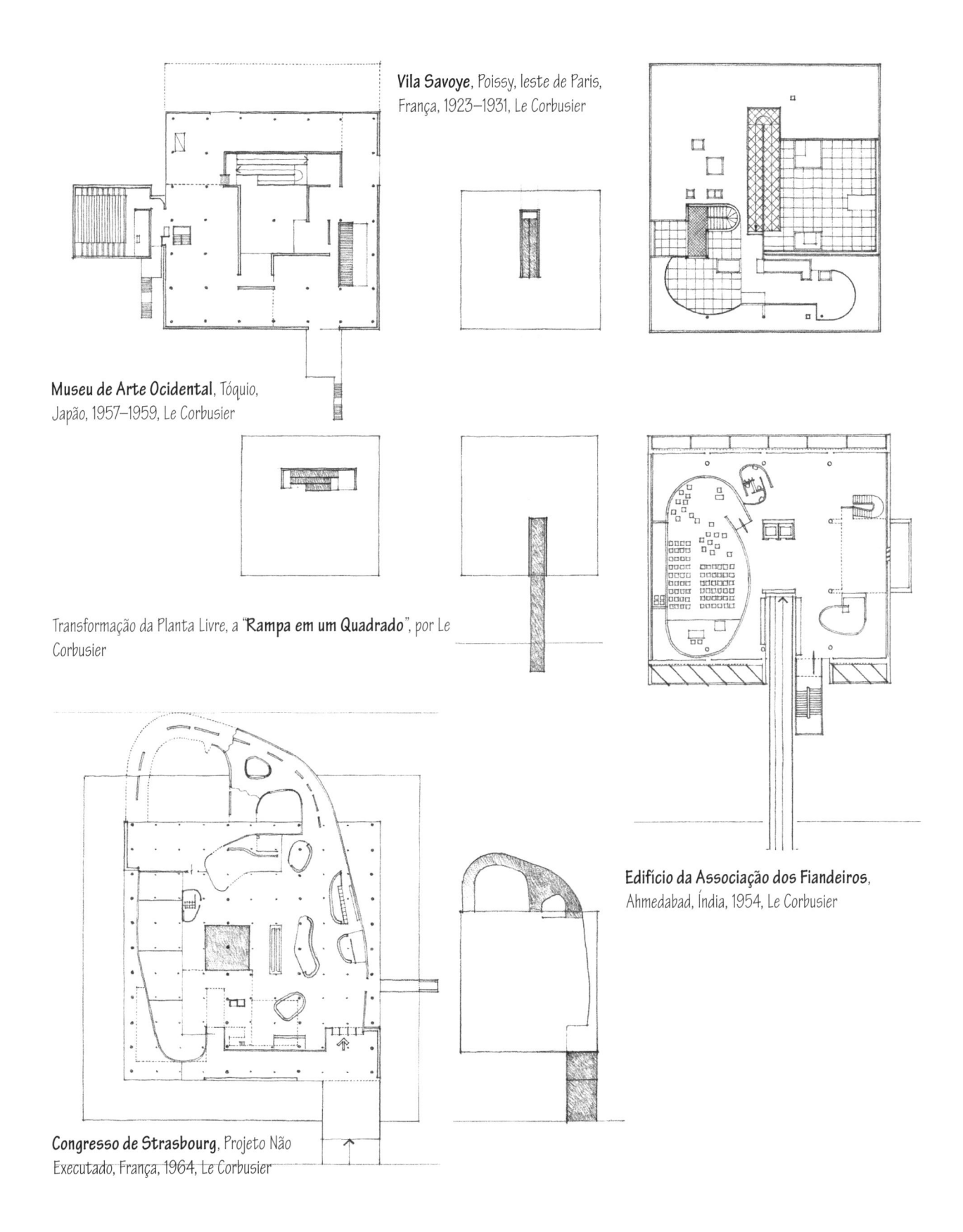

Vila Savoye, Poissy, leste de Paris, França, 1923–1931, Le Corbusier

Museu de Arte Ocidental, Tóquio, Japão, 1957–1959, Le Corbusier

Transformação da Planta Livre, a "**Rampa em um Quadrado**", por Le Corbusier

Edifício da Associação dos Fiandeiros, Ahmedabad, Índia, 1954, Le Corbusier

Congresso de Strasbourg, Projeto Não Executado, França, 1964, Le Corbusier

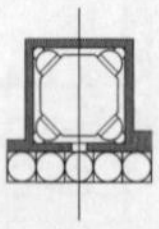

454 A TRANSFORMAÇÃO

Mesquita do Sultão Haseki,
Istambul, 1539

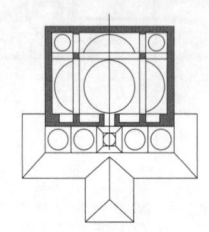

Mesquita de Mihrimah Sultan,
Üsküdar, 1540–1548

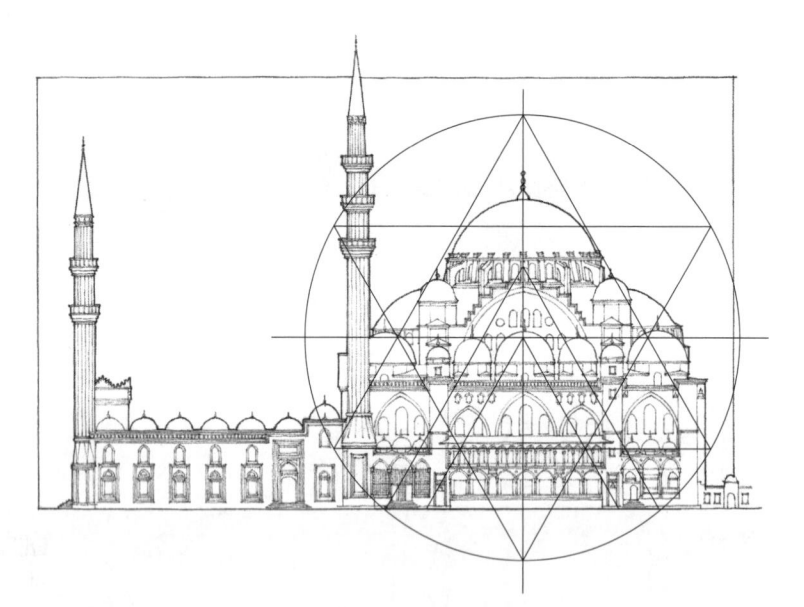

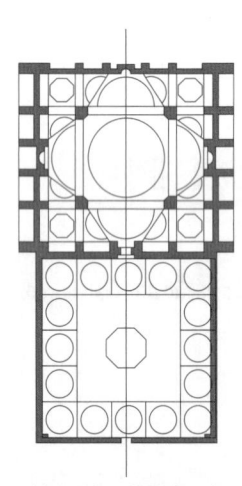

Mesquita de Şehzade,
Istambul, 1543–1548

Mimar Sinan (1488–1588), arquiteto-chefe do Império Otomano, foi responsável pelo projeto e construção de várias centenas de estruturas em Istambul e outras cidades turcas – mesquitas, madraças, mausoléus, caravançarais, termas e pontes.

Os projetos de mesquitas feitos por Sinan, dos modestos aos mais grandiosos, começam todos com um espaço central abobadado, baseado em uma estrutura de suporte quadrada. Ele conseguiu obras maiores elevando a cúpula centralizada e acrescentando semicúpulas nas laterais, resultando em composições piramidais. Em projetos posteriores, a estrutura de suporte quadrada tornou-se hexagonal e octogonal.

A cada espaço centralizado foi acrescentada uma arcada ou pátio abobadado para marcar a entrada.

Mesquita de Solimão, Istambul, 1550–1557

A TRANSFORMAÇÃO   455

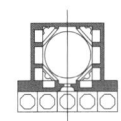

Mesquita de Hadim Ibrahim Pasha, Istambul, 1551

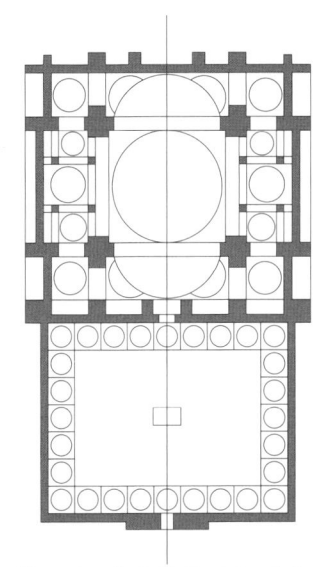

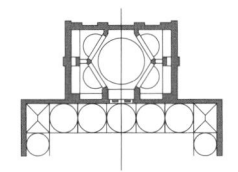

Mesquita de Kara Ahmed Pasha, Topkapi, 1558–1565

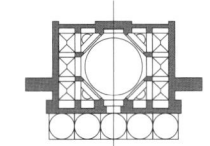

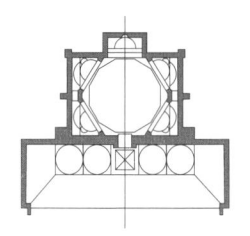

Mesquita Cedid Ali Paşa, Babaeski, 1565

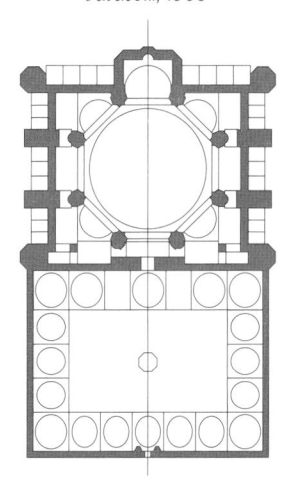

Mesquita de Rüstem Pasha, Istambul, 1562

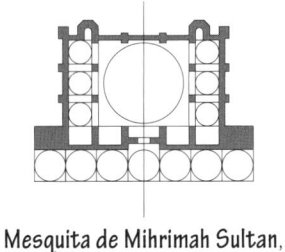

Mesquitas projetadas por Mimar Sinan

Mesquita de Solimão, Istambul, 1550–1557

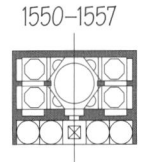

Mesquita de Selim, Edirne, 1568–1575

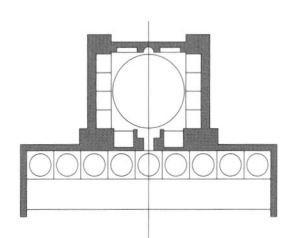

Mesquita de Sinan Pasha, Istambul, 1555

Mesquita de Mihrimah Sultan, Istambul, 1562–1565

Mesquita de Sokollu Mehmet Pasha, Lüleburgaz, 1569

O significado na arquitetura

Este livro, no decorrer de sua apresentação dos elementos da forma e do espaço, concentrou-se nos aspectos visuais da realidade física da arquitetura: pontos se movendo no espaço e definindo retas, retas definindo planos e planos definindo volumes de formas e espaços. Além dessas funções visuais, esses elementos, devido a suas relações entre si e à natureza de sua organização, também comunicam ideias de domínio e espaço, entrada e circulação, hierarquia e ordem. Tais aspectos são apresentados como os significados literais e derivados da forma e do espaço na arquitetura.

Contudo, assim como na linguagem, as formas e os espaços da arquitetura também têm significados conotativos: valores associativos e conteúdos simbólicos que estão sujeitos à interpretação pessoal e cultural, que pode mudar com o passar do tempo. Os campanários das catedrais góticas podem representar o mundo, os valores ou os objetivos da Cristandade. A coluna grega pode transmitir a ideia de democracia ou — como ocorreu nos Estados Unidos no início do século XIX — a presença da civilização em um novo mundo.

Embora o estudo dos significados conotativos, da semiótica e da simbologia na arquitetura fuja ao escopo desta obra, é importante destacar que a arquitetura, ao combinar a forma e o espaço em uma essência única, não apenas facilita propósitos, mas comunica significados. A arte da arquitetura torna nossa existência não só visível, mas significativa.

CONCLUSÃO 457

"Utilizamos a pedra, a madeira e o concreto – e com tais materiais construímos casas e palácios. Isso é a construção. A engenhosidade trabalhando.

No entanto, de repente, você toca meu coração, você me faz bem. Sou feliz e digo: 'Isso é belo'. Isso é arquitetura. A arte está presente.

Minha casa é prática. Obrigado, assim como obrigado aos engenheiros das estradas de ferro ou à companhia telefônica. Vocês não tocaram meu coração.

Contudo, suponha que as paredes se elevem até o céu de tal modo que eu me comova. Percebo suas intenções. Seu espírito é gentil, brutal, charmoso ou nobre. As pedras que você ergueu me dizem isso. Vocês me prendem a esse lugar e meus olhos contemplam. Elas observam algo que expressa um pensamento. Um pensamento que se revela sem palavras ou sons, mas apenas por meio de prismas que estabelecem certas relações entre si. Esses prismas são claramente revelados pela luz. As relações entre eles não precisam necessariamente fazer qualquer referência àquilo que é prático ou descritivo. Elas são uma criação matemática de nossa mente. Elas são a linguagem da Arquitetura. Por meio do uso das matérias-primas e partindo de condições mais ou menos utilitárias, você estabeleceu certas relações que tocaram minhas emoções. Isso é Arquitetura."

Le Corbusier
Por Uma Arquitetura [*Vers un Architecture*]
1927

Bibliografia

Aalto, Alvar. *Complete Works*. 2 volumes. Zurich: Les Editions d'Architecture Artemis, 1963.

Allen, Edward and Joseph Iano. *The Architect's Studio Companion: Rules of Thumb for Preliminary Design*, 7th ed. Hoboken, New Jersey: John Wiley and Sons, 2022.

Arnheim, Rudolf. *Art and Visual Perception*. Berkeley: University of California Press, 1965.

Ashihara, Yoshinobu. *Exterior Design in Architecture*. New York: Van Nostrand Reinhold Co., 1970.

Bacon, Edmund. *Design of Cities*. New York: The Viking Press, 1974.

Ching, Francis D. K. *A Visual Dictionary of Architecture*, 2nd ed. Hoboken, New Jersey: John Wiley and Sons, 2011.

Ching, Francis D. K., Barry Onouye, and Doug Zuberbuhler. *Building Structures Illustrated*, 2nd ed. Hoboken, New Jersey: John Wiley and Sons, 2014.

Ching, Francis D. K., Mark Jarzombek, and Vikramaditya Prakash. *A Global History of Architecture*, 3rd ed. Hoboken, New Jersey: John Wiley and Sons, 2017.

Collins, George R., gen. ed. *Planning and Cities Series*. New York: George Braziller, 1968.

Clark, Roger H. and Michael Pause. *Precedents in Architecture*, 4th ed. Hoboken, New Jersey: John Wiley and Sons, 2012.

Engel, Heinrich. *The Japanese House: A Tradition for Contemporary Architecture*. Tokyo: Charles E. Tuttle, Co., 1964.

Fletcher, Sir Banister (Catherine Gregg, Managing Ed.). *A History of Architecture*, 21st ed. Bloomsbury in partnership with RIBA and the University of London, 2019.

Giedion, Siegfried. *Space, Time and Architecture: The Growth of a New Tradition*, 5th ed. Cambridge: Harvard University Press, 2009.

Giurgola, Romaldo and Jarmini Mehta. *Louis I. Kahn*. Boulder: Westview Press, 1975.

Hall, Edward T. *The Hidden Dimension*. Garden City, N.Y.: Doubleday & Company, Inc., 1990.

Halprin, Lawrence. *Cities*. Cambridge: The MIT Press, 1972.

Hitchcock, Henry Russell. *In the Nature of Materials*. New York: Da Capo Press, 1975.

Jencks, Charles. *Modern Movements in Architecture*. Garden City, N.Y.: Anchor Press, 1973.

Laseau, Paul and James Tice. *Frank Lloyd Wright: Between Principle and Form*. New York: Van Nostrand Reinhold Co., 1992.

Le Corbusier. *Oeuvre Complete*. 8 volumes. Zurich: Les Editions d'Architecture, 1964–1970.

—. *Towards a New Architecture*. London: The Architectural Press, 1946.

Lyndon, Donlyn and Charles Moore. *Chambers for a Memory Palace*. Oakland, CA: University of California Press, 2000.

Martienssen, Heather. *The Shapes of Structure*. London: Oxford University Press, 1976.

Moore, Charles, Gerald Allen, and Donlyn Lyndon. *The Place of Houses*. Oakland, CA: University of California Press, 2000.

Mumford, Lewis. *The City in History*. New York: Harcourt, Brace & World, Inc., 1961.

Norberg-Schulz, Christian. *Meaning in Western Architecture*. New York: Rizzoli, 1980.

Palladio, Andrea. *The Four Books of Architecture*. New York: Dover Publications, 1965.

Pevsner, Nikolaus. *A History of Building Types*. Princeton: Princeton University Press, 1976.

Pye, David. *The Nature and Aesthetics of Design*. New York: Van Nostrand Reinhold Co., 1978.

Rapoport, Amos. *House Form and Culture*. Englewood Cliffs, N.J.: Prentice-Hall, Inc., 1969.

Rasmussen, Steen Eiler. *Experiencing Architecture*. Cambridge: The MIT Press, 1964.

—. *Towns and Buildings*. Cambridge: The MIT Press, 1969.

Rowe, Colin. *The Mathematics of the Ideal Villa and Other Essays*. Cambridge: The MIT Press, 1976.

Rudofsky, Bernard. *Architecture Without Architects*. Garden City, N.Y.: Doubleday & Co., 1964.

Simonds, John Ormsbee. *Landscape Architecture*. New York: McGraw-Hill Book Co., Inc., 1961.

Stierlin, Henry, gen. ed. *Living Architecture Series*. New York: Grosset & Dunlap, 1966.

Venturi, Robert. *Complexity and Contradiction in Architecture*. New York: The Museum of Modern Art, 1977.

Vitruvius. *The Ten Books of Architecture*. New York: Dover Publications, 1960.

von Meiss, Pierre. *Elements of Architecture*. New York: Van Nostrand Reinhold Co., 1990.

Wilson, Forrest. *Structure: The Essence of Architecture*. New York: Van Nostrand Reinhold Co., 1971.

Wittkower, Rudolf. *Architectural Principles in the Age of Humanism*. New York: W.W. Norton & Co., Inc., 1971.

Wong, Wucius. *Principles of Two-Dimensional Design*. New York: Van Nostrand Reinhold Co., 1972.

Wright, Frank Lloyd. *Writings and Buildings*. New York: Meridian Books, 1960.

Zevi, Bruno. *Architecture as Space*. Boston: Da Capo Press, 1993.

Glossário

ábaco O elemento plano no topo de um capitel, simples no estilo dórico, mas elaborado ou com algum tipo de embelezamento nos outros estilos.

abadia Monastério supervisionado por um abade ou convento supervisionado por uma abadessa, pertencendo ao nível mais elevado de tal tipo de instituição.

abóbada Estrutura arqueada de pedra, tijolo ou concreto armado, formando um teto ou uma cobertura de um salão, cômodo ou outro espaço total ou parcialmente fechado. Uma vez que ela atua como um arco que se prolonga em uma terceira dimensão, paredes de apoio longitudinais devem ser contraventadas para neutralizar os empuxos laterais.

abóbada de arestas Abóbada composta formada pela intersecção perpendicular de duas abóbadas, formando protuberâncias diagonais e arqueadas chamadas de nervuras diagonais ou arestas.

abside Projeção semicircular ou poligonal de um edifício, geralmente abobadada e utilizada especialmente no santuário ou na extremidade leste de uma igreja.

acoplamento O posicionamento de duas colunas ou pilastras muito próximas entre si.

acrópole Área elevada fortificada ou cidadela de uma cidade grega da Antiguidade, especialmente a cidadela de Atenas e o local do Partenon.

adobe Tijolo não cozido (seco ao sol), comum em países com poucas chuvas.

afresco A arte ou técnica de pintar sobre uma superfície de argamassa úmida recentemente assentada, com pigmentos dissolvidos em água ou uma mistura de água de cal.

ágora Mercado ou praça pública em uma cidade grega da Antiguidade, geralmente circundado por prédios públicos e pórticos e utilizado como um local para reunião popular ou política.

água-furtada Veja **trapeira**

alameda Passeio amplo e delimitado por árvores.

alcazar Castelo ou fortaleza dos mouros espanhóis.

alpendre Apêndice exterior a um edifício, formando um acesso coberto ou vestíbulo de uma entrada. Veja também **varanda**.

amalaka Remate de pedra estriado e em forma de bulbo coroando uma *sikhara* (torre de templo hindu), na arquitetura da Índia.

ambulatório Passagem coberta de um átrio ou claustro. Também se refere ao corredor ou nave lateral que circunda a extremidade do coro de uma igreja, originariamente utilizado para procissões.

anfiteatro Edificação oval ou redonda com arquibancadas ao redor de uma arena central, como aquele utilizado na Roma Antiga para lutas entre gladiadores e para espetáculos. Também se refere a uma área de formato oval ou circular circundada por um aclive no terreno.

anomalia Desvio da forma, da ordem ou do arranjo normal ou esperado.

antropologia A ciência que estuda os seres humanos; especificamente o estudo das origens, do desenvolvimento físico e cultural e das relações ambientais e sociais da espécie humana.

antropometria Medição e estudo do tamanho e das proporções do corpo humano.

antropomorfismo Concepção ou representação que se assemelha à forma humana ou que tem atributos humanos.

apadana O salão hipostilo de audiências em um palácio persa.

arabesco Desenho complexo e ornamentado que emprega flores, folhagens e às vezes animais e figuras geométricas para produzir um padrão intrincado de linhas entrelaçadas.

arcada Série de arcos suportados por pilares ou colunas. Também uma galeria ou passagem coberta, provida de arcos, com lojas em um ou ambos os lados.

arco Estrutura curva destinada a transpor um vão, projetada para suportar uma carga vertical principalmente por compressão axial.

arcobotante Elemento de alvenaria inclinado que sustenta um arco abaulado e transmite um empuxo para fora e para baixo de uma cobertura ou abóbada a um contraforte pesado que, devido à sua massa, transforma o empuxo lateral em uma força vertical; elemento característico das construções góticas.

arqueado Curvado como um arco: termo usado para descrever a estrutura com arcos ou abóbadas de uma igreja românica ou catedral gótica, em oposição à arquitetura arquitravada de um salão hipostilo egípcio ou um templo grego dórico.

arquitrave 1. A divisão mais baixa de um entablamento clássico, que se apoia diretamente nos capitéis da coluna e sustenta o friso. 2. Sistema de construção que emprega vigas (lintéis) apoiadas em pilares ou colunas.

artesoado Teto, forro ou abóbada decorado com um padrão de painéis recuados (caixotões).

átrio Originalmente, o vestíbulo interno principal ou central de uma casa romana antiga, descoberto no centro e geralmente provido de um tanque para a coleta de águas pluviais (*inpluvium*). Posteriormente, o antepátio de uma igreja cristã antiga, acompanhado lateralmente ou circundado por pórticos. Atualmente, um pátio coberto por claraboia, ao redor do qual se constrói uma casa ou um edifício.

balanço Viga ou outro elemento estrutural rígido que se estende além de seu ponto de apoio e que é contrabalançado por um elemento de equilíbrio ou por uma força descendente atrás do ponto de apoio.

balaústre Pequena coluna ou pilar que, alinhado lado a lado, sustenta um corrimão ou guarda-corpo.

balcão envidraçado Janela saliente sustentada por baixo por mísulas.

baldaquim Cobertura ornamental de pedra ou mármore construída de modo permanente sobre o altar-mor de uma igreja.

barrote Qualquer uma de uma série de vigas pequenas paralelas destinadas a sustentar pisos, tetos ou coberturas planas.

base A porção mais baixa de uma parede, coluna, pilar ou outra estrutura, geralmente tratada de modo a distingui-la e considerada uma unidade da arquitetura.

basílica Edifício oblongo de grande porte utilizado como corte de justiça e local de reunião pública na Roma antiga, normalmente dotado de um espaço central elevado iluminado por um clerestório e coberto por tesouras de madeira, com um tablado elevado em uma abside semicircular, para o tribunal. A basílica romana serviu como modelo para as primeiras basílicas cristãs, que eram caracterizadas por uma planta longa, retangular; uma galeria superior, iluminada por um clerestório e coberta por um telhado de madeira de duas águas; duas ou quatro naves laterais mais baixas; uma abside semicircular na extremidade; um nártex e, frequentemente, outros elementos, como um átrio, um púlpito e pequenas absides semicirculares terminando as naves laterais.

batistério Parte de uma igreja ou edificação separada na qual o sacramento do batismo é administrado.

bema Um espaço aberto transversal que separa a nave e a abside de uma antiga igreja cristã, desenvolvendo-se no transepto das últimas igrejas cruciformes.

bloco de ancoragem Massa ou estrutura que resiste à pressão da água sobre uma ponte ou pier ou a ancoragem para os cabos de uma ponte suspensa.

bosquete Arvoredo ou bosque cerrado em um jardim ou parque.

botaréu Parede pesada que suporta a extremidade de uma ponte ou vão e sustenta a pressão do solo contíguo. O mesmo que *contraforte*.

brises Anteparos em forma de lâminas, colocados na parte externa de uma edificação, para proteger as janelas contra a luz direta do sol.

campanário Torre de sino, geralmente próxima, porém não contígua ao corpo de uma Igreja.

campo Região ou extensão de espaço caracterizada por propriedade, aspecto ou atividade particulares.

cantaria Alvenaria de pedras talhadas uma a uma de modo a se ajustarem perfeitamente entre si em todas as faces, permitindo o uso de juntas argamassadas muito finas.

capela Local subordinado ou particular para devoção ou oração.

capitel Extremidade superior de uma coluna, pilastra ou pilar distintivamente tratada, que coroa o fuste e recebe o peso do entablamento ou arquitrave.

caramanchão Abrigo sombreado composto por arbustos e ramos ou uma treliça entrelaçada por plantas trepadeiras e flores.

caravançará Abrigo, no Oriente Próximo, para a hospedagem de caravanas, geralmente provido de um grande pátio fechado por uma parede sólida e acessado por meio de um imponente portão.

cariátide Figura feminina esculpida utilizada como coluna.

casca Estrutura fina, rígida e curva formada para cobrir um volume. As cargas aplicadas a uma casca geram esforços de compressão, tração e cisalhamento, agindo dentro do plano da casca. A pequena espessura da casca, no entanto, faz com que ela tenha baixa resistência à flexão, mas seja inadequada para cargas concentradas.

catedral Igreja principal de uma diocese, contendo o trono do bispo, denominado cátedra.

catenária A curva formada por um cabo uniforme e totalmente flexível sustentado por dois pontos que não estejam no mesmo prumo. Para uma carga uniformemente distribuída em uma projeção horizontal, a curva resultante é similar a uma parábola.

cela A principal câmara ou recinto fechado de um templo clássico, onde a imagem de culto era mantida. O mesmo que *naos*.

cenotáfio Monumento construído em memória de alguém cujos restos mortais estão enterrados em outro lugar.

chaitya Santuário budista na Índia, geralmente esculpido na rocha sólida em uma encosta de colina, tendo a forma de uma basílica provida de uma nave com uma estupa em uma das extremidades.

chatri Na arquitetura indiana, quiosque ou pavilhão coberto por cúpula, geralmente sustentado por quatro colunas.

chattri Florão em formato de guarda-chuva, simbolizando a dignidade e composto de um disco de pedra sustentado por um pilar.

chave Aduela em forma de cunha, frequentemente ornamentada, que coroa um arco e o fecha, mantendo as outras aduelas em posição. A ação de arco apenas surge quando a chave é inserida.

cimácio O elemento que coroa uma cornija clássica, geralmente uma gola direita.

claustro Passeio coberto que contém uma arcada ou colunata de um lado abrindo-se para um pátio.

clerestório Parede de um interior que se ergue acima de coberturas adjacentes e que tem janelas através das quais a luz diurna chega ao interior.

cobertura A superfície superior externa de um edifício, incluindo a estrutura de sustentação do telhado.

coluna adossada Coluna construída embutida em uma parede.

colunata Série de colunas regularmente espaçadas que sustentam um entablamento e geralmente um dos lados da estrutura de uma cobertura.

cômodo Porção de espaço dentro de uma edificação, separada por paredes de outros espaços semelhantes. O mesmo que recinto.

computação gráfica O campo da ciência da computação que estuda métodos e técnicas para criar, representar e manipular dados de imagem por tecnologia de computador; termo também aplicado às imagens digitais assim produzidas. As aplicações arquitetônicas da computação gráfica variam de desenho arquitetônico bidimensional a modelagem tridimensional a simulações de energia, iluminação e acústica do desempenho de uma edificação.

concreto Material de construção artificial similar à pedra, feito pela mistura de cimento com vários agregados minerais e água suficiente para que o cimento cure e una toda a massa.

consolo A disposição de tijolos ou pedras em um arranjo de sobreposição de forma que cada camada ressaia para cima e para fora da face vertical de uma parede.

contraforte Suporte externo construído para estabilizar uma estrutura por meio da oposição aos empuxos para fora gerados por essa, geralmente se projetando de uma parede de alvenaria ou embutido nela.

contraforte Veja *botaréu*.

contraste Oposição ou justaposição de elementos distintos em uma obra de arte a fim de intensificar as propriedades de cada elemento e produzir uma expressividade mais dinâmica.

cornija O elemento mais alto de um entablamento clássico, normalmente formado por um cimácio, uma coroa e uma moldura em talão.

coro Espaço próximo ao altar de uma igreja e reservado ao clero e ao coro, frequentemente elevado acima da nave e separado dela por uma balaustrada ou um painel.

coroa A peça projetada, em forma de laje, de uma cornija clássica, sustentada pela moldura em talão e coroada pela cimalha.

corredor Passagem ou galeria estreita que interliga parte de uma edificação, especialmente uma para a qual vários cômodos ou apartamentos se abrem.

cortil Pátio interno amplo ou principal de um palazzo italiano (palácio urbano).

cromlech Arranjo circular de megálitos em torno de um dólmen ou morro funerário.

cúpula Estrutura com planta baixa circular e geralmente na forma de parte de uma esfera, construída de modo a exercer um empuxo lateral igual em todas as direções. O mesmo que zimbório ou domo.

dado 1. A parte principal de um pedestal entre a base e a cornija ou coroamento. Também a porção inferior de uma parede interna quando tratada diferentemente da parte superior, seja revestido de painéis de madeira ou de papel de parede. 2. Qualquer superfície de nível, reta ou ponto utilizada como referência para o posicionamento ou arranjo de elementos em uma composição.

diagrid Contração de diagonal + grade: estrutura semelhante a uma treliça externa de uma edificação, criada por membros diagonais entrecruzados e unificando a função de transporte de carga vertical de colunas e a resistência de carga lateral de cintas angulares, enquanto anéis horizontais ou cintos servem para triangular o quadro, impedi-lo de vergar e sofrer qualquer expansão externa.

dian Salão de palácio na arquitetura chinesa, sempre no eixo mediano da planta e construído sobre uma plataforma revestida de tijolo ou pedra.

dintel Viga que apoia o peso acima de uma abertura de porta ou janela.

dólmen Monumento pré-histórico consistindo em duas ou mais pedras eretas sustentando uma laje horizontal de pedra encontrado especialmente na Grã-Bretanha e França e geralmente considerado um túmulo.

domo Veja **cúpula**.

dougong Sistema de mísulas empregado nas construções chinesas para suportar as vigas da cobertura, criar beirais e sustentar o forro interno. A ausência de uma estrutura de cobertura triangulada na arquitetura chinesa tornou necessária a multiplicação do número de apoios sob os caibros. A fim de reduzir o número de colunas ou pilares que esse sistema normalmente exigiria, a área de apoio sobre cada coluna ou pilar era aumentada com o uso do *dougong*. As vigas principais sustentam o telhado por meio de pendurais laterais e vigas superiores mais curtas, permitindo que o telhado assuma um formato côncavo. Acredita-se que essa curva característica tenha sido desenvolvida no início do Período Tang, provavelmente para reduzir o peso visual do telhado e permitir uma maior incidência da luz natural nos interiores.

ecletismo Tendência na arquitetura e nas artes decorativas de misturar livremente vários estilos historicistas, a fim de combinar as virtudes de várias fontes ou de aumentar o número de alusões, particularmente comum na segunda metade do século XIX na Europa e nos Estados Unidos.

edícula Abertura ou nicho coberto, ladeados por duas colunas, pilares ou pilastras que apoiam uma empena, lintel ou entablamento.

eixo 1. Reta central que descreve uma bisecção num corpo ou numa figura bidimensional ou em relação ao qual ele é simétrico. 2. Uma linha reta ao qual os elementos de uma composição são referidos para fins de medida ou simetria.

empena Veja **oitão**.

ênfase 1. Detalhe que é enfatizado por meio do contraste de seu entorno. Termo também empregado para designar um padrão, motivo ou cor distinto, mas subordinado. 2. Relevância ou proeminência conferida a um elemento de uma composição por meio de contraste, anomalia ou contraponto.

enfilade Arranjo axial de portas que conectam uma série de cômodos, de modo a criar uma vista contínua ao longo de todo o conjunto. O termo também é empregado para se referir a um arranjo axial de espelhos em lados opostos de um cômodo, gerando o efeito de uma vista infinitamente longa.

entablamento A porção horizontal de uma ordem clássica que se apoia nas colunas, geralmente composta por cornija, friso e arquitrave.

êntase Leve convexidade aplicada a uma coluna, a fim de corrigir a ilusão de ótica de concavidade que seria provocada se os lados do fuste fossem perfeitamente retos e paralelos entre si.

envelope O invólucro físico de um edifício, composto pelas paredes exteriores, janelas, portas e telhado que protegem e abrigam os espaços interiores do ambiente exterior.

ergonomia Ciência aplicada voltada para as características humanas que precisam ser consideradas no projeto de dispositivos e sistemas, a fim de que as pessoas e coisas interajam com eficácia e segurança.

escada Um dos lanços ou série de degraus que conduz de um nível a outro, como em um edifício.

escala 1. Proporção que determina a relação de uma representação com aquilo que representa. 2. Certo tamanho, extensão ou grau proporcionais, geralmente julgados em relação a algum padrão ou ponto de referência.

espaço O campo tridimensional no qual objetos e eventos ocorrem e tem posição e direção relativas, especialmente uma porção daquele campo reservada em uma determinada ocasião ou para um propósito particular.

esplanada Área utilizada para um passeio ou caminhada, especialmente em um local público, para fins de lazer ou exibições.

estância Grande propriedade rural para agricultura e agropecuária das regiões do continente americano outrora sob influência hispânica.

estela Laje de pedra ereta ou pilar com uma superfície esculpida ou inscrita, utilizada como monumento ou marco ou como uma placa comemorativa na frente de um edifício.

estrutura tênsil Superfície fina e flexível que transfere cargas principalmente por meio do desenvolvimento de esforços de tração.

estupa Monte memorial budista construído para abrigar uma réplica de Buda e comemorar certo evento ou marcar um lugar sagrado. Baseado em um *tumulus*, ela consiste em um monte de solo artificial e de formato cupular erguido por uma plataforma circundada por um ambulatório externo, um *vedika* de pedra e quatro *toranas*; é coroada por um *chattri*. No Ceilão, o termo utilizado é *dagoba*, e no Tibete e Nepal, *chorten*.

êxedra Cômodo ou área coberta aberta em um de seus lados e dotado de assentos, usado como local de reunião na Grécia e Roma Antigas. Também se refere a uma extensão do volume interno da abside de uma igreja, geralmente no eixo principal.

fachada A frente de um edifício ou qualquer de seus lados que dá vista para uma via ou espaço públicos, especialmente uma face diferente por seu tratamento arquitetônico.

fachada inteligente Revestimento projetado para conservar e reduzir a energia necessária para aquecimento, resfriamento e iluminação de uma edificação, integrando coleta solar passiva, sombreamento solar, iluminação natural, resistência térmica e ventilação natural em sua montagem.

faixa Uma das três bandas horizontais sobre a arquitrave, na ordem jônica. O mesmo que *friso*.

falso Adjetivo que se refere a um recuo em parede com a aparência de uma janela (janela falsa) ou porta (porta falsa) e é inserido em uma série de janelas ou portas, a fim de completá-la ou de criar simetria em um projeto.

fasquia Qualquer superfície horizontal larga e longa na extremidade de uma cornija ou um telhado.

fenestração O desenho, a proporção e a distribuição de janelas e outras aberturas externas em uma edificação.

fiada Camada horizontal de tijolos ou pedras em prumo ou se projetando em relação à fachada de uma edificação, frequentemente executada de modo a marcar uma divisão na parede.

figura 1. Forma ou formato definido pelos perfis ou pelas superfícies exteriores. 2. Uma combinação de elementos geométricos dispostos em forma ou formato específicos.

figura e fundo Propriedade da percepção em que há uma tendência a se verem partes de um campo visual como objetos sólidos, bem-definidos que se destacam contra um fundo menos distinto.

flecha Elemento piramidal alto, pontiagudo e afunilado que coroa um campanário, *steeple* ou torre.

florão Ornamento relativamente pequeno dotados de folhas e empregado para rematar o topo de uma flexa ou de um pináculo.

forma 1. O formato e a estrutura de algo, enquanto contraponto de sua substância ou material. 2. A maneira de arranjar e coordenar os elementos e partes de uma composição a fim de produzir uma imagem coerente. 3. A estrutura formal de uma obra de arte.

foro A praça ou o mercado público de uma cidade da Roma Antiga, que concentrava o poder judiciário e as trocas econômicas, além de ser o principal local de reunião para o povo. Geralmente incluía uma basílica e um templo.

forro Veja **teto falso**.

friso Veja **faixa**.

frontão 1. A empena com baixo caimento delimitada pelas cornijas horizontal e inclinada de um templo da Grécia ou Roma Antigas. 2. Na arquitetura neoclássica e pós-moderna, se refere a um elemento similar ou derivado empregado para coroar uma importante divisão de fachada ou abertura.

fundo 1. A superfície ou a base principal de uma pintura ou de um trabalho decorativo. 2. A parte recuada de um campo visual contra o qual uma figura é percebida. 3. A parte de uma imagem representada como a mais afastada do primeiro plano.

galeria Veja *loggia*.

galeria 1. Passeio, pátio ou centro comercial espaçoso, geralmente provido de uma cobertura abobadada e formado por uma série de estabelecimentos comerciais. 2. Sala ou salão longos, relativamente estreitos, especialmente aqueles para uso público e cuja escala ou tratamento decorativo lhe conferem uma importância arquitetônica. 3. Passeio coberto, especialmente aquele que se estende para dentro ou fora ao longo da parede externa de um edifício.

galeria funerária Túmulo megalítico do Período Neolítico e início da Idade do Bronze, encontrado nas Ilhas Britânicas e na Europa continental, consistindo em uma câmara mortuária coberta e uma estreita passagem e coberta por um *tumulus*. Acredita-se que era utilizada para sucessivos funerais de famílias ou clãs, ao longo de muitas gerações.

garbha-griha Uma "câmara-útero": o recinto escuro e mais interno de um templo hindu, onde a estátua da deidade é mantida.

gestalt Configuração, padrão ou campo unificados de propriedades específicas que não podem ser derivados da soma das partes componentes.

gola direta Moldura projetada e com o perfil de curva dupla, com sua parte côncava avançando em relação à convexa.

gopura Torre monumental de portal, geralmente ornamentada, em um templo hindu, especialmente no sul da Índia.

gridshell Uma estrutura de forma ativa que deriva sua força de sua geometria de superfície curva dupla; lançada na década de 1940 por Frei Otto.

haiden O salão de culto de um templo xintoísta, geralmente na frente do *honden*.

harmonia O arranjo ordenado, agradável ou congruente dos elementos ou partes em um todo artístico.

hashira Coluna ou pilar sagrado na arquitetura xintoista talhado à mão.

hierarquia Sistema de elementos ordenados, classificados e organizados um acima do outro, de acordo com sua importância ou significado.

hipódromo 1. Arena ou edificação para espetáculos equestres, entre outros. 2. Estádio ao ar livre com pista oval para corridas de cavalo ou bigas, na Grécia e Roma antigas.

igreja Edifício para a devoção cristã pública.

imposta A parte de uma estrutura que recebe diretamente o empuxo ou a pressão, como uma massa de alvenaria que recebe e transmite o empuxo de parte de um arco ou abóbada.

in antis "Entre antas", os pilares ou pilastras formados ao se tornar mais espessa a extremidade de uma parede saliente.

inclinação Refere-se ao caimento para trás da face de uma parede à medida que ela sobe.

intercolúnio Sistema para espaçamento das colunas de uma colunata baseado no espaço entre duas colunas adjacentes e medido em diâmetros de coluna.

intersticial O mesmo que intermediário.

intradorso A curva ou superfície interna de um arco, formando sua face inferior côncava.

iwan Grande salão abobadado que serve de pórtico de entrada e acesso a um pátio interno; comum na aquitetura parta, sassânida e, posteriormente, islâmica. O mesmo que *ivan* ou *liwan*.

jami masjid Termo árabe que significa "mesquita da sexta-feira", uma mesquita de congregação para cultos públicos, especialmente nas sextas-feiras.

Ka'ba Pequena edificação cúbica de alvenaria de pedra localizada no pátio interno da Grande Mesquita de Meca, contendo uma pedra negra sagrada. É considerada pelos muçulmanos a "Casa de Deus", e sua visita é o objetivo das peregrinações, além de ser para ela que os fiéis se voltam ao orar.

kondo O Salão Dourado, o santuário onde a principal imagem de culto é mantida em um templo budista japonês. As seitas *jodo*, *shinshu* e *nicheiren* do budismo usam o termo *hondo* para esse santuário; as seitas *shingon* e *tendai* usam o termo *chudo*; e a zen, o termo *butsuden*.

lambril Revestimento de madeira em chapa, especialmente aquele que cobre a porção mais baixa de uma parede interna,.

lanterna Superestrutura que coroa uma cobertura ou cúpula e apresenta aberturas ou janelas para a admissão de ar e luz.

linga Um falo, o símbolo do deus Shiva na arquitetura indu.

lingdao O caminho dos espíritos que levava do portão sul a um túmulo real da dinastia chinesa Tang, marcado em suas laterais por pilares de pedras e figuras de animais e homens esculpidas.

lobby Veja **saguão**.

loggia Espaço com arcada ou colunata dentro do corpo de uma edificação, mas aberto em um de seus lados, frequentemente em um pavimento superior e voltado para um pátio interno. A *loggia*, termo que significa galeria, é uma característica importante da arquitetura dos palácios urbanos italianos (*palazzi*).

lucarna Veja **trapeira**

madrasa Escola de teologia muçulmana organizada em torno de um pátio central e contígua a uma mesquita, encontrada a partir do século XI no Egito, na Anatólia e na Pérsia. É o mesmo que *madrasah*, *madarasaa* ou *medresa*.

mainel Elemento vertical entre as luzes de uma janela ou as almofadas de um lambril.

mandala Diagrama do cosmo, frequentemente empregado como diretriz para o projeto das plantas baixas dos templos indianos.

mandapa Grande salão em forma de pórtico que conduz ao santuário de um templo hindu ou jain e é utilizado para danças e músicas religiosas.

massa 1. Volume ou magnitude física de um corpo sólido. 2. Uma composição unificada de formas bidimensionais ou volumes tridimensionais, especialmente uma que dá a impressão de peso, densidade e magnitude.

mastaba Túmulo do Egito Antigo feito de tijolos de adobe (argila não cozida), com planta baixa retangular, cobertura plana e lados inclinados (formando um tronco de pirâmide retangular). As mastabas possuíam um poço que conduzia a uma capela funerária e, depois, a uma câmara mortuária subterrânea.

mausoléu Túmulo grande e imponente, especialmente aquele com a forma de uma edificação, que é utilizado para acomodar as tumbas de vários indivíduos, em geral de apenas uma família.

megálito Pedra muito grande utilizada tal como encontrada ou pouco desbastada, especialmente no trabalho construtivo da Antiguidade.

mégaron Edificação ou unidade semi-independente de uma edificação, normalmente tendo uma câmara principal retangular com uma lareira central e uma varanda, frequentemente com colunas *in antis*, tradicional na Grécia desde os tempos micênicos e considerado o ancestral do templo dórico.

menir Monumento pré-histórico consistindo em um megálito vertical, geralmente situado sozinho mas algumas vezes alinhado a outros.

mesquita Edificação islâmica ou local para devoção pública dos muçulmanos.

mezanino Pavimento baixo ou parcial entre dois níveis principais de um edifício, especialmente aquele que se projeta como uma sacada e forma uma composição com o piso inferior.

mihrab Nicho ou painel decorativo em uma mesquita, designando a parede *qibla*.

minarete Torre elevada e delgada conjugada a uma mesquita, dotada de escadas que conduzem para uma ou mais sacadas, de onde o muezim chama os muçulmanos para orar.

mirador Na arquitetura hispânica, espaço que oferece uma vista do entorno da edificação, como uma janela saliente, galeria ou terraço coberto.

mirante Edifício, ou parte de um edifício, projetado e localizado para a visualização de uma paisagem agradável.

modelagem computacional O uso de tecnologia computacional e algoritmos matemáticos para criar modelos abstratos de sistemas e processos para simular o seu comportamento. Em aplicações arquitetônicas, o software de modelagem computacional permite a criação e manipulação de modelos virtuais tridimensionais de edificações e ambientes existentes ou propostos para análise, teste e avaliação.

modelo Exemplo que serve como padrão para imitação ou emulação na criação de algo.

módulo Unidade de medida utilizada para padronizar as dimensões de materiais construtivos ou regular as proporções de uma composição de arquitetura.

monastério Local de residência para uma comunidade de pessoas que vivem em reclusão sob votos religiosos, especialmente monges.

monólito Bloco único de pedra de tamanho considerável, frequentemente na forma de um obelisco ou coluna.

motivo palladiano Janela ou porta na forma de arco de meio ponto dotado, em ambos os lados, de divisões menores, as quais são coroadas com entablamentos, nos quais o arco do vão central se apoia.

mucarna Sistema decorativo da arquitetura islâmica formado por complexos recuos, trompas e pirâmides invertidas; às vezes talhado em pedra, mas geralmente feito em argamassa. O mesmo que *obra em colmeia* ou *obra em estalactite*.

mural Quadro amplo pintado ou aplicado diretamente a uma superfície de parede ou teto.

naos Veja **cela**.

nártex 1. Pórtico antes da nave central de uma igreja paleocristã ou bizantina, apropriada para penitentes. 2. Um átrio ou vestíbulo de entrada que conduz à nave da igreja.

nave central A parte principal ou central de uma igreja, estendendo-se do nártex ao coro e reservada ao clero, geralmente acompanhada lateralmente por naves laterais.

nave lateral Qualquer uma das divisões longitudinais de uma igreja separadas da nave central por uma colunata.

necrópole Cemitério histórico, especialmente um cemitério grande e elaborado em uma cidade antiga.

nicho Recuo ornamental em uma parede, geralmente de planta semicircular e coroado por uma meia-cúpula, utilizado para a colocação de uma estátua ou outro objeto de decoração.

nuraghe Qualquer uma das grandes torres de alvenaria de pedra com planta redonda ou triangular encontradas na Sardenha e que datam do segundo milênio antes de Cristo até a conquista romana.

obelisco Fuste de pedra alto, de quatro lados, que se afila à medida que se eleva para um ponto piramidal, originário do Egito antigo como um símbolo sagrado do deus-sol Rá e geralmente disposto aos pares, um em cada lado de entradas de templos.

obra em colmeia Veja *mucarna*.

obra em estalactite Veja *mucarna*.

óculo Abertura circular, especialmente na coroa de uma cúpula.

oitão A parte triangular de uma parede, que fecha a extremidade de um telhado em vertente, das cornijas ou beirais à cumeeira. O mesmo que *empena*.

ordem 1. Condição de arranjo lógico, harmonioso e total, na qual cada elemento de um grupo está adequadamente disposto com referência a outros elementos e ao seu propósito. 2. Um arranjo de colunas que sustentam um entablamento, cada coluna compreendendo um capitel, fuste e, geralmente, uma base.

ortográfico Relativo a ângulos retos, envolvendo-os ou composto por eles.

pagode Templo budista na forma de uma torre quadrada ou poligonal com coberturas que se projetam de cada um de seus vários pavimentos, construído como um memorial ou para guardar relíquias. A partir da estupa, o protótipo indiano, o pagode foi gradativamente mudando de forma até assumir o aspecto da tradicional torre de observação de pavimentos múltiplos que se propagou com o budismo pela China e pelo Japão. Os primeiros pagodes eram de madeira, mas a partir do século VI, geralmente eram de alvenaria de tijolo ou pedra, possivelmente devido à influência indiana.

pailou Portal da arquitetura chinesa construído com uma arquitrave de pedra ou madeira e composto de uma, três ou cinco aberturas e frequentemente com coberturas muito protuberantes, construído como memorial na entrada de um palácio, túmulo ou lugar sagrado; relaciona-se com as *toranas* da Índia e os *torii* do Japão. O mesmo que *pailoo*.

palazzo Edifício público ou residência particular grande e imponente, especialmente em uma cidade da Itália renascentista.

panóptico Edifício, como uma prisão, hospital ou biblioteca, organizado de tal modo que todas as partes do interior são visíveis de um ponto.

panteon 1. Templo dedicado a todos os deuses de um povo. 2. Edifício público que serve como local de sepultamento ou que perpetua a memória dos famosos de uma nação.

parapeito Veja **peitoril**.

parede Qualquer uma das várias estruturas eretas que apresentam uma superfície contínua e que servem para delimitar, dividir ou proteger uma área.

parede cortina Uma parede externa suportada inteiramente pela estrutura de uma edificação e que não transporta cargas além de seu próprio peso e cargas de vento.

parede portante Parede capaz de suportar uma carga imposta, proveniente do piso ou da cobertura de um edifício. O mesmo que parede estrutural.

parterre Arranjo ornamental de canteiro de flores de diferentes tamanhos e formatos.

partido Chamado *parti* em francês, era utilizado pela École des Beaux-Arts no século XIX para designar o conceito ou o croqui a partir do qual um projeto seria desenvolvido. Hoje significa o esquema ou conceito básico de um projeto de arquitetura, representado por um diagrama.

pátio interno Área não coberta e circundada total ou parcialmente por paredes ou construções.

pavilhão 1. Edifício leve, geralmente aberto, utilizado para abrigo, concertos ou exibições, como em um parque ou feira. 2. Uma subdivisão central ou lateral que se projeta em relação a uma fachada, geralmente ressaltada por uma decoração mais elaborada, uma altura maior ou uma distinção na silhueta.

pavimento 1. Divisão horizontal completa de uma edificação, com um piso contínuo ou praticamente contínuo e compondo o espaço entre dois níveis imediatamente sobrepostos. 2. O conjunto de cômodos no mesmo nível ou pavimento de uma edificação.

pedestal Construção sobre a qual se ergue uma coluna, estátua, fuste memorial ou elemento congênere, geralmente consistindo em uma base, um dado e/ou uma cornija ou um coroamento.

peitoril O elemento horizontal na base do vão de uma janela. O mesmo que parapeito.

pendente Triângulo esférico que forma a transição entre a planta baixa circular de uma cúpula e a planta poligonal da estrutura na qual ela se apóia.

pérgola Estrutura de colunatas paralelas que sustentam uma cobertura aberta de vigas e caibros transversais ou treliças sobre a qual são cultivadas plantas trepadeiras.

peristilo 1. Colunata que circunda uma edificação ou um pátio interno. 2. O pátio interno fechado por um pelistilo *strictu sensu*.

persiana Uma abertura equipada com ripas inclinadas, fixas ou móveis para admitir ar, mas excluir chuva e neve ou para proporcionar privacidade. Pode também designar um dispositivo com aletas para controlar a radiação de uma fonte de luz.

piano nobile O pavimento mais importante de uma grande edificação, como um palácio urbano (*palazzo*) ou uma mansão rural (*villa*), com salas para recepção formal e de jantar, geralmente sobre o pavimento térreo.

piazza Praça aberta ou local público em uma cidade, especialmente na Itália.

pilar Elemento estrutural vertical e rígido, relativamente delgado, projetado principalmente para suportar cargas de compressão aplicadas a suas extremidades. Na arquitetura clássica, um suporte cilíndrico, consistindo em um capitel, fuste e geralmente uma base, seja monolítica ou formada por tambores de mesmo diâmetro que o fuste.

pilastra Elemento retangular de pouca profundidade que se projeta de uma parede, tendo um capitel e uma base, e arquitetonicamente tratado como uma coluna.

pilone Portal para um templo egípcio antigo, consistindo em um par de pirâmides altas truncadas, com a entrada no meio delas, ou em massa de alvenaria perfurada por uma entrada, frequentemente decorada com relevos pintados.

piloti Coluna de aço ou concreto armado que sustenta uma edificação acima e cria um pavimento térreo aberto e que, portanto, pode ser aproveitado para outros usos.

pirâmide 1. Edificação maciça em alvenaria de pedra, com base retangular e quatro lados regulares, escalonados e inclinados para dentro voltados para os pontos cardeais e culminando em um ápice, utilizada no Egito Antigo como um túmulo para conter a câmara funerária e a múmia do faraó. A pirâmide geralmente fazia parte de um conjunto murado de edificações, incluindo mastabas para os membros da família real, uma capela para oferendas e um templo mortuário. Um caminho elevado levava do conjunto a um templo no vale do Nilo, onde ritos de purificação e mumificação eram executados. 2. Massa de alvenaria com base retangular e quatro lados inclinados e escalonados que se encontravam em um ápice, empregada no Egito Antigo e na América Central pré-colombiana como túmulo ou plataforma para um templo.

piso 1. A superfície do nível-base de um cômodo ou vestíbulo sobre a qual ficamos em pé ou caminhamos. 2. Uma superfície de apoio contínua que se estende horizontalmente por toda uma edificação, contendo um número de cômodos e constituindo um nível na estrutura.

platibanda Mureta de proteção junto à borda de um terraço, balcão, cobertura ou parede corta-fogo que se eleva em relação à laje.

plinto 1. O bloco geralmente quadrado na base de uma coluna, um pilar ou pedestal. 2. Conjunto de fiadas de alvenaria contínuas, geralmente projetadas em relação à parede acima, que forma a base de uma edificação ou a fundação de uma parede.

pódio Massa sólida de alvenaria visível acima do nível do solo e que serve de fundação para um prédio, especialmente a plataforma que forma o piso e subestrutura de um templo clássico.

porta-cocheira 1. Cobertura de alpendre que se projeta em relação a uma entrada de automóveis na entrada de um prédio e que abriga aqueles que entram nos veículos e saem deles. 2. Uma passagem para veículos que cruza um prédio ou conduz a um pátio interno.

pórtico Alpendre ou passeio provido de uma cobertura sustentado por colunas, frequentemente conduzindo à entrada de um prédio.

poste Suporte vertical rígido, especialmente uma coluna com estrutura de madeira.

poterna Entrada particular ou lateral, como aquela para pedestres junto a uma porta-cocheira.

praça cívica Praça pública ou espaço aberto em uma cidade.

prisma Um poliedro com extremidades que são paralelas, polígonos congruentes e lados que são paralelogramos.

progressão harmônica Sequência de números cujas recíprocas forma uma progressão aritmética.

propileu Vestíbulo ou pórtico de importância arquitetônica na entrada de um templo ou outro recinto.

proporção 1. A relação comparativa, apropriada ou harmoniosa de uma parte com a outra e com o todo no que diz respeito a magnitude, quantidade ou grau. 2. A igualdade entre duas razões, na qual o primeiro dos quatro termos dividido pelo segundo é igual ao terceiro dividido pelo quarto.

protótipo Exemplo inicial e típico que exibe as características principais de uma classe ou grupo sobre o qual os estágios posteriores são baseados ou julgados.

proxemia O estudo do papel simbólico e comunicativo da separação espacial que os indivíduos mantêm em várias situações sociais e interpessoais, e o modo como a natureza e o grau desse arranjo espacial se relacionam aos fatores ambientais e culturais.

psicologia gestalt A teoria ou doutrina segundo a qual os fenômenos fisiológicos ou psicológicos não ocorrem através da soma de elementos individuais, como reflexos ou sensações, mas através de *gestalts* que funcionam separadamente ou de maneira relacionada entre si.

qibla 1. A direção para a qual os muçulmanos se voltam para orar, ou seja, a direção do Ka'ba, em Meca. 2. A parede de uma mesquita na qual o *mihrab* é colocado, voltado para Meca.

quina Ângulo sólido externo de uma parede ou uma das pedras que formam tal ângulo, geralmente diferenciado das superfícies adjacentes pelo material, textura, cor, tamanho ou projeção.

rath Templo hindu talhado na rocha maciça e com a aparência de uma carruagem.

razão Relação em termos de magnitude, quantidade ou grau entre duas ou mais coisas semelhantes.

recinto Veja *cômodo*.

reentrante Que reentra ou aponta para dentro, como um ângulo interno de um polígono que é maior do que 180 graus.

repetição O ato ou processo de repetir elementos formais ou motivos em um projeto.

ritmo Movimento caracterizado por uma repetição ou alternação padronizada de elementos formais ou motivos no mesmo modo ou de modo modificado.

rusticação Alvenaria de cantaria que apresenta as faces visíveis das pedras desbastadas protuberantes ou criando outro tipo de contraste com as juntas horizontais e geralmente também as verticais, que podem estar rebaixadas ou chanfradas.

sacada Plataforma elevada que se projeta da parede de um edifício e é fechada por uma balaustrada ou um parapeito.

saguão Cômodo de entrada amplo de casa ou edifício, como um vestíbulo. O mesmo que *lobby*.

salão Cômodo ou edifício amplos para reuniões públicas ou entretenimento.

salão hipostilo Grande salão dotado de muitas colunas alinhadas sustentando uma cobertura plana, às vezes com clerestório. É típico da arquitetura do Egito Antigo e da Pérsia (na dinastia aquemênida).

santuário Edifício ou outro abrigo, frequentemente de caráter imponente ou suntuoso, que guarda os restos mortais ou as relíquias de um santo ou outra figura sagrada e que constitui um objeto de veneração religiosa e peregrinação.

seção áurea Proporção entre as duas dimensões de uma figura plana ou as duas divisões de uma reta, na qual a razão da menor para a maior é igual à razão da maior para o todo; uma razão de aproximadamente 0,618 para 1,000.

semiótica O estudo de sinais e símbolos como elementos de comportamento comunicativo.

shoro Construção que sustenta o sino de um templo, como parte de um par de pavilhões gêmeos simetricamente posicionados em um templo budista japonês.

sikhara Torre de templo hindu, geralmente afunilada e coroada por um *amalaka*.

símbolo Algo que representa outra coisa por associação, semelhança ou convenção, especialmente um objeto material utilizado para representar algo invisível ou imaterial, cujo significado advém principalmente da edificação na qual aparece.

simbologia O estudo do uso de símbolos.

simetria A correspondência exata em tamanho, forma e arranjo de partes nos lados opostos de um plano ou de uma linha divisória ou em relação a um centro ou eixo. Também a regularidade da forma ou do arranjo em termos de partes semelhantes, recíprocas ou correspondentes.

sinagoga Edifício ou local de reunião para a devoção judaica e instrução religiosa.

solário Alpendre, cômodo ou galeria vedados por vidro e utilizados para banhos de sol ou para a exposição terapêutica à luz do sol.

soleira 1. O elemento horizontal mais baixo de uma estrutura, que repousa sobre uma parede de fundação ou está ancorada nela. 2. O elemento horizontal sob o vão de uma porta.

sólido Figura geométrica que tem as três dimensões: comprimento, largura e espessura.

sólido platônico Um dos cinco poliedros regulares: tetraedro, hexaedro, octaedro, dodecaedro e isocaedro.

steeple Estrutura ornamental alta, geralmente corodada por uma flecha e sobre uma torre de igreja ou de outro edifício público.

stoa Pórtico da Grécia Antiga, geralmente separado e de comprimento considerável, utilizado como passeio ou local de reunião ao redor de lugares públicos.

ta Pagode da arquitetura chinesa.

talude 1. Ampla barragem de terra erguida como uma fortificação ao redor de um local e geralmente dotada de parapeito. 2. Banco de terra situado contra uma ou mais paredes externas de um edifício como proteção contra temperaturas extremas.

tecnologia Ciência aplicada: o ramo do conhecimento que se ocupa da criação e do uso de meios técnicos e sua relação com a vida, a sociedade e o ambiente, se baseando na arte industrial, engenharia, ciência aplicada e ciência pura.

tectônica A arte e ciência de moldar, ornamentar ou agregar materiais na construção de edifícios.

temenos Na Grécia Antiga, um terreno especialmente reservado e cercado por ser considerado solo sagrado.

terraço Nível elevado com uma frente ou lados verticais ou inclinados revestidos com alvenaria, grama ou algo do gênero, especialmente cada um de uma série de níveis que se erguem uns sobre os outros.

tesoura Estrutura baseada na rigidez geométrica do triângulo e composta por elementos retilíneos, sujeita somente à tensão ou à compressão axiais.

teto falso Superfície interior de revestimento do teto, frequentemente ocultando o lado inferior do piso ou da cobertura situados acima. O mesmo que forro.

tetrastilo Que tem quatro colunas em uma fachada ou em cada uma delas.

tholos Um edifício circular na arquitetura clássica.

tímpano 1. Área com formato triangular, às vezes ornamentada, entre o extradorso de dois arcos contíguos ou entre o extradorso esquerdo ou direito de um arco e a moldura retangular que o circunda. 2. Área similar a um painel em uma edificação de múltiplos pavimentos, entre o peitoril de uma janela de um pavimento e a verga da janela imediatamente abaixo. 3. Espaço triangular recuado delimitado pelas cornijas horizontal e inclinadas de um frontão triangular, muitas vezes decorado com esculturas.

tokonoma Recanto para pintura; um nicho de pouca profundidade, levemente suspenso para a exibição de um arranjo de flores ou um *kakemono*, um rolo de pergaminho pendurado verticalmente que contém um texto ou uma pintura. Um dos lados do recanto é delimitado pela parede externa do cômodo através do qual a luz penetra, enquanto o lado interno é contíguo ao *tana*, um recanto com estantes embutidas. Como o centro espiritual de uma casa tradicional japonesa, o *tokonoma* se localiza em seu cômodo mais formal.

topografia A configuração e as características físicas de um terreno, de uma área ou região.

torana Portal cerimonial profusamente talhado na arquitetura budista e hindu da Índia, tendo dois ou três lintéis apoiados em duas colunas.

torii Portal autoportante de proporções monumentais, no acesso a um santuário xintoísta, que consiste em duas vilastras conectadas em sua parte superior por uma travessa horizontal e um dintel sobre esta, geralmente curvando-se para cima.

transepto 1. A principal parte transversal de uma igreja de planta cruciforme, que cruza o eixo principal da planta em ângulo reto entre a nave principal e o coro. 2. Um dos braços projetados dessa parte da igreja, em ambos os lados da nave principal.

transformação O processo de modificação de uma forma ou estrutura por meio de uma série de permutações e manipulações distintas em resposta a um contexto específico ou conjunto de condições sem a perda de identidade ou conceito.

trapeira Estrutura que se projeta de uma cobertura em vertente, geralmente com uma janela vertical ou venezianos para ventilação. O mesmo que lucarna ou água-furtada.

treliça Armação que suporta um gradeado vazado, utilizada como anteparo ou suporte para cultivar videiras ou trepadeiras.

trullo Abrigo de pedra circular na região da Apúlia, no sul da Itália, coberto por estruturas cônicas de alvenaria de pedra seca com pedras em balanços sucessivos, geralmente caiadas e pintadas com figuras ou símbolos. Muitos *trulli* têm mais de mil anos e ainda estão em uso atualmente, frequentemente localizados em meio a vinhedos para servir como estruturas de armazenamento ou como alojamentos temporários durante a colheita.

tubulão escavado Fundação profunda de concreto moldada *in loco* formada pela perfuração com uma grande broca ou se escavando um poço à mão até chegar a uma camada de solo com boa sustentação, quando então se enche o poço com concreto.

tumulus Monte de terra ou pedra artificial, especialmente sobre um antigo túmulo.

unidade O estado ou a qualidade de estar combinado em um, como a ordenação de elementos em uma obra artística que constitui um todo harmonioso ou promove uma singularidade de efeitos.

uniformidade O estado ou a qualidade de ser idêntico, homogêneo ou regular.

vão 1. Divisão espacial grande, geralmente uma de uma série, demarcada ou separada pelos suportes verticais principais de uma estrutura. 2. Qualquer um de uma série de compartimentos principais ou divisões de parede, cobertura ou outra parte de um edifício demarcado por suportes verticais ou tranversais.

varanda Espaço amplo, aberto, geralmente coberto e parcialmente configurado, por exemplo através de uma balaustrada, frequentemente se estendendo na frente ou nas laterais de uma casa. O mesmo que alpendre.

vazio Espaço não ocupado e dentro de uma massa ou limitado por ela.

ventilação cruzada A circulação de ar fresco através de janelas, portas ou outras aberturas abertas em lados opostos de uma sala.

vestíbulo Pequeno saguão de entrada entre a porta da rua e o interior de uma casa ou edifício.

viela Passagem estreita entre casas.

viga Elemento estrutural rígido projetado para suportar e transferir cargas através do espaço para os elementos de sustentação.

vihara Monastério budista na arquitetura indiana, frequentemente talhado na rocha maciça, consistindo em uma câmara central com pilares circundada por uma galeria para a qual abrem pequenas celas de dormir. Junto a esse claustro ficava um pátio interno contendo a estupa principal do conjunto.

vila Residência ou propriedade de campo.

volume O tamanho ou a extensão de um objeto tridimensional ou região de espaço, medidos em unidades cúbicas.

wat Monastério ou templo budista na Tailândia ou no Camboja.

zigurate Torre-templo na arquitetura suméria e assíria, construída com patamares escalonados de adobe e paredes inclinadas para dentro revestidas de tijolo cozido. Em seu cume, havia um santuário ou templo, que era acessado por diversas rampas. Acredita-se que sua origem seja suméria, do final do terceiro milênio antes de Cristo.

zimbório Veja **cúpula**.

Índice de Edificações

30 St. Mary Axe, Londres, Reino Unido, 193

A

A Basílica Palladiana, Vicenza, Itália, 103
Abadia de Fontenay, Borgonha, França, 189
Abrigo para Animais, Greensboro, Alabama, Estados Unidos, 147
Abu Simbel, Grande Templo de Ramsés II, 278
Acampamento Romano, 314
Acrópole de Atenas, Grécia, 134, 288
Aeroporto Internacional de Kansai, Terminal 1, Baía de Osaka, Japão, 67
Aglomerado de Moradias dos Dogon, Sudeste de Mali, África Ocidental, 84
Ágora de Assos, Ásia Menor, 78
Ágora de Atenas, Grécia, planta, 417
Ágora de Éfeso, Ásia Menor, 41
Ágora de Priene e de seu entorno (planta), Turquia, fundada no século IV a.C., 187
Albergue do Exército da Salvação, Paris, 418
Alhambra, Palácio e Cidadela dos Reis Mouros, Granada, Espanha, 222, 288
Alojamento dos Graduandos da Universidade Cornell, Ithaca, Nova York, Estados Unidos, 12
Altar-Mor da Capela do Monastério Cisterciense de La Tourette, França, 137, 153
Ampliação da Casa Benacerraf, Princeton, Nova Jersey, Estados Unidos, 70
Angkor Wat, próximo a Siem Reap, Camboja, 379
Apartamentos da Vincent Street, Londres, Inglaterra, 107
Apartamentos para Estudantes, Faculdade Selwyn (Projeto Não Executado), Cambridge, Inglaterra, 167
Arco de Sétimo Severo, Roma, Itália, 166
Arena Olímpica, Tóquio, Japão, 436
Arranha-Céu à Beira-Mar, Projeto para Algiers, Algéria, 81
Assembleia Nacional, Complexo do Capitólio de Daca, Bangladesh, 243
Ateliê de Frank Lloyd Wright, Oak Park, Illinois, Estados Unidos, 400
Ateliê do Arquiteto, Helsinque, Finlândia, 172
Ateliê, Casa Amédée Ozenfant, Paris, França, 199
Átrio Tetrastilo, Casa das Bodas de Prata, Pompeia, 160

B

Banco Fukuoka Sogo, Estudo para a Agência em Saga, Japão, 108
Banco da Inglaterra, Londres, Inglaterra, 265
Batistério de Pisa, Itália, 5
Bedford Park, Londres, Inglaterra, 441
Biblioteca Alexandrina, Alexandria, Egito, 92
Biblioteca de Mount Angel, Faculdade Beneditina, Mount Angel, Oregon, Estados Unidos, 451
Biblioteca de Rovaniemi Planta Baixa, 142
Biblioteca de Rovaniemi, Finlândia, 451
Biblioteca de Seinäjoki, Finlândia, 451
Biblioteca do Centro Paroquial Wolfsburg, Essen, Alemanha, 142
Biblioteca do Instituto de Tecnologia de Illinois, Chicago, Illinois, Estados Unidos, 273
Biblioteca Municipal de Rovaniemi, Rovaniemi, Finlândia, 451
Biblioteca Nacional da França, Projeto Não Executado, 153
Biblioteca Pública de Des Moine, Iowa, Estados Unidos, 191
Biblioteca Pública de Estocolmo, Suécia, 242
Biblioteca Pública de Seattle, Seattle, Washington, Estados Unidos, 190
Biblioteca Pública de Seinäjoki, Seinäjoki, Finlândia, 451
Biblioteca Scamozzi, Veneza, Itália, 292
Biblioteca, Academia Philip Exeter, Nova Hampshire, Estados Unidos, 427
Bjergsted Financial Park, Bjergsted, Noruega, 96
Bloco de apartamentos em Galena, Illinois, Estados Unidos, 302
Borobudur, Indonésia, 313
Bussiness Men's Assurance Company of America, Cidade do Kansas, Missouri, 273

C

Ca d'Oro, Veneza, Itália, 400
Campanário da Igreja em Vuoksenniska, Imatra, Finlândia, 10
Can Lis, Porto Petro, Maiorca, 252
Capela de Notre-Dame-du-Haut, Ronchamp, França, 29, 32, 197, 206, 282
Capela do Bosque, Estocolmo, Suécia, 341
Capela Pazzi, Florença, Itália, 298
Capela, Instituto de Tecnologia de Massachusetts, Cambridge, Massachusetts, Estados Unidos, 44
Capitólio dos Estados Unidos, Washington, D. C., 7
Casa 10 (Projeto Não Executado), 12, 251
Casa A. E. Bingham, Próximo a Santa Bárbara, Califórnia, Estados Unidos, 399
Casa Adler (Projeto não executado), Filadélfia, Pensilvânia, 274
Casa Bookstaver, Westminster, Vermont, Estados Unidos, 309
Casa Caplin, Venice, Califórnia, Estados Unidos, 231
Casa Cary, Cidade de Mill Valley, Califórnia, Estados Unidos, 17
Casa Chiswick, Chiswick, Inglaterra, 229
Casa com Pátio Chinesa Tradicional, 188
Casa com Pátio Chinesa, Pequim, China, 390
Casa Coonley, Riverside, Illinois, Estados Unidos, 47
Casa da Bodas de Prata, Pompeia, 160
Casa da Cascata (Casa Kaufmann), próximo a Ohiopyle, Pensilvânia, Estados Unidos, 27, 207, 267, 289
Casa da Cascata (Casa Kaufmann), próximo a Ohiopyle, Pensilvânia, Estados Unidos, 207, 267, 289
Casa da Colina, Helensburgh, Escócia, 203
Casa da Estufa, Salisbury, Connecticut, Estados Unidos, 243
Casa de Banho, Centro Comunitário Judaico, Trenton, Nova Jersey, Estados Unidos, 41
Casa de Campo em Alvenaria, Projeto Não Executado, 23
Casa de Férias, Sea Ranch, Califórnia, Estados Unidos, 83
Casa de Música, Porto, Portugal, 60
Casa de praia em St. Andrew, Victoria, Austrália, 115
Casa de Vidro, New Canaan, Connecticut, Estados Unidos, 131, 148, 166, 225, 286
Casa DeVore, Projeto Não Executado, Condado de Montgomery, Pensilvânia, Estados Unidos, 418
Casa do Dr. Currutchet, La Plata, Argentina, 292
Casa do Fauno, Pompeia, 445
Casa do Lorde Derby, Londres, Inglaterra, 248
Casa e Ateliê de Amédée Ozenfant, Paris, França, 199
Casa e Propriedade de Darwin D. Martin, Buffalo, Nova York, Estados Unidos, 389
Casa Edwin Cheney, Oak Park, Illinois, Estados Unidos, 289
Casa em Alvenaria de Tijolo, New Canaan, Connecticut, Estados Unidos, 25
Casa em Milwaukee, Wisconsin, Estados Unidos, 299
Casa em Old Westbury, Nova York, Estados Unidos, 307, 331
Casa em Poissy, França, 71
Casa em Stabio, Ticino, Suíça, 69
Casa em Stuttgart, Alemanha, 71
Casa Farnsworth, Plano, Illinois, Estados Unidos, 136, 320
Casa Friedman, Pleasantville, Nova York, Estados Unidos, 269
Casa G. N. Black (Kragsyde), Manchester-by-the-Sea, Massachusetts, Estados Unidos, 83
Casa Gagarin, Peru, Vermont, Estados Unidos, 300
Casa Gamble, Pasadena, Califórnia, Estados Unidos, 267
Casa George Blossom, Chicago, Illinois, Estados Unidos, 452
Casa Gorman, Amagansett, Nova York, Estados Unidos, 69
Casa Gwathmey, Amagensett, Nova York, Estados Unidos, 53, 70

Índice de Edificações

Casa Hanselmann, Fort Wayne, Indiana, Estados Unidos, 45
Casa Hattenbach, Santa Monica, Califórnia, Estados Unidos, 87
Casa Henry Babson, Riverside, Illinois, Estados Unidos, 79
Casa Herbert F. Johnson (Wingspread ou Casa Cata-Vento), Wind Point, Wisconsin, Estados Unidos, 256
Casa Hines, Sea Ranch, Califórnia, Estados Unidos, 307
Casa Hoffman, East Hampton, Nova York, Estados Unidos, 107
Casa Husser, Chicago, Illinois, Estados Unidos, 397
Casa I para Eric Boissonas, New Canaan, Connecticut, Estados Unidos, 277
Casa II para Eric Boissonas, Cap Benat, França, 321
Casa III para Robert Miller, Lakeville, Connecticut, Estados Unidos, 95
Casa Isaac Flagg II, Berkeley, Calfórnia, Estados Unidos, 399
Casa japonesa, 163
Casa Jester, Projeto Não Executado, Palos Verdes, Califórnia, Estados Unidos, 445
Casa Karuizawa, Retiro no Campo, Nagano, Japão, 263
Casa Kaufmann (Casa da Cascata), próximo a Ohiopyle, Pensilvânia, Estados Unidos, 207, 267, 289
Casa Kaufmann no Deserto, Palm Springs, Califórnia, Estados Unidos, 105, 257
Casa Koshino, Ashiya, Prefeitura de Hyogo, Japão, 414
Casa Lawrence, Sea Ranch, Califórnia, Estados Unidos, 21, 229
Casa Lloyd Lewis, Libertyville, Illinois, Estados Unidos, 248
Casa Lowell Walter, Quasqueton, Iowa, Estados Unidos, 406
Casa Manabe, Tezukayama, Osaka, Japão, 276
Casa Marcus, Projeto Não Executado, Dalas, Texas, Estados Unidos, 249
Casa Metade, Projeto Não Executado, 231
Casa MM, Palma de Maiorca, Espanha, 266
Casa Moore, Orinda, Califórnia, Estados Unidos, 225
Casa Morris, Projeto Não Executado, Mount Kisco, Nova York, Estados Unidos, 267
Casa Murray, Cambridge, Massachusetts, Estados Unidos, 91
Casa Nathaniel Russell, Charleston, Carolina do Sul, Estados Unidos, 395
Casa nº 33, Priene, Turquia, 188
Casa no Condado de Morris, Nova Jersey, Estados Unidos, 325
Casa no Litoral de Massachusetts, Estados Unidos, 143
Casa Okusu, Todoroki, Tóquio, Japão, 324
Casa para a Exposição de Edificações de Berlim, Alemanha, 205
Casa para Dr. Bartholomeusz, Colombo, Sri Lanka, 57
Casa Pearson, Projeto Não Executado, 248
Casa Peyrissac, Cherchell, Argélia, 23
Casa Pope, Connecticut, 311
Casa Robert W. Evans, Chicago, Illinois, Estados Unidos, 398
Casa Robie, Chicago, Estados Unidos, 26
Casa Romano, Kentfield, Califórnia, Estados Unidos, 249
Casa Rosenbaum, Florence, Alabama, Estados Unidos, 171
Casa Samuel Freeman, Los Angeles, Califórnia, Estados Unidos, 201, 452
Casa Sarabhai, Ahmedabad, Índia, 178
Casa Schröder, Utrecht, Países Baixos, 27
Casa Schwartz, Two Rivers, Wisconsin, Estados Unidos, 339
Casa Shodhan, Ahmedabad, Índia, 26, 70, 275, 308
Casa Snyderman, Fort Wayne, Indiana, Estados Unidos, 276
Casa Soane, Londres, Inglaterra, 265
Casa Stern, Woodbridge, Connecticut, Estados Unidos, 319
Casa Thomas Hardy, Racine, Wisconsin, Estados Unidos, 452
Casa tradicional japonesa, 217, 262, 320, 364, 367
Casa Vanna Venturi, Chestnut Hill, Pensilvânia, Estados Unidos, 264, 296
Casa Vigo Sundt, Madison, Wisconsin, 40
Casa Von Sternberg, Los Angeles, Califórnia, Estados Unidos, 293
Casa W. A. Glasner, Glencoe, Illinois, Estados Unidos, 391
Casa Ward Willetts, Highland Park, Illinois, Estados Unidos, 452
Casa, Exposição de Edificações de Berlim, Alemanha, 173, 205
Casa, Ur dos Caldeus, Suméria (atual Iraque), 188
Casa-Galpão, um tipo de moradia das tribos da Confederação dos Iroquês, na América do Norte, 246
Casa-Ponte, Projeto Não Executado, 251
Casas com Pátio Interno e Peristilo, Grécia, 424
Casas La Roche-Jeanneret, Paris, França, 71
Casas para aluguel social, Louviers, France, 442
Castelo da Garça Branca (Castelo de Himeji), Himeji, Japão, 439
Castelo de Mercer (Fonthill), Doylestown, Pensilvânia, Estados Unidos, 266
Catedral de Canterbury, Inglaterra, 306
Catedral de Reims, França, 373, 430
Catedral de Salisbury, Inglaterra, 430
Cela do norte da Índia, Esquema do desenvolvimento, da 402
Celeiro em Ontário, Canadá, 30
Cenotáfio para Sir Isaac Newton, 5
Centro Carpenter de Artes Visuais, Universidade de Harvard, Massachusetts, Estados Unidos, 308
Centro Cívico do Condado de Marin, San Rafael, Califórnia, Estados Unidos, 418
Centro Comunitário Chongqing Taoyuanju Chongqing, China, 151
Centro Comunitário Judaico, Trenton, Nova Jersey, Estados Unidos, 41, 421
Centro Cultural (Proposta para um Concurso de Arquitetura), Leverkusen, Alemanha, 419
Centro Cultural de Tjibaou, Nouméa, Nova Caledônia, França, 447
Centro Cultural Eyüp, Istambul, Turquia, 124
Centro Cultural, Wolfsburg, Alemanha, 449
Centro da Cidade de Castrop-Rauxel (Proposta para um Concurso de Arquitetura), Alemanha, 250
Centro de Convenções para Chicago, Projeto Não Executado, Estados Unidos, 147
Centro de Diálogo do Museu Nacional, Szczecin, Polônia, 150
Centro de Distribuição da Cummins Indianapolis, Indianapolis, Indiana, Estados Unidos, 332
Centro de Interpretação Kauwi, Lonsdale, Austrália, 410
Centro de Pesquisa de Ciências Sociais, Berlim, Alemanha, 414
Centro de Pesquisas da IBM, La Guade, Var, França, 109
Centro de Recreação da Comunidade de Banff, Alberta, Canadá, 64
Centro de Reuniões, Instituto Salk de Estudos de Biologia, Projeto Não Executado, La Jolla, Califórnia, Estados Unidos, 263
Centro Le Corbusier, Zurique, Suíça, 1963–67, 149, 423
Centro Paroquial Wolfsburg, Biblioteca, Essen, Alemanha, 142
Centro Paroquial Wolfsburg, Essen, Alemanha, 153
Centro Paroquial, Interior da Igreja, Wolfsburg, Essen, Alemanha, 153
Champ de Mars (Campo de Marte), Paris, França, 176
Cidade da Justiça, Barcelona, Espanha, 48
Cidade de Priene, Turquia, 272, 315
Cidade Proibida, Pequim, China, 135, 136, 285, 387
Claustro da Abadia de Moissac, França, 16
Claustro e Sala dos Cavaleiros, Monte São Miguel, França, 153
Clube de Campo Totsuka, Yokohama, Japão, 146
Cobertura da Arena de Natação Olímpica, Munique, Alemanha, 339
Coliseu, Roma, Itália, 379
Coluna de Marco Aurélio, Piazza Colonna, Roma, Itália, 10
Coluna de São Teodoro (1329), Praça de São Marcos, Veneza, Itália, 292
Coluna do Leão, Veneza, Itália, 292
Companhia de Máquinas de Somar Burroughs, Detroit, Estados Unidos, 77
Complexo da Mesquita de Beyazid II, Bursa, Turquia, 436
Complexo de Guachimontones em Teuchitlán, Jalisco, México, 446
Complexo de Templos Ggantija, Malta, 185
Complexo do Capitólio, Projeto Não Executado, Islamabad, Paquistão, 434

Índice de Edificações

Complexo Ritual de Fengchu, Província de Shaanxi, China, 393
Composições de Nove Quadrados, um estudo da Bauhaus, 232
Congresso de Strasbourg, Projeto Não Executado, França, 453
Conjunto de Cinemas de Busan, Busan, Coreia do Sul, 66
Conjunto Habitacional EOS, Helsingborg, Suécia, 253
Conjunto Habitacional Kingo, próximo a Elsinore, Dinamarca, 171
Conjunto Habitacional na Cidade Nova Runcorn, Inglaterra, 77
Conjunto Habitacional Pré-Fabricado em Jerusalém, Israel, 85
Conjunto Habitacional Pré-Fabricado em Montreal, Canadá, 85
Conjunto Habitacional Westendinhelmi, Espoo, Finlândia, 442
Conjunto Habitacional, Pavia, Itália, 252
Construção Colorida (Projeto de uma Casa Particular), 205
Convento dos Cartuxos de Nurembergue, Alemanha, 427
Convento para as Irmãs Dominicanas, Projeto Não Executado, Media, Pensilvânia, Estados Unidos, 183
Corredor da Casa Okusu, Todoroki, Tóquio, Japão, 324
Croqui de uma Igreja Oval Feito por Francesco Borromini, 184
Crown Hall, Escola de Arquitetura e Desenho Urbano, Instituto de Tecnologia de Illinois, Chicago, Estados Unidos, 13, 339

D

Dakshina-Meru (Templo Rajarajeshwara), Thanjavur, Índia, 264, 432
Detalhe de Quina, Apartamentos da Commonwealth Promenade, Chicago, Estados Unidos, 86
Detalhes das Colunas, Notre Dame la Grande (Igreja de Nossa Senhora, a Grande), Poitiers, França, 428
Diagrama Conceitual, Museu de Belas Artes da Província de Gunma, Japão, 186
Diwan-i-Khas, Fatehpur Sikri, o Complexo do Palácio de Akbar, o Grande, Imperador Mogol da Índia, 45, 132, 261
Dólmen, 26
Dura-Europos (Planta da Cidade), Síria, 272

E

Edifício Administrativo das Ceras Johnson, Racine, Wisconsin, Estados Unidos, 104, 297
Edifício Administrativo das Ceras Johnson, Torre do Laboratório, Racine, Wisconsin, Estados Unidos, 297
Edifício Baker House, Instituto de Tecnologia de Massachusetts, Cambridge, Massachusetts, Estados Unidos, 253

Edifício Centrosoyus, Kirova Ulitsa, Moscou, Rússia, 397
Edifício da Assembleia Legislativa de Chandigarh, Complexo do Capitólio do Punjab, Índia, 293, 379, 407
Edifício da Associação dos Fiandeiros, Ahmedabad, Índia, 111, 163, 302, 453
Edifício da CBS, Cidade de Nova York, 108
Edifício da Chancelaria, Embaixada da França, Brasília, Brasil, 90
Edifício da Companhia John Deere, Moline, Illinois, Chicago, Estados Unidos, 108
Edifício da Faculdade de História, Universidade de Cambridge, Inglaterra, 172, 408
Edifício da Suprema Corte, Chandigarh, Complexo do Capitólio do Punjab, Índia, 269, 297
Edifício da Swiss Re. Veja 30 St. Mary Axe, Londres, Reino Unido
Edifício da Tod's na Avenida Omotesando, Tóquio, Japão, 192
Edifício de Apartamentos Neur Vahr, Bremen, Alemanha, 321
Edifício de Escritórios da Companhia Bacardi, Santiago de Cuba, Cuba, 21
Edifício de Uma Milha para Illinois, Projeto de Arranha-Céu Não Executado, Chicago, Illinois, Estados Unidos, 79
Edifício do Secretariado, Sede da Unesco, Place de Fontenoy, Paris, França, 258
Edifício Empire State, Cidade de Nova York, Estados Unidos, 378
Edifício Florey, Queen's College, Oxford, Inglaterra, 182
Edifício Hôtel Amelot, Paris, 406
Edifício Hôtel de Matigon (Residência Oficial do Primeiro Ministro Francês), Paris, França, 309
Edifício Leste, Galeria Nacional de Arte, Washington, D.C., Estados Unidos, 301
Edifício Seagram, Cidade de Nova York, Estados Unidos, 13
Embaixada da França, Brasília, Brasil, 90
Escadaria da Piazza di Spagna, Roma, Itália, 20
Escadaria, Ópera de Paris, França, 30
Escola de Arte e Artesanato da Montanha Haystack, Deer Isle, Maine, Estados Unidos, 309
Escola de Treinamento Olivetti, Haslemere, Inglaterra, 408
Escritório da Seguradora Centraal Beheer, Apeldoorn, Países Baixos, 50, 274
Esplanada de Washington, D. C., Estados Unidos, 7
Esquema de Três Bibliotecas, 451
Esquema do desenvolvimento da cela do norte da Índia, 450
Estação Ferroviária Saint Pancras, Londres, Inglaterra, 379
Estrutura Tensionada, Mostra Nacional de Jardinagem, Colônia, Alemanha, 145
Estudo de Casa, 83
Estudo de Projeto de Arquitetura, 105
Estufas do Projeto Éden, Cornualha, Inglaterra, 269

Exposição Internacional de 1929, Barcelona, Espanha, 167

F

Fachada Interna de uma Basílica, 408
Fachadas vitorianas, 440
Faculdade Kresge, Campus de Santa Cruz, Universidade da Califórnia, Estados Unidos, 287
Faculdade Scarborough, Westhill, Ontario, Canadá, 252, 309
Faculdade Selwyn, Cambridge, Inglaterra, 167
Fatehpur Sikri (Diwan-i-Khas), o Complexo do Palácio de Akbar, o Grande, Imperador Mogol da Índia, 45, 132, 261
Federation Square, Melbourne, Austrália, 115
Florença, Itália, 405
Foro de Pompeia, Itália, 187
Foro do Condado de Lister, Solvesborg, Suécia, 91
Foros Imperiais de Trajano, Roma, Itália, 391

G

Galeria de Arte Crawford, Cork, Irlanda, 97
Galeria de Arte em Shiraz, Irã, 446
Galeria dos Ofícios (Galleria degli Uffizi), Florença, Itália, 22, 384, 386
Galeria Nacional de Arte, Washington, D.C., Estados Unidos, 301
Galeria Vitório Manuel II (Galleria Vittorio Emanuelle II), Milão, Itália, 176
Grande Estupa de Sanchi, Índia, 393
Grande Pirâmide de Quéops (Pirâmide de Khufu), Gizé, Egito, 40, 45, 378

H

Hagia Sophia (Basílica da Santa Sabedoria), Constantinopla (Istambul), Turquia, 240, 379
Hanamaruki Miso-Making Experience, Ina, Nagano, Japão, 61
Hangar, Projeto I, 25
Heathcote (Casa Hemingway), Ikley, Yorkshire, Inglaterra, 405
Homem Vitruviano, 334
Hôtel Dieu (Hospital), 255
Hotel do Observatório Europeu do Sul, Cerro Paranal, Deserto do Atacama, Chile, 411
Hotel para Estudantes em Otaniemi, Finlândia, 185
Huánoco, planta de uma cidade inca no centro do Peru, 378

I

Ibrahim Rauza, Túmulo do Sultão Ibrahim II, Bijapur, Índia, 187
Igreja Católica, Taos, Novo México, Estados Unidos, 285
Igreja da Abadia de Alpirsbach, Alemanha, 439
Igreja da Peregrinação (Basílica dos Catorze Santos Auxiliares), Vierzehnheiligen, Alemanha, 227

Igreja de Cristo, o Trabalhador, Atlântida, Uruguai, 398
Igreja de Santa Maria della Pace (Santa Maria da Paz), Roma, Itália, 324
Igreja de São Sérgio e São Baco, Constantinopla (Istanbul), Turquia, 241, 409
Igreja em Vuoksenniska, Imatra, Finlândia, 10, 25
Igreja Ortodoxa Etíope Tewahedo (Projeto Não Executado), Estocolmo, Suécia, 92
Igreja San Josemaría Escrivá, Alvaro Obregon, México, 411
Igrejas escavadas na rocha, Lalibela, Etiópia, 139
Il Redentore (Igreja do Santíssimo Redentor), Veneza, Itália, 53
Imagination Art Pavilion, Zeewolde, Países Baixos, 147
Instituto Bandung de Tecnologia, Bandung, Indonésia, 152
Instituto de Tecnologia de Massachusetts, capela, Cambridge, Massachusetts, Estados Unidos, 44
Instituto de Tecnologia, Otaniemi, Finlândia, 406
Instituto Indiano de Administração, Ahmedabad, Índia, 380
Instituto Salk de Estudos de Biologia, Centro de Reuniões, Projeto Não Executado, La Jolla, Califórnia, Estados Unidos, 263
Interama, Projeto para uma Comunidade Interamericana, Flórida, Estados Unidos, 250
Interior da Igreja, Centro Paroquial Wolfsburg, Essen, Alemanha, 123
Isfahan durante o Império Safávida, planta, Irã, 416
Isfahan, Capital da Pérsia, Planta Baixa do Centro Cívico, 378, 425

J

Jaipur, Índia, planta da cidade, 315
Janela Saliente da Sala de Estar, Casa da Colina, Helensburgh, Escócia, 203
Jasper Place Branch Library, Edmonton, Canadá, 149

K

Karlsruhe (cidade), Alemanha, 310
Khasneh al Faroun, Petra, 69

L

Loja de Presentes Morris, São Francisco, Califórnia, Estados Unidos, 295

M

Machu Picchu, Peru, 20
Maison de Force (Penitenciária), Ackerghem, próximo a Ghent, Bélgica, 255
Manhattan (Nova York), planta da cidade, Estados Unidos, 315
Maupertius, Projeto para um Alojamento Rural, 4
Mégaron Primitivo, 184

Memorial 9 (M9), Santiago, Chile, 410
Memorial a John F. Kennedy, Dallas, Texas, Estados Unidos, 296
Memorial a Lincoln, Washington, D. C., 7
Menir, 10
Mercado Hasan Pasha (Hasan Pasha Han), Istambul, Turquia, 445
Merchants' National Bank, Grinnell, Iowa, Estados Unidos, 295
Mesquita da Sexta-Feira (Jami Masjid), Ahmedabad, Délhi, Índia, 436
Mesquita da Sexta-Feira (Jami Masjid), Gulbarga, Índia, 431
Mesquita de Hadim Ibrahim Pasha, Istambul, 455
Mesquita de Kara Ahmed Pasha, Topkapi, 455
Mesquita de Kilisse. Veja São Teodoro, Constantinopla (Istambul)
Mesquita de Pérola (Moti Masjid), Agra, Índia, 94
Mesquita de Pérola (Moti Masjid), Agra, Índia, 94
Mesquita de Selim, Edirne, Turquia, 10
Mesquita de Solimão, o Magnífico, Constantinopla (atual Istambul), Turquia, 37
Mesquita de Tinmal, Marrocos, 272
Mesquita do Sultão Hasan, Cairo, Egito, 7, 379
Mesquita Rüstem Pasha, Istambul, 455
Ministério da Educação e Saúde (atual Palácio Gustavo Capanema), Rio de Janeiro, Brasil, 217
Mojácar, Espanha, 437
Monastério de São Melécio de Antioquia, Monte Kithairon, Grécia, 122
Mont Saint Michel, França, 161
Monticello, Virgínia, Estados Unidos, 394
Monumento a Washington, Washington, D. C., Estados Unidos, 7
Moradias Suntop, Unidades Habitacionais para Quatro Famílias, Ardmore, Pensilvânia, Estados Unidos, 173
Museu Altes, Berlim, Alemanha, 15
Museu de Ahmedabad, Índia, 421
Museu de Arte da Universidade, Universidade da Califórnia em Berkeley, 311
Museu de Arte de Seattle, Parque das Esculturas Olímpicas, Seattle, Washington, Estados Unidos, 125
Museu de Arte Kimball, Forth Worth, Texas, Estados Unidos, 277
Museu de Arte Moderna, Caracas, Venezuela, 40
Museu de Arte Ocidental, Tóquio, Japão, 312, 453
Museu de Astronomia de Xangai, Xangai, China, 49
Museu de Belas Artes da Província de Gunma, Japão, 86
Museu do Crescimento Infinito, Projeto Não Executado, Philippeville, Argélia, 312
Museu Everson, Syracuse, Nova York, 102
Museu Gandhi Ashram, Ahmedabad, Índia, 276
Museu Guggenheim, Bilbao, Espanha, 259
Museu Guggenheim, Cidade de Nova York, Estados Unidos, 242, 313
Museu Mundial, Projeto Não Executado, Genebra, Suíça, 347

Museu Nacional de Arte Romana, Mérida, Espanha, 95
Museu para a Renânia do Norte-Vestefália, Projeto Não Executado, Dusseldorf, Alemanha, 91
Museu Wenling, Wenling, China, 59

N

Naigu, o recinto interno, Santuário de Ise, Província de Mie, Japão, 186, 338
Nalanda Mahavihara, Bihar, Índia, 414
Nuraghe em Palmavera, Sardenha, Itália, 262

O

O Recinto Sagrado, Santuário de Ise, Província de Mie, Japão, 7
Obelisco de Luxor, Place de la Concorde, Paris, França, 10
One Shelley Street, Sydney, Austrália, 192
Ópera de Busan, Busan, Coreia do Sul, 66
Ópera de Sidnei, Austrália, 448
Oratório de Germigny-des-Prés, França, 434
Orquestra Filarmônica de Berlim, Alemanha, 47
O-torii, primeiro pórtico do Templo Toshogu, Nikko, Província de Tochigi, Japão, 292

P

Pagode de Madeira de Yingxian, China, 378
Pagode Shwezigon, Pagan, próximo a Nyangu, Burma, 378, 426
Palácio da Justiça do Condado de Santa Bárbara, Califórnia, Estados Unidos, 303
Palácio de Carlos V, Granada, Espanha, 409
Palácio de Cristal, Grande Exibição de 1851, Londres, Inglaterra, 373
Palácio de Diocleciano, Spalato (atual Split), Iugoslávia, 395
Palácio de Potala, Lhasa, Tibete (China), 405
Palácio do Doge, Praça de São Marcos, Veneza, Itália, 292
Palácio do Rei Minos, Cnossos, Creta, Grécia, 293
Palácio dos Soviets (Proposta para um Concurso de Arquitetura), 398
Palácio Güell, Barcelona, Espanha, 98
Palácio Imperial, Cidade Proibida, Pequim, China, 136
Palácio Imperial, Quioto, Japão, 21
Palácio Norte de Masada, Israel, 389
Palazzo Antonini, Udine, Itália, 160, 320
Palazzo Chiericati, Vicenza, Itália, 358
Palazzo Farnese, Roma, Itália, 188, 348
Palazzo Garzadore, Projeto Não Executado, Vicenza, Itália, 205
Palazzo Iseppo Porto, Vicenza, Itália, 359
Palazzo Medici-Ricardo, Florença, Itália, 107
Palazzo nº 52, 394
Palazzo Piccolomini, Pienza, Itália, 231
Palazzo Pietro Massimi, Roma, Itália, 400
Palazzo Thiene, Vicenza, Itália, 31
Palazzo Vecchio, Florença, Itália, 386

Índice de Edificações

Palazzo Zuccari, Roma, Itália, 291
Panteon, Roma, Itália, 119, 240, 298
Paris, França, planta da cidade na época de Luís XIV, 316
Parque das Esculturas Olímpicas, Museu de Arte de Seattle, Seattle, Washington, Estados Unidos, 125
Partenon de Atenas, Grécia, 346, 348
Parterre de Broderie ("Canteiros Bordados"), Palácio de Versalhes, França, 131
Pavilhão Central, Templo Horyu-Ji, Nara, Japão, 37
Pavilhão da Academia, Vila de Adriano, Tívoli, Roma, Itália, 300
Pavilhão da AEG, Feira Alemã de Construção de Navios de 1908, Berlim, 56
Pavilhão da Alemanha (Pavilhão de Barcelona), Barcelona, 167
Pavilhão da Alemanha, Exposição Mundial de Montreal, 422
Pavilhão da Finlândia, Feira Mundial de Nova York, Estados Unidos, 24
Pavilhão da Suprema Harmonia (Taihe Dian), Cidade Proibida, Pequim, China, 135
Pavilhão do Comércio, Praga, República Tcheca, 299
Pavilhão em Arnheim, Países Baixos, 178
Pavilhão Shokin-Tei, Vila Imperial de Katsura (Palácio Imperial), Quioto, Japão, 158
Penitenciária de Moabit, Berlim, 255
Penitenciária Eastern State, Filadélfia, Estados Unidos, 311
Pensiero della Chiesa di San Carlo, Projeto Não Executado, 55
Pérgamo, Planta da Cidade Alta, Ásia Menor, 382
Piazza del Campidoglio (Praça do Monte Capitólio), Roma, Itália, 5, 182
Piazza del Campo (Praça do Campo), Siena, Itália, 158
Piazza della Signoria, Florença, Itália, 386
Piazza Maggiore, Sabbioneta, Itália, 31
Pirâmide de Quéops, Quéfren e Miquerinos, Gizé, Egito, 45
Place Royale, Paris, França, 424
Plano Urbanístico para Canberra, Austrália, 259
Planta Baixa do Centro Cívico, Isfahan, Pérsia, 378, 425
Planta Baixa do Quarto Pavimento, Edifício Centrosoyus, Kirova Ulitsa, Moscou, Rússia, 397
Planta da Catedral de São Pedro (Primeira Versão), Roma, Itália, 238
Planta da Catedral de São Pedro (Segunda Versão), Roma, Itália, 227
Planta da Cidade de Isfahan no período Safávida, Irã, 416
Planta da Cidade de Mileto, Ásia Menor (atual Turquia), 420
Planta da Cidade Ideal (Sforzinda), 39, 94
Planta de Montfazier, França, 404
Planta de Pequim, China, 387
Planta de uma Cidade Ideal (Martini), 310, 315
Planta de uma Cidade Ideal (Scamozzi), 90
Planta de uma Igreja Ideal (da Vinci), 234, 236, 402, 409

Planta de uma Igreja Ideal (Filarete), 392
Planta do Circus, Bath, Inglaterra, 253
Plantas Centralizadas, 237
Poço escalonado (bawdi) de Abaneri, próximo a Agra, Índia, 140
Ponte Salginatobel, Suíça, 11
Pórtico das Cariátides, Templo de Erecteu, Partenon de Atenas, 11
Poteries du Don, Le Fel, França, 48
Praça da Paz Celestial (Praça Tian'anmen), 285
Praça de São Marcos (Piazza San Marco), Veneza, Itália, 123, 292, 417
Praça de São Pedro, Roma, Itália, 158
Praça Durbar, Patan, Nepal, 416
Praça em Giron, Colômbia, 102
Praça na cidade de Tel, República Tcheca, 415
Praça Rebaixada, Centro Rockfeller, Cidade de Nova York, Estados Unidos, 141
Pré-Escola do Harlem Leste, Cidade de Nova York, Estados Unidos, 137
Prefeitura de Boston, Estados Unidos, 123
Prefeitura de Säynätsalo, Finlândia, 13, 189, 286
Primeira Igreja Unitária, Rochester, Nova York, Estados Unidos, 109, 409
Projeto da Casa Dom-Ino, 162
Projeto de Casa com Pátio, 47
Projeto de Hospital, Veneza, Itália, 274, 314
Projeto de Pavilhão, 229
Projeto de Vilarejo, 179, 246
Projeto do Conjunto Habitacional Roq et Rob, Roquebrune-Cap-Martin, Riviera Francesa, próximo a Nice, 441
Projeto para o Clube Náutico Yahara, Madison, Wisconsin, 5
Projeto para um Cenotáfio Cônico, 44
Projeto Vencedor do Concurso para o Museu Bauhaus Dessau, 268
Propileu, Atenas, Grécia, 288
Pueblo Bonito, Cânion Chaco, Estados Unidos, 378, 438
Pueblo Taos, Novo México, Estados Unidos, 84

Q

Queen's College, Cambridge, Inglaterra, 78

R

"Rampa em um Quadrado", 453
Recinto do Templo de Apolo Delfino, Mileto, Ásia Menor (atual Turquia), 189
Recinto Leste do Templo Horyu-Ji (Yume-Dono), Nara, Japão, 415
Recinto Sagrado de Atenas, Pérgamo, Ásia Menor, 182
Residencial geriátrico, Hokkaido, Japão, 443
Restaurante Los Manantiales, Xochimilco, México, 63
Rochedo de Naqsh-e-Rustam (Necrópole), próximo a Persépolis, Irã, 294
Roma (Itália), mapa da cidade, 121

Roma, Itália, Plano do Papa Sisto V para a cidade, 316
Royal Crescent, Bath, Inglaterra, 253

S

Saguão com Claraboia, Sede da Olivetti, Milton Keynes, Inglaterra, 280
Saint Pierre (Igreja de São Pedro), Firminy-Vert, França, 55
Sala de Concerto da Walt Disney, Los Angeles, Califórnia, Estados Unidos, 365
Sala de Concerto, Projeto Não Executado, 1942, 24
Sala de estar da Casa Lawrence, Sea Ranch, Califórnia, Estados Unidos, 21
Sala de Estar, Casa Samuel Freeman, Los Angeles, Califórnia, Estados Unidos, 201
Sala de Estar, Vila Mairea, Noormarkku, Finlândia, 201
Sala de Estar, Vila Mairea, Noormarkku, Finlândia, 201
Salão Chaitya Budista em Karli, Maharashtra, Índia, 100–125 d.C., 31
San Carlo alle Quattro Fontane, Roma, Itália, 265
San Giorgio Maggiore, Veneza, Itália, 293
San Lorenzo Maggiore (Basílica de São Lourenço Maior), Milão, Itália, 234, 241
San Vitale, Ravena, Itália, 299
Sannenzaka, Quito, Japão, 333
Sant'Ivo della Sapienza, Roma, Itália, 237
Santa Maria della Pace, Roma, Itália, 324
Santa Maria della Salute, Veneza, Itália, 74
Santa Maria Novella, Florença, Itália, 22, 356
Santo Agostinho, Roma, Itália, 166
Santo André de Mantua, Itália, 301
Santo André do Monte Quirino, Roma, Itália, 300
Santo Apolinário em Classe, Ravena, Itália, 176
Santuário de Izumo, Província de Shimane, Japão, 102, 134
São Felisberto, Tournus, França, 16
Savannah, Plano, Geórgia, Estados Unidos, 404
Sede da Olivetti, saguão com claraboia, Milton Keynes, Inglaterra, 280
Sede da Unesco, Edifício do Secretariado, Paris, França, 81, 258
Sehzade, Istambul, 454
Selim, Edirne, Turquia, 455
Semizali Pasha, Babaeski, 455
Siedlung Halen (Grande Conjunto Habitacional Halen), próximo a Berna, Suíça, 179, 435
Sinagoga Beth Sholom, Elkins Park, Pensilvânia, Estados Unidos, 74
Sinagoga Hurva, Projeto Não Executado, Jerusalém, Israel, 184
Sinagoga Kneses Tifereth Israel, Portchester, Nova York, Estados Unidos, 298
Sinan Pasha, Istambul, 455
Smitheum, 430
Sokollu Mehmet Pasha, Lüleburgaz, Turquia, 455
Solário da Unidade 1 do Condomínio, Sea Ranch, Califórnia, Estados Unidos, 17

Solimão, Istambul, 454, 455
Staatsgalerie, Stuttgart, Alemanha, 93
Stoa de Átalo, voltada para a Ágora de Atenas, Grécia, 15
Stonehenge, Inglaterra, 378

T

Taj Mahal, Agra, Índia, 121, 159, 239
Taliesin Oeste, próximo a Scottsdale, Arizona, Estados Unidos, 302
Teatro de Epidauro, Grécia, 140
Teatro de Seinäjoki, Finlândia, 127
Teatro New Mummers, Cidade de Oklahoma, Oklahoma, Estados Unidos, 259
Teatro Oriental, Milwaukee, Wisconsin, Estados Unidos, 299
Teatro Romano, 39
Tecido urbano da área habitacional de Pompeia, Itália, 435
Tempietto de San Pietro em Montorio (Pequeno Templo de São Pedro em Montorio), Roma, Itália, 75, 347
Templo "B", Selino, Ilha de Creta, 184
Templo Bakong, próximo a Siem Reap, Camboja, 432
Templo Buseoksa, Gyeongsangdo, Coreia do Sul, 244
Templo da Montanha no Templo Bakong, próximo a Siem Reap, Camboja, 135
Templo da Unidade, Oak Park, Illinois, Estados Unidos, 396
Templo das Inscrições, Palenque, México, 439
Templo de Amon em Carnac, Egito, 378, 388
Templo de Arte de Cooroy, Montanha Cooroy, Austrália, 124
Templo de Atena Pólia, Priene, 16
Templo de Erecteu, Partenon de Atenas, Grécia, 11
Templo de Hórus em Edfu, 296
Templo de Júpiter Capitolino, Roma, Itália, 134
Templo de Kailasnath, em Ellora, próximo a Aurangabad, Índia, 118
Templo de Nêmesis, Ramno, Macedônia, 184
Templo do Fogo em Sarvistan, Irã, 426
Templo Dórico em Segesta, Sicília, Itália, 30
Templo grego, 184
Templo Horyu-Ji, Nara, Japão, 37, 75, 216, 415
Templo Itsukushima, Província de Hiroshima, Japão, 388
Templo junto ao rio Ilisso, Atenas, Grécia, 184, 350
Templo Lingaraja, Bhubaneshwar, Índia, 73
Templo Mortuário da Rainha Hatshepsut, Dêr el-Bahari, Tebas, Egito, 20, 306
Templo Mortuário de Ramsés III, Medînet-Habu, Egito, 319, 394

Templo Toshogu, Nikko, Província de Tochigi, Japão, 292, 306
Templo Vadakkunnathan, Trichur, Índia, 264
Templos Jain no Monte Abu, Índia, 388
Templos janistas de Dilwara, Monte Abu, Índia, 434
Tenerife Concert Hall, Ilhas Canárias, Espanha, 65
Teotihuacán, Cidade dos Deuses, México, 386
Termas de Caracala, Roma, 379, 395
The Hans Rosling Center for Population Health, Seattle, Washington, 111
The Interlace, Singapura, 49
Tholos de Policleto, Epidauro, Grécia, 5
Timgad, Planta do Centro da Cidade de Timgad, Norte da África, 420
Tjibaou Cultural Center, Nouméa, Nova Caledônia, 447
Tokonoma, centro espiritual de uma casa japonesa tradicional, 217, 364
Torii, Santuário de Ise, Província de Mie, Japão, 7
Torre de Cápsulas Nakagin, Tóquio, Japão, 86
Torre de São Marcos, Cidade de Nova York, Estados Unidos, 94, 173
Torre do Laboratório, Edifício das Ceras Johnson, Racine, Wisconsin, 104
Torre Einstein, Potsdam, Alemanha, 1919, 104
Transformação de uma Planta Cruciforme, 452
Trecho de Gaivota I, Suíte nº 6 para Violoncelo, de Johann Sebastian Bach, 412
Trono do Imperador, Palácio Imperial, Quito, Japão, 21
Túmulo de Humayun, Délhi, Índia, 239, 425
Túmulo de Jahangir, próximo a Lahore, 159
Túmulo de I'timad-ud-daula, Agra, Índia, 159
Túmulo de Muntaz Mahal (Taj Mahal), a esposa do Xá Jahan, Agra, Índia, 159
Túmulo do Imperador Wan Li, China, 303

U

Unidade 1 do Condomínio Sea Ranch (Solário) Califórnia, Estados Unidos, 17
Unidade 5 do Condomínio Sea Ranch, Califórnia, Estados Unidos, 160
Unidade de Habitação, Firminy-Vert, França, 53, 362
Unidade de Habitação, Marselha, França, 247, 363, 431
Universidade da Virgínia, Charlottesville, Estados Unidos, 185, 373
Universidade de Saint Andrews, Escócia, 247, 258
Universidade de Sheffield, 247

V

Valhalla, próximo a Regensburg, Alemanha, 136
Valley Center House, San Diego, California, 97
Vegetação Formando Para-Ventos em L, Província de Shimane, Japão, 170
Velódromo Olímpico, Atenas, Grécia, 64
Vila Aldobrandini, Itália, 12
Vila Barbaro, Maser, Itália, 284
Vila Capra (Vila Rotonda ou "A Redonda"), Vicenza, Itália, 74, 239, 358
Vila de Adriano, Tivoli, Itália, 90, 220, 300
Vila em Cartago, Tunísia, 227
Vila Farnese, Caprarola, Itália, 238, 378,
Vila Foscari (La Malcontenta ou "Vila Infeliz"), Itália, 349
Vila Hermosa, Espanha, 437
Vila Hutheesing, Projeto Não Executado, Ahmedabad, Índia, 289
Vila Imperial de Katsura (Palácio Imperial), Quioto, Japão, 11, 47, 105, 131, 158, 294, 433
Vila Insular (Teatro Marítimo), Vila de Adriano, Tivoli, Itália, 90, 220, 300
Vila Insular (Teatro Marítimo), Vila de Adriano, Tivoli, Itália, 90
Vila Madama, Roma, Itália, 391
Vila Savoye, Poissy, leste de Paris, França, 453
Vila Stein, Garches, França, 30, 37, 284, 349, 401
Vila Thiene, Cicogna, Itália, 1359
Vila Trissino, Meledo, 183, 404
Vilarejo de Trulli, Alberobello, Itália, 84
Vilarejo subterrâneo próximo a Loyang, China, 141
Villa Romana del Casale, Piazza Armerina, Sicília, Itália, 426
Vinícola Peregrine, Gibbston Valley, Nova Zelândia, 148

W

Washington, D.C., Plano, Estados Unidos, 317
Wingspread ou Casa Cata-Vento (Casa Herbert F. Johnson), Wind Point, Wisconsin, Estados Unidos, 256
Woodstock, Rua, Oxfordshire, Inglaterra, 131
Wyntoon, Propriedade Rural para a Família Hearst no Norte da Califórnia, Estados Unidos, 266

Y

Yeni-Kaplica (Termas), Bursa, Turquia, 262
Yu Yuan (Jardim do Contentamento), Suzhou, China, 317
Yume-Dono, Recinto Leste do Templo Horyu-Ji, Nara, Japão, 175

Índice de Arquitetos

A

Aalto, Alvar, 10, 13, 24, 25, 127, 142, 153, 172, 184, 185, 189, 201, 250, 252, 253, 286, 321, 406, 408, 419, 446, 449, 451
Abramovitz, Max, 141
Adam, Robert, 248
Adams, Maurice, 441
Alberti, Leon Battista, 14, 22, 301, 356, 357
Ando, Tadao, 276, 324, 414
Andrews, John, 252, 309
Anthemius of Tralles, 240
Architecture Workshop, 148
Arkitekter, Belatchew, 92
Asplund, Erik Gunnar, 341
Asplund, Gunnar, 91, 242
Atelier 5, 179, 435
Auer + Weber Associates, 411

B

Bach, Johann Sebastian, 412
Barker, Tom, 67
Barnes, Edward Larrabee, 309
Bates Smart, Architects, 115
Bauhaus Study, 232
Bawa, Geoffrey, 57
Behrens, Peter, 56
Bernini, Giovanni, 158, 300
Boffrand, Germain, 406
Borromini, Francesco, 55, 237, 265, 303, 440
Botta, Mario, 69
Boullée, Étienne-Louis, 5, 44, 153
Boyle, Richard (Lord Burlington), 229
Bramante, Donato, 75, 227, 238, 324, 347
Breuer, Marcel, 81, 109, 258
Brunelleschi, Filippo, 298
Buon, Bartolomeo, 400
Buon, Giovanni, 400
Burlington, Lord (Richard Boyle), 229
Busse, August, 255

C

Calatrava, Santiago, 64, 65
Callicrates, 346
Cambio, Arnolfo di, 386
Candela, Felix, 63
CCTN Architectural Design Company, 59
Charles Moore Associates, 319
Ciampi, Mario J., 311
COOP HIMMELB(l)au, 66
Correa, Charles, 275
Courtonne, Jean, 390

D

Daly, Genik Architects, 97
David Chipperfield Architects, 48, 191
da Vinci, Leonardo, 234, 236, 402, 409
Deborah Berke Partners, 322
De Florinier, Michel, 48
Della Porta, Giacomo, 12
Denti, Paolo, 124
Design Development Drawings, 95
Dick and Bauer, 299
Dieste, Eladio, 398
Diotisalvi, 5
Dub Architects, 149

E

Eero Saarinen and Associates, 44, 108
Eisenman, Peter, 95
El Habbak, Ihab, 92
Emre Arolat Architects (EAA), 124
Ennead Architects, 49
Erick van Egeraat Associated Architects, 97
Erlach, Fischer von, 229
Esherick Homsey Dodge & Davis, 249
Esherick, Joseph, 17

F

Filarete, Antonio, 39, 94, 392
Fisher, Frederick, 231
Fitzpatrick + Partners, 192
Foster + Partners, 190, 191, 193
Foster, Norman, 50
Francois, Edouard, 442
Frank O. Gehry & Partners, 65
Fujimoto, Sou, 443

G

Garnier, Charles, 330
Gaudi, Antonio, 98
GEC Architecture, 64
Gehry, Frank O., 65, 259
Ghiyas, Mirak Mirza, 239, 425
Giorgi, Francesco, 356
Gluck, Peter L., 309
Goodwin, E. W., 441
Gowan, James, 83, 167
Graves, Michael, 45, 70, 276
Greene & Greene, 267
Griffin, Walter Burley, 259
Grimshaw Architects & Anthony Hunt Associates, 269

Gutbrod, Rolf, 422
Gwathmey, Charles, 53, 70
Gwathmey Siegel & Associates, 53, 70

H

Hammel, Green & Abrahamson, 137
Harrison, Wallace K., 141
Haviland, John, 311
Hawksmoor, Nicholas, 78
Hearst, William Randolph, 50
Hecker, Zvi, 50
Hejduk, John, 12, 231, 251
Helen & Hard Architects with SAAHA Architects, 96
Henning Larsen Architects + Tomoon Architects, 66
Herrmann, Heinrich, 255
Hertzberger, Herman, 50, 274
Hoesli, Bernhard, 95
Hughes Condon Marier Architects, 149

I

Ictinus, 346
Isidorus of Miletus, 240
Isozaki, Arata, 86, 108

J

Jefferson, Thomas, 185, 373, 394
JMA Architects, 124
Johansen, John M., 243, 259, 311
Johnson, Philip, 13, 25, 131, 148, 166, 225, 277, 286, 296, 298, 321

K

Kahler, Heine, 300
Kahn, Albert, 77
Kahn, Louis, 41, 109, 183, 184, 243, 250, 263, 267, 274, 277, 380, 409, 418, 421, 427, 434
Kallmann, McKinnell & Knowles, 123
Kapeller, Christoph, 92
Kappe, Raymond, 87
Kent, William, 229
Klenze, Leon von, 135
Konieczny, Robert, 150
Koolhaas, Rem, 51, 60
Kotera, Jan, 299
Kurokawa, Kisho, 86, 263

L

LAB Architecture Studio, 115
Lacombe, Jacques, 48
Latrobe, Benjamin Henry, 185
Le Corbusier, 23, 26, 29, 30, 32, 37, 42, 53, 55, 70, 71, 81, 90, 111, 137, 149, 153, 162, 163, 178, 197, 199, 206, 227, 247, 274, 275, 282, 285, 286, 289, 292, 293, 297, 302, 308, 312, 314, 347, 348, 349, 360, 361, 362, 363, 379, 398, 401, 407, 419, 421, 423, 431, 441, 453
Ledoux, Claude-Nicolas, 48
L'Enfant, Pierre, 317
Le Nôtre, André, 131
Le Pautre, Antoine, 392
Libeskind, Daniel, 61
Longhena, Baldassare, 74
Lutyens, Sir Edwin, 107, 405

M

Machuca, Pedro, 409
Mackintosh, Charles Rennie, 203
Maderno, Carlo, 379
Maillart, Robert, 11
Malfaison and Kluchman, 255
Mario J. Ciampi and Associates, 311
Marja-Ritta Norri Architects, 442
Martini, Francesco di Giorgi, 310, 315
Matsaetsi, Oton, 434
Maybeck, Bernard, 266, 399
May, E. J., 441
Meier, Richard, 12, 107, 177, 307, 331
Mendelsohn, Eric, 104
Mengoni, Giuseppe, 176
Mercer, Henry, 266
Michelangelo, 5, 379
Michelozzi, 107
Mies van der Rohe, Ludwig, 13, 21, 23, 24, 47, 103, 136, 147, 167, 173, 205, 273, 320, 339
Miralles, Enric, 125
Miralles Tagliabue EMBT, 125
MLTW/Moore and Turnbull, 229, 287, 300, 307. *See also* Moore, Lyndon, Turnbull, Whitaker (MLTW)
Mnesicles, 11
Moneo, Rafael, 95
Moore, Charles, 91, 225
Mooser, William, 303
Murata, Misako, 268

N

Nervi, Pier Luigi, 25
Neski, Barbara, 69
Neski, Julian, 69
Neumann, Balthasar, 227
Neutra, Richard, 105, 257, 293
Niemeyer, Oscar, 40
Nikken Sekkei Ltd and Ove Arup & Partners, 67
Nolli, Giambattista, 121

O

Oglethorpe, James, 404
OMA, 49, 51, 60, 190
Otto, Fred, 339
Otto, Frei, 145, 422
Owen, Christopher, 251

P

Palladio, Andrea, 15, 31, 53, 74, 103, 160, 183, 205, 239, 284, 293, 320, 349, 357, 358, 359, 394, 404
Paxton, Sir Joseph, 273
Peabody & Stearns, 83
Pei, I. M., 102, 301
Peruzzi, Baldassare, 227, 400
Petit, Antoine, 255
Piano, Renzo, 67, 447
Pietrasanta, Giacomo da, 166
Polycleitos, 140
Pont, Henri Maclaine, 152
Pythius, 16

R

Renzo Piano Building Workshop, 67
Rice, Peter, 67
Rietveld, Gerrit Thomas, 27
Rojkind Arquitectos, 59
Rosselino, Bernardo, 231
Rural Studio, Auburn University, 147

S

Saarinen, Eero, 44, 108
Safdie, Moshe, 85
Sanctis, Francesco de, 20
Sandal, Malik, 187
Sangallo, Antonio da (the Younger), 188, 348
Sanzio, Raphael, 391
Scamozzi, Vincenzo, 90, 292, 293
Scharoun, Hans, 47
Scheeren, Ole, 49, 51
Schinkel, Karl Friedrich, 15
Scott, George Gilbert, 379
Sean Godsell Architects, 115
Segal, Rafi, 50
Senmut, 20, 306
Serlio, Sebastiano, 237, 357
Shaw, Norman, 441
Shreve, Lamb, and Harmon, 378
Shukhov, Vladimir, 63
Sinan, Mimar, 10, 37, 454, 457
Sitte, Camillo, 287
Snyder, Jerry, 412
Soane, Sir John, 265
SOM, 273
Sordo Madaleno Arquitectos, 411
Specchi, Alessandro, 20
Stirling, James, 77, 83, 91, 93, 167, 172, 179, 182, 246, 247, 258, 280, 408, 414
Stromeyer, Peter, 145
Stubbins, Hugh, 142
Sullivan, Louis, 79, 295

T

Tagliabue, Benedetta, 125
Takenaka Corporation, 61
Tange, Kenzo, 146, 436
Thornton, John T., 185
Toyo Ito and Associates, 192

U

Utzon, Jørn, 171, 252, 448

V

Van Doesburg, Theo, 105, 205
Van Esteren, Cornels, 105, 205
van Eyck, Aldo, 178
van Zuuk, René, 147
Vasari, Giorgio, 22, 386
Vector Architects, 151
Venturi and Short, 264, 296
Venturi, Robert, 248
Vignola, Giacomo da, 238, 378, 385
Vitruvius, 39, 160, 350
Viviani, Gonzalo Mardones, 410
Volwahsen, Andras, 159

W

Ware, William R., 322, 350
Weiss/Manfredi Architecture/Landscape/Urbanism, 125
Wilford, Michael, 91, 93, 280
Wilhelmson, Anders, 253
Woodhead, 410
Wood, John, Jr., 253
Wood, John, Sr., 253
Wright, Frank Lloyd, 26, 27, 40, 47, 55, 74, 79, 94, 95, 104, 171, 173, 201, 207, 242, 248, 249, 256, 267, 269, 289, 295, 297, 302, 313, 339, 389, 391, 396, 397, 398, 406, 418, 445, 452

Z

Zuccari, Federico, 291

Índice Geral

A

abertura centralizada, 195, 196
abertura deslocada, 195, 196
abertura horizontal, 195, 200, 213
abertura ocupando ¾ da parede, 195
abertura profunda, 195, 196
abertura vertical, 195, 200, 213
aberturas, 202, 204, 212, 295. *Veja também* portas;
 luz; claraboia; janelas
aberturas agrupadas, 195
aberturas de janelas, 218
aberturas dentro dos planos, 196–197
aberturas em elementos definidores do espaço,
 194–195
aberturas nas quinas, 105, 198–199, 204
aberturas entre planos, 200–201
aberturas internas, 216
aberturas múltiplas, 196
abóbada, 145, 191, 339
abóbada de alvenaria, 145
abóbada de berço, 64
acesso, 281, 282–289. *Veja também* entrada
acesso espiral, 283
acesso frontal, 283
acesso oblíquo, 283
aço, 337, 339, 340
acústica, 21, 25, 140
adaptação ao terreno, 249–250, 252–253, 266
aerostilo, 354
alameda, 175
Alberti, Leon Battista, 14, 22, 301, 356, 357
aletas de sombreamento vertical, 111
Allen, Gerald, 221
altura do cômodo, 357, 375
altura, 165, 354, 365
alvenaria, 307
anfiprostilo, 430
anfiteatro, 140, 172
antropometria, 343, 368–370
arcada, 176, 187, 415, 454
arcadas, 415
arenas, 140
arestas em quinas, 100, 157. *Veja também* quina(s)
Armênia, tipologia de igreja, 433
Arnheim, Rudolf, 381
arquitetos renascentistas, 344, 356
arquitetura residencial, 171, 364
arquitetura vernacular, 84
art nouveau, 295
articulação da forma, 98–99
arvoredo, 159
árvores, 159, 175, 176
átrio, 122, 186, 188
automóvel, 304

B

Bacon, Edmund N., 33
bicicleta, 30
bloco de concreto, 340, 373
brises. *Veja* eggcrates

C

caibro, 340
calefação, 112
caminhos de carga, 192
campo espacial fechado, 190–193
campo espacial, 174–175, 180, 182, 186
campo visual, 4, 35, 73, 120, 154
características do espaço arquitetônico,
 202–203
caramanchão, 175
cercas vivas, 175
China, 364
cilindro, 5, 42, 46, 75
circulação, 279–334. *Veja também* acesso; entrada;
 movimento; configuração da circulação
circulação aberta, 323
circulação composta, 305
circulação em espiral, 283, 305, 312–313
circulação em rede, 305, 316–317
circulação fechada, 323
circulação linear, 277, 279–281, 305, 307–309
circulação radial, 305, 310–311
circulação: o movimento através do espaço, 280
círculo, 5, 38–39
círculo mais quadrado, 88, 90–93
claraboia, 195, 198, 200, 208, 212
classificação dos templos, 354
claustro, 188
cobertura verde, 151
colisões frontais de geometria, 88–89
coluna, 5, 10, 14, 156, 157, 162, 164, 338, 339, 364,
 365, 428
coluna de seção circular, 164
colunata, 15, 161, 176, 333, 430
cômodo(s), 24, 357
comparação de escalas, 378–380
composição cúbica, 71
composição cumulativa, 71
comprimento, 8–9
computer aided design software, 193
cone, 42, 43, 46, 75
configuração da circulação, 281, 291, 304–317
construção de concreto reforçado, 162
construções com paredes portantes, 190
contato de arestas, 72
contato face a face, 72
continuidade, 24, 68, 99, 100, 101, 104, 139
continuidade espacial, 133, 139, 161, 180, 224, 225,
 228

continuidade visual, 133, 161, 165, 180, 224, 225,
 228
contraste, 138, 224
cor, 34, 106, 107, 165, 174, 207, 209
cor superficial, 18, 106, 165
corredores, 219, 281
corte, 29, 347, 446
credo pitagórico, 356
Crown Hall, 339
cubo, 47, 54–55, 56
cubos, 42, 43, 46, 54
cúpula, 64, 193, 339

D

definição das arestas, 101, 103, 123, 130, 132, 133,
 144, 155, 157, 161, 164, 165, 168, 196, 198
degraus, 202
densidade, 21
desenhos ortogonais, 29
destaque das superfícies, 106–115, 130, 186
detalhes, 429
diagrama do percurso do sol, 207
diastilo, 354
dimensão. *Veja* proporção; escala
díptero, 398
dispositivos de sombreamento solar, 110
distilo *in antis*, 430
distribuição de carga, 192
diversidade, 382
dois pontos, 6–7, 12. *Veja também* ponto

E

eggcrates, 110, 111
eixo, 6–7, 12, 42, 54, 56, 62, 123, 158, 174, 260,
 383, 384–391, 412
eixo perpendicular, 6
elementos climáticos, 19, 22, 26, 154
elementos de arquitetura de interiores, 217
elementos de circulação, 281
elementos estruturais, 147
elementos estruturais, 338
elementos horizontais, 129–253
elementos planos, 21–27
elementos pontuais, 5
elementos primários, 1–32
elementos retilíneos, 10–13, 15–17
elementos retilíneos verticais, 10, 144, 155,
 156–163
elementos verticais, 5, 7, 154–193
elementos verticais,
elementos volumétricos, 30–32
elevação, 29
entablamento, 15, 350

entrada, 69, 183, 235, 281, 290–303. *Veja também* acesso
entrada centralizada, 195
entrada deslocada, 291
entrada nivelada, 291
entrada projetada, 270, 291
entrada recuada, 69, 183, 291
equilíbrio, 9, 40, 41
ergonomia, 369
escada, 133, 241, 286–291, 326–334, 373
escada circular, 327
escada de caracol, 327
escada em L, 327
escada em U, 327
escada reta, 327
escadaria, 322, 330
escadaria coberta com abóbada, 322
escala, 101, 106, 122, 133, 139, 161, 165, 185, 194, 211, 293, 304, 322, 335–380, 371. *Veja também* escala humana; proporção
escala da edificação, 186. *Veja também* proporção; escala
escala do cômodo, 126, 143, 194
escala humana, 361, 362, 373, 374–377. *Veja também* proporção; escala
escala mecânica, 372
escala urbana, 122, 372
escala visual, 372–373
escola de Stijl, 27
esfera, 5, 42, 46, 54, 75
espaçamento dos pilares, 365
espaço, 18–19, 23, 24, 28, 29, 37, 53, 79, 244, 247, 253
espaço centralizado, 385
espaço cilíndrico, 91
espaço contido, 224
espaço da rua, 175
espaço de circulação aberto em ambos os lados, 323
espaço de circulação, 177, 281, 322–334
espaço dentro de outro, 23, 224–225
espaço dominante, 263–264
espaço e forma, 117–220
espaço externo, 20, 172, 181
espaço intermediário, 230
espaço regular, 385
espaço tridimensional, 2, 12
espaço urbano, 22, 122, 158, 182, 287
espaços adjacentes, 223, 228–229
espaços aglomerados, 260
espaços celulares repetitivos, 260
espaços conectados, 223, 226–227
espaços organizados condições do terreno, 266
espaços organizados dentro de um campo espacial, 264
espaços organizados em torno de um espaço dominante, 263
espaços organizados por geometria, 262
espaços organizados por padrões geométricos, 267–268

espaços organizados por simetrias axiais, 265
espaços relacionados por um espaço em comum, 197, 204–205, 223, 230–231
espaços residuais, 224
espessura, 9, 204, 335
estabilidade, 9, 40, 191
estrutura com espaços adjacentes, 87
estrutura curva simétrica, 64, 65
estrutura de casca, 63
estrutura de perfis, 190
estrutura em forma de tenda, 146
estrutura exoesquelética, 192
estrutura independente, 271
estrutura tensionada, 145
estruturas em *gridshell*, 63, 191
estufa, 201
Euclides, 342
eustilo, 354

F

fachada, 112, 293, 296
fachada livre, 162
fachada principal, 166
fachada renascentista, 356
fachadas cinéticas. *Veja* fachadas dinâmicas
fachadas de vidro, 191
fachadas dinâmicas, 112
fachadas inteligentes, 112
fazendeiros japoneses, 170
fechamento, 127, 165, 190–193, 204–205
figura, 36, 120, 121
figura e fundo, 102, 121
flexão, 338
forma, 28, 30–31, 33–115, 382, 444
forma aditiva, 71, 72–73
forma aglomerada, 73, 82–85
forma centralizada, 7, 73, 74–75
forma e espaço, 117–220, 382–384, 392, 402, 428, 444, 456
forma radial, 73, 80–81
forma regular, 46–51
forma retilínea, 73, 76–79
forma subtrativa, 68–71
forma tridimensional, 109, 128, 283, 330
formas assimétricas, 27, 46
formas geométricas simples, 68
formas irregulares, 58
formas primárias, 38, 42
formas simétricas, 174
formato, 18, 19, 34, 36–37, 403, 429
formato e tamanho do cômodo, 357, 372, 375
fundo, 120–121, 126

G

galerias, 281
geometria, 38, 62, 63, 86, 88, 138, 190, 191, 219, 262, 339, 356, 403
geometria de superfície de curva dupla, 191

Gestalt, 38
grau de fechamento, 204–205
gravidade, 9, 21, 337
Grécia (Antiga), 344, 350, 356, 360
grelhas, 305, 314–315

H

hierarquia, 250, 383, 396, 402–411
hierarquia de espaços lineares e expressando movimento, 250
horizonte, 9

I

igreja gótica, 356
impressão 3D, 194
inclinação do terreno, 179
inércia visual, 35
intercolúnio, 350, 354
intersecção, 304

J

janela com vidro triplo, 112
janela saliente, 203, 216
janelas, 24, 194, 208, 210, 212, 216, 219, 340, 428. *Veja também* aberturas; claraboia
jardim de inverno, 201

K

Kampen, Holland, 78
ken (unidade de medida), 343, 364–367
Klee, Paul, 1
Kyo-ma, método, 365

L

laje de cobertura, 26, 162, 339, 349
laje de concreto, 162
laje de piso, 349
laje do piso e da cobertura, 339
laje vertical, 53
Lao-Tsé, 93
Le Corbusier, 42, 71, 111, 162, 217, 344, 347, 348, 349, 360–362, 457
leiaute de complexos habitacionais, 443
limites, 89, 138, 144
linha, 1, 3, 8–9, 412, 413
linha horizontal, 9
linha reguladora, 348–349
linha vertical, 9
linhas de visão, 140
linhas paralelas, 14, 270
localização, 403
Lucca, Itália, 287
Luís Filipe (rei da França), 10
Luís XIV (rei da França), 316

luz, 42, 152, 194, 198, 206–211. *Veja também* aberturas; claraboia; janelas
luz natural, 208–210.
Lyndon, Donlyn, 221

M

madeira, 337, 339, 340
madeira compensada, 340
malha, 73, 86–87, 271
malha de pilares ou colunas, 161, 162–163, 377
malha de pilares, 161, 162–163
malha de quadrados, 86
malha estrutural, 87
malha rotada, 88, 94–97
malha tridimensional, 73, 270, 271
marquise, 299
massa, 18, 19, 28, 29, 37
massa sólida, 46
materiais de construção, 337
materiais modulares, 373
material de piso, 21
material de revestimento, 340
mausoléu mogol, 159
mausoléu, 159
média geométrica, 357
médias aritméticas, 357
médias, 343, 348, 357
membrana, 339
membrana leve, 162
método *Inaka-ma*, 365
minaretes, 159
modelagem 3D, 193
modelagem digital, 44, 173
Módena, Itália, 287
modularidade 1:2, 365
Modulor, 343, 360–363
Mohamed Ali (Vice-Rei do Egito), 10
monastério, 188
Moore, Charles, 221, 279
movimento, 77, 235, 251, 280. *Veja também* circulação
Muntaz Mahal, 121, 159

N

Nefertiti (Rainha do Egito), 218
nicho, 185
nível dos olhos do observador, 165

O

obelisco, 5, 10, 156
ofuscamento, 208
ordem, 350, 382
ordem compósita, 351
ordem coríntia, 351, 352
ordem dórica, 351, 352
ordem jônica, 350, 351, 352

ordem toscana, 351, 352, 355
ordens clássicas, 343, 350–355
organização, 221–278
organização aglomerada, 82, 233, 260–269
organização da forma e do espaço, 184, 264
organização de campos espaciais, 264
organização do campo espacial, 264
organização em malha, 233, 270–277
organização linear, 79, 233, 244–253
organização radial, 233, 254–259
organizações centralizadas, 233, 234–243, 260
organizações espaciais, 232–233
organizações lineares com formas curvas, 245
orientação, 35

P

padrão americano, 371
padrão, 18, 99, 107, 110, 152, 165, 260. *Veja também* organização em malha; repetição; ritmo
padrões óticos, 100, 106
painéis isotérmicos, 112
paisagens, 124–125
palazzo italiano, 31, 188
parábolas, 62
paraboloide hiperbólico, 62
paraboloide, 42
para-ventos, 170
parede, 14, 175, 178
parede de alvenaria, 339
parede de concreto, 339
parede portante, 23, 175, 178–179, 339. *Veja também* transferência de cargas
paredes externas, 190
paredes internas não estruturais, 162
paredes portantes paralelas, 179
passar ao lado do espaço, 318
passar através do espaço, 318
passeio, 175
patamares, 326, 328
pátio de entrada, 183, 385, 454
pátio interno, 123, 151, 168
pé direito, 315, 333
pedestres, 304
pedra, 337
percepção, 9, 14, 18, 34, 36, 100, 106, 118, 120, 165, 202–204, 211, 372–373, 378
perfil de aço, 145
pérgola, 17, 175
períptero, 430
persianas, 110
persianas horizontais, 110
persianas inclinadas, 110
persianas verticais, 110
Perúgia, Itália, 287
peso visual, 13, 18, 34, 106, 107, 165
picnostilo, 354
pilar de seção quadrada, 164
pilar de seção retangular, 164

pilastras, 14
pirâmide, 42, 43, 46, 54
Pitágoras, 356, 357
plano, 1, 3, 14, 15–17, 18–19, 105, 129–153, 195, 413
plano de cobertura, 19, 23, 25–26, 129, 144–153
plano de entrada, 7, 76, 165
plano de parede, 19, 22, 23, 24, 156, 178, 190, 200
plano de parede interna, 24, 175
plano de paredes exteriores, 22
plano do piso, 19, 21, 130, 133, 136, 137, 139, 142, 144, 211
plano de piso elevado, 21, 137
plano do piso em patamares, 21
plano do piso escalonado, 21
plano do solo, 9, 19, 20, 37, 130, 141, 150
plano do solo elevado, 20, 135
plano do solo em patamares, 20, 139
plano do teto, 19, 23, 25, 36, 152
plano horizontal, 27, 154
plano livre, 162
plano vertical, 27, 164–167, 385
plano vertical das paredes, 23
plano vertical único, 155, 164–167
plano-base, 19, 129, 130–131
plano-base com rampa, 141
plano-base elevado, 129, 132–137
plano-base escalonado, 20, 21, 139
plano-base rebaixado, 129, 138–143
planos paralelos, 155, 175–179
planos verticais paralelos, 174, 175, 178
planta e corte, 29, 446
planta e corte de uma igreja gótica típica, 347
planta em L, 23, 68, 155, 168, 169–173
planta em T, 23
planta em U, 155, 180–185
plantas, mimetismo, 192
Platão, 356
poliedro, 45, 58
polígonos, 38
ponto, 1, 3, 4, 456. *Veja também* dois pontos
ponto deslocado, 4
pontos no espaço, 385
porta-janela, 195, 201
portal, 284
portal, 7, 284, 385
portas, 24, 340, 373, 428
portas envidraçadas, 325
pórtico, 299
posição, 35
princípios, 381–455
princípios de arquitetura, 381–455
princípios ordenadores, 382–383
prisma oblíquo, 58
prisma reto, 58
prisma triangular truncado, 58
prismas regulares, 58
privacidade, 154, 177, 212
produtos de isolamento translúcido, 113
progressão, 181, 344, 356

proporção, 165, 335–380. Veja também escala
proporção aritmética, 343
proporção do material, 337
proporção geométrica, 343
proporção matemática, 344, 349, 356
proporções das estruturas, 338–339
proporções harmônicas, 343
proporções industriais, 340–341
prostilo, 430
proteção contra incêndio, 179
pseudodíptero, 430

Q

quadrado, 38, 41, 128, 181, 232, 341, 357
quadrado mais círculo, 88, 90–93
quatro planos: edificações fechadas, 190–193
quatro planos: fechamento, 155, 186–189
quina(s), 101–105, 156, 157, 159, 160, 169. Veja também arestas em quinas

R

rampa, 133, 286, 302, 305, 308, 322
Rasmussen, Steen Eiler, 335
razão, 341, 342
razão característica, 342
razão entre altura e vão, 338
referência, 383, 412–427
regiões frias, 56
regiões quentes e áridas, 57
regiões quentes e úmidas, 57
regiões temperadas, 56
regularidade, 68, 100
relação entre circulação e espaço, 281, 318–321
relação entre espaço e circulação, 290–293
relações espaciais, 223–232
repetição, 9, 77, 429–449
repetição em espiral, 444
reta oblíqua, 9
reta para o plano, 14
retângulo áureo, 345–346
retângulo, 41, 58, 342, 345, 348
ritmo, 110, 161, 326, 383, 428. Veja também repetição
ritmos contrastantes, 438
ritmos horizontais, 438
ritmos verticais, 438
roda, 117
Roma (Antiga), 10, 119, 166, 240, 298, 348, 373, 379, 391, 395
Roma, mapa de, 121
Roma, mapa de, 121
rotação, 41
Rowe, Colin, 349

S

saguões, 281
saliências horizontais, 110
Salzburg, Áustria, 287
santuário grego, 188
seção áurea, 343, 344–347, 348, 360, 444
semiótica, 456
sequências lineares de cômodos, 248–249
sequências lineares de espaços, 247–248
série Fibonacci, 344
Serlio, Sebastiano, 237, 357
shaku (unidade de medida), 364–365
Shukhov, Vladimir, 63
Siena, Itália, 287
significado na arquitetura, 456–457
simetria, 6, 12, 383, 392–401
simetria axial, 265
simetria bilateral, 392, 393
simetria radial, 392, 393
sistema de circulação, 280, 282
Sistema Internacional de Unidades, 371
sistema musical grego, 356
sistemas de proporção, 342–343
sistilo, 354
Sisto V (Papa), 316
Smitheum, 430
software CAD, 193
sólidos primários, 42–45, 68
solo escavado, 20
som. Veja acústica.
Strasbourg, França, 287
superfície, 42
superfície curva assimétrica, 65
superfície de rotação, 62
superfície de translação, 62
superfície regrada, 62
superfícies cilíndricas, 62
superfícies curvas, 62, 63, 64
superfícies em sela, 63
Suspended Particle Devices (SPD), 113

T

talude, 20
tamanho, 34, 106, 120, 196, 211–212, 244, 260, 270, 338, 340, 368, 372, 376, 403, 429
tecnologia de cristal líquido disperso em polímero (PDLC), 113
tecnologias baseadas em plantas, 113
telas metálicas perfuradas, 112
Templo Anfiprostilo, 430
templo grego, 184
templos, 184
tensão espacial, 72
tensão visual, 4
teorias da proporção, 343
teorias de proporções renascentistas, 343, 356–359
terminar em um espaço, 318
terreno, 20, 140, 171, 244
tesoura de madeira, 145, 191
textura, 2, 18, 19, 21, 27, 33, 34, 99, 106, 107, 152, 165, 202, 207
tijolo, 337, 339, 340, 373
tijolo comum, 340
tokonoma (nicho para pinturas), 364
tom, 130
topografia, 20, 76, 89, 140, 175, 389
torre, 5, 10, 156
transferência de cargas, 145, 147. Veja também parede portante
transformação dimensional, 52, 53, 54–57
transformação geométrica, 52, 58–67
transformação por adição, 52, 53
transformação por subtração, 52, 53
transformação, 52–53, 383, 450–455
treliça de madeira, 145
triângulo, 38, 40
"tudo é número", conceito, 344

U

unidade de opostos, 120–127
unidades construtivas modulares, 340
unidades de medida, 350, 371
uplifting, 66

V

vão, 46, 121, 168
vazio. Veja campo espacial
ventilação, 218–219
ventilação cruzada, 219
ventilação natural cruzada, 218
ventilação pelo efeito chaminé, 218
ventilação por flutuabilidade, 218
Venturi, Robert, 248, 264
Verona, Itália, 287
vidro termocrômico, 113
vidros e revestimentos geradores de energia, 113
viga, 338, 428
Vignola, Giacomo da, 350
Vila Foscari (La Malcontenta ou "Vila Infeliz"), 335
vila palladiana, 349
vista, 212–217
Vitrúvio, 350, 354, 430
volume, 3, 17, 18, 28–29, 157, 165, 413
volume tridimensional, 2, 18–19, 28, 164
volumes cúbicos, 87
volumes interseccionados, 72
Volwahsen, Andras, 159

Y

Yarbus, Alfred L., 36
Yudell, Robert, 279

Z

zonas espaciais perpendiculares, 23